Mikrocomputertechnik mit Controllern der Atmel AVR-RISC-Familie

Programmierung in Assembler und C – Schaltungen und Anwendungen

von
Prof. Dipl.-Ing. Günter Schmitt

3., überarbeitete und erweiterte Auflage

Oldenbourg Verlag München Wien

Prof. Dr.-Ing. Günter Schmitt studierte Elektrotechnik an der TU Berlin und arbeitete nach seinem Diplom bei Siemens auf dem Gebiet der Messtechnik. Er lehrte seit 1969 an der FH Dieburg und später als Gast an der FH Darmstadt. Im Oldenbourg Verlag veröffentlichte er Lehrbücher über die Programmiersprachen Fortran, Pascal und C, über die 8-bit-Prozessoren der ersten Generation sowie über die modernen Mikrocontroller. Auch nach seiner Pensionierung im Jahr 2002 kann er immer noch nicht die Finger von Tastatur, Maus, Lötkolben und dicken Controller-Handbüchern lassen.

Bibliografische Information der Deutschen Nationalbibliothek

Die Deutsche Nationalbibliothek verzeichnet diese Publikation in der Deutschen Nationalbibliografie; detaillierte bibliografische Daten sind im Internet über <http://dnb.d-nb.de> abrufbar.

© 2007 Oldenbourg Wissenschaftsverlag GmbH
Rosenheimer Straße 145, D-81671 München
Telefon: (089) 45051-0
oldenbourg.de

Das Werk einschließlich aller Abbildungen ist urheberrechtlich geschützt. Jede Verwertung außerhalb der Grenzen des Urheberrechtsgesetzes ist ohne Zustimmung des Verlages unzulässig und strafbar. Das gilt insbesondere für Vervielfältigungen, Übersetzungen, Mikroverfilmungen und die Einspeicherung und Bearbeitung in elektronischen Systemen.

Lektorat: Anton Schmid
Herstellung: Anna Grosser
Coverentwurf: Kochan & Partner, München
Gedruckt auf säure- und chlorfreiem Papier
Gesamtherstellung: Druckhaus „Thomas Müntzer" GmbH, Bad Langensalza

ISBN 978-3-486-58400-4

Inhalt

Vorwort		**9**
1	**Einführung**	**11**
1.1	Grundlagen	12
1.1.1	Rechnerstrukturen	12
1.1.2	Rechenwerk und Registersatz	13
1.1.3	Zahlendarstellungen	18
1.1.4	Steuerwerk und Programmstrukturen	26
1.2	Die Bausteine der Atmel-AVR-Familien	33
1.2.1	Bauformen und Anschlüsse	34
1.2.2	Der Programmspeicher (Flash)	40
1.2.3	Der Arbeitsspeicher (SRAM)	41
1.2.4	Der nichtflüchtige Speicher (EEPROM)	42
1.2.5	Der Peripheriebereich	43
1.2.6	Die programmierbaren Konfigurationsparameter	45
1.3	Die Entwicklung von Anwendungen	46
1.4	Einführende Beispiele	49
2	**Assemblerprogrammierung**	**55**
2.1	Programmstrukturen	55
2.2	Assembleranweisungen	57
2.3	Operationen	63
2.3.1	Byteoperationen	65
2.3.2	Bitoperationen	68
2.3.3	Wortoperationen (16 bit)	73
2.3.4	Operationen mit SFR-Registern	78
2.3.5	Multiplikation und Division	81
2.4	Sprung- und Verzweigungsbefehle	92
2.4.1	Unbedingte Sprungbefehle	93
2.4.2	Bedingte Sprungbefehle	94
2.4.3	Schleifen	97
2.4.4	Verzweigungen	101

2.4.5	Die Auswertung von Signalen	105
2.5	Die Adressierung der Speicherbereiche	108
2.5.1	Die Adressierung der Konstanten im Flash	109
2.5.2	Die Adressierung der Variablen im SRAM	113
2.5.3	Die Adressierung der Daten im EEPROM	122
2.6	Makroanweisungen und Unterprogramme	127
2.6.1	Makroanweisungen	127
2.6.2	Unterprogramme	129
2.6.3	Makro- und Unterprogrammbibliotheken	136
2.7	Interrupts	138
2.7.1	Die Interruptsteuerung	138
2.7.2	Die externen Interrupts	141
2.7.3	Der Software-Interrupt	145
2.8	Die Arbeit mit Zeichen und Zahlen	147
2.8.1	Die Eingabe und Ausgabe von Zeichen	147
2.8.2	Zeichenketten (Strings)	149
2.8.3	Die Eingabe und Ausgabe von ganzen Zahlen	153
2.8.4	Vorzeichenbehaftete ganzzahlige 16bit Arithmetik	163
2.8.5	BCD-Arithmetik	169
2.8.6	Festpunktarithmetik	174
2.8.7	Ganzzahlige Funktionen	182
3	**C-Programmierung**	**187**
3.1	Allgemeiner Aufbau eines C-Programms	190
3.1.1	Zeichensatz und Bezeichner	190
3.1.2	Datentypen, Konstanten und Variablen	191
3.1.3	Gültigkeitsbereich und Lebensdauer	195
3.1.4	Präprozessoranweisungen	197
3.1.5	Makro-Anweisungen und Funktionen	199
3.2	Operationen	202
3.2.1	Gemischte Ausdrücke	202
3.2.2	Arithmetische und logische Operationen	204
3.2.3	SFR-Register und Bitoperationen	208
3.2.4	Vergleichsoperationen, Bitbedingungen und Schalter	210
3.2.5	Zeiger und Operationen mit Zeigern	213
3.3	Programmstrukturen	215
3.3.1	Schleifenanweisungen	215
3.3.2	Verzweigungen mit bedingten Anweisungen	220
3.3.3	Anwendungsbeispiele	223
3.4	Zusammengesetzte Datentypen	231
3.4.1	Felder und Zeichenketten (Strings)	231
3.4.2	Strukturen	242

3.4.3	Die Adressierung des Flash- und EEPROM-Speichers	246
3.5	Funktionen	250
3.5.1	Funktionen mit Rückgabewert	251
3.5.2	Die Übergabe von Werten als Argument	252
3.5.3	Die Übergabe von Referenzen (Adressen)	253
3.5.4	Die Eingabe und Ausgabe von Zahlen	257
3.6	Die Interruptsteuerung	271
3.6.1	Die externen Interrupts	273
3.6.2	Der Software-Interrupt	276
4	**Die Peripherie**	**277**
4.1	Die Takt- und Resetsteuerung	279
4.2	Digitale Schaltungstechnik	281
4.3	Die Parallelschnittstellen	284
4.4	Die Timereinheiten	290
4.4.1	Der 8bit Timer0	292
4.4.2	Der 16bit Timer1	306
4.4.3	Die erweiterten Timer-Betriebsarten	325
4.4.4	Der 8bit Timer2	334
4.4.5	Der Watchdog Timer und Stromsparbetrieb	339
4.5	Die seriellen Schnittstellen USART und UART	345
4.5.1	Die serielle USART-Schnittstelle	348
4.5.2	Die asynchrone UART-Schnittstelle	365
4.5.3	Software-Emulation der asynchronen Schnittstelle	370
4.6	Die serielle SPI-Schnittstelle	376
4.7	Die serielle TWI-Schnittstelle (I^2C)	389
4.8	Analoge Schnittstellen	398
4.8.1	Der Analogkomparator	400
4.8.2	Der Analog/Digitalwandler	408
4.8.3	Serielle analoge Schnittstellenbausteine	419
4.8.4	Parallele analoge Schnittstellenbausteine	425
4.9	Die serielle USI-Schnittstelle	430
5	**Anwendungsbeispiele**	**433**
5.1	Würfel mit dem ATtiny12 (AT90S2343)	434
5.2	Zufallszahlen mit ATtiny12 (AT90S2343)	441
5.3	Stoppuhr mit dem ATtiny2313 (90S2313)	447
5.4	LCD-Anzeige und Tastatur mit dem ATmega8	455
5.5	Externer SRAM mit dem ATmega8515	476

5.6	Leuchtdioden-Matrixanzeige mit dem ATtiny2313	485
5.7	Funktionsgenerator mit dem ATmega8	493
6	**Der Boot-Programmspeicher**	**501**
7	**Anhang**	**507**
7.1	Ergänzende und weiterführende Literatur	507
7.2	Bezugsquellen und Internetadressen	512
7.3	Assembleranweisungen	513
7.4	Assemblerbefehle	514
7.5	Zusätzliche Befehle der Mega-Familie	518
7.6	Rangfolge der C-Operatoren (Auswahl)	519
7.7	C-Schlüsselwörter und -Anweisungen (Auswahl)	520
7.8	ASCII-Codetabellen (Schrift Courier New)	521
7.9	Sinnbilder für Ablaufpläne und Struktogramme	523
7.10	Verzeichnis der Programmbeispiele	524
7.10.1	Assemblerprogramme	524
7.10.2	Assembler-Unterprogramme	525
7.10.3	Assembler-Makrodefinitionen	527
7.10.4	Assembler-Headerdateien	527
7.10.5	C-Programme	528
7.10.6	C-Funktionen	529
7.10.7	C-Headerdateien	530
8	**Register**	**531**

Vorwort

Dieses Buch wendet sich an Studierende technischer Fachrichtungen, an industrielle Anwender und an technisch Interessierte, die den Einstieg in die faszinierende Welt der Computer suchen.

Die „Mikrocomputerwelt" entstand etwa ab 1975 mit den Universalprozessoren (8080, Z80 und 6502) und entwickelte sich in zwei Richtungen. Die eine ist die Welt der Datenverarbeitung und des Internet mit ihren Personal Computern (PC) und die andere sind Mikrocontroller, die in technischen Anwendungen vielfältige Steuerungsaufgaben übernehmen. Sie finden sich vor allem in Geräten, deren Funktionen vom Benutzer programmierbar sind. Dazu gehören Fahrradtachometer, Digitalkameras, Mobilfunkgeräte, Drucker und zuletzt wird es auch noch die elektronische Zahnbürste mit Erfassung des Reinigungsgrades geben.

Es wird vorausgesetzt, dass dem Leser ein fertiges Entwicklungs- und Testsystem wie z.B. das AVR-Starter-Kit STK500 des Herstellers Atmel zur Verfügung steht. Die für den Betrieb auf einem PC erforderliche Software wird vom Hersteller mitgeliefert, ein brauchbares C-System kann aus dem Internet heruntergeladen werden. Kapitel 1 beschreibt eine einfache Zusatzschaltung, mit der sich die Programmbeispiele nachvollziehen lassen. Sie sind fast alle sowohl in Assembler als auch in C geschrieben und erlauben daher interessante Vergleiche zum Thema „Programmierung in Assembler oder in einer höheren Sprache?".

Für die Programmierung in der Assemblersprache spricht ihre direkte Umsetzung in den Maschinencode; das Ergebnis sind kurze und schnelle Maschinenprogramme. Der Aufwand bei der Programmierung ist dagegen hoch; der Quellcode ist umfangreich und ohne Kommentare auch für den Programmierer nicht leicht nachzuvollziehen. Die Controllerbausteine der AVR-RISC-Familien haben einen gemeinsamen Befehls- und Registersatz, so dass die Beispielprogramme auch auf anderen Mitgliedern dieser Familie ablaufen können; jedoch nicht auf Controllern anderer Familien wie z.B. Atmel AT89 oder den PIC-Bausteinen des Herstellers Microchip. Der Assembler wird vom Hersteller Atmel zusammen mit den Entwicklungssystemen geliefert oder kann kostenlos von seiner Homepage heruntergeladen werden.

Für die Programmierung in der höheren Sprache C spricht, dass sie weit verbreitet ist und in fast allen Ausbildungszweigen zwar gelehrt, aber nicht immer gelernt wird. Die C-Programmierung für Personal Computer unterscheidet sich jedoch wesentlich von der Programmierung für Controlleranwendungen. Der Quellcode der C-Programme ist gut strukturiert, übersichtlich und kurz, der im Controller ablaufende Maschinencode hängt wesentlich von der Güte des Compilers ab, der die Übersetzung vornimmt. Die vorliegenden C-Programme für die Controller der AVR-RISC-Familie lassen sich nicht direkt auf die Bausteine anderer Atmel-Familien oder anderer Hersteller übertragen, da diese wesentlich andere Peripherieeinheiten wie z.B. Schnittstellen zur Eingabe und Ausgabe von Signalen enthalten. Der für die Programmbeispiele verwendete GNU-Compiler wurde kostenlos aus dem Internet heruntergeladen. In besonderen Fällen, auf die im Text hingewiesen wird, ergaben sich unerwartete Ergebnisse, die sich nur durch Untersuchung des erzeugten Maschinencodes umgehen ließen. Hier waren Assemblerkenntnisse angesagt!

Die Anwendungsbeispiele des fünften Kapitels behandeln andere Bausteine der AVR-RISC-Familien, die mit ihrer Anschlussbelegung und den Abweichungen gegenüber dem Beispielcontroller der ersten Kapitel vorgestellt werden. Die Aufgabenstellungen und Programme wurden so einfach und kurz wie möglich gehalten; es sollten nur die wichtigsten Verfahren zur Eingabe von Daten (z.B. Tastaturabfrage) und Ausgabe von Ergebnissen (z.B. LCD-Anzeige) gezeigt werden. Ein Verzeichnis von Anwendungen aus der Literatur gibt dem Leser Anregungen für eigene Projekte.

Ich danke meiner Frau für die Hilfe bei der Korrektur und für die moralische Unterstützung bei der Arbeit.

Günter Schmitt

1 Einführung

In der heutigen Welt der Computer finden sich hauptsächlich zwei Anwendungsbereiche, die Personalcomputer (PC) sowie die Mikrocontroller zur Steuerung von Geräten. Diese werden auch als „Embedded Systems" bezeichnet, die in die Anwendung eingebettet sind und als Bestandteil des zu steuernden Gerätes angesehen werden. Entsprechend dem hohen Marktanteil der Mikrocontroller gibt es viele Hersteller, die „Familien" entwickeln und vertreiben. Sie reichen von einfachen 4bit Controllern z.B. für Fahrradcomputer bis zu 32bit Bausteinen z.B. für moderne Mobilfunkgeräte. Eine Familie umfasst mehrere Bausteine mit gleichem Befehls- und Registersatz, die sich jedoch in der Ausführung der Peripherieeinheiten und in der Speichergröße voneinander unterscheiden.

Aus der Vielzahl der Hersteller seien einige herausgegriffen, die Bausteine und Entwicklungssysteme auch für nichtprofessionelle Anwender zur Verfügung stellen.

- Firma Microchip: PIC-Familie (8 bit),
- Firma Infineon: 80xxx-Familie (8 bit) und C16x-Familie (16 bit),
- Firma Motorola: 68HCxx-Familie (8/16 bit) sowie 683xx-Familie (32 bit) und
- Firma Atmel: die Familien ATtiny, ATmega und AT89 (8 bit) sowie AT91 (16/32 bit).

In diesem Buch werden schwerpunktmäßig die Familien AVR ATmega und AVR ATtiny des Herstellers Atmel beschrieben, welche die Classic-Familie abgelöst haben. Sie sind gekennzeichnet durch folgende Eigenschaften:

- Programmbereich in einem Flash-Festwertspeicher (über 1000 mal programmierbar),
- Datenbereich für flüchtige Daten (SRAM),
- Datenbereich für nichtflüchtige Daten (EEPROM) (über 100000 mal beschreibbar),
- 32 Arbeitsregister der Länge byte (8bit),
- Arithmetisch-Logische Einheit (ALU) für 8bit Daten z.T. auch 16bit Befehle,
- parallele Schnittstellen für die Eingabe und Ausgabe digitaler Signale,
- serielle Schnittstellen z.B. für eine Verbindung zum PC,
- Analog/Digitalwandler zur Eingabe analoger Daten,
- Timer zur Messung von Zeiten und Ausgabe von Signalen,
- durch RISC-Struktur Ausführung der meisten Befehle in einem Takt und
- Taktfrequenzen bis zu 20 MHz.

1.1 Grundlagen

1.1.1 Rechnerstrukturen

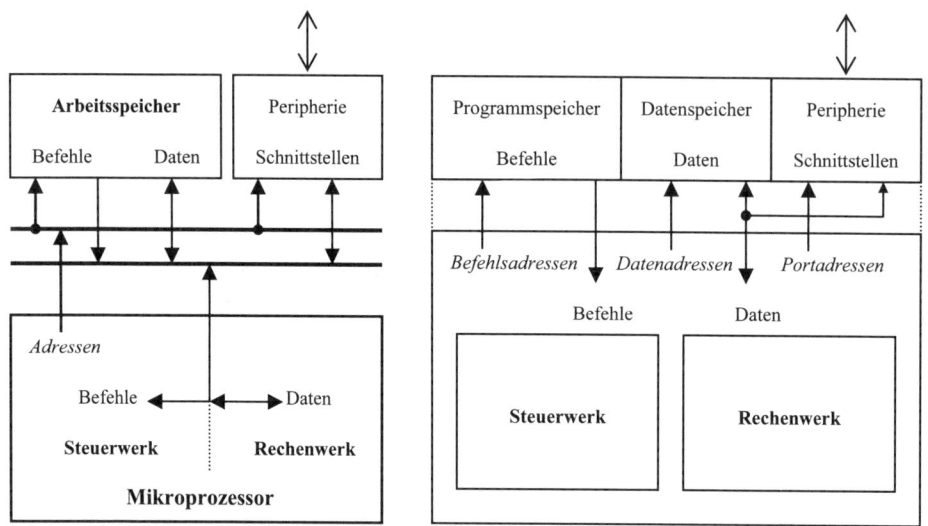

Bild 1-1: Rechnerstrukturen

In der *Von-Neumann-Struktur* des PC liegen die Befehle und Daten in einem gemeinsamen Arbeitsspeicher. Die durch Befehlsadressen über den Adressbus ausgelesenen Befehle gelangen in das Steuerwerk und werden dort in Steuersignale umgesetzt. Die durch Datenadressen über den Adressbus adressierten Daten werden ebenfalls über den Datenbus zum und vom Rechenwerk übertragen. Die peripheren Schnittstellen sind eigene Bausteine, die z.B. die Disk- und CD-Laufwerke ansteuern sowie die externen Schnittstellen bedienen.

In der bei Controllern meist verwendeten *Harvard-Struktur* liegen Befehle und Daten in getrennten Speicher- und Adressbereichen. Das Programm kann seinen eigenen Speicherbereich nur mit Sonderbefehlen lesen. Die peripheren Schnittstellen liegen im Adressbereich der Daten oder können über Portadressen angesprochen werden. Sie übertragen digitale und analoge Signale zum Anschluss von Tastaturen, Anzeigeeinheiten und Messwertaufnehmern. Externe Bausteine werden meist über serielle Bussysteme angeschlossen.

1.1.2 Rechenwerk und Registersatz

Die grundlegende Rechenoperation ist die Addition im dualen Zahlensystem. Zwei einstellige Dualzahlen ergeben unter Berücksichtigung führender Nullen eine zweistellige Summe.

```
0 + 0 -> 0 0
0 + 1 -> 0 1
1 + 0 -> 0 1
1 + 1 -> 1 0
```

Das Rechenwerk führt die Addition mit logischen Schaltungen durch. Die Grundfunktionen sind das logische UND, das logische ODER und das EODER.

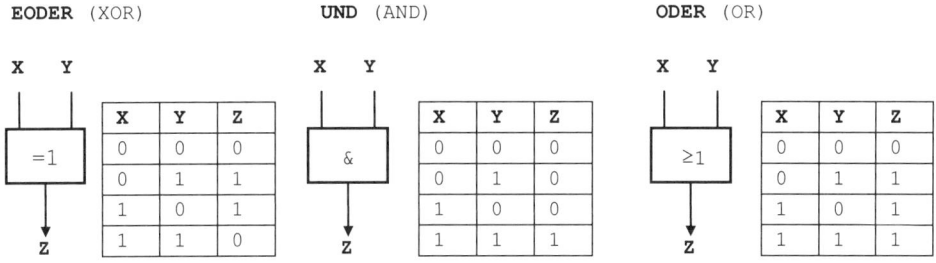

Das logische EODER (XOR) liefert die wertniedere Stelle der zweistelligen Summe. Bei logischen Operationen ergibt das **E**xklusive ODER immer dann am Ausgang eine 1, wenn beide Eingänge ungleich sind.

Das logische UND (AND) liefert die werthöhere Stelle der zweistelligen Summe. Bei mehrstelligen Additionen wird sie auch als Carry (Übertrag) bezeichnet. Bei logischen Operationen liefert das UND nur dann am Ausgang eine 1, wenn *alle* Eingänge 1 sind.

Das logische ODER (OR) ist für eine Addition nur brauchbar, wenn der Fall 1 + 1 => 1 0 ausgeschlossen wird. Bei logischen Operationen liefert das ODER immer dann am Ausgang eine 1, wenn mindestens ein Eingang 1 ist. Ein ODER mit mehreren Eingängen wird dazu verwendet, ein Ergebnis auf Null zu prüfen, da der Ausgang nur dann 0 ist, wenn *alle* Eingänge 0 sind.

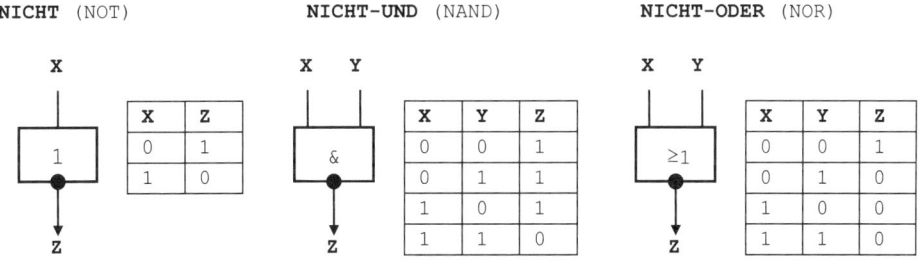

Das logische NICHT (NOT) negiert alle Bitpositionen des Operanden nach der Regel „aus 0 mach 1 und aus 1 mach 0" und wird dazu verwendet, die Subtraktion auf eine Addition des Komplements zurückzuführen. Schaltet man hinter ein UND bzw. ODER direkt ein NICHT (NOT) so entsteht ein NICHT-UND (NAND) bzw. ein NICHT-ODER (NOR).

Der *Halbaddierer* verknüpft zwei Dualstellen a und b zu einer Summe S und einem Übertrag Cn. Dies ist eine Addition zweier einstelliger Dualzahlen zu einer zweistelligen Summe.

Der *Volladdierer* verknüpft zwei Dualstellen und den Übertrag Cv der vorhergehenden Stelle zu einer Summe und einem Übertrag Cn auf die nächste Stelle. Dabei addiert das ODER die Teilüberträge der beiden Halbaddierer, die niemals beide 1 sein können.

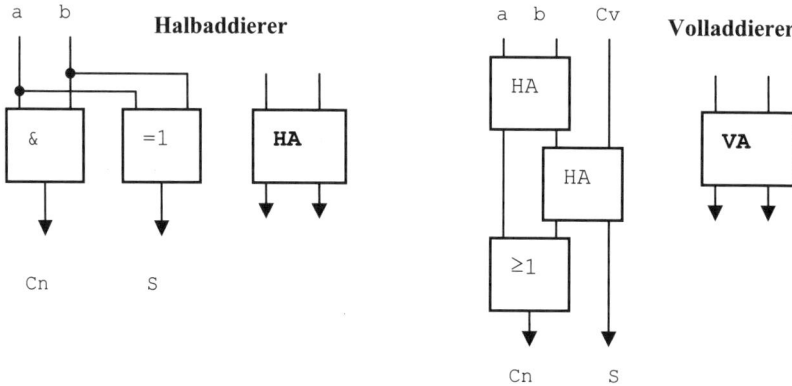

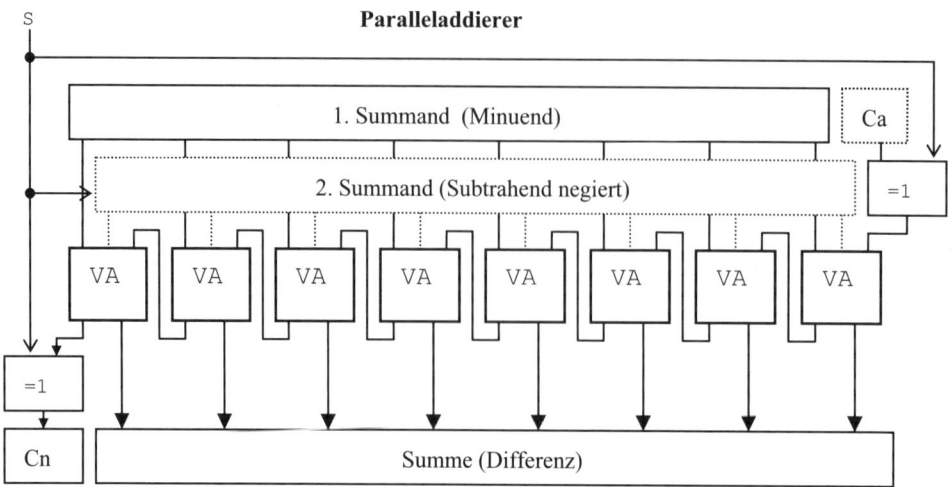

1.1 Grundlagen

Der *Paralleladdierer* besteht aus mehreren Volladdierern, mit denen zwei mehrstellige Dualzahlen unter Berücksichtigung der Stellenüberträge addiert werden; dabei ist das Steuerbit S = 0. Die Subtraktion wird auf eine Addition des Zweierkomplements zurückgeführt. Ein Steuerbit S = 1 negiert den Eingang Ca des letzten Volladdierers, den gesamten Subtrahenden und das Carrybit Cn. Beispiel für 3 - 2 = 1:

```
3 = 00000011   Minuend bleibt          00000011
2 = 00000010   Subtrahend negiert  +   11111101
Eingang Ca = 0             negiert  +          1
                  Carry Cn = 1 00000001 Differenz
                  Carry negiert Cn = 0 kein Unterlauf
```

Mit Zusatzschaltungen lassen sich folgende arithmetische Operationen durchführen:

- add Addieren zweier Dualzahlen mit Ca = 0.
- adc Addieren zweier Dualzahlen und eines alten Übertrags am Eingang Ca.
- inc Inkrementieren des ersten Operanden (Ca = 1 und zweiter Operand Null gesetzt).
- sub Subtrahieren 1. Operand – 2. Operand (Komplement) mit Ca = 0.
- sbc Subtrahieren 1. Operand – 2. Operand (Komplement) – alter Übertrag Ca.
- dec Dekrementieren des 1. Operanden durch Subtraktion einer 1.
- neg Negieren des 1. Operanden (Zweierkomplement).

Der Ausgang Cn des werthöchsten Volladdierers wird im Carrybit gespeichert. Es kann sowohl als Zwischenübertrag als auch zur Fehlerkontrolle verwendet werden. Bei einer Addition ergibt sich für Cn = 1 ein Zahlenüberlauf; bei einer Subtraktion bedeutet Cn = 1 einen Zahlenunterlauf. Für Cn = 0 liegen die Ergebnisse im zulässigen Wertebereich.

Mit Zusatzschaltungen lassen sich die logischen Schaltungen des Addierers auch für logische Operationen wie z.B. UND ohne Berücksichtigung benachbarter Bitpositionen verwenden.

Logikfunktionen

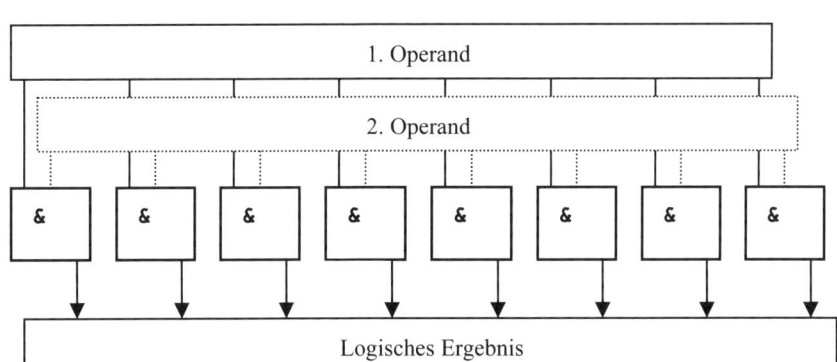

Die Schaltungen führen folgende logische Operationen aus:

- and logisches UND zum Ausblenden (Löschen) von Bitpositionen.
- or logisches ODER zum Einblenden (Setzen) von Bitpositionen.
- eor logisches EODER zum Komplementieren einzelner Bitpositionen.
- com logisches NICHT zum Komplementieren aller Bitpositionen.

Das *Rechenwerk* führt neben den angegebenen arithmetischen und logischen Funktionen der Länge byte (8 bit) weitere Operationen durch, die dem Funktionscode der Befehle entnommen werden. Bei einem 6bit Code sind insgesamt $2^6 = 64$ Befehle vorhanden. Dazu gehören:

- Laden und Speichern von Daten,
- Verschiebungen und Vergleiche,
- Multiplikationen (nur Mega-Familie) sowie
- Bitoperationen und Wortoperationen.

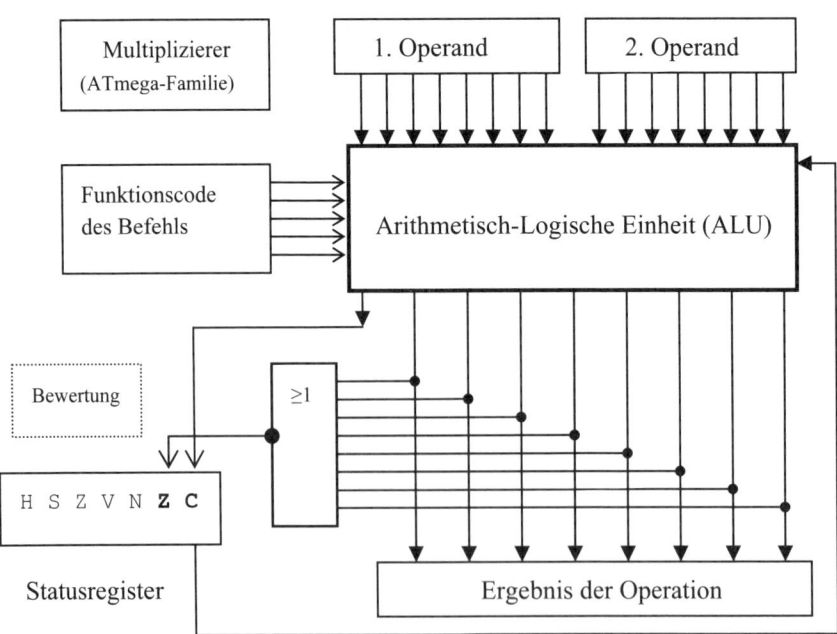

Das Rechenwerk enthält neben der Arithmetisch-Logischen Einheit (ALU) Bewertungsschaltungen, deren Ergebnisse im Statusregister gespeichert werden. Dazu gehören das Carrybit, das einen Überlauffehler anzeigt bzw. als Zwischenübertrag dient, und das Zerobit, das anzeigt, ob das Ergebnis Null ist. Das Steuerwerk wertet die Anzeigebits des Statusregisters für bedingte Sprungbefehle aus.

1.1 Grundlagen

Die Operanden werden aus Registern ausgelesen; Ergebnisse werden in Registern gespeichert. Byteregister bestehen aus acht Speicherstellen (Flipflops), die parallel gelesen und beschrieben werden. Ein Lesesignal kopiert den Inhalt des Speichers; der alte Inhalt der Quelle bleibt dabei erhalten. Ein Schreibsignal überschreibt den alten Speicherinhalt des Ziels mit einem neuen Wert, der solange erhalten bleibt, bis er mit dem nächsten Schreibsignal überschrieben wird. Nach dem Einschalten der Versorgungsspannung ist der Inhalt der Arbeitsregister undefiniert; bei einem Reset bleibt ihr Inhalt erhalten.

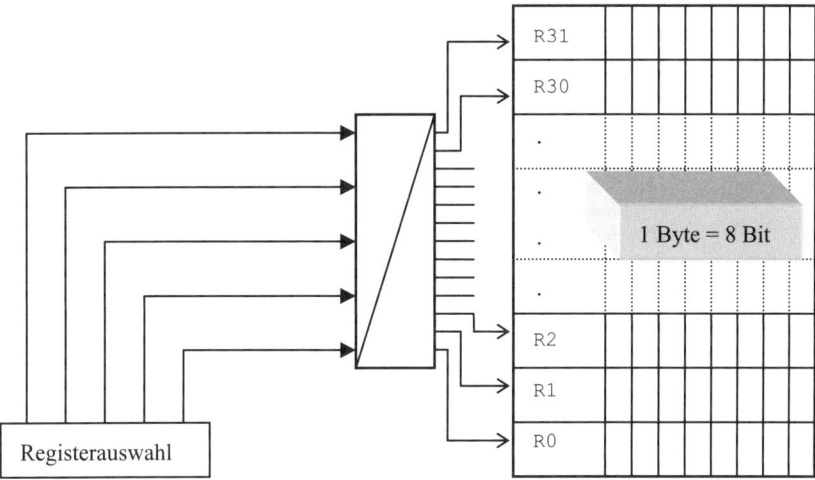

Bei einem Registersatz von 32 Arbeitsregistern sind fünf bit für die Auswahl eines Registers erforderlich; 10 bit für Befehle mit zwei Registeroperanden. Dann bleiben bei einem 16bit Befehl noch sechs bit für die Codierung von 64 Befehlen übrig. Man unterscheidet:

- Befehle für Operationen in einem Register,
- Befehle für Operationen mit einem Register und einer im Befehl abgelegten Konstanten,
- Befehle für Operationen mit zwei Registern,
- Befehle mit einem Register und einer Speicherstelle im Datenspeicher benötigen zusätzlich ein weiteres Befehlswort für die Datenadresse,
- Befehle mit indirekter Adressierung legen die Datenadresse in einem Adressregister ab,
- Peripheriebefehle enthalten eine verkürzte Schnittstellenadresse und
- Befehle, die sich auf bestimmte Register oder Bitpositionen beziehen und keine Adressen enthalten.

In der Assemblerprogrammierung wird man mit häufig benutzten Variablen wie z.B. Zählern in Registern und nicht im Datenspeicher arbeiten. C-Compiler versuchen auch ohne den Speicherklassenspezifizierer `register` Variablen möglichst in Registern anzulegen.

1.1.3 Zahlendarstellungen

Vorzeichenlose (unsigned) Dualzahlen werden in allen Bitpositionen als Zahlenwert abgespeichert. Beispiele in der 8bit Darstellung.

$0_{10} = 00000000_2$ kleinste vorzeichenlose Zahl
$127_{10} = 01111111_2$
$128_{10} = 10000000_2$
$255_{10} = 11111111_2$ größte vorzeichenlose Zahl

In dem Modell des Rechenwerks für vorzeichenlose Zahlen wird der Überlauf des werthöchsten Volladdierers im Carrybit **C** gespeichert und dient sowohl zur Fehleranzeige als auch als Zwischenübertrag. Das Nullanzeigebit **Z** (Zero) ergibt sich aus einer NOR-Verknüpfung aller Bitpositionen des Resultats.

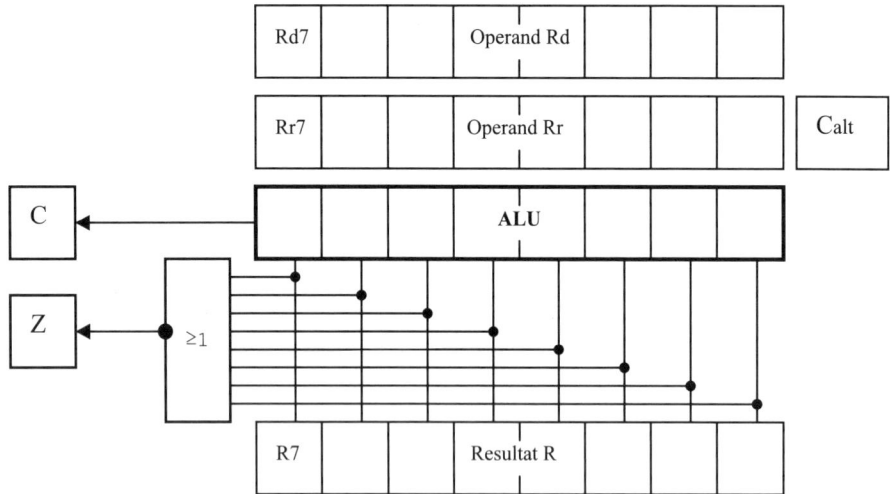

Bei einer vorzeichenlosen *Addition* nimmt das Carrybit die nicht darstellbare neunte Stelle der dualen Summe auf und kann zur Überlaufkontrolle bzw. bei mehrstufigen Additionen als Zwischenübertrag verwendet werden. Beispiele:

```
          11111110 = 254          11111110 = 254          11111110 = 254
        + 00000001 =  +1        + 00000010 =  +2        + 00000011 =  +3
    C = 0 11111111 = 255    C = 1 00000000 =   0    C = 1 00000001 =   1
        Z = 0                    Z = 1                    Z = 0
    Kein Überlauf            Überlauf                 Überlauf
    Nicht Null               Null                     Nicht Null
```

1.1 Grundlagen

Bei einer vorzeichenlosen *Subtraktion* bedeutet C = 1 einen Unterlauf bzw. ein Borgen bei mehrstelligen Subtraktionen, da beim Subtrahieren das C-Bit des letzten Volladdierers negiert im C-Bit des Statusregisters erscheint. Beispiele:

```
      00000010 =  2              00000010 =  2              00000010 =  2
    - 00000001 = -1            - 00000010 = -2            - 00000011 = -3
C = 0 00000001 =  1        C = 0 00000000 =  0        C = 1 11111111 = 255
      Z = 0                      Z = 1                      Z = 0
Kein Unterlauf              kein Unterlauf             Unterlauf
Nicht Null                  Null                       Nicht Null
```

Die Darstellung im Zahlenkreis zeigt die recht überraschenden Ergebnisse, dass 254 + 3 die Summe 1 und nicht 257 liefert und dass 2 − 3 die Differenz 255 und nicht -1 ergibt.

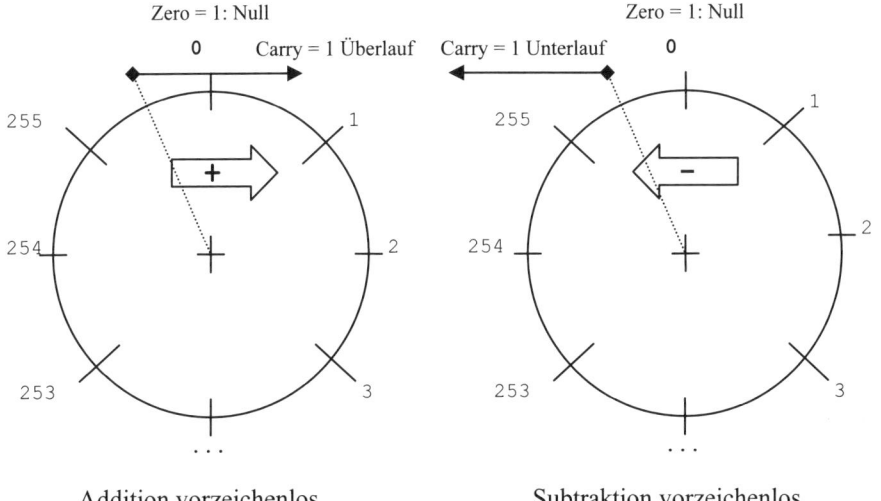

Addition vorzeichenlos   Subtraktion vorzeichenlos

Bei *positiven* vorzeichenbehafteten (signed) Dualzahlen erscheint in der linkesten Bitposition, dem Vorzeichenbit, immer eine 0. Beispiele in der 8bit Darstellung:

0_{10} = **0**0000000$_2$ kleinste positive Zahl
+127_{10} = **0**1111111$_2$ größte positive Zahl

Bei *negativen* vorzeichenbehafteten (signed) Dualzahlen erscheint in der linkesten Bitposition, dem Vorzeichenbit, immer eine 1. Beispiele in der 8bit Darstellung:

−1_{10} = **1**1111111$_2$ größte negative Zahl
−128_{10} = **1**0000000$_2$ kleinste negative Zahl

Negative Dualzahlen werden im *Zweierkomplement* dargestellt. Zur Beseitigung des Vorzeichens addiert man einen Verschiebewert aus den höchsten Ziffern des Zahlensystems (z.B. 11111111 bei 8 bit). Dies lässt sich durch einen einfachen Negierer (aus 0 mach 1 und aus 1 mach 0) realisieren. Das dabei entstehende Einerkomplement wird durch Addition von 1 zum Zweierkomplement, das sich durch Weglassen der neunten Stelle besser korrigieren lässt. Beispiel für den Wert -1:

```
Verschiebewert:        11111111
 negative Zahl:       - 00000001
                       --------
Einerkomplement:       11111110
                     +        1
                       --------
Zweierkomplement:      11111111    größte negative Zahl -1
```

Für eine *Rückkomplementierung* negativer Dualzahlen, die in der linkesten Bitposition eine 1 aufweisen, ist das gleiche Verfahren anzuwenden.

1. Komplementiere die negative Zahl.
2. Addiere eine 1.

Das Beispiel zeigt die Rückkomplementierung der vorzeichenbehafteten Dualzahl **1**0000000:

10000000 -> 01111111 + 1 -> -**1**0000000 = -128   kleinste negative Zahl

Für vorzeichenbehaftete Dualzahlen erscheinen im Modell des Rechenwerks drei *Bewertungsschaltungen*, die das Vorzeichen berücksichtigen.

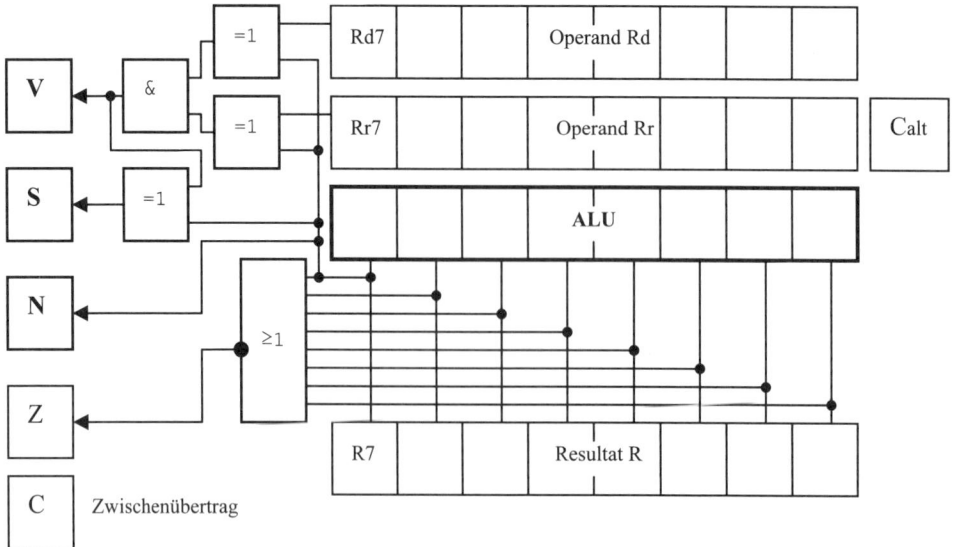

1.1 Grundlagen

Das Carrybit wird zwar verändert, darf aber als Überlaufanzeige nicht ausgewertet werden. An seine Stelle tritt das *V-Bit* (oVerflow) zur Erkennung eines Überlaufs bzw. Unterlaufs. Es entsteht durch einen Vergleich des Vorzeichens des Ergebnisses mit den Vorzeichen der beiden Operanden. Zwei positive Zahlen müssen ein positives Resultat liefern, zwei negative Zahlen ein negatives. Bei einem Über- bzw. Unterlauf tritt ein Vorzeichenwechsel auf. Für die Fälle Rd7 = 0, Rr7 = 0 und R7 = 1 sowie Rd7 = 1, Rr7 = 1 und R7 = 0 liefert die Vergleicherschaltung V = 1. Das an der linkesten Stelle des Resultates stehende Vorzeichen erscheint im *N-Bit*. Im Falle eines Über- bzw. Unterlaufs ist es jedoch durch den Vorzeichenwechsel negiert und wird bei V = 1 im *S-Bit* zum echten Vorzeichen korrigiert; das Resultat ist jedoch vorzeichenlos und liegt nicht mehr im zulässigen Zahlenbereich! Wie bei vorzeichenlosen Zahlen speichert das *Z-Bit* die Nullbedingung; das Carrybit enthält bei mehrstelligen Operationen den Zwischenübertrag.

Die Darstellung im Zahlenkreis zeigt die recht überraschenden Ergebnisse, dass +127 + 1 die Summe -128 und nicht +128 liefert und dass -128 - 1 die Differenz +127 und nicht -129 ergibt.

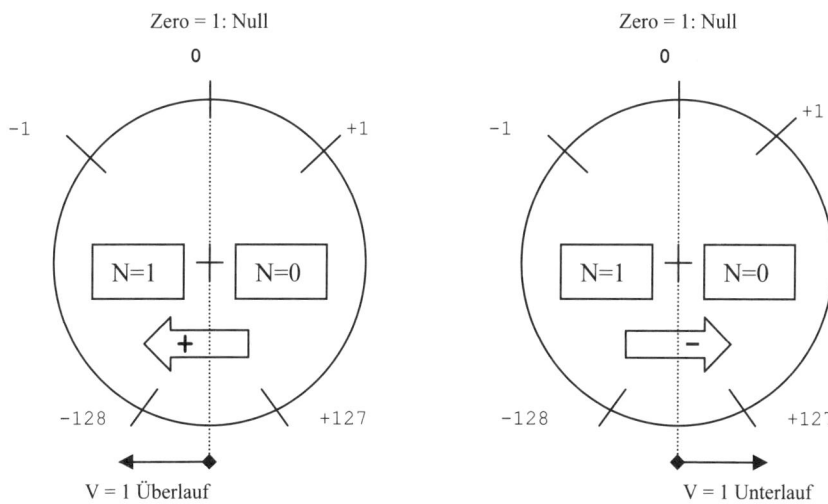

Addition vorzeichenbehaftet   Subtraktion vorzeichenbehaftet

Das Rechenwerk addiert und subtrahiert nur Bitmuster; die entsprechenden Befehle sind für alle Zahlendarstellungen gleich. Bei *jeder* arithmetischen Operation werden *alle* Bedingungsbits durch das Ergebnis gesetzt bzw. gelöscht; es ist die Aufgabe des Programms diese auch entsprechend der Zahlendarstellung auszuwerten, um einen Überlauf bzw. Unterlauf abzufangen. In der Assemblerprogrammierung stehen die entsprechenden Befehle zur Verfügung, in der C-Programmierung gibt es dazu keine Möglichkeit. In kritischen Fällen ist es erforderlich, mit höherer Genauigkeit zu rechnen und den Zahlenbereich zu überprüfen.

Binär codierte Dezimalzahlen (BCD) werden vorzugsweise für die dezimale Ausgabe von Werten auf Siebensegmentanzeigen und LCD-Modulen verwendet, bei denen jede Dezimalstelle binär codiert werden muss. Der BCD-Code (**B**inär **C**odierte **D**ezimalziffer) stellt die Ziffern von 0 bis 9 durch die entsprechenden vierstelligen Dualzahlen von 0000 bis 1001 dar. Die Bitkombinationen 1010 bis 1111 nennt man Pseudotraden, die von den üblichen Decoderbausteinen in Sonderzeichen umgesetzt werden. Für die Arbeit mit BCD-codierten Dezimalzahlen gibt es folgende Verfahren:

- Duale Darstellung und Rechnung mit dezimaler Umwandlung zur Eingabe und Ausgabe.
- Dezimale Rechnung in der BCD-Darstellung mit direkter Ausgabe.
- Ungepackte BCD-Darstellung mit einer Dezimalziffer in einem Byte.
- Gepackte BCD-Darstellung mit zwei Dezimalziffern in einem Byte.

Durch die Darstellung der BCD-Ziffern als vierstellige Dualzahl kann ein duales Rechenwerk auch für dezimale Additionen und Subtraktionen verwendet werden; jedoch ist eine Korrektur des Ergebnisses durch Auswertung des C-Bits (Carry) und des H-Bits (Halfcarry) erforderlich, die wegen fehlender Korrekturbefehle vom Programm durchgeführt werden muss. Sie ist erforderlich, wenn bei der dualen Addition einer Stelle entweder eine Pseudotetrade oder ein Übertrag aufgetreten ist.

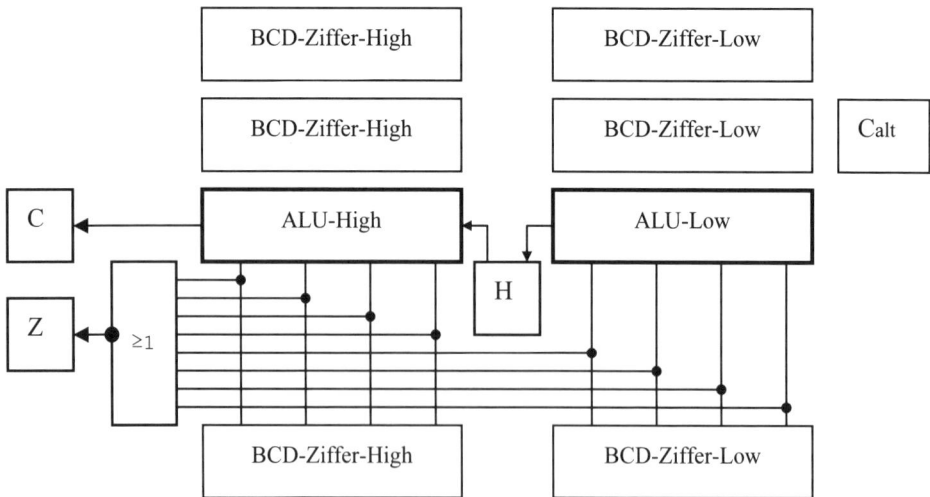

In der Assemblerprogrammierung wird die Dezimalkorrektur oft mit Funktionen oder Makroanweisungen durchgeführt, die das H-Bit auswerten. Bei C-Compilern, die keinen Datentyp `bcd` definieren, müssen die mit den Datentypen `char` oder `int` berechneten dualen Ergebnisse zur Ausgabe dezimal umgewandelt ausgegeben werden.

1.1 Grundlagen

Reelle Zahlen bestehen aus einem ganzzahligen Anteil (Vorpunktstellen) und einem gebrochenen Anteil (Nachpunktstellen). Die Multiplikationsbefehle der Mega-Familie speichern in Bit 7 eine Vorpunktstelle und in Bit 6 bis Bit 0 sieben Nachpunktstellen. Sie legen den Punkt zwischen die Bitpositionen Bit 7 und Bit 6. Das Beispiel speichert die Nachpunktstellen linksbündig und nimmt an, dass der Dualpunkt vor der werthöchsten Stelle steht.

Bit 7	Bit 6	Bit 5	Bit 4	Bit 3	Bit 2	Bit 1	Bit 0
2^{-1}	2^{-2}	2^{-3}	2^{-4}	2^{-5}	2^{-6}	2^{-7}	2^{-8}
0.5	0.25	0.125	0.0625	0.03125	0.015625	0.0078125	0.00390625

Die dezimale Summe aller acht Stellenwertigkeiten ergibt in dieser Darstellung den Wert 0.99609375_{10}. Bei der Dezimal/Dualumwandlung der Nachpunktstellen können Restfehler auftreten, wenn ein unendlicher Dualbruch erscheint, der wegen der beschränkten Stellenzahl abgebrochen werden muss. Ein Beispiel ist die Umwandlung von 0.4_{10} mit acht Stellen hinter dem Dualpunkt.

```
0.4₁₀ -> 0.0110 0110    Periode 0110    ->    0.3984375₁₀
```

In der *Festpunktdarstellung* (Fixed Point) legt man Vorpunkt- und Nachpunktstellen hintereinander ab und denkt sich den Punkt zwischen den beiden Anteilen. Beispiele für acht Dezimalstellen und für 16 Dualstellen, die in zwei Bytes gespeichert werden.

```
15.75₁₀ = 0015●7500    ->    1111.11₂ = 00001111●11000000
```

Behandelt man beide Anteile zusammen als eine ganze Zahl, so ergibt sich aus der Anzahl der Nachpunktstellen ein konstanter Skalenfaktor f = Basis $^{\text{Anzahl der Nachpunktstellen}}$. Bei vier dezimalen Nachpunktstellen ist $f = 10^4 = 10000$; bei acht dualen Nachpunktstellen ist $f = 2^8 = 256_{10}$. Unter Berücksichtigung des Skalenfaktors lassen sich reelle Festpunktzahlen mit den für ganze Zahlen vorgesehenen Operationen berechnen.

addieren: (a *f) **+** (b *f) = (a **+** b) *f *ohne Korrektur*

subtrahieren: (a *f) **−** (b *f) = (a **−** b) *f *ohne Korrektur*

multiplizieren: (a *f) ***** (b *f) = (a ***** b) *f*f *Korrektur Produkt* **/f**

dividieren: (a *f) **/** (b *f) *Korrektur vor Division: Dividend* ***f**

(a *f) ***f /** (b *f) = (a **/** b) *f

Bei der Multiplikation und Division (Rest) können Nachpunktstellen, die nicht mehr in die Speicherlänge passen, verloren gehen. Durch den Übergang von einem festen zu einem variablen Skalenfaktor, der mit abgespeichert wird, lässt sich der Zahlenumfang erweitern.

In der *Gleitpunktdarstellung* (Floating Point) wird die Zahl mit einer normalisierten Mantisse und einem ganzzahligen Exponenten zur Basis des Zahlensystems gespeichert. Beispiele:

```
15.75₁₀ = 1.575 · 10¹    ->    1111.11₂ = 1.11111 · 2³
```

Normalisieren bedeutet, den Punkt so zu verschieben, dass er hinter der werthöchsten Ziffer steht. Der Exponent enthält dann die Anzahl der Verschiebungen. Bei Zahlen größer als 1 ist der Exponent positiv (Punkt nach links schieben); bei Zahlen kleiner als 1 (Punkt nach rechts schieben) ist er negativ. Die folgenden Beispiele entsprechen dem Datentyp `float` der Programmiersprache C, der standardmäßig vier Bytes (32 Bits) belegt. Im Speicher steht das Vorzeichen der Zahl in der linkesten Bitposition, dann folgt in 23 Bitpositionen der Absolutwert, nicht das Zweierkomplement. Die acht bit lange Charakteristik setzt sich zusammen aus dem dualen Exponenten und einem Verschiebewert von $127_{10} = 01111111_2$, der das Vorzeichen des Exponenten beseitigt. Damit ergibt sich ein dezimaler Zahlenbereich von etwa $-3.4 \cdot 10^{-38}$ bis $+3.4 \cdot 10^{+38}$. Die 23 bit lange Mantisse entspricht einer Genauigkeit von etwa sieben Dezimalstellen. Die führende 1 der normalisiert dargestellten Vorpunktstelle wird bei der Speicherung unterdrückt und muss bei allen Operationen wieder hinzugefügt werden. Das Beispiel zeigt die Dezimalzahl +15.75 als normalisierte Gleitpunktzahl in der Darstellung des Datentyps `float`.

```
+15.75 = + 1111.11000000000000000000
       = + 1.111110000000000000000 * 2³    normalisiert mit Vorpunktstelle
Charakteristik: 127₁₀ + 3₁₀ = 130₁₀ = 10000010₂
Zusammensetzung:
Vorzeichen:        0
Charakteristik:    10000010
Mantisse:                  11111000000000000000000    ohne Vorpunktstelle!
Speicher binär:   01000001011111000000000000000000
hexadezimal:       4   1   7   C   0   0   0   0
```

Diese Gleitpunktdarstellung ist in IEEE 754 genormt. Dort finden sich weitere Angaben über nichtnormalisierte Zahlen verminderter Genauigkeit, über die Darstellung von Unendlich (INF) und über Fehlermarken (NAN). Bei der Berechnung von Gleitpunktzahlen mit den für ganze Zahlen vorgesehenen Operationen sind Mantisse und Charakteristik getrennt zu behandeln. Die Mantissen der Ergebnisse werden wieder normalisiert. Vor Additionen und Subtraktionen wird der Exponent der kleineren Zahl durch Verschiebungen der Mantisse an den Exponenten der größeren Zahl angepasst. Dezimales Beispiel:

```
1.2·10⁴ + 3.4·10² -> 1.2·10⁴ + 0.034·10⁴ -> 1.234·10⁴    Addition
```

Bei Multiplikationen werden die Exponenten addiert und die Mantissen multipliziert; bei Divisionen subtrahiert man die Exponenten und dividiert die Mantissen. Dezimale Beispiele:

```
1.2·10² * 1.2·10³ -> (1.2 * 1.2)·10²⁺³ -> 1.44·10⁵    Multiplikation
1.44·10⁵ / 1.2·10² -> (1.44 / 1.2)·10⁵⁻² -> 1.2·10³    Division
```

Bei arithmetischen Operationen mit reellen Zahlen sind die Vorpunktstellen immer genau; bei Nachpunktstellen muss jedoch mit Ungenauigkeiten durch Umwandlungsfehler und Abschneiden von nicht darstellbaren Stellen gerechnet werden.

1.1 Grundlagen 25

Für die Eingabe und Ausgabe von Dezimalzahlen sind Umwandlungsverfahren von dezimal nach dual und von dual nach dezimal erforderlich.

Ganze Zahlen bzw. die Vorpunktstellen werden nach dem Divisionsrestverfahren fortlaufend durch die Basis des neuen Zahlensystems dividiert, die Reste ergeben die Ziffern des neuen Zahlensystems. Der Rest der ersten Division liefert die wertniedrigste Stelle. Das Beispiel wandelt die Dezimalzahl 123_{10} in eine Dualzahl.

```
123 : 2 = 61 Rest 1                     (wertniedrigste Stelle)
 61 : 2 = 30 Rest 1
 30 : 2 = 15 Rest 0
 15 : 2 =  7 Rest 1
  7 : 2 =  3 Rest 1
  3 : 2 =  1 Rest 1
  1 : 2 =  0 Rest 1
                       123₁₀ = 1111011₂ = 7B₁₆ = $7B = 7*16 + 11 = 123
```

Nachpunktstellen werden fortlaufend mit der Basis des neuen Zahlensystems multipliziert. Das Produkt wird in eine Vorpunktstelle und in Nachpunktstellen zerlegt. Die Vorpunktstelle ergibt die Stelle des neuen Zahlensystems; mit den Nachpunktstellen wird das Verfahren fortgesetzt, bis das Produkt Null ist oder die maximale Stellenzahl erreicht wurde. Im ersten Schritt entsteht die erste Nachpunktstelle. Das Beispiel wandelt die Dezimalzahl 0.6875_{10} in eine Dualzahl.

```
0.6875 * 2 = 1.3750 = 0.3750 + 1         (höchste Stelle)
0.3750 * 2 = 0.7500 = 0.7500 + 0
0.7500 * 2 = 1.5000 = 0.5000 + 1
0.5000 * 2 = 1.0000 = 0.0000 + 1
0.0000 * 2 = 0.0000 = 0.0000 + 0
                       0.6875₁₀ = 0.10110000₂ = $B0 = 11/16
```

Wird das Verfahren mit dem Produkt Null vorzeitig beendet, so füllt man die restlichen Stellen mit Nullen auf. Muss das Verfahren beim Erreichen der maximalen Stellenzahl vorzeitig abgebrochen werden, so entsteht ein Umwandlungsfehler. Beispiel:

```
0.4₁₀ => 0.01100110011001100110.......Periode 0110
0.4₁₀ => 0.01100110₂ + Restfehler bei acht Nachpunktstellen
0.4₁₀ => 0.66₁₆ => 6/16 + 6/256 = 0.375 + 0.0234375 => 0.3984375₁₀
```

Die Rückwandlung der bei acht Nachpunktstellen abgebrochenen Dualzahl in eine Dezimalzahl ergibt 0.3984375_{10} und nicht 0.4_{10} wie zu erwarten wäre.

In der Assemblerprogrammierung führt man die Zahlenumwandlung mit entsprechenden Unterprogrammen durch. Die in den C-Funktionen `scanf` und `printf` enthaltenen Umwandlungsfunktionen sind nur bedingt brauchbar, sodass man auch hier auf eigene Funktionen angewiesen ist.

1.1.4 Steuerwerk und Programmstrukturen

Das Steuerwerk des Mikrocontrollers besteht wie das Rechenwerk aus logischen Schaltungen, die binär codierte Befehle in mehreren Schritten ausführen:

- Befehlsadresse aus dem Befehlszähler PC an den Befehlsspeicher aussenden,
- Befehl vom Befehlsspeicher auslesen und decodieren,
- Operationscode an die ALU übergeben,
- Operanden aus dem Datenspeicher holen und Operation ausführen,
- Ergebnis an den Datenspeicher übergeben und
- den nächsten Befehl vorbereiten.

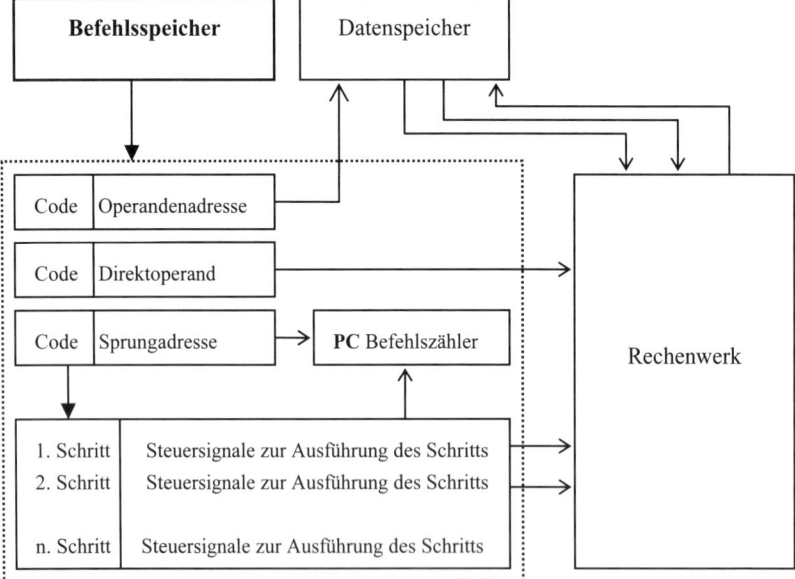

Steuerwerk

Die Mikroprogrammsteuerwerke der CISC-Architektur (Complex Instruction Set Computer) holen die Verarbeitungsschritte aus einem Mikrocodespeicher und führen Befehle, die mehrere Operationen umfassen können, in mehreren Takten aus. Steuerwerke der RISC-Architektur (Reduced Instruction Set Computer) bestehen im Wesentlichen aus Logikschaltungen und können daher einfache Befehle in wenigen Takten ausführen. Durch die Überlappung der Befehlsausführung mit dem Holen des nächsten Befehls werden die meisten Befehle der AVR-Controller in einem Takt ausgeführt; der Additionsbefehl benötigt z.B. bei einem Systemtakt von 10 MHz eine Zeit von 0.1 µs entsprechend 100 ns.

1.1 Grundlagen

Ein *Programm* besteht aus Maschinenbefehlen, die binär codiert im Programmspeicher liegen und nacheinander in das Steuerwerk geladen werden. Das Rechenwerk führt die arithmetischen und logischen Operationen wie z.B. die Addition in der ALU durch; Steuerbefehle wie z.B. Sprünge steuern die Reihenfolge, in der die Maschinenbefehle aus dem Programmspeicher geholt werden. Bei bedingten Sprüngen liefert das Ergebnis einer ALU-Operation (z.B. das Null-Bit) die Sprungbedingung.

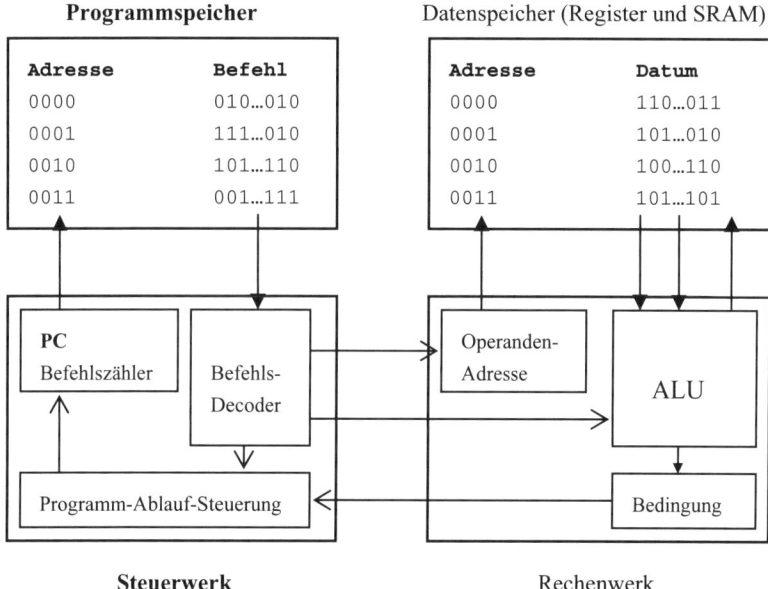

Ein Assembler übersetzt die symbolischen Assemblerbefehle 1:1 in binäre Maschinenbefehle. Ein Compiler übersetzt in einer höheren Programmiersprache, wie z.B. C, geschriebene Anweisungen meist in mehrere Maschinenbefehle, die in den Programmspeicher geladen und dann ausgeführt werden. Ein Interpreter, wie z.B. BASIC, übersetzt jede Anweisung bzw. vorübersetzte Marke (token) vor ihrer Ausführung erneut in Maschinenbefehle und arbeitet daher langsamer als ein Compiler, der die Übersetzung nur einmal vornimmt.

Assemblerprogramme werden grafisch meist als Programmablaufplan dargestellt, während die C-Programmierung fast ausschließlich Struktogramme verwendet. Eine Zusammenstellung der Symbole findet sich im Anhang. Das Grundsymbol für eine arithmetische oder logische Operation ist in beiden Darstellungen ein Rechteck, das aber auch eine Folge von Befehlen bzw. Anweisungen zusammenfassen kann.

Bei einem *linearen Programm* werden die Maschinenbefehle nacheinander aus dem Programmspeicher geholt und ausgeführt. Dabei wird der Befehlszähler **PC** laufend mit der Schrittweite 1 erhöht.

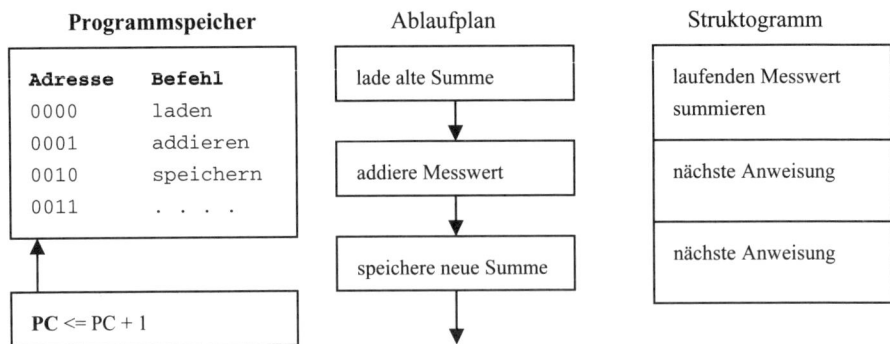

Der Programmablaufplan verbindet die Rechtecksymbole mit Ablaufpfeilen; das Struktogramm reiht die Rechtecke aneinander und führt sie in der Reihenfolge von oben nach unten aus.

Bei einem *unbedingten Sprungbefehl* wird der Befehlszähler **PC** nicht um 1 erhöht, sondern mit der Adresse des Sprungziels geladen. Dafür gibt es folgende Möglichkeiten:

- die Zieladresse steht im zweiten Wort des Befehls (absoluter Sprung),
- zum Befehlszähler wird ein Abstand addiert (relativer Sprung),
- der Befehlszähler wird aus einem Register geladen (berechneter Sprung) oder
- der Befehlszähler wird vom Stapel mit einer Rücksprungadresse geladen.

Eine wichtige Anwendung ist die *Arbeitsschleife*, in der das Programm Eingangsdaten kontrolliert und entsprechende Ausgaben vornimmt.

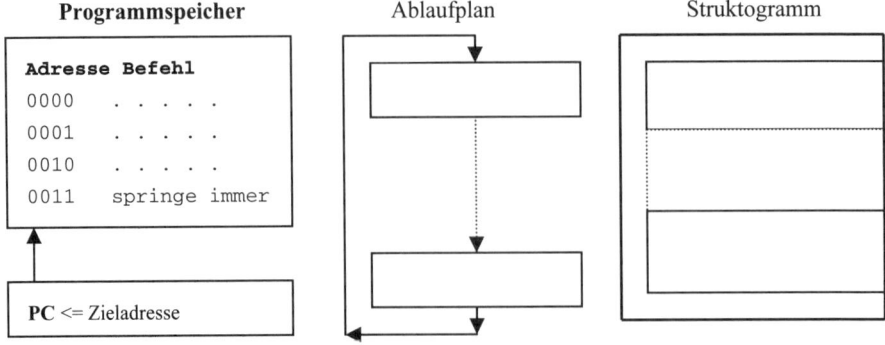

Der Programmablaufplan stellt den unbedingten Sprungbefehl mit einem Pfeil zum Sprungziel dar. Die in der C-Programmierung zwar vorhandene aber selten verwendete goto-Anweisung ist im Struktogramm nicht darstellbar. Die Arbeitsschleife erhält entweder keine Laufbedingung oder als Laufbedingung *immer*.

1.1 Grundlagen

Die *bedingten Sprungbefehle* führen bei *ja* (Bedingung erfüllt) den am angegebenen Ziel befindlichen Befehl oder bei *nein* (Bedingung nicht erfüllt) den nächsten Befehl aus. Die Programm-Ablauf-Steuerung wählt mit einem Bedingungsbit den Befehl aus, der als nächster ausgeführt wird. Ist das Bedingungsbit **1** (*ja*, erfüllt), so wird der Befehlszähler mit der Zieladresse geladen; ist das Bedingungsbit **0** *(nein*, nicht erfüllt), so wird der Befehlszähler um 1 erhöht. Die Verzweigungsbefehle (branch) werten ein Bewertungsbit des Rechenwerks aus und erhöhen bzw. vermindern bei *ja* den Befehlszähler um einen im Befehl enthaltenen Abstand; die Sprungbefehle (skip) werten ein Testbit der Peripherie oder eines Arbeitsregisters aus und überspringen bei *ja* den nächsten Befehl (PC <= PC + 2).

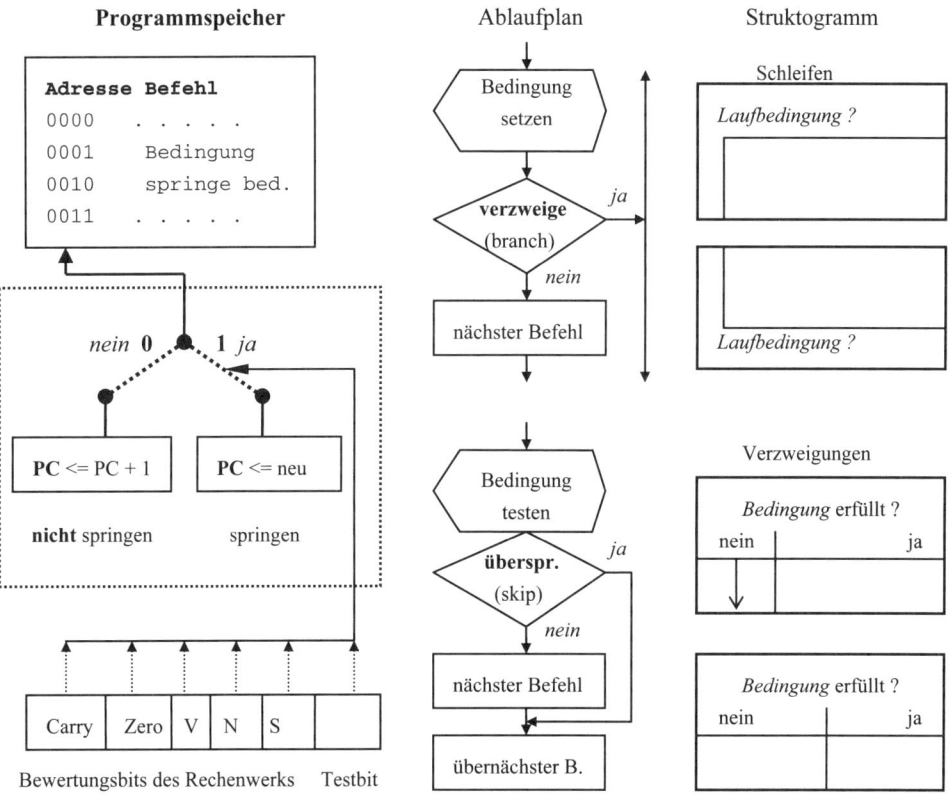

Vor dem *Verzweigungsbefehl* (branch) steht in den meisten Anwendungen ein ALU-Befehl, der die als Bedingung dienende Bitposition im Sinne des bedingten Befehls verändert. Bedingte Verzweigungen untersuchen z.B. das Ergebnis einer Addition auf Null (Zero) oder Überlauf (Carry). Bei *Sprungbefehlen* (skip) wird die als Bedingung dienende Bitposition im Befehl angegeben (überspringe, wenn…). Der Programmablaufplan stellt die bedingten Sprünge als Raute mit zwei Ausgängen dar, die entweder zum Ziel oder zum nächsten Befehl führen. Bedingte Sprungbefehle dienen zur Programmierung von Schleifen und Verzweigungen, die im Struktogramm mit entsprechenden Symbolen dargestellt werden.

Unterprogramme (Funktionen) fassen Programmteile zusammen, die eine bestimmte Teilaufgabe ausführen. Sie werden mit einem `call`-Befehl aufgerufen, der die Adresse des folgenden Befehls auf den Stapel rettet und dann den Befehlszähler PC unbedingt mit der Adresse des ersten Unterprogrammbefehls lädt. Der `return`-Befehl am Ende des Unterprogramms lädt den Befehlszähler PC mit der Rücksprungadresse vom Stapel und kehrt an die Stelle des Aufrufs zurück.

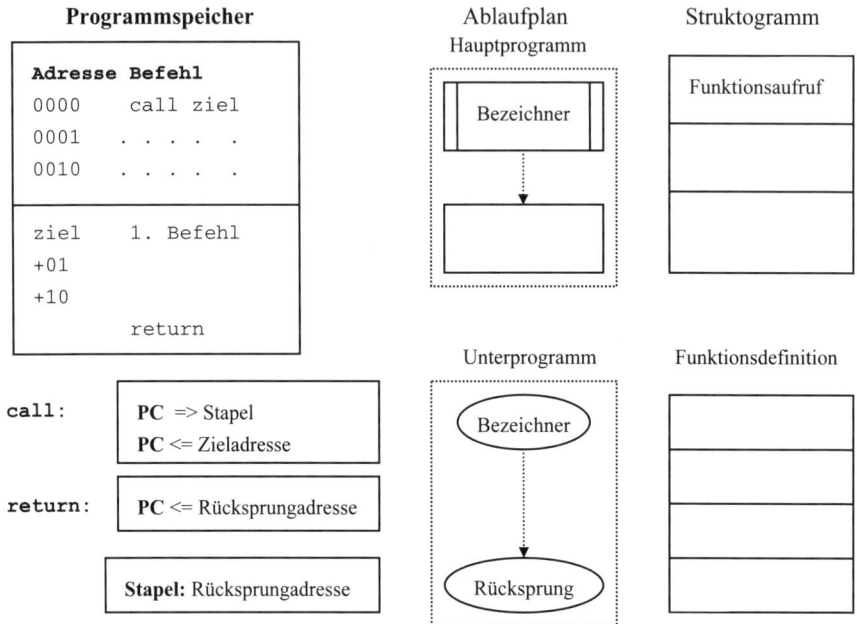

Der Programmablaufplan kennzeichnet den Unterprogrammaufruf durch ein Rechteck mit senkrechten Balken und stellt das Unterprogramm in einem besonderen Ablaufplan dar. Die Funktionen der C-Programmierung erscheinen ebenfalls in eigenen Darstellungen.

Ein *Interrupt* ist ein Ereignis durch ein externes Signal oder einen Peripheriezustand, das über eine besondere Interrupt-Steuerung das laufende Programm unterbricht. Wie bei einem Unterprogrammaufruf wird der laufende Befehlszähler auf den Stapel gerettet und am Ende des gestarteten Service-Programms wieder zurückgeladen. Im Ablaufplan bzw. Struktogramm erscheinen Service-Programme wie Unterprogramme bzw. Funktionen in eigenen Darstellungen, für ihren Aufruf sind keine Symbole vorgesehen, da dieser nicht durch einen Befehl, sondern durch ein programmunabhängiges Ereignis ausgelöst wird. Beispielsweise kann der Timer im Sekundentakt ein Interrupt-Service-Programm aufrufen, das eine in Speicherstellen laufende Uhr weiterstellt.

Umfangreiche Programme werden in *Module* unterteilt und vom Hauptprogramm als Unterprogramme bzw. Funktionen aufgerufen, während durch einen Interrupt gestartete Service-Programme mit dem Hauptprogramm über Speicherstellen Daten austauschen. Beispiele sind

1.1 Grundlagen

Module zur Eingabe von Daten von einer Tastatur und zur Ausgabe von Ergebnissen auf einer LCD-Anzeige. Dem Hauptprogramm steht die laufende Uhrzeit des Uhrenmoduls in entsprechenden Speicherstellen zur Verfügung.

Bei einem modularen Bussystem verkehrt der Master (Hauptcontroller) mit ebenfalls von Controllern gesteuerten Geräten (Slave) z.B. über den I^2C-Bus. Beispiele sind Tastaturen, LCD-Anzeigemodule und Uhrenbausteine als Slave-Geräte.

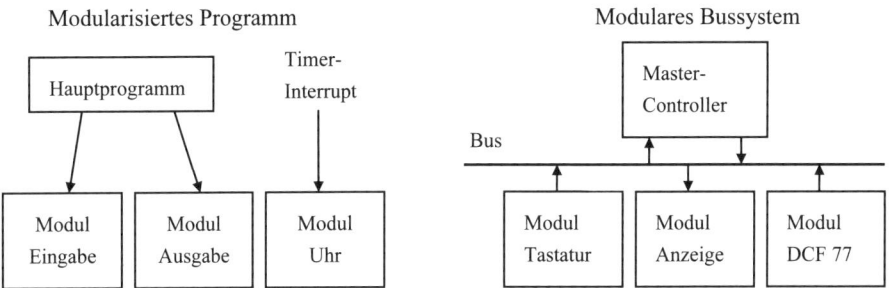

Programme lassen sich wie Schaltwerke durch *Zustandsdiagramme* (Graphen) darstellen. Zustände erscheinen als beschriftete Kreise oder Rechtecke, die durch Pfeile verbunden werden, welche die Übergangsbedingung angeben.

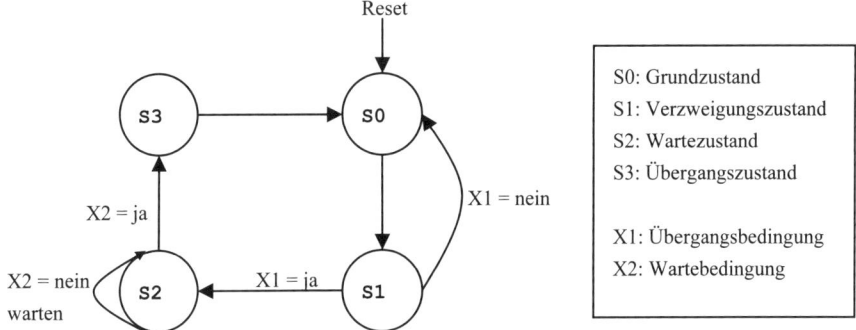

Das Schaltwerk befindet sich nach einem Reset im Grundzustand S0 und geht dann *immer* in den Verzweigungszustand S1 über. Ist die Übergangsbedingung X1 *erfüllt*, so ergibt sich der Wartezustand S2; ist die Bedingung *nicht erfüllt*, so folgt wieder der Zustand S0. Für die Übergangsbedingung X2 *nicht erfüllt* wartet S2 und geht bei *erfüllt* über in den Übergangszustand S3, auf den *immer* der Grundzustand S0 folgt. Mit Zustandsdiagrammen lassen sich Folgen, Verzweigungen und Schleifen wie mit Programmablaufplänen und Struktogrammen darstellen. Das Beispiel zeigt die Arbeit eines stark vereinfachten Steuerwerks zusammen mit einem entsprechenden Ablaufplan und Struktogramm.

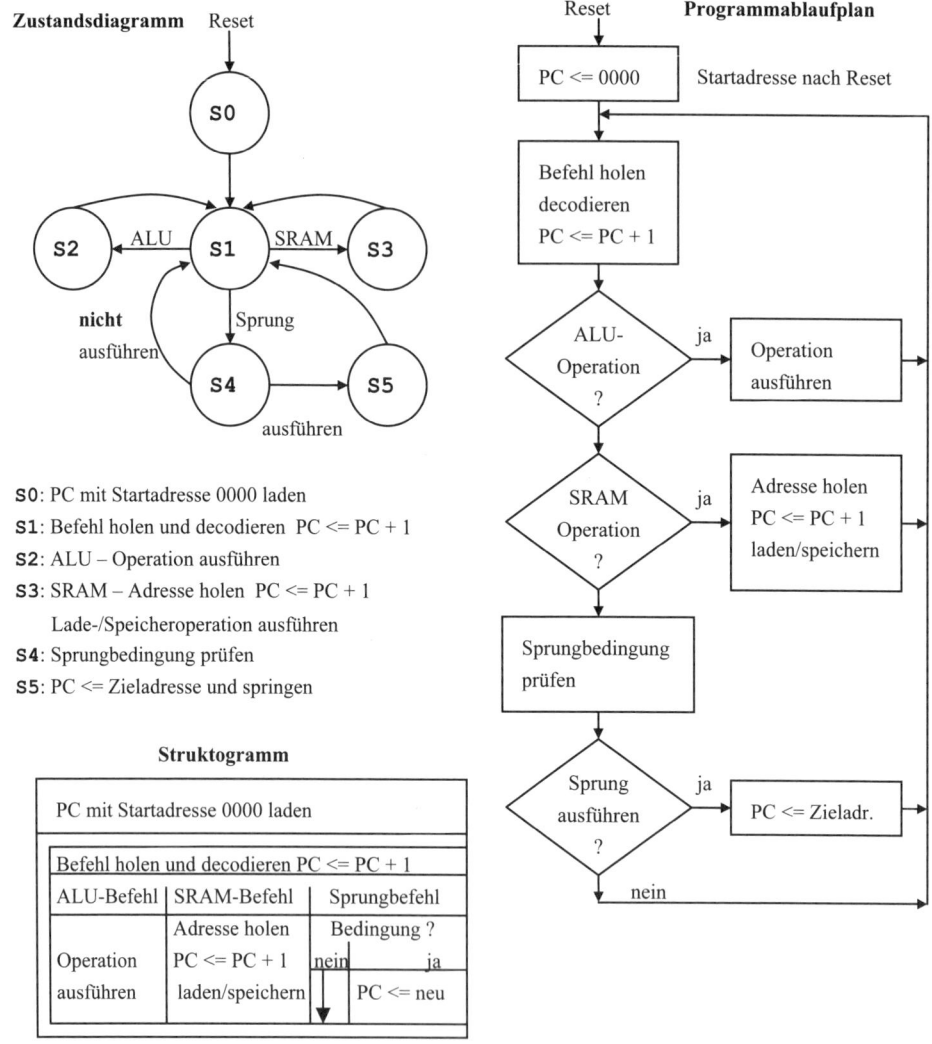

Im Anfangszustand S0 wird der Befehlszähler der Adresse 0000 geladen, auf der sich der erste Befehl des Programms befindet. Dieser wird im Grundzustand S1 aus dem Programmspeicher geholt und decodiert. Dann wird der Befehlszähler um 1 erhöht. Das einfache Modell kennt nur drei Befehlsarten, die nach ihrer Ausführung wieder in den Grundzustand S1 zurückkehren. Der Zustand S2 führt die ALU-Operation mit Operanden aus Registern oder mit einem Direktoperanden durch. Im Zustand S3 wird das folgende Befehlswort mit einer SRAM-Adresse gelesen und für den Speicherzugriff verwendet; der Befehlszähler wird nochmals um 1 erhöht. Der Zustand S4 untersucht die Sprungbefehle und geht nur bei erfüllter Sprungbedingung in den Zustand S5 über, der den Befehlszähler mit der Zieladresse lädt.

1.2 Die Bausteine der Atmel-AVR-Familien

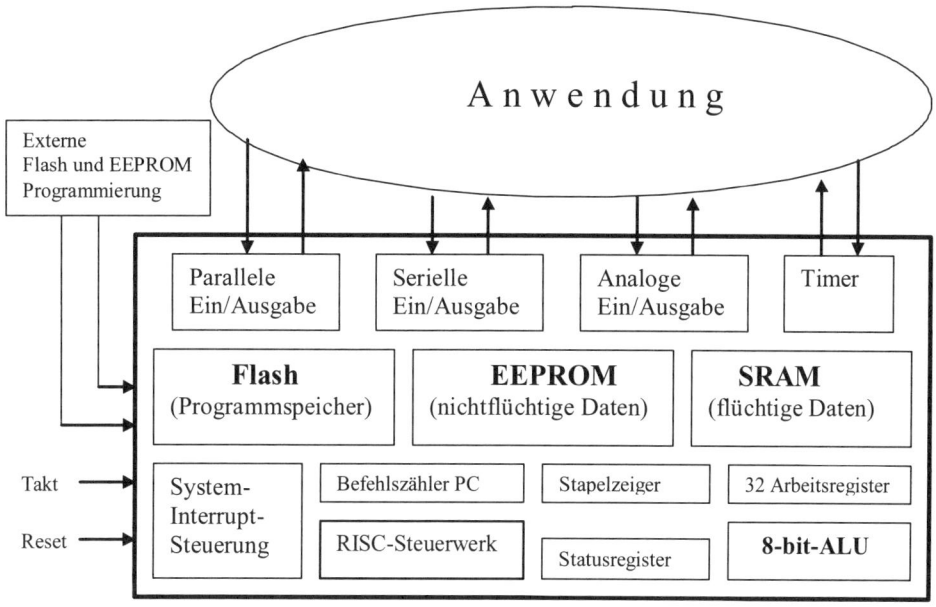

Bild 1-2: Blockschaltplan eines AVR-Controllers eingebettet in eine Anwendung

Das **Programm** befindet sich in einem wortorganisierten Festwertspeicher (Flash), in dem auch Konstanten, also unveränderliche Daten, abgelegt werden können. Die meisten Befehle sind 16 bit breit und werden durch das RISC-Steuerwerk in einem Takt ausgeführt; bei einem Takt von 10 MHz also 10 Millionen Operationen in der Sekunde. Der Flash-Programmspeicher wird bei der Entwicklung des Gerätes durch ein externes Programmiergerät gebrannt (geladen). Eine Umprogrammierung während des Betriebes ist nur für Bausteine der Mega-Familie möglich.

Der **EEPROM-Bereich** ist byteorganisiert und kann sowohl bei der Entwicklung zusammen mit dem Flash-Speicher als auch während des Betriebes mit Daten beschrieben werden. Im Gegensatz zu den Arbeitsregistern und dem SRAM bleibt der Inhalt des EEPROMs auch nach dem Abschalten der Versorgungsspannung erhalten.

Den eigentlichen **Arbeitsspeicher** für Variablen bilden die 32 Arbeitsregister und der statische Schreib/Lese-Speicher **SRAM**. Sie sind beide byteorganisiert (8 bit). Ihr Inhalt geht nach dem Abschalten der Versorgungsspannung verloren und muss gegebenenfalls vorher in den EEPROM-Bereich gerettet werden.

1.2.1 Bauformen und Anschlüsse

Die **Peripherieeinheiten** verbinden den Controller mit der Anwendung wie z.B. mit der zu steuernden Kaffeemaschine. Die parallelen Schnittstellen (Ports) sind byteorganisiert und dienen sowohl zur Eingabe als auch zur Ausgabe von digitalen Steuersignalen. Durch die Programmierung von Steuerregistern lassen sich die Anschlüsse auch für die serielle und die analoge Datenübertragung sowie für die Timer verwenden. Die Möglichkeiten der Peripherie und nicht so sehr die Speichergröße sind bestimmend bei der Auswahl des Controllers für eine Anwendung. Der Baustein ATtiny12 hat bei einem Gehäuse von acht Stiften nur fünf Portleitungen; der Baustein ATmega16 in der DIL-Bauform mit 40 Stiften hat 32 Portleitungen, von denen acht als 10bit Analog/Digitalwandler verwendet werden können. Dieser Baustein wird auch in anderen Gehäusebauformen geliefert.

In den folgenden Tabellen bedeuten:

- I/O (Input/Output) die Anzahl der digitalen Ein-/Ausgabeleitungen,
- UART (Universal Asynchronous Receiver and Transmitter) die V.24-Schnittstelle,
- USART die mit der Synchronfunktion erweiterte V.24-Schnittstelle,
- A/D-Wandler echte Analog/Digitalwandler (kein analoger Komparator),
- SPI (Serial Peripheral Interface) eine serielle Schnittstelle,
- TWI (Two-Wire Serial Interface) eine serielle Busschnittstelle (I^2C)
- USI (Universal Serial Interface) serielle Schnittstelle für UART, SPI und TWI sowie
- JTAG ein Hardware-Interface zum Anschluss von Testsystemen.

Die Bausteine mit den Bezeichnungen AT90S..... bilden die Classic-Familie, die als erste auf dem Markt erschien und heute noch im Versandhandel erhältlich ist. Allerdings werden sie in Neukonstruktionen zunehmend durch die Bausteine der Tiny- und Mega-Familien ersetzt, die durch ihren Preis und ihre Speicherkapazität sowie durch die Möglichkeiten der Peripheriefunktionen deutlich den Classic-Bausteinen überlegen sind.

Baustein	Flash [kbyte]	EEPROM [byte]	SRAM [byte]	Peripherie
AT90S1200	1	64	-	15 I/O, 1 Timer, Analogkomparator
AT90S2313	2	128	128	15 I/O, 2 Timer, Analogkomparator, UART
AT90S2343	2	128	128	5 I/O, 1 Timer
AT90S4433	4	128	256	20 I/O, 2 Timer, UART, SPI, A/D-Wandler
AT90S8515	8	512	512	32 I/O, 2 Timer, Analogkomparator, UART, SPI, ext. RAM
AT90S8535	8	512	512	32 I/O, 2 Timer, Analogkomparator, UART, SPI, A/D-Wandler

Bild 1-3: Bausteine der Classic-Familie (Auswahl)

1.2 Die Bausteine der Atmel-AVR-Familien

Die Bausteine mit den Bezeichnungen ATtiny..... zeichnen sich durch niedrigen Preis und kleine Abmessungen aus.

Baustein	Flash [kbyte]	EEPROM [byte]	SRAM [byte]	Peripherie
ATtiny12	1	64	-	6 I/O, 1 Timer, Analogkomparator
ATtiny15	1	64	-	6 I/O, 1 Timer, Analogkomparator
ATtiny22	1	64	-	6 I/O, 1 Timer, Analogkomparator
ATtiny26	2	128	128	16 I/O, 1 Timer, Analogkomparator
ATtiny2313	2	128	128	18 I/O, 2 Timer, Analogkomparator, USART, USI

Bild 1-4: Bausteine der Tiny-Familie (Auswahl)

Die Bausteine mit den Bezeichnungen ATmega..... bauen die AT-Familie für Hochleistungsanwendungen weiter aus, die früher den 16/32-Bit Controllern vorbehalten waren. Die Tabelle zeigt eine Auswahl z.Z. verfügbarer Bausteine der ATmega-Familie:

Baustein	Flash [kbyte]	EEPROM [byte]	SRAM [byte]	Peripherie
ATmega8515	8	512	512	35 I/O, 3 Timer, SPI, USART, externer RAM
ATmega48	4	256	512	23 I/O, 3 Timer, SPI, USART, TWI, A/D-Wandler
ATmega8	8	512	1024	23 I/O, 3 Timer, SPI, USART, TWI, A/D-Wandler
ATmega88	8	512	1024	23 I/O, 3 Timer, SPI, USART, TWI, A/D-Wandler
ATmega168	16	512	1024	23 I/O, 3 Timer, SPI, USART, TWI, A/D-Wandler
ATmega16	16	512	1024	32 I/O, 3 Timer, SPI, USART, TWI, A/D-Wandler, JTAG
ATmega169	16	512	1024	53 I/O, 4 Timer, SPI, USART, TWI, A/D-Wandler, JTAG zusätzlich LCD-Treiber, verwendet im Butterfly-System
ATmega32	32	1024	2048	32 I/O, 3 Timer, SPI, USART, TWI, A/D-Wandler, JTAG
ATmega64	64	2048	4096	53 I/O, 3 Timer, SPI, USART, TWI, A/D-Wandler, JTAG
ATmega128	128	4096	4096	53 I/O, 3 Timer, SPI, USART, TWI, A/D-Wandler, JTAG

Bild 1-5: Bausteine der Mega-Familie (Auswahl)

Gegenüber der Classic-Familie ergeben sich folgende Erweiterungen:
- Erhöhung des Systemtaktes auf bis zu 20 MHz,
- programmierbare interne und externe Taktquellen (Vorgabe z.B. 1 MHz intern),
- Erweiterung des Bereiches der Betriebsspannung auf 1.8 bis 5.5 Volt,
- Übergang zu PLCC-, MLF- und TQFP-Gehäusen mit bis zu 100 Anschlüssen,
- Erweiterung des Befehlssatzes durch Hardware-Multiplikationsbefehle,
- Interrupteinsprünge im Abstand von zwei Wörtern durch Befehl jmp (zwei Wörter),
- weitere Timer mit mehr und verbesserten PWM-Kanälen,
- Erweiterung des asynchronen UART zum USART mit Synchronbetrieb,
- zusätzliche Zweidraht-Schnittstelle TWI (Two Wire Interface),
- Neu- und Umprogrammierung während des Betriebes durch Boot-Programm und
- JTAG-Interface zum Anschluss von Debuggern wie z.B. JTAG ICE.

Die Bausteine der drei Familien werden in mehreren Gehäusebauformen hergestellt; in den Listen der Lieferanten stehen auch abweichende Bezeichnungen.

- PDIP (Plastic Dual Inline Package), DILxx oder DIP-xx mit zwei Anschlussreihen bei einem Stiftabstand von 2.54 mm für DIL-Sockel mit den Abmessungen 18 x 51 mm,
- SOIC (Plastic Gull Wing Small Outline IC Package), SOICxx oder SOIC-xx mit zwei Anschlussreihen bei einem Stiftabstand von 1.27 mm für SMD-Montage,
- PLCC (Plastic Leaded Chip Carrier), PLCCxx oder PLCC-xx mit Anschlüssen an allen vier Seiten bei einem Stiftabstand von 1.27 mm für PLCC-Fassungen,
- TQFP (Thin Profile Plastic Quad Flat Package), TQFPxx oder TQFP-xx mit Anschlüssen an allen vier Seiten bei einem Stiftabstand von 0.80 mm,
- SSOP (Shrink Small Outline Package) mit zwei Anschlussreihen bei einem Stiftabstand von 0.65 mm und
- MLF (Micro Lead Frame Package) mit Anschlüssen an allen vier Seiten bei einem Stiftabstand von 0.5 mm.

```
    (XCK T0)  PB0  |  1        40 | PA0  (ADC0)
         (T1) PB1  |  2        39 | PA1  (ADC1)
   (INT2 AIN0) PB2 |  3        38 | PA2  (ADC2)
   (OC0 AIN1) PB3  |  4        37 | PA3  (ADC3)
        (/SS) PB4  |  5        36 | PA4  (ADC4)
       (MOSI) PB5  |  6        35 | PA5  (ADC5)
       (MISO) PB6  |  7        34 | PA6  (ADC6)
        (SCK) PB7  |  8        33 | PA7  (ADC7)
             /RESET|  9        32 | AREF
                VCC| 10        31 | GND
                GND| 11        30 | AVCC
              XTAL2| 12        29 | PC7  (TOSC2)
              XTAL1| 13        28 | PC6  (TOSC1)
        (RXD) PD0  | 14        27 | PC5  (TDI)
        (TXD) PD1  | 15        26 | PC4  (TDO)
       (INT0) PD2  | 16        25 | PC3  (TMS)
       (INT1) PD3  | 17        24 | PC2  (TCK)
       (OC1B) PD4  | 18        23 | PC1  (SDA)
       (OC1A) PD5  | 19        22 | PC0  (SCL)
       (ICP1) PD6  | 20        21 | PD7  (OC2)
```

ATmega16

Bild 1-6: Die Anschlussbelegung des ATmega16 in der Bauform PDIP40

1.2 Die Bausteine der Atmel-AVR-Familien

Für die Entwicklung von Versuchsschaltungen sollte möglichst die Bauform PDIP verwendet werden. Das Entwicklungsgerät STK 500 ist mit entsprechenden PDIP-Fassungen ausgestattet; für TQFP64-Bausteine sind Zusatzsockel STK 501 und STK 502 verfügbar.

Bild 1-6 zeigt als Beispiel die Anschlussbelegung des ATmega16 der Gehäusebauform PDIP40 für den Einsatz im Entwicklungsgerät STK 500.

VCC (Stift 10)

Versorgungsspannung 2.7 bis 5.5 Volt bei 8 MHz bzw. 4.5 bis 5.5 Volt bei 16 MHz.

GND (Stift 11) und **GND** (Stift 31)

Die beiden digitalen und analogen Masseanschlüsse müssen direkt miteinander und mit Masse/Ground verbunden werden.

AVCC (Stift 30)

Versorgungsspannung des A/D-Wandlers, kann mit VCC verbunden werden.

AREF (Stift 32)

Referenzspannung des A/D-Wandlers, kann mit VCC verbunden werden.

/RESET (Stift 9)

Rücksetzeingang, offen oder über einen Widerstand (ca. 10 kOhm) mit VCC verbunden.

XTAL1 (Stift 13) und **XTAL2** (Stift 12)

Externe Takteingänge max. 8 bzw. 16 MHz für den Anschluss eines Quarzes mit Kondensatoren von 18 bis 27 pF gegen GND.

Port A (Stifte 33 bis 40)

Acht Anschlüsse für digitale Eingabe und Ausgabe PA7 bis PA0, alternativ:

analoge Eingabe der Kanäle ADC7 (Stift 33) bis ADC0 (Stift 40)

Port B (Stifte 1 bis 8)

Acht Anschlüsse für digitale Eingabe und Ausgabe PB7 bis PB0, alternative Funktionen:

XCK (Stift 1): Taktausgang im Synchronbetrieb der USART-Schnittstelle

T0 (Stift 1) und T1 (Stift 2): externe Takteingänge für Timer0 und Timer1

AIN0 (Stift 3) und AIN1 (Stift 4): Eingänge des Analogkomparators

INT2 (Stift 3): externer Interrupteingang

OC0 (Stift 4): Compareausgang Timer0

/SS (Stift 5), MOSI (Stift 6), MISO (Stift 7) und SCK (Stift 8): serielle SPI-Schnittstelle

Port C (Stifte 22 bis 29)

Acht Anschlüsse für digitale Eingabe und Ausgabe PC7 bis PC0, für PC2 bis PC5 oder TWI oder Timer2 die Anschlüsse 24 bis 27 JTAG mit „*Fuses:* ☐ JTAG Interface …" sperren!

SCL (Stift 22) und SDA (Stift 23): Anschlüsse der seriellen TWI-Schnittstelle (I^{2}C-Bus)

TOSC1 (Stift 28) und TOSC2 (Stift 29): Quarzanschluss für Timer2

TDI (Stift 27), TDO (Stift 26), TMS (Stift 25) und TCK (Stift 24): JTAG-Anschlüsse mit „*Fuses:* ■ JTAG Interface Enabled" freigeben, sonst PC2 bis PC5 oder TWI oder Timer2

Port D (Stifte 14 bis 21)

Acht Anschlüsse für digitale Eingabe und Ausgabe PD7 bis PD0, alternative Funktionen:

TXD (Stift 15) Senderausgang und RXD (Stift 14) Empfängereingang USART-Schnittstelle

INT0 (Stift 16) und INT1 (Stift 17): externe Interrupteingänge

OC1B (Stift 18) und OC1A (Stift 19): Compareausgänge Timer1

ICP1 (Stift 20): Captureeingang Timer1

OC2 (Stift 21): Compareausgang Timer2

In den Abschnitten Programmierung und Peripherie wird der Baustein ATmega16 verwendet. Er hat in der Bauform PDIP40 die gleiche Stiftbelegung wie der ATmega8535 aus der Mega-Familie und wie der AT90S8535 aus der Classic-Familie. Der 40polige Sockel hat die Abmessungen 18 x 51 mm. Der ATmega169 ist eine Erweiterung mit zusätzlichen LCD-Treibern und wird in dem vom Hersteller vertriebenen Demonstrationssystem *Butterfly* eingesetzt.

1.2 Die Bausteine der Atmel-AVR-Familien

Als Ersatz für den in den Beispielen verwendeten ATmega16 bieten sich der ATmega8 sowie seine Erweiterungen ATmega48, ATmega88 und ATmega168 an, die in der Ausführung PDIP für einen schmalen 28poligen Sockel mit den Abmessungen 10 x 36 mm vorgesehen sind und in mehreren Entwicklungssystemen Verwendung finden.

```
        (/RESET) PC6  | 1    28 |  PC5 (ADC5 SCL)
           (RXD) PD0  | 2    27 |  PC4 (ADC4 SDA)
           (TXD) PD1  | 3    26 |  PC3 (ADC3)
          (INT0) PD2  | 4    25 |  PC2 (ADC2)
          (INT1) PD3  | 5    24 |  PC1 (ADC1)
       (XCK T0) PD4   | 6    23 |  PC0 (ADC0)
                Vcc   | 7    22 |  GND
                GND   | 8    21 |  AREF
   (XTAL1 TOSC1) PB6  | 9    20 |  AVcc
   (XTAL2 TOSC2) PB7  | 10   19 |  PB5 (SCK)
            (T1) PD5  | 11   18 |  PB4 (MISO)
          (AIN0) PD6  | 12   17 |  PB3 (MOSI OC2)
          (AIN1) PD7  | 13   16 |  PB2 (/SS OC1B)
          (ICP1) PB0  | 14   15 |  PB1 (OC1A)
```
ATmega8

Bild 1-7: Die Anschlussbelegung des ATmega8 in der Bauform PDIP28

Vcc AVcc AREF digitale und analoge Versorgungsspannung, analoge Referenzspannung
GND (Stift 8) und **GND** (Stift 22) digitaler und analoger Masseeingang
/RESET Rücksetzeingang kann als Anschluss PC6 konfiguriert werden
XTAL1 und **XTAL2** Anschlüsse für Quarz alternativ PB6 und PB7
Port C sechs bzw. sieben digitale Ein-/Ausgänge, alternativ als analoge Eingänge
Port A sechs analoge Eingänge, alternativ zu Port C
AIN0 und **AIN1** Eingänge des Analogkomparators
Port D acht digitale Ein-/Ausgänge mit alternativen Funktionen
Port B sechs bzw. acht digitale Ein-/Ausgänge mit alternativen Funktionen
RXD und **TXD** Anschlüsse der seriellen USART-Schnittstelle
SCK MISO MOSI und **/SS** Anschlüsse der seriellen SPI-Schnittstelle
SCL und **SDA** Anschlüsse der seriellen TWI-Schnittstelle (I^2C)

Die Beispielprogramme der Abschnitte Programmierung und Peripherie benutzen alle acht Anschlüsse des Ports B zur Ausgabe von Ergebnissen. Entsprechende Programme für den **ATmega8** müssen den Baustein mit *internem Takt* verwenden, damit die externen Quarzanschlüsse als PB6 und PB7 dienen können. Die Konfiguration für den internen Takt 8 MHz erfolgt bei der Programmierung z.B. mit der Einstellung ■ `Int. RC Osc 8 MHz` .

1.2.2 Der Programmspeicher (Flash)

Als Flash (Blitz) oder auch Flash-EPROM bezeichnet man eine Speichertechnologie, bei der Speicherzellen wie bei einem EEPROM durch elektrische Impulse programmiert und wieder gelöscht werden. Für die Bausteine der Tiny- und Classic-Familie ist dies nur mit externen Programmiereinrichtungen möglich; die Bausteine der Mega-Familie sind mit einem besonderen Boot-Programm selbstprogrammierbar. Nach dem Einschalten der Versorgungsspannung steht der programmierte Inhalt des Flash mit Befehlen und Konstanten zur Verfügung; beim Abschalten der Spannung bleibt er erhalten.

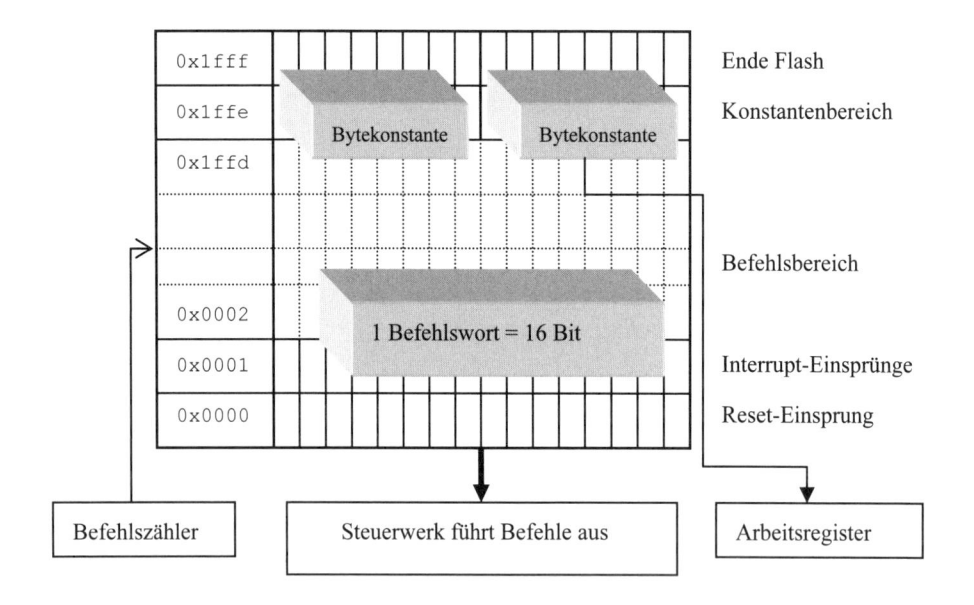

Bild 1-8: Modell des Programmspeichers (Adressbereich des ATmega16)

Der Programmspeicher *Bild 1-8* nimmt die Befehle und konstanten Daten auf. Der Befehlsbereich ist im Gegensatz zu den Datenbereichen (Arbeitsregister, SRAM, EEPROM und Flash-Konstanten) wortorganisiert; ein Befehlswort besteht aus zwei Bytes (16 Bits). Die Befehle werden durch den Befehlszähler mit Wortadressen ausgewählt. Nach einem Reset bzw. nach dem Anlauf der Versorgungsspannung wird der auf der untersten Adresse 0x0000 liegende Befehl ausgeführt. Dies ist meist ein unbedingter Sprung, der zum ersten Befehl des Programms führt. Auf den folgenden Adressen liegen die Einsprünge von Interrupts, die ebenfalls mit unbedingten Sprüngen auf Serviceprogramme geführt werden, die für die Behandlung der Programmunterbrechung sorgen.

1.2 Die Bausteine der Atmel-AVR-Familien   41

1.2.3   Der Arbeitsspeicher (SRAM)

Der Arbeitsspeicher nimmt die veränderlichen (variablen) Daten der Länge byte (8 bit) auf und kann während des Betriebs durch Befehle beschrieben und gelesen werden. SRAM bedeutet **S**tatic **R**andom **A**ccess **M**emory oder statischer Schreib/Lese-Speicher. Nach dem Einschalten der Versorgungsspannung ist sein Inhalt undefiniert; er geht beim Abschalten verloren. Ein Reset während des Betriebs hat keinen Einfluss.

Der SRAM liegt mit den SFR-Registern der Peripherie und den Arbeitsregistern in einem gemeinsamen Adressbereich, der entweder direkt über das zweite Befehlswort oder indirekt mit Indexregistern adressiert werden kann. Für die Arbeitsregister bevorzugt man die kürzeren und schnelleren mov-Befehle; für die unteren 32 SFR-Register stehen ebenfalls bessere Portbefehle zur Verfügung. *Bild 1-9* zeigt als Beispiel den Adressbereich des ATmega16. Der Bereich kann nur beschrieben und gelesen werden; arithmetische und logische Operationen lassen sich nur mit den Arbeitsregistern durchführen.

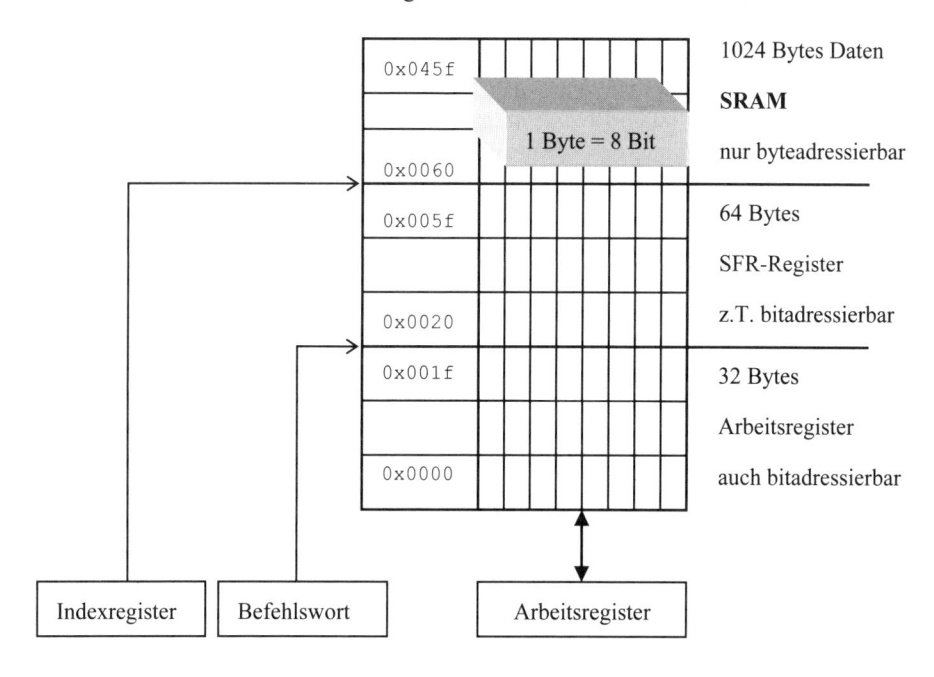

Bild 1-9: Der Adressbereich des SRAM, der SFR-Register und der Arbeitsregister (ATmega16)

Der Registersatz der Arbeitsregister und der Adressbereich der SFR-Register sind für alle drei AVR-Familien gleich; sie unterscheiden sich jedoch in der Größe des SRAM-Bereichs voneinander. Die höchste SRAM-Adresse ist in den Definitionsdateien als RAMEND definiert. Für den ATmega16 mit 1 kbyte ist dies der hexadezimale Wert 0x045f. Auf der höchsten SRAM-Adresse wird sowohl in der Assembler- als auch in der C-Programmierung der Stapel angelegt, der Rücksprungadressen für Interrupts und Unterprogramme aufnimmt.

Für Bausteine der Tiny-Familie und den AT90S1200, die keinen SRAM haben, steht ersatzweise ein Hardwarestapel zur Verfügung.

Der interne SRAM lässt sich bei einigen AVR-Controllern wie z.B. dem AT90S8515 und dem ATmega8515 durch externe Bausteine erweitern. Sie werden an Portleitungen angeschlossen, die als Adress- und Datenbus umprogrammiert werden können. Der Zugriff erfolgt über die gleichen Lade- und Speicherbefehle mit zusätzlichen Takten.

1.2.4 Der nichtflüchtige Speicher (EEPROM)

EEPROM ist eine Abkürzung für **E**lectrical **E**rasable and **P**rogrammable **R**ead **O**nly **M**emory und bedeutet, dass der Nur-Lese-Speicher elektrisch programmiert und gelöscht werden kann. Der EEPROM-Bereich dient zur nichtflüchtigen Aufbewahrung von Daten. Diese gehen im Gegensatz zum SRAM nach dem Abschalten der Versorgungsspannung nicht verloren und stehen nach dem Einschalten wieder zur Verfügung.

Die Programmierung erfolgt entweder zusammen mit dem Programm-Flash durch eine äußere Programmiereinrichtung oder während des Betriebs durch das Programm. Die Daten der Länge byte (8 bit) sind nicht durch Befehle adressierbar, sondern können nur über eine Steuereinheit (*Bild 1-10*) gelesen und beschrieben werden. Die Schreibzeit ist wesentlich länger als die Zugriffszeit auf den SRAM-Bereich; daher eignet sich der EEPROM nicht als Arbeitsspeicher, sondern nur für die Aufbewahrung von Parametern und Steuerwerten.

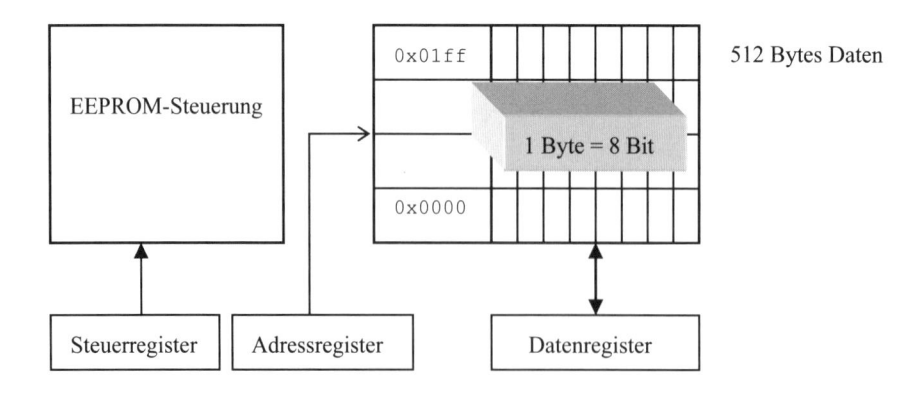

Bild 1-10: Der EEPROM-Bereich (ATmega16)

Die Größe des EEPROM-Bereiches liegt bei den Bausteinen der AVR-Familien zwischen 64 und 4096 Bytes. *Bild 1-10* zeigt als Beispiel den Bereich des ATmega16. Er lässt sich erweitern durch externe handelsübliche serielle oder parallele EEPROM-Bausteine, die an den Peripherieanschlüssen betrieben werden.

1.2.5 Der Peripheriebereich

Die Peripherieeinheiten verbinden den Controller mit der Anwendung. Die in *Bild 1-6* für den ATmega16 gezeigten Anschlüsse sowie die entsprechenden peripheren Einheiten sind nicht bei allen Bausteinen der AVR-Familien verfügbar. *Bild 1-11* zeigt als Beispiel den Port D des ATmega16 als Parallelschnittstelle und mit alternativen Funktionen. Die Ports der anderen AVR-Controller sind ähnlich aufgebaut. Die Anschlüsse können einzeln als Eingang oder Ausgang oder als Peripheriefunktion programmiert werden.

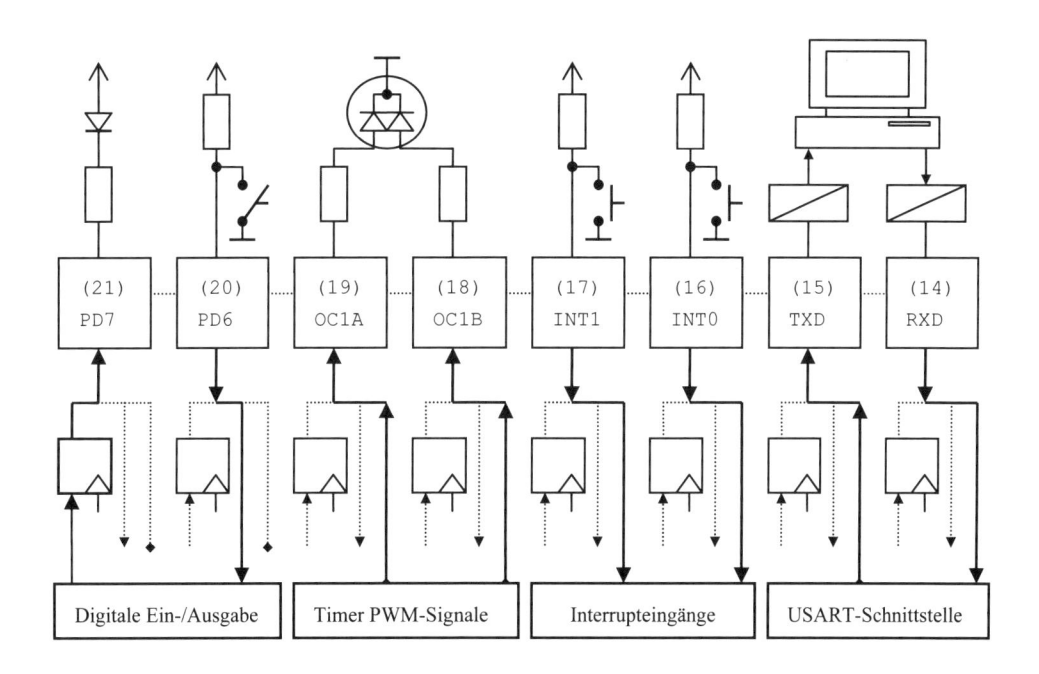

Bild 1-11: Parallelport mit alternativen Funktionen (ATmega16)

- Der Anschluss Stift (21) ist als Portausgang programmiert und schaltet eine Leuchtdiode ein bzw. aus.
- Der Anschluss Stift (20) ist als Porteingang programmiert und enthält den logischen Zustand (High bzw. Low) eines Kippschalters.
- Die Anschlüsse Stift (19) und Stift (18) geben als OC1A und OC1B die PWM-Signale eines Timers aus und steuern die Helligkeit zweier Leuchtdioden.
- Die Anschlüsse Stift (17) und Stift (16) sind als Interrupteingänge INT1 und INT0 programmiert und lösen bei einer Signalflanke eine Programmunterbrechung aus.
- Die Anschlüsse Stift (15) und Stift (14) sind als Ausgang TXD bzw. Eingang RXD der seriellen USART-Schnittstelle programmiert und verbinden den Controller mit einem PC.

Für die Programmierung und den Betrieb der Peripheriefunktionen stehen insgesamt 64 Register im SFR-Bereich (Special Function Register) zur Verfügung. Es lassen sich drei Adressierungsarten (*Bild 1-12*) anwenden.

- Byteadressierung im SRAM-Bereich mit einer 16bit Speicheradresse entweder in einem Indexregister oder im zweiten Wort eines Lade- bzw. Speicherbefehls,
- Byteadressierung mit speziellen Portbefehlen über eine 6bit SFR-Adresse und
- Bitadressierung nur der unteren 32 Register über eine 5bit SFR-Adresse.

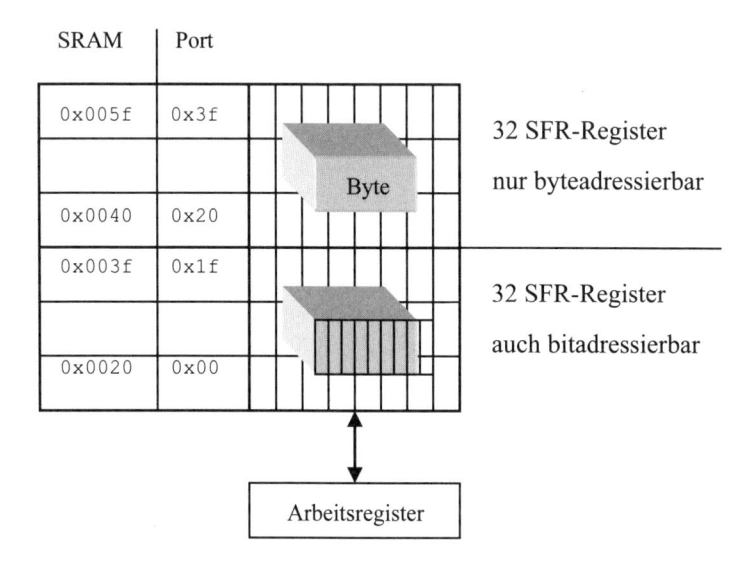

Bild 1-12: Die Adressierung des SFR-Bereiches

Bei Bausteinen der Mega- und Tiny-Familie sind die Taktquelle und die Taktfrequenz über Register programmierbar, die nicht im SFR-Bereich liegen. Die standardmäßig vorgegebene interne Frequenz von 1 MHz kann sowohl vom Programm als auch mit den Entwicklungssystemen umprogrammiert werden. Neuere Bausteine wie z.B. der ATmega169 haben einen erweiterten SFR-Bereich auf den SRAM-Adressen 0x60 bis 0xFF. Auf einigen nicht durch Peripherie belegten Adressplätzen liegen sogenannte I/O-Register, die durch schnelle und kurze Portbefehle angesprochen werden können.

Die Programmbeispiele der Assembler- und C-Programmierung verwenden nur den Port D zur Eingabe und den Port B zur Ausgabe und lassen sich auf die Bausteine der Classic-Familie (außer AT90S2343) und der Mega-Familie (ATmega8) übertragen. Der Abschnitt Peripherieprogrammierung berücksichtigt die unterschiedliche Ausstattung der einzelnen Bausteine.

1.2.6 Die programmierbaren Konfigurationsparameter

Die Bausteine der drei AVR-Familien können standardmäßig mit einem externen Quarz als Quelle für den Systemtakt betrieben werden. Der Reset-Eingang bleibt offen oder wird mit einem Taster beschaltet. Die erforderlichen Werte für den Widerstand und die Kondensatoren können den Datenblättern entnommen werden.

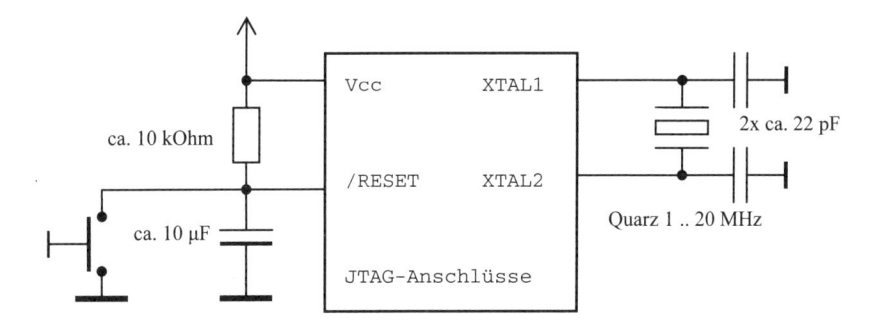

Für die Controller der Familien Tiny und Mega ist es möglich, den Reset- und die Quarzeingänge sowie die JTAG-Anschlüsse als Portleitungen zu verwenden. Die Einstellung erfolgt mit dem Programmiersystem für den Flash- und EEPROM-Bereich. Das Auswahlmenü ist von dem zu konfigurierenden Baustein (z.B. ATmega16) abhängig.

Die Standardeinstellungen für die meisten Bausteine sind:

- Fuses: ☐ JTAG Interface .... *abgeschaltet !!!*
- Fuses: ■ Serial program downloading (SPI) enabled: [SPIEN = 0]
- Fuses: ■ Brown-out detection level at Vcc = 2.7 V: [BODLEVEL = 1]
- LockBits ■ Mode 1: No memory lock features enabled
- LockBits ■ Application Protection Mode 1: No lock on SPM and LPM
- LockBits ■ Boot Loader Protection Mode 1: No lock on SPM and LPM

Für einen ATmega16 mit externem Quarz von 8 MHz wurde eingestellt:

- Fuses: ■ Ext. Crystal/Resonator High Freq. Start-up time 16 K CK + 64 ms [......]

Für einen ATmega8 mit PC6 statt Reset und mit internem Takt von 8 MHz wurde eingestellt:

- Fuses: ■ Reset Disabled (Enable PC6 as io/pin): [RSTDISBL = 0]
- Fuses: ■ Int. RC Osc. 8 MHz; Start-up time 6 CK + 64 ms [.....]

Der interne Takt entspricht nicht immer genau dem vorgegebenen Wert und lässt sich bei einigen Bausteinen mit einem Oscillator Calibration Byte einstellen. Mit den Programmbeispielen k2p1.asm (Assembler *Bild 2-2*) und k3p2.c (C-Programm *Bild 3-8*) kann der durch 10 geteilte Systemtakt am Ausgang PB0 gemessen werden.

1.3 Die Entwicklung von Anwendungen

Entwicklungssysteme bestehen aus einer auf einem PC ablaufenden Software und aus einer Hardware, die den Controller mit einer Programmiereinrichtung verbindet. Sie werden sowohl vom Hersteller Atmel als auch von Fremdfirmen angeboten. *Bild 1-13* enthält eine Übersicht über die vom Hersteller Atmel angebotenen Systeme, die über eine serielle Schnittstelle an den PC angeschlossen werden.

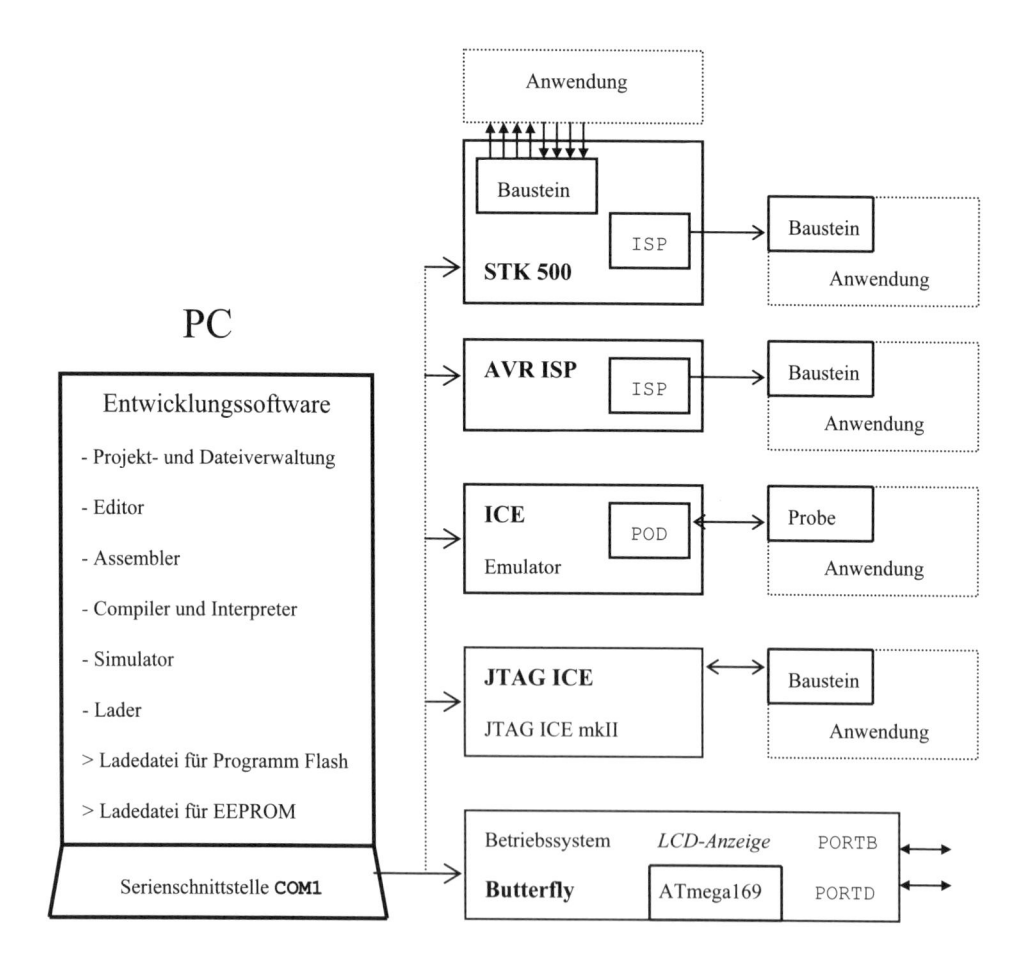

Bild 1-13: Entwicklungssysteme für AVR-Controller (Übersicht)

1.3 Die Entwicklung von Anwendungen

Für die **Assemblerprogrammierung** der Beispiele wurde die Entwicklungssoftware AVR Studio 4 verwendet. Sie läuft auf einem PC unter dem Betriebssystem Windows. Die Version 4.10 ist nur für Assemblerprogramme vorgesehen, jedoch lassen sich auch C-Programme, die mit WinAVR erstellt wurden, simulieren und in den Baustein (Flash und EEPROM) laden. Nach dem Öffnen eines neuen bzw. schon bestehenden Projektes sind das System für die Programmentwicklung „Debug platform" und der Baustein „Device" anzugeben. Dann folgt die Eingabe des Programmtextes mit dem Editor, der mit dem Kommando „Build" übersetzt wird. Mit dem Kommando „Build and Run" werden zusätzlich die Ladedateien für den Flash und den EEPROM erzeugt, und es wird entsprechend der gewählten Entwicklungsumgebung der Simulator geladen bzw. einer der Emulatoren mit dem System verbunden. Die Übertragung der Ladedateien in den Baustein übernimmt das Entwicklungsgerät STK 500 oder der Programmierer AVR ISP (In System Programmer).

Für die **C-Programmierung** wurde die Entwicklungsumgebung WinAVR Programmers Notepad 2 (Version V 2.0.5.32) zusammen mit dem GNU-Compiler (Version avr-gcc 3.4.1) verwendet. Nach dem Öffnen eines Projektes wird eine Textdatei (.c) mit dem C-Programm erstellt. Die Auswahl des Controllerbausteins erfolgt zusammen mit der Pfadangabe und anderen Steuerparametern in einer besonderen Definitionsdatei (Makefile). Der C-Compiler erzeugt eine Reihe von Dateien, darunter .hex mit dem in den Flash ladbaren Programm, .eep mit den EEPROM-Daten, .lst und .lss mit dem erzeugten Code in Assemblerschreibweise und eine Datei .cof, mit der sich das Programm im AVR Studio 4 simulieren und in das Zielsystem laden lässt. Die Übertragung der Ladedateien in den Baustein übernimmt der Programmierer AVR ISP (In System Programmer).

Das Entwicklungsgerät AVR ISP (In System Programmer) kann nur dann Ladedateien in den Ziel-Baustein laden, wenn die SPI-Schnittstelle des Bausteins (beim ATmega16 die Stifte 5 bis 9) potentialfrei oder hochohmig beschaltet sind.

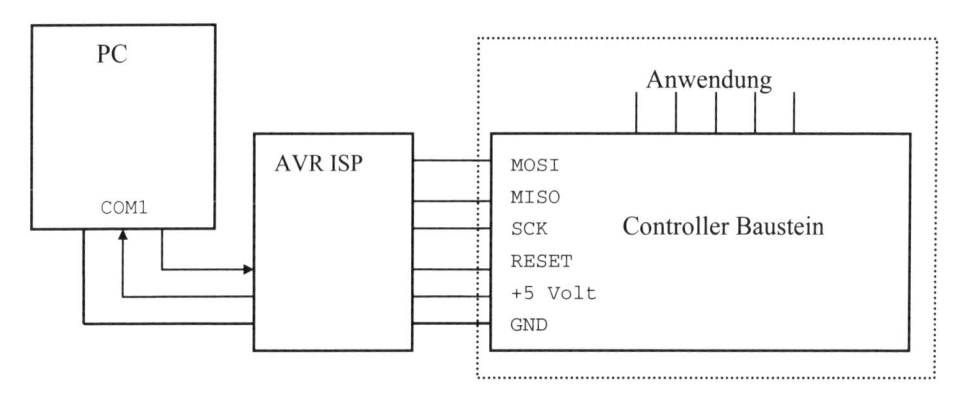

Das Entwicklungsgerät STK 500 enthält mehrere DIL-Sockel für die zu programmierenden Bausteine; für andere Gehäusebauformen stehen Aufsteckmodule zur Verfügung. Alle Anschlüsse des Bausteins sind an Stiftleisten herausgeführt, an die nun Ein-/Ausgabeschaltungen wie z.B. die auf dem STK 500 vorhandenen acht Taster bzw. acht Leuchtdioden angeschlossen werden können, um einfache Übungsprogramme zu testen. Mit einem ISP Anschluss lassen sich auch Bausteine in der Anwendung programmieren.

Das wichtigste Werkzeug für die Programmentwicklung ist neben dem Übersetzer ein Debugger (Entwanzer), mit dem sich das Programm im Einzelschritt (Trace) verfolgen und an bestimmten Punkten (Breakpoint) anhalten lässt. Dabei kann der Entwickler den Inhalt der Arbeits- und Peripherieregister ansehen und ändern sowie Daten über die Ports eingeben. Der im AVR Studio enthaltene Simulator bildet die Befehle durch Software nach, die nur auf dem PC abläuft. Dadurch lässt sich das Programm testen, ohne dass ein echter Controller in einer Anwendung (Target oder Zielsystem) vorhanden sein muss. Ein Emulator dagegen bildet die Befehle durch Hardware (Schaltungen) nach und verlangt, dass die Anwendung bereits vorhanden ist.

Die ICE-Systeme (In Circuit Emulator) stellen für die verschiedenen Bausteintypen Module (Pod) und Prüfköpfe (Probe) mit Anpassungssteckern (Personality Adapter) zur Verfügung, die den Emulator mit der Anwendung verbinden. Anstelle des entfernten Controllerbausteins übernimmt nun die Emulatorhardware die Ausführung des Programms, das sich durch Setzen von Haltepunkten und Einzelschrittsteuerung in der Anwendung testen lässt.

Bei den Controllerbausteinen mit einer JTAG-Schnittstelle (beim ATmega16 die Stifte 24 bis 27) befindet sich das Testsystem (Hardware und Software) bereits auf dem Baustein, der in der Anwenderschaltung verbleibt und nur über eine Kabelverbindung mit dem Emulator verbunden wird. JTAG (Joint Test Action Group) ist eine standardisierte Schnittstelle für den Test von hochintegrierten logischen Schaltungen. Der JTAG-Emulator ermöglicht einen Test des Programms ohne Eingriffe in die Schaltung der Anwendung.

Das Butterfly-System besteht aus einer etwa scheckkartengroßen Schaltung (67 x 44 mm) mit dem Baustein ATmega169 und reichhaltiger Peripherie (LCD-Anzeige, 4-Wege Joystick, Licht- und Temperatursensoren, analoge Spannungsmessung und Lautsprecher). Ein im Boot-Bereich des Flash-Programmspeichers eingelagertes Betriebssystem kann über die serielle Schnittstelle Anwenderprogramme in den Flash-Bereich laden und ausführen.

Bei der Darstellung von Speicherinhalten werden meist vier Binärziffern zu einer Hexadezimalziffer zusammengefasst. Im Assembler steht vor den hexadezimalen Ziffern das Zeichen **$** oder das Doppelzeichen **0x** wie in der C-Programmierung.

binär	0000	0001	0010	0011	0100	0101	0110	0111	1000	1001
hexa	$0	$1	$2	$3	$4	$5	$6	$7	$8	$9
hexa	0x0	0x1	0x2	0x3	0x4	0x5	0x6	0x7	0x8	0x9

binär	1010	1011	1100	1101	1110	1111
hexa	$A $a	$B $b	$C $c	$D $d	$E $e	$F $f
hexa	0xA 0xa	0xB 0xb	0xC 0xc	0xD 0xd	0xE 0xe	0xF 0xf

1.4 Einführende Beispiele

Die Beispiele der Kapitel 2 und 3 verwenden den PORT D für die Eingabe von Testdaten und den PORT B für die binäre und dezimale Ausgabe. Jeder Port besteht aus drei SFR-Registern, die sowohl byteweise als auch bitweise adressiert werden können.

- Das **Richtungsregister** DDRB bzw. DDRD bestimmt die Richtung der Datenübertragung. Mit einer 0 im Richtungsbit ist der Anschluss hochohmig und dient als Eingang; mit einer 1 wird das Potential des Datenbits am Anschluss ausgegeben. Es ist nach einem Reset mit 0 vorbesetzt; alle Ports sind als Eingänge geschaltet.
- Durch Lesen des **Eingaberegisters** PINB bzw. PIND wird der augenblickliche Zustand der Anschlüsse unabhängig von der programmierten Richtung eingegeben. Ein High-Potential erscheint als logische 1, ein Low-Potential als logische 0.
- Durch Schreiben in das **Datenregister** PORTB bzw. PORTD erscheinen die Daten nur dann an den Anschlüssen, wenn vorher die Richtungsbits auf Ausgang programmiert wurden. Eine logische 0 im Datenbit erscheint als Low-Potential, eine logische 1 als High-Potential. Die Daten bleiben bis zum nächsten Schreibvorgang oder Abschalten der Versorgungsspannung erhalten; sie können jederzeit zurückgelesen werden.

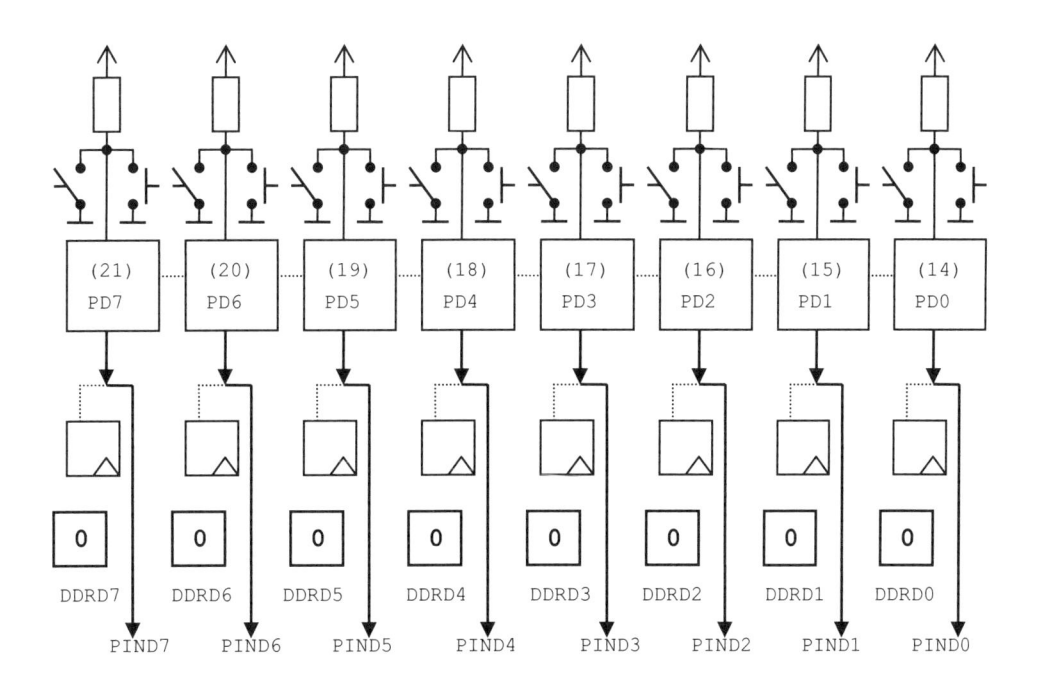

Bild 1-14: Schaltung am Port D zur Eingabe von Daten (ATmega16)

Die in *Bild 1-14* dargestellte Schaltung dient zur Eingabe von Testwerten über den Port D. Da das Richtungsregister `DDRD` nach einem Reset bzw. Anlauf der Versorgungsspannung den Port als hochohmigen Eingang schaltet, ist keine besondere Programmierung erforderlich. Die Anschlüsse können mit einem Kippschalter auf Low gelegt werden; mit einem parallel geschalteten Taster lässt sich eine fallende bzw. steigende Flanke auslösen.

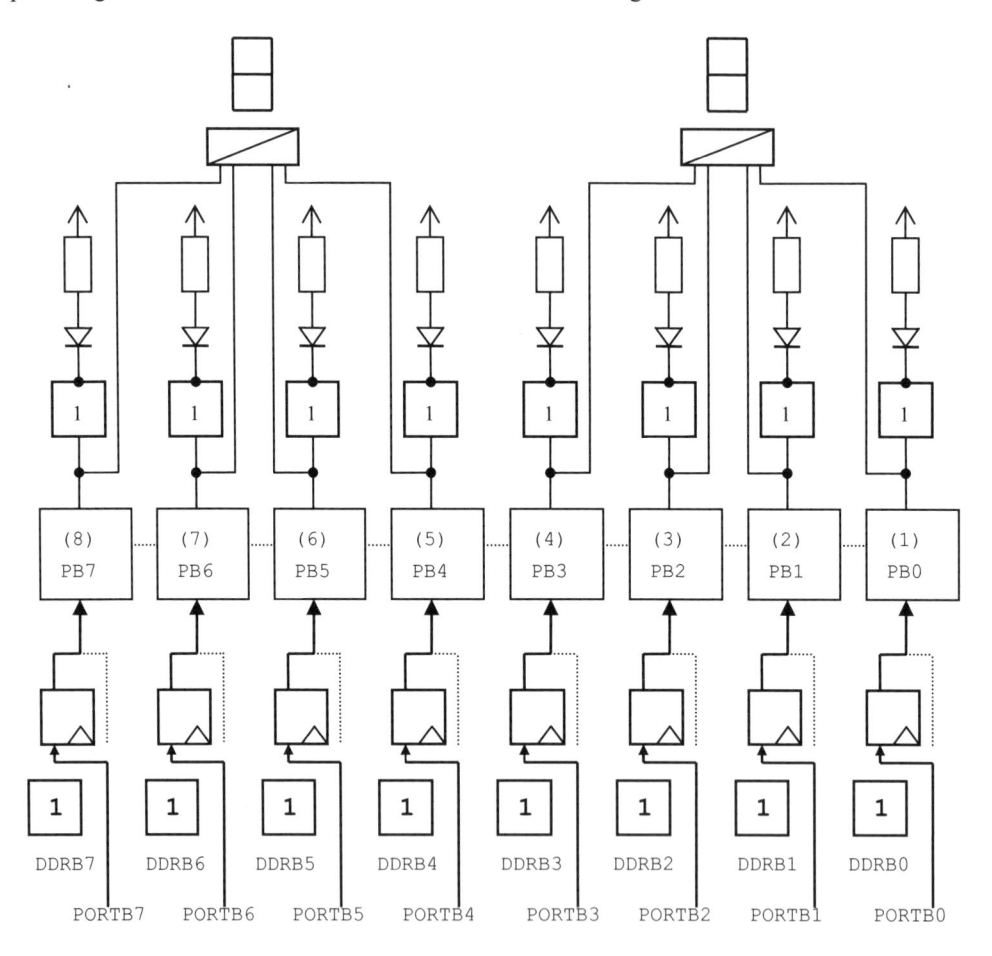

Bild 1-15: Schaltung am Port B zur Ausgabe von Daten (ATmega16)

Die in *Bild 1-15* dargestellte Schaltung dient zur Ausgabe von Ergebnissen auf dem Port B. Dazu muss vorher das Richtungsregister `DDRB` in allen Bitpositionen auf 1 gesetzt werden. Die in das Datenregister `PORTB` geschriebenen Daten erscheinen als Potentiale an den Ausgängen des Ports. Bei der binären Anzeige steuern invertierende Treiber die Kathoden von acht Leuchtdioden an, deren Anoden über Widerstände von ca. 390 Ohm an +5 Volt liegen. Bei der parallel dazu liegenden dezimalen Anzeige steuert eine Gruppe von vier Bits einen

1.4 Einführende Beispiele

Decoderbaustein 74LS47, der den BCD-Code auf einer Siebensegmentanzeige ausgibt. Die Bitmuster von 0000 bis 1001 erscheinen als Ziffern 0 bis 9.

binär	0000	0001	0010	0011	0100	0101	0110	0111	1000	1001
Ziffer	**0**	**1**	**2**	**3**	**4**	**5**	**6**	**7**	**8**	**9**
Anzeige	0	1	2	3	4	5	6	7	8	9

Den Codierungen von 1010 bis 1111, den Pseudotetraden, sind keine Dezimalziffern zugeordnet. Die üblichen Decoderbausteine liefern Sonderzeichen.

binär	1010	1011	1100	1101	1110	1111
Ziffer	–	–	–	–	–	–
Anzeige	⌐	⌐	U	⌐	⌐	t

Assemblerbeispiel zur Ausgabe des Ports D auf dem Port B.

```
ldi    R16,0xff     ; Bitmuster 1111 1111
out    DDRB,R16     ; schaltet Port B als Ausgang
in     R16,PIND     ; R16 <- Eingabe Port D
out    PORTB,R16    ; Ausgabe Port B <- R16
```

C-Programmbeispiel zur Ausgabe des Ports D auf dem Port B.

```
DDRB = 0xff;        // Port B ist Ausgang
PORTB = PIND;       // Ausgabe Port B <- Eingabe Port D
```

Neben den in den Beispielen verwendeten Byteoperationen, die alle Bitpositionen eines Ports parallel und gleichzeitig ansprechen, gibt es Bitoperationen zum Setzen (1) bzw. Löschen (0) eines einzelnen Bits sowie bedingte Sprungbefehle, die nur ein einzelnes Bit als Bedingung auswerten.

Die einführenden Beispiele setzen voraus, dass alle Portregister nach einem Reset mit 0 vorbesetzt sind und programmieren nur den Port B als Ausgang. In einer unendlichen Schleife werden die an den Kippschaltern des Ports D eingestellten Bitmuster am Port B auf den Leuchtdioden und der BCD-Anzeige wieder ausgegeben.

```
; k1p1.asm Bild 1-16 Einführendes Beispiel
; Port B: Ausgabe LED und BCD
; Port D: Eingabe Kippschalter oder Tasten
        .INCLUDE "m16def.inc"   ; Deklarationen für ATmega16
        .EQU    takt = 8000000  ; Takt 8 MHz
        .DEF    akku = r16      ; Arbeitsregister
        .CSEG                   ; Programm-Flash
        rjmp    start           ; Reset-Einsprung
        .ORG    $2A             ; Interrupteinsprünge übergehen
start:  ldi     akku,LOW(RAMEND); Endadresse_Low SRAM
        out     SPL,akku        ; nach Stapelzeiger_Low
        ldi     akku,HIGH(RAMEND) ; Endadresse_High SRAM
        out     SPH,akku        ; nach Stapelzeiger_High
        ldi     akku,$ff        ; Bitmuster 1111 1111
        out     DDRB,akku       ; Richtung Port B ist Ausgang
; Arbeitsschleife Abbruch nur mit Reset
loop:   in      akku,PIND       ; Eingabe Anschluss Port D
        out     PORTB,akku      ; Ausgabe auf Port B
        rjmp    loop            ; springe immer zum Ziel loop
        .EXIT                   ; Ende des Quelltextes
```

Bild 1-16: Einführendes Assembler-Beispiel

Im Assemblerprogramm *Bild 1-16* stehen hinter dem Semikolon Kommentare, die das Programm beschreiben. Die mit einem Punkt beginnenden und groß geschriebenen Anweisungen sind Direktiven, die nur den Übersetzungsvorgang steuern und keinen Code erzeugen.

.INCLUDE fügt eine Deklarationsdatei mit vordefinierten Bezeichnern (SFR-Register, Bitpositionen und Speichergröße) in den Programmtext ein. .EQU definiert für den Bezeichner takt den Wert 8000000, der in dem vorliegenden Beispiel jedoch nicht verwendet wird. Mit .DEF wird der frei gewählte Bezeichner akku für das Arbeitsregister r16 vereinbart. Die Direktive .CSEG definiert ein Codesegment ab Adresse $0000 im Flash mit Befehlen und Konstanten. Die Direktive .ORG, welche die folgenden Befehlswörter ab Adresse $2A ablegt, ist in dem vorliegenden Beispiel überflüssig, da keine Interrupteinsprünge verwendet werden. Die Direktive .EXIT zeigt das Ende des Programmtextes an.

Der Befehl rjmp (relative jump) springt immer (unbedingt) zum angegebenen Sprungziel, dessen Bezeichner frei wählbar ist. Der Befehl ldi (load immediate) lädt ein Register mit einer Bytekonstanten, die in das Befehlswort eingebaut wird. Die Befehle in (input) und out (output) lesen ein Byte von einem SFR-Register (Port) bzw. schreiben ein Byte in ein SFR-Register (Port).

In der Übersetzungsliste *Bild 1-17* sind die vom Assembler erzeugten Befehlswörter in hexadezimaler Darstellung ohne $ durch Fettschrift markiert.

1.4 Einführende Beispiele

```
AVRASM ver. 1.76.4 C:\aprog\k1p1.asm Tue May 10 10:20:45 2005

             ; k1p1.asm Bild 1-17 Einführendes Beispiel
             ; Port B: Ausgabe LED und BCD
             ; Port D: Eingabe Kippschalter oder Tasten
                    .INCLUDE "m16def.inc"   ; Deklarationen für ATmega16
                    .EQU    takt = 8000000  ; Takt 8 MHz
                    .DEF    akku = r16      ; Arbeitsregister
                    .CSEG                   ; Programm-Flash
000000 c014         rjmp    start           ; Reset-Einsprung
                    .ORG    $2A             ; Interrupteinsprünge übergehen
00002a e50f  start: ldi     akku,LOW(RAMEND); Endadresse_Low SRAM
00002b bf0d         out     SPL,akku        ; nach Stapelzeiger_Low
00002c e004         ldi     akku,HIGH(RAMEND) ; Endadresse_High SRAM
00002d bf0e         out     SPH,akku        ; nach Stapelzeiger_High
00002e ef0f         ldi     akku,$ff        ; Bitmuster 1111 1111
00002f bb07         out     DDRB,akku       ; Richtung Port B Ausgang
             ; Arbeitsschleife Abbruch nur mit Reset
000030 b300  loop:  in      akku,PIND       ; Eingabe Anschluss Port D
000031 bb08         out     PORTB,akku      ; Ausgabe auf Port B
000032 cffd         rjmp    loop            ; springe immer zum Ziel
                    .EXIT                   ; Ende des Quelltextes

Assembly complete with no errors.
```

Bild 1-17: Die Übersetzungsliste des einführenden Assembler-Beispiels (Auszug)

Das C-Programm *Bild 1-18* programmiert ebenfalls den Port B als Ausgang und gibt dann die am Port D eingestellten Daten auf dem Port B wieder aus. Gegenüber dem Assemblerbeispiel entfällt die Einstellung des Stapelzeigers, die vom Compiler vorgenommen wird.

In dem C-Programm stehen hinter dem Doppelzeichen // Kommentare, die das Programm beschreiben. Die mit #include eingefügte Datei enthält Deklarationen der Portregister; eine gesonderte Deklarationsdatei Makefile enthält Angaben über den verwendeten Controllerbaustein und eine Reihe von Steuerparametern für die Übersetzung. Die Vereinbarung des Zahlenwertes 8000000 für das Symbol TAKT wird in dem vorliegenden Beispiel nicht verwendet.

Die Hauptfunktion main enthält die Vereinbarung einer Variablen akku, die der Compiler jedoch in einem Arbeitsregister anlegt, die Programmierung des Ports B als Ausgang und eine unendliche while-Schleife mit der Laufbedingung 1 = immer, in der die vom Port D eingegebenen Daten über die Variable akku wieder auf dem Port B ausgegeben werden. Eine andere Lösung verwendet eine unendliche for-Schleife ohne Zwischenvariable.

```
for(;;) PORTB = PIND;    // auch eine Lösung
```

```
// k1p1.c Bild 1-18 ATmega16 Einführendes Beispiel
// Port B: Ausgabe binär und ASCII
// Port D: Eingabe Kippschalter oder Taster
#include <avr/io.h>           // Deklarationen
#define TAKT 8000000          // Symbol Controllertakt
void main(void)               // Hauptfunktion
{
 unsigned char akku;          // Bytevariable
 DDRB = 0xff;                 // Port B ist Ausgang
 while(1)                     // Arbeitsschleife
 {
  akku = PIND;                // Eingabe vom Port D
  PORTB = akku;               // Ausgabe auf dem Port B
 } // Ende while
} // Ende main
```

Bild 1-18: Einführendes Beispiel als C-Programm

In der Übersetzungsliste *Bild 1-19* wurden der Prolog (Vorspann) und der Epilog (Nachspann) entfernt. Die Befehle erscheinen in hexadezimaler und in Assemblerschreibweise.

```
0000008e <main>:
#include <avr/io.h>           // Deklarationen
#define TAKT 8000000          // Symbol Controllertakt
void main(void)               // Hauptfunktion
{
  8e:   cf e5      ldi    r28, 0x5F    ; 95
  90:   d4 e0      ldi    r29, 0x04    ; 4
  92:   de bf      out    0x3e, r29    ; 62
  94:   cd bf      out    0x3d, r28    ; 61
 unsigned char akku;          // Bytevariable
 DDRB = 0xff;                 // Port B ist Ausgang
  96:   8f ef      ldi    r24, 0xFF    ; 255
  98:   87 bb      out    0x17, r24    ; 23
 while(1)                     // Arbeitsschleife
 {
  akku = PIND;                // Eingabe vom Port D
  9a:   80 b3      in     r24, 0x10    ; 16
  PORTB = akku;               // Ausgabe auf dem Port B
  9c:   88 bb      out    0x18, r24    ; 24
  9e:   fd cf      rjmp   .-6          ; 0x9a
```

Bild 1-19: Die Übersetzungsliste des einführenden C-Programms (Auszug)

2 Assemblerprogrammierung

Als Assembler bezeichnet man ein Übersetzungsprogramm, das ein in der Sprache Assembler geschriebenes Programm in den Code des Prozessors oder Controllers überführt. Der Hersteller definiert die Bezeichnungen der Befehle und Register und stellt auch entsprechende Übersetzer zur Verfügung. Alle Beispiele dieses Buches wurden mit der Version 1.76.4 des im AVR Studio 4 enthaltenen Assemblers übersetzt.

2.1 Programmstrukturen

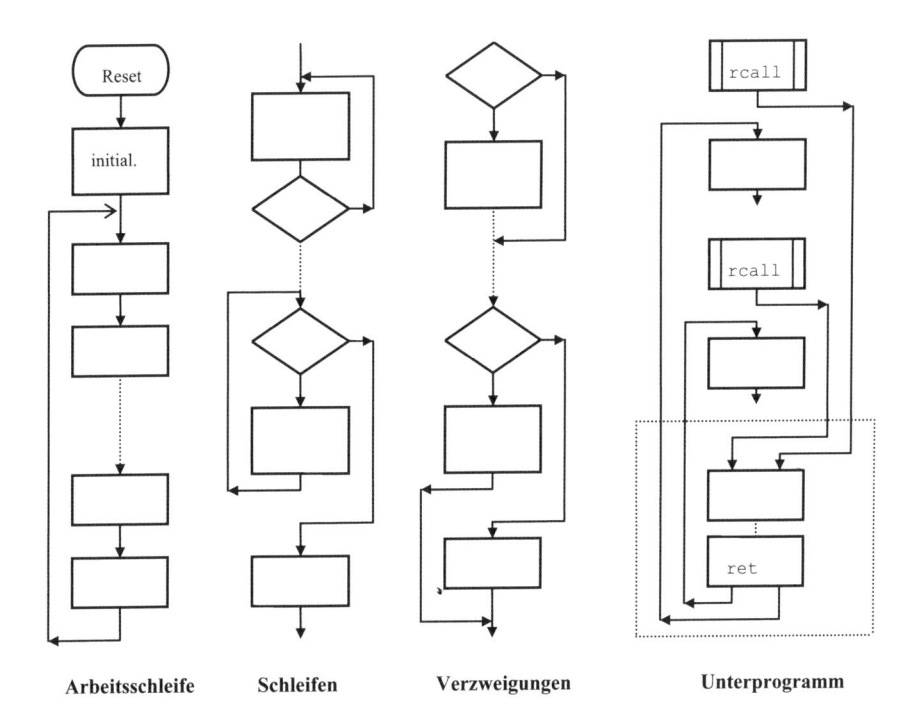

Bild 2-1: Programmstrukturen im Programmablaufplan

Im Programmablaufplan *Bild 2-1* erscheinen die Befehle als Symbole. Bei umfangreichen Programmen ist es zweckmäßig, nicht einzelne Befehle, sondern Tätigkeiten wie z.B. „Initialisierung" darzustellen oder wie in C Struktogramme zu verwenden.

Der Startpunkt jedes Programms nach dem Einschalten der Versorgungsspannung bzw. nach einem Reset ist der erste Befehl auf der Flash-Adresse $0000. Nach der Initialisierung des Stapels und der Peripherie folgt normalerweise eine *Arbeitsschleife*, die weitere Schleifen und Programmverzweigungen enthalten kann. Durch die Verwendung von Makros und Unterprogrammen (Abschnitt 2.6), die häufig verwendete Befehlsfolgen zusammenfassen, lassen sich Assemblerprogramme strukturieren und damit übersichtlicher gestalten. Die wichtigsten Regeln für *Unterprogramme* lauten:

- Vor ihrem Aufruf muss der Stapel durch Laden des Stapelzeigers initialisiert werden.
- Sie werden durch den Befehl `rcall` und ihren frei gewählten Namen aufgerufen.
- Sie kehren mit dem Befehl `ret` an die Stelle des Aufrufs zurück.
- Sie liegen hinter dem Hauptprogramm oder werden dort mit `.INCLUDE` eingefügt.
- Parameter (Daten) werden in Arbeitsregistern, oft `R16`, übergeben.
- Arbeitsregister, die zerstört werden und keine Daten zurückliefern, sollten mit dem Befehl `push` gerettet und vor dem Rücksprung mit `pop` zurückgeladen werden.

Das Beispiel ruft ein Unterprogramm `warte` ohne Parameterübergabe auf.

```
loop:    rcall   warte           ; Zeitverzögerung ca. 25 ms bei 8 MHz
         out     PORTB,akku      ; Zähler auf dem Port B ausgeben
         inc     akku            ; Zähler erhöhen
         rjmp    loop            ; Arbeitsschleife
; Unterprogramm liegt hinter dem Hauptprogramm
warte:   push    XL              ; Register retten
         push    XH              ;
         ldi     XL,LOW(50000)   ; 50000 * 4 = 200000 Takte
         ldi     XH,HIGH(50000)  ; 25 ms bei 8 MHz
warte1:  sbiw    XL,1            ; 2 Takte
         brne    warte1          ; 2 Takte
         pop     XH              ; Register zurück
         pop     XL              ;
         ret                     ; Rücksprung
```

Makrovereinbarungen definieren Einzelbefehle oder Befehlsgruppen, die bei ihrem Aufruf in den Quelltext eingebaut und übersetzt werden. Das Beispiel vereinbart einen neuen Befehl `addi`, der zu einem Register eine Konstante addiert.

```
    .MACRO  addi            ; interne Definition im Vereinbarungsteil
    subi    @0,-@1          ; @0 wird ersetzt durch 1.Operanden
    .ENDM                   ; @1 wird ersetzt durch 2.Operanden

; Aufruf im Programm wie ein Befehl
    addi    r16, 5          ; wird ersetzt durch subi  r16,-5
```

2.2 Assembleranweisungen

Eine *Eingabezeile* besteht aus Feldern, die durch mindestens ein Leerzeichen oder Tabulatorzeichen zu trennen sind. Die in eckigen Klammern stehenden Teile können entfallen.

```
[Bezeichner:]    Direktive oder Befehl    [Operanden]    [; Kommentar]
```

- Marken (Namen von Sprungzielen, Konstanten und Variablen) bestehen aus einem Bezeichner, gefolgt von einem Doppelpunkt.
- Direktiven sowie vordefinierte Bezeichner schreibt man oft in Großbuchstaben.
- Für Befehle und Register sind die Bezeichner des Herstellers zu verwenden.
- Bei einigen Befehlen bleibt das Operandenfeld leer.
- Kommentare beginnen mit einem Semikolon und werden nicht ausgewertet.
- Benutzerdefinierte Bezeichner müssen mit einem Buchstaben beginnen, dann können Ziffern und weitere Buchstaben folgen.
- Die meisten Assembler unterscheiden nicht zwischen Groß- und Kleinschreibung, also kann für das Register `r16` auch `R16` geschrieben werden.
- Eine Eingabezeile von maximal 120 Zeichen darf nur eine Anweisung oder einen Kommentar enthalten oder auch leer sein.

Direktive	*Operand*	*Anwendung*	*Beispiel*
.INCLUDE	"Dateiname.typ"	fügt eine Textdatei ein	.INCLUDE "m16.inc"
.DEVICE	Bausteintyp	definiert Bausteintyp, in Definitionsdatei enthalten	.DEVICE ATmega16
.LIST		Übersetzungsliste ein (voreingestellt)	.LIST
.NOLIST		Übersetzungsliste aus	.NOLIST
.MACRO	Bezeichner	Makrobeginn	.MACRO addi
	@0 ... @9	formale Parameter	subi @0,-@1
.ENDM .ENDMACRO		Makroende	.ENDM
.LISTMAC		Makroerweiterung in Liste (voreingestellt aus)	.LISTMAC
.DEF	Bezeichner = Register	Symbol für R0 bis R31	.DEF akku = r16
.EQU	Bezeichner = Ausdruck	unveränderliche Definition	.EQU TAKT = 8000000
.SET	Bezeichner = Ausdruck	veränderliche Definition	.SET wert = 123 ; alt .SET wert = 99 ; neu
.ORG	Ausdruck	legt Adresszähler fest	.ORG $2A
.EXIT		Ende des Quelltextes	.EXIT

Die **Assembler-Direktiven** beginnen mit einem Punkt. Sie steuern den Übersetzungsvorgang und werden nicht in Maschinencode übersetzt. In den Beispielen erscheinen sie mit Großbuchstaben.

Die mit .INCLUDE einzufügenden Definitionsdateien des Herstellers, die vom Benutzer geändert werden können, enthalten standardmäßig für jeden Bausteintyp:

- die Direktive .DEVICE mit dem entsprechenden Bausteintyp,
- Direktiven .DEF für die Arbeitsregister XL (R26) bis ZH (R31),
- Direktiven .EQU für die SFR-Register und ihre Bitpositionen,
- Direktiven .EQU für die Adressen der Interrupteinsprünge sowie
- Direktiven .EQU für Speichergrößen wie z.B. RAMEND und FLASHEND.

Die **Speicher-Direktiven** kennzeichnen die Speicherbereiche des Controllers und dienen der Vereinbarung von Konstanten und Variablen. Die Konstanten im Programm-Flash und EEPROM werden bei der Programmierung des Bausteins vorgeladen.

Direktive	Operand	Anwendung	Beispiel
.CSEG		Programmbereich im Flash Befehle und Konstanten	.CSEG ; Flash
.DSEG		Variablen im SRAM	.DSEG ; SRAM
.ESEG		EEPROM-Bereich	.ESEG ; EEPROM
.DB	Liste mit Bytekonstanten	vorgeladene 8bit Werte im Flash oder EEPROM	otto: .DB 1,2,3,4 ; Zahlen .DB 'a','b' ; Zeichen
.DW	Liste mit Wortkonstanten	vorgeladene 16bit Werte im Flash oder EEPROM	susi: .DW otto ; Adresse .DW 4711 ; Zahl
.BYTE	Anzahl n	reserviert n Bytes im SRAM oder EEPROM	wert: .BYTE 10 ; 10 Bytes

Das Beispiel legt das Programmsegment mit Befehlen und Konstanten sowie das Datensegment mit Variablen an. Ohne die Direktive .ORG verwendet der Assembler vorgegebene Anfangsadressen. Da der Programmbereich wortorganisiert ist, sollte möglichst eine geradzahlige Anzahl von Bytekonstanten angelegt werden. Im Gegensatz dazu sind die Datenbereiche im SRAM und EEPROM byteorganisiert. Die Direktive .BYTE für Variablen enthält im Operandenteil die Anzahl der zu reservierenden Bytes und *keine* Anfangswerte!

```
; Programmbereich im Flash
        .CSEG            ; Programmsegment ohne ORG
        rjmp    anfang   ; Interrupteinsprünge übergehen
        .ORG    $2A      ; Befehlsbereich
anfang:                  ; hier Stapelzeiger laden!
; hier liegen die Befehle
        rjmp    anfang   ; Arbeitsschleife
;
```

2.2 Assembleranweisungen

```
; Konstantenbereich hinter den Befehlen hier ohne .ORG
wert:   .DB  $12,$34      ; zwei Bytekonstanten
tab:    .DW  $1234        ; eine Wortkonstante
;
; Variablenbereich im SRAM hier ohne .ORG
        .DSEG             ; Datensegment mit Variablen
x:      .BYTE  1          ; Variable belegt 1 Byte
liste:  .BYTE  10         ; variables Feld belegt 10 Bytes
```

Mit den Konstanten-Vereinbarungen .DB und .DW können einzelne Operanden oder Listen von Zahlen, Zeichen und Texten (Strings) vereinbart werden. Beispiele:

```
wert:  .DB  85,$55,0x55,'U',0b01010101 ; alle Bytekonstanten 85 dezimal
tab:   .DW  wert,$1234                 ; Symbol und Hexazahl
ant:   .DB  10,13,"Hallo",0            ; String cr, lf, Text, Nullmarke
```

Assembler-Ausdrücke bestehen aus Operanden, Operatoren und Funktionen. Sie werden vom Assembler intern in der Länge 32 bit berechnet und bei der Einsetzung von konstanten Werten entsprechend gekürzt.

Die **Assembler-Operanden** werden meist symbolisch angegeben und vom Assembler in den binären Code bzw. in Dualzahlen überführt. Benutzerdefinierte Bezeichner müssen mit einem Buchstaben beginnen, danach sind auch Ziffern zugelassen. Sie dürfen nicht mit herstellerdefinierten Bezeichnern von Direktiven, Registern und Befehlen übereinstimmen. Nicht vereinbarte Symbole liefern bei der Übersetzung Fehlermeldungen.

Operand	Anwendung	Beispiel
Bezeichner	für Sprungziele, Konstanten, Variablen Regeln für Bezeichner wie in C	`loop:  rjmp  loop  ; Schleife`
PC	aktueller Adresszähler (Program Counter)	`       rjmp  PC    ; Schleife`

Symbole	vereinbart mit .DEF .EQU .SET textuelle Ersetzung des Symbols	`.DEF  akku = r16    ; Register`
		`.EQU  esc  = $1b     ; Zeichen`
		`cpi   akku,esc       ; Vergleich`

Zahlen	dezimal *wert* (voreingestellt)
	hexadezimal $*wert* oder 0x*wert*
	binär 0b*wert*
	oktal 0*wert* (führende Null)
		`ldi  akku,123       ; dezimal`
		`ldi  akku,$ff       ; 0xff hexadezimal`
		`ldi  akku,0b10101010 ; binär`
		Vorsicht: 010 oktal ist 8 dezimal!!!!!!!!

Zeichen	'*Zeichen*'	`ldi  akku,'U'       ; Code $55`
String	"*Zeichenfolge*"	`text: .DB "Moin Moin" ; String`

Die **Assembler-Operatoren** sind nur während der Übersetzungszeit zur Berechnung von Ausdrücken wirksam. Die Rangfolge entspricht den Konventionen der Sprache C; dabei werden Klammern vorrangig ausgeführt.

Typ	Operator	Ergebnis	Beispiel
arithmetisch ganzzahlig	− + − * /	2er Komplement nur ganzzahlige Operationen Quotient ganz, kein Rest	ldi akku,-2 ldi akku,LOW(tab*2)
Bitoperation	~ & | ^ << >>	1er Komplement UND ODER EODER links bzw. rechts schieben	ldi akku,~$F0 ldi akku,x & $F0 ldi akku,x << 1
Vergleich	< <= == != >= >	ergibt 0 bei nein, 1 bei ja	ldi akku,x == y
logische Verknüpfung	! && ||	ergibt 1 bei Wert 0, sonst 0 0 bzw. 1 je nach UND ODER	ldi akku,!$F0 ldi akku,a && b

Ein Anwendungsbeispiel ist die Initialisierung der asynchronen seriellen Schnittstelle, bei der die Bitpositionen RXEN und TXEN des Steuerregisters UCR auf 1 gesetzt werden müssen, um den Empfänger und den Sender freizugeben. Die Symbole sind in der Deklarationsdatei definiert zu RXEN = 4 und TXEN = 3. Das erste Beispiel legt die auf 1 zu setzenden Bitpositionen in einer binären Maske fest, die führenden Nullen könnten entfallen.

```
ldi     akku,0b00011000     ; Bit_4 = 1  Bit_3 = 1 sonst alles 0
out     UCR,akku            ; nach Steuerregister
```

Das zweite Beispiel baut die gleiche Maske mit den vordefinierten Symbolen auf. Dabei schieben die Teilausdrücke (1 << ...) eine 1 um die entsprechende Anzahl von Bitpositionen nach links; der Ausdruck (1 << RXEN) ergibt 0b00010000; der Ausdruck (1 << TXEN) ergibt 0b00001000. Der ODER-Operator | setzt die beiden Teilausdrücke zur Maske 0b00011000 zusammen.

```
ldi     akku,(1 << RXEN) | (1 << TXEN) ; wie 0b00011000
out     UCR,akku                       ; nach Steuerregister
```

Die nach UCR gespeicherten Masken verändern alle acht Bitpositionen des Steuerregisters; die anderen sechs Bits werden in den Beispielen 0 gesetzt. Dies lässt sich durch Einzelbitbefehle vermeiden, die nur die adressierte Bitposition ansprechen.

```
sbi     UCR,RXEN            ; Empfänger ein
sbi     UCR,TXEN            ; Sender ein
```

Die **Assembler-Funktionen** liefern Bytes bzw. Wörter aus Ausdrücken, die vom Assembler während der Übersetzung in der Länge 32 bit bzw. 4 byte berechnet werden. Beispiele:

```
ldi     r16,LOW(RAMEND)     ; lade Low-Byte des Wortes
ldi     r17,HIGH(RAMEND)    ; lade High-Byte des Wortes
ldi     ZL,LOW(tab*2)       ; lade Indexregister_low mit Low-Byte
ldi     ZH,HIGH(tab*2)      ; lade Indexregister_high mit High-Byte
```

2.2 Assembleranweisungen

Funktion	Wirkung	Beispiel
LOW(Ausdruck)	liefert Bit 0-7 = Low-Byte	LOW($12345678) gibt $78
HIGH(Ausdruck)	liefert Bit 8-15 = High-Byte	HIGH($12345678) gibt $56
PAGE(Ausdruck)	liefert Bit 16-21	PAGE($45678) gibt $4
BYTE2(Ausdruck)	liefert Bit 8-15 = High-Byte	BYTE2($12345678) gibt $56
BYTE3(Ausdruck)	liefert Bit 15-23	BYTE3($12345678) gibt $34
BYTE4(Ausdruck)	liefert Bit 24-31	BYTE4($12345678) gibt $12
LWRD(Ausdruck)	liefert Bit 0-15 = Low-Wort	LWRD($12345678) gibt $5678
HWRD(Ausdruck)	liefert Bit 16-31 = High-Wort	HWRD($12345678) gibt $1234
EXP2(Ausdruck)	liefert $2^{Ausdruck}$	EXP2(4) gibt 2^4 = 16
LOG2(Ausdruck)	liefert $\log_2$(Ausdruck) ganzzahlig	LOG2(17) = $\log_2$(17) = 4.09 = 4 (ganz)

Ab der Assemblerversion AVRASMv1.74 gibt es zusätzliche Direktiven für eine bedingte Assemblierung und für die Ausgabe von Meldungen zur Übersetzungszeit.

Direktive	Operand	Anwendung	Beispiel

.IF	<Ausdruck>	bei ≠0 oder wahr: Anweisungen bis .ENDIF oder .ELSE oder .ELIF ausführen	.IF RAMEND > 255
			  ldi akku,HIGH(RAMEND)
			  out SPH,akku
			.ENDIF

.ELIF	<Ausdruck>	bei ≠0 oder wahr: Anweisungen bis .ENDIF ausführen	

.IFDEF	<Symbol> definiert mit .EQU oder .SET	bei definiert: Anweisungen bis .ENDIF oder .ELSE oder .ELIF ausführen	.IFDEF SPH
			  ldi akku,HIGH(RAMEND)
			  out SPH,akku
			.ENDIF

.IFNDEF	<Symbol> definiert mit .EQU oder .SET	bei **nicht** definiert: Anweisg. bis .ENDIF oder .ELSE oder .ELIF ausführen	; wenn SPH nicht definiert .IFNDEF SPH .MESSAGE "kein SPH" .ENDIF
.ELSE		beendet Ja_Zweig beginnt Nein_Zweig	
.ENDIF		beendet Zweig	
.MESSAGE	"Text"	Meldung ausgeben	
.ERROR	"Text"	Meldung ausgeben und Assemblierung anhalten	

Die neue Assemblerversion AVRASM2 enthält weitere Direktiven .DD und .DQ zur Definition von 32bit und 64bit Konstanten und von reellen Festpunktkonstanten sowie die Direktive .UNDEF zum Aufheben von .DEF.

Die bedingte Assemblierung ermöglicht folgende Strukturen:

```
.IF <Ausdruck>   Ja_Anweisungen   .ENDIF

.IFDEF <Symbol>  Ja_Anweisungen   .ENDIF

.IFNDEF <Symbol> Ja_Anweisungen   .ENDIF

.IF <Ausdruck>   Ja_Anweisungen   .ELSE  Nein_Anweisungen   .ENDIF

.IFDEF <Symbol>  Ja_Anweisungen   .ELSE  Nein_Anweisungen   .ENDIF

.IFNDEF <Symbol> Ja_Anweisungen   .ELSE  Nein_Anweisungen   .ENDIF

.IF <Ausdruck>   Ja_Anweisungen   .ELIF <Ausdruck>   .ENDIF
```

Das Beispiel unterscheidet mit dem Symbol UBRRL zwischen der USART-Schnittstelle (Mega-Familie) und der UART-Schnittstelle (Classic-Familie).

```
    .IFDEF  UBRRL              ; USART Mega-Familie
    ldi     r16,TAKT/(8*BAUD) - 1 ; Teilerformel Baudrate 8*
    out     UBRRL,r16          ; UBRRH nach Reset 0 !
    sbi     UCSRA,U2X          ; 2*Baudrate Faktor 8*
    ldi     r16,(1<<URSEL)|(1<<UCSZ1)|(1<<UCSZ0) ; Controlreg. C
    out     UCSRC,r16          ; asynch. 2 Stoppbits 8 Datenbits
    ldi     r16,(1<<RXEN)|(1<<TXEN) ;
    out     UCSRB,r16          ; Empfänger und Sender ein
    .ELSE                      ; UART Classic-Familie
    ldi     r16,TAKT/(16*BAUD) - 1 ; Teilerformel Baudrate 16*
    out     UBRR,r16           ; Baudrate
    ldi     r16,(1<<RXEN)|(1<<TXEN)
    out     UCR,r16            ; Empfänger und Sender ein
    .ENDIF                     ;
    in      r16,UDR            ; Empfänger leeren
```

Das Beispiel bricht die Assemblierung mit einer Fehlermeldung ab, wenn sich bei der Berechnung des Ausdrucks TAKT/250 ein Zahlenüberlauf ergibt, da in diesem Fall die Assemblerfunktionen das 16bit Register mit einem fehlerhaften Anfangswert laden würden.

```
    .IF     (TAKT/250) > 65535   ; Anfangswert für max. 16 MHz
    .ERROR  "Fehler: TAKT > 16 MHz"
    .ELSE
    ldi     XL,LOW(TAKT/250)     ; 8 MHz / 250 = 32 000
    ldi     XH,HIGH(TAKT/250)    ; 32 000 * 5 ^ 1/8 MHz = 20 ms
    .ENDIF
```

2.3 Operationen

Fast alle Operationen beziehen sich auf Operanden in den 32 Arbeitsregistern; Ausnahmen sind Bitoperationen im Statusregister und in den SFR-Registern. Man unterscheidet arithmetische und logische ALU-Operationen, die im Statusregister bewertet werden und Transportoperationen, die Daten kopieren und *nicht* im Statusregister bewertet werden.

Das **Statusregister** SREG auf der SRAM Adresse $5F (SFR-Adresse $3F) enthält die Bewertungen der vorangegangenen ALU-Operation.

Bit 7	*Bit 6*	*Bit 5*	*Bit 4*	*Bit 3*	*Bit 2*	*Bit 1*	*Bit 0*
I	T	H	S	V	N	Z	C
Interrupt 1: frei 0: gesperrt	Transfer Register-bits	Halfcarry BCD-Korrektur	Sign N XOR V signed Zahlen	oVerflow Überlauf signed Zahlen	Negative Vorzeichen signed Zahlen	Zero Null	Carry Überlauf Übertrag

Für die durch das Ergebnis veränderten Bedingungsbits des Statusregisters gibt der Hersteller für die 8bit Operationen folgende logische Funktionen an:

```
H = Rd3 * Rr3 + Rr3 * /R3 + /R3 * Rd3
S = N [+] V
V = Rd7 * Rr7 * /R7 + /Rd7 * /Rr7 * R7
N = R7
Z = /R7 * /R6 * /R5 * /R4 * /R3 * /R2 * /R1 * /R0
C = Rd7 * Rr7 * Rr7 * /R7 * /R7 * Rd7
```

Operatoren: * = UND   + = ODER   [+] = EODER   / = Negation

Die Modelle des Rechenwerks enthalten funktionsgleiche logische Schaltungen. Ein Beispiel ist die Erkennung der Nullbedingung im Z-Bit, die in den Modellen durch eine NOR-Schaltung und nicht durch ein UND mit negierten Eingängen erscheint.

Das Z-Bit (**Z**ero) untersucht das Ergebnis auf den Wert Null und entspricht folgender Logik:

- Z = 0: nein: das Ergebnis *ist nicht Null*
- Z = 1: ja: das Ergebnis *ist Null*

Das C-Bit (**C**arry) ist bei einer Addition der Ausgang des werthöchsten Volladdierers. Es wird bei einer Subtraktion negiert und entspricht für beide Rechenarten folgender Logik:

- C = 0: kein Übertrag bzw. Borgen *oder* kein Überlauffehler aufgetreten
- C = 1: Übertrag bzw. Borgen *oder* Überlauffehler aufgetreten

Die **Arbeitsregister** werden mit den vordefinierten Bezeichnern r0 bis r31 – wahlweise auch R0 bis R31 – angesprochen. Für die drei Indexregister sind auch die Bezeichner XL, XH, YL, YH, ZL und ZH mit den entsprechenden Kleinschreibungen vereinbart. Die Arbeitsregister R0 bis R31 lassen sich auch unter den SRAM-Adressen $00 bis $1F mit Lade- und Speicherbefehlen ansprechen.

$001F	R31		4 Wortregister, davon 3 Indexregister X, Y und Z
	..	16 **Arbeitsregister**	
	..		R16-R31: **alle** Register-Adressierungsarten
$0010	R16		
$000F	R15		
	..	16 **Arbeitsregister**	R0-R15: **keine** unmittelbare Adressierung (Konstanten)
	R1		
$0000	R0		für Befehle `lpm` und `mul`

In den **Befehlslisten** erscheint der vom Hersteller vorgegebene Name des Befehls. In der Spalte Operand werden Zielregister allgemein mit **Rd** (Destination), Quellregister allgemein mit **Rr** (Resource; oder Rs für Source) bezeichnet.

Befehl	Operand	ITHSVNZC	W	T	Wirkung
Name	Ziel, Quelle	Statusregister	Wörter	Takte	Ziel <= Ergebnis der Operation

Konstanten erscheinen in den Listen mit dem Buchstaben k und der Operandenlänge; k8 bedeutet, dass eine Konstante der Länge 8 bit als Operand verwendet wird. Konstanten der Länge k16 sind 16bit Wörter, die auch als Symbol angegeben werden können.

Bitpositionen von 0 bis 7 erscheinen mit der Bezeichnung `bit`. Bei der Peripherieadressierung bedeutet `SFR` eine meist symbolische anzugebende Adresse im SFR-Bereich von $00 bis $3F. Bei der Bitadressierung von Ports liegt `port` im Bereich von $00 bis $1F.

Die Spalte **ITHSVNZC** der Befehlslisten zeigt, welche Statusbits entsprechend dem Ergebnis der Operation verändert werden. Bei Lade- und Speicherbefehlen bleibt die Spalte leer; die Bedingungsbits werden nicht verändert. Einige Operationen setzen bestimmte Bitpositionen konstant auf 1 oder löschen sie immer auf 0.

Die Spalte **W** gibt die Anzahl der Speicherwörter (16 bit) des Befehls an. In der Spalte **T** steht die Anzahl der Takte für die Ausführung des Befehls, die Zeit ist abhängig vom Systemtakt. Bei einer Taktfrequenz von 1 MHz wird ein Takt in 1 µs ausgeführt. Das Zeichen + bedeutet, dass je nach Bedingung zusätzliche Takte erforderlich sein können.

Die Listen enthalten Hinweise auf Einschränkungen bezüglich der anwendbaren Register wie z.B. die Befehle mit Konstanten, die sich nur auf die Register R16 bis R31 anwenden lassen.

```
    ldi    r16,123   ; lade R16 mit dem dezimalen Wert 123
    ldi    r0,123    ; Fehlermeldung: unzulässiges Register
```

2.3 Operationen

2.3.1 Byteoperationen

Die **Lade- und Speicherbefehle** der Arbeitsregister verändern keine Bedingungsbits. Im Operandenteil steht links das Ziel und rechts die Quelle, aus der das Datenbyte kopiert wird; der Inhalt der Quelle bleibt erhalten. Der Befehl `ldi` dient zum Laden eines Registers R16 bis R31 mit einer Bytekonstanten. Die SRAM-Befehle `lds` und `sts` lassen sich auch auf SFR-Adressen anstelle von `in` und `out` und auf Arbeitsregister anwenden.

Befehl	Operand	ITHSVNZC	W	T	Wirkung	
mov	Rd, Rr		1	1	Rd <= Rr	*lade Rd mit Rr*
swap	Rd		1	1	Rd(7-4) <=> Rd(3-0)	*vertausche Halbbytes von Rd*
ldi	Rd, k8		1	1	Rd <= Bytekonstante	*lade Rd mit Byte (nur **R16 - R31**)*
in	Rd, SFR		1	1	Rd <= SFR-Register	*lade Rd mit SFR-Register*
out	SFR, Rr		1	1	SFR-Register <= Rr	*lade SFR-Register mit Rr*
lds	Rd, adr		2	3	Rd <= SRAM	*lade Rd direkt mit Byte aus SRAM*
sts	adr, Rr		2	3	SRAM <= Rr	*lade Byte im SRAM direkt mit Rr*
nop			1	1	keine	*tu nix (no operation)*

Das Beispiel lädt das Arbeitsregister R16 mit einer Konstanten in hexadezimaler Schreibweise und gibt den Wert auf dem Port B aus.

```
ldi    r16,$55      ; Bitmuster 0b01010101 = $55 = 0x55 = 85 dez.
out    PORTB,r16    ; Anzeige auf Leuchtdioden
```

Die **arithmetischen Befehle** sind nur für Arbeitsregister verfügbar. Sie verändern die Bedingungsbits entsprechend ihrem Ergebnis, das in das Zielregister Rd übernommen wird und den alten Inhalt überschreibt. Das Quellregister Rr bleibt unverändert. Die Vergleichsbefehle `cp` und `cpc` bilden die Differenz zweier Register und verändern weder Ziel Rd noch Quelle Rr; die Bedingungsbits werden von nachfolgenden bedingten Befehlen ausgewertet.

Befehl	Operand	ITHSVNZC	W	T	Wirkung	
add	Rd, Rr	HSVNZC	1	1	Rd <= Rd + Rr	*addiere zwei Register*
adc	Rd, Rr	HSVNZC	1	1	Rd <= Rd + Rr + C	*addiere zwei Register und Carry*
sub	Rd, Rr	HSVNZC	1	1	Rd <= Rd - Rr	*subtrahiere zwei Register*
sbc	Rd, Rr	HSVN*C	1	1	Rd <= Rd - Rr - C	*subtrahiere zwei Register und Carry*
sbci	Rd, k8	HSVN*C	1	1	Rd <= Rd - kon- C	*subtr. vom Register Konstante und C*
neg	Rd	HSVNZC	1	1	Rd <= $00 - Rd	*negiere Register (2er Komplement)*
cp	Rd, Rr	HSVNZC	1	1	Rd - Rr	*vergleiche zwei Register*
cpc	Rd, Rr	HSVN*C	1	1	Rd - Rr - C	*vergleiche zwei Register und Carry*

Das Beispiel addiert zwei vorzeichenlose Zahlen in den Registern R16 und R17 und springt bei einem Überlauf in einen Programmteil, in dem der Fehler behandelt wird.

```
add    r16,r17      ; R16 <= R16 + R17
brcs   fehler       ; Überlaufkontrolle
```

Die drei Befehle `sbc`, `sbci` und `cpc` subtrahieren zusätzlich das Carrybit, das von einer vorangehenden Operation herrührt. Ein * in der Spalte **Z** (Zero = Null) bedeutet, dass das Z-Bit nur dann 1 (Ergebnis gleich Null) anzeigt, wenn die Differenz der laufenden und der vorhergehenden Operation gleich Null ist. Das Beispiel untersucht zwei 16bit Wörter in den Registerpaaren R17:R16 und R25:R24 auf Gleichheit

```
cp    r16,r24    ; vergleiche Low-Bytes R16 - R24
cpc   r17,r25    ; vergleiche High-Bytes R17 - R25 - Carry
breq  gleich     ; springe bei R17:R16 = R25:R24
brlo  kleiner    ; springe bei R17:R16 < R25:R24
```

Die arithmetischen Befehle mit unmittelbar (immediate) folgenden Konstanten lassen sich nur auf die Arbeitsregister R16 bis R31 anwenden. Der Befehl **addi** (addiere immediate) fehlt und muss durch die Subtraktion der negativen Konstante ersetzt werden; durch die Subtraktion erscheinen jedoch die beiden Überlaufbits C und H negiert und sind nur bedingt auswertbar! Eine andere Lösung legt die Konstante in einem Hilfsregister an.

Befehl	Operand	ITHSVNZC	W	T	Wirkung	**nur R16 ... R31**
subi	Rd, -k8	~~HSVNZC~~	1	1	Rd <= Rd + kon	addiere zum Register eine Konstante
subi	Rd, k8	HSVNZC	1	1	Rd <= Rd - kon	subtrahiere vom Register eine Konst.
sbci	Rd, k8	HSVN*C	1	1	Rd <= Rd - kon - C	subtrahiere vom Register Kon. und C
cpi	Rd, k8	HSVNZC	1	1	Rd - Konstante	vergleiche Register mit Konstanten

Das Beispiel addiert zum Inhalt von R16 eine Konstante 5 und kontrolliert durch einen Vergleichsbefehl, ob die Summe gleich bzw. größer als 100 ist.

```
subi   r16, -5    ; R16 <= R16 - (- 5) gibt R16 <= R16 + 5
cpi    r16, 100   ; bilde die Differenz R16 - 100
breq   gleich     ; springe bei R16 = 100
brsh   groesser   ; springe bei R16 >= 100
```

Für die **Pseudobefehle** setzt der verwendete Assembler mit vordefinierten Makroanweisungen die Codes anderer Befehle ein; statt `ser` = *setze Bits* wird `ldi` = *lade Konstante* $FF verwendet, daher ist `ser` nur für die Register R16 bis R31 verfügbar.

Befehl	Operand	ITHSVNZC	W	T	Wirkung	
clr	Rd	0001	1	1	Rd <= $00 eor rd, rd	lösche alle Bits im Register
ser	Rd		1	1	R16 .. R31 <= $FF ldi Rd, $FF	setze alle Bits im Register *nur* **R16 .. R31**
tst	Rd	S0NZ	1	1	Rd <= Rd and Rd, Rd	teste das Register auf Null und Vorzeichen (nur signed Zahlen)

Die **Zählbefehle** addieren bzw. subtrahieren die Konstante 1 und lassen sich auf alle Register anwenden. Das Ergebnis kann nur auf Null abgefragt werden, da das Überlauf- bzw.

2.3 Operationen

Unterlaufbit Carry unverändert bleibt. Mit einem Vergleichsbefehl lässt sich jeder Zählerstand kontrollieren.

Befehl	Operand	ITHSVNZC	W	T	Wirkung	
inc	Rd	SVNZ	1	1	Rd <= Rd + 1	*inkrementiere Register*
dec	Rd	SVNZ	1	1	Rd <= Rd - 1	*dekrementiere Register*

Das Programm *Bild 2-2* zeigt einen fortlaufenden dualen Aufwärtszähler, der auf dem Port B ausgegeben wird. Der nop-Befehl verlängert die Schleife auf fünf Takte; bei fünf Takten Low und fünf Takten High erscheint an PB0 der Prozessortakt geteilt durch 10. Bei einem Controllertakt von 8 MHz werden an PB0 800 kHz gemessen; an PB7 sind es 800 kHz : 128 = 6250 Hz. Der Zähler lässt sich nur durch Einbau von Zeitverzögerungen sichtbar machen.

```
; k2p1.asm Bild 2-2 Dualzähler als Taktteiler
; Port B: Ausgabe LED   PB0 = Takt / 10        PB7 = Takt / 1280
; Port D: -
        .INCLUDE "m16def.inc"   ; Deklarationen für ATmega16
        .DEF     akku = r16     ; Arbeitsregister
        .CSEG                   ; Programm-Flash
        rjmp     start          ; Reset-Einsprung
        .ORG     $2A            ; Interrupteinsprünge übergehen
start:  ldi      akku,LOW(RAMEND); Stapelzeiger
        out      SPL,akku       ; anlegen
        ldi      akku,HIGH(RAMEND);
        out      SPH,akku       ;
        ser      akku           ; akku <- $ff
        out      DDRB,akku      ; Port B ist Ausgang
        clr      akku           ; Zähler löschen
; Taktteiler: 5 Takte Low / 5 Takte High gibt Takt / 10
loop:   out      PORTB,akku     ; 1 Takt:  Zähler ausgeben
        inc      akku           ; 1 Takt:  Zähler erhöhen
        nop                     ; 1 Takt:  verlängert Schleife
        rjmp     loop           ; 2 Takte: Schleife
        .EXIT                   ; Ende des Quelltextes
```

Bild 2-2: Dualer Aufwärtszähler zur Messung der Taktfrequenz

Bei einem Abwärtszähler beginnt man mit der Anzahl der Durchläufe und kontrolliert die Schleife am Ende auf den Zählerstand Null. Beispiel für 100 Durchläufe:

```
        ldi      r16,100        ; R16 <- Anzahl der Durchläufe
loop:   nop                     ; Schleifenkörper: hier tu nix
        dec      r16            ; Zähler - 1
        brne     loop           ; wiederhole solange Zähler ungleich Null
```

2.3.2 Bitoperationen

Die Bitpositionen innerhalb eines Bytes werden entsprechend ihrer Wertigkeit als Dualziffer von rechts nach links von 0 bis 7 durchnummeriert.

Wertigkeit	2^7	2^6	2^5	2^4	2^3	2^2	2^1	2^0
Bitposition	7	6	5	4	3	2	1	0

Die **logischen Befehle** führen Bitoperationen parallel mit allen acht Bitpositionen eines Arbeitsregisters durch. Die logischen Befehle mit Konstanten lassen sich nur auf die Arbeitsregister **R16 bis R31** anwenden. Die Pseudobefehle `cbr` und `sbr` werden als logische Operationen ausgeführt und enthalten Konstanten und keine Bitpositionen wie `sbi` und `cbi`!

Befehl	Operand	ITHSVNZC	W	T	Wirkung	
com	Rd	S0NZ1	1	1	Rd <= NICHT Rd	*komplementiere Bits (1er Kom.)*
and	Rd, Rr	S0NZ	1	1	Rd <= Rd UND Rr	*logisches UND aller Bits*
or	Rd, Rr	S0NZ	1	1	Rd <= Rd ODER Rr	*logisches ODER aller Bits*
eor	Rd, Rr	S0NZ	1	1	Rd <= Rd EODER Rr	*logisches EODER aller Bits*
andi	Rd, k8	S0NZ	1	1	Rd <= Rd UND kon	*UND mit einer konst. Maske*
ori	Rd, k8	S0NZ	1	1	Rd <= Rd ODER kon	*ODER mit einer konst. Maske*
cbr	Rd, k8	S0NZ	1	1	andi Rd, ($FF-k8)	*lösche Bit wenn Bit in k8 = 1*
sbr	Rd, k8	S0NZ	1	1	ori Rd, k8	*setze Bit wenn Bit in k8 = 1*

Der Befehl `com` komplementiert das Register in allen Bitpositionen (aus 0 mach 1 und aus 1 mach 0). Das Beispiel komplementiert den auf Ausgabe programmierten Port B, um die angeschlossenen Leuchtdioden umzuschalten.

```
in    r16, PORTB      ; altes Bitmuster laden
com   r16             ; komplementieren
out   PORTB, r16      ; neues Bitmuster ausgeben
```

Das logische UND der Befehle `and` und `andi` löscht ein Bitmuster in allen Positionen, in denen eine Maske 0 ist, und übernimmt den alten Wert, in denen die Maske 1 ist. Der Pseudobefehl `cbr` löscht bei einem Maskenbit 1, da die Konstante durch den Ausdruck ($FF - k8) komplementiert wird. Das Beispiel liest den Port D und maskiert das wertniedrigste Bit PIND0, um es für einen bedingten Sprung zu verwenden.

```
in    r16, PIND         ; Zustand des Eingabeports lesen
andi  r16, 1 << PIND0   ; 0b00000001 bzw. 0b1 bzw. $1 bzw. 0x1
breq  null              ; springe bei 0 = Leitung Low
```

Das logische ODER der Befehle `or` und `ori` übernimmt in allen Bitpositionen, in denen eine Maske 0 ist, den alten Wert und setzt in allen Bitpositionen, in denen das Maskenbit 1 ist, das Bitmuster auf 1. Dies entspricht dem Pseudobefehl `sbr`. Das folgende Beispiel setzt

2.3 Operationen

die beiden Dezimalziffern zehner mit der Zehnerstelle und einer mit der Einerstelle zu einer zweistelligen Dezimalzahl zusammen.

```
mov     r16, zehner     ; Zehnerstelle 0000zzzz rechtsbündig
swap    r16             ; Zehnerstelle zzzz0000 linksbündig
or      r16, einer      ; Einerstelle 0000eeee ergibt zzzzeeee
```

Das logische EODER komplementiert ein Bitmuster an den Stellen, an denen eine Maske 1 ist und übernimmt den alten Wert an den Stellen, an denen die Maske 0 ist. Der Pseudobefehl **clr** rd wird als **eor** rd,rd ausgeführt und löscht das Arbeitsregister. Der fehlende Befehl **eori** Rd,k8 muss mit einem Hilfsregister nachgebildet werden. Das Beispiel komplementiert den Port B nur in den vier höheren Bitpositionen, dem linken Halbbyte.

```
in      r16, PORTB         ; altes Bitmuster laden
ldi     r17, 0b11110000    ; Maske $F0
eor     r16, r17           ; komplementiert linkes Halbbyte
out     PORTB,r16          ; neues Bitmuster zurück
```

Eine zweifache Komplementierung mit dem gleichen Bitmuster liefert wieder den alten Wert (doppelte Verneinung!). Bei der Verschlüsselung von Nachrichten wird der gleiche Schlüssel sowohl vom Sender bei der Codierung als auch vom Empfänger bei der Decodierung verwendet. Das Beispiel liest eine Nachricht vom Port D und gibt sie nach Verschlüsselung und anschließender Entschlüsselung auf dem Port B wieder aus.

```
        ldi    r18,0b10101010   ; R18 <- gemeinsamer Codeschlüssel
loop:   in     akku,PIND        ; Nachricht eingeben
        eor    akku,r18         ; Nachricht verschlüsseln
        mov    empf,akku        ; Empfänger <- verschlüsselte Nachricht
;- - - - - - - - - - - - - - - - - - - - - - - - - - - - - - - - -
        eor    empf,r18         ; Empfänger entschlüsselt Nachricht
        out    PORTB,empf       ; Nachricht ausgeben
        rjmp   loop             ; Testschleife
```

Nach dem gleichen Verfahren lassen sich mit dem logischen EODER die Inhalte zweier Register ohne eine Hilfsspeicherstelle vertauschen. Die Makroanweisung Mswap vertauscht die Inhalte der beiden als Parameter angegebenen Arbeitsregister.

```
        .MACRO  Mswap           ; vertausche Registerinhalte
        eor     @0,@1           ; @0 <- @0 EODER @1
        eor     @1,@0           ; @1 <- @1 EODER @0
        eor     @0,@1           ; @0 <- @0 EODER @1
        .ENDM
; Aufruf im Programm wie ein Befehl
        Mswap   r16,r17         ; vertausche das Register R16 mit R17
```

Die **Schiebebefehle** verschieben alle Bitpositionen eines Arbeitsregisters um **eine** Position nach links (left) oder rechts (right). Bei allen Schiebebefehlen wird die herausgeschobene Bitposition im Carrybit gespeichert. Die Rotationsbefehle `rol` und `ror` füllen die frei werdende Bitposition mit dem alten Carrybit auf, es entsteht ein 9bit Schieberegister. Die logischen Schiebebefehle `lsl` und `lsr` füllen die frei werdende Bitposition mit einer 0. Beim arithmetischen Rechtsschieben `asr` bleibt das Vorzeichenbit in B7 erhalten.

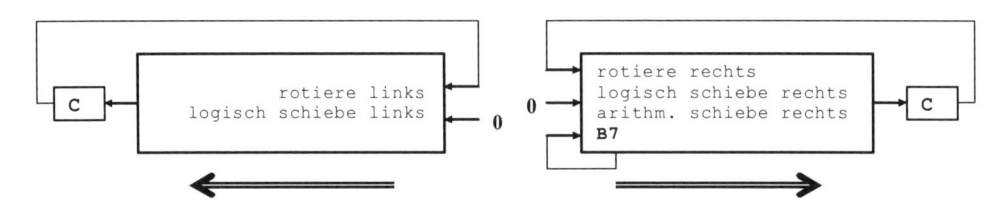

```
   ┌──────────────────────────────────┐        ┌──────────────────────────────────┐
   │                    rotiere links │        │ rotiere rechts                   │
 C │              logisch schiebe links│◄── 0   0 ──►│ logisch schiebe rechts          │ C
   │                                  │        │ arith. schiebe rechts            │
   │                                  │        │ B7                               │
   └──────────────────────────────────┘        └──────────────────────────────────┘
                 ◄══════════                                ══════════►
```

Befehl	Operand	ITHSVNZC	W	T	Wirkung	
asr	Rd	SVNZC	1	1	Rd <= 1 bit rechts	*schiebe arithmetisch nach rechts* b7 -> [b7 >> b0] -> C
lsr	Rd	SV0ZC	1	1	Rd <= 1 bit rechts	*schiebe logisch nach rechts* 0 -> [b7 >> b0] -> C
ror	Rd	SVNZC	1	1	Rd <= 1 bit rechts	*rotiere rechts durch das Carry Bit* C -> [b7 >> b0] -> C
lsl	Rd	HSVNZC	1	1	Rd <= 1 bit links add rd, rd	*schiebe logisch nach links* C <- [b7 << b0] <- 0
rol	Rd	HSVNZC	1	1	Rd <= 1 bit links adc rd, rd	*rotiere links durch das Carry Bit* C <- [b7 << b0] <- C

Die Beispiele zeigen die Multiplikation mit dem Faktor 2 durch das logische Linksschieben und die Division mit Restbildung durch das logische bzw. arithmetische Rechtsschieben. Bei der Multiplikation dient das Carrybit der Überlaufkontrolle, bei der Division nimmt es den Rest auf.

```
; logisches Linksschieben multipliziert mit 2
    ldi    r16,3  ; lade 0000 0011 = 3 dezimal
    lsl    r16    ; gibt 0000 0110 = 6 dezimal  C = 0: kein Überlauf
    lsl    r16    ; gibt 0000 1100 = 12 dezimal C = 0: kein Überlauf
; logisches Rechtsschieben dividiert vorzeichenlos durch 2
    ldi    r16,7  ; lade 0000 0111 = 7 dezimal
    lsr    r16    ; gibt 0000 0011 = 3 Rest C = 1
; arithmetisches Rechtsschieben dividiert vorzeichenbehaftet durch 2
    ldi    r16,-6 ; lade 1111 1010 = -6 dezimal
    asr    r16    ; gibt 1111 1101 = -3 Rest C = 0
```

2.3 Operationen

Die Rotierbefehle `ror` und `rol` schieben durch das Carrybit und bilden ein 9bit Schieberegister. Die beiden Makrobefehle `Mror8` und `Mrol8` bilden ein 8bit Schieberegister. Die herausgeschobene Bitposition gelangt in die freiwerdende Position und in das Carrybit.

```
; Makros für 8bit Rotierbefehle ohne Carry
        .MACRO   Mrol8   ; rotiere links ohne Carry:
        asr      @0      ;              /B7 B7 . ...B1/     Carry <- B0
        rol      @0      ;              /B7 B6     B1 B0/   Carry <- B7
        rol      @0      ; Carry <- B7 /B6 B5      B0 B7/
        .ENDM

        .MACRO   Mror8   ; rotiere rechts ohne Carry
        clc              ; Carry <- 0
        sbrc     @0,0    ; überspringe wenn B0 gleich 0
        sec              ; sonst Carry <- 1
        ror      @0      ; /B0 B7      B1/ B0 -> Carry
        .ENDM
```

Die Makros lassen sich wie Befehle auf alle Arbeitsregister anwenden. Die Beispiele rotieren R16 nach links und R17 nach rechts; die herausgeschobenen Bits gelangen in das Carrybit.

```
        Mrol8    r16     ; Cy <- B7 /B6 B5 .<- . . B0 B7/
        Mror8    r17     ;          /B0 B7 .-> . . B2 B1/  B0 -> Cy
```

Die **Arbeitsregister-Bit-Befehle** adressieren eine bestimmte Bitposition in einem Arbeitsregister. Mit den Befehlen `bld` und `bst` werden einzelne Bitpositionen der Arbeitsregister in bzw. aus dem T-Bit (Transfer) des Statusregisters kopiert. Die Befehle `sbrc` und `sbrs` werten eine Bitposition als Sprungbedingung aus. Die Positionen werden mit Konstanten von 0 bis 7 bezeichnet, für die sich mit `.EQU` bzw. `.SET` auch Symbole vereinbaren lassen.

Befehl	Operand	ITHSVNZC	W	T	Wirkung	
bld	Rd, bit		1	1	Rd (bit) <= T	lade Registerbit mit T-Bit
bst	Rr, bit	T	1	1	T <= Rr (bit)	speichere Registerbit nach T-Bit
sbrc	Rr, bit		1	1+	skip if bit is clear	überspringe nächsten Befehl, wenn Bit im Register = 0
sbrs	Rr, bit		1	1+	skip if bit is set	überspringe nächsten Befehl, wenn Bit im Register = 1

Das Beispiel liest den Port D nach R16, kopiert im Register die Bitposition 0 nach Bitposition 7 und gibt das Ergebnis auf dem Port B aus. Der Schalter an `PD0` schaltet also die Leuchtdioden an `PB0` und an `PB7` ein bzw. aus.

```
        in       r16,PIND    ; R16 <- Eingabe Port D
        bst      r16,0       ; T-Bit <- Registerbit_0
        bld      r16,7       ; Registerbit_7 <- T-Bit
        out      PORTB,r16   ; Ausgabe Port B <- R16
```

Eine andere Lösung verwendet bedingte Sprünge und Masken. Die beiden Verfahren lassen sich gut mit dem Simulator überprüfen.

```
in    r16,PIND          ; R16 <- Eingabe Port D
ori   r16,0b10000000    ; Maske setzt Bit_7 auf 1
sbrs  r16,0             ; für Bit_0 = 1 bleibt Bit_7
andi  r16,0b01111111    ; für Bit_0 = 0 geht Bit_7 nach 0
out   PORTB,r16         ; Ausgabe Port B <- R16
```

Die **Statusregister-Bit-Befehle** zum Löschen (bclr) und Setzen (bset) von Bits des Statusregisters enthalten im Operandenteil die adressierte Bitposition des Statusregisters als Symbol oder Zahlenwert von 0 bis 7.

Befehl	Operand	ITHSVNZC	W	T	Wirkung	
bclr	bitpos	*bit <- 0*	1	1	SREG(bit) <= 0	*lösche Bitposition im Statusregister*
bset	bitpos	*bit <- 1*	1	1	SREG(bit) <= 1	*setze Bitposition im Statusregister*

Die Pseudobefehle enthalten die Bitposition als Kennbuchstaben im Befehl. Der Assembler setzt die entsprechende Bitposition in den Bitbefehl ein.

Befehl	Operand	ITHSVNZC	W	T	Wirkung	
clc		0	1	1	C <= 0	*lösche Übertragbit*
sec		1	1	1	C <= 1	*setze Übertragbit*
clz		0	1	1	Z <= 0	*lösche Nullanzeigebit*
sez		1	1	1	Z <= 1	*setze Nullanzeigebit*
cln		0	1	1	N <= 0	*lösche Negativanzeigebit*
sen		1	1	1	N <= 1	*setze Negativanzeigebit*
clv		0	1	1	V <= 0	*lösche Überlaufbit*
sev		1	1	1	V <= 1	*setze Überlaufbit*
cls		0	1	1	S <= 0	*lösche Vorzeichenbit*
ses		1	1	1	S <= 1	*setze Vorzeichenbit*
clh		0	1	1	H <= 0	*lösche Halbübertrag*
seh		1	1	1	H <= 1	*setze Halbübertrag*
clt		0	1	1	T <= 0	*lösche Transferbit*
set		1	1	1	T <= 1	*setze Transferbit*
cli		0	1	1	I <= 0	*lösche Interruptbit: Interrupts sperren*
sei		1	1	1	I <= 1	*setze Interruptbit: Interrupts freigeben*

Das Carrybit wird in der Unterprogrammtechnik häufig zur Rückgabe einer Fehlermarke verwendet. Beispiel:

```
; im Hauptprogramm:
    rcall test         ; Aufruf
    brcs  fehler       ; Rückgabe Carry = 1: Fehler
;
```

2.3 Operationen

```
; im Unterprogramm:
      tst    r16           ; z.B. Fehlerbedingung prüfen
      breq   error         ; z.B. bei Null: Fehlerausgang
; Normalausgang:
      clc                  ; Carry = 0: kein Fehler
      ret                  ; Rücksprung
; Fehlerausgang:
error:sec                  ; Carry = 1: Fehler aufgetreten
      ret                  ; Rücksprung
```

Abschnitt 2.3.4 behandelt die Port-Bit-Befehle für einzelne Bitpositionen in den unteren 32 SFR-Registern. Für die oberen 32 SFR-Register müssen die Bitoperationen in Arbeitsregistern durchgeführt werden.

2.3.3 Wortoperationen (16 bit)

16bit Wörter belegen zwei Bytes. Die 16bit Operationen `adiw` und `sbiw` sowie die Multiplikationsbefehle der Mega-Familie verwenden die Reihenfolge:

Low-Byte – Low-Adresse *und* **High-Byte – High-Adresse**

Entsprechend dem `movw`-Befehl schreibt man oft in Kommentaren das High-Register zuerst und trennt es mit einem Doppelpunkt vom Low-Register. Das Beispiel lädt das 16bit Registerpaar R25:R24 bestehend aus R25 (High-Byte) und R24 (Low-Byte) mit der hexadezimalen Konstante $1234.

```
      ldi    r24,LOW($1234)    ; R24 <- $34    Low-Teil der Konstante
      ldi    r25,HIGH($1234)   ; R25 <- $12    High-Teil der Konstante
```

Die acht Byteregister R24 bis R31 lassen sich auch als *Wortregister* R24, R26, R28 und R30 verwenden. Für die Register R26, R28 und R30 sind die Bezeichner XL, YL und ZL vordefiniert. Die indirekte SRAM-Adressierung (Abschnitt 2.5.2) benutzt X, Y und Z als Indexregister zur Adressierung von Speicherbereichen.

Wortregister	*Low-Byte*	*High-Byte*
R24 kein Indexregister	R24 Adresse = 24	R25 Adresse = 25
R26 = XL = Indexregister X	R26 = XL Adresse = 26	R27 = XH Adresse = 27
R28 = YL = Indexregister Y	R28 = YL Adresse = 28	R29 = YH Adresse = 29
R30 = ZL = Indexregister Z	R30 = ZL Adresse = 30	R31 = ZH Adresse = 31

Für *Wortoperationen* (16 bit) stehen für die Bausteine *aller* AVR-Familien die Wortbefehle `adiw` und `sbiw` zur Verfügung, die eine 6bit Konstante im Bereich von 0 bis 63 addieren bzw. subtrahieren. In den Befehlen erscheint als Operand nur das Low-Register; die Operation wird jedoch als 16bit Wort auch mit dem High-Register durchgeführt.

Befehl	Operand	ITHSVNZC	W	T	Wirkung	
adiw	Rw, k6	SVNZC	1	2	Rw <= Rw + 6bit Konst.	**nur R24, R26, R28, R30** *addiere Konstante 0 bis 63*
sbiw	Rw, k6	SVNZC	1	2	Rw <= Rw – 6bit Konst.	**nur R24, R26, R28, R30** *subtrahiere Konst. 0 bis 63*
movw	Rd,Rr Rd+1:Rd,Rr+1:Rr		1	1	Rd:Rd+1 <= Rr:Rr+1 **d** *und* **r** *geradzahlig*	**nur Mega-Familie** *kopiere 16bit Wort*

Der Wortbefehl movw ist nur bei den Controllern der Mega-Familie vorhanden. Als Operanden sind *alle* geradzahligen Register in zwei Schreibweisen zulässig. Die Beispiele kopieren ein Wort aus dem Registerpaar R0 (Low-Teil) und R1 (High-Teil) in das Registerpaar R16 (Low-Teil) und R17 (High-Teil).

```
        movw    r16,r0          ; R16 (und R17) <- R0 (und R1)
; die folgende Schreibweise wird in den Beispielen verwendet
        movw    r17:r16,r1:r0   ; Registerpaar R17:R16 <- R1:R0
```

Das Beispiel für sbiw zeigt eine Warteschleife mit einem 16bit Zähler in einem Unterprogramm warte20ms, das ca. 20 ms wartet. Der Anfangswert wird aus dem Systemtakt berechnet, der als Symbol TAKT im Hauptprogramm definiert sein muss. Ein Zahlenüberlauf bei Frequenzen größer 16.38 MHz wird durch die bedingte Assemblierung abgefangen.

```
; Unterprogramm wartet 20 ms bei TAKT von 1 bis 16.38 MHz
; Symbol TAKT im Hauptprogramm in [Hz] vereinbart
warte20ms:
        push    XL              ; Register retten
        push    XH              ;
        .IF     (TAKT/250) > 65535   ; Anfangswert für max. 16.38 MHz
         .ERROR "Fehler: TAKT > 16 MHz"
        .ELSE
        ldi     XL,LOW(TAKT/250)     ; 8 MHz / 250 = 32 000
        ldi     XH,HIGH(TAKT/250)    ; 32 000 * 5 * 1/8 MHz = 20 ms
        .ENDIF
warte20ms1:
        nop                     ; 1 Takt
        sbiw    XL,1            ; 2 Takte
        brne    warte20ms1      ; 2 Takte
        pop     XH              ; Register zurück
        pop     XL              ;
        ret                     ; Rücksprung
```

2.3 Operationen

Durch den Aufruf des Unterprogramms im Programm *Bild 2-3* kann ein dualer 8bit Aufwärtszähler auf den Leuchtdioden sichtbar gemacht werden. Die wertniedrigste Leuchtdiode PB0 ist 20 ms lang Low und 20 ms lang High. Dies ergibt eine Periode von 40 ms und damit eine Blinkfrequenz von 25 Hz; die nächsthöhere Stelle PB1 blinkt mit 12.5 Hz.

```
; k2p2.asm Bild 2-3 Verzögerter 8bit Dualzähler
; Port B: Ausgabe  PB0 Periode 2*20ms = 40ms   => 25 Hz
; Port D: -
        .INCLUDE "m16def.inc"   ; Deklarationen für ATmega16
        .EQU    TAKT = 8000000  ; Systemtakt 8 MHz für warte20ms
        .DEF    akku = r16      ; Arbeitsregister
        .CSEG                   ; Programm-Flash
        rjmp    start           ; Reset-Einsprung
        .ORG    $2A             ; Interrupteinsprünge übergehen
start:  ldi     akku,LOW(RAMEND); Stapelzeiger
        out     SPL,akku        ; anlegen
        ldi     akku,HIGH(RAMEND);
        out     SPH,akku        ;
        ser     akku            ; akku <- $ff
        out     DDRB,akku       ; Port B ist Ausgang
        clr     akku            ; Zähler löschen
; Verzögerter Dualzähler auf dem Port B
loop:   out     PORTB,akku      ; Zähler ausgeben
        inc     akku            ; Zähler erhöhen
        rcall   warte20ms       ; 16bit Wartezähler wartet ca. 20 ms
        rjmp    loop            ; Schleife
; Unterprogramm wird hier eingefügt
        .INCLUDE "warte20ms.asm"; 16bit Zähler wartet ca. 20 ms
        .EXIT                   ; Ende des Quelltextes
```

Bild 2-3: Verzögerter Dualzähler auf dem Port B

Während die Wortbefehle `adiw` und `sbiw` nur für die Wortregister R24, XL, YL und ZL verfügbar sind, können weitere Wortregister aus beliebigen Byteregistern gebildet werden. Transportoperationen (`mov`, `in`, `out`, `lds` und `sts`) sowie logische Operationen (`com`, `and`, `or` und `eor`) werden durch zwei Bytebefehle in beliebiger Reihenfolge durchgeführt; Wortkonstanten lassen sich die Operatoren `LOW` und `HIGH` in zwei Bytes aufspalten. Ein Zahlenüberlauf bei Ausdrücken wie z.B. `TAKT/250` muss mit bedingter Assemblierung abgefangen werden, da der `HIGH`-Operator den Zahlenbereich nicht überprüft.

Arithmetische Operationen benötigen das Carrybit als Zwischenübertrag zwischen den beiden Bytebefehlen und müssen daher mit dem Low-Byte zuerst ausgeführt werden. Die Bytebefehle `adc`, `sbc`, `sbci` und `cpc` addieren bzw. subtrahieren zusätzlich den Übertrag bzw. das Borgen im aktuellen Carrybit.

High-Byte   Carry   Low-Byte

```
□□□□□□□□ ← □ ← □□□□□□□□
```

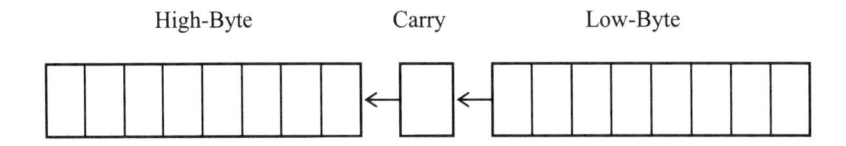

Bei der Addition und Subtraktion von 8bit Konstanten muss das Carrybit des Low-Teils zusammen mit der Konstanten Null zum High-Teil addiert bzw. subtrahiert werden. Bei der Subtraktion negativer Konstanten anstelle der fehlenden Addition ist jedoch zu beachten, dass die Subtraktion des Carrybit negiert!

```
; addiere Byte-Konstante zum Wort in Z
      subi   ZL,-4       ; addiere Byte-Konstante 4
      sbci   ZH,-1       ; addiere Null und Übertrag
; subtrahiere Bytekonstante von Wort in Z
      subi   ZL,3        ; subtrahiere Byte-Konstante 3
      sbci   ZH,0        ; subtrahiere Null und Borgen
; vergleiche zwei Wörter in Z und Y
      cp     ZL,YL       ; vergleiche Low-Bytes
      cpc    ZH,YH       ; vergleiche High-Bytes und Carry
      brlo   kleiner     ; verzweige bei kleiner
      breq   gleich      ; verzweige bei gleich
```

Für die Addition von 16bit Konstanten verwendet man zwei Hilfsregister oder subtrahiert den negierten Wert in zwei Schritten. Die Beispiele addieren die hexadezimale Konstante $1234 zum Registerpaar R25:R24.

```
      ldi    r16,LOW($1234)   ; R16 <- Low-Teil der Konstanten
      ldi    r17,HIGH($1234)  ; R17 <- High-Teil der Konstanten
; Addition der Konstanten aus Hilfsregistern R17:R16
      add    r24,r16          ; R24 <- R24 + R16
      adc    r25,r17          ; R25 <- R25 + R17 + Übertrag
; Addition durch Subtraktion der negativen Konstanten ohne Hilfsreg.
      subi   r24,LOW(-$1234)  ; R24 <- R24 - (-Low-Teil)
      sbci   r25,HIGH(-$1234) ; R25 <- R25 - (-High-Teil) - Borgen
```

Die *Rotierbefehle* rol (links) und ror (rechts) erweitern die Schiebebefehle lsl (links) bzw. lsr (rechts) auf 16 bit und mehr, indem sie das von der Vorgängeroperation herausgeschobene Carrybit aufnehmen und die herausgeschobene Bitposition an das Carrybit weiterreichen. Beispiel einer 16bit Multiplikation des Registerpaares R25:R24 mit dem Faktor 2 und Überlaufkontrolle durch Linksschieben.

```
      lsl    r24          ; Low-Byte *2 Übertrag nach Carry
      rol    r25          ; Übertrag und High-Byte *2
      brcs   fehler       ; Produkt > $FFFF: Überlauf
```

2.3 Operationen

Bei einer Division durch Rechtsschieben muss mit dem werthöchsten Byte begonnen werden. Beispiel für eine 16bit Division von R25:R24 durch 2.

```
lsr    r25              ; High-Byte /2
ror    r24              ; Low-Byte /2      Rest im Carry
```

Für *16bit Vergleiche* und eine Kontrolle auf Überlauf bzw. Unterlauf wird das bei der letzten Operation entstandene Carrybit mit `brcs` bzw. `brlo` ausgewertet. Für die *Nullabfrage* muss jedoch das Z-Bit (Z = 1: Null und Z = 0: Nicht Null) von *allen* Teiloperationen beeinflusst werden. Die Befehle `sbc`, `sbci` und `cpc`, die zusätzlich das Carrybit subtrahieren, bilden das Z-Bit durch ein logisches UND des vorhergehenden Z-Bits mit allen negierten Bitpositionen der Differenz. Das Z-Bit ist nur dann 1 (Ergebnis gleich Null), wenn das Z-Bit der vorhergehenden Operation *und* alle Bitpositionen der Differenz Null sind. Das Z-Bit wird von den bedingten Sprungbefehlen `breq` und `brne` ausgewertet. Beispiel für einen 16bit Vergleich von R25:R24 mit der Konstanten 4711_{10} über ein Hilfsregister für den High-Teil:

```
ldi    r17,HIGH(4711)   ; lade High-Konstante    kein cpci-Befehl!!!!
cpi    r24,LOW(4711)    ; vergleiche Low-Bytes
cpc    r25,r17          ; vergleiche High-Bytes und Zwischenborgen
breq   gleich           ; Differenz = Null ?
```

Nur die zusätzlich das Carrybit subtrahierenden Befehle `sbc`, `sbci` und `cpc` reichen das Z-Bit weiter; nicht jedoch der Additionsbefehl `adc`. Daher kann eine aus mehreren Bytes bestehende Summe nur byteweise mit dem `tst`-Befehl auf Null geprüft werden. Eine andere Lösung verwendet das logische ODER. Beispiele für den Test von R25:R24 auf Null:

```
; Nullprüfung mit zwei Testbefehlen
    tst    r24           ; teste Low-Byte   (and r24,r24)
    brne   ungleich      ; ungleich Null: fertig
    tst    r25           ;   gleich Null: teste High-Byte
    breq   gleich        ;   gleich Null: beide Bytes Null

; Nullprüfung mit dem logischen ODER
    mov    r16,r24       ; lade Low Byte
    or     r16,r25       ; Low-Byte ODER High-Byte
    breq   gleich        ;   gleich Null: beide Bytes Null
```

Für Wortoperationen können Makros definiert werden, die sich wie Befehle auf alle Arbeitsregister anwenden lassen.

2.3.4 Operationen mit SFR-Registern

Der SFR-Bereich (**S**pecial **F**unction **R**egister) besteht aus dem Statusregister SREG, dem Stapelzeiger (SPH und SPL), den Registern der Timer sowie aus den Registern der seriellen und parallelen Schnittstellen. Für die Adressen der SFR-Register und die entsprechenden Bitpositionen sind in den Definitionsdateien .inc Symbole vordefiniert.

Die Byte-Befehle in und out lassen sich auf alle 64 Adressen von $00 bis $3F des SFR-Bereiches anwenden. Die ebenfalls mögliche SRAM-Adressierung mit Lade- und Speicherbefehlen bietet nur bei indirekter Adressierung Vorteile. In dieser Adressierungsart erscheinen nicht die SFR-Adressen von $00 bis $3F, sondern die SRAM-Adressen von $20 bis $5F.

Befehl	Operand	ITHSVNZC	W	T	Wirkung	
in	Rd, SFR		1	1	Rd <= SFR-Register	*lade Rd mit SFR-Register*
out	SFR, Rr		1	1	SFR-Register <= Rr	*lade SFR-Register mit Rr*

Die Port-Bit-Befehle lassen sich nur auf die unteren 32 Adressen von $00 bis $1F des SFR-Bereiches (Ports genannt) anwenden.

Befehl	Operand	ITHSVNZC	W	T	Wirkung	
cbi	port, bit		1	2	port (bit) <= 0	*lösche Port-Bit*
sbi	port, bit		1	2	port (bit) <= 1	*setze Port-Bit*
sbic	port, bit		1	1+	skip if bit is clear	*überspringe den nächsten Befehl, wenn Bit im Port = 0*
sbis	port, bit		1	1+	skip if bit ist set	*überspringe den nächsten Befehl, wenn Bit im Port = 1*

Die Tabelle zeigt als Beispiel die vordefinierten Symbole der SFR-Register und Bitpositionen der parallelen Schnittstellen Port B und Port D. Beispiel: .EQU PB7 = 7

SRAM	SFR	Name	Bit 7	Bit 6	Bit 5	Bit 4	Bit 3	Bit 2	Bit 1	Bit 0
$38	$18	PORTB	PB7	PB6	PB5	PB4	PB3	PB2	PB1	PB0
$37	$17	DDRB	DDB7	DDB6	DDB5	DDB4	DDB3	DDB2	DDB1	DDB0
$36	$16	PINB	PINB7	PINB6	PINB5	PINB4	PINB3	PINB2	PINB1	PINB0
$32	$12	PORTD	PD7	PD6	PD5	PD4	PD3	PD2	PD1	PD0
$31	$11	DDRD	DDD7	DDD6	DDD5	DDD4	DDD3	DDD2	DDD1	DDD0
$30	$10	PIND	PIND7	PIND6	PIND5	PIND4	PIND3	PIND2	PIND1	PIND0

Das Beispiel schaltet nur die werthöchste Bitposition PB7 des Ports B ein und wieder aus; die anderen Bits bleiben unverändert. Durch den Zeitausgleich entsteht bei einem Systemtakt von 8 MHz ein symmetrisches Rechtecksignal von 1 MHz als Taktteiler durch 8. Für ein sichtbares Blinksignal sind Warteschleifen bzw. ein Warteunterprogramm erforderlich.

2.3 Operationen

```
          sbi     DDRB,DDB7           ; nur PB7 ist Ausgang
; Arbeitsschleife 4 Takte Low / 4 Takte High
loop:     sbi     PORTB,PB7           ; 2 Takte PB7 High
          nop                         ; 1 Takt  Zeitausgleich
          nop                         ; 1 Takt  Zeitausgleich
          cbi     PORTB,PB7           ; 2 Takte PB7 Low
          rjmp    loop                ; 2 Takte Sprung
```

Das Beispiel setzt drei Bitpositionen eines bitadressierbaren Steuerregisters auf 1, die restlichen fünf Bitpositionen bleiben unverändert.

```
          sbi     UCR,RXCIE           ; Empfängerinterrupt frei
          sbi     UCR,RXEN            ; Empfänger ein
          sbi     UCR,TXEN            ; Sender ein
```

Bitoperationen in nicht bitadressierbaren SFR-Registern müssen mit logischen Masken in Arbeitsregistern durchgeführt werden. Das Beispiel setzt die drei Bitpositionen in UCR.

```
          in      r16,UCR                             ; alter Wert
          ori     r16,(1 << RXCIE) | (1 << RXEN) | (1 << TXEN) ; Maske
          out     UCR,r16                             ; neuer Wert
```

Die Pseudobefehle `cbr` und `sbr` löschen bzw. setzen Bits in einem *Arbeitsregister*. Sie adressieren keine Bitpositionen wie `sbi` und `cbi`, sondern enthalten konstante Masken, die mit einer 1 die zu verändernde Bitposition angeben. Das Beispiel setzt das Bit `ISC11` und löscht das Bit `ISC10` in einem nicht bitadressierbaren Steuerregister MCUCR.

```
          in      r16,MCUCR           ; alter Wert
          cbr     r16,(1 << ISC11)    ; andi r16,($ff -Maske) lösche Bit
          sbr     r16,(1 << ISC10)    ;  ori r16, Maske       setze Bit
          out     MCUCR,r16           ; neuer Wert
```

Die bedingten Sprungbefehle `sbic` (überspringe wenn Bit gelöscht) und `sbis` (überspringe wenn Bit gesetzt) werten die angegebene Bitposition direkt aus und verändern keine Bedingungsbits im Statusregister. Das Beispiel wartet auf eine fallende Flanke am Eingang `PIND7`, erhöht einen Zähler auf dem Port B um 1 und wartet dann auf eine steigende Flanke.

```
loop:     sbic    PIND,PIND7          ; überspringe wenn Leitung Low
          rjmp    loop                ; Warteschleife solange Leitung High
          in      r16,PORTB           ; alten Zählerstand laden
          inc     r16                 ; um 1 erhöhen
          out     PORTB,r16           ; neuen Zählerstand ausgeben
wart:     sbis    PIND,PIND7          ; überspringe wenn Leitung High
          rjmp    wart                ; Warteschleife solange Leitung Low
          rjmp    loop                ; Leitung High: Arbeitsschleife
```

Bei Bausteinen mit einem *erweiterten Peripheriebereich* wie z.B. dem im Butterfly-System verwendeten ATmega169 können die SFR-Register auf den SRAM-Adressen $60 bis $FF nur mit Lade- und Speicherbefehlen des Abschnitts 2.5.2 „Die Adressierung der Variablen im SRAM" erreicht werden. Die SRAM-Adressierung ist jedoch auch für den standardmäßigen SFR-Bereich auf den SRAM-Adressen $20 bis $3F verwendbar. Das Beispiel adressiert die Ports B und D mit den vordefinierten SFR-Registerbezeichnern (Werte von $00 bis $1F) erhöht um den Abstand +$20.

```
        ldi     akku,$ff            ; Bitmuster 1111 1111
        sts     DDRB+$20,akku       ; Port als SRAM adressiert
        clr     akku                ; Port löschen
        sts     PORTB+$20,akku      ; Port als SRAM adressiert
; Arbeitsschleife fallende Flanke PD7 erhöht Port B Zähler um 1
loop:   lds     akku,PIND+$20       ; Port als SRAM adressiert
        sbrc    akku,PIND7          ; überspringe wenn Registerbit 0
        rjmp    loop                ; sonst warte auf fallende Flanke
        lds     akku,PORTB+$20      ; Port als SRAM adressiert
        inc     akku                ; Zähler erhöhen
        sts     PORTB+$20,akku      ; Port als SRAM adressiert
warte:  lds     akku,PIND+$20       ; Port als SRAM adressiert
        sbrs    akku,PIND7          ; überspringe wenn Registerbit 1
        rjmp    warte               ; warte auf steigende Flanke
        rjmp    loop                ; springe immer zum Ziel loop
```

Bei der SRAM-Adressierung der SFR-Register können die schnellen SFR-Befehle (1 Takt) wie z.B. in, out, sbi und cbi nicht verwendet werden. Umgekehrt enthält der erweiterte Peripheriebereich freie Register für allgemeine Anwendungen (GPIOR = General Purpose I/O Register), die keiner Peripherieeinheit zugeordnet sind und die für Marken und Semaphore verwendet werden können.

2.3.5 Multiplikation und Division

Dieser Abschnitt behandelt nur die ganzzahlige vorzeichenlose 8bit und 16bit Arithmetik. Die .INCLUDE-Anweisungen der Makros sind in der Headerdatei Mmuldiv.h enthalten.

Name	Parameter	Bemerkung
mul	R1:R0 <- Rd,Rr	**Hardwarebefehl** nur Mega-Familie
Mmul16	R3:R2:R1:R0 <- @0:@1 * @2:@3	nicht R0, R2, R3, R4, R5, R6 Mega!
Mmulx8	R1:R0 <- @0 * @1	nicht R0, R1, R2
Mmulx16	R3:R2:R1:R0 <- @0:@1 * @2:@3	nicht R0, R1, R2, R3, R4
Mdivx8	@0 durch @1 @0 <- Quotient @1 <- Rest	nicht R2, R3
Mdivx16	@0:@1 durch @2:@3 @0:@1 <- Quotient @2:@3 <- Rest	nicht R4, R5, R6
Mdual2bcd	@0 = dual wird gerettet @1 <- Hunderter @2 <- Zehner @3 <- Einer	Umwandlung 8bit dual nach BCD

Tabelle der Makrovereinbarungen zur Multiplikation und Division in Mmuldiv.h

Die Unterprogramme verwenden die entsprechenden Makrovereinbarungen mit fest zugeordneten Registern. Die .INCLUDE-Anweisungen der Unterprogramme sind in der Headerdatei muldiv.h enthalten.

Name	Parameter	Bemerkung
mul16	R3:R2:R1:R0 <- R17:R16 * R19:R18	benötigt Mmul16 nur Mega-Familie
mulx8	R1:R0 <- R16 * R17	benötigt Mmulx8
mulx16	R3:R2:R1:R0 <- R17:R16 * R19:R18	benötigt Mmulx16
divx8	R1 durch R0 R1 <- Quotient r0 <- Rest	benötigt Mdivx8
divx16	R3:R2 durch R1:R0 R3:R2 <- Quotient R1:R0 <- Rest	benötigt Mdivx16
dual2bcd	R16 = dual wird überschrieben R17 <- Hunderter R16 <- Zehner	Einer	Umwandlung 8bit dual nach BCD

Tabelle der Unterprogramme zur Multiplikation und Division in muldiv.h

Abschnitt 2.8 enthält weitere Beispiele für vorzeichenbehaftete und reelle Zahlen, für die BCD-Arithmetik sowie spezielle Unterprogramme für die Umwandlung von Zahlen. Weitergehende Ausführungen und Anwendungsbeispiele finden sich in den Dokumenten AVR201 „Using the AVR Hardware Multiplier" und AVR200 „Multiply und Divide Routines" der Atmel-Anwendungsbibliothek.

2.3.5.1 Die Multiplikationsbefehle der Mega-Familie

Die 8bit Multiplikationsbefehle sind nur für die Controller der ATmega-Familie verfügbar. Abschnitt 2.8.8 behandelt die Festpunkt-Multiplikationsbefehle **f**mul. Bei allen Multiplikationsbefehlen erscheint das 16bit Produkt *immer* in den Registern R1 (High-Byte) und R0 (Low-Byte). Es lässt sich mit dem Wortbefehl movw in jedes andere Registerpaar kopieren.

Befehl	Operand	ITHSVNZC	W	T	Wirkung	nur ATmega-Familie
mul	Rd, Rr	ZC	1	2	R1:R0 <- Rd * Rr	*vorzeichenlos * vorzeichenlos* alle Register R0 bis R31
muls	Rd, Rr	ZC	1	2	R1:R0 <- Rd * Rr	*vorzeichenbehaftet * vorzeichenbehaftet* nur Register R16 bis R31
mulsu	Rd, Rr	ZC	1	2	R1:R0 <- Rd * Rr	*vorzeichenbehaftet * vorzeichenlos* nur Register R16 bis R23
movw	Rd, Rr		1	1	Rd+1:Rd <- Rr+1:Rr **d** und **r** geradzahlig	*kopiert 16bit Wort* alternativ auch: movw Rd+1:Rd, Rr+1:Rr

Das Produkt kann mit dem Z-Bit auf Null getestet werden; das Carrybit enthält das werthöchste Bit des Produktes. Bei der Multiplikation vorzeichenloser (unsigned) Zahlen mit dem Befehl mul werden die leeren höheren Stellen mit führenden Nullen aufgefüllt. Das Beispiel multipliziert den Inhalt von R16 mit einem Faktor in R17 und kopiert das 16bit Produkt aus den Ergebnisregistern R1 und R0 nach R19 und R18.

```
mul    r16,r17              ; R1:R0 <- R16 * R17
movw   r19:r18,r1:r0        ; alternative Schreibweise für R18,R0
```

Die 8bit Multiplikation lässt sich durch gruppenweise Teilmultiplikationen und Additionen auf 16 bit erweitern.

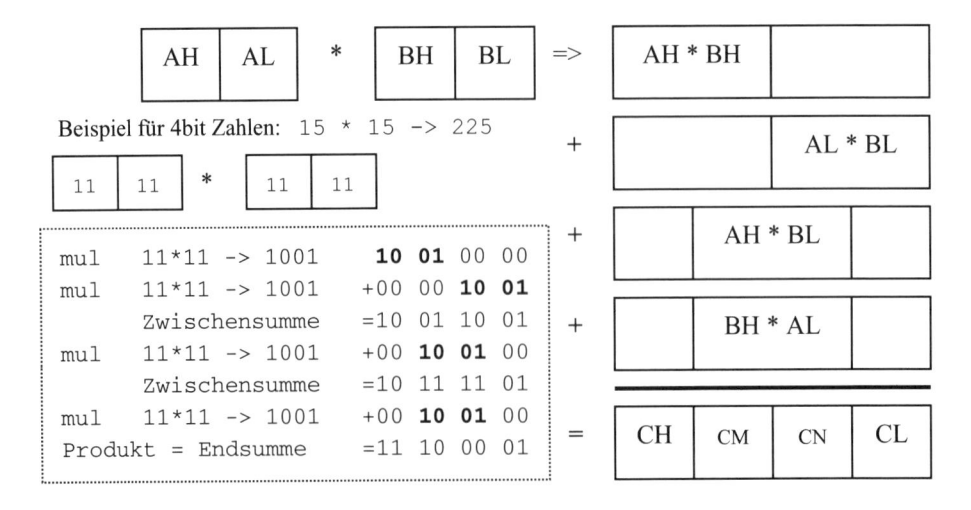

```
         AH   AL   *   BH   BL   =>      AH * BH

Beispiel für 4bit Zahlen:  15 * 15 -> 225        +
         11   11   *   11   11                          AL * BL

   mul   11*11 -> 1001    10 01 00 00       +
   mul   11*11 -> 1001   +00 00 10 01               AH * BL
         Zwischensumme   =10 01 10 01
   mul   11*11 -> 1001   +00 10 01 00       +
         Zwischensumme   =10 11 11 01               BH * AL
   mul   11*11 -> 1001   +00 10 01 00
         Produkt = Endsumme =11 10 00 01   =    CH  | CM | CN | CL
```

2.3 Operationen

Der Makrobefehl `Mmul16` fügt die Befehle der vorzeichenlosen 16bit Multiplikation in den Code ein und lässt sich auf alle Register mit Ausnahme der Ergebnisregister R3:R2:R1:R0 mit dem 32bit Produkt und der Hilfsregister R4 bis R6 anwenden.

```
; Mmul16.asm Makro mit mul-Befehlen R3:R2:R1:R0 <- @0:@1 * @2:@3
        .MACRO  Mmul16          ; Nicht R0,R1,R2,R3,R4,R5,R6
        push    r4              ; Register retten
        push    r5              ;
        push    r6              ;
        clr     r6              ; für Addition
        mul     @0,@2           ; R1:R0 <- AH * BH
        movw    r5:r4,r1:r0     ; R5:R4 <- High-Teilprodukt
        mul     @1,@3           ; R1:R0 <- AL * BL
        movw    r3:r2,r1:r0     ; R3:R2 <- Low-Teilprodukt
        mul     @0,@3           ; R1:R0 <- AH * BL
        add     r3,r0           ;
        adc     r4,r1           ;
        adc     r5,r6           ;
        mul     @2,@1           ; R1:R0 <- BH * AL
        add     r3,r0           ;
        adc     r4,r1           ;
        adc     r5,r6           ; Produkt in R5:R4:R3:R2
        movw    r1:r0,r3:r2     ; R1:R0 = Produkt_Low
        movw    r3:r2,r5:r4     ; R3:R2 = Produkt_High
        pop     r6              ; Register zurück
        pop     r5              ;
        pop     r4              ;
        .ENDM                   ;
```

Da Makros bei jedem Aufruf erneut in den Code eingebaut werden, kann es bei häufiger Anwendung zweckmäßig sein, ein Unterprogramm aufzurufen, dessen Code nur einmal vorhanden ist. Das Unterprogramm `mul16` multipliziert zwei vorzeichenlose 16bit Zahlen in R17:R16 und R19:R18 zu einem 32bit Produkt in den vier Registern R3:R2:R1:R0 und verwendet die Befehle des Makros `Mmul16`.

```
; mul16.asm Upro mit mul-Befehlen R3:R2:R1:R0 <- R19:R18 * R17:R16
mul16:  Mmul16   r19,r18,r17,r16 ;
        ret                      ;
```

Die Befehle `muls` und `mulsu` dienen der Multiplikation vorzeichenbehafteter (signed) Zahlen und werden im Abschnitt 2.8 behandelt.

2.3.5.2 Software-Multiplikationsverfahren

Für die anderen AT-Familien muss die Multiplikation auf die Standardoperationen schieben und addieren zurückgeführt werden. Das der Handrechnung entsprechende Verfahren mit Teiladditionen und Verschiebungen benötigt bei einer 8bit mal 8bit Multiplikation acht Durchläufe. Es lässt sich auf längere Operanden erweitern. Die Softwareverfahren werden in den Bezeichnern der Beispielprogramme mit einem x gekennzeichnet.

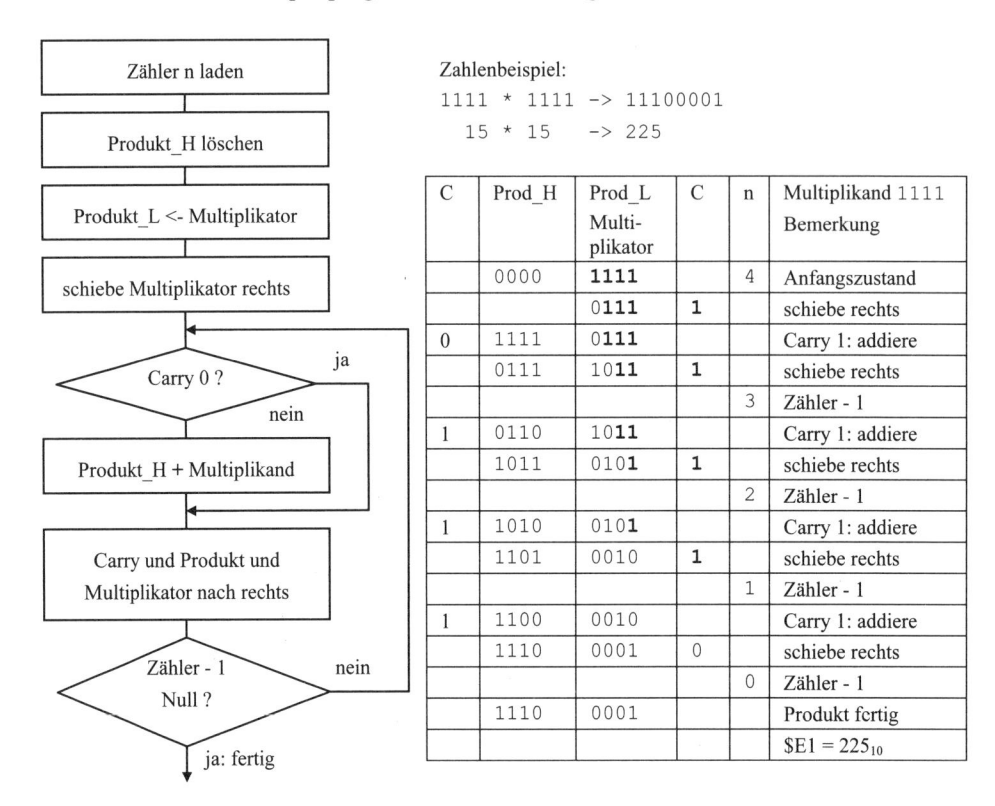

Zahlenbeispiel:
```
1111 * 1111 -> 11100001
  15 *   15 ->      225
```

C	Prod_H	Prod_L Multiplikator	C	n	Multiplikand 1111 Bemerkung
	0000	1111		4	Anfangszustand
		0111	1		schiebe rechts
0	1111	0111			Carry 1: addiere
	0111	1011	1		schiebe rechts
				3	Zähler - 1
1	0110	1011			Carry 1: addiere
	1011	0101	1		schiebe rechts
				2	Zähler - 1
1	1010	0101			Carry 1: addiere
	1101	0010	1		schiebe rechts
				1	Zähler - 1
1	1100	0010			Carry 1: addiere
	1110	0001	0		schiebe rechts
				0	Zähler - 1
	1110	0001			Produkt fertig
					$E1 = 225_{10}$

Der Makrobefehl `Mmulx8` fügt die Befehle einer 8bit Multiplikation in den Code ein und lässt sich im Gegensatz zu einem entsprechenden Unterprogramm auf alle Register mit Ausnahme der Ergebnisregister R1 und R0 und des Zählregisters R2 anwenden. Das 16bit Produkt erscheint wie beim `mul`-Befehl in den Registern R1 (High-Byte) und R0 (Low-Byte).

```
; Mmulx8.asm Makro Softwaremultiplikation R1:R0 <- @0 * @1
     .MACRO  Mmulx8    ; R1:R0 <- @0 * @1 Nicht R0,R1,R2
     push    r2        ; Register retten
     push    r16       ; Hilfsregister retten
     ldi     r16,8     ; Zähler für 8 Schritte
     mov     r2,r16    ; R2 = Schrittzähler
     pop     r16       ; Hilfsregister zurück
```

2.3 Operationen

```
            clr     r1           ; R1 <- Produkt_High löschen
            mov     r0,@1        ; R0 <- Produkt_Low <- Multiplikator
            lsr     r0           ; Multiplikator rechts nach Carry
Mmulx8a:    brcc    Mmulx8b      ; Carry = 0: nicht addieren
            add     r1,@0        ; Produkt_High + Multiplikand
Mmulx8b:    ror     r1           ; Carry und Produkt_High rechts
            ror     r0           ; Carry und Produkt_Low=Multiplikator rechts
            dec     r2           ; Schrittzähler für 8 Schritte
            brne    Mmulx8a      ; bis Schrittzähler Null
            clc                  ; C <- 0
            sbrc    r1,7         ; überspringe für Bit_15 = 0
            sec                  ; C <- 1 für Bit_15 = 1
            mov     r2,r1        ; Produkt auf Null testen
            or      r2,r0        ; Z-Bit entsprechend Produkt
            pop     r2           ; Register zurück
            .ENDM                ; R1:R0 <- Produkt  @0 und @1 bleiben
```

Das Unterprogramm `mulx8` multipliziert die beiden 8bit Faktoren in R17 und R16 zu einem 16bit Produkt, das wie bei den `mul`-Befehlen in den Registern R1 (High-Byte) und R0 (Low-Byte) erscheint. Dabei wird die entsprechende Makroanweisung für die Parameter R16 und R17 in den Code eingefügt.

```
; mulx8.asm Upro unsigned Softwaremultiplikation R1:R0 <- R16 * R17
mulx8:      Mmulx8  r16,r17   ; benötigt Makro Mmulx8
            ret               ; R1:R0 <- Produkt  R16 R17 bleiben erhalten
```

Das Software-Multiplikationsverfahren kann auf längere Operanden ausgeweitet werden. Dazu sind der Durchlaufzähler und die Operandenregister entsprechend zu erweitern. Der Makrobefehl `Mmulx16` fügt die Befehle einer 16bit Multiplikation in den Code ein und lässt sich im Gegensatz zu einem entsprechenden Unterprogramm auf alle Register mit Ausnahme der Ergebnisregister und des Zählregisters R4 anwenden. Das 32bit Produkt erscheint in den frei gewählten Registern R3:R2:R1:R0.

```
; Mmulx16.asm Makro Softwaremultipl. R3:R2:R1:R0 <-  @0:@1 * @2:@3
            .MACRO  Mmulx16      ; Nicht R0,R1,R2,R3,R4
            push    r4           ; Register retten
            push    r16          ;
            ldi     r16,16       ;
            mov     r4,r16       ; R4 = Durchlaufzähler
            pop     r16          ;
            clr     r3           ; Produkt_High löschen
            clr     r2           ;
            mov     r0,@3        ; Produkt_Low = Multiplikator
            mov     r1,@2        ;
            lsr     r1           ; Multiplikator_High rechts
            ror     r0           ; Multiplikator_Low rechts nach Carry
```

```
Mmulx16a:brcc   Mmulx16b; Carry = 0: nicht addieren
        add     r2,@1   ;       = 1: Übertrag + Multiplikand
        adc     r3,@0   ;
Mmulx16b:ror    r3      ; Carry und Übertrag rechts
        ror     r2      ; Produkt_High rechts
        ror     r1      ; Multiplikator_High rechts
        ror     r0      ; Multiplikator_Low rechts nach Carry
        dec     r4      ; Durchlaufzähler - 1
        brne    Mmulx16a; bis Zähler Null
        pop     r4      ; Register zurück
        .ENDM           ;
```

Das Unterprogramm `mulx16` ruft das Makro `Mmulx16` für die beiden 16bit Registerpaare R17:R16 und R19:R18 auf. Das 32bit Produkt erscheint in den vier frei gewählten Registern R3:R2:R1:R0.

```
; mulx16.asm Upro Softwaremultipl. R3:R2:R1:R0 <-   R17:R16 * R19:R18
mulx16: Mmulx16   r17,r16,r19,r18   ; benötigt Makro Mmulx16
        ret                         ;
```

Eine Multiplikation mit dem konstanten Faktor 10, die bei der Dezimal/Dualumwandlung benötigt wird, kann durch Verschiebungen und Additionen ersetzt werden. Das Beispiel multipliziert R16 mit dem konstanten Faktor 10.

```
        mov     r17,r16         ; R17 <- alten Wert von R16 retten
        lsl     r16             ; *2
        lsl     r16             ; nochmal *2 gibt *4
        add     r16,r17         ; Addition gibt *5
        lsl     r16             ; nochmal *2 gibt *10
```

Multiplikationen mit dem konstanten Faktor 2 oder mit einem Faktor, der eine Potenz zur Basis 2 darstellt wie z.B. 4 oder 8 oder 16 können schneller mit dem logischen Linksschiebebebefehl `lsl` durchgeführt werden.

2.3.5.3 Software-Divisionsverfahren

Die Division ist auch in der Mega-Familie nicht als Befehl verfügbar und muss auf die Standardoperationen schieben, vergleichen und subtrahieren zurückgeführt werden. Die mehrmalige Subtraktion des Divisors vom Dividenden in einer Schleife kann unter Umständen sehr viel Zeit in Anspruch nehmen. Schneller ist das bei der Handrechnung übliche Verfahren mit Teilsubtraktionen und Verschiebungen. Die Softwareverfahren werden in den Bezeichnern der Beispielprogramme mit einem x gekennzeichnet.

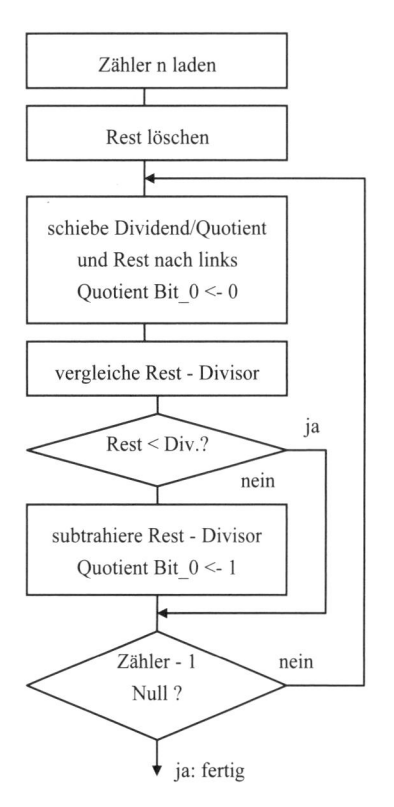

Zahlenbeispiel:
```
1111 /  0010 ->  0111 Rest 1
  15 /     2 ->     7 Rest 1
```

Rest	Dividend Quotient	n	Divisor 0010 Bemerkung
0000	1111	4	Anfangszustand
0001	111		schiebe links: Rest < Divisor
0001	1110		Bit_0 <- 0
		3	Zähler – 1
0011	110		schiebe links: Rest > Divisor
0001	1101		subtrahiere Rest - Divisor
			Bit_0 <- 1
		2	Zähler - 1
0011	101		schiebe links: Rest > Divisor
0001	1011		subtrahiere Rest - Divisor
			Bit_0 <- 1
		1	Zähler - 1
0011	011		schiebe links: Rest > Divisor
0001	0111		subtrahiere Rest - Divisor
			Bit_0 <- 1
		0	Zähler - 1
0001	0111		Null: fertig
Rest	Quotient		15 / 2 -> 7 Rest 1

Das Verfahren erfordert bei 8bit Operanden acht Schritte und lässt sich auf weitere Operandenlängen ausdehnen. Divisionen mit dem konstanten Divisor 2 oder mit einem Divisor, der eine Potenz zur Basis 2 darstellt wie z.B. 4 oder 8 oder 16 können schneller mit dem logischen Rechtsschiebebefehl lsr durchgeführt werden.

Der Makrobefehl Mdivx8 fügt die Befehle der 8bit Division in den Code ein und lässt sich im Gegensatz zu dem entsprechenden Unterprogramm auf alle Register mit Ausnahme der Hilfsregister R2 und R3 anwenden. Der Quotient überschreibt den Dividenden, der Rest ersetzt den Divisor. Eine Division durch Null wird nicht abgefangen und ergibt den größtmöglichen Quotienten $ff; als Rest erscheint dabei der Dividend.

```
; Mdivx8.asm Makro 8bit Division @0 / @1   @0 <- Quotient  @1 <- Rest
        .MACRO   Mdivx8    ; Nicht R2 R3
        push     r2        ; Register retten
        push     r3        ;
        push     r16       ; Hilfsregister retten
        ldi      r16,8     ; 8 Schritte
        mov      r2,r16    ; R2 = Schrittzähler
        pop      r16       ; Hilfsregister wieder zurück
        mov      r3,@1     ; R3 = Divisor
        clr      @1        ; @1 = Rest löschen
Mdivx8a:lsl      @0        ; Dividend/Quotient links Bit_0 <- 0
        rol      @1        ; Rest links
        cp       @1,r3     ; Test Rest - Divisor
        brlo     Mdivx8b   ; Rest < Divisor: Quotient Bit_0 bleibt 0
        sub      @1,r3     ; Rest >= Divisor abziehen
        inc      @0        ; Quotient Bit_0 wird 1
Mdivx8b:dec      r2        ; Zähler - 1
        brne     Mdivx8a   ; ungleich Null: weiter
        pop      r3        ; Register zurück
        pop      r2        ;
        .ENDM             ; @0 <- Quotient  @1 <- Rest
```

Das Unterprogramm `divx8` dividiert den 8bit Dividenden in R1 durch den 8bit Divisor in R0. Der 8bit Quotient erscheint immer im Register R0 und überschreibt den Dividenden, der Rest steht in R1 und ersetzt den Divisor.

```
; divx8.asm Upro 8bit Division   R1 durch R0
divx8:  Mdivx8   r1,r0      ; benötigt Makro Mdivx8
        ret                 ; R1 <- Quotient  R0 <- Rest
```

Der Makrobefehl `Mdivx16` fügt die Befehle der 16bit Division in den Code ein. Ein 16bit Dividend dividiert durch einen 16bit Divisor liefert einen 16bit Quotienten und einen 16bit Rest. Eine Division durch Null wird nicht abgefangen und ergibt den größtmöglichen Quotienten $ffff; als Rest erscheint dabei der Dividend.

```
; Mdivx16.asm Makro 16bit Division @0:@1 durch @2:@3
        .MACRO   Mdivx16   ; Nicht R0,R1,R2,R3,R4,R5,R6
        push     r4        ; Register retten
        push     r5        ;
        push     r6        ;
        push     r16       ; Hilfsregister retten
        ldi      r16,16    ; 16 Schritte
        mov      r6,r16    ; R6 = Schrittzähler
        pop      r16       ; Hilfsregister wieder zurück
        mov      r4,@3     ; R4 = Divisor_Low
        mov      r5,@2     ; R5 = Divisor_High
```

2.3 Operationen

```
              clr      @3           ; Rest_Low löschen
              clr      @2           ; Rest_High löschen
Mdivx16a:lsl  @1                    ; Dividend_L links Quotient Bit_0 <- 0
              rol      @0           ; Dividend_H links
              rol      @3           ; Rest_L links
              rol      @2           ; Rest_H links
              cp       @3,r4        ; Low-Test  Rest - Divisor
              cpc      @2,r5        ; High-Test Rest - Divisor
              brlo     Mdivx16b     ; Rest < Divisor: Quotient Bit_0 bleibt 0
              sub      @3,r4        ; Rest >= Divisor_Low abziehen
              sbc      @2,r5        ;          Divisor_High abziehen
              inc      @1           ; Quotient Bit_0 wird 1
Mdivx16b:dec  r6                    ; Zähler - 1
              brne     Mdivx16a     ; ungleich Null: weiter
              pop      r6           ; Register zurück
              pop      r5           ;
              pop      r4           ;
              .ENDM                 ; @0:@1 <- Quotient  @2:@3 <- Rest
```

Das Unterprogramm `divx16` dividiert den 16bit Dividenden in R3:R2 durch den 16bit Divisor in R1:R0. Der 16bit Quotient erscheint immer im Register R3:R2 und überschreibt den Dividenden. Der Rest in R1:R0 ersetzt den Divisor.

```
; divx16.asm Upro 16bit Division   R3:R2 durch R1:R0
divx16:  Mdivx16  r3,r2,r1,r0  ;
         ret                   ; R3:R2 <- Quotient  R1:R0 <- Rest
```

Bei einer *Dual/Dezimalumwandlung* kann es vorteilhafter sein, die Dualzahl nicht fortlaufend durch 10 zu dividieren, sondern die Stellen durch Subtraktionen abzuspalten. Das Unterprogramm `dual2bcd` wandelt eine in R16 übergebene Dualzahl in eine dreistellige BCD-codierte Dezimalzahl um. Es wird im Programm *Bild 2-4* für die Ausgabe eines zweistelligen Dezimalzählers verwendet; die Hunderterstelle wird nicht ausgewertet.

```
; dual2bcd Umwandlung R16 dual nach dezimal in R17 und R16
dual2bcd:    push     r15          ; Hilfsregister retten
             clr      r17          ; Hunderter löschen
dual2bcd1:   cpi      r16,100      ; Hunderterprobe
             brlo     dual2bcd2    ; dual <  100: fertig
             subi     r16,100      ; dual >= 100: abziehen
             inc      r17          ; Hunderter zählen
             rjmp     dual2bcd1    ; bis dual < 100
dual2bcd2:   clr      r15          ; Zehner löschen
dual2bcd3:   cpi      r16,10       ; Zehnerprobe
             brlo     dual2bcd4    ; dual <  10: fertig
             subi     r16,10       ; dual >= 10: abziehen
             inc      r15          ; Zehner zählen
```

```
              rjmp      dual2bcd3    ; bis dual < 10
dual2bcd4:    swap      r15          ; R15 = Zehner  0000
              or        r16,r15      ; R16 <- Zehner  Einer
              pop       r15          ; Hilfsregister zurück
              ret                    ; Rücksprung R17 <- Hunderter
```

Das Programm *Bild 2-4* gibt eine recht ungenaue dezimale Sekundenuhr auf den Siebensegmentanzeigen des Ports B aus. Der Zähler läuft dual mit dem `inc`-Befehl und wird zur Ausgabe dezimal umgewandelt. Abschnitt 4.4.4 zeigt eine timergesteuerte genaue Lösung.

```
; k2p3.asm Bild 2-4 Verzögerter zweistelliger Dezimalzähler
; Port B: Ausgabe  Sekundentakt von 0 bis 59
; Port D: -
        .INCLUDE "m16def.inc"   ; Deklarationen für ATmega16
        .EQU    TAKT = 8000000  ; Systemtakt 8 MHz
        .DEF    akku = r16      ; Arbeitsregister
        .DEF    zaehl = r18     ; R18 = Dualzähler
        .CSEG                   ; Programm-Flash
        rjmp    start           ; Reset-Einsprung
        .ORG    $2A             ; Interrupteinsprünge übergehen
start:  ldi     akku,LOW(RAMEND); Stapelzeiger
        out     SPL,akku        ; anlegen
        ldi     akku,HIGH(RAMEND);
        out     SPH,akku        ;
        ser     akku            ; akku <- $ff
        out     DDRB,akku       ; Port B ist Ausgang
; Verzögerter Dualzähler auf dem Port B
neu:    clr     zaehl           ; Zähler löschen
loop:   mov     akku,zaehl      ; R16 <- Dualzahl
        rcall   dual2bcd        ; R17 <- Hunderter R16 <- Zehner Einer
        out     PORTB,akku      ; Zehner Einer ausgeben R17 = Hunderter
        ldi     akku,50         ; Faktor 50 für 1 sek Wartezeit
loop1:  rcall   warte20ms       ; 16bit Wartezähler wartet ca. 20 ms
        dec     akku            ; Wartezeit vermindern
        brne    loop1           ; bis ca. 1 sek vergangen
        inc     zaehl           ; Zähler erhöhen
        cpi     zaehl,60        ; Endwert 60 erreicht ?
        breq    neu             ;  ja: beginne wieder mit 0
        rjmp    loop            ; nein: Schleife
; Unterprogramme werden hier eingefügt
        .INCLUDE "dual2bcd.asm" ; R17 <- Hunderter R16 <- Zehner Einer
        .INCLUDE "warte20ms.asm"; 16bit Zähler wartet ca. 20 ms
        .EXIT                   ; Ende des Quelltextes
```

Bild 2-4: Sekundenuhr als verzögerter Dezimalzähler auf dem Port B

2.3 Operationen

Die Makrovereinbarung `Mdual2bcd` rettet den dualen Operanden @0 und übergibt die drei BCD-Stellen in getrennten Registern.

```
; Mdual2bcd.asm @0 = dual @1 <- Hunderter @2 <- Zehner @3 <- Einer
        .MACRO          Mdual2bcd       ; dual,Hunderter,Zehner,Einer
        push            @0              ; Dualzahl retten
        clr             @1              ; Hunderter löschen
        clr             @2              ; Zehner löschen
Mdual2bcd1:
        cpi             @0,100          ; Hunderterprobe
        brlo            Mdual2bcd2      ; kleiner
        subi            @0,100          ; Hundert abziehen
        inc             @1              ; Hunderter erhöhen
        rjmp            Mdual2bcd1      ;
Mdual2bcd2:
        cpi             @0,10           ; Zehnerprobe
        brlo            Mdual2bcd3      ; kleiner
        subi            @0,10           ; Zehn abziehen
        inc             @2              ; Zehner erhöhen
        rjmp            Mdual2bcd2      ;
Mdual2bcd3:
        mov             @3,@0           ; Einer ist Rest
        pop             @0              ; Dualzahl bleibt erhalten
        .ENDM                           ;
```

In dem Beispiel ruft `Mdual2bcd` vier symbolisch vereinbarte Registervariablen auf und gibt alle drei Dezimalstellen auf Ports aus. Dabei werden führende Nullen mit den Code $FF durch dunkel gesteuerte Siebensegmentanzeigen ersetzt.

```
loop:   Mdual2bcd       zael,hund,zehn,ein ; dual -> BCD
        tst             hund            ; Hunderter Null ?
        brne            loop1           ; nein: Stelle bleibt
        ori             hund,0b00001111 ;  ja: Hunderter dunkel steuern
        tst             zehn            ; auch Zehner Null ?
        brne            loop1           ; nein: Stelle bleibt
        ori             zehn,0b00001111 ;   ja: Zehner dunkel steuern
loop1:  ori             hund,0b11110000 ; linke Stelle immer dunkel steuern
        out             PORTB,hund      ; PORTB <- Hunderter
        swap            zehn            ; Zehner nach links
        or              zehn,ein        ; Zehner Einer zusammengesetzt
        out             PORTC,zehn      ; Zehner Einer ausgeben
        inc             zael            ; Dualzähler erhöhen
        rjmp            loop            ;
```

2.4 Sprung- und Verzweigungsbefehle

Name	Parameter	Bemerkung
`warte1ms`	keine	erfordert Symbol TAKT
`warte20ms`	keine	Abschnitt 2.3.3 Wortoperationen
`wartex10ms`	R16 = Faktor für 10 ms max. 2550 ms	erfordert Symbol TAKT
`ascii2bin`	R16 = ASCII-Ziffer ergibt R16 <- Binärcode	Carry <- 1: keine ASCII-Ziffer
`bin2ascii`	R16 = Binärcode ergibt R16 <- ASCII-Ziffer	-

Tabelle der Unterprogramme für Warteschleifen und Umcodierungen

Die Tabelle zeigt die in diesem Abschnitt behandelten Unterprogramme mit Warteschleifen und Verzweigungen, die in späteren Beispielprogrammen Verwendung finden.

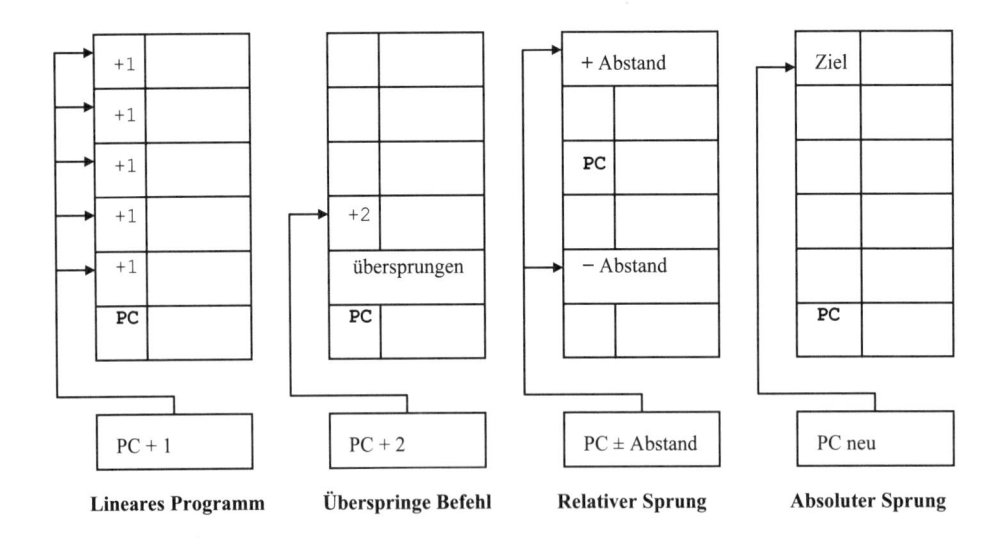

Lineares Programm   **Überspringe Befehl**   **Relativer Sprung**   **Absoluter Sprung**

- Bei einem linearen Programm wird der Befehlszähler automatisch um 1 erhöht und der folgende Befehl ausgeführt.
- Bei einem bedingten Befehl (Skip) wird entweder der nächste Befehl ausgeführt oder übersprungen (nicht ausgeführt).
- Bei einem relativen Sprungbefehl (Branch) wird der im Befehl enthaltene vorzeichenbehaftete Abstand zum Befehlszähler addiert.
- Bei einem absoluten Sprungbefehl wird der Befehlszähler mit der Zieladresse geladen.
- Bei einem Unterprogrammaufruf mit `call` bzw. bei einem Interrupt wird der Befehlszähler auf den Stapel gerettet und mit `ret` bzw. `reti` wiederhergestellt.

2.4 Sprung- und Verzweigungsbefehle

2.4.1 Unbedingte Sprungbefehle

Die unbedingten Sprungbefehle mit relativer Adressierung sind bei allen Controllern der AT-Familien verfügbar. Der 12 bit lange vorzeichenbehaftete Abstand erlaubt Sprünge im Adressbereich von 4096 Wörtern oder 8192 Bytes.

Bei der indirekten Sprungadressierung enthält das Indexregister Z die absolute Zieladresse, die sich damit zur Laufzeit berechnen lässt.

Befehl	Operand	ITHSVNZC	W	T	Wirkung	
rjmp	ziel		1	2	PC <- PC + Abstand	*springe unbedingt relativ*
rcall	Ziel		1	3	Stapel <-PC, SP <- SP - 2 PC <- PC + Abstand	*rufe Unterprogramm relativ*
ijmp			1	2	PC <- Z	*springe unbedingt indirekt*
icall			1	3	Stapel <- PC, SP <- SP - 2 PC <- Z	*rufe Unterprogramm indirekt*

Beispiel für die indirekte Sprungadressierung als Ersatz für den direkten Sprung mit `rjmp` zum Ziel `loop`:

```
loop:   nop                     ; Beispiel für unendliche Schleife
        ldi    ZL,LOW(loop)     ; Z <- Sprungadresse von loop
        ldi    ZH,HIGH(loop)    ;
        ijmp                    ; indirekter Sprung nach loop
```

Abschnitt 2.5.1 zeigt im Programm *Bild 2-9* eine Anwendung des indirekten Sprungbefehls `ijmp` für eine Fallunterscheidung, die durch einen Tabellenzugriff einen von mehreren Programmzweigen auswählt.

Bei Controllern mit mehr als 8 kbyte Programm-Flash (Mega-Familie) sind zusätzliche unbedingte Sprungbefehle erforderlich, die eine absolute Zieladresse im zweiten Wort des Befehls enthalten.

Befehl	Operand	ITHSVNZC	W	T	Wirkung	**nur ATmega-Familie**
jmp	ziel		2	3	PC <- Zieladresse	*springe unbedingt direkt*
call	ziel		2	4	Stapel <- PC, SP <- SP - 2 PC <- Zieladresse	*rufe Unterprogramm direkt*

Für Sonderausführungen und bei Controllern mit mehr als 64 kBytes Programmspeicher stehen weitere Befehle und Register zur Verfügung, um den gesamten Speicherbereich zu adressieren.

Die Befehle `rcall`, `icall` und `call` springen ebenfalls zur angegebenen Zieladresse mit dem Unterschied, dass die Rücksprungadresse auf den Stapel gerettet wird, um eine Rückkehr mit dem Befehl `ret` zu ermöglichen.

2.4.2 Bedingte Sprungbefehle

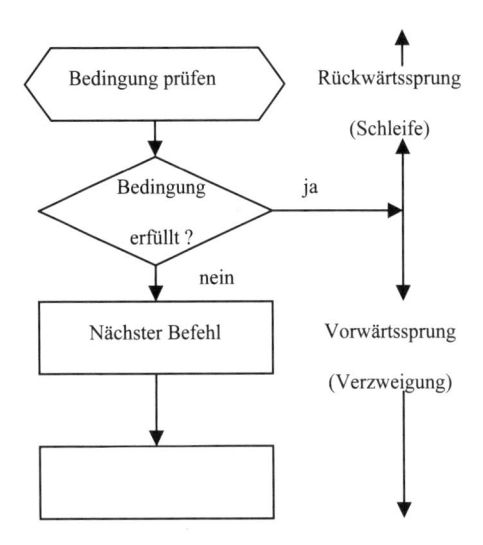

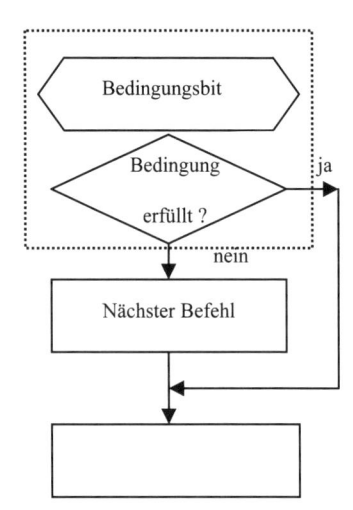

Bedingte relative Verzweigung (branch) **Bedingter Sprung (skip)**

Die *bedingten relativen Sprungbefehle* enthalten den Abstand und die auszuwertende Bitposition des Statusregisters. Bei *ja* wird ein vorzeichenbehafteter Abstand zum Befehlszähler addiert (2 Takte), bei *nein* wird der Befehlszähler um 1 erhöht (1 Takt) und damit der folgende Befehl ausgeführt. Positive Abstände ergeben Vorwärtssprünge um maximal 63 Wörter, negative Abstände (2er Komplement) Rückwärtssprünge um maximal 64 Wörter. Die Abkürzung **br** bedeutet **br**anch gleich verzweige.

Befehl	Operand	ITHSVNZC	W	T	Wirkung	
brbc	bit,ziel		1	2	ja: PC <= PC + Abstand	*verzweige relativ für Bit = 0*
				1	nein: PC <= PC + 1	
brbs	bit,ziel		1	2	ja: PC <= PC + Abstand	*verzweige relativ für Bit = 1*
				1	nein: PC <= PC + 1	

Die üblicherweise verwendeten Pseudobefehle enthalten Kennbuchstaben wie z.B. br**cs** für *carry set* = Überlaufbit gesetzt. Der Assembler setzt dafür die entsprechende Bitposition in den Branchbefehl ein. Die Pseudobefehle enthalten im Operandenteil nur noch die symbolische Zieladresse, die vom Assembler in einen vorzeichenbehafteten Abstand umgewandelt wird. Das Beispiel verzweigt für den Fall Carry = 1 zu Ziel error:

```
        add   R16,R17    ; R16 <- R16 + R17 Addition
        brcs  error      ; Sprung bei Überlauf > 255
                         ; hier geht es weiter bei • 255
error:                   ; hier Fehlermeldung ausgeben
```

2.4 Sprung- und Verzweigungsbefehle

Befehl	Operand	ITHSVNZC	W	T	Wirkung	
brcc	ziel		1	1/2	Sprung bei C = 0 unsigned	branch if carry clear
brcs	ziel				Sprung bei C = 1 unsigned	branch if carry set
brsh	ziel		1	1/2	Sprung bei >= unsigned	branch if same or higher
brlo	ziel				Sprung bei < unsigned	branch if lower
brne	ziel		1	1/2	Sprung bei Z = 0 ungleich	branch if not equal
breq	ziel				Sprung bei Z = 1 gleich	branch if equal
brpl	ziel		1	1/2	Sprung bei N = 0 signed	branch if plus
brmi	ziel				Sprung bei N = 1 signed	branch if minus
brvc	ziel		1	1/2	Sprung bei V = 0 signed	branch if overflow clear
brvs	ziel				Sprung bei V = 1 signed	branch if overflow set
brge	ziel		1	1/2	Sprung bei >= signed	branch if greater / equal
brlt	ziel				Sprung bei < signed	branch if less than
brhc	ziel		1	1/2	Sprung bei H = 0	branch if halfcarry clear
brhs	ziel				Sprung bei H = 1	branch if halfcarry set
brtc	ziel		1	1/2	Sprung bei T = 0	branch if transfer clear
brts	ziel				Sprung bei T = 1	branch if transfer set
brid	ziel		1	1/2	Sprung bei I = 0 *gesperrt*	branch if interrupt disabled
brie	ziel				Sprung bei I = 1 *frei*	branch if interrupt enabled

Die Sprungbedingungen des Statusregisters werden verändert durch:

- die Statusregister-Bit-Befehle `bclr` und `bset` mit den entsprechenden Pseudobefehlen,
- arithmetische und logische Operationen entsprechend den Befehlslisten und
- besondere Test- und Vergleichsbefehle, welche die Operanden nicht verändern.

Befehl	Operand	ITHSVNZC	W	T	Wirkung	
cp	Rd, Rr	HSVNZC	1	1	Rd - Rr	*vergleiche Register durch Testsubtraktion*
cpc	Rd, Rr	HSVN*C	1	1	Rd - Rr - C	*vergleiche Register und Carry*
cpi	Rd, k8	HSVNZC	1	1	Rd - Konstante	*vergleiche Register R16...R31 mit Konstanten*
tst	Rd	S0NZ	1	1	Rd <= Rd and Rd, Rd	*teste Register* auf Null und Vorzeichen

Die bedingten relativen Sprungbefehle haben wegen des 7bit Abstands nur einen eingeschränkten Sprungbereich von +63 und -64 Befehlen. Meldet der Assembler, dass die maximale Sprungweite überschritten wurde, so muss die Logik des Sprungs umgekehrt werden. Das Beispiel springt zum Ziel ende, wenn die Leitungen PIND1 und PIND0 High sind:

```
            in    akku,PIND            ; Transfer ohne Bedingungen
            andi  akku,0b00000011      ; Maske für PIND1 und PIND0
            cpi   akku,0b00000011      ; vergleiche Variable - Konstante
            breq  ende                 ; springe wenn beide gleich
; Fehlermeldung, wenn ende weiter als 63 Befehle entfernt
ende:                                  ; hier soll es weitergehen
```

Ersatzlösung mit einem zusätzlichen unbedingten Sprung:

```
        in    akku,PIND         ; Transfer ohne Bedingungen
        andi  akku,0b00000011   ; Maske für PIND1 und PIND0
        cpi   akku,0b00000011   ; vergleiche Variable - Konstante
        brne  ersatz            ; bzw. PC+2: springe wenn beide ungleich
        rjmp  ende              ; springe (bei gleich) immer nach ende
ersatz:                         ; nun keine Fehlermeldung mehr
; ende kann beliebig weit entfernt sein
ende:                           ; hier soll es weitergehen
```

Die **bedingten Skipbefehle** (skip = übergehen) *überspringen* den nächsten Befehl, wenn die Bedingung erfüllt ist; ist sie nicht erfüllt, so wird der nächste Befehl ausgeführt. Sie werten keine Bedingungsbits aus und enthalten keine Zieladresse.

Befehl	Operand	ITHSVNZC	W	T	Wirkung	
cpse	Rd, Rr		1	1+	Rd – Rr	*überspringe nächsten Befehl, wenn* Rd = Rr
sbrc	Rr, bit		1	1+	teste Bit in Register Rr	*überspringe nächsten Befehl, wenn* Register-Bit = 0
sbrs	Rr, bit		1	1+	teste Bit in Register Rr	*überspringe nächsten Befehl, wenn* Register-Bit = 1
sbic	port,bit		1	1+	teste Bit in Port	*überspringe nächsten Befehl, wenn* Port-Bit = 0
sbis	port,bit		1	1+	teste Bit in Port	*überspringe nächsten Befehl, wenn* Port-Bit = 1

Die Anzahl der Takte ist abhängig von der Ausführung des Sprungs:

- 1 Takt: kein Sprung und Ausführung des folgenden Befehls,
- 2 Takte: Sprung über einen 1-Wort-Befehl (z.B. `rjmp`) bzw.
- 3 Takte: Sprung über einen 2-Wort-Befehl (z.B. `jmp`)

Die bedingten Portbefehle `sbic` und `sbis` gestatten die direkte Abfrage einer Portleitung ohne Lesen und Maskieren des gesamten Ports. Das Beispiel wartet in einer Schleife, solange der Eingang PIND0 High ist. Bei Low (fallende Flanke) wird der Befehl `rjmp` übersprungen und ein Zähler um 1 erhöht. Die folgende Schleife wartet auf die steigende Flanke.

```
warte:  sbic  PIND,PIND0    ; überspringe wenn Bit clear Leitung Low
        rjmp  warte         ; Warteschleife solange Leitung High
        inc   akku          ; Zähler bei fallender Flanke erhöhen
        out   PORTB,akku    ; und ausgeben
warte1: sbis  PIND,PIND0    ; überspringe wenn Bit set Leitung High
        rjmp  warte1        ; Warteschleife solange Leitung Low
        rjmp  warte         ; steigende Flanke erkannt
```

2.4.3 Schleifen

Schleifen entstehen, wenn Programmteile mehrmals ausgeführt werden. Sie können in der Assemblerprogrammierung sowohl als Programmablaufplan als auch als Struktogramm nach Nassi-Shneiderman dargestellt werden.

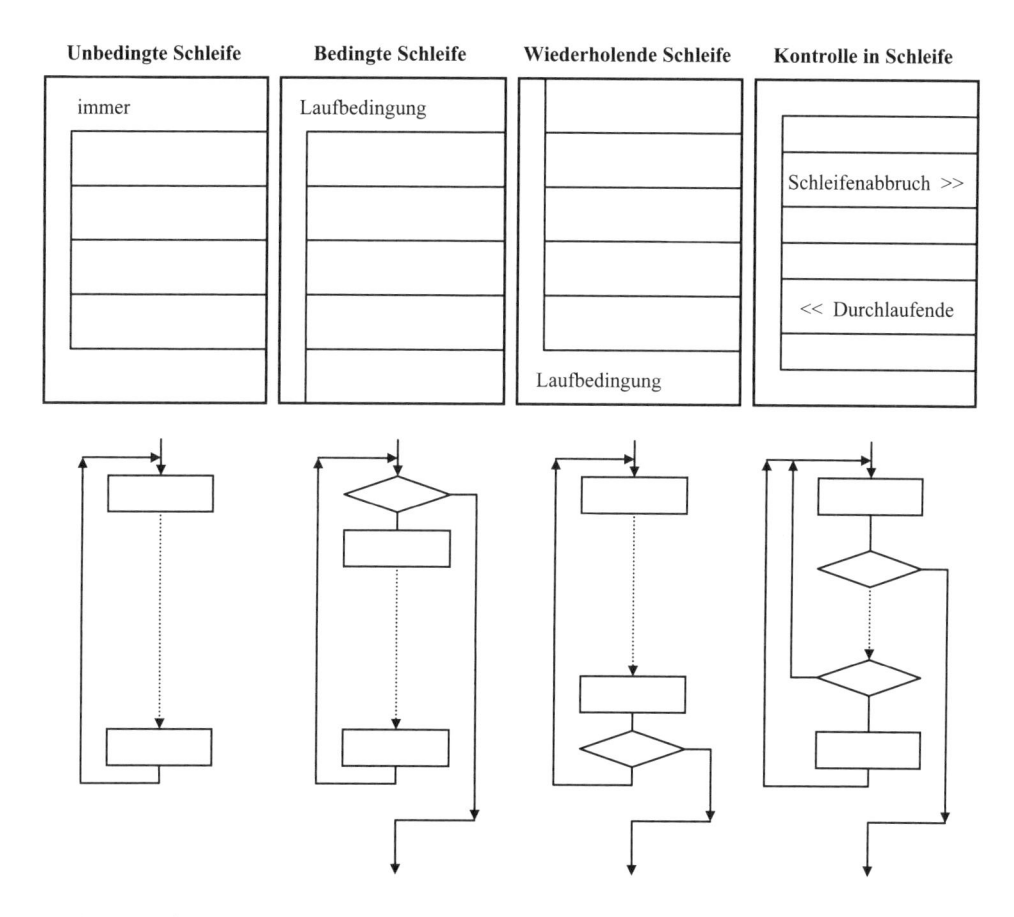

Unbedingte Schleife	Bedingte Schleife	Wiederholende Schleife	Kontrolle in Schleife
immer	Laufbedingung		
			Schleifenabbruch >>
			<< Durchlaufende
		Laufbedingung	

- Die *unbedingte* Schleife hat weder eine Lauf- noch eine Abbruchbedingung. Sie muss durch ein äußeres Ereignis wie z.B. Reset oder Interrupt abgebrochen werden.
- Bei der *bedingten* Schleife wird die Laufbedingung *vor* dem Eintritt in die Schleife und *vor* jedem neuen Durchlauf geprüft. Sie verhält sich abweisend, da sie für den Fall, dass die Laufbedingung vor dem Eintritt in die Schleife nicht erfüllt war, nie ausgeführt wird.
- Bei der *wiederholenden* Schleife liegt die Kontrolle der Laufbedingung *hinter* dem Schleifenkörper, der mindestens einmal ausgeführt wird.
- Bei einer Kontrolle *im Schleifenkörper* unterscheidet man zwischen dem Abbruch der Schleife und dem Ende des aktuellen Durchlaufs mit erneuter Schleifenkontrolle.
- Schleifen lassen sich *schachteln*; jeder Schleifenkörper kann weitere Schleifen enthalten.

Zählschleifen mit einer konstanten Anzahl von Durchläufen werden meist mit der Anzahl der Durchläufe begonnen und am Ende mit einer Abfrage auf Null kontrolliert.

```
; Abwärtszähler für 100 Durchläufe von 100 bis 1
      ldi     r17,100   ; R17 <= Anfangswert
lab2: nop               ; hier läuft der Wert von 100 bis 1
      dec     r17       ; Zähler - 1
      brne    lab2      ; springe bei Zähler ungleich Null
```

Beginnt man eine wiederholende Zählschleife mit dem Anfangswert Null, so wird sie mit der maximalen Anzahl von Durchläufen ausgeführt; ein wiederholender 8bit Zähler führt nicht 0, sondern 256 Durchläufe durch. Bei Zählschleifen mit einer variablen Anzahl von Durchläufen, die bei Null Durchläufen *nicht* durchlaufen werden dürfen, ist eine abweisende Struktur erforderlich. Das Beispiel liest die Anzahl der Durchläufe als Variable vom Port D. Für den Wert Null wird die Schleife nicht ausgeführt.

```
; abweisender Abwärtszähler für eine variable Anzahl von Durchläufen
      in      r17,PIND  ; R17 <= Anfangswert n von Anschlüssen Port D
lab2: tst     r17       ; Zähler n auf Null testen
      breq    ende      ; bei Null Ende der Schleife
      nop               ; hier läuft der Wert von n bis 1
      dec     r17       ; Zähler - 1
      rjmp    lab2      ; zur Nullprüfung
ende:                   ; hier geht es weiter
```

Verzögerungsschleifen für eine bestimmte Wartezeit sind abhängig von der Taktfrequenz des Controllers. Der Anfangswert des Zählers ohne Berücksichtigung von Zusatztakten durch das Laden ergibt sich zu:

$$\text{Zähler} = \text{Wartezeit [sek]} * \text{Frequenz [1/sek]} / \text{Anzahl der Schleifentakte}$$

Für die Einstellung des Zähleranfangswertes ist es zweckmäßig, den Controllertakt mit der Direktive .EQU zu vereinbaren. Das interne Unterprogramm warte1ms für eine Wartezeit von einer Millisekunde erwartet, dass das Symbol TAKT im Hauptprogramm definiert wurde. Der Wartezähler liegt im Bereich von 250 (1 MHz) bis 5000 (20 MHz) Durchläufen. Dazu kommen noch Takte für das Retten und Zurückladen der Register sowie für das Laden des Anfangswertes, den Aufruf mit rcall und den Rücksprung mit ret.

```
; warte1ms.asm wartet 1 ms + 14 Zusatztakte / Systemtakt
warte1ms: push    r24                   ; Register retten
          push    r25                   ;
          ldi     r24,LOW(TAKT/4000)    ; 20 MHz gibt
          ldi     r25,HIGH(TAKT/4000)   ; Ladewert 5000
warte1msa:sbiw   r24,1                  ; 2 Takte
          brne    warte1msa             ; 2 Takte
```

2.4 Sprung- und Verzweigungsbefehle

```
        nop                     ; Zeitausgleich
        pop     r25             ; Register zurück
        pop     r24             ;
        ret                     ;
```

Bei einer *Schachtelung von Schleifen* multiplizieren sich die Durchläufe; bei einer Folge werden sie nur addiert. Das Unterprogramm wartex10ms verwendet den in R16 übergebenen Faktor für einen äußere Schleife, in der eine innere Schleife für eine Wartezeit von 10 ms eingebettet ist. Der Faktor Null würde 256 Durchläufe ergeben und wird abgefangen.

```
; wartex10ms.asm wartet 10 ms * Faktor in R16
wartex10ms:
        tst     r16                     ; Null abfangen
        breq    wartex10msc             ; bei Null Rücksprung
        push    r16                     ; Register retten
        push    r24                     ;
        push    r25                     ;
wartex10msa:
        ldi     r24,LOW(TAKT/400)       ; 20 MHz gibt
        ldi     r25,HIGH(TAKT/400)      ; Ladewert 50 000
wartex10msb:
        sbiw    r24,1                   ; 2 Takte
        brne    wartex10msb             ; 2 Takte
        dec     r16                     ; Zähler vermindern
        brne    wartex10msa             ;
        pop     r25                     ; Register zurück
        pop     r24                     ;
        pop     r16                     ;
wartex10msc:
        ret                             ;
```

Das Programmbeispiel *Bild 2-5* vereinbart das Symbol TAKT mit dem Takt des Controllers und gibt einen Dualzähler aus, dessen Verzögerungszeit in der Einheit 10 Millisekunden am Port D eingestellt wird.

```
; k2p4.asm Bild 2-5 Dualzähler mit einstellbarer Wartezeit
; Port B: Ausgabe LED
; Port D: Eingabe Kippschalter
        .INCLUDE "m16def.inc"   ; Deklarationen für ATmega16
        .EQU    takt = 8000000  ; Takt 8 MHz
        .DEF    akku = r16      ; Arbeitsregister
        .DEF    alt = r17       ; alter Portzustand
        .DEF    zaehl = r18     ; Zähler
        .CSEG                   ; Programm-Flash
        rjmp    start           ; Reset-Einsprung
        .ORG    $2A             ; Interrupteinsprünge übergehen
```

```
start:   ldi    akku,LOW(RAMEND) ; Stapel anlegen
         out    SPL,akku         ;
         ldi    akku,HIGH(RAMEND) ;
         out    SPH,akku         ;
         ldi    akku,$ff         ; Bitmuster 1111 1111
         out    DDRB,akku        ; Richtung Port B ist Ausgang
; Testschleife für warte1ms durch bel. Taste an Port D abgebrochen
         clr    zaehl            ; Zähler löschen
         in     alt,PIND         ; alter Zustand Port D
blink:   out    PORTB,zaehl      ; laufenden Zähler ausgeben
         inc    zaehl            ; Zähler erhöhen
         rcall  warte1ms         ; 1 ms warten
         in     akku,PIND        ; neuen Zustand Port D lesen
         cp     akku,alt         ; Änderung ?
         breq   blink            ; nein
; Testschleife für wartex10ms ohne Abbruchbedingung
         clr    zaehl            ; Zähler löschen
loop:    out    PORTB,zaehl      ; Zähler dual ausgeben
         inc    zaehl            ; Zähler erhöhen
         in     akku,PIND        ; Eingabe Wartezeit
         rcall  wartex10ms       ; R16 = Wartefaktor für 10 ms
         rjmp   loop             ; springe immer zum Ziel loop
; Unterprogramme hier einbauen
         .INCLUDE "wartex10ms.asm"; Faktor für 10 ms in R16
         .INCLUDE "warte1ms.asm"  ; wartet 1 ms
         .EXIT                    ; Ende des Quelltextes
```

Bild 2-5: Dualzähler mit einstellbarer Wartezeit von 1 bis 2550 ms

Das Signal am Ausgang PB0 ist eine Wartezeit lang Low und dann eine Wartezeit lang High. Die Periode beträgt zwei Wartezeiten, aus denen sich die Frequenz ergibt. Bei kleinen Eingabewerten zeigen sich durch die Zusatztakte relativ große Abweichungen. Mit den im Abschnitt 4 behandelten Timern lassen sich Wartezeiten wesentlich genauer einstellen, sie sind jedoch wie Verzögerungsschleifen abhängig vom Systemtakt des Controllers.

Warteschleifen auf Ereignisse wie z.B. Signalflanken sollten möglichst die bedingten Skip-Befehle für Portbits oder ersatzweise für Registerbits verwenden.

```
warte:   sbic   PIND,PIND7       ; überspringe wenn Taste gedrückt
         rjmp   warte            ; warte auf fallende Flanke
;
warte1:  in     akku,PIND        ; Ersatzlösung mit Arbeitsregister
         sbrs   akku,PIND7       ; überspringe wenn Taste gelöst
         rjmp   warte1           ; warte auf steigende Flanke
```

2.4.4 Verzweigungen

Programmverzweigungen werten eine Bedingung aus und entscheiden, welche Programmteile ausgeführt werden. Sie lassen sich als Struktogramm nach Nassi-Shneiderman oder auch als Programmablaufplan darstellen.

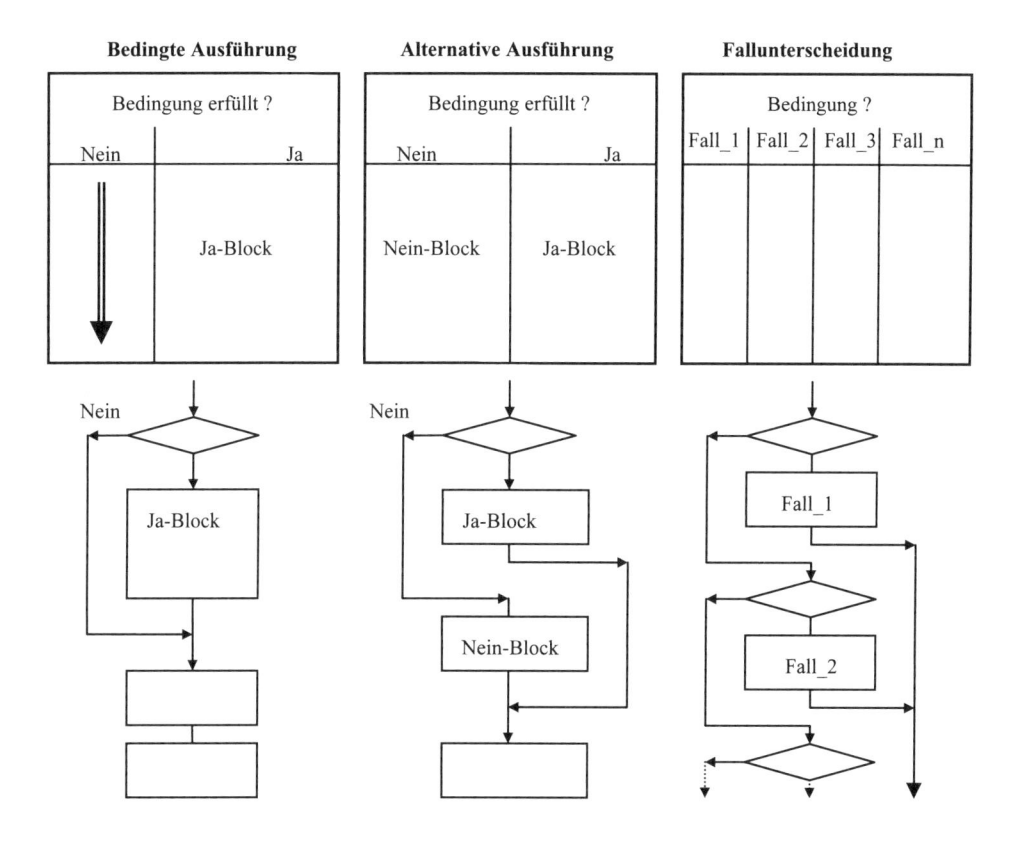

Bedingte Ausführung	Alternative Ausführung	Fallunterscheidung
Bedingung erfüllt ? Nein | Ja	Bedingung erfüllt ? Nein | Ja	Bedingung ? Fall_1 | Fall_2 | Fall_3 | Fall_n
Ja-Block (nur bei Ja)	Nein-Block | Ja-Block	(Fall_1 ... Fall_n Blöcke)

- Bei einer *bedingten* Ausführung wird bei erfüllter Bedingung nur der Ja-Block ausgeführt, der aus mehreren Anweisungen bestehen kann; einen Nein-Block gibt es nicht.
- Bei einer *alternativen* Ausführung werden entweder der Ja-Block oder der Nein-Block ausgeführt, aber nicht alle beide.
- Eine *Fallunterscheidung* entsteht durch eine Aneinanderreihung bzw. Schachtelung von bedingten Ausführungen.
- Die bedingten Blöcke bzw. Fälle müssen gegebenenfalls mit unbedingten Sprungbefehlen abgeschlossen werden, um zu verhindern, dass nachfolgende Blöcke ungewollt durchlaufen werden.
- Die Assemblerprogrammierung führt Verzweigungen mit den gleichen bedingten Befehlen wie für Schleifen durch.

Die Beispiele behandeln die Codierung bzw. Decodierung von ASCII-Ziffern in Form von Unterprogrammen, die im Abschnitt 2.8 für den Betrieb eines PC als Terminal verwendet werden. Die Tabelle zeigt die drei Bereiche zur Darstellung von hexadezimalen Ziffern.

	Ziffern			Großbuchstaben			Kleinbuchstaben		
Zeichen	0	......	9	A	......	F	a	......	f
ASCII	$30	......	$39	$41	......	$46	$61	......	$66
hexa	$0	......	$9	$A	......	$F	$a	......	$f
binär	0000	......	1001	1010	......	1111	1010	......	1111

- Die binären Codes 0000 bis 1001 der Ziffern von **0** bis **9** sind im ASCII-Code die Bitmuster $30 bis $39 und werden durch Addition von $30 codiert bzw. durch Subtraktion von $30 decodiert.
- Die binären Codes 1010 bis 1111 der Hexadezimalziffern von **A** bis **F** erscheinen im ASCII-Code als $41 bis $46. Sie haben den Abstand 7 vom Ziffernbereich 0 bis 9.
- Die Kleinbuchstaben von **a** bis **f** liegen im Bereich von $61 bis $66. Sie unterscheiden sich nur in der Bitposition B5 von den Großbuchstaben.

Das Unterprogramm `bin2ascii` übernimmt in R16 den binären Code von 0000 bis 1111 und liefert im gleichen Register den ASCII-Code der Ziffern 0 bis 9 bzw. A bis F zurück. Nach Addition von $30 wird für den Buchstabenbereich der Wert 7 zusätzlich addiert. Der Befehl `subi r16,-7` ersetzt den fehlenden Befehl `addi r16,+7`.

```
; bin2ascii R16 Hexaziffer binär nach ASCII umwandeln
bin2ascii:  andi    r16,$0f     ; Maske 0000 1111
            subi    r16,-0x30   ; ADDI r16,+$0x30 codieren
            cpi     r16,'9'+1   ; Ziffern 0..9 ?
            brlo    bin2ascii1  ;   ja: weiter
            subi    r16,-7      ;   nein: ADDI r16,+7 Buchstaben A .. F
bin2ascii1: ret                 ; Rücksprung
```

Das Hauptprogramm *Bild 2-6* liest den binären Code vom Port D und gibt den ASCII-Code auf dem Port B aus. Ein Fehlerfall kann bei der Umwandlung nicht auftreten.

```
; k2p5.asm Bild 2-6  Umwandlung Binär nach ASCII
; Port B: Ausgabe ASCII
; Port D: Eingabe Kippschalter binär PIND0 .. PIND3
        .INCLUDE "m16def.inc"   ; Deklarationen für ATmega16
        .EQU    TAKT = 8000000  ; Takt 8 MHz
        .DEF    akku = r16      ; Arbeitsregister
        .CSEG                   ; Programm-Flash
        rjmp    start           ; Reset-Einsprung
        .ORG    $2A             ; Interrupteinsprünge übergehen
```

2.4 Sprung- und Verzweigungsbefehle

```
start:   ldi     akku,LOW(RAMEND)  ; Endadresse_Low SRAM
         out     SPL,akku          ; nach Stapelzeiger_Low
         ldi     akku,HIGH(RAMEND) ; Endadresse_High SRAM
         out     SPH,akku          ; nach Stapelzeiger_High
         ldi     akku,$ff          ; Bitmuster 1111 1111
         out     DDRB,akku         ; Richtung Port B ist Ausgang
; Arbeitsschleife Abbruch nur mit Reset
loop:    in      akku,PIND         ; Eingabe Anschluss Port D
         rcall   bin2ascii         ; R16 Umwandlung binär -> ASCII
         out     PORTB,akku        ; Ausgabe auf Port B
         rjmp    loop              ; springe immer zum Ziel loop
; externes Unterprogramm hier einbauen
         .INCLUDE "bin2ascii.asm" ; R16 = Umwandlung von binär nach ASCII
         .EXIT                    ; Ende des Quelltextes
```

Bild 2-6: Umwandlung von binär nach ASCII

Das Unterprogramm `ascii2bin` übernimmt im Arbeitsregister R16 eine Hexadezimalziffer und muss für die Decodierung nach binär vier Fälle unterscheiden:

- den Ziffernbereich von 0 bis 9,
- den Bereich der Großbuchstaben von A bis F,
- den Bereich der Kleinbuchstaben von a bis f und
- den Fehlerfall, wenn keine Hexadezimalziffer eingegeben wurde.

```
; ascii2bin.asm R16 Umwandlung ASCII -> binär Carry = Fehlermarke
; Bereich von 0 bis 9 prüfen
ascii2bin:   cpi    r16,'0'        ; Code Ziffer 0
             brlo   ascii2binf     ; < Ziffer 0: nicht im Bereich
             cpi    r16,'9'+1      ; Code Ziffer 9
             brsh   ascii2bin1     ; > Ziffer 9: weiter
             subi   r16,'0'        ; Bereich 0 .. 9 decodieren
             rjmp   ascii2bin2     ; fertig
; Bereich a .. F nach A .. F dann Bereich A .. F prüfen
ascii2bin1:  andi   r16,0b11011111 ; Maske B5 = 0: klein -> gross
             cpi    r16,'A'        ; Code Ziffer A
             brlo   ascii2binf     ; < Ziffer A: nicht im Bereich
             cpi    r16,'F'+1      ; Code Ziffer F
             brsh   ascii2binf     ; > Ziffer F: nicht im Bereich
             subi   r16,'A'-10     ; Bereich A .. F decodieren
; Carry = 0: R16 enthält decodierte binäre Ziffer
ascii2bin2:  ret                   ; Gut-Ausgang
; Carry = 1: Fehlerausgang R16 enthält ASCII-Zeichen jedoch B5 = 0
ascii2binf:  sec                   ; Carry = 1
             ret                   ; Fehler-Ausgang
```

Das Hauptprogramm *Bild 2-7* liest ein Bitmuster von der Eingabe des Ports D und übergibt es in R16 dem Unterprogramm `ascii2bin`. Enthält das eingegebene Muster den Code einer Hexadezimalziffer von 0 bis 9, A bis F oder a bis f, so wird es decodiert zurückgeliefert und auf dem Port B ausgegeben. Anderenfalls erscheint eine Fehlermarke mit dem Code $FF. Der Fehlerfall wird durch das vom Unterprogramm zurückgelieferte Carrybit erkannt.

```
; k2p6.asm Bild 2-7 ASCII nach Binär
; Port B: Ausgabe binär oder Fehlermarke
; Port D: Eingabe Kippschalter ASCII
        .INCLUDE "m16def.inc"   ; Deklarationen für ATmega16
        .EQU    takt = 8000000  ; Takt 8 MHz
        .DEF    akku = r16      ; Arbeitsregister
        .CSEG                   ; Programm-Flash
        rjmp    start           ; Reset-Einsprung
        .ORG    $2A             ; Interrupteinsprünge übergehen
start:  ldi     akku,LOW(RAMEND); Stapel anlegen
        out     SPL,akku        ;
        ldi     akku,HIGH(RAMEND) ;
        out     SPH,akku        ;
        ldi     akku,$ff        ; Bitmuster 1111 1111
        out     DDRB,akku       ; Richtung Port B ist Ausgang
; Arbeitsschleife Abbruch nur mit Reset
loop:   in      akku,PIND       ; Eingabe Anschluss Port D
        rcall   ascii2bin       ; Carry = 0: R16 nach binär decodiert
        brcs    fehler          ; Carry = 1: R16 unverändert: Fehler
        out     PORTB,akku      ; Ausgabe binär auf Port B
        rjmp    loop            ; neue Eingabe
fehler: ldi     akku,$ff        ; Code 1111 1111 als Fehlermarke
        out     PORTB,akku      ; ausgeben
        rjmp    loop            ; neue Eingabe
; hier externes Unterprogramm einbauen
        .INCLUDE "ascii2bin.asm"; R16 umwandeln Carry = Fehlermarke
        .EXIT                   ; Ende des Quelltextes
```

Bild 2-7: Umwandlung von ASCII nach binär mit Fehlerausgang

Der Abschnitt 2.5.1 zeigt, dass sich Umcodieraufgaben nicht nur mit Vergleichen, sondern auch durch den Zugriff auf Tabellen lösen lassen. Dabei unterscheidet man Suchverfahren und den direkten Tabellenzugriff.

2.4.5 Die Auswertung von Signalen

Signale sind Ereignisse, die von Portleitungen, seriellen Schnittstellen (z.B. USART), Analog/Digitalwandlern oder Timern ausgehen können. Bei Portsignalen unterscheidet man zwischen Zuständen und Flanken.

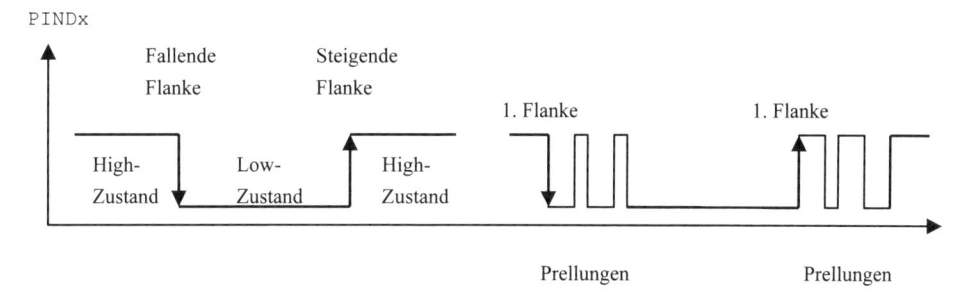

Als Eingang geschaltete Portleitungen werden meist auf High-Potential gehalten. Beim Betätigen eines Tasters oder Schalters gehen sie in den Low-Zustand, es entsteht eine fallende Flanke. Beim Übergang von Low auf High tritt eine steigende Flanke auf. Mechanische Kontakte neigen zum Prellen, so dass nach dem ersten Übergang weitere Flanken auftreten können, die bei einer Flankensteuerung Fehlauslösungen verursachen würden. Die Prellzeiten liegen je nach Konstruktion und Betätigung der Kontakte im Bereich von 1 bis 100 ms.

Bei einer *Zustandsteuerung* liegt eine alternative Verzweigung vor. Das Beispiel gibt bei High am Eingang PIND7 auf dem Port B den Wert $AA und bei Low den Wert $55 aus. Der Eingabetaster PIND7 ist hardwaremäßig durch ein Flipflop entprellt.

```
loop:   sbic    PIND,PIND7      ; überspringe wenn PIND7 Low
        rjmp    oben            ; PIND7 = High: Sprung nach oben
unten:  ldi     akku,$55        ; PIND7 = Low:
        out     PORTB,akku      ; $55 ausgeben
        rjmp    loop            ; neuen Zustand abfragen
oben:   ldi     akku,$AA        ; PIND7 = High
        out     PORTB,akku      ; $AA ausgeben
        rjmp    loop            ; neuen Zustand abfragen
```

Bei einer *Flankensteuerung* wird das Ereignis oft durch eine fallende Flanke, also den Übergang von High nach Low, ausgelöst. Die Interrupt-Anzeigebits von SFR-Registern werden meist von der Steuerung automatisch wieder auf High zurückgesetzt. Bei Tasteneingaben sind Warteschleifen auf die steigende Flanke sowie Prellungen zu berücksichtigen. Das Beispiel zeigt einen Zähler, der bei einer fallenden Flanke an PIND0 um 1 erhöht wird. Der Eingabetaster PIND0 muss softwaremäßig entprellt werden.

```
loop:   sbic    PIND,PIND0      ; überspringe wenn Bit clear Leitung Low
        rjmp    loop            ; Warteschleife solange Leitung High
        inc     zaehl           ; Reaktion: Zähler + 1
        rcall   warte20ms       ; fallende Flanke entprellen
loop1:  sbis    PIND,PIND0      ; überspringe wenn Bit set Leitung High
        rjmp    loop1           ; Warteschleife solange Leitung Low
        rcall   warte20ms       ; steigende Flanke entprellen
        rjmp    loop            ; Arbeitsschleife
```

Das Programmbeispiel *Bild 2-8* zeigt einen dezimalen Zähler im Bereich von 0 bis 99 auf dem Port B, der durch drei Ereignisse gesteuert wird:

- Eine fallende Flanke an `PIND7` erhöht den Zähler um 1. Der Eingabetaster ist *hardwaremäßig* entprellt, mit dem parallel liegenden Schalter lassen sich Prellungen testen.
- Eine fallende Flanke an `PIND6` vermindert den Zähler um 1. Bei der automatischen Wiederholung der Funktion (auto repeat) wird der Low-Zustand alle 250 ms abgetastet und die Eingabe wiederholt. Beide Flanken werden durch Warteschleifen entprellt.
- Eine fallende Flanke an `PIND5` löscht den Zähler.

```
; k2p7.asm Bild 2-8 Zähler mit Tastenkontrolle
; Port B: Ausgabe BCD Dezimalzähler von 00 bis 99
; Port D: Eingabe PD7:Zähler+1  PD6:Zähler-1  PD5:Zähler=0
        .INCLUDE "m16def.inc"   ; Deklarationen für ATmega16
        .EQU    TAKT = 8000000  ; Takt 8 MHz
        .DEF    akku = r16      ; Arbeitsregister
        .DEF    zaehl = r18     ; Dezimalzähler
        .CSEG                   ; Programm-Flash
        rjmp    start           ; Reset-Einsprung
        .ORG    $2A             ; Interrupteinsprünge übergehen
start:  ldi     akku,LOW(RAMEND); Stapel anlegen
        out     SPL,akku        ;
        ldi     akku,HIGH(RAMEND) ;
        out     SPH,akku        ;
        ldi     akku,$ff        ; Bitmuster 1111 1111
        out     DDRB,akku       ; Richtung Port B ist Ausgang
        clr     zaehl           ; Zähler löschen
        out     PORTB,zaehl     ; und Null ausgeben
; Warteschleife auf fallende Flanke an PD7 PD6 und PD5
loop:   sbis    PIND,PIND7      ; überspringe wenn Taste PIND7=High
        rjmp    taste7          ; PIND7=Low: Zähler + 1
        sbis    PIND,PIND6      ; überspringe wenn Taste PIND6=High
        rjmp    taste6          ; PIND6=Low: Zähler - 1
        sbis    PIND,PIND5      ; überspringe wenn Taste PIND5=High
        rjmp    taste5          ; PIND5=Low: löschen
        rjmp    loop            ; keine Taste gedrückt
```

2.4 Sprung- und Verzweigungsbefehle

```
; Taste PD7 fallende Flanke: Zähler+1 nicht entprellen
taste7:  cpi     zaehl,99        ; Endwert 99 ?
         breq    taste7a         ; Zähler bleibt bei Endwert stehen
         inc     zaehl           ; Zähler + 1
taste7a: mov     akku,zaehl      ; R16 <- dual
         rcall   dual2bcd        ; R16 <- dezimal Zehner|Einer R17 <- Hundert.
         out     PORTB,akku      ; Ausgabe auf Port B
taste7b: sbis    PIND,PIND7      ; überspringe wenn Taste PIND7 High
         rjmp    taste7b         ; warte solange PIND7 Low
         rjmp    loop            ; Taste wieder High: steigende Flanke
; Taste PD6 fallende Flanke: Zähler-1 alle 250 ms abtasten und entprellen
taste6:  tst     zaehl           ; Zähler auf Null testen
         breq    taste6a         ; Zähler bleibt bei Null stehen
         dec     zaehl           ; Zähler - 1
taste6a: mov     akku,zaehl      ; R16 <- dual
         rcall   dual2bcd        ; R16 <- dezimal Zehner|Einer R17 <- Hundert.
         out     PORTB,akku      ; Ausgabe auf Port B
         ldi     akku,25         ; Wartezeit 250 ms
         rcall   wartex10ms      ; R16 = 250 ms lang warten
         sbis    PIND,PIND6      ; überspringe wenn Taste PIND6 High
         rjmp    taste6          ; Taste immer noch Low: weiter zählen
         rcall   warte20ms       ; 20 ms entprellen der steigenden Flanke
         rjmp    loop            ; Taste wieder High: steigende Flanke
; Taste PD5 fallende Flanke: Zähler löschen mit entprellen
taste5:  clr     zaehl           ; Zähler löschen
         mov     akku,zaehl      ; R16 <- dual
         rcall   dual2bcd        ; R16 <- dezimal Zehner|Einer R17 <- Hundert.
         out     PORTB,akku      ; Ausgabe auf Port B
         rcall   warte20ms       ; 20 ms warten zum entprellen
taste5a: sbis    PIND,PIND5      ; überspringe wenn Taste PIND5 High
         rjmp    taste5a         ; warte solange Taste gedrückt
         rcall   warte20ms       ; 20 ms warten zum entprellen
         rjmp    loop            ; Taste wieder High: steigende Flanke
; hier externe Unterprogramme einbauen
         .INCLUDE "warte20ms.asm"; wartet 20 ms  benötigt Symbol TAKT
         .INCLUDE "wartex10ms.asm"  ; R16=Wartefaktor für 10 ms benötigt TAKT
         .INCLUDE "dual2bcd.asm" ; R16 dual -> R17=Hunderter R16=Zehner|Einer
         .EXIT                   ; Ende des Quelltextes
```

Bild 2-8: Tastensteuerung eines Zählers mit Entprellen

2.5 Die Adressierung der Speicherbereiche

Die 32 Arbeitsregister der AVR-Controller bieten genügend Platz für einzelne Bytevariablen wie z.B. Zähler. Einzelne Bytekonstanten werden meist im Befehlswort abgelegt und mit unmittelbarer Adressierung (nur R16 bis R31) als Operanden verwendet. Zusammenhängende Speicherbereiche werden auch Tabellen, Listen oder Felder (arrays) genannt. Die Adressierung der fortlaufend angeordneten Daten erfolgt durch Zeiger in Adressregistern, auch Indexregister genannt.

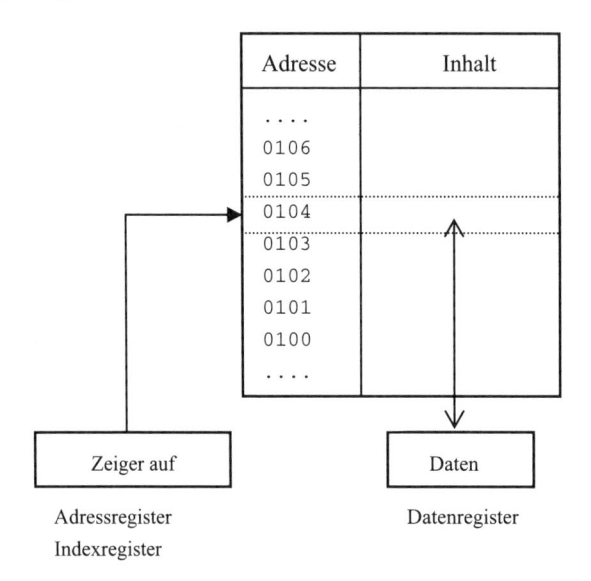

Adresse	Inhalt
....	
0106	
0105	
0104	
0103	
0102	
0101	
0100	
....	

Zeiger auf — Adressregister / Indexregister

Daten — Datenregister

Listen mit variablen Einträgen wie z.B. die Werte einer Messreihe werden im Schreib/Lesespeicher (SRAM) oder für eine nichtflüchtige Speicherung im EEPROM angelegt. Tabellen mit konstanten Einträgen wie z.B. Ausgabetexte oder Codetabellen liegen wie das Programm im Flash. Der Umfang eines Bereiches kann festgelegt werden durch:

- die Anfangsadresse und eine Endadresse oder
- die Anfangsadresse und eine Endemarke oder
- die Anfangsadresse und die Anzahl der Einträge oder
- die Anfangsadresse als Kopfzeiger einer verketteten Liste offener Länge.

Beim *fortlaufenden* (sequentiellen) Zugriff wird der Zeiger in einem Indexregister beginnend mit der Anfangsadresse laufend erhöht, bis das Ende erreicht ist. Beim *direkten* (random) Zugriff wird die Adresse des Eintrags eingegeben oder berechnet und in einem Indexregister für den Datenzugriff verwendet. Bei einer *verketteten Liste* enthält jeder Eintrag neben den Daten auch die Adresse des Nachfolgers bzw. Vorgängers.

2.5.1 Die Adressierung der Konstanten im Flash

Das Lesen der im Flash-Speicher liegenden Befehle erfolgt wortweise durch den Befehlszähler (PC). Die Befehle `lpm` (load program memory) laden ein Arbeitsregister mit einem Datenbyte aus dem Flash-Speicher, das sowohl im Befehls- als auch im Konstantenbereich liegen kann. Die Byteadresse befindet sich im Indexregister Z mit dem High-Teil in ZH (R31) und dem Low-Teil in ZL (R30). Nur der Befehl `lpm` ohne Operandenteil ist für alle AT-Familien verfügbar; R0 ist als Zielregister fest zugeordnet.

Befehl	Operand	ITHSVNZC	W	T	Wirkung		
lpm			1	3	R0 <- (Z)	*lade R0 mit Flash*	**alle AT-Familien**
lpm	Rd,Z		1	3	Rd <- (Z)	*lade Rd mit Flash*	**nur ATmega**
lpm	Rd,Z+		1	3	Rd <- (Z) Z <- Z+1	*lade Rd mit Flash erhöhe Z*	**nur ATmega**
spm			1	-	(Z) <- R1:R0	*speichere Boot-Bereich*	**nur ATmega**

Für Bausteine mit mehr als 64 kByte Flash stehen weitere Befehle zur Adressierung des gesamten Speicherbereiches zur Verfügung. Für die byteweise Adressierung des wortorganisierten Flash-Speichers ist es erforderlich, die Wortadresse mit dem Faktor 2 zu multiplizieren. Das Beispiel lädt ein Arbeitsregister mit einer im Flash abgelegten Bytekonstanten.

```
        ldi     ZL,LOW(konni*2)  ; Z <- Adresse der Konstanten * 2
        ldi     ZH,HIGH(konni*2) ;
        lpm                      ; R0 <- Byte durch Z adressiert
        mov     akku,r0          ; akku <- Byte aus R0
;
; Konstantenbereich hinter den Befehlen
konni:  .DB     123              ; eine dezimale Bytekonstante
```

Für die fortlaufende Adressierung eines Speicherbereiches wird die Adresse in einem der drei Indexregister mit dem Befehl `adiw` erhöht bzw. mit `sbiw` vermindert. Das Beispiel gibt eine nullterminierte Zeichenkette (String) auf dem Port B aus.

```
        ldi     ZL,LOW(text*2)   ; Z <- Anfangsadresse * 2
        ldi     ZH,HIGH(text*2)  ;
loop:   lpm                      ; R0 <- Byte durch Z adressiert
        tst     r0               ; Endemarke Null ?
        breq    ende             ;   ja: fertig
        out     PORTB,r0         ; nein: ausgeben
        adiw    ZL,1             ;       Adresse + 1
        rjmp    loop             ; Schleife
ende:                            ; hier geht es weiter
;
; Konstantenbereich hinter den Befehlen
text:   .DB     10,13,"Hallo",0  ; lf cr Text und Endemarke
```

Tabellen werden oft für Umcodieraufgaben eingesetzt. Beim *fortlaufenden Zugriff* wird die Tabelle nach dem Eingabewert durchsucht. Die Tabelle des Beispiels enthält als Eingabewerte die ASCII-Zeichen der hexadezimalen Ziffern von 0 bis 9, A bis F und a bis f. Hinter jedem Zeichen liegt als Ausgabewert der entsprechende binäre Zahlenwert.

Adresse	Eingabewert	Ausgabewert
asciitab+0	Ziffer '0' = $30	Zahl 0 = $00
asciitab+2	Ziffer '1' = $31	Zahl 1 = $01
asciitab+4	Ziffer '2' = $32	Zahl 2 = $02

Das Unterprogramm asciitbin lässt sich mit dem Hauptprogramm *Bild 2-7* testen; das dort aufgerufene Unterprogramm ascii2bin führt die Umwandlung rechnerisch durch.

```
; asciitbin.asm  ASCII -> binär    Tabellensuche R16 = ASCII-Zeichen
asciitbin: push     r0              ; Register retten
           push     r17             ;
           push     ZL              ;
           push     ZH              ;
           ldi      ZL,LOW(asciitab*2)   ; Z <- Anfangsadresse
           ldi      ZH,HIGH(asciitab*2)  ; der Tabelle
           ldi      r17,22          ; R17 = Zähler Anzahl der Einträge
asciitbin1:lpm                      ; R0 <- Tabellenwert
           cp       r0,r16          ; Tabellenwert - ASCII-Zeichen
           breq     asciitbin2  ;       gefunden: fertig
           adiw     ZL,2            ; nicht gefunden: Adresse + 2
           dec      r17             ; Zähler - 1
           brne     asciitbin1      ; Suchschleife
; Ende der Tabelle: Zeichen nicht enthalten
           sec                      ; Carry <- 1: Fehlermarke
           rjmp     asciitbin3      ; und Rücksprung
; Zeichen gefunden Zahl ausgeben
asciitbin2:adiw     ZL,1            ; Ergebnis auf nächster Adresse
           lpm                      ; R0 <- Ergebnis
           mov      r16,r0          ; Rückgabewert in R16
           clc                      ; Carry <- 0: kein Fehler
asciitbin3:pop      ZH              ; Register zurück
           pop      ZL              ;
           pop      r17             ;
           pop      r0              ;
           ret                      ; Rücksprung
; Konstantenbereich hinter den Befehlen    Ziffer Zahl   Ziffer Zahl
asciitab:  .DB  '0',0,'1',1,'2',2,'3',3,'4',4,'5',5,'6',6,'7',7,'8',8,'9',9 ;
           .DB  'A',10,'B',11,'C',12,'D',13,'E',14,'F',15    ;
           .DB  'a',10,'b',11,'c',12,'d',13,'e',14,'f',15    ;
```

2.5 Die Adressierung der Speicherbereiche

Bei einem *direkten Zugriff* enthält die Tabelle nur die Ausgabewerte, deren Adresse aus den Eingabewerten berechnet wird. Die Tabelle des Beispiels enthält als Ausgabewerte nur die ASCII-Codierungen der hexadezimalen Ziffern von 0 bis 9 und von A bis F. Die Maske $0f begrenzt den Eingabewert auf den Bereich der Tabelle. Das Unterprogramm bin**t**ascii lässt sich mit dem Hauptprogramm *Bild 2-6* testen; das dort aufgerufene Unterprogramm bin**2**ascii führt die Umwandlung rechnerisch durch.

```
; bintascii R16 binär -> ASCII Tabellendirektzugriff
bintascii: push    r0           ; Register retten
           push    ZH           ;
           push    ZL           ;
           ldi     ZL,LOW(bintab*2)  ;
           ldi     ZH,HIGH(bintab*2) ;
           andi    r16,$0f      ; Maske 0000 1111
           add     ZL,r16       ; addiere Eingabewert
           clr     r16          ; R16 <- 0 Carry unverändert!
           adc     ZH,r16       ; Null + Übertrag
           lpm                  ; R0 <- Tabellenwert
           mov     r16,r0       ; R16 <- Rückgabe
           pop     ZL           ; Register zurück
           pop     ZH           ;
           pop     r0           ;
           ret                  ;
; Tabelle hinter den Befehlen des Unterprogramms
bintab:    .DB     "0123456789ABCDEF" ; ASCII-String
```

Eine *Sprungtabelle* enthält die Adressen von Sprungzielen, mit denen ein indirekter Sprung mit den Befehlen ijmp bzw. icall in die Zweige einer Fallunterscheidung durchgeführt werden kann. Das Beispiel *Bild 2-9* berechnet die Adresse des Sprungziels aus einem Eingabewert von 0 bis 3 und springt dann in einen von vier Zweigen, der das ASCII-Zeichen ausgibt. Die symbolischen Sprungadressen werden wie Zahlenkonstanten behandelt.

```
; k2p8.asm Bild 2-9 Sprungtabelle als Fallunterscheidung
; Port B: Ausgabe LED
; Port D: Eingabe PIND1 und PIND0 vier Auswahlwerte ohne Fehlerfall
        .INCLUDE "m16def.inc"   ; Deklarationen für ATmega16
        .DEF    akku = r16      ; Arbeitsregister
        .CSEG                   ; Programm-Flash
        rjmp    start           ; Reset-Einsprung
        .ORG    $2A             ; Interrupteinsprünge übergehen
start:  ldi     akku,LOW(RAMEND); Stapel anlegen
        out     SPL,akku        ;
        ldi     akku,HIGH(RAMEND) ;
        out     SPH,akku        ;
        ldi     akku,$ff        ; Bitmuster 1111 1111
        out     DDRB,akku       ; Richtung Port B ist Ausgang
```

```
; Arbeitsschleife Auswahlwert lesen, begrenzen, Abstand berechnen
loop:   in      akku,PIND       ; R16 <- Auswahlwert
        andi    akku,0b00000011 ; Bereich 0 .. 3 begrenzen
        lsl     akku            ; Abstand = Eingabe * 2 (zwei Bytes)
; Adresse des Eintrags berechnen
        ldi     ZL,LOW(tab*2)   ; Z <- Tabellenanfangsadresse
        ldi     ZH,HIGH(tab*2)  ;
        add     ZL,akku         ; ZL <- Anfangsadresse + Abstand
        clr     akku            ; akku <- Null Carry unverändert
        adc     ZH,akku         ; Wortaddition: Null + Carry
; Sprungadresse aus Tabelle entnehmen
        lpm                     ; R0 <- Low-Byte des Sprungziels
        mov     akku,r0         ; nach akku retten
        adiw    ZL,1            ; Zeiger auf High-Byte
        lpm                     ; R0 <- High-Byte des Sprungziels
; Adresse des Sprungziels nach Z und indirekt springen
        mov     ZL,akku         ; ZL <- Low-Byte
        mov     ZH,r0           ; ZH <- High-Byte
        ijmp                    ; springe indirekt: Zieladresse in Z
; hier liegen die vier Zweige der Fallunterscheidung
fall0:  ldi     akku,'0'        ; ASCII-Zeichen 0 = $30
        rjmp    aus             ;
fall1:  ldi     akku,'1'        ; ASCII-Zeichen 1 = $31
        rjmp    aus             ;
fall2:  ldi     akku,'2'        ; ASCII-Zeichen 2 = $32
        rjmp    aus             ;
fall3:  ldi     akku,'3'        ; ASCII-Zeichen 3 = $33
aus:    out     PORTB,akku      ; auf Port B ausgeben
        rjmp    loop            ;
;
; Tabelle der Sprungadressen im Konstantenbereich
tab:    .DW     fall0,fall1,fall2,fall3 ; Adressen der Sprungziele
        .EXIT                   ; Ende des Quelltextes
```

Bild 2-9: Sprungtabelle als Fallunterscheidung

Die im Programmspeicher liegenden Tabellen werden wie die übrigen Konstanten zusammen mit den Befehlen in den Flash-Bereich geladen und bleiben bis zur nächsten Programmierung des Bausteins erhalten. Veränderliche Speicherbereiche wie z.B. Listen von Eingabewerten müssen im SRAM angelegt und gegebenenfalls in den EEPROM-Bereich gerettet werden, wenn sie nach dem Abschalten der Versorgungsspannung noch benötigt werden.

2.5.2 Die Adressierung der Variablen im SRAM

Einige Controllerbausteine wie z.B. der AT90S1200 und der ATtiny12 haben keinen SRAM-Bereich und enthalten nur die 32 Arbeitsregister als Variablenspeicher.

Die SRAM-Adressierung der Lade- und Speicherbefehle wirkt auf die drei Bereiche:

- die Arbeitsregister auf den Adressen $00 bis $1F (anstelle der mov-Befehle),
- die SFR-Register auf den Adressen $20 bis $5F (anstelle der Befehle in bzw. out) und
- die SRAM-Variablen von der Adresse $60 bis zu dem mit dem Symbol RAMEND definierten Ende, an dem meist der Stapel angelegt wird. Der 1024 Bytes umfassende SRAM-Bereich des ATmega16 reicht von $60 bis RAMEND = $45F.

Einzelne Variablen lassen sich im SRAM anlegen und mit den Befehlen lds laden bzw. mit sts speichern. Beide Befehle enthalten in der *direkten Adressierung* die 16bit SRAM-Adresse im zweiten Befehlswort.

Befehl	Operand	ITHSVNZC	W	T	Wirkung	
lds	Rd, adr		2	3	Rd <= SRAM	*lade Rd direkt mit Byte aus SRAM*
sts	adr, Rr		2	3	SRAM <= Rr	*lade Byte im SRAM direkt mit Rr*

Das Beispiel legt einen Zähler zaehl im SRAM an und erhöht ihn in einem Arbeitsregister, da im SRAM keine arithmetischen Operationen vorgenommen werden können.

```
        lds     akku,zaehl      ; akku <- alter Wert aus SRAM
        inc     zaehl           ; Zähler im Arbeitsregister + 1
        sts     zaehl,akku      ; SRAM <- akku neuer Wert
;
        .DSEG                   ; Datensegment mit Variablen
zaehl   .BYTE   1               ; eine Bytevariable
```

Für die *indirekte Adressierung* von Speicherbereichen dienen die drei Wortregister X, Y und Z als Adress- oder Indexregister, die für eine fortlaufende Adressierung mit den Befehlen adiw bzw. subiw erhöht bzw. vermindert werden müssen. Die drei Wortregister werden mit zwei Befehlen byteweise mit der Anfangsadresse eines Bereiches geladen.

Befehl	Operand	ITHSVNZC	W	T	Wirkung	
ld	Rd, X		1	2	Rd <- (X)	*lade Rd indirekt mit Byte aus SRAM*
ld	Rd, Y		1	2	Rd <- (Y)	*lade Rd indirekt mit Byte aus SRAM*
ld	Rd, Z		1	2	Rd <- (Z)	*lade Rd indirekt mit Byte aus SRAM*
st	X, Rr		1	2	(X) <- Rr	*speichere Rr indirekt nach SRAM*
st	Y, Rr		1	2	(Y) <- Rr	*speichere Rr indirekt nach SRAM*
st	Z, Rr		1	2	(Z) <- Rr	*speichere Rr indirekt nach SRAM*

Die folgenden Befehle verwenden eines der drei Wortregister zur indirekten Adressierung der Daten, das Wortregister wird *nach* der Operation um 1 *erhöht*.

Befehl	Operand	ITHSVNZC	W	T	Wirkung	
ld	Rd, X+		1	2	Rd <- (X) X <- X+1	*lade Rd indirekt mit Byte aus SRAM*
ld	Rd, Y+		1	2	Rd <- (Y) Y <- Y+1	*lade Rd indirekt mit Byte aus SRAM*
ld	Rd, Z+		1	2	Rd <- (Z) Z <- Z+1	*lade Rd indirekt mit Byte aus SRAM*
st	X+, Rr		1	2	(X) <- Rr X <- X+1	*speichere Rr indirekt nach SRAM*
st	Y+, Rr		1	2	(Y) <- Rr Y <- Y+1	*speichere Rr indirekt nach SRAM*
st	Z+, Rr		1	2	(Z) <- Rr Z <- Z+1	*speichere Rr indirekt nach SRAM*

Die folgenden Befehle verwenden eines der drei Wortregister zur indirekten Adressierung der Daten, das Wortregister wird *vor* der Operation um 1 *vermindert*.

Befehl	Operand	ITHSVNZC	W	T	Wirkung	
ld	Rd, -X		1	2	X <- X-1 Rd <- (X)	*lade Rd indirekt mit Byte aus SRAM*
ld	Rd, -Y		1	2	Y <- Y-1 Rd <- (Y)	*lade Rd indirekt mit Byte aus SRAM*
ld	Rd, -Z		1	2	Z <- Z-1 Rd <- (Z)	*lade Rd indirekt mit Byte aus SRAM*
st	-X, Rr		1	2	X <- X-1 (X) <- Rr	*speichere Rr indirekt nach SRAM*
st	-Y, Rr		1	2	Y <- Y-1 (Y) <- Rr	*speichere Rr indirekt nach SRAM*
st	-Z, Rr		1	2	Z <- Z-1 (Z) <- Rr	*speichere Rr indirekt nach SRAM*

Die indirekte Adressierung mit einem *konstanten Abstand* ist nur für die Wortregister Y und Z verfügbar. Der vorzeichenlose Abstand (**D**isplacement) im Bereich von 1 bis 63 wird zum Inhalt des Wortregisters addiert und ergibt die Speicheradresse; das Wortregister bleibt dabei unverändert erhalten.

Befehl	Operand	ITHSVNZC	W	T	Wirkung	
ldd	Rd, Y+k6		1	2	Rd <- (Y+konstante)	*lade Rd indirekt mit Byte aus SRAM*
ldd	Rd, Z+k6		1	2	Rd <- (Z+konstante)	*lade Rd indirekt mit Byte aus SRAM*
std	Y+k6,Rr		1	2	(Y+konstante) <- Rr	*speichere Rr indirekt nach SRAM*
std	Z+k6,Rr		1	2	(Z+konstante) <- Rr	*speichere Rr indirekt nach SRAM*

Die Stapelbefehle push und pop sind eine Sonderform der indirekten Adressierung durch den Stapelzeiger SP, der im SFR-Bereich liegt und üblicherweise am Anfang eines Programms mit der höchsten SRAM-Adresse geladen wird. Controllerbausteine ohne SRAM enthalten für Unterprogramme und Interrupts anstelle des Softwarestapels einen dreistufigen Hardwarestapel.

Befehl	Operand	ITHSVNZC	W	T	Wirkung	
push	Rr		1	2	(SP) <- Rr SP <- SP-1	*speichere Rr auf den Stapel*
pop	Rd		1	2	SP <- SP + 1 Rd <- (SP)	*lade Rd vom Stapel*

2.5 Die Adressierung der Speicherbereiche

Der Befehl push wirkt wie ein Speicherbefehl, der den Inhalt eines Arbeitsregisters auf die durch den Stapelzeiger adressierte SRAM-Speicherstelle kopiert und anschließend den Stapelzeiger um 1 vermindert. Der Befehl pop erhöht erst den Stapelzeiger um 1 und lädt dann das Arbeitsregister mit dem adressierten SRAM-Byte. Das zuletzt auf den Stapel gelegte Byte wird zuerst wieder zurückgelesen. Beim Retten von Registern muss das zuletzt auf den Stapel gelegte Register als erstes wieder zurückgeladen werden. Beispiel:

```
; Retten und Rückladen von Registern
        push    r0              ; R0 -> Stapel    SP <- SP - 1
        push    r1              ; R1 -> Stapel    SP <- SP - 1
;
        pop     r1              ; SP <- SP + 1    R1 <- Stapel
        pop     r0              ; SP <- SP + 1    R0 <- Stapel
```

Bei umgekehrter Reihenfolge werden die Inhalte der beiden Register vertauscht. Das Beispiel vertauscht den Inhalt von R0 mit dem Inhalt von R1.

```
; Vertauschen von Registerinhalten ohne Hilfsspeicherstelle
        push    r0              ; R0 -> Stapel    SP <- SP - 1
        push    r1              ; R1 -> Stapel    SP <- SP - 1
        pop     r0              ; SP <- SP + 1    R0 <- Stapel
        pop     r1              ; SP <- SP + 1    R1 <- Stapel
```

Das Programm *Bild 2-10* kopiert eine Tabelle mit der Endemarke Null, einen nullterminierten String, aus dem Flash in den SRAM und legt vor der Liste die Anzahl der Elemente ab. Bei jeder fallenden Flanke am Eingang PIND7 wird ein neues Listenelement auf dem Port B ausgegeben.

```
; k2p9.asm Bild 2-10 Flash nach SRAM kopieren und ausgeben
; Port B: Ausgabe LED
; Port D: Eingabe PIND7 fallende Flanke: neue Ausgabe
        .INCLUDE "m16def.inc"   ; Deklarationen für ATmega16
        .DEF    akku = r16      ; Arbeitsregister
        .DEF    zaehl = r17     ; Zähler für Listenelemente
        .EQU    anz = 100       ; max. Listenlänge
        .CSEG                   ; Programm-Flash
        rjmp    start           ; Reset-Einsprung
        .ORG    $2A             ; Interrupteinsprünge übergehen
start:  ldi     akku,LOW(RAMEND); Stapel anlegen
        out     SPL,akku        ;
        ldi     akku,HIGH(RAMEND) ;
        out     SPH,akku        ;
        ldi     akku,$ff        ; Bitmuster 1111 1111
        out     DDRB,akku       ; Richtung Port B ist Ausgang
; Nullterminierten String aus Flash nach SRAM kopieren
        ldi     ZL,LOW(ftab*2)  ; Z <- Tabellenadresse Flash
```

```
            ldi     ZH,HIGH(ftab*2) ;
            ldi     XL,LOW(stab)    ; X <- Listenadresse SRAM
            ldi     XH,HIGH(stab)   ;
            clr     zaehl           ; Zeichenzähler löschen
loop1:      lpm                     ; R0 <- Konstante aus Flash
            tst     r0              ; Endemarke Null ?
            breq    lab1            ;   ja: fertig
            cpi     zaehl,anz+1     ; nein: max. Listenlänge ?
            brsh    lab1            ;   ja: abbrechen
            st      x+,r0           ; nein: nach SRAM Adresse + 1
            adiw    ZL,1            ;       Flashadresse + 1
            inc     zaehl           ;       Zähler + 1
            rjmp    loop1           ; Kopierschleife
; Listenlänge speichern und Liste ausgeben
lab1:       sts     lang,zaehl      ; Zeichenzähler vor Liste ablegen
loop2:      ldi     XL,LOW(stab)    ; X <- Listenadresse für Ausgabe
            ldi     XH,HIGH(stab)   ;
            lds     zaehl,lang      ; Zähler <- Listenlänge
loop3:      sbic    PIND,PIND7      ; Taster PIND7 Low ?
            rjmp    loop3           ; warte solange High
            ld      akku,X+         ; akku <- Listenelement
            out     PORTB,akku      ; nach Port B ausgeben
loop4:      sbis    PIND,PIND7      ; Taster PIND7 High ?
            rjmp    loop4           ; warte solange Low
            dec     zaehl           ; Zähler vermindern
            brne    loop3           ; bis Zähler Null
            rjmp    loop2           ; neuer Anfang
;
; Konstanten hinter den Befehlen
ftab:   .DB "0123456789ABCDEF",0,0 ; Nullterminierter String
;
; Datenbereich im SRAM
        .DSEG                       ; Datensegment ab $60
lang:   .BYTE   1                   ; 1 Byte für Listenlänge
stab:   .BYTE   anz                 ; anz Bytes für Daten
        .EXIT                       ; Ende des Quelltextes
```

Bild 2-10: Speicherbereich von Flash nach SRAM kopieren

Bei der Betätigung von mechanischen Kontakten können Prellungen auftreten, die sich hardwaremäßig durch Flipflop-Schaltungen oder softwaremäßig durch Verzögerungsschleifen unterdrücken lassen. Das Programm *Bild 2-11* zeichnet die Prellungen auf und gibt die Anzahl der Änderungen (Flanken) auf dem Port B dezimal aus. Bei einem Takt von 8 MHz und 1000 Aufzeichnungen wird eine Zeit von 1 ms erfasst.

2.5 Die Adressierung der Speicherbereiche

```asm
; k2p10.asm Bild 2-11   Prellungen aufzeichnen und ausgeben
; Port B: Ausgabe Anzahl der prellenden Flanken dezimal
; Port D: Eingabe Kippschalter oder Tasten
        .INCLUDE "m16def.inc"   ; Deklarationen für ATmega16
        .EQU    TAKT = 8000000  ; Controllertakt 8 MHz
        .EQU    anz = 1000      ; Anzahl der Aufzeichnungen für Mega-Familie
        .DEF    akku = r16      ; Arbeitsregister
        .DEF    wert = r17      ; Hilfsvariable für Vergleich
        .DEF    nach = r18      ; Nachfolger für Vergleich
        .DEF    zaehll = r24    ; Low-Byte 16bit Zähler
        .DEF    zaehlh = r25    ; High-Byte 16bit Zähler
        .CSEG                   ; Programm-Flash
        rjmp    start           ; Reset-Einsprung
        .ORG    $2A             ; Interrupteinsprünge übergehen
start:  ldi     akku,LOW(RAMEND); Stapel anlegen
        out     SPL,akku        ;
        ldi     akku,HIGH(RAMEND) ;
        out     SPH,akku        ;
        ldi     akku,$ff        ; Bitmuster 1111 1111
        out     DDRB,akku       ; Richtung Port B ist Ausgang
        out     PORTB,akku      ; PORTB Code $FF Anzeige dunkel
; Adresse und Zähler vorbereiten warte auf beliebige Taste PORT D
loop1:  ldi     XL,LOW(list)    ; X <- Listenadresse
        ldi     XH,HIGH(list)   ;
        ldi     zaehll,LOW(anz) ; 16bit Zähler mit Listenlänge laden
        ldi     zaehlh,HIGH(anz);
loop2:  in      akku,PIND       ; akku <- Zustand PIND
        cpi     akku,$ff        ; alles High ?
        breq    loop2           ; ja: warte auf Änderung
; Speicherschleife 8 Takte = 1 us Abtastrate bei 8 MHz
loop3:  st      X+,akku         ; 2 Takte speichern
        in      akku,PIND       ; 1 Takt   neuen Zustand laden
        nop                     ; 1 Takt   verzögern
        sbiw    zaehll,1        ; 2 Takte 16bit Zähler dekrementieren
        brne    loop3           ; 2 Takte bei Sprung
; Aufzeichnung auswerten Prellungen (Änderungen) zählen
        ldi     XL,LOW(list)    ; X <- Listenadresse
        ldi     XH,HIGH(list)   ;
        ldi     zaehll,LOW(anz-1)   ; Länge-1 letzter ohne Nachfolger
        ldi     zaehlh,HIGH(anz-1)  ; 16bit Zähler
        clr     akku            ; Zähler für Prellungen löschen
loop4:  ld      wert,X+         ; laufender Wert
        ld      nach,X          ; nächster Wert
        cpse    wert,nach       ; überspringe wenn beide gleich
        inc     akku            ; bei ungleich: Prellung zählen
```

```asm
                sbiw    zaehll,1        ; 16bit Listenzähler - 1
                brne    loop4           ; bis alle Listenelemente durch
                rcall   dual2bcd        ; Zähler R16 dual -> dezimal, R17 verworfen
                out     PORTB,akku      ; Anzahl der Prellungen dezimal max. 99
; warte bis Port D wieder High
loop5:          in      akku,PIND       ; akku <- Zustand PIND
                cpi     akku,$ff        ; alles wieder High ?
                brne    loop5           ; nein: warten
                rcall   warte20ms       ; steigende Flanke entprellen
                rjmp    loop1           ; neuer Versuch
; Externe Unterprogramme hier einbauen
        .INCLUDE "dual2bcd.asm" ; Umwandlung R16 dual -> R17 R16 dezimal
        .INCLUDE "warte20ms.asm" ; wartet 20 ms
; Datenbereich im SRAM
        .DSEG                           ; ab Adresse $60
list:   .BYTE   anz                     ; anz Bytes für Aufzeichnung
        .EXIT                           ; Ende des Quelltextes
```

Bild 2-11: Prellungen abtasten, speichern und auswerten

Eine *verkettete Liste* legt die Daten nicht fortlaufend, sondern verstreut im Speicher ab. Jeder Eintrag enthält neben den Daten einen Zeiger (Adresse) auf den Nachfolger. Die Adresse des ersten Eintrags liegt im Kopfzeiger auf einer festen Adresse, der letzte Eintrag, der keinen Nachfolger hat, erhält als Nachfolgeradresse eine Endemarke. Das Programm *Bild 2-12* testet das Verfahren zum Aufbau und Auswerten einer verketteten Liste. Ein Listeneintrag besteht aus einem Datenbyte, der Datenendemarke Null und der Adresse des folgenden Eintrags. Der letzte Eintrag enthält anstelle einer Folgeadresse eine Null als Endemarke.

```asm
; k2p11.asm Bild 2-12 Verkettete Liste aufbauen und ausgeben
; Port B: Ausgabe
; Port D: Eingabe   Taste PD7 ergibt neuen Datensatz PD6 .. PD0 bis Null
        .INCLUDE "m16def.inc"   ; Deklarationen für ATmega16
        .EQU    takt = 8000000  ; Takt 8 MHz
        .EQU    anz = 1000      ; Listenlänge ATmega-Familie
        .DEF    akku = r16      ; Arbeitsregister Low
        .DEF    akkuh = r17     ; Arbeitsregister High
        .CSEG                   ; Programm-Flash
```

2.5 Die Adressierung der Speicherbereiche 119

```
            rjmp     start              ; Reset-Einsprung
            .ORG     $2A                ; Interrupteinsprünge übergehen
start:      ldi      akku,LOW(RAMEND)   ; Stapel anlegen
            out      SPL,akku           ;
            ldi      akku,HIGH(RAMEND)  ;
            out      SPH,akku           ;
            ldi      akku,$ff           ; Bitmuster 1111 1111
            out      DDRB,akku          ; Richtung Port B ist Ausgang
; Verkettete Liste Anfangswerte Zähler und Zeiger laden
loop:       ldi      XL,LOW(liste)      ; X <- laufender Zeiger auf Listenelemente
            ldi      XH,HIGH(liste)     ;
            sts      kopfz,XL           ; Kopfzeiger_Low mit Anfangsadresse laden
            sts      kopfz+1,XH         ; Kopfzeiger_High
            ldi      akku,$FF           ; Ausgabe dunkel
            out      PORTB,akku         ;
; Verkettete Liste Eingabeschleife bis Null = Ende
loop1:      sbic     PIND,PIND7         ; überspringe bei Low
            rjmp     loop1              ; warte auf fallende Flanke
            in       akku,PIND          ; akku <- Daten von PIND6 bis PIND0
            tst      akku               ; Ende der Eingabe Marke Null ?
            breq     fertig             ;   ja: Ausgabe aller Testdaten
            out      PORTB,akku         ; nein: Port B Kontrollausgabe
            st       X+,akku            ;     Datensatz ablegen
            ser      akku               ;     Datensatz Endemarke $ff
            st       X+,akku            ;     ablegen
            mov      YL,XL              ; YL  <- Adresse_Low
            mov      YH,XH              ; YH  <- Adresse_High
            adiw     YL,2               ; Nachfolgeradresse um 2 weiter
            st       X+,YL              ;     Adresse_Low  Nachfolger
            st       X+,YH              ;     Adresse_High Nachfolger
loop2:      sbis     PIND,PIND7         ; überspringe bei High
            rjmp     loop2              ; warte auf steigende Flanke
            rjmp     loop1              ; Eingabeschleife bis Daten Null
; Ende der Eingabe letzter Satz: Daten $ff Adresse $0000
fertig:     ser      akku               ; Datenende: $ff
            st       X+,akku            ;
            clr      akku               ; Adresse Nachfolger $0000
            st       X+,akku            ;
            st       X+,akku            ;
; Verkettete Liste Ausgabe der Daten im Takt von 500 ms
            lds      YL,kopfz           ; Y <- Kopfzeiger
            lds      YH,kopfz+1         ;
loop3:      ldi      akku,50            ; Faktor 50 * 10 ms = 500 ms
            rcall    wartex10ms         ; 500 ms warten
            ld       akku,Y+            ; Daten laden
```

```
            cpi     akku,$ff        ; Endemarke ?
            breq    weiter          ;   ja: nächster Satz
            out     PORTB,akku      ; nein: Daten ausgeben
            rjmp    loop3           ; neuen Satz lesen
weiter:     ld      akku,Y+         ; akku   <- Adresse_Low Nachfolger
            ld      akkuh,Y+        ; akkuh  <- Adresse_High Nachfolger
            mov     YL,akku         ; YL     <- Adresse_Low Nachfolger
            mov     YH,akkuh        ; YH     <- Adresse_High Nachfolger
            or      akku,akkuh      ; YL ODER YH: 16bit Adresse Null ?
            brne    loop3           ; nein: neuen Datensatz lesen
; Ende der verketteten Liste: neue Eingabe von Testwerten
            ldi     akku,50         ; Faktor 50 * 10 ms = 500 ms
            rcall   wartex10ms      ; 500 ms warten
            rjmp    loop            ; ja
; Externe Unterprogramme hier einbauen
            .INCLUDE "wartex10ms.asm" ; wartet R16 * 10 ms benötigt TAKT
;
; Datenbereich im SRAM
            .DSEG                   ; Datensegment ab $60
kopfz:      .BYTE   2               ; 16bit Kopfzeiger
liste:      .BYTE   anz             ; offene Liste
            .EXIT                   ; Ende des Quelltextes
```

Bild 2-12: Aufbau und Auswertung einer verketteten Liste

Die *Arbeitsregister* liegen im Bereich von 0 ($00 für R0) bis 31 ($1F für R31) der SRAM-Adressierung und lassen sich auch mit Lade- und Speicherbefehlen ansprechen. Anstelle der Registerbezeichner sind absolute Werte oder definierte Symbole zu verwenden. Das Beispiel kopiert die 26 Arbeitsregister von R0 bis R25 in den SRAM ab Adresse ziel.

```
            ldi     r26,26          ; R26 <- Zähler für 26 Register
            ldi     YL,0            ; Y <- Anfangsadresse Herkunftsbereich
            ldi     YH,0            ;
            ldi     ZL,LOW(ziel)    ; Z <- Anfangsadresse Zielbereich
            ldi     ZH,HIGH(ziel);
loop:       ld      r27,Y+          ; Byte aus Herkunftsbereich Y + 1
            st      Z+,r27          ; nach Zielbereich Z + 1
            dec     r26             ; Zähler - 1
            brne    loop            ; bis Zähler Null
; nun fehlen noch 6 Befehle für R26 bis R31
;
            .DSEG                   ; Datensegment im SRAM
ziel:       .BYTE   32              ; 32 Bytes zum Retten der Register
```

2.5 Die Adressierung der Speicherbereiche

Die *SFR-Register* liegen im Bereich von $20 bis $5F der SRAM-Adressierung und lassen sich ebenfalls mit Lade- und Speicherbefehlen ansprechen. Als Adressen können die vordefinierten SFR-Symbole mit dem Abstand $20 verwendet werden.

```
        ldi     ZL,LOW(PORTD+$20)   ; Z <- Adresse PORT D
        ldi     ZH,HIGH(PORTD+$20)  ;
        ld      akku,Z              ; indirekte SRAM-Adressierung
;
        sts     PORTB+$20,akku      ; direkte SRAM-Adressierung
```

Mit den Lade- und Speicherbefehlen in den Adressierungsarten, die das Indexregister vor der Operation um 1 vermindern oder danach um 1 erhöhen, lassen sich eigene Stapel anlegen. Das Beispiel legt im Indexregister Y einen Hilfsstapel im SRAM an, der im Gegensatz zum Systemstapel *nach* dem Schreiben *aufwärts* und *vor* dem Lesen *abwärts* zählt.

```
; Stapellänge symbolisch vereinbart
        .EQU    LAENGE = 100        ; Länge des Hilfsstapels
; Hilfs-Stapelzeiger in Y anlegen
        ldi     YL,LOW(stapel)      ; Y <- Hilfsstapelzeiger
        ldi     YH,HIGH(stapel)     ;
; 10 Testwerte auf Hilfsstapel legen
loop:   ldi     akku,9              ; Anfangswert Daten
        ldi     r17,10              ; Zähler
loop1:  st      Y+,akku             ; nach Stapel dann Adresse + 1
        dec     akku                ; Wert vermindern
        dec     r17                 ; Zähler vermindern
        brne    loop1               ;
; 10 Testwerte vom Hilfsstapel holen und ausgeben
        ldi     r17,10              ; r17 = Zähler
loop2:  ld      akku,-Y             ; Adresse - 1 dann Stapel lesen
        out     PORTB,akku          ; nach PORT B
        ldi     akku,100            ; Faktor für 1 sek
        rcall   wartex10ms          ; Wartezeit
        dec     r17                 ; Zähler vermindern
        brne    loop2               ;
        rjmp    loop                ; neuer Durchlauf
        .DSEG                       ; SRAM Datenbereich
;
stapel: .BYTE   LAENGE              ; Hilfsstapel angelegt im SRAM
        .EXIT                       ; Ende des Quelltextes
```

2.5.3 Die Adressierung der Daten im EEPROM

Der EEPROM-Bereich dient zur nichtflüchtigen Aufbewahrung von Daten, da diese im Gegensatz zum SRAM nach dem Abschalten der Spannung nicht verloren gehen und nach dem Einschalten der Versorgungsspannung wieder zur Verfügung stehen. Die Größe des Bereiches ist üblicherweise mit `E2END` vordefiniert.

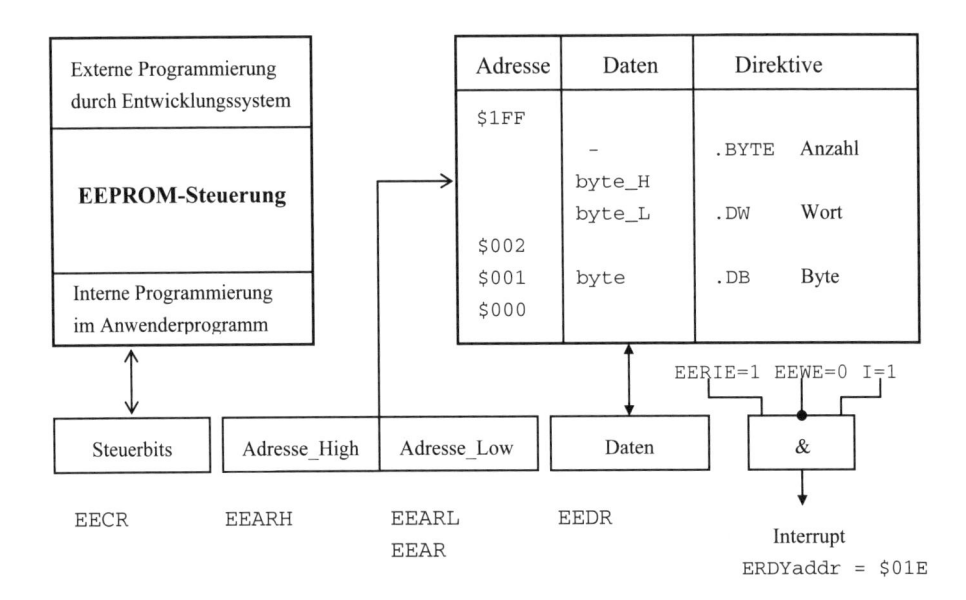

Adresse	Daten	Direktive	
$1FF			
	-	.BYTE	Anzahl
	byte_H		
	byte_L	.DW	Wort
$002			
$001	byte	.DB	Byte
$000			

Externe Programmierung durch Entwicklungssystem

EEPROM-Steuerung

Interne Programmierung im Anwenderprogramm

Steuerbits — EECR
Adresse_High — EEARH
Adresse_Low — EEARL
EEAR
Daten — EEDR

EERIE=1 EEWE=0 I=1
&
Interrupt
ERDYaddr = $01E

Die *externe Programmierung* von vorbesetzten Werten (.DB und .DW) erfolgt aus einer vom Entwicklungssystem angelegten Datei .eep mit der Programmiereinrichtung, mit der auch der Flash-Programmspeicher geladen wird. Beim AVR Studio gibt es die Möglichkeit, den EEPROM-Bereich des Simulators in den Baustein zu laden sowie den EEPROM-Bereich des Bausteins zu lesen und in den Simulatorbereich bzw. in eine Datei zu speichern.

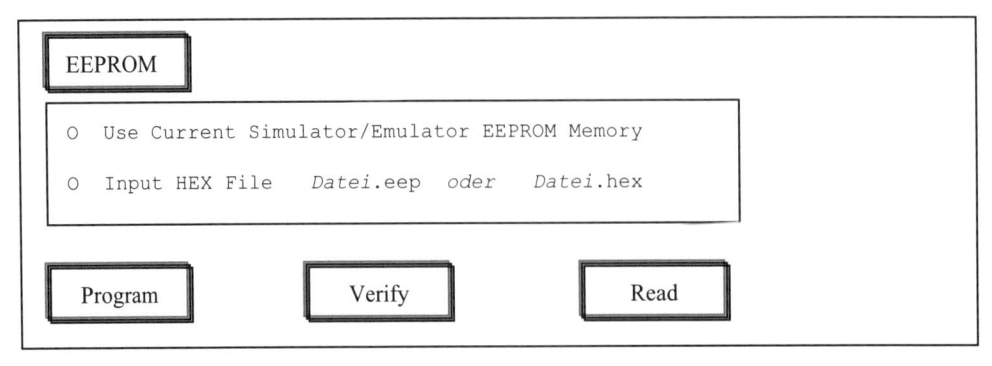

```
EEPROM

 O  Use Current Simulator/Emulator EEPROM Memory

 O  Input HEX File    Datei.eep   oder   Datei.hex


 Program            Verify              Read
```

2.5 Die Adressierung der Speicherbereiche

Die mit .DB und .DW vorbesetzten Daten lassen sich durch eine interne Programmierung überschreiben. Die Direktive .BYTE reserviert nur Speicherplätze ohne Vorbesetzung.

Direktive	Operand	Anwendung	Beispiel
.ESEG		nichtflüchtige Variablen und Konstanten im EEPROM	.ESEG
.DB	Bytekonstantenliste	vorgeladene 8bit Werte	otto: .DB 1,2,3,4
.DW	Wortkonstantenliste	vorgeladene 16bit Werte	eadd: .DW otto,4711
.BYTE	Anzahl der Bytes	Variablen reservieren	evar: .BYTE 100

Für die *interne Programmierung* aus dem Anwenderprogramm stehen keine Befehle und Adressierungsarten zur Verfügung; sie erfolgt über im bitadressierbaren Bereich liegende SFR-Register. Der ATmega16 aus der Mega-Familie hat einen EEPROM-Bereich von 512 Bytes und benötigt zwei SFR-Register zur Aufnahme der 9bit Adresse des zu lesenden bzw. zu schreibenden Bytes.

EEARH = **EE**PROM **A**ddress **R**egister **H**igh   SRAM-Adresse $3F   SFR-Adresse $1F   bitadressierbar

Byteadresse_High des Operanden

EEARL = **EE**PROM **A**ddress **R**egister **L**ow   SRAM-Adresse $3E   SFR-Adresse $1E   bitadressierbar

Byteadresse_Low des Operanden

Bausteine mit einem EEPROM kleiner oder gleich 256 Bytes benötigen nur ein 8bit Adressregister EEAR entsprechend dem EEARL. Das Datenregister EEDR wird vor einem Schreibvorgang mit dem Datenbyte geladen; nach einem Lesevorgang enthält es das gelesene Byte.

EEDR = **EE**PROM **D**ata **R**egister   SRAM-Adresse $3D   SFR-Adresse $1D   bitadressierbar

8bit Operand

Das Steuerregister EECR enthält Steuerbits, mit denen das Programm einen Lese- bzw. Schreibvorgang auslöst.

EECR = **EE**PROM **C**ontrol **R**egister   SRAM-Adresse $3C   SFR-Adresse $1C   bitadressierbar

Bit 7	Bit 6	Bit 5	Bit 4	Bit 3	Bit 2	Bit 1	Bit 0
-	-	-	-	EERIE	EEMWE	EEWE	EERE
				0: kein Interrupt 1: Interrupt frei	0: Schreibsperre 1: schreiben frei	0: nicht schreiben 1: schreiben X: nach Reset	0: kein lesen 1: lesen

Das Bit **EERIE** (EEPROM Ready Interrupt Enable) gibt mit einer 1 einen Interrupt frei, der ausgelöst wird, wenn die Steuerung am Ende eines Schreibvorgangs das Bit EEWE von 1 wieder auf 0 zurücksetzt. Die EEPROM-Interruptsteuerung und damit `EERIE` sind nicht bei allen Controllertypen wie z.B. ATtiny und ATclassic verfügbar.

Das Bit **EEMWE** (EEPROM Master Write Enable) gibt mit einer 1 einen Schreibvorgang frei und wird von der Steuerung nach vier Takten automatisch wieder gelöscht. Innerhalb dieser Zeit muss der Schreibvorgang durch Setzen von `EEWE` gestartet werden.

Das Bit **EEWE** (EEPROM Write Enable) startet mit einer 1 den Schreibvorgang, wenn vorher `EEMWE` auf 1 gesetzt wurde. Die Steuerung setzt nach Beendigung des Schreibvorgangs `EEWE` wieder auf 0 zurück. Das Bit `EEWE` ist nach einem Reset undefiniert und muss vor der Freigabe des Schreibvorgangs gelöscht werden.

Das Bit **EERE** (EEPROM Read Enable) startet mit einer 1 den Lesevorgang und wird von der Steuerung automatisch wieder gelöscht.

Die vom Hersteller empfohlenen Verfahren zum Schreiben und Lesen des EEPROMs setzen voraus, dass während dieser Zeit keine Interrupts auftreten und dass keine Daten in den Bootbereich des Flash-Programmspeichers geschrieben werden. Die Zugriffe dürfen erst erfolgen, wenn der vorhergehende Schreibvorgang abgeschlossen ist.

Für das *Schreiben* von Daten in den EEPROM werden vom Hersteller folgende Schritte empfohlen:

- Warteschleife bis `EEWE` = 0 (kein Schreibzugriff),
- Byteadresse nach Adressregister und Datenbyte nach `EEDR`,
- Schreib-Freigabebit `EEMWE` auf 1 setzen und
- Schreib-Startbit `EEWE` auf 1 setzen.
- Schreibzeit ca. 8.5 ms entsprechend 8500 Takte eines internen Oszillators.

Das Unterprogramm `weprom` übernimmt im Adressregister Z die Adresse und in R16 das zu schreibende Datenbyte. Durch die bedingte Assemblierung werden sowohl Bausteine mit einem EEPROM-Bereich größer als 256 Bytes (`EEARH` und `EEARL`) als auch mit einem Bereich kleiner oder gleich 256 Bytes (`EEAR`) berücksichtigt. Da das Unterprogramm nach dem Start des Schreibvorgangs, der ca. 8.5 ms dauern kann, verlassen wird, muss vor einem erneuten EEPROM-Zugriff das Ende des laufenden Zugriffs abgewartet werden.

```
; weprom.asm EEPROM schreiben   Z=Adresse   Daten <- R16
weprom: sbic    EECR,EEWE   ; warte bis Schreibzugriff beendet
        rjmp    weprom      ;
        .IFDEF  EEARH       ; für EEPROM >= 256 Bytes
          out   EEARH,ZH    ; Adresse High
          out   EEARL,ZL    ; Adresse Low
        .ENDIF
        .IFDEF  EEAR        ; für EEPROM < 256 Bytes
          out   EEAR,ZL     ; nur Adresse Low
        .ENDIF
          out   EEDR,r16    ; Daten nach Schreibregister
```

2.5 Die Adressierung der Speicherbereiche

```
        sbi     EECR,EEMWE   ; Start des Schreibzugriffs
        sbi     EECR,EEWE    ; Start des Schreibvorgangs
        ret                  ; Rücksprung
```

Für das Lesen von Daten aus dem EEPROM werden vom Hersteller folgende Schritte empfohlen:

- Warteschleife bis EEWE = 0 (kein Schreibzugriff),
- Byteadresse nach Adressregister,
- Lese-Startbit EERE auf 1 setzen und
- gelesenes Byte aus dem Datenregister EEDR abholen.

Das Unterprogramm reprom übernimmt im Adressregister Z die Adresse und liefert in R16 das gelesene Datenbyte zurück. Da die Daten sofort nach dem Start des Lesevorgangs zur Verfügung stehen, sind keine Warteschleifen erforderlich.

```
; reprom.asm EEPROM lesen   Z=Adresse  R16 <- Daten
reprom: sbic    EECR,EEWE    ; warte bis Schreibzugriff beendet
        rjmp    reprom       ;
        .IFDEF  EEARH        ; für EEPROM >= 256 Bytes
          out   EEARH,ZH     ; Adresse High
          out   EEARL,ZL     ; Adresse Low
        .ENDIF
        .IFDEF  EEAR         ; für EEPROM < 256 Bytes
          out   EEAR,ZL      ; nur Adresse Low
        .ENDIF
        sbi     EECR,EERE    ; setze Lesebit
        in      r16,EEDR     ; Daten lesen
        ret                  ; Rücksprung
```

Das Programm *Bild 2-13* testet die EEPROM-Programmierung durch Lesen einer mit .DB vorbesetzten Konstanten und mit einer Testschleife, in der Daten vom Port D gelesen, in den EEPROM geschrieben, zurückgelesen und zur Kontrolle auf dem Port B ausgegeben werden.

```
; k2p12.asm Bild 2-13 Test der EEPROM-Adressierung
; Port B: Ausgabe LED
; Port D: Eingabe Kippschalter oder Tasten
        .INCLUDE "m16def.inc"  ; Deklarationen für ATmega16
        .DEF     akku = r16    ; Arbeitsregister
        .CSEG                  ; Programm-Flash
        rjmp     start         ; Reset-Einsprung
        .ORG     $2A           ; Interrupteinsprünge übergehen
start:  ldi      akku,LOW(RAMEND); Stapel anlegen
        out      SPL,akku      ;
        ldi      akku,HIGH(RAMEND) ;
```

```
            out     SPH,akku          ;
            ldi     akku,$ff          ; Bitmuster 1111 1111
            out     DDRB,akku         ; Richtung Port B ist Ausgang
; Beim Start vorbesetzten Testwert $55 aus EEPROM ausgeben
            ldi     ZL,LOW(ekon)      ; Z <- EEPROM-Adresse der Konstanten
            ldi     ZH,HIGH(ekon)     ;
            cbi     EECR,EEWE         ; EEWE = 0: kein Schreiben
            rcall   reprom            ; R16 <- vorbesetzte Konstante
            out     PORTB,akku        ; LED-Ausgabe
; Testschleife PIND -> EEPROM -> PORT B bei fallender Flanke PIND7
loop :      sbic    PIND,PIND7        ; warte
            rjmp    loop              ; bis PIND7 Low
            ldi     ZL,LOW(evar)      ; Z <- EEPROM-Adresse der Variablen
            ldi     ZH,HIGH(evar)     ;
            in      akku,PIND         ; Tasteneingabe PIND6 bis PIND0
            rcall   weprom            ; R16 -> EEPROM schreiben
            clr     akku              ; löschen für Test
            rcall   reprom            ; R16 <- EEPROM zurücklesen
            out     PORTB,akku        ; LED-Ausgabe
warte:      sbis    PIND,PIND7        ; warte
            rjmp    warte             ; bis PIND7 High
            rjmp    loop              ;
; externe Unterprogramme für EEPROM-Zugriff R16=Daten   Z=Adresse
            .INCLUDE "reprom.asm"     ; Read EEPROM
            .INCLUDE "weprom.asm"     ; Write EEPROM
;
; EEPROM-Bereich
            .ESEG                     ; EEPROM-Segment
ekon:       .DB     $55               ; vorbesetzte Konstante
evar:       .BYTE   1                 ; Variable 1 Byte
            .EXIT                     ; Ende des Quelltextes
```

Bild 2-13: EEPROM-Programmierung mit Unterprogrammen

2.6 Makroanweisungen und Unterprogramme

Bei umfangreichen Programmieraufgaben ist es zweckmäßig, Teilprobleme als Makroanweisungen und Unterprogramme zusammenzufassen, um die Programme übersichtlicher zu gestalten und sie für andere Aufgaben oder auch weitere Anwender verfügbar zu machen.

2.6.1 Makroanweisungen

Makroanweisungen bestehen aus Befehlsfolgen, die der Anwender nur einmal definiert und die der Assembler bei *jedem* Aufruf in den Code einbaut.

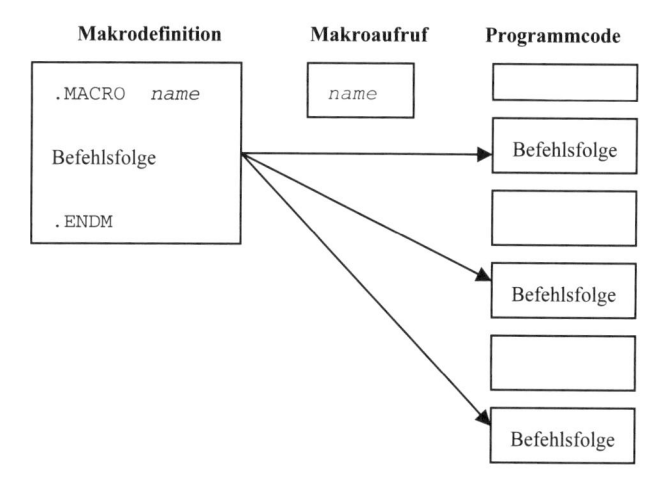

Die Makrodefinition kann offene Stellen (formale Parameter) enthalten, die mit den Operatoren `@0` bis `@9` zu kennzeichnen sind. Beim Aufruf werden sie durch Register, Ausdrücke, Konstanten oder Symbole (aktuelle Parameter) ersetzt.

Direktive	Operand	Anwendung	Beispiel
.MACRO	Bezeichner	Makrobeginn	.MACRO addi
	@0 . . . @9	formale Parameter	subi @0,-@1
.ENDM .ENDMACRO		Makroende	.ENDM
.LISTMAC		Makroexpansion in Liste (voreingestellt aus)	.LISTMAC

Das Beispiel definiert eine Makroanweisung mit dem frei gewählten Bezeichner addi, die eine Bytekonstante zu einem der Register R16 bis R31 addiert.

```
; Makrodefinitionen vor den Befehlen im Vereinbarungsteil
    .MACRO  addi            ; Aufruf:  addi     R16..R31,Konstante
    subi    @0,-@1          ; subtrahiere das Komplement
    .ENDM                   ;
```

Beim Aufruf des Makros baut der Assembler den Code für die aktuellen Parameter an der Stelle des Aufrufs in die Befehlsfolge ein (Makroexpansion). Der formale Parameter @0 wird durch den ersten aktuellen Parameter des Aufrufs ersetzt, der zweite Parameter @1 durch den folgenden usw. Das Beispiel addiert zum Register R16 = akku die Konstante $30.

```
; Makroexpansion (Aufruf) wie ein Befehl
    addi    akku,$30        ; liefert   subi   r16,-$30
```

Die Anzahl der aktuellen Parameter des Aufrufs muss mit der Anzahl der formalen Parameter der Definition übereinstimmen. Die für die Beispiele verwendete Assemblerversion gab eine Fehlermeldung aus, wenn beim Aufruf zu wenig Parameter angegeben wurden; überzählige Parameter wurden ignoriert. Makrodefinitionen können eigene Sprungziele enthalten, die man meist mit dem Bezeichner des Makros und einer fortlaufenden Nummerierung kennzeichnet. Sprünge zu außerhalb des Makros liegenden Zielen ergeben bei der Übersetzung Fehlermeldungen des Assemblers. Korrektes Beispiel:

```
; Definition im Vereinbarungsteil
            .MACRO  Mwhile_high     ; Aufruf: Mwhile_high  Port,Bit
Mwhile_high1: sbic   @0,@1           ; überspringe wenn Portbit Low
            rjmp    Mwhile_high1    ; warte solange High
            .ENDM
; Aufruf im Anweisungsteil
    Mwhile_high    PIND,PIND7       ; warte auf fallende Flanke PIND7
```

In der Unterprogrammtechnik sind die Register zur Übergabe von Parametern fest zugeordnet. Ein Beispiel ist das Unterprogramm mulx8 des Abschnitts 2.3.5, das die Faktoren in R16 und R17 erwartet. Die Makroanweisung Mmulx8 dagegen kann mit jedem Register mit Ausnahme von R1 und R0 (Produkt) und R2 (Hilfsregister) aufgerufen werden.

```
; Aufruf als Unterprogramm
    rcall   mulx8           ; Faktoren in R16 und R17 vorgegeben
; Aufruf als Makro
    Mmulx8  r20,r21         ; Faktoren in R20 und R21 gewählt
```

2.6.2 Unterprogramme

Unterprogramme bestehen aus Befehlsfolgen, die der Anwender nur einmal definiert und die mit einem der `call`-Befehle aufgerufen werden. Sie kehren mit einem `ret`-Befehl an die Stelle des Aufrufs zurück und lassen sich mehrmals aufrufen und schachteln. Der Stapel nimmt Parameter, Rücksprungadressen, gerettete Register und lokale Variablen auf. Controllerbausteine ohne SRAM (z.B. AT90S1200 und ATtiny12) enthalten anstelle des Softwarestapels einen dreistufigen Hardwarestapel für Rücksprungadressen, der eine dreifache Schachtelung von Unterprogrammen ermöglicht. Register müssen in diesem Fall in besonderen Arbeitsregistern gerettet werden.

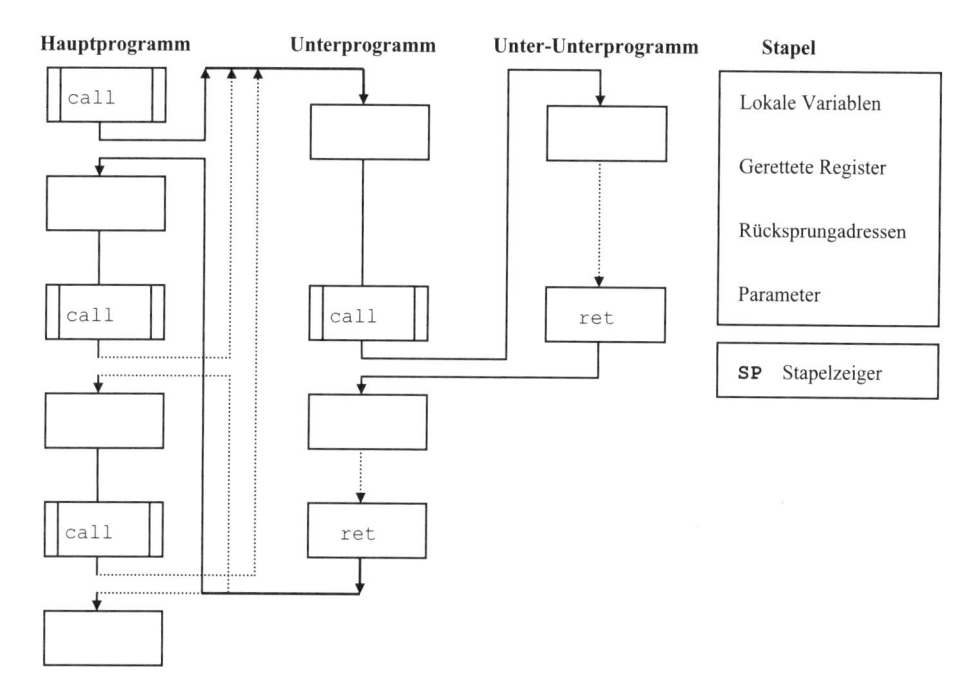

Beim Aufruf eines Unterprogramms mit einem der `call`-Befehle wird die Adresse des folgenden Befehls als Rücksprungadresse auf den Stapel gelegt. Dabei liegt das Low-Byte auf der durch den Stapelzeiger adressierten Speicherstelle, das High-Byte auf der nächst niedrigeren. Da der Stapelzeiger dabei automatisch um zwei vermindert wird, zeigt er nach dem `call`-Befehl auf den nächsten freien Stapelplatz, der mit `push` zu rettende Register oder weitere Rücksprungadressen aufnehmen kann. Bei einem Softwarestapel ist die Schachtelungstiefe von Unterprogrammen nur durch die Größe des SRAMs begrenzt. Ein Rücksprung, der nicht an die Stelle des Aufrufs erfolgt, muss auf dem Stapel die Rücksprungadresse durch die Zieladresse ersetzen oder vorher den Stapelzeiger entsprechend korrigieren. Der Befehl `call` mit direkter Adressierung ist nur bei Controllern mit mehr als 8 kbyte Programm-Flash (Mega-Familie) vorhanden.

Befehl	Operand	ITHSVNZC	W	T	Wirkung	
`rcall`	`Ziel`		1	3	Stapel <- PC, SP <- SP - 2 PC <- PC + Abstand	*rufe Unterprogramm relativ*
`icall`			1	3	Stapel <- PC, SP <- SP - 2 PC <- Z	*rufe Unterprogramm indirekt Adresse in Z*
`call`	`Ziel`		2	4	Stapel <- PC, SP <- SP - 2 PC <- Zieladresse	*rufe Unterprogramm direkt nicht bei allen Controllern!*
`ret`			1	4	SP <- SP + 2 PC <- Stapel	*Rücksprung aus einem Unter- programm*

Parameter sind Daten, die zwischen dem aufrufenden und dem aufgerufenen Programm übergeben werden. Für die Übergabe von Werten gibt es die Möglichkeiten:

- Aufruf ohne Parameter,
- Übergabe von Symbolen, die im Hauptprogramm vereinbart sind (z.B. TAKT),
- Übergabe von Parametern in Arbeitsregistern z.B. R16 oder Statusbits z.B. Carry,
- Übergabe von Parametern über den Stapel,
- Übergabe von Parametern in fest vereinbarten Speicherstellen und
- Übergabe von Adressen der Parameter, die im SRAM oder Flash liegen.

Das im Abschnitt 2.3.3 dargestellte Unterprogramm `warte1ms` wird ohne Parameter aufgerufen. Es benötigt das Symbol TAKT aus dem Hauptprogramm, um den Anfangswert des Wartezählers zu berechnen.

```
; Hauptprogramm muss Symbol TAKT vereinbaren!
        rcall   warte1ms        ; wartet ca. 1 ms
```

Das im Abschnitt 2.4.3 dargestellte Unterprogramm `wartex10ms` erwartet den Parameter in dem fest vereinbarten Arbeitsregister R16 und benötigt ebenfalls das Symbol TAKT.

```
; Hauptprogramm übergibt Parameter in einem Register
        ldi     r16,25          ; R16 <- Faktor
        rcall   wartex10ms      ; 25 * 10 ms = 250 ms warten
```

Vor dem Aufruf des Unterprogramms `wstapel` wird der Verzögerungsfaktor als Parameter mit einem `push`-Befehl auf den Stapel gelegt. Der `pop`-Befehl stellt den alten Stapelzustand wieder her.

```
; Hauptprogramm übergibt Parameter auf dem Stapel
        ldi     akku,250        ; Verzögerungsfaktor
        push    akku            ; nach Stapel
        rcall   wstapel         ; warten
        pop     akku            ; Stapel wiederherstellen
```

Das Unterprogramm `wstapel` erwartet den Parameter als Wert auf dem Stapel. Die indirekte Adressierung mit dem Indexregister Z berücksichtigt, dass die übergebenen Daten im

2.6 Makroanweisungen und Unterprogramme

Abstand von fünf Bytes auf dem Stapel liegen. Als Unter-Unterprogramm wird warte1ms aufgerufen.

```
; wstapel.asm Stapel = Wartezeit in ms
wstapel:   push    r17       ; Register retten
           push    ZL        ;
           push    ZH        ;
           in      ZL,SPL    ; Z <- Zeiger auf Stapel
           in      ZH,SPH    ;
           ldd     r17,Z+5   ; 3 Bytes push  2 Bytes Rückadresse
wstapel1:  rcall   warte1ms  ; wartet 1 ms benötigt TAKT
           dec     r17       ; Zähler - 1
           brne    wstapel1  ;
           pop     ZH        ; Register zurück
           pop     ZL        ;
           pop     r17       ;
           ret               ; Rücksprung
```

Vor dem Aufruf des Unterprogramms wsram wird der zu übergebende Parameter in eine fest vereinbarte Speicherstelle faktor im SRAM gespeichert. Diese Übergabetechnik muss bei Interrupt-Service-Programmen angewendet werden, die durch ein Interrupt-Ereignis und nicht mit einem call-Befehl aufgerufen werden.

```
; Hauptprogramm übergibt Parameter in globaler Speicherstelle
        ldi     akku,250     ; R16 <- 250 ms
        sts     faktor,akku  ; nach SRAM
        rcall   wsram        ; warten
```

Das Unterprogramm wsram erwartet den Parameter in einer fest vereinbarten Speicherstelle faktor, der er mit direkter Adressierung entnommen wird.

```
; wsram SRAM-Variable = Wartezeit in ms  (0 = 256)
wsram:    push    r17          ; Register retten
          lds     r17,faktor   ; R17 <- Faktor aus SRAM
wsram1:   rcall   warte1ms     ; wartet 1 ms benötigt TAKT
          dec     r17          ; Zähler - 1
          brne    wsram1       ;
          pop     r17          ;
          ret                  ; Rücksprung
```

Für den Aufruf von Unterprogrammen, die mit Speicherbereichen des Hauptprogramms arbeiten, werden nicht die Werte, sondern die Anfangsadressen der Bereiche als Parameter übergeben.

Das vereinfachte Beispiel übergibt die Adresse des Verzögerungsfaktors in dem fest vereinbarten Indexregister Z.

```
            ldi     ZL,LOW(faktor)   ; Z <- Adresse des Parameters
            ldi     ZH,HIGH(faktor)  ;
            rcall   windex           ; warten
```

Das Unterprogramm `windex` erwartet die Adresse des Parameters im Indexregister Z. Bei der Adressierung von Speicherbereichen, die das Indexregister Z durch Befehle zerstören, müsste das Register gerettet werden.

```
; windex Z = SRAM-Adresse der Wartezeit in ms   (0 = 256)
windex:     push    r17              ; Register retten
            ld      r17,Z            ; R17 <- Faktor indirekt adressiert
windex1:    rcall   warte1ms         ; wartet 1 ms benötigt TAKT
            dec     r17              ; Zähler - 1
            brne    windex1          ;
            pop     r17              ;
            ret                      ; Rücksprung
```

Unterprogramme können eigene Komponenten enthalten, die beim Aufruf unsichtbar sind.

- Konstanten im Flash hinter den Befehlen,
- temporäre Variablen und Speicherbereiche auf dem Stapel und
- lokale Unter-Unterprogramme hinter den Befehlen des Unterprogramms.

Das Unterprogramm `bintascii` des Abschnitts 2.5.1 benutzt einen lokalen Konstantenbereich für einen direkten Tabellenzugriff.

```
; bintascii R16 binär -> ASCII Tabellendirektzugriff
bintascii:  push    r0               ; Register retten
            push    ZH               ;
            push    ZL               ;
            ldi     ZL,LOW(bintab*2) ; Z <- Tabellenadresse
            ldi     ZH,HIGH(bintab*2) ;
            andi    r16,$0f          ; Maske 0000 1111
            add     ZL,r16           ; addiere Eingabewert
            clr     r16              ; R16 <- 0 Carry unverändert!
            adc     ZH,r16           ; Null + Übertrag
            lpm                      ; R0 <- Tabellenwert
            mov     r16,r0           ; R16 <- Rückgabe
            pop     ZL               ; Register zurück
            pop     ZH               ;
            pop     r0               ;
            ret                      ;
; Tabelle hinter den Befehlen des Unterprogramms
bintab:     .DB     "0123456789ABCDEF" ; ASCII-String
```

2.6 Makroanweisungen und Unterprogramme

Unterprogramme benutzen den Stapel zum Retten von Registern und legen lokale Variable üblicherweise in Arbeitsregistern ab. In besonderen Fällen kann es z.B. für den Aufbau von Listen erforderlich sein, dass ein Unterprogramm während seiner Arbeit einen größeren SRAM-Bereich benötigt, der beim Rücksprung wieder freigegeben werden kann. Das Programm *Bild 2-14* baut einen lokalen und temporären SRAM-Bereich auf dem Stapel auf. Dabei wird der Stapel um die Länge des Bereiches verlegt, um `push`-Befehle und Unterprogrammaufrufe sowie Interrupts zu ermöglichen.

```
; k2p13.asm Bild 2-14 Unterprogramm mit lokalem und temporärem SRAM
; Port B: Ausgabe   Zahlen von 1 bis 9
; Port D: Eingabe   PD2 Interrupt
        .INCLUDE "m16def.inc"   ; Deklarationen für ATmega16
        .EQU    TAKT = 8000000  ; Takt 8 MHz
        .EQU    LOKALVAR = 9    ; 9 Bytes lokale Variablen in Upro lokal
        .DEF    akku = r16      ; R16 = Arbeitsregister
        .CSEG                   ; Programm-Flash
        rjmp    start           ; Reset-Einsprung
        .ORG    INT0addr        ; Interrupt0-Einsprung
        rjmp    taste           ; nach Interrupt-Service-Programm
        .ORG    $2A             ; Interrupteinsprünge übergehen
start:  ldi     akku,LOW(RAMEND); Stapel anlegen
        out     SPL,akku        ;
        ldi     akku,HIGH(RAMEND) ;
        out     SPH,akku        ;
        ldi     akku,$ff        ; Bitmuster 1111 1111
        out     DDRB,akku       ; Richtung Port B ist Ausgang
; Interrupt INT0 freigeben
        in      akku,MCUCR      ; altes Haupt-Steuerregister
        sbr     akku,1 << ISC01 ; setze Bit
        cbr     akku,1 << ISC00 ; lösche Bit
        out     MCUCR,akku      ; Code 10 = fallende Flanke INT0
        in      akku,GICR       ; altes Interrupt-Steuerregister
        sbr     akku,1 << INT0  ; setze Bit INT0
        out     GICR,akku       ; Interrupt INT0 frei
        sei                     ; alle Interrupts frei
loop:   rcall   lokal           ; Unterprogramm gibt lokalen SRAM aus
        rjmp    loop            ;
;
; Unterprogramm mit lokalem SRAM erwartet TAKT und LOKALVAR
lokal:  push    r16             ; Register retten
        in      r16,SREG        ; R16 <- Status mit I-Bit retten
        cli                     ; alle Interrupts gesperrt
        push    r17             ;
        push    XL              ; X rettet Stapelzeiger
        push    XH              ;
```

```
        push    ZL              ; Z adressiert lokalen SRAM
        push    ZH              ;
        in      XL,SPL          ; X <- SP retten
        in      XH,SPH          ;
        mov     ZL,XL           ; Z <- Zeiger auf lokalen SRAM
        mov     ZH,XH           ;
        sbiw    ZL,LOKALVAR     ; Stapel um lokale Variable verlegen
        out     SPL,ZL          ; Stapel verlegt
        out     SPH,ZH          ; hinter lokalen SRAM
        out     SREG,r16        ; altes I-Bit wiederhergestellt
        adiw    ZL,1            ; Z <- Zeiger auf Anfang SRAM
        push    ZL              ; Zeiger retten
        push    ZH              ;
        ldi     r17,LOKALVAR    ; R17 <- Abwärtszähler
        ldi     r16,1           ; R16 <- Werte 1..9
; Speicherschleife: Zahlen von 1 bis 9 speichern
lokal1: st      Z+,r16          ; Wert speichern
        inc     r16             ; Wert erhöhen
        dec     r17             ; Zähler vermindern
        brne    lokal1          ; bis Liste aufgebaut
        pop     ZH              ; Zeiger zurück
        pop     ZL              ;
        ldi     r17,LOKALVAR    ; Zähler für Listenelemente
; Ausgabeschleife
lokal2: ld      r16,Z+          ; R16 <- Listenelement
        out     PORTB,r16       ; nach Port B
        ldi     r16,100         ; 100 * 10 ms
        rcall   wartex10ms      ; warten
        dec     r17             ;
        brne    lokal2          ;
; Stapel wiederherstellen und Rücksprung
        in      r16,SREG        ; R16 <- alter Status I-Bit
        cli                     ; Interrupts gesperrt
        out     SPL,XL          ; Stapelzeiger laden
        out     SPH,XH          ;
        out     SREG,r16        ; altes I-Bit wiederhergestellt
        pop     ZH              ; Register zurück
        pop     ZL              ;
        pop     XH              ;
        pop     XL              ;
        pop     r17             ;
        pop     r16             ;
        ret                     ; Rücksprung
; externes Unterprogramm
        .INCLUDE "wartex10ms.asm"   ; R16 = Wartefaktor
```

2.6 Makroanweisungen und Unterprogramme

```
; Interrupt-Service für INT0 PD2
taste:  push    r16             ; Register retten
        in      r16,SREG        ; Status retten
        push    r16             ;
        push    r17             ;
        in      r17,PORTB       ; alte Ausgabe retten
        ldi     r16,$ff         ;
        out     PORTB,r16       ; Ausgabe dunkel
        ldi     r16,50          ; 50 mal 10 ms
        rcall   wartex10ms      ; 500 ms warten
        out     PORTB,r17       ; alte Ausgabe zurück
        pop     r17             ; Register zurück
        pop     r16             ;
        out     SREG,r16        ; alter Status zurück
        pop     r16             ;
        reti                    ; Rücksprung
        .EXIT                   ; Ende des Quelltextes
```

Bild 2-14: Unterprogramm mit lokalem und temporärem SRAM-Bereich

Die Tabelle zeigt die laufenden Werte des Stapelzeigers, des Stapels und des für die Adressierung des temporären SRAM-Bereiches benutzten Indexregisters.

Indexregister Z	*Stapelzeiger SP*	*Adresse*	*Stapelinhalt*
		$44C	Register ZH / Rück._High
	nach Verlegung	$44D	Register ZL / Rück._Low
Zeiger auf SRAM		$44E	Wert 1
		$44F	Wert 2
		$450	Wert 3
		$451	Wert 4
		$452	Wert 5
		$453	Wert 6
		$454	Wert 7
		$455	Wert 8
	vor Verlegung	$456	Wert 9
		$457	Register ZH
		$458	Register ZL
		$459	Register XH
		$45A	Register XL
		$45B	Register R17
		$45C	Statusregister
		$45D	Register R16
		$45E	Rücksprung_High
	RAMEND vor Aufruf	$45F	Rücksprung_Low

Hinweise auf Fehlermöglichkeiten:

- Vor dem Aufruf von Unterprogrammen muss der Stapel korrekt angelegt sein, normalerweise mit dem vordefinierten Symbol RAMEND auf der höchsten SRAM-Adresse.
- Unterprogramme sollten Register, die zerstört werden, vorher mit push retten und vor dem Rücksprung mit pop wiederherstellen.
- Register, die Werte an das Hauptprogramm zurückliefern, dürfen nicht gerettet und wiederhergestellt werden.
- Die Anzahl der push-Befehle muss mit der Anzahl der pop-Befehle übereinstimmen.
- Das Register, das *zuletzt* mit push gerettet wurde, wird *zuerst* mit pop wiederhergestellt.
- Unterprogramme werden mit call-Befehlen aufgerufen und mit ret wieder verlassen. Soll der Rücksprung nicht an die Stelle des Aufrufs erfolgen, so kann die Rücksprungadresse auf dem Stapel ausgetauscht werden.
- Bei Veränderung des Stapelzeigers, z.B. für lokale Variablen, sollten mögliche Programmunterbrechungen (Interrupts) gesperrt werden.
- Allgemein verwendbare Unterprogramme, die mit .INCLUDE eingefügt werden, sollten keine benutzerdefinierten Bezeichner wie z.B. akku, sondern die vorgesehenen Registerbezeichnungen wie z.B. R16 verwenden.
- Bei Sprungzielen innerhalb von Unterprogrammen hängt man üblicherweise eine fortlaufende Nummerierung an den Unterprogrammnamen an, um Namenskonflikte mit dem Hauptprogramm oder anderen Unterprogrammen zu vermeiden.

2.6.3 Makro- und Unterprogrammbibliotheken

Die Direktive .INCLUDE fügt die im Operandenteil angegebene Datei zur Übersetzungszeit in den Programmtext ein. Diese kann enthalten:

- Vereinbarungen wie z.B. .DEF, .EQU und .SET,
- Makrodefinitionen mit .MACRO wie z.B. 8bit Rotierbefehle oder 16bit Befehle,
- Unterprogramme für Standardverfahren wie z.B. Zeitschleifen.

Die einzufügenden Textdateien müssen sich entweder im gleichen Ordner wie das Assemblerprogramm befinden oder können in einem Ordner liegen, der im AVR Studio 4.x unter dem Menüpunkt Project/AVR Assembler Setup/Include File als Pfad einzutragen ist. Der Dateityp ist frei wählbar, die Beispiele verwenden .INC für Definitionen und .ASM für einzufügende Unterprogramme. In Anlehnung an die Programmiersprache C enthalten Textdateien mit der Erweiterung .H (für **H**eader) weitere .INCLUDE-Direktiven, mit denen sich Bibliotheken einfügen lassen. Das Beispiel fasst drei INCLUDE-Direktiven für Makros zu einer Headerdatei zusammen.

```
; Makros.h fügt Makros für k2p14 ein
      .INCLUDE   "Mrol8.asm"      ; rotiert Register links
      .INCLUDE   "Mror8.asm"      ; rotiert Register rechts
      .INCLUDE   "Mdual2bcd.asm"  ; dual nach dezimal Umwandlung
```

2.6 Makroanweisungen und Unterprogramme

Die Headerdatei `upros.h` fasst die `INCLUDE`-Direktiven für drei Warteprogramme in einer Anweisung zusammen.

```
; upros.h fügt Unterprogramme für k2p14 ein
    .INCLUDE   "warte1ms.asm"      ; wartet 1 ms
    .INCLUDE   "warte20ms.asm"     ; wartet 20 ms
    .INCLUDE   "wartex10ms.asm"    ; Wartefaktor in R16 * 10 ms
```

Das Programm *Bild 2-15* fügt mit Hilfe der beiden Headerdateien die beiden Makros `Mrol8` und `Mror8` sowie das Unterprogramm `wartex10ms` ein.

```
; k2p14.asm Bild 2-15 Einfügen von Headerdateien
; Port B: Ausgabe rotierendes Bitmuster
; Port D: PD0 bestimmt Richtung
        .INCLUDE "m16def.inc"    ; Deklarationen für ATmega16
        .EQU    TAKT = 8000000   ; Systemtakt 8 MHz
        .DEF    akku = r16       ; Arbeitsregister
        .DEF    muster = r17     ; Schiebemuster
        .INCLUDE "Makros.h"      ; INCLUDE-Anweisungen Mrol8 und Mror8
        .CSEG                    ; Programm-Flash
        rjmp    start            ; Reset-Einsprung
        .ORG    $2A              ; Interrupteinsprünge übergehen
start:  ldi     akku,LOW(RAMEND) ; Stapelzeiger anlegen
        out     SPL,akku         ;
        ldi     akku,HIGH(RAMEND);
        out     SPH,akku         ;
        ser     akku             ; akku <- $ff
        out     DDRB,akku        ; Port B ist Ausgang
        ldi     muster,1         ; Schiebemuster 0000 0001
loop:   out     PORTB,muster     ; Muster ausgeben
        ldi     akku,100         ;
        rcall   wartex10ms       ; 1 sek warten
        sbis    PIND,PIND0       ; überspringe wenn Schalter oben
        rjmp    loop1            ; nach loop1 wenn Schalter unten
        Mror8   muster           ; Muster rechts rotieren
        rjmp    loop             ;
loop1:  Mrol8   muster           ; Muster links rotieren
        rjmp    loop             ;
; INCLUDE-Anweisungen für Unterprogramme einfügen
        .INCLUDE "upros.h"       ; INCLUDE-Anweisung wartex10ms
        .EXIT                    ; Ende des Quelltextes
```

Bild 2-15: Einfügen von Headerdateien mit INCLUDE-Direktiven

2.7 Interrupts

Dieser Abschnitt behandelt schwerpunktmäßig die bei allen AVR-Controllerfamilien vorhandene Interruptsteuerung sowie die externen Interrupts an den Porteingängen. Die Besonderheiten jedes Bausteins finden sich in den entsprechenden Abschnitten.

2.7.1 Die Interruptsteuerung

Ein Interrupt bedeutet die Unterbrechung eines laufenden Programms durch ein Ereignis. Nach dessen Bedienung (Service) soll das unterbrochene Programm an der alten Stelle fortgesetzt werden. *Bild 2-16* zeigt Interruptauslösung durch die fallende Flanke eines Signals.

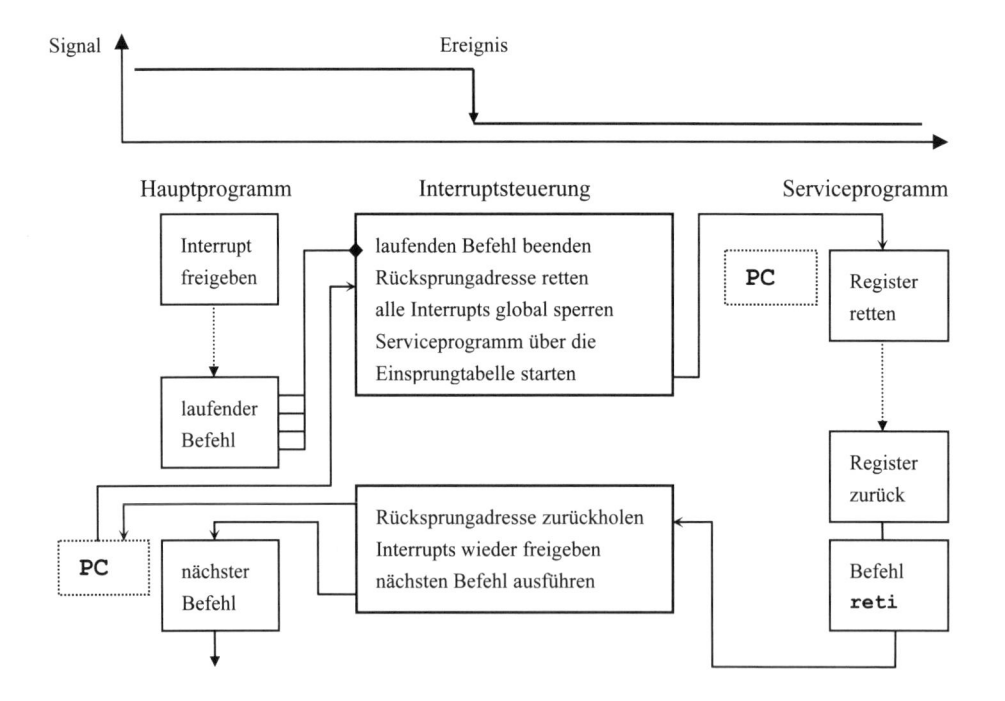

Bild 2-16: Auslösung (und Bedienung) eines Interrupts durch die fallende Flanke eines Signals

Nach dem Anlauf des Controllers bzw. nach einem Reset sind alle Interrupts global durch das Bit I = 0 im Statusregister SREG gesperrt. Das *Hauptprogramm* muss sie mit dem Befehl sei freigeben, der I = 1 setzt. Ist beim Auftreten des Ereignisses der Interrupt freigegeben, so beendet die Interruptsteuerung den laufenden Befehl, rettet den Befehlszähler PC mit der Adresse des nächsten Befehls auf den Stapel und springt über eine Sprungtabelle im unteren Adressbereich des Programmspeichers in das *Serviceprogramm*. Dort müssen alle

2.7 Interrupts

benutzten Register (auch SREG) gerettet und vor dem Rücksprung wieder zurückgeladen werden. Der Befehl reti holt die Rücksprungadresse vom Stapel und setzt das unterbrochene Programm fort. Bei der Annahme eines Interrupts wird das I-Bit des Statusregisters automatisch gelöscht; alle weiteren Interrupts sind gesperrt. Bei der Rückkehr mit reti wird das I-Bit automatisch wieder gesetzt und alle Interrupts sind wieder freigegeben. Serviceprogramme können nur dann unterbrochen werden, wenn sie weitere Interrupts mit dem Befehl sei gezielt freigeben. Controllerbausteine ohne SRAM (z.B. AT90S1200 und ATtiny12) enthalten anstelle des Softwarestapels einen dreistufigen Hardwarestapel, der die Rücksprungadressen von Unterprogrammen und Serviceprogrammen aufnimmt. Die Befehle der Interrupt- und Systemsteuerung:

Befehl	Operand	ITHSVNZC	W	T	Wirkung	
sei		1	1	1	I <- 1	*alle Interrupts global freigeben*
cli		0	1	1	I <- 0	*alle Interrupts global sperren*
reti		1	1	4	SP <- SP + 2	*Rücksprung aus Serviceprogramm*
					PC <- Stapel	
					I <- 1	*alle Interrupts global freigeben*
in	Rd,SREG		1	1	Rd <- Statusbits	*Statusregister (auch I-Bit) kopieren*
out	SREG,Rr	xxxxxxxx	1	1	Statusbits <- Rr	*Statusregister (auch I-Bit) laden*
brid	Ziel		1	1/2		*verzweige bei I = 0 Interrupts gesperrt*
brie	Ziel		1	1/2		*verzweige bei I = 1 Interrupts frei*
sleep			1	1	Systemsteuerung	*Ruhezustand für SE = 1*
wdr			1	1	Systemsteuerung	*Watchdog Timer zurücksetzen*

Dürfen bestimmte Programmteile z.B. beim Zugriff auf den Stapel oder 16bit SFR-Register nicht unterbrochen werden, so muss die Interruptsteuerung mit dem Befehl cli gesperrt und anschließend mit sei wieder freigegeben werden.

```
        in      r16,SREG        ; Status mit I-Bit retten
        cli                     ; alle Interrupts gesperrt
; Befehle z.B. Wortzugriff auf 16bit SFR-Register
        out     SREG,r16        ; alten Status mit I-Bit zurückladen
```

Das Unterprogramm des Beispiels sperrt während seiner Arbeit die Interrupts und gibt sie vor dem Rücksprung wieder frei.

```
lokal:  push    r16             ; Register retten
        in      r16,SREG        ; Status mit I-Bit retten
        push    r16             ; auf Stapel
        cli                     ; alle Interrupts gesperrt
; weitere Befehle des Unterprogramms
        pop     r16             ; alten Status mit I-Bit vom Stapel
        out     SREG,r16        ; und wieder zurückladen
        pop     r16             ; Register zurück
        ret                     ; Rücksprung
```

Für Serviceprogramme sind gegenüber Unterprogrammen einige Unterschiede zu beachten:

- Serviceprogramme werden durch ein Ereignis gestartet und nicht mit einem `call`-Befehl aufgerufen.
- Serviceprogramme werden mit einem `reti`-Befehl und nicht mit `ret` verlassen.
- Serviceprogramme müssen zusätzlich das Statusregister `SREG` retten, damit dem unterbrochenen Programm keine Statusbits wie z.B. das Carrybit verloren gehen.
- Die Übergabe von Daten zwischen dem Serviceprogramm und anderen Programmteilen muss über fest zugeordnete Arbeitsregister oder Speicherstellen z.B. im SRAM erfolgen.
- Serviceprogramme werden nur gestartet, wenn sie freigegeben sind und das auslösende Ereignis eintritt.
- Die Einsprungpunkte für Interrupts liegen auf festen Adressen am Anfang des Programm-Flash. Von dort führen unbedingte Sprungbefehle zu den Serviceprogrammen, die wie Unterprogramme üblicherweise hinter dem Hauptprogramm angeordnet werden.

Adresse	Bezeichner in m16def.inc	Auslösung durch	Beispiel
$000		Reset	jmp start
$002	INT0addr	externer Interrupt Port PD2	jmp taste2
$004	INT1addr	externer Interrupt Port PD3	jmp taste3
$006	OC2addr	Timer2 Compare-Ausgang	jmp gleich2
$008	OVF2addr	Timer2 Überlauf	jmp takt2
$00A	ICP1addr	Timer1 Capture-Eingang	jmp fertig
$00C	OC1Aaddr	Timer1 Compare-Ausgang A	jmp gleich1A
$00E	OC1Baddr	Timer1 Compare-Ausgang B	jmp gleich1B
$010	OVF1addr	Timer1 Überlauf	jmp takt1
$012	OVF0addr	Timer0 Überlauf	jmp takt0
$014	SPIaddr	SPI-Schnittstelle	jmp spineu
$016	URXCaddr	USART Zeichen empfangen	jmp holen
$018	UDREaddr	USART Datenregister leer	jmp leer
$01A	UTXCaddr	USART Zeichen gesendet	jmp senden
$01C	ADCCaddr	A/D-Wandlung fertig	jmp analog
$01E	ERDYaddr	EEPROM Schreiboperation fertig	jmp eeschreib
$020	ACIaddr	Analogkomparator	jmp komp
$022	TWIaddr	TWI-Schnittstelle	jmp twineu
$024	INT2addr	externer Interrupt Port PB2	jmp taste1
$026	OC0addr	Timer0 Compare-Ausgang	jmp gleich0
$028	SPMaddr	Flash-Programmierung fertig	jmp nochmal
$02A	Ende der Einsprungtabelle erster Befehl des Programms		start: ldi

Bild 2-17: Die Interrupteinsprünge des ATmega16

Jede Interruptquelle hat ein *eigenes* Masken- und Anzeigeregister und einen *eigenen* Einsprungpunkt im Programm-Flash ab Adresse $000, an dem üblicherweise unbedingte Sprungbefehle angeordnet werden, die in das Serviceprogramm führen. Die Controller der AT-Familien unterscheiden sich in der Peripherie und damit in der Anzahl der Interruptquel-

2.7 Interrupts

len. *Bild 2-17* zeigt die Einsprungpunkte des ATmega16; für jeden Interrupt sind zwei Wörter für den Befehl `jmp` vorgesehen. Bei Controllern, die nur den ein Wort umfassenden Befehl `rjmp` kennen, besteht jeder Einsprungpunkt nur aus einem Wort.

Für die Auslösung eines Interrupts müssen drei durch ein logisches UND verknüpfte Bedingungen erfüllt sein:

- globale Freigabe aller Interrupts im Statusregister durch I = 1,
- individuelle Freigabe des Interrupts in einem Maskenregister und
- Auftreten des Ereignisses, das in einem Anzeigeregister eine Marke setzt.

Das Statusregister SREG enthält das I-Bit, das *alle* Interrupts global sperrt bzw. freigibt. Das I-Bit wird automatisch bei einem Reset oder bei der Annahme eines Interrupts gelöscht und bei Ausführung des Befehls `reti` wieder gesetzt. Im Programm stehen die Befehle `cli` und `sei` zur Verfügung.

SREG = **S**tatus **Reg**ister SRAM-Adresse $5F SFR-Adresse $3F   *Bitbefehle* `cli` *und* `sei`

Bit 7	Bit 6	Bit 5	Bit 4	Bit 3	Bit 2	Bit 1	Bit 0
I	T	H	S	V	N	Z	C
Interrupts 0: gesperrt 1: frei	Transfer	Halfcarry	Sign	Overflow	Negative	Zero	Carry

2.7.2 Die externen Interrupts

Die externen Interrupts werden durch Signale an den Portanschlüssen ausgelöst. Die folgenden Beispiele behandeln die drei externen Interrupts des ATmega16; für die anderen Controller sind die Unterlagen des Herstellers heranzuziehen. Im Haupt-Steuerregister MCUCR wird der auslösende Zustand bzw. die Flanke der externen Interrupts INT1 (PD3) und INT0 (PD2) festgelegt, die mit dem Takt synchronisiert sind. Der Anfangszustand der Bits nach einem Reset ist 0. Die Programmierung erfolgt mit UND- bzw. ODER-Masken, da das Register nicht bitadressierbar ist.

MCUCR = **MCU** **C**ontrol **R**egister SRAM-Adresse $55 SFR-Adresse $35

Bit 7	Bit 6	Bit 5	Bit 4	Bit 3	Bit 2	Bit 1	Bit 0
SM2	SE	SM1	SM0	ISC11	ISC10	ISC01	ISC00
Sleep Betriebsart	Sleep Betrieb 0: gesperrt 1: frei	Sleep Betriebsart	Sleep Betriebsart	externer Interrupt INT1 0 0: durch Low-Zustand 0 1: Zustandsänderung * 1 0: fallende Flanke 1 1: steigende Flanke		externer Interrupt INT0 0 0: durch Low-Zustand 0 1: Zustandsänderung * 1 0: fallende Flanke 1 1: steigende Flanke	

*: nicht bei allen Controllertypen vorhanden

Das MCU Control und Status Register (MCUCSR) und der asynchrone externe Interrupt INT2 (PB2) sind nicht bei allen Controllern vorhanden. Der Anfangszustand des Steuerbits ISC2 ist 0; es sollte nur bei gesperrtem Interrupt INT2 in GICR durch das Programm verändert werden. Vor der Freigabe des Interrupts in INT2 sollte eine 1 in das Anzeigebit INTF2 des Anzeigeregisters GIFR geschrieben werden, um einen durch die Programmierung von ISC2 ungewollt gesetzten und nun anstehenden Interrupt wieder zu löschen.

MCUCSR = **MCU** **C**ontrol und **S**tatus **R**egister   SRAM-Adresse $54   SFR-Adresse $34

Bit 7	Bit 6	Bit 5	Bit 4	Bit 3	Bit 2	Bit 1	Bit 0
JTD	ISC2	–	JTRF	WDRF	BORF	EXTRF	PORF
	INT2 Flanke 0: fallend 1: steigend						

Das Haupt-Interruptkontrollregister (GICR) gibt die drei externen Interrupts INT0, INT1 und INT2 frei; bei anderen Controllern wird es mit GIMSK oder GIMSR bezeichnet. Nach einem Reset sind alle drei externen Interrupts durch eine 0 gesperrt. Die Programmierung erfolgt mit UND- bzw. ODER-Masken, da das Register nicht bitadressierbar ist.

GICR = **G**eneral **I**nterrupt **C**ontrol **R**egister   SRAM-Adresse $5B   SFR-Adresse $3B

Bit 7	Bit 6	Bit 5	Bit 4	Bit 3	Bit 2	Bit 1	Bit 0
INT1	INT0	INT2	–	–	–	IVSEL	IVCE
INT1 0: gesperrt 1: frei	INT0 0: gesperrt 1: frei	INT2 0: gesperrt 1: frei					

Das Haupt-Interruptanzeigeregister (GIFR) enthält die drei Anzeigebits der externen Interrupts, alle anderen Bitpositionen sind z.Z. nicht belegt. Sie sind nach einem Reset mit 0 vorbesetzt, werden durch das Interruptsignal automatisch auf 1 gesetzt und beim Start des *Serviceprogramms* automatisch wieder auf 0 zurückgesetzt. Durch Einschreiben einer **1** können die Anzeigebits auch mit Befehlen gelöscht werden. Für die Programmierung sind Masken erforderlich, da das Register nicht bitadressierbar ist.

GIFR = **G**eneral **I**nterrupt **F**lag **R**egister   SRAM-Adresse $5A   SFR-Adresse $3A

Bit 7	Bit 6	Bit 5	Bit 4	Bit 3	Bit 2	Bit 1	Bit 0
INTF1	INTF0	INTF2	–	–	–	–	–
0: nicht anstehend 1: anstehend	0: nicht anstehend 1: anstehend	0: nicht anstehend 1: anstehend					

2.7 Interrupts

Das Beispiel gibt den externen Interrupt INT1 für eine fallende Flanke am Eingang PD3 frei. Durch die Maskierungen werden die anderen Bitpositionen nicht verändert.

```
in     akku,MCUCR       ; altes Steuerregister
sbr    akku,1 << ISC11  ; setze  Bit ISC11
cbr    akku,1 << ISC10  ; lösche Bit ISC10
out    MCUCR,akku       ; ISC1x: 1 0 INT1 fallende Flanke
in     akku,GICR        ; altes Freigaberegister
sbr    akku,1 << INT1   ; setze Bit INT1:
out    GICR,akku        ; Interrupt INT1 freigegeben
sei                     ; alle Interrupts global frei
```

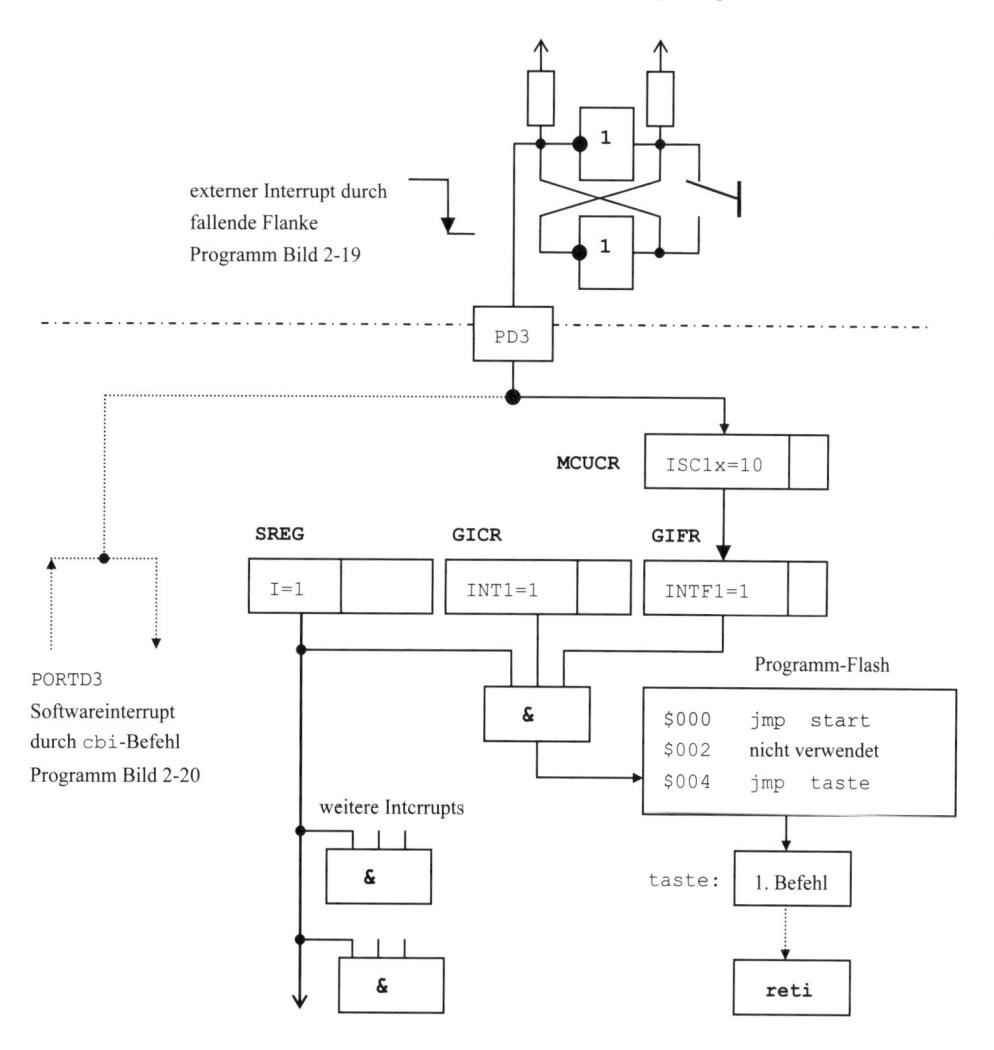

Bild 2-18: Freigabe des Interrupts INT1 und Start des Serviceprogramms

In dem Beispiel der *Bilder 2-18* und *2-19* wird der externe Interrupt INT1 durch die fallende Flanke eines entprellten Tasters ausgelöst. Das Hauptprogramm initialisiert den Stapel, den Ausgabeport sowie den externen Interrupt und verharrt dann in einer unendlichen Schleife. Das Serviceprogramm rettet die Register, erhöht einen fest zugeordneten dualen Zähler und gibt ihn nach dem Aufruf eines Unterprogramms dezimal aus.

```
; k2p15.asm Bild 2-19 externer Interrupt INT1
; Port B: Ausgabe Dezimalzähler durch Taste PD3 um 1 erhöht
; Port D: Eingabe Taste PD3
        .INCLUDE "m16def.inc"   ; Deklarationen für ATmega16
        .DEF    akku = r16      ; Arbeitsregister
        .DEF    zael = r18      ; Dualzähler
        .CSEG                   ; Programm-Flash
        rjmp    start           ; Reset-Einsprung
        .ORG    INT1addr        ; Einsprung externer Interrupt INT1
        jmp     taste           ; nach Serviceprogramm
        .ORG    $2A             ; weitere Interrupteinsprünge übergehen
start:  ldi     akku,LOW(RAMEND); Stapel anlegen
        out     SPL,akku        ;
        ldi     akku,HIGH(RAMEND) ;
        out     SPH,akku        ;
        ldi     akku,$ff        ; Bitmuster 1111 1111
        out     DDRB,akku       ; Richtung Port B ist Ausgang
        clr     zael            ; Dualzähler löschen
        out     PORTB,zael      ; und Anfangswert ausgeben
; Interrupt INT1 initialisieren
        in      akku,MCUCR      ; altes Steuerregister
        sbr     akku,1 << ISC11 ; setze  Bit ISC11
        cbr     akku,1 << ISC10 ; lösche Bit ISC10
        out     MCUCR,akku      ; ISC1x: 1 0 INT1 fallende Flanke
        in      akku,GICR       ; altes Freigaberegister
        sbr     akku,1 << INT1  ; setze Bit INT1:
        out     GICR,akku       ; Interrupt INT1 freigegeben
        sei                     ; alle Interrupts global frei
; Hauptprogramm schläft vor sich hin
loop:   rjmp    loop            ; tu nix
;
; Serviceprogramm bedient externen Interrupt INT1
taste:  push    r16             ; Register retten
        in      r16,SREG        ; Status
        push    r16             ; retten
        push    r17             ; wegen dual2bcd
        inc     zael            ; Dualzähler erhöhen
        cpi     zael,100        ; Endwert 100 ?
        brlo    taste1          ;   ja: < 100
```

2.7 Interrupts

```
           clr     zael              ; nein: löschen
taste1:    mov     r16,zael          ; R16 <- Dualzähler
           rcall   dual2bcd          ; R16 dual -> R17:R16 dezimal
           out     PORTB,r16         ; dezimal ausgeben
           pop     r17               ; Register zurück
           pop     r16               ;
           out     SREG,r16          ; Status zurück
           pop     r16               ;
           reti                      ; Rücksprung aus Serviceprogramm
; externes Unterprogramm
           .INCLUDE "dual2bcd.asm"   ; R16 dual -> R17:R16 dezimal
           .EXIT                     ; Ende des Quelltextes
```

Bild 2-19: Externer Interrupt INT1 erhöht einen Dezimalzähler

2.7.3 Der Software-Interrupt

Als Software-Interrupt bezeichnet man den Start eines Interruptprogramms nicht durch ein Ereignis (externes Signal oder Timer), sondern durch besondere Befehle, die jedoch bei den Controllern der AVR-Familien nicht vorgesehen sind. Im Gegensatz zum Simulator löst das Setzen der Interrupt-Anzeigebits (z.B. INTF1 in GIFR) durch einen Befehl keinen Interrupt aus, sondern setzt das Bit wieder zurück. Software-Interrupts können jedoch durch die Beeinflussung von Portbits erzeugt werden. *Bild 2-20* zeigt als Beispiel den Interrupt INT1, der durch den Befehl cbi für das Datenbit PD3 des Ports D ausgelöst wird. Bei jedem Nulldurchgang eines 16bit Dualzählers wird ein Dezimalzähler auf dem Port B um 1 erhöht.

```
; k2p16.asm Bild 2-20 Softwareinterrupt INT1
; Port B: Ausgabe Dezimalzähler durch internen Zähler um 1 erhöht
; Port D: Eingabe -
           .INCLUDE "m16def.inc"      ; Deklarationen für ATmega16
           .DEF    akku = r16         ; Arbeitsregister
           .DEF    zael = r18         ; Dualzähler
           .CSEG                      ; Programm-Flash
           rjmp    start              ; Reset-Einsprung
           .ORG    INT1addr           ; Einsprung externer Interrupt INT1
           jmp     taste              ; nach Serviceprogramm
           .ORG    $2A                ; weitere Interrupteinsprünge übergehen
start:     ldi     akku,LOW(RAMEND)   ; Stapel anlegen
           out     SPL,akku           ;
           ldi     akku,HIGH(RAMEND)  ;
           out     SPH,akku           ;
           ldi     akku,$ff           ; Bitmuster 1111 1111
           out     DDRB,akku          ; Richtung Port B ist Ausgang
           clr     zael               ; Dualzähler löschen
```

```
            out     PORTB,zael      ; und Anfangswert ausgeben
; Interrupt INT1 initialisieren
            in      akku,MCUCR      ; altes Steuerregister
            sbr     akku,1 << ISC11 ; setze  Bit ISC11
            cbr     akku,1 << ISC10 ; lösche Bit ISC10
            out     MCUCR,akku      ; ISC1x: 1 0 INT1 fallende Flanke
            in      akku,GICR       ; altes Freigaberegister
            sbr     akku,1 << INT1  ; setze Bit INT1:
            out     GICR,akku       ; Interrupt INT1 freigegeben
            sei                     ; alle Interrupts global frei
            clr     XL              ; 16bit Zähler löschen
            clr     XH              ;
            sbi     DDRD,DDD3       ; PD3 ist Ausgang
            sbi     PORTD,PD3       ; PD3 High
; Hauptprogramm löst bei Überlauf einen Interrupt aus
loop:       adiw    XL,1            ; 16bit Zähler erhöhen
            brcs    flanke          ; Überlauf: Flanke auslösen
            rjmp    loop            ; PD3 bleibt High
flanke: cbi PORTD,PD3               ; PD3 fallende Flanke
            nop                     ; Pause
            sbi     PORTD,PD3       ; PD3 wieder High
            rjmp    loop            ; Zähler läuft weiter
; Serviceprogramm bedient Software-Interrupt INT1
taste:      push    r16             ; Register retten
            in      r16,SREG        ; Status
            push    r16             ; retten
            push    r17             ; wegen dual2bcd
            inc     zael            ; Dualzähler erhöhen
            cpi     zael,100        ; Endwert 100 ?
            brlo    taste1          ;   ja: < 100
            clr     zael            ; nein: löschen
taste1:     mov     r16,zael        ; R16 <- Dualzähler
            rcall   dual2bcd        ; R16 dual -> R17:R16 dezimal
            out     PORTB,r16       ; dezimal ausgeben
            pop     r17             ; Register zurück
            pop     r16             ;
            out     SREG,r16        ; Status zurück
            pop     r16             ;
            reti                    ; Rücksprung aus Serviceprogramm
; externes Unterprogramm
            .INCLUDE "dual2bcd.asm" ; R16 dual -> R17:R16 dezimal
            .EXIT                   ; Ende des Quelltextes
```

Bild 2-20: Software-Interrupt für INT1 durch Zählernulldurchgang

2.8 Die Arbeit mit Zeichen und Zahlen

Dieser Abschnitt behandelt die Eingabe und Ausgabe von Zeichen und Zahlen auf externen Geräten wie z.B. BCD-Anzeigen, LCD-Anzeigen oder einem PC als Terminal.

2.8.1 Die Eingabe und Ausgabe von Zeichen

Die Codetabelle des für die Codierung von Zeichen verwendeten ASCII-Codes befindet sich im Anhang. Zeichenketten werden meist als nullterminierte Strings mit dem Steuercode $00 als Endemarke abgespeichert. Man unterscheidet:

- Steuerzeichen: Hupe BEL = 7, Rücktaste BS = 8, Zeilenvorschub LF = 10, Wagenrücklauf CR = 13, Escape = 27 = $1B,
- Sonderzeichen: Bereich von $20 (Leerzeichen) bis $2F (/),
- Dezimalziffern: Bereich von $30 (Ziffer 0) bis $39 (Ziffer 9),
- Großbuchstaben: Bereich von $41 (Buchstabe A) bis $5A (Buchstabe Z),
- Kleinbuchstaben: Bereich von $61 (Buchstabe a) bis $7A (Buchstabe z) sowie
- weitere Bereiche mit Sonderzeichen.

Für den Betrieb der in der Tabelle zusammengestellten Makros ist der Anschluss eines Terminals an den Stiften TXD (PD1) und RXD (PD0) erforderlich. Sie sind dank bedingter Assemblierung sowohl für die einfache UART als auch für die erweiterte USART der Mega-Familie verwendbar. Abschnitt 4.5 behandelt die beiden seriellen Schnittstellen und enthält auch die Anweisungen der Makros.

Name	*Parameter*	*Aufgabe*
`Minituart`	Baudrate Symbol TAKT	USART für Mega-Familie oder UART für andere Familien initialisieren mit 8 Datenbits 2 Stoppbits ohne Parität
`Mputch`	Register	warten und Zeichen aus Register senden
`Mgetch`	Register	warten und Zeichen nach Register empfangen
`Mgetche`	Register	warten, Zeichen nach Register empfangen und im Echo senden
`Mkbhit`	Register	ohne warten Zeichen nach Register; Zeichen $00: kein Zeichen da
`Mputkon`	Konstante	warten und Konstante senden

Die `INCLUDE`-Direktiven der Makros sind in der Headerdatei `Mkonsole.h` zusammengefasst. Der Anfangsbuchstabe **M** kennzeichnet sie als Makros, um sie von Unterprogrammen zu unterscheiden. Die Makrofunktion `Minituart` initialisiert die serielle Schnittstelle. Sie erwartet das Symbol TAKT mit dem Systemtakt und als Parameter die gewünschte Baudrate.

Das Programmbeispiel *Bild 2-21* initialisiert die serielle Schnittstelle und testet die Zeichenfunktionen. Nach der Ausgabe des Promptzeichens > auf einer neuen Zeile werden Zeichen von der Schnittstelle gelesen. Die erste Eingabe wird nur im Echo zurückgesendet, wenn es kein Steuerzeichen war. Die zweite Eingabe erfolgt immer mit Echo. Die folgende Schleife sendet fortlaufend Sterne und kann mit einer beliebigen Taste abgebrochen werden.

```
; k2p17.asm Bild 2-21   Test der Konsol-Makro-Funktionen
; Port B: Ausgabe des empfangenen Zeichens
; Port D: PD0 -> RXD   PD1 -> TXD   COM1 9600 Bd
        .INCLUDE "m16def.inc"   ; Deklarationen für ATmega16
        .INCLUDE "Mkonsole.h"   ; INCLUDE-Direktiven für die Makros
        .EQU    TAKT = 8000000  ; Systemtakt 8 MHz
        .DEF    akku = r16      ; Arbeitsregister
        .CSEG                   ; Programm-Flash
        rjmp    start           ; Reset-Einsprung
        .ORG    $2A             ; Interrupteinsprünge übergehen
start:  ldi     akku,LOW(RAMEND) ; Stapelzeiger laden
        out     SPL,akku        ;
        ldi     akku,HIGH(RAMEND) ;
        out     SPH,akku        ;
        ldi     akku,$ff        ;
        out     DDRB,akku       ; Port B ist Ausgabe
        Minituart 9600          ; USART initialisieren 9600 Baud bei TAKT
neu:    Mputkon  10             ; neue Zeile
        Mputkon  13             ;
        Mputkon  '>'            ; > ausgeben
        Mgetch   akku           ; Zeichen ohne Echo empfangen
        out      PORTB,akku     ; Kontrollausgabe auf Port B
        cpi      akku,$20       ; Steuerzeichen < Leerzeichen ?
        brlo     neu            ;   ja: kein Echo
        Mputch   akku           ;   nein: Echo
        Mgetche  akku           ; neues Zeichen mit Echo lesen
        out      PORTB,akku     ; Kontrollausgabe auf Port B
; Ausgabeschleife mit * bis Abbruch mit beliebiger Taste
loop:   Mputkon '*'             ; * ausgeben
        Mkbhit   akku           ; Empfänger testen
        tst      akku           ; Akku <- Null Zeichen da ?
        breq     loop           ; Null: kein Zeichen da
        rjmp     neu            ; Nicht Null: Abbruchzeichen nicht ausgeben
        .EXIT                   ; Ende des Quelltextes
```

Bild 2-21: Test der Funktionen zur Eingabe und Ausgabe von Zeichen

2.8.2 Zeichenketten (Strings)

Strings sind Zeichenketten, die wie in der Programmiersprache C mit der Endemarke Null ($00) abgeschlossen werden. Die Unterprogramme für die Eingabe und Ausgabe von Strings verlangen die Makros der Datei `Mkonsole.h`.

Name	Parameter	Aufgabe
puts	Z=Flash-Adresse	String aus Flash bis Endemarke Null ausgeben
putsram	Y=SRAM-Adresse	String aus SRAM bis Endemarke Null ausgeben
putsramnz	Y=SRAM-Adresse	wie putsram jedoch auf einer neuen Zeile
gets	Y=SRAM-Adresse R16 <- Abbruchzeichen	String nach SRAM eingeben, Endemarke Null anhängen Abbruch bei Steuerzeichen oder Länge > NPUF
scomp	Z=Flash- Y=SRAM-Adresse Zero-Bit <- Ergebnis	Strings vergleichen, dann Abfrage auf Null (Z-Bit) breq gleich *oder* brne ungleich
scopy	Z=Flash- Y=SRAM-Adresse	String aus Flash nach SRAM kopieren
sleng	Z=Flash-Adresse R16 <- Länge	ermittelt Länge des Strings im Flash ohne Nullmarke
slengram	Y=SRAM-Adresse R16 <- Länge	ermittelt Länge des Strings im SRAM ohne Nullmarke

Die INCLUDE-Direktiven für den Einbau der Stringfunktionen sind in der Datei `strings.h` zusammengefasst.

```
; strings.h Stringfunktionen verlangen Makros in konsole.h
    .INCLUDE    "puts.asm"      ; (Z) Flash ausgeben
    .INCLUDE    "putsram.asm"   ; (Y) SRAM ausgeben
    .INCLUDE    "gets.asm"      ; (Y) SRAM lesen R16=Abbruchzeichen
    .INCLUDE    "scomp.asm"     ; (Z) Flash mit (Y) SRAM vergleichen
    .INCLUDE    "scopy.asm"     ; (Z) Flash nach (Y) SRAM kopieren
    .INCLUDE    "sleng.asm"     ; (Z) Flash Stringlänge in R16 zurück
    .INCLUDE    "slengram.asm"  ; (Y) SRAM Stringlänge in R16 zurück
```

Das Unterprogramm `puts` gibt einen nullterminierten String aus dem Konstantenbereich des Programm-Flash aus. Die Anfangsadresse wird im Registerpaar Z erwartet. Für die Ausgabe auf einer neuen Zeile setzt man die Konstanten 10 (Zeilenvorschub) und 13 (Wagenrücklauf) vor den auszugebenden Text.

```
; puts.asm String aus Flash ausgeben Adresse in Z
puts:   push    r0          ; Register retten
        push    ZL          ; Z = Zeiger auf String
        push    ZH          ;
puts1:  lpm                 ; R0 <= Zeichen
        adiw    ZL,1        ; Adresse + 1
        tst     r0          ; String-Ende-Marke ?
        breq    puts2       ;   ja: nicht ausgeben
        Mputch  r0          ;   nein: Makro ausgeben
```

```
            rjmp      puts1       ; nächstes Zeichen
puts2:      pop       ZH          ; Register zurück
            pop       ZL          ;
            pop       r0          ;
            ret                   ; Rücksprung
```

Das Unterprogramm `putsram` gibt einen nullterminierten String aus dem Variablenbereich des SRAM aus. Die Anfangsadresse wird im Registerpaar Y erwartet. Der Einsprungpunkt `putsramnz` setzt eine neue Zeile vor die Ausgabe.

```
; putsram.asm String aus SRAM ausgeben Adresse in Y
; Einsprung putsramnz: neue Zeile und String ausgeben
putsramnz:  Mputkon   10          ; neue Zeile
            Mputkon   13          ;
; Einsprung putsram:  nur String ausgeben
putsram:    push      r16         ; Register retten
            push      YL          ; Y = Zeiger auf String
            push      YH          ;
putsram1:   ld        r16,Y+      ; R16 <= Zeichen Adresse + 1
            tst       r16         ; String-Ende-Marke ?
            breq      putsram2    ;   ja: nicht ausgeben
            Mputch    r16         ; nein: Makro Zeichen ausgeben
            rjmp      putsram1    ; nächstes Zeichen
putsram2:   pop       YH          ; Register zurück
            pop       YL          ;
            pop       r16         ;
            ret                   ; Rücksprung
```

Das Unterprogramm `gets` liest einen String, speichert ihn im SRAM-Arbeitsspeicher ab und hängt eine Null als Endemarke an den Text an. Die Eingabe kann mit der Rücktaste BS korrigiert werden. Alle sonstigen Steuerzeichen kleiner $20 (Leerzeichen) brechen die Eingabe ab und werden ohne Echo in R16 zurückgeliefert. Die Anfangsadresse wird im Registerpaar Y erwartet. Mit dem im Hauptprogramm definierten Symbol NPUF wird die maximale Zeichenlänge kontrolliert.

```
; gets.asm String nach SRAM (Y) bis Zeichen < $20 Rückgabe in R16
gets:       push      r17         ; Register retten
            push      YL          ;
            push      YH          ;
            clr       r17         ; R17 = Zähler löschen
gets1:      Mgetch    r16         ; R16 <= Zeichen
            cpi       r16,$08     ; Code BS-Taste
            brne      gets2       ; nein
            cpi       r17,0       ; am Anfang ?
            breq      gets1       ;   ja: keine Wirkung
            Mputch    r16         ; nein: BS Echo
```

2.8 Die Arbeit mit Zeichen und Zahlen 151

```
           ldi     r16,' '         ; Leerzeichen
           Mputch  r16             ; ausgeben
           ldi     r16,8           ; BS
           Mputch  r16             ; ausgeben
           dec     r17             ; Zähler - 1
           sbiw    r28,1           ; Zeiger - 1
           rjmp    gets1           ; weiter ohne speichern
gets2:     cpi     r16,$20         ; Steuerzeichen < $20 ?
           brlo    gets3           ;   ja: fertig
           st      Y+,r16          ; nein: speichern Adresse + 1
           cpi     r17,NPUF        ; Pufferende ?
           brsh    gets3           ; > Pufferlänge: Abbruch
           inc     r17             ; Zähler + 1
           Mputch  r16             ; Echo
           rjmp    gets1           ; neues Zeichen
gets3:     push    r16             ; rette Abbruchzeichen
           ldi     r16,0           ; R16 <= Endemarke
           st      Y,r16           ; an String anhängen
           pop     r16             ; Rückgabe R16 = Abbruchzeichen
           pop     YH              ;
           pop     YL              ;
           pop     r17             ;
           ret                     ; Rücksprung R16 zerstört!!!
```

Das Programm *Bild 2-22* testet die Stringfunktionen durch die Eingabe und Ausgabe von Texten. Das Initialisierungsmakro Minituart benötigt das Symbol TAKT; das Symbol NPUF ist für die Kontrolle der Pufferlänge im Unterprogramm gets erforderlich.

```
; k2p18.asm Bild 2-22   Test der String-Unterprogramme
; Port B: -
; Port D: PD0 -> RXD   PD1 -> TXD   COM1 9600 Bd
           .INCLUDE "m16def.inc"   ; Deklarationen für ATmega16
           .INCLUDE "Mkonsole.h"   ; Makros mit Konsolfunktionen
           .EQU    TAKT = 8000000  ; Systemtakt 8 MHz
           .EQU    NPUF = 80       ; Länge des Eingabepuffers
           .DEF    akku = r16      ; Arbeitsregister
           .CSEG                   ; Programm-Flash
           rjmp    start           ; Reset-Einsprung
           .ORG    $2A             ; Interrupteinsprünge übergehen
start:     ldi     akku,LOW(RAMEND) ; Stapelzeiger laden
           out     SPL,akku        ;
           ldi     akku,HIGH(RAMEND);
           out     SPH,akku        ;
           Minituart 9600          ; USART 9600 Baud bei Frequenz TAKT
; Schleife fragt Passwort ab
```

```
loop:       ldi     ZL,LOW(prompt*2)  ; Z <- Anfangsadresse
            ldi     ZH,HIGH(prompt*2);
            rcall   puts              ; Passwort anfordern
            ldi     YL,LOW(puffer)    ; Y <- Anfangsadresse Puffer
            ldi     YH,HIGH(puffer)   ;
            rcall   gets              ; Antwort mit Passwort lesen
            ldi     ZL,LOW(passwort*2) ;
            ldi     ZH,HIGH(passwort*2) ;
; Eingabe mit abgespeichertem Passwort vergleichen
            rcall   sleng             ; R16 = Länge des Flash-Strings in (Z)
            mov     r17,akku          ; R17 = Länge des Flash-Strings in (Z)
            rcall   slengram          ; R16 = Länge des SRAM-Strings in (Y)
            cp      akku,r17          ; Längen vergleichen
            brne    schlecht          ; ungleich: kann nicht gut sein
            rcall   scomp             ;  gleich: Vergleich (Z) Flash mit (Y) SRAM
            breq    gut               ; beide gleich: getroffen!
; Passwort nicht eingegeben
schlecht:   rcall   putsramnz         ; neue Zeile und Antwort ausgeben
            ldi     ZL,LOW(falsch*2) ;
            ldi     ZH,HIGH(falsch*2);
            rcall   puts              ; war falsch
            rjmp    loop              ; neue Eingabe
; Passwort war richtig eingegeben
gut:        rcall   scopy             ; Passwort (Z) nach Puffer (Y)
            Mputkon ' '               ; Leerzeichen
            Mputkon '>'               ; Marke
            rcall   putsram           ;
            Mputkon '<'               ;
            ldi     ZL,LOW(richtig*2);
            ldi     ZH,HIGH(richtig*2)
            rcall   puts              ;
            rjmp    loop              ;
; externe Unterprogramme
            .INCLUDE "strings.h"      ; String-Unterprogramme benötigen Mkonsole.h
; Konstante Strings im Programm-Flash
prompt:  .DB    10,13,"Bitte Passwort eingeben -> ",0 ; neue Zeile Meldung
passwort:.DB    "AVR",0            ; Passwort für Vergleich
richtig: .DB    " war richtig",0,0 ;
falsch:  .DB    " war falsch",0    ;
; SRAM-Bereich
            .DSEG                     ; Datenbereich
puffer:  .BYTE    NPUF               ; Eingabepuffer für gets
         .EXIT                       ; Ende des Quelltextes
```

Bild 2-22: Test der Stringfunktionen in strings.h

2.8.3 Die Eingabe und Ausgabe von ganzen Zahlen

Zahlen werden meist als ASCII-Zeichen von einem Gerät eingegeben und müssen in die interne Zahlendarstellung umgewandelt werden. Umgekehrt ist es erforderlich, auszugebende Zahlen aus der internen Darstellung in die ASCII-Codierung zu überführen.

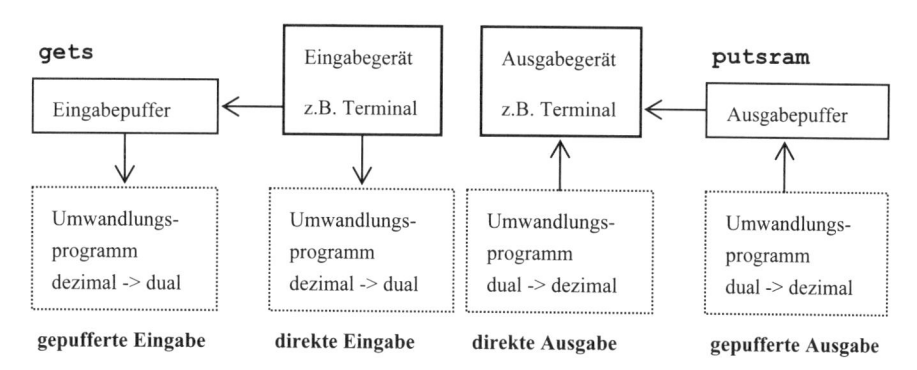

```
    gets                Eingabegerät       Ausgabegerät            putsram
 Eingabepuffer  <----   z.B. Terminal      z.B. Terminal   <----  Ausgabepuffer
       |                      |                  ^                      ^
       v                      v                  |                      |
 Umwandlungs-          Umwandlungs-       Umwandlungs-           Umwandlungs-
 programm              programm           programm               programm
 dezimal -> dual       dezimal -> dual    dual -> dezimal        dual -> dezimal

 gepufferte Eingabe    direkte Eingabe    direkte Ausgabe        gepufferte Ausgabe
```

Bild 2-23: Betriebsarten der Eingabe und Ausgabe von Zahlen

Eingabegeräte sind Tastaturen oder entsprechende Geräte an den seriellen Schnittstellen wie z.B. ein PC als Terminal. Ausgabegeräte sind Siebensegment- oder LCD-Anzeigen sowie Geräte an den seriellen Schnittstellen wie z.B. der Bildschirm eines PC als Terminal.

Bei der *direkten* Eingabe werden die umzuwandelnden Zeichen einzeln vom Eingabegerät abgeholt und ausgewertet; Korrekturen durch einen Benutzer sind nicht möglich. Bei der direkten Ausgabe erscheinen die Ziffern sofort auf dem Gerät; begleitende Texte müssen jedes Mal erneut aufgebaut werden.

Bei der *gepufferten* Eingabe gelangen die Zeichen zunächst in einen String im SRAM und können z.B. mit der Rücktaste (Backspace) korrigiert werden, bevor sie vom Umwandlungsprogramm ausgewertet werden. Die gepufferte Ausgabe kann die Zahlenwerte in einen konstanten Ausgabetext einsetzen, der nur ein Mal aufgebaut wird.

Die in diesem Abschnitt vorgestellten Umwandlungsprogramme sind universell für unterschiedliche Betriebsarten und Geräte ausgelegt. Das für die Ausgabe eines Zeichens aufgerufene Unterprogramm `ausz` ist an die Betriebsart und das Ausgabegerät anzupassen. Beispiel einer direkten Zeichenausgabe über die serielle Schnittstelle.

```
; Umwandlungsprogramm gibt Zeichen auf Gerät oder Puffer aus
        rcall   ausz        ; R16 -> Ausgabegerät
;
; Unterprogramm zur direkten seriellen Ausgabe von R16 über USART
ausz:   Mputch  r16         ; Makro: warten und R16 senden
        ret                 ;
```

Das für die Eingabe eines Zeichens aufgerufene Unterprogramm einz holt ein Zeichen von einem Eingabegerät oder aus dem Eingabepuffer. In dem Beispiel fordert das Hauptprogramm mit gets eine Eingabezeile vom Terminal an und ruft das Umwandlungsprogramm ein16 auf. Das Eingabeunterprogramm einz holt ein Zeichen aus dem Eingabepuffer.

```
; Hauptprogramm fordert Eingabezeile an und ruft Umwandlungsprogramm
        ldi     YL,LOW(puffer)   ; Y <- Adresse Eingabepuffer
        ldi     YH,HIGH(puffer);
        rcall   gets             ; String von USART nach (Y)
        rcall   ein16            ; Umwandlung R17:R16 <- Dualzahl

; Umwandlungsprogramm benötigt Zeichen von Gerät oder aus Puffer
ein16:  rcall   einz             ; R16 <- Ziffer
;
; Unterprogramm liefert Zeichen aus Eingabepuffer
einz:   ld      r16,Y+           ; R16 <- (Y)   Y <- Y + 1
        ret                      ;
```

Die in der Tabelle zusammengestellten Umwandlungsprogramme dienen zur Eingabe und Ausgabe in der vorzeichenlosen ganzzahligen 16bit Darstellung. Die Unterprogramme einz und ausz übernehmen die Anpassung an die Betriebsart und das Gerät. Für die serielle USART-Schnittstelle sind die Makros aus Mkonsole.h erforderlich. Die gepufferten Betriebsarten benötigen zusätzlich die Stringunterprogramme gets bzw. putsram.

Name	Parameter	Aufgabe
ausbin8	R16 = Ausgabebyte	Ausgabe lz 0b acht Binärziffern
ausbin8a	R16 = Ausgabebyte	Einsprungpunkt: nur acht Binärziffern
aushex8	R16 = Ausgabebyte	Ausgabe lz $ zwei Hexadezimalziffern
aushex8a	R16 = Ausgabebyte	Einsprungpunkt: nur zwei Hexadezimalziffern
ausdez16	R17:R16 = Dualzahl	Ausgabe lz Dezimalzahl ohne führende Nullen
ausdez16a	R17:R16 = Dualzahl	Einsprungpunkt: nur Dezimalzahl ohne lz
ausdez32u	R3:R2:R1:R0 = 32bit Dualzahl unsigned	Ausgabe des 32bit Produktes für Testzwecke
ein16	R17:R16 <- Eingabe C = 1: Überlauf	Eingabe binär, hexadezimal oder dezimal
einbin16	R17:R16 <- Eingabe C = 1: Überlauf	Eingabe binär bxxxx
einhex16	R17:R16 <- Eingabe C = 1: Überlauf	Eingabe hexadezimal $xxxx
eindez16	R17:R16 <- Eingabe C = 1: Überlauf	Eingabe dezimal ohne Vorzeichen
mul1016	R17:R16 <- R17:R16 * 10 R18 <- Übertr.	Multiplikation * 10 R18 <- Übertrag C=1 Überl.
div1016	R17:R16 <- R17:R16 / 10 R18 <- Rest	Division durch 10 Rest in R18
div1032	R3:R2:R1:R0 <- R3:R2:R1:R0 / 10 R4 <- Rest	Division durch 10 Rest in R4
ascii2bin	R16 dual <- R16 Ziffer C=1: keine Ziffer	Umwandlung einer ASCII-Hexadezimalziffer

Die .INCLUDE-Anweisungen der in der Tabelle zusammengestellten Unterprogramme sind in der Headerdatei einaus.h zusammengefasst. Abschnitt 2.4.4 *Verzweigungen* beschreibt das Umwandlungsprogramm ascii2bin.

2.8 Die Arbeit mit Zeichen und Zahlen

Für die binäre und hexadezimale *Ausgabe* von Speicherinhalten sind keine Umrechnungsverfahren erforderlich, da das duale Zahlensystem erhalten bleibt. Die dezimale Ausgabe dividiert nach dem Divisionsrestverfahren die auszugebende Dualzahl fortlaufend durch 10 und legt die entstehenden Dezimalziffern zunächst auf den Stapel, da bei der Umwandlung die wertniedrigsten Stellen zuerst erscheinen, die Ausgabe aber mit den werthöchsten Stellen beginnen muss. Durch den Abbruch des Zerlegungsverfahrens beim Quotienten Null werden führende Nullen unterdrückt.

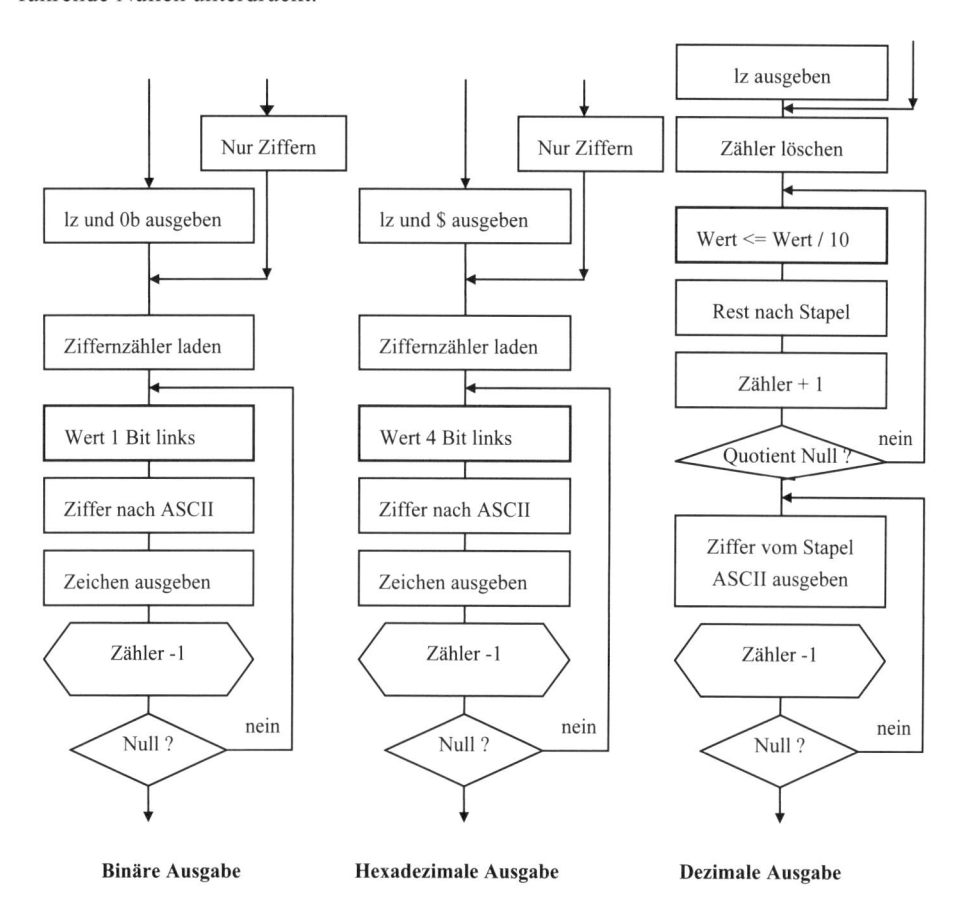

Binäre Ausgabe **Hexadezimale Ausgabe** **Dezimale Ausgabe**

Das Unterprogramm `ausbin8` gibt den Inhalt des Registers R16 hinter einem Leerzeichen und den Zeichen **0b** mit acht binären Ziffern **0** bzw. **1** auf der Konsole aus; der Einsprungpunkt `ausbin8a` gibt nur die Ziffern aus.

```
; ausbin8.asm R16 ausgeben lz 0b acht Binärziffern
ausbin8:    push    r16       ; Register retten
            ldi     r16,' '   ; Leerzeichen
            rcall   ausz      ; ausgeben
            ldi     r16,'0'   ; 0
            rcall   ausz      ; ausgeben
```

```
                ldi     r16,'b'     ; b
                rcall   ausz        ; ausgeben
                pop     r16         ; Register zurück
; Einsprungpunkt R16 ausgeben nur acht Binärziffern
ausbin8a:       push    r16         ; Register retten
                push    r17         ;
                push    r18         ;
                mov     r17,r16     ; R17 <- Ausgabemuster
                ldi     r18,8       ; R18 <- Ziffernzähler
ausbin8b:       clr     r16         ; R16 <- Ausgabe löschen
                lsl     r17         ; Carry <- höchstes Ausgabebit
                rol     r16         ; nach R16
                subi    r16,-$30    ; addi R16,+$30 nach ASCII codieren
                rcall   ausz        ; Ziffer ausgeben
                dec     r18         ; Ziffernzähler - 1
                brne    ausbin8b    ; bis alle Ziffern ausgegeben
                pop     r18         ; Register zurück
                pop     r17         ;
                pop     r16         ;
                ret                 ;
```

Das Unterprogramm `aushex8` gibt den Inhalt des Registers R16 hexadezimal mit zwei Stellen hinter einem Leerzeichen und dem Zeichen **$** aus; der Einsprungpunkt `aushex8a` gibt nur die Ziffern aus.

```
; aushex8.asm R16 ausgeben lz $ zwei Hexadezimalziffern
aushex8:        push    r16         ; Register retten
                ldi     r16,' '     ; Leerzeichen
                rcall   ausz        ; ausgeben
                ldi     r16,'$'     ; $
                rcall   ausz        ; ausgeben
                pop     r16         ; Register zurück
; Einsprungpunkt R16 nur zwei Hexadezimalziffern ausgeben
aushex8a:       push    r16         ; Register retten
                push    r17         ;
                push    r18         ;
                push    r19         ;
                mov     r17,r16     ; R17 <- Ausgabemuster
                ldi     r18,2       ; R18 <- Ziffernzähler
aushex8b:       clr     r16         ; R16 <- Ausgabe löschen
                ldi     r19,4       ; R19 <- Schiebezähler
aushex8c:       lsl     r17         ; Carry <- höchstes Ausgabebit
                rol     r16         ; nach R16
                dec     r19         ; Schiebezähler - 1
                brne    aushex8c    ; bis 4bit Gruppe nach R16
```

2.8 Die Arbeit mit Zeichen und Zahlen

```
             subi    r16,-$30; addi R16,+$30 nach ASCII-Ziffer
             cpi     r16,'9'+1 ; Bereich 0-9 ?
             brlo    aushex8d ;   ja: fertig
             subi    r16,-7   ; nein: addi R16,+7 nach ASCII A-F
aushex8d:    rcall   ausz     ; ausgeben
             dec     r18      ; Ziffernzähler - 1
             brne    aushex8b; bis zwei Hexadezimalziffern ausgegeben
             pop     r19      ; Register zurück
             pop     r18      ;
             pop     r17      ;
             pop     r16      ;
             ret              ;
```

Das Unterprogramm `ausdez16` gibt ein Leerzeichen und den Inhalt der Register R17:R16 ohne führende Nullen dezimal aus. Beim Einsprungpunkt entfällt das Leerzeichen.

```
; ausdez16.asm Leerzeichen R17:R16 dezimal ohne führende Nullen
ausdez16:    push    r16      ; Register retten
             ldi     r16,' '  ; Leerzeichen
             rcall   ausz     ; ausgeben
             pop     r16      ; alten Wert zurück
; Einsprungpunkt nur Ziffern ohne lz ausgeben
ausdez16a:   push    r16      ; und wieder retten
             push    r17      ;
             push    r18      ;
             push    r19      ;
             clr     r19      ; R19 = Stellenzähler löschen
ausdez16b:   rcall   div1016  ; R17:R16 <- R17:R16 / 10   R18 <- Rest
             push    r18      ; Stelle nach Stapel
             inc     r19      ; Stellenzähler + 1
             tst     r17      ; Quotient High Null ?
             brne    ausdez16b; nein: weiter zerlegen
             tst     r16      ;   ja: Quotient Low Null ?
             brne    ausdez16b; nein: weiter zerlegen
; Ausgabeschleife ohne führende Nullen
ausdez16c:   pop     r16      ; R16 <- Stelle
             subi    r16,-$30; addi R16,+$30 nach ASCII-Ziffer
             rcall   ausz     ; Ziffer ausgeben
             dec     r19      ; Stellenzähler - 1
             brne    ausdez16c ; bis alle Ziffern ausgegeben
             pop     r19      ; Register zurück
             pop     r18      ;
             pop     r17      ;
             pop     r16      ;
             ret              ;
```

Für die *Eingabe* von dezimalen Zahlenwerten ist das Divisionsrestverfahren nicht brauchbar, da die Ziffern nacheinander erscheinen und die Dezimalzahl nicht für Operationen verfügbar ist. Für die Umwandlung des dezimalen in das duale Zahlensystem wird daher der laufende duale Wert mit 10 multipliziert und dann die neue Dezimalstelle dazu addiert. Bei der hexadezimalen Eingabe ist keine Umwandlung des Zahlensystems erforderlich, da jede Hexadezimalziffer lediglich vier Dualstellen zusammenfasst. Für eine gemeinsame Eingabe von dezimalen, hexadezimalen und binären Werten sollen folgende Formate gelten:

>**1**234   nur Dezimalziffern 0 bis 9   Abbruch mit Nicht-Ziffer
>**$**1aB   **$**   Hexadezimalziffern 0 bis 9 a bis f bzw. A bis F   Abbruch mit Nicht-Ziffer
>**b**101   **b**   Binärziffern 0 und 1   Abbruch mit Nicht-Ziffer

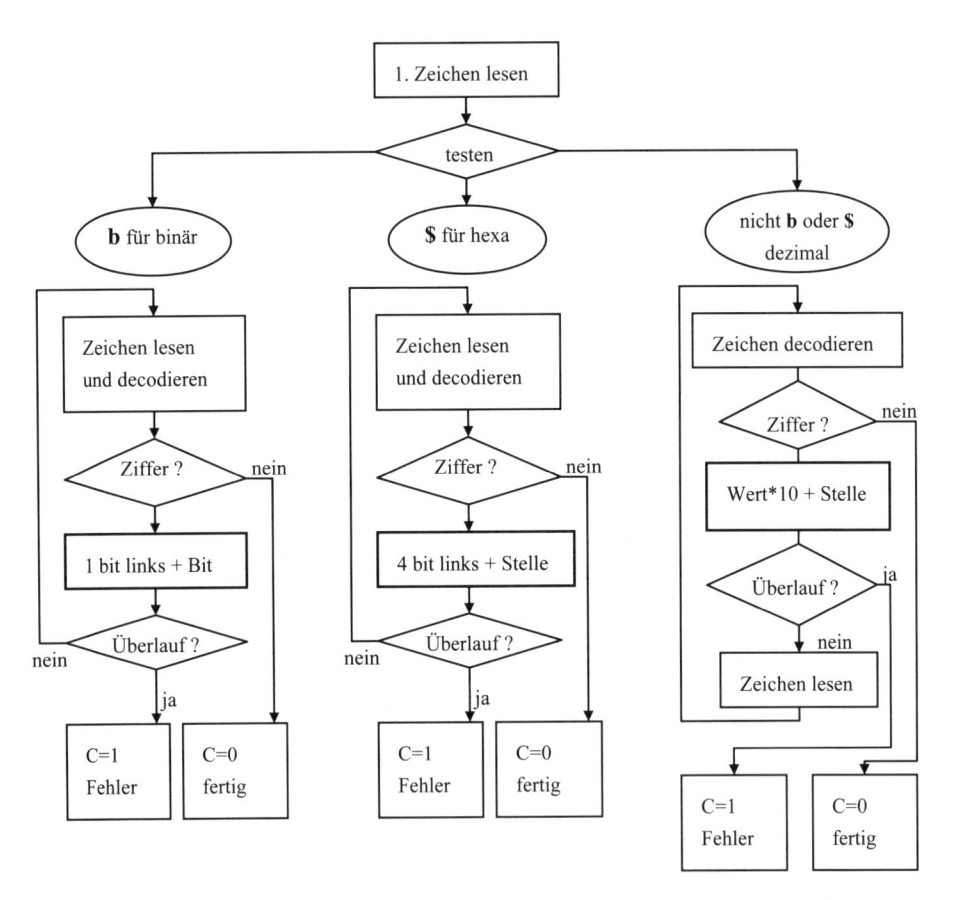

Das Unterprogramm `ein16` untersucht das erste Eingabezeichen und ruft eines der drei Unter-Unterprogramme zur Umwandlung des entsprechenden Zahlenformates auf.

```
; ein16.asm  R17:R16 <- Eingabe binär, hexa, dezimal  C=1: Überlauf
ein16:  rcall   einz     ; R16 <- 1. Eingabezeichen
        cpi     r16,'$'  ; $ für hexadezimal ?
```

2.8 Die Arbeit mit Zeichen und Zahlen

```
            brne      ein16a    ; nein:
            rcall     einhex16  ;   ja: hexadezimal umwandeln
            rjmp      ein16c    ;   zum Ausgang
ein16a:     cpi       r16,'b'   ; b für binär
            brne      ein16b    ; nein:
            rcall     einbin16  ;   ja: binär umwandeln
            rjmp      ein16c    ;   zum Ausgang
ein16b:     rcall     eindez16  ; dezimal umwandeln R16 = 1. Ziffer
ein16c:     ret                 ;
```

Das Unterprogramm `eindez16` wird aufgerufen, wenn das erste Zeichen weder ein **b** noch ein **$** ist. Es wird wie alle folgenden mit dem Unterprogramm `ascii2bin` decodiert.

```
; eindez16.asm R17:R16 <- dezimale Eingabe R16 enthält bereits 1. Zeichen!!!!
eindez16:   push      r18       ; Register retten
            push      r19       ;
            push      r20       ;
            clr       r17       ; R17 = Ergebnis_High löschen
            clr       r20       ; R20 = Hilfsregister Ergebnis_Low löschen
eindez16a:  rcall     ascii2bin ; R16 <- decodierte Hexaziffer
            brcs      eindez16c ; C = 1: keine Hexaziffer Ende der Eingabe
            cpi       r16,10    ; Test auf Dezimalziffer
            brsh      eindez16c ; >= 10: Ende der Eingabe
            mov       r19,r16   ; R19 <- neue Dezimalstelle retten
            mov       r16,r20   ; R16 <- Ergebnis_Low wegen mul retten
            rcall     mul1016   ; R17:R16<-R17:R16*10 R18<-Übertrag C=1: Überl.
            brcs      eindez16d ; C = 1: Überlauf
            add       r16,r19   ; Wert_Low: neue Stelle dazu
            clr       r19       ; R19 <- Null  Carry bleibt
            adc       r17,r19   ; Wert_High + Übertrag
            brcs      eindez16d ; C = 1: Überlauf
            mov       r20,r16   ; R20 <- neuer Wert_Low
            rcall     einz      ; neues Zeichen holen
            rjmp      eindez16a ; weitere Umwandlung
; Ende der Eingabe mit Nicht-Ziffer
eindez16c:  clc                 ; Carry <- 0: kein Fehler
            rjmp      eindez16e ;
; Eingabefehler
eindez16d:  sec                 ; Carry <- 1: Fehlermarke
eindez16e:  mov       r16,r20   ; R16 <- Ergebnis_Low
            pop       r20       ; Register zurück
            pop       r19       ;
            pop       r18       ;
            ret                 ;
```

Das Programm *Bild 2-24* testet die in diesem Abschnitt behandelten Umwandlungsprogramme durch Eingabe und Ausgabe von 16bit Werten in allen drei Darstellungen. Wird der größtzulässige Wert 65535 überschritten, so erscheint als Fehlermeldung ein Fragezeichen; durch den Code 7 (*bell*) ertönt die Hupe.

```
; k2p19.asm Bild 2-24 gepufferte 16bit Eingabe und direkte 16bit Ausgabe
; Port B: -
; Port D: PD0 -> RXD  PD1 -> TXD  COM1 9600 Bd
        .INCLUDE "m16def.inc"    ; Deklarationen für ATmega16
        .INCLUDE "Mkonsole.h"    ; Makros mit Konsolfunktionen
        .EQU    TAKT = 8000000   ; Systemtakt 8 MHz
        .EQU    NPUF = 80        ; Länge des Eingabepuffers
        .DEF    akkul = r16      ; Arbeitsregister Low
        .DEF    akkuh = r17      ; Arbeitsregister High
        .DEF    retter = r18     ; R18 = Retter für Ausgabe hexa und binär
        .CSEG                    ; Programm-Flash
        rjmp    start            ; Reset-Einsprung
        .ORG    $2A              ; Interrupteinsprünge übergehen
start:  ldi     akkul,LOW(RAMEND) ; Stapelzeiger laden
        out     SPL,akkul        ;
        ldi     akkul,HIGH(RAMEND);
        out     SPH,akkul        ;
        Minituart 9600           ; USART 9600 Baud bei Frequenz TAKT
        ldi     ZL,LOW(prompt*2) ; Z <- Adresse Ausgabetext
        ldi     ZH,HIGH(prompt*2);
; Arbeitsschleife
loop:   rcall   puts             ; Prompt: Eingabe ->
        ldi     YL,LOW(puffer)   ; Y <- Adresse Eingabepuffer
        ldi     YH,HIGH(puffer)  ;
        rcall   gets             ; Eingabezeile nach Puffer Ende mit cr
        rcall   ein16            ; R17:R16 <- Eingabewert
        brcs    error            ; C = 1: Eingabefehler
        rcall   ausdez16         ; R17:R16 dezimale Kontrollausgabe
        mov     retter,akkul     ;
        mov     akkul,akkuh      ;
        rcall   aushex8          ; R17:R16 hexadezimale Kontrollausgabe
        mov     akkul,retter     ;
        rcall   aushex8a         ;
        mov     akkul,akkuh      ;
        rcall   ausbin8          ; R17:R16 binäre Kontrollausgabe
        mov     akkul,retter     ;
        rcall   ausbin8a         ;
        rjmp    loop             ;
```

2.8 Die Arbeit mit Zeichen und Zahlen

```
; Fehlermeldung
error:      Mputkon '?'          ; Fragezeichen
            Mputkon 7            ; Hupe bellt
            rjmp    loop         ;
; interne Unterprogramme für Gerät und Betriebsart
ausz:       Mputch  r16          ; direkte Ausgabe nach USART
            ret                  ;
einz:       ld      r16,Y+       ; gepufferte Eingabe von USART aus (Y)
            ret                  ;
; externe Unterprogramme String und Umwandlung
            .INCLUDE "gets.asm"  ; Zeile von USART nach SRAM Adresse in Y
            .INCLUDE "puts.asm"  ; Text aus Flash ausgeben
            .INCLUDE "einaus.h"  ; Umwandlungsprogramme
;
; Ausgabetext
prompt:     .DB     10,13,"Eingabe -> ",0
; SRAM-Bereich
            .DSEG                ; Datenbereich
puffer:     .BYTE   NPUF         ; Eingabepuffer für gets
            .EXIT                ; Ende des Quelltextes
```

Bild 2-24: Test der Eingabe und Ausgabe vorzeichenloser ganzer 16bit Zahlen

Für das über die serielle Schnittstelle USART angeschlossene Gerät, ein PC als Terminal, sind die Makros in der Headerdatei `Mkonsole.h` des Abschnitts 2.8.1 *Die Eingabe und Ausgabe von Zeichen* sowie die Unterprogramme `puts` und `gets` des Abschnitts 2.8.2 *Zeichenketten (Strings)* erforderlich. Das Multiplikationsprogramm `mul1016` und das Divisionsprogramm `div1016` sind Spezialfälle der in Abschnitt 2.3.5 behandelten Multiplikation und Division.

```
; mul1016.asm R17:R16 <- R17:R16*10 R18<-Übertrag C=1: 16bit Überlauf
mul1016:    push    r19          ; Register retten
            clr     r18          ; R18 = Übertragstelle löschen
            push    r17          ; alten Wert_High retten
            push    r16          ; alten Wert_Low retten
            lsl     r16          ; * 2
            rol     r17          ;
            rol     r18          ; R18 <- Übertrag
            lsl     r16          ; * 2
            rol     r17          ;
            rol     r18          ; R18 <- Übertrag
            pop     r19          ; R19 <- alter Wert_Low aus R16
            add     r16,r19      ; + alter Wert_Low
            pop     r19          ; R19 <- alter Wert_High aus R17
            adc     r17,r19      ; + alter Wert_High + Übertrag
```

```
                clr     r19     ; R19 <- Null
                adc     r18,r19 ; R18 <- Übertrag addieren
                lsl     r16     ; * 2
                rol     r17     ;
                rol     r18     ; R18 <- Übertrag
                tst     r18     ; Übertragstelle testen
                brne    mul1016a; ungleich Null: 16bit Überlauf
; Ausgang R17:R16 <- Produkt   R18 <- Übertragstelle C = 0: gut
                clc             ;
                pop     r19     ; Register zurück
                ret             ;
; Fehlerausgang C = 1: Überlauf
mul1016a:       sec             ;
                pop     r19     ; Register zurück
                ret             ;
;
; div1016.asm Division R17:R16 <- R17:R16 /10   R18 <- Rest
div1016:        push    r19     ; Register retten
                ldi     r19,16  ; R19 = Schrittzähler
                clr     r18     ; R18 = Rest löschen
div1016a:       lsl     r16     ; Dividend/Quotient_Low Bit_0 <- 0
                rol     r17     ; Dividend/Quotient_High
                rol     r18     ; Rest
                cpi     r18,10  ; Test Rest - Divisor 10
                brlo    div1016b; Rest <  Divisor: Bit_0 bleibt 0
                subi    r18,10  ; Rest >= Divisor: 10 abziehen
                inc     r16     ; Quotient Bit_0 <- 1
div1016b:       dec     r19     ; Schrittzähler - 1
                brne    div1016a; bis alle Schritte durchgeführt
                pop     r19     ; Register zurück
                ret             ;
```

2.8 Die Arbeit mit Zeichen und Zahlen   163

2.8.4 Vorzeichenbehaftete ganzzahlige 16bit Arithmetik

Abschnitt 1.1.3 *Zahlendarstellungen* behandelt den Aufbau der vorzeichenbehafteten (signed) Dualzahlen. Positive Zahlen bestehen aus einer **0** im Vorzeichenbit gefolgt vom Absolutwert; bei negativen Zahlen im Zweierkomplement erscheint eine **1** als Vorzeichen. Die in der Tabelle zusammengestellten Umwandlungsprogramme dienen zur Eingabe und Ausgabe von vorzeichenbehafteten Dezimalzahlen im Bereich von -32767 bis +32767. Die Unterprogramme `einz` und `ausz` übernehmen die Anpassung an die Betriebsart und das Gerät. Für die serielle USART-Schnittstelle sind die Makros aus `Mkonsole.h` erforderlich. Die gepufferten Betriebsarten benötigen zusätzlich die Stringunterprogramme `gets` bzw. `putsram`.

Name	*Parameter*	*Aufgabe*
`ausdez16s`	R17:R16 = signed dual	Ausgabe dezimal lz + oder – Absolutwert
`eindez16s`	R17:R16 <- signed dual C=1: Überlauf	Eingabe dezimal mit oder ohne Vorzeichen
`ausdez32s`	R3:R2:R1:R0 = 32bit Dualzahl signed	Ausgabe des 32bit Produktes für Testzwecke

Die `.INCLUDE`-Anweisungen Unterprogramme sind in der Headerdatei `einaus.h` enthalten. Das Ausgabeprogramm `ausdez16s` ruft nach einer Vorzeichenbehandlung das im Abschnitt 2.8.3 behandelte Umwandlungsprogramm `ausdez16a` zur Ausgabe des Absolutwertes auf.

```
; ausdez16s.asm R17:R16 vorzeichenbehaftet dezimal ausgeben
ausdez16s:  push   r18           ; Register retten
            ldi    r18,'+'       ; + Vorzeichen angenommen
            tst    r17           ; Vorzeichen testen
            brpl   ausdez16sa    ; Vorzeichen 0: positiv
            ldi    r18,'-'       ; - Vorzeichen geladen
            com    r16           ; 1er Komplement
            com    r17           ;
            subi   r16,-1        ; 2er Komplement
            sbci   r17,-1        ;
ausdez16sa: push   r16           ; retten
            ldi    r16,' '       ; Leerzeichen
            rcall  ausz          ; ausgeben
            mov    r16,r18       ; R16 <- Vorzeichen
            rcall  ausz          ; ausgeben
            pop    r16           ; zurück
            rcall  ausdez16a     ; Absolutwert ohne lz ausgeben
            pop    r18           ; Register zurück
            ret                  ;
```

Das Eingabeprogramm `eindez16s` ruft nach einer Vorzeichenbehandlung das im Abschnitt 2.8.3 behandelte Umwandlungsprogramm `eindez16` zur Eingabe des Absolutwertes auf. Dies verlangt, dass die erste Ziffer in R16 übergeben wird.

```
; eindez16s.asm  R17:R16 <- vorzeichenbehaftet signed ganz
eindez16s:  push    r18           ; Register retten
            clr     r18           ; R18 = Vorzeichenmarke löschen
            rcall   einz          ; R16 <- 1. Zeichen holen
            cpi     r16,'+'       ; Vorzeichen + ?
            brne    eindez16sa    ; nein
            mov     r18,r16       ;   ja: R18 <- Vorzeichen
            rjmp    eindez16sb    ;
eindez16sa: cpi     r16,'-'       ; Vorzeichen - ?
            brne    eindez16sc    ; nein
            mov     r18,r16       ;   ja: R18 <- Vorzeichen
eindez16sb: rcall   einz          ; R16 <- 1. Ziffer hinter Vorzeichen
eindez16sc: rcall   eindez16      ; R17:R16 <- Absolutwert umwandeln
            brcs    eindez16se    ; C = 1: Eingabefehler
            tst     r17           ; Bit_7 des High-Teils testen
            brmi    eindez16se    ; Absolutwert > $7fff = 32767
            cpi     r18,'-'       ; Vorzeichen -
            brne    eindez16sd    ; nein
            com     r16           ; Einerkomplement
            com     r17           ;
            subi    r16,-1        ; Zweierkomplement
            sbci    r17,-1        ;
eindez16sd: clc                   ; C = 0: Gut-Ausgang
            pop     r18           ; Register zurück
            ret                   ;
eindez16se: sec                   ; C = 1: Fehlerausgang
            pop     r18           ; Register zurück
            ret                   ;
```

Die Ausgabe erfolgt immer mit einem Vorzeichen + oder -. Für die Eingabe im Bereich von -32767 bis +32767 gibt es drei Formate:

>12345   Dezimalziffern 0 bis 9   Abbruch mit Nicht-Ziffer oder C=1 Überlauf
>+12345   Positives Vorzeichen   Abbruch mit Nicht-Ziffer oder C=1 Überlauf
>-12345   Negatives Vorzeichen   Abbruch mit Nicht-Ziffer oder C=1 Überlauf

Für die Addition und Subtraktion vorzeichenbehafteter 16bit Dualzahlen gelten die gleichen Befehle wie sie im Abschnitt 2.3.3 *Wortoperationen* für vorzeichenlose 16bit Dualzahlen dargestellt wurden. Für das 16bit Zweierkomplement wird zunächst mit zwei com-Befehlen das Einerkomplement gebildet und dann wird eine 1 mit Übertrag addiert.

2.8 Die Arbeit mit Zeichen und Zahlen

Die Controller der Mega-Familie enthalten den 8bit Multiplikationsbefehl `muls` für vorzeichenbehaftete (signed) Dualzahlen, der allerdings auf die Register R16 bis R31 beschränkt ist. Die Befehle `mulsu` und `mul` dienen der Multiplikation von 8bit Teilfaktoren.

Befehl	Operand	ITHSVNZC	W	T	Wirkung	
`muls`	Rd, Rr *R16..R31*	ZC	1	2	R1:R0 <= Rd * Rr	ganzzahlig signed * signed
`mulsu`	Rd, Rr *R16..R23*	ZC	1	2	R1:R0 <= Rd * Rr	ganzzahlig signed * unsigned
`mul`	Rd, Rr *alle*	ZC	1	2	R1:R0 <= Rd * Rr	ganzzahlig unsigned * unsigned

Die in diesem Abschnitt behandelten Verfahren zur Multiplikation und Division vorzeichenbehafteter 16bit Zahlen greifen nach entsprechender Behandlung der Vorzeichen auf die vorzeichenlose Arithmetik zurück. Die .INCLUDE-Anweisungen der Makros sind in der Headerdatei `Mmuldiv.h` enthalten.

Name	*Parameter*	*Bemerkung*
`Mmuls16`	R3:R2:R1:R0 <- @0:@1 * @2:@3	nur Mega-Familie R16 bis R23
`Mmulsx16`	R3:R2:R1:R0 <- @0:@1 * @2:@3	nicht R0, R1, R2, R3, R4, R5
`Mdivsx16`	@0:@1 *durch* @2:@3 @0:@1 <- *Quotient* @2:@3 <- *Rest*	nicht R4, R5, R6, R7

Tabelle der Makrovereinbarungen zur signed 16bit Multiplikation und Division in Mmuldiv.h

Die Unterprogramme verwenden die entsprechenden Makrovereinbarungen mit fest zugeordneten Registern. Die .INCLUDE-Anweisungen der Unterprogramme sind in der Headerdatei `muldiv.h` enthalten.

Name	*Parameter*	*Bemerkung*
`muls16`	R3:R2:R1:R0 <- R17:R16 * R19:R18	benötigt `Mmuls16` nur Mega-Familie
`mulsx16`	R3:R2:R1:R0 <- R17:R16 * R19:R18	benötigt `Mmulsx16`
`divsx16`	R3:R2 *durch* R1:R0 R3:R2 <- *Quotient* R1:R0 <- *Rest*	benötigt `Mdivsx16`

Tabelle der Unterprogramme zur signed 16bit Multiplikation und Division in muldiv.h

Bei den Controllern der Mega-Familie lässt sich die 16bit Multiplikation mit den `mul`-Befehlen auf die Addition von 8bit Teilprodukten zurückführen. Bei vorzeichenbehafteten (signed) Operanden ist es erforderlich, bei der Addition vorzeichenbehafteter Teilprodukte mit dem Befehl `mulsu` das Vorzeichen auszudehnen.

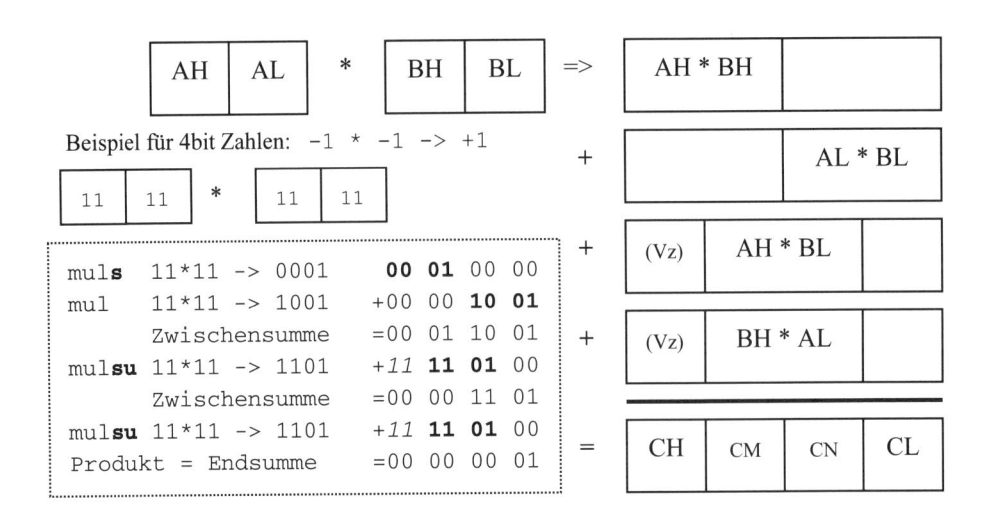

```
           ┌────┬────┐    ┌────┬────┐      ┌─────────┬─────────┐
           │ AH │ AL │  * │ BH │ BL │  =>  │  AH * BH│         │
           └────┴────┘    └────┴────┘      └─────────┴─────────┘
Beispiel für 4bit Zahlen:  -1 *  -1 ->  +1       +
           ┌────┬────┐    ┌────┬────┐                ┌─────────┬─────────┐
           │ 11 │ 11 │  * │ 11 │ 11 │                │         │  AL * BL│
           └────┴────┘    └────┴────┘                └─────────┴─────────┘
 ┌─────────────────────────────────────────┐   +
 │ muls   11*11 -> 0001    00 01 00 00     │      ┌────┬─────────┬─────────┐
 │ mul    11*11 -> 1001   +00 00 10 01     │      │(Vz)│  AH * BL│         │
 │        Zwischensumme   =00 01 10 01     │   +  └────┴─────────┴─────────┘
 │ mulsu  11*11 -> 1101   +11 11 01 00     │      ┌────┬─────────┬─────────┐
 │        Zwischensumme   =00 00 11 01     │      │(Vz)│  BH * AL│         │
 │ mulsu  11*11 -> 1101   +11 11 01 00     │      └────┴─────────┴─────────┘
 │ Produkt = Endsumme     =00 00 00 01     │   =  ┌────┬────┬────┬────┐
 └─────────────────────────────────────────┘      │ CH │ CM │ CN │ CL │
                                                  └────┴────┴────┴────┘
```

Die Makroanweisung `Mmuls16` multipliziert zwei vorzeichenbehaftete (signed) 16bit Operanden mit `mul`-Befehlen zu einem 32bit Produkt in den frei gewählten Ergebnisregistern R3 bis R0. Wegen des `mulsu`-Befehls sind die Parameter auf die Register R16 bis R23 beschränkt. Die beiden Teilprodukte der `mulsu`-Befehle werden durch den `sbc`-Befehl vorzeichenausgedehnt, der das im Carrybit befindliche werthöchste Bit R15, das Vorzeichenbit, zusätzlich berücksichtigt.

```
; Mmuls16.asm Makro muls-Befehle R3:R2:R1:R0 <- @0:@1 * @2:@3 signed
    .MACRO  Mmuls16         ; nur Mega-Familie R16 bis R23
    push    r4              ; Register retten
    push    r5              ;
    push    r6              ;
    clr     r6              ; für Addition
    muls    @0,@2           ; R1:R0 <- (signed)AH * (signed)BH
    movw    r5:r4,r1:r0     ; R5:R4 <- High-Teilprodukt
    mul     @1,@3           ; R1:R0 <- AL * BL
    movw    r3:r2,r1:r0     ; R3:R2 <- Low-Teilprodukt
    mulsu   @0,@3           ; R1:R0 <- (signed)AH * BL
    sbc     r5,r6           ; R5 vorzeichenausgedehnt C <- N
    add     r3,r0           ; addiere mittleres Teilprodukt
    adc     r4,r1           ;
    adc     r5,r6           ;
    mulsu   @2,@1           ; R1:R0 <- (signed)BH * AL
    sbc     r5,r6           ; R5 vorzeichenausgedehnt C <- N
    add     r3,r0           ; addiere mittleres Teilprodukt
    adc     r4,r1           ;
    adc     r5,r6           ; Produkt in R5:R4:R3:R2
    movw    r1:r0,r3:r2     ; R1:R0 = Produkt-Low
    movw    r3:r2,r5:r4     ; R3:R2 = Produkt-High
```

2.8 Die Arbeit mit Zeichen und Zahlen

```
        pop     r6          ; Register zurück
        pop     r5          ;
        pop     r4          ;
        .ENDM               ;
```

Das Unterprogramm `muls16` fügt das entsprechende Makro mit festen Registern ein und kann wegen der Multiplikationsbefehle nur für die Mega-Familie verwendet werden.

```
; muls16.asm R3:R2:R1:R0 <- R17:R16 * R19:R18 signed
muls16: Mmuls16  r17,r16,r19,r18 ; Makro nur für Mega-Familie
        ret                 ;
```

Bei Controllern, die keine Multiplikationsbefehle enthalten, muss die Multiplikation auf Teilmultiplikationen durch Verschiebungen und die Addition der Teilprodukte zurückgeführt werden. Das Makro `Mmulsx16` verwendet nach einer Vorzeichenbehandlung das in Abschnitt 2.3.5 behandelte Verfahren.

```
; Mmulsx16.asm Makro Software R3:R2:R1:R0 <-  @0:@1 * @2:@3 signed
        .MACRO  Mmulsx16  ; Nicht R0,R1,R2,R3,R4,R5
        push    r4          ; Register retten
        push    r5          ;
        push    @3          ;
        push    @2          ;
        push    @1          ;
        push    @0          ;
        push    r16         ;
        ldi     r16,16      ;
        mov     r4,r16      ; R4 = Durchlaufzähler
        pop     r16         ;
; Vorzeichen der Faktoren behandeln
        mov     r5,@0       ; R5 <- High-Byte
        eor     r5,@2       ; R5 <- High EOR Low = Vorzeichen Produkt
        tst     @0          ; Vorzeichen ?
        brpl    Mmulsx16a   ; positiv
        com     @0          ; negativ
        neg     @1          ;
        sbci    @0,-1       ;
Mmulsx16a:tst   @2          ;
        brpl    Mmulsx16b   ; positiv
        com     @2          ; negativ
        neg     @3          ;
        sbci    @2,-1       ;
Mmulsx16b:clr   r3          ; Produkt-High löschen
        clr     r2          ;
        mov     r0,@3       ; Produkt-Low = Multiplikator
        mov     r1,@2       ;
```

```
        lsr     r1          ; Multiplikator-High rechts
        ror     r0          ; Multiplikator-Low rechts nach Carry
Mmulsx16c:brcc  Mmulsx16d; Carry = 0: nicht addieren
        add     r2,@1       ;          = 1: Übertrag + Multiplikand
        adc     r3,@0       ;
Mmulsx16d:ror   r3          ; Carry und Übertrag rechts
        ror     r2          ; Produkt-High rechts
        ror     r1          ; Multiplikator-High rechts
        ror     r0          ; Multiplikator-Low rechts nach Carry
        dec     r4          ; Durchlaufzähler - 1
        brne    Mmulsx16c; bis Zähler Null
; Vorzeichen des Produktes behandeln
        tst     r5          ;
        brpl    Mmulsx16e   ; Produkt positiv
        com     r0          ; Produkt 2er Komplement
        com     r1          ;
        com     r2          ;
        com     r3          ;
        clr     r4          ;
        inc     r4          ;
        add     r0,r4       ; + 1
        clr     r4          ;
        adc     r1,r4       ;
        adc     r2,r4       ;
        adc     r3,r4       ;
Mmulsx16e:pop   @0          ; Register zurück
        pop     @1          ;
        pop     @2          ;
        pop     @3          ;
        pop     r5          ;
        pop     r4          ;
        .ENDM               ;
```

Das Unterprogramm mulsx16 fügt das entsprechende Makro mit festen Registern ein und kann für alle Controller verwendet werden.

```
; mulsx16.asm Upro Software R3:R2:R1:R0 <-  R17:R16 * R19:R18 signed
mulsx16: Mmulsx16   r17,r16,r19,r18  ;
         ret                         ;
```

Die 16bit Division des Makros Mdivsx16 und des Unterprogramms divsx16 arbeitet ebenfalls nach den in Abschnitt 2.3.5 behandelten Verfahren. Dabei erhält der Rest das Vorzeichen des Quotienten. Eine Division durch Null wird nicht abgefangen; der Quotient ist in diesem Fall $FFFF = -1!

2.8.5 BCD-Arithmetik

Die vorzeichenlosen **B**inär **C**odierten **D**ezimalzahlen der Beispiele werden mit vier Dezimalziffern in einem 16bit Wort (zwei Bytes) gespeichert und verarbeitet. Jede Ziffer ist in vier Bits als Dualzahl codiert und entspricht der hexadezimalen Darstellung ohne die Buchstaben.

	Zehntausender	Tausender	Hunderter	Zehner	Einer
R18		**R17**		**R16**	

Die Makroanweisungen und Unterprogramme der Tabelle können direkt mit `.INCLUDE` oder aus der entsprechenden Headerdatei `bcd.h` oder `Mbcd.h` eingefügt werden.

Name	Parameter	Bemerkung
`ausbcd`	R17:R16 = vier BCD-Stellen ausgeben	Unterprogramm benötigt Upro `ausz`
`einbcd`	R17:R16 <- vier BCD-Stellen C=1: Überlauf	Unterprogramm benötigt Upro `einz`
`daa`	R16 <- R16 Korrektur nach Addition	Unterprogramm in bcd.h
`das`	R16 <- R16 Korrektur nach Subtraktion	Unterprogramm in bcd.h
`Mdaa`	@0 <- @0 Korrektur nach Addition	Makroanweisung in Mbcd.h
`Mdas`	@0 <- @0 Korrektur nach Subtraktion	Makroanweisung in Mbcd.h
`dual2bcd`	R17:R16 bcd <- R16 dual	Unterprogramm in bcd.h
`dual4bcd`	R18:R17:R16 bcd <- R17:R16 dual	Unterprogramm in bcd.h
`bcd2dual`	R16 dual <- R17:R16 bcd	Unterprogramm Carry = 1: Überlauf
`bcd4dual`	R17:R16 dual <- R18:R17:R16 bcd	Unterprogramm Carry = 1: Überlauf

Das Unterprogramm `ausbcd` gibt die Dezimalzahl ohne führende Nullen aus. Es entspricht dem hexadezimalen Ausgabeprogramm mit dem Unterschied, dass nur die Ziffern von 0 bis 9 auftauchen können.

```
; ausbcd.asm R17:R16 = BCD lz dezimal ausgeben
ausbcd:     push    r16     ; Register retten
            ldi     r16,' ' ; lz
            rcall   ausz    ; ausgeben
            pop     r16     ;
; Einsprungpunkt nur Ziffern ohne lz ausgeben
ausbcda:    push    r16     ;
            push    r17     ;
            push    r18     ;
            push    r19     ;
            push    r20     ;
            clr     r18     ; R18 = Ziffernzähler
```

```
ausbcd1:    clr     r19         ; R19 <- Ziffer
            ldi     r20,4       ; R20 <- Schiebezähler
ausbcd2:    lsr     r17         ; Zahl 4 bit rechts nach R19
            ror     r16         ;
            ror     r19         ; R19 <- Ziffer
            dec     r20         ; R20 Schiebezähler
            brne    ausbcd2     ;
            swap    r19         ; R19 <- Ziffer rechtsbündig
            push    r19         ; nach Stapel
            inc     r18         ; R18 = Ziffern zählen
            tst     r17         ; Rest Null ?
            brne    ausbcd1     ; nein
            tst     r16         ;
            brne    ausbcd1     ; nein
ausbcd3:    pop     r16         ; R16 <- Stelle
            subi    r16,-$30    ; nach ASCII
            rcall   ausz        ; ausgeben
            dec     r18         ; Ziffernzähler - 1
            brne    ausbcd3     ;
            pop     r20         ; Register zurück
            pop     r19         ;
            pop     r18         ;
            pop     r17         ;
            pop     r16         ;
            ret                 ;
```

Das Unterprogramm `einbcd` liest maximal vier Dezimalziffern. Die Eingabe wird bei der ersten Nicht-Ziffer oder bei einem Überlauf abgebrochen. Das Verfahren entspricht der hexadezimalen Eingabe mit dem Unterschied, dass nur die Ziffern von 0 bis 9 gültig sind.

```
; einbcd.asm  R17:R16 <- vier Dezimalstellen   C=1: Überlauf
einbcd:     push    r18         ; Register retten
            push    r19         ;
            clr     r18         ; R18 = Low-Stellen für R16 löschen
            clr     r17         ; R17 = High-Stellen löschen
einbcd1:    rcall   einz        ; R16 <- Zeichen
            cpi     r16,'0'     ; < Ziffer 0 ?
            brlo    einbcd3     ; Ende : keine Ziffer
            cpi     r16,'9'+1   ; > Ziffer 9
            brsh    einbcd3     ; Ende: keine Ziffer
            subi    r16,$30     ; Ziffer 0 - 9 decodieren
            ldi     r19,4       ; R19 <- Schiebezähler
einbcd2:    lsl     r18         ; 4 bit links
            rol     r17         ;
            brcs    einbcd4     ; Überlauf
```

2.8 Die Arbeit mit Zeichen und Zahlen

```
            dec     r19     ;
            brne    einbcd2 ;
            or      r18,r16 ; neue Stelle dazu
            rjmp    einbcd1 ; neues Zeichen holen
einbcd3:    mov     r16,r18 ; R16 <- Low-Ziffern
            clc             ; C = 0: Gut
einbcd4:    pop     r19     ; Register zurück
            pop     r18     ;
            ret             ;
```

Die *Addition* BCD-codierter Dezimalzahlen lässt sich auf eine duale Addition mit Korrektur zurückführen. Dabei können drei Fälle auftreten:

```
Stelle '5'      0101     Stelle '5'      0101     Stelle '9'      1001
Stelle '4'    + 0100     Stelle '5'    + 0101     Stelle '9'    + 1001
            ----------               ----------               ----------
Summe   '9' C=01001      Summe       C=01010      Summe       C=10010
keine Korrektur          Pseudotetrade            Carry = 1!
                         Korrektur   + 0110       Korrektur   + 0110
                                     ----------               ----------
Summe   '9' =01001       Summe '0' C=1 0000       Summe '8' C=0 1000
Übertrag '0'             Übertrag '1'             Übertrag '1'
```

Nach einer dualen Addition zweier BCD-Stellen ist eine Korrektur durch Addition des Wertes 6 = 0110 erforderlich, wenn eine Pseudotetrade von 1010 bis 1111 entstand oder ein Übertrag (C = 1) aufgetreten ist. Das Unterprogramm daa korrigiert eine zweistellige gepackte BCD-Zahl nach einer Addition mit den Befehlen add und adc und setzt das Carrybit, wenn ein Übertrag auftritt. Man beachte, dass die Befehle inc, subi und sbci, die oft anstelle eines Additionsbefehls verwendet werden, die Carrybits nicht oder negiert verändern und daher *nicht* für BCD-Additionen verwendet werden können!

```
; daa.asm Dezimalkorrektur in R16 nach Addition mit ADD und ADC
daa:    push    r17             ; Hilfsregister retten
        in      r17,SREG        ; Status retten
        push    r17             ;
        clr     r17             ; EOR r17,r17 <= 0   C und H unverändert!
        brcc    daa1            ; Carry_alt nach Bit 0 von R17 sichern
        inc     r17             ; Calt - 1: R17.0 <= 1 Calt = 0: R17.0 <= 0
; Low-Ziffer korrigieren H-Bit=1 oder Zahl > 0000 1001: +6 gibt H = 1
daa1:   brhs    daa2            ; H = 1: => immer korrigieren
        subi    r16,-6          ; ADDI akku,+6 (H negiert) Testkorrektur
        brhc    daa3            ; H = 0 (richtig H = 1 !) Korrektur o.k.
        subi    r16,6           ; H = 1 (richtig H = 0 !) Korr. zurück
        rjmp    daa3            ; nach High-Ziffer
daa2:   subi    r16,-6          ; H = 1: immer korrigieren
; High-Ziffer korrigieren Calt = 1 oder Zahl > 1001 0000: +$60 gibt H = 1
```

```
daa3:   subi   r16,-$60       ; ADDI R16,+$60 (Cneu negiert) immer Test
        brcc   daa4           ; C = 0 (richtig C = 1 !) => Korrektur o.k.
        sbrs   r17,0          ; überspringe wenn Calt=1:=> Korrektur o.k.
        rjmp   daa5           ; => Korrektur aufheben und Cneu <= 0
daa4:   pop    r17            ; alten Status
        out    SREG,r17       ; zurück
        sec                   ; Cneu <= 1
        rjmp   daa6           ; fertig
daa5:   subi   r16,$60        ; Korrektur aufheben
        pop    r17            ; alten Status
        out    SREG,r17       ; zurück
        clc                   ; Cneu <= 0
daa6:   pop    r17            ; Hilfsregister zurück
        ret                   ; Rücksprung
```

Die *Subtraktion* von BCD-codierten Dezimalzahlen lässt sich auf eine duale Subtraktion mit Korrektur zurückführen. Die duale Subtraktion wird im Rechenwerk durch die Addition des Zweierkomplementes durchgeführt (- +x => + -x). Man beachte, dass durch die Addition des Komplementes das Carrybit negiert erscheint! Es können nur zwei Fälle auftreten:

```
Stelle    '7'      0111          Stelle    '1'      0001
   + ('-6')        1010             + ('-6')        1010
---------------------------        ---------------------------
Ergebnis    C=1   0001             Ergebnis    C=0   1011
Keine Korrektur                    Carry = 0
                                   Korrektur +(-6)   1010
                                   ---------------------------
Differenz   '1'                    Differenz   '5'  C=1 0101
Borgen      '0'                    Borgen      '1'
```

Nach einer dualen Subtraktion zweier BCD-Stellen ist eine Korrektur durch Subtraktion des Wertes 6 = 0110 erforderlich, wenn ein Borgen (C = 0) aufgetreten ist. Das Unterprogramm das korrigiert eine zweistellige gepackte BCD-Zahl nach einer Subtraktion mit den Befehlen sub, sbc, subi und sbci und setzt das Carrybit, wenn ein Borgen auftritt. Der Befehl dec kann *nicht* für BCD-Subtraktionen verwendet werden!

```
; das.asm Dezimalkorrektur in R16 nach Subtraktion mit SUB SBC SUBI SBCI
das:    push   r17            ; Hilfsregister retten
        in     r17,SREG       ; Status retten
        push   r17            ;
        clr    r17            ; EOR r17,r17 <= 0   C und H unverändert!
        brcc   das1           ; Carry_alt nach Bit 0 von R17 sichern
        inc    r17            ; Calt = 1: R17.0 <= 1  Calt = 0: R17.0 <= 0
; Low-Ziffer korrigieren für H-Bit=1
das1:   brhc   das2           ; H = 0: => nicht korrigieren
```

2.8 Die Arbeit mit Zeichen und Zahlen

```
                subi    r16,6           ; H = 1: -> immer korrigieren
; High-Ziffer korrigieren Calt=1
das2:           sbrs    r17,0           ; überspringe wenn Calt=1:=> korrigieren
                rjmp    das3            ; Calt=0:=> fertig
                subi    r16,$60         ; Calt=1:=> korrigieren
                pop     r17             ; alten Status
                out     SREG,r17        ; zurück
                sec                     ; Cneu <= 1
                rjmp    das4            ; fertig
das3:           pop     r17             ; alten Status
                out     SREG,r17        ; zurück
                clc                     ; Cneu <= 0
das4:           pop     r17             ; Hilfsregister zurück
                ret                     ; Rücksprung
```

Das Beispiel zeigt einen Ausschnitt aus einem Testprogramm, mit dem die Addition und Subtraktion untersucht wurden. Die Operanden wurden mit einbcd gelesen und stehen in den Registerpaaren R17:R16 bzw. R21:R20 sowie R19:R18 bzw. R23:R22 zur Verfügung.

```
        rcall   einbcd              ; R17:R16 <- Eingabewert
        movw    r23:r22,r17:r16     ; R23:R22 <- 2.Operand
        brcc    next2               ; C = 0: kein Eingabefehler
        rjmp    error               ; C = 1: Eingabefehler
next2:  Mputkon '+'                 ; Trennzeichen
; Test der vierstelligen Addition
        add     r16,r18             ; Low addieren
        rcall   daa                 ; R16 korrigieren
        adc     r17,r19             ; High mit Übertrag addieren
        Mdaa    r17                 ; R17 korrigieren
        brcs    error               ; Überlauf
        rcall   ausbcd              ; Summe ausgeben
        Mputkon '-'                 ; Trennzeichen
; Test der vierstelligen Subtraktion
        sub     r20,r22             ; Low subtrahieren
        Mdas    r20                 ; und korrigieren
        sbc     r21,r23             ; High mit Borgen subtrahieren
        Mdas    r21                 ; und korrigieren
        brcs    error               ; Unterlauf
        movw    r17:r16,r21:r20     ;
        rcall   ausbcd              ; Differenz ausgeben
```

Die BCD-Arithmetik bietet besondere Vorteile bei reellen Zahlen mit Nachpunktstellen, da das dezimale Zahlensystem erhalten bleibt und keine Umwandlungs- und Rundungsfehler auftreten können.

2.8.6 Festpunktarithmetik

Dieser Abschnitt behandelt das vom `fmul`-Befehl der Mega-Familie verwendete vorzeichenlose unsigned 8bit Format, auch *1.7* genannt. Der Dualpunkt steht zwischen den Bitpositionen 7 und 6; die werthöchste Bitposition ist der ganzzahlige Anteil mit der Wertigkeit 1. Der dezimale 8bit Zahlenbereich liegt zwischen 0.0078125 und 1.9921875. Durch Hinzunahme eines weiteren Bytes im Format *1.14* lassen sich Genauigkeit und Zahlenbereich erweitern.

Bit 7	Bit 6	Bit 5	Bit 4	Bit 3	Bit 2	Bit 1	Bit 0
2^0	2^{-1}	2^{-2}	2^{-3}	2^{-4}	2^{-5}	2^{-6}	2^{-7}
1	0.5	0.25	0.125	0.0625	0.03125	0.015625	0.0078125

Beispiele:
0.500_{10} -> 0.100_2 gespeichert als `01000000`
1.250_{10} -> 1.010_2 gespeichert als `10100000`
1.500_{10} -> 1.100_2 gespeichert als `11000000`
1.875_{10} -> 1.111_2 gespeichert als `11110000`

Für die Umwandlung von Nachpunktstellen ist das in Abschnitt 1.1.3 beschriebene Verfahren der Multiplikation mit der Basis des neuen Zahlensystems und Abspaltung der neuen Ziffer erforderlich.

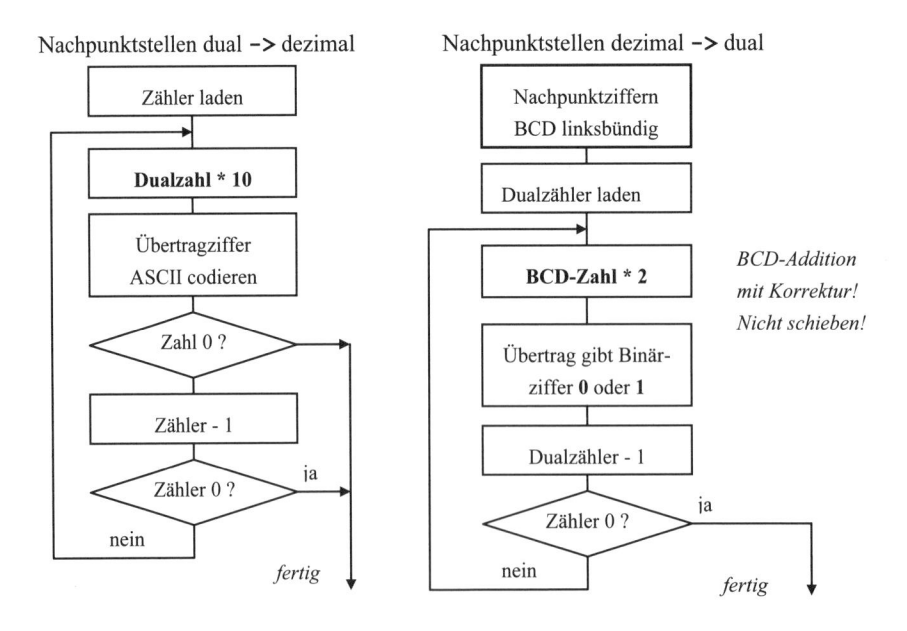

Nachpunktstellen dual -> dezimal

- Zähler laden
- **Dualzahl * 10**
- Übertragziffer ASCII codieren
- Zahl 0 ?
- Zähler - 1
- Zähler 0 ? → ja: fertig / nein: Schleife

Nachpunktstellen dezimal -> dual

- Nachpunktziffern BCD linksbündig
- Dualzähler laden
- **BCD-Zahl * 2**
- Übertrag gibt Binärziffer **0** oder **1**
- Dualzähler - 1
- Zähler 0 ? → ja: fertig / nein: Schleife

BCD-Addition mit Korrektur! Nicht schieben!

2.8 Die Arbeit mit Zeichen und Zahlen

Für die Ausgabe von *Nachpunktstellen* wird der duale Wert laufend mit 10 multipliziert, die Ziffer des Übertrags wird codiert und ausgegeben. Der Abbruch des Verfahrens beim Produkt Null unterdrückt nachfolgende Nullen. Das Unterprogramm `ausfp` gibt den Inhalt der Register R17:R16, der im erweiterten `fmul`-Format 1.14 vorliegt, dezimal aus. Wegen der bei der Eingabe auftretenden Rundungsfehler wäre eine Rundung bei der Ausgabe dringend erforderlich.

```
; ausfp.asm R17:R16 im fmul-Format 1z V.NNNN dezimal ausgeben
ausfp:  push    r16       ; Register retten
        push    r17       ;
        push    r18       ;
        push    r19       ;
        mov     r19,r16   ; R19 = Retter für R16
        ldi     r16,' '   ; lz
        rcall   ausz      ;
        ldi     r16,'0'   ; R16 <- Vorpunktstelle 0 angenommen
        tst     r17       ; Vorpunktstelle ?
        brpl    ausfp1    ; war 0
        ldi     r16,'1'   ; war 1
ausfp1: rcall   ausz      ; Vorpunktstelle ausgeben
        ldi     r16,'.'   ; Punkt
        rcall   ausz      ;
        mov     r16,r19   ; R16 zurück
        lsl     r16       ; Vorpunktstelle entfernen
        rol     r17       ; jetzt nur noch Nachpunktstellen
ausfp2: rcall   mul1016   ; R17:R16 <- R17:R16 / 10  R18 <- Übertrag
        subi    r18,-$30  ; nach ASCII
        mov     r19,r16   ; R19 = Retter
        mov     r16,r18   ; R16 <- Ziffer
        rcall   ausz      ; ausgeben
        mov     r16,r19   ; R16 zurück
        tst     r17       ; Produkt Null ?
        brne    ausfp2    ; nachfolgende Nullen
        tst     r16       ; nicht ausgeben
        brne    ausfp2    ;
        pop     r19       ; Register zurück
        pop     r18       ;
        pop     r17       ;
        pop     r16       ;
        ret               ;
```

Bei der *Eingabe* dezimaler Nachpunktstellen decodiert man die Dezimalziffern und legt sie als BCD-Zahl linksbündig ab. Diese wird durch fortlaufende dezimale Additionen und Dezimalkorrektur mit dem Faktor 2 multipliziert. Die Überträge ergeben die Dualstellen. Das Beispiel wandelt 0.625_{10} nach 0.1010_2.

```
>0.625     Eingabe von drei Ziffern
 .0625     drei BCD-Stellen rechtsbündig
 .6250     vier BCD-Stellen linksbündig
+6250      *2 durch Addition
=======
1.2500     Übertrag abspalten  -> 1  (werthöchste Stelle)
+2500      *2 durch Addition
=======
0.5000     Übertrag abspalten  -> 0
+5000      *2 durch Addition
=======
1.0000     Übertrag abspalten  -> 1
+0000      *2 durch Addition
=======
0.0000     Übertrag abspalten  -> 0  (wertniedrigste Stelle)
0.1010     Ergebnis dual
```

Das Unterprogramm einfp legt die dezimalen Nachpunkstellen bis zur Eingabe einer Nicht-Ziffer auf dem Stapel ab und führt dort die Multiplikation mit dem Faktor 2 durch Addition der Stelle mit sich selbst und anschließende BCD-Korrektur durch. Im Gegensatz zu der im Abschnitt BCD-Arithmetik verwendeten gepackten Darstellung wird in dieser ungepackten Darstellung die Dezimalkorrektur nur für eine Stelle durchgeführt. Die Dualzahl erscheint in den Registern R17:R16 im erweiterten fmul-Format 1.14.

```
; einfp.asm  R17:R16 <- Festpunkteingabe >0.zzz  >1.zzz
einfp:  push    r18     ; Register retten
        push    r19     ;
        push    r20     ;
        push    r21     ;
        push    XL      ;
        push    XH      ;
        push    ZL      ;
        push    ZH      ;
        clr     r17     ; R17 <- 0000 0000 Nachpunkt_High
        rcall   einz    ; R16 <- Vorpunktstelle 0 oder 1 lesen
        cpi     r16,'0' ;
        breq    einfp1  ;   ja:
        cpi     r16,'1' ;
        brne    einfp11 ; nein: Eingabefehler
        ldi     r17,1   ; R17 <- 0000 0001
einfp1: call    einz    ; R16 <- Punkt lesen
        cpi     r16,'.' ; Punkt ?
        brne    einfp11 ; Eingabefehler
```

2.8 Die Arbeit mit Zeichen und Zahlen

```
; Nachpunktstellen einzeln ungepackt nach Stapel
        clr     r18       ; R18 = Ziffernzähler
einfp2: rcall   einz      ; R16 <- Nachpunktziffer
        cpi     r16,'0'   ; < Ziffer 0 ?
        brlo    einfp3    ; ja: fertig
        cpi     r16,'9'+1 ;> 10 ?
        brsh    einfp3    ; ja: fertig
        subi    r16,$30   ; decodieren
        push    r16       ; Dezimalstelle -> Stapel
        inc     r18       ; Ziffernzähler + 1
        rjmp    einfp2    ; neue Eingabe
; alle dezimalen Nachpunktstellen gespeichert
einfp3: in      XL,SPL    ; X <- Stapelzeiger
        in      XH,SPH    ;
        adiw    XL,1      ; auf letzte Stelle
        mov     ZL,XL     ; Z <- Stapelzeiger gerettet
        mov     ZH,XH     ;
        mov     r16,r17   ; R16 <- 0000 000x Nachpunkt_Low
        clr     r17       ; R16 <- 0000 0000 Nachpunkt_High
        ldi     r19,15    ; R19 <- Zähler für duale Nachpunktstellen
einfp4: mov     XL,ZL     ; X <- Stapelzeiger gerettet
        mov     XH,ZH     ;
        mov     r20,r18   ; Ziffernzähler
        clc               ; C <- 0 für erste Addition
; dezimale Multiplikation * 2 durch Addition und Korrektur
einfp5: tst     r20       ; Ziffernzähler Null ?
        breq    einfp8    ; ja: fertig mit Multiplikation
        ld      r21,X     ; R21 <- Stelle vom Stapel
        adc     r21,r21   ; Stelle * 2 mit Carry
        cpi     r21,10    ; Stelle > 10
        brsh    einfp6    ; ja: korrigieren
        clc               ; nein: C <- 0
        rjmp    einfp7    ;
einfp6: subi    r21,-6    ; addi R21,+6 Korrektur
        andi    r21,$0f   ; Maske 0000 1111
        sec               ; C <- 1 Übertrag für nächste Stelle
einfp7: st      X+,r21    ; neue Stelle zurück
        dec     r20       ; Ziffernzähler - 1
        rjmp    einfp5    ;
; Carry nach Dualstellen schieben
einfp8: rol     r16       ;
        rol     r17       ;
        dec     r19       ; Zähler Nachpunktstellen
        brne    einfp4    ; neue Nachpunktstelle
```

```
; Nachpunktstellen fertig: Stapel aufräumen
einfp9:  tst     r18       ; Ziffernzähler Null ?
         breq    einfp10   ; ja
         pop     r21       ; vom Stapel entfernen
         dec     r18       ;
         rjmp    einfp9    ;
einfp10: clc               ; C <- 0: Gut
         rjmp    einfp12   ;
einfp11: sec               ; C <- 1: Fehler
einfp12: pop     ZH        ; Register zurück
         pop     ZL        ;
         pop     XH        ;
         pop     XL        ;
         pop     r21       ;
         pop     r20       ;
         pop     r19       ;
         pop     r18       ;
         ret               ;
```

Es gelten folgende Eingabeformate:

>**0**.12345   Stelle **0** *Punkt* Nachpunktziffern 0 bis 9 Abbruch mit Nicht-Ziffer
>**1**.12345   Stelle **1** *Punkt* Nachpunktziffern 0 bis 9 Abbruch mit Nicht-Ziffer

Bei der Dezimal/Dualwandlung von Nachpunktstellen können Umwandlungsfehler entstehen. Beispiel:

0.4_{10} => $0.0110011001100110 0110......$ Periode 0110
0.4_{10} => 0.01100110_2 + Restfehler bei acht Nachpunktstellen
0.4_{10} => 0.66_{16} => $6/16 + 6/256 = 0.375 + 0.0234375$ => 0.3984375_{10}

Die Rückwandlung der bei acht Nachpunktstellen abgebrochenen Dualzahl in eine Dezimalzahl ergibt 0.3984375_{10} und nicht 0.4_{10} wie zu erwarten wäre.

Für die *Addition* und *Subtraktion* vorzeichenloser dualer Nachpunktstellen im Format 1.14 gelten die gleichen Befehle wie sie im Abschnitt 2.3.3 *Wortoperationen* für vorzeichenlose 16bit Dualzahlen dargestellt wurden. Ein Überlauf bzw. Übertrag entsteht bei einer Addition, wenn die Vorpunktstelle größer als 1 wird; ein Unterlauf bzw. Borgen entsteht, wenn bei einer Subtraktion eine negative Differenz entsteht.

Für die *Multiplikation* stehen nur für die Mega-Familie Befehle zur Verfügung. Die 8bit Faktoren *müssen* in den Registern R16 bis R23 stehen; das 16bit Produkt erscheint *immer* in dem Registerpaar R1 (High-Byte) und R0 (Low-Byte). Anwendungsbeispiele für die vorzeichenbehafteten signed Befehle finden sich in der Hilfefunktion des Assemblers und im Dokument AVR201 der Atmel-Anwendungsbibliothek.

2.8 Die Arbeit mit Zeichen und Zahlen

Befehl	Operand	ITHSVNZC	W	T	Wirkung	nur ATmega-Familie R16 bis R23
fmul	Rd, Rr	ZC	1	2	R1:R0 <- Rd * Rr	*vorzeichenlos * vorzeichenlos*
fmuls	Rd, Rr	ZC	1	2	R1:R0 <- Rd * Rr	*vorzeichenbehaftet * vorzeichenbehaftet*
fmulsu	Rd, Rr	ZC	1	2	R1:R0 <- Rd * Rr	*vorzeichenbehaftet * vorzeichenlos*

Die Festpunktbefehle arbeiten zunächst wie die ganzzahligen `mul`-Befehle, verschieben dann aber zusätzlich das Produkt um eine Bitposition nach links. Das werthöchste Bit gelangt in das Carry-Bit, um das ursprüngliche Format wiederherzustellen. Bei der Multiplikation zweier Faktoren im Format 1.7 ergibt sich das 16bit Produkt im Format 1.14. Die Beispiele zeigen die vier möglichen Fälle in einer verkürzten 4bit Darstellung.

```
 0.5 *  0.5                     0.25
 0100 * 0100 -> 0001 0000 -> C=0 0010 000  nach Verschiebung

 1.25 * 1.25                    1.5625
 1010 * 1010 -> 0110 0100 -> C=0 1010 000  nach Verschiebung

 1.5 *  1.5                     2.25
 1100 * 1100 -> 1001 0000 -> C=1 0010 000  nach Verschiebung

 1.875 * 1.875                  3.515625
 1111 * 1111 -> 1110 0001 -> C=1 1100 0010 nach Verschiebung
```

Die Makro-Anweisung `Mfmulx8` bildet den `fmul`-Befehl durch Software nach. Sie ist in der Headerdatei `Mmuldiv.h` enthalten.

```
; Mfmulx8.asm Makro Softwaremultiplikation R1:R0 <- @0 * @1
        .MACRO   Mfmulx8   ; R1:R0 <- @0 * @1 Nicht R0,R1,R2
        push     r2        ; Register retten
        push     r16       ; Hilfsregister retten
        ldi      r16,8     ; Zähler für 8 Schritte
        mov      r2,r16    ; R2 = Schrittzähler
        pop      r16       ; Hilfsregister zurück
        clr      r1        ; R1 <- Produkt_High löschen
        mov      r0,@1     ; R0 <- Produkt_Low <- Multiplikator
        lsr      r0        ; Multiplikator rechts nach Carry
Mfmulx8a:brcc    Mfmulx8b  ; Carry = 0: nicht addieren
        add      r1,@0     ; Produkt_High + Multiplikand
Mfmulx8b:ror     r1        ; Carry und Produkt_High rechts
        ror      r0        ; Carry und Produkt_Low=Multiplikator rechts
        dec      r2        ; Schrittzähler für 8 Schritte
        brne     Mfmulx8a  ; bis Schrittzähler Null
        lsl      r0        ; Frac-Format
        rol      r1        ;
```

```
            mov     r2,r1           ; Produkt auf Null testen
            or      r2,r0           ; Z-Bit entsprechend Produkt
            pop     r2              ; Register zurück
            .ENDM                   ; R1:R0 <- Produkt  @0 und @1 bleiben
```

Das Beispiel zeigt einen Ausschnitt aus einem Testprogramm, mit dem die Addition, Subtraktion und Multiplikation im Festpunktformat untersucht wurden. Die Operanden wurden mit `einfp` gelesen, Ergebnisse mit `ausfp` ausgegeben.

```
; Arbeitsschleife
loop:       rcall   puts                ; Prompt: Eingabe ->
            ldi     YL,LOW(puffer)      ; Y <- Adresse Eingabepuffer
            ldi     YH,HIGH(puffer)     ;
            rcall   gets                ; Eingabezeile nach Puffer
            rcall   einfp               ; R17:R16 <- 1. Operand
            brcc    PC+2                ; C = 0: kein Eingabefehler
            rjmp    error               ;
            movw    r19:r18,r17:r16     ; R19:R18 <- 1. Operand
            movw    r21:r20,r17:r16     ; R21:R20 <- 1. Operand
            rcall   puts                ; Prompt: Eingabe ->
            ldi     YL,LOW(puffer)      ; Y <- Adresse Eingabepuffer
            ldi     YH,HIGH(puffer)     ;
            rcall   gets                ; Eingabezeile nach Puffer
            rcall   einfp               ; R17:R16 <- 2. Operand
            movw    r23:r22,r17:r16     ; R23:R22 <- 2. Operand
            brcc    PC+2                ; C = 0: kein Eingabefehler
            rjmp    error               ;
; Test der Addition
            add     r16,r18             ; addiere Low
            adc     r17,r19             ; addiere High + Übertrag
            brcc    loop1               ; kein Übertrag
            Mputkon ' '                 ;
            Mputkon 'C'                 ;
loop1:      rcall   ausfp               ; Summe ausgeben
; Test der Subtraktion
            movw    r17:r16,r19:r18     ; R17:R16 <- 1. Operand
            sub     r16,r22             ; subtrahiere Low
            sbc     r17,r23             ; subtrahiere High - Borgen
            brcc    loop2               ; kein Borgen
            Mputkon ' '                 ;
            Mputkon 'C'                 ;
loop2:      rcall   ausfp               ; Differenz ausgeben
; Test des 8bit fmul-Befehls
            Mputkon ' '                 ; lz
            Mputkon '*'                 ; Marke
```

2.8 Die Arbeit mit Zeichen und Zahlen

```
            fmul    r21,r23         ; nur High-Teile multiplizieren
            brcc    loop3           ; kein Übertrag
            Mputkon ' '             ;
            Mputkon 'C'             ;
loop3:      movw    r17:r16,r1:r0   ;
            rcall   ausfp           ; Produkt ausgeben
; Test des 8bit Mfmulx8-Makros
            Mputkon ' '             ; lz
            Mputkon '*'             ; Marke
            Mfmulx8 r21,r23         ; nur High-Teile multiplizieren
            brcc    loop4           ; kein Übertrag
            Mputkon ' '             ;
            Mputkon 'C'             ;
loop4:      movw    r17:r16,r1:r0   ;
            rcall   ausfp           ; Produkt ausgeben
            rjmp    loop            ;
```

Beispiel eines Testlaufs ohne Umwandlungsfehler und ohne Überläufe:

```
Eingabe > 0.5       Summe     Differenz   mul-Befehl   Mfmulx8-Makro
Eingabe > 0.125     0.625     0.375       0.0625       0.0625
```

Beispiel eines Testlaufs ohne Umwandlungsfehler und mit Überläufen, durch **C** markiert:

```
Eingabe > 1.5       Summe     Differenz   mul-Befehl   Mfmulx8-Makro
Eingabe > 1.75    C 1.25    C 1.75      C 0.625      C 0.625
```

Beispiel eines Testlaufs mit Umwandlungsfehlern und ohne Überläufe:

```
Eingabe > 1.0      Summe              Differenz          8bit Produkt
Eingabe > 0.4      1.399993896484375  0.600006103515625  0.3984375
```

Die Ungenauigkeiten der dualen Festpunktarithmetik liegen an den erforderlichen dezimalen Zahlenumwandlungen, die sich umgehen lassen, wenn dezimal eingegeben, gerechnet und ausgegeben wird. Eine reelle BCD-Arithmetik arbeitet z.B. mit vier Vorpunktstellen V3 bis V0 und vier Nachpunktstellen N3 bis N0 in je zwei Bytes und ist frei von Umwandlungsfehlern.

V3 V2	V1 V0	N3 N2	N1 N0
R19	R18	R17	R16

2.8.7 Ganzzahlige Funktionen

Die mathematischen Funktionen wie z.B. Quadratwurzel und Sinus erfordern allgemein eine reelle Arithmetik. Für ganzzahlige Operationen gibt es Näherungs- und Tabellenverfahren. Ein Beispiel ist die Berechnung der Quadratwurzel für ganzzahlige Radikanden mit den Additions-, Subtraktions- und Schiebebefehlen. Das Verfahren geht auf eine Reihenentwicklung des Quadrates zurück. Wegen der vielen Schritte ist es nur für kleine Zahlen brauchbar.

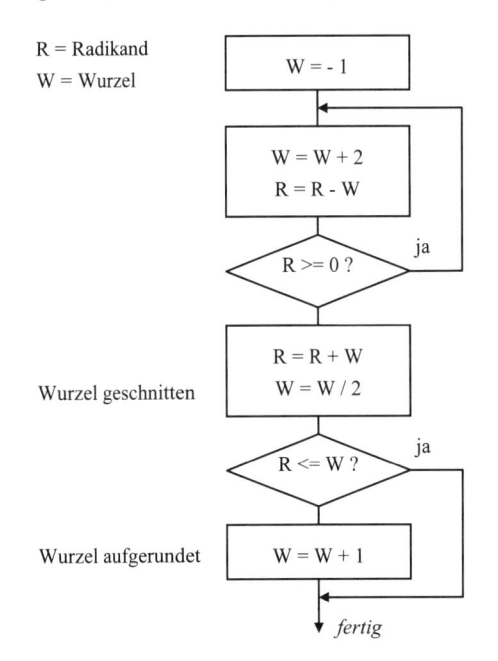

R = Radikand
W = Wurzel

Beispiel: Wurzel aus 21 = 4.5826 = 5 gerundet

Wurzel W	Radikand R	Bemerkung
-1	21	Anfangswerte
1	20=21-1	
3	17=20-3	
5	12=17-5	
7	5=12-7	
9	-4=5-9	Schleifenende
4 = 9/2	5=-4+9	R > W
5 = 4+1		aufgerundet

```
; sqrt.asm R1:R0 <- SQRT(R1:R0) ganzzahlig
sqrt:   push    r24             ; Register retten
        push    r25             ;
        ldi     r24,LOW(-1)     ; R24:R25 = Wurzel
        ldi     r25,HIGH(-1)    ; Anfangswert = -1
sqrt1:  adiw    r24,2           ; W <- W + 2
        sub     r0,r24          ; R <- R - W
        sbc     r1,r25          ;
        brsh    sqrt1           ; R >= 0: weiter
        add     r0,r24          ; R <- R + W
        adc     r1,r25          ; für Rundung
        lsr     r25             ; W <- W / 2
        ror     r24             ; W = Wurzel geschnitten
        cp      r0,r24          ; Vergleich R - W
        cpc     r1,r25          ;
        brlo    sqrt2           ; kleiner: nicht aufrunden
```

2.8 Die Arbeit mit Zeichen und Zahlen

```
        breq    sqrt2           ; gleich: nicht aufrunden
        adiw    r24,1           ; kleiner: +1 zum aufrunden
sqrt2:  mov     r0,r24          ; R0 <- Wurzel Low
        mov     r1,r25          ; R1 <- Wurzel High
        pop     r25             ; Register zurück
        pop     r24             ;
        ret                     ; R1:R0 <- Wurzel
```

Bei einem Testlauf ergaben sich folgende Ergebnisse:

```
Radikand positiv ganz -> 0 => 0
Radikand positiv ganz -> 1 => 1
Radikand positiv ganz -> 21 => 5
Radikand positiv ganz -> 25 => 5
Radikand positiv ganz -> 30 => 5
Radikand positiv ganz -> 65535 => 256
```

Trigonometrische Funktionen wie z.B. Sinus enthalten reelle Werte, für deren Berechnung mit Hilfe von Näherungsverfahren eine reelle Arithmetik erforderlich ist. Das Unterprogramm sinus dagegen legt eine Tabelle mit ganzzahligen Sinuswerten im Speicher ab und greift auf die Werte mit indirekter Adressierung zu. Die Tabellenwerte sind nach der Formel

$$Y = \sin(x) * 127 + 127 \text{ ganzzahlig gerundet}$$

im Speicher abgelegt. Der Faktor *127 beseitigt die Nachpunktstellen, der Summand +127 verschiebt negative Werte in den positiven Bereich. Dadurch ergeben sich für den Winkel x:

```
sin (0)   =  0 -> 127
sin (90)  = +1 -> 254
sin(180)  =  0 -> 127
sin(270)  = -1 -> 0
sin(360)  =  0 -> 127
```

Der ganzzahlige Winkel im Bereich von 0 bis 359 wird ohne Bereichskontrolle zur Anfangsadresse der Tabelle addiert und ergibt die Adresse des Tabellenwertes in R0.

```
; sinus.asm ganzzahlige Sinusfunktion R0 <- SIN(R25:R24) 19 Takte
sinus:  push    ZL                      ; 2 Takte: Register retten
        push    ZH                      ; 2 Takte
        ldi     ZL,LOW(sinustab*2)      ; 1 Takt: Z <- Anfangsadresse
        ldi     ZH,HIGH(sinustab*2)     ; 1 Takt
        add     ZL,r24                  ; 1 Takt: + Grad als Abstand
        adc     ZH,r25                  ; 1 Takt:
        lpm                             ; 3 Takte: R0 <- Tabellenwert
        pop     ZH                      ; 2 Takte: Register zurück
        pop     ZL                      ; 2 Takte:
        ret                             ; 4 Takte: R0 <- Tabellenwert Sinus
```

```
; Sinustabelle  =   sin(Winkel)*127 + 127 ganzzahlig verschoben
;                0   1   2   3   4   5   6   7   8   9
sinustab: .DB 127,129,131,134,136,138,140,142,145,147 ;   0.. 9 Grad
          .DB 149,151,153,156,157,160,162,164,166,168 ;  10.. 19 Grad
          .DB 170,173,175,177,179,181,183,185,187,189 ;  20.. 29 Grad
          .DB 191,192,194,196,198,200,202,203,205,207 ;  30.. 39 Grad
          .DB 209,210,212,214,215,217,218,220,221,223 ;  40.. 49 Grad
          .DB 224,226,227,228,230,231,232,234,235,236 ;  50.. 59 Grad
          .DB 237,238,239,240,241,242,243,244,245,246 ;  60.. 69 Grad
          .DB 246,247,248,248,249,250,250,251,251,252 ;  70.. 79 Grad
          .DB 252,252,253,253,253,254,254,254,254,254 ;  80.. 89 Grad
          .DB 254,254,254,254,254,254,253,253,253,252 ;  90.. 99 Grad
          .DB 252,252,251,251,250,250,249,248,248,247 ; 100..109 Grad
          .DB 246,246,245,244,243,242,241,240,239,238 ; 110..119 Grad
          .DB 237,236,235,234,232,231,230,228,227,226 ; 120..129 Grad
          .DB 224,223,221,220,218,217,215,214,212,210 ; 130..139 Grad
          .DB 209,207,205,203,202,200,198,196,194,192 ; 140..149 Grad
          .DB 191,189,187,185,183,181,179,177,175,173 ; 150..159 Grad
          .DB 170,168,166,164,162,160,158,156,153,151 ; 160..169 Grad
          .DB 149,147,145,142,140,138,136,134,131,129 ; 170..179 Grad
          .DB 127,125,123,120,118,116,114,112,109,107 ; 180..189 Grad
          .DB 105,103,101, 98, 96, 94, 92, 90, 88, 86 ; 190..199 Grad
          .DB  84, 82, 80, 77, 75, 73, 71, 69, 67, 65 ; 200..209 Grad
          .DB  63, 62, 60, 58, 56, 54, 52, 51, 49, 47 ; 210..219 Grad
          .DB  45, 44, 42, 40, 39, 37, 36, 34, 33, 31 ; 220..229 Grad
          .DB  30, 28, 27, 26, 24, 23, 22, 21, 19, 18 ; 230..239 Grad
          .DB  17, 16, 15, 14, 13, 12, 11, 10,  9,  8 ; 240..249 Grad
          .DB   8,  7,  6,  6,  5,  4,  4,  3,  3,  2 ; 250..259 Grad
          .DB   2,  2,  1,  1,  1,  0,  0,  0,  0,  0 ; 260..269 Grad
          .DB   0,  0,  0,  0,  0,  0,  1,  1,  1,  2 ; 270..279 Grad
          .DB   2,  2,  3,  3,  4,  4,  5,  6,  6,  7 ; 280..289 Grad
          .DB   8,  8,  9, 10, 11, 12, 13, 14, 15, 16 ; 290..299 Grad
          .DB  17, 18, 19, 21, 22, 23, 24, 26, 27, 28 ; 300..309 Grad
          .DB  30, 31, 33, 34, 36, 37, 39, 40, 42, 44 ; 310..319 Grad
          .DB  45, 47, 49, 51, 52, 54, 56, 58, 60, 62 ; 320..329 Grad
          .DB  63, 65, 67, 69, 71, 73, 75, 77, 80, 82 ; 330..339 Grad
          .DB  84, 86, 88, 90, 92, 94, 96, 98,101,103 ; 340..349 Grad
          .DB 105,107,109,112,114,116,118,120,123,125 ; 350..359 Grad
```

2.8 Die Arbeit mit Zeichen und Zahlen

Das Programm *Bild 2-25* gibt eine periodische Sinusfunktion auf dem Port B aus, an den ein 8bit Digital/Analogwandler angeschlossen ist. Bei einem Controllertakt von 1 MHz wurde am analogen Ausgang eine Frequenz von ca. 90 Hz gemessen.

```
; k2p21.asm Bild 2-25 Ganzzahlige Sinusfunktion analog ausgeben
; 31 Takte * 360 Werte * 1 us -> 11 ms -> 90 Hz bei 1 MHz
; Port B: Ausgabe Digital/Analogwandler
; Port D: -
        .INCLUDE "m16def.inc"   ; Deklarationen für ATmega16
        .EQU    takt = 8000000  ; Takt 8 MHz
        .DEF    akku = r16      ; Arbeitsregister
        .CSEG                   ; Programm-Flash
        rjmp    start           ; Reset-Einsprung
        .ORG    $2A             ; Interrupteinsprünge übergehen
start:  ldi     akku,LOW(RAMEND); Stapelzeiger laden
        out     SPL,akku        ;
        ldi     akku,HIGH(RAMEND) ;
        out     SPH,akku        ;
        ldi     akku,$ff        ; Bitmuster 1111 1111
        out     DDRB,akku       ; Richtung Port B ist Ausgang
        ldi     r26,LOW(360)    ; R25 <- Endwert Low
        ldi     r27,HIGH(360)   ; R26 <- Endwert High
neu:    clr     r24             ; 1 Takt: R25:R24 <- Anfangswert 0 Grad
        clr     r25             ; 1 Takt
; Arbeitsschleife Abbruch nur mit Reset 12 Takte + 19 Takte Upro sinus
loop:   rcall   sinus           ; 3 Takte: R0 <- SIN(R25:R24)
        out     PORTB,r0        ; 1 Takt:  Ausgabe auf Port B
        adiw    r24,1           ; 2 Takte: Winkel + 1
        cp      r24,r26         ; 1 Takt:  Winkel 360 Grad ?
        cpc     r25,r27         ; 1 Takt:
        breq    neu             ;   ja: 2 Takte + 2 Takte clr
        nop                     ;   nein: 1 Takt  + 1 Takt nop + 2 Takte rjmp
        rjmp    loop            ; 2 Takte springe immer zum Ziel loop
; Unterprogramm sinus hier einfügen
        .INCLUDE "sinus.asm"    ; R0 <- SIN(R25:R24)
        .EXIT                   ; Ende des Quelltextes
```

Bild 2-25: Periodische Ausgabe der Sinusfunktion

Bild 2-26 zeigt die Schaltung des Digital/Analogwandlers am Port B. An den digitalen Eingängen D0 bis D7 liegen die Ausgänge B0 bis B7 des Ports B. Die Referenzspannung ist so eingestellt, dass $00 am Eingang 0 Volt am analogen Ausgang und $FF am Eingang der Ausgangsspannung 2.55 Volt entsprechen.

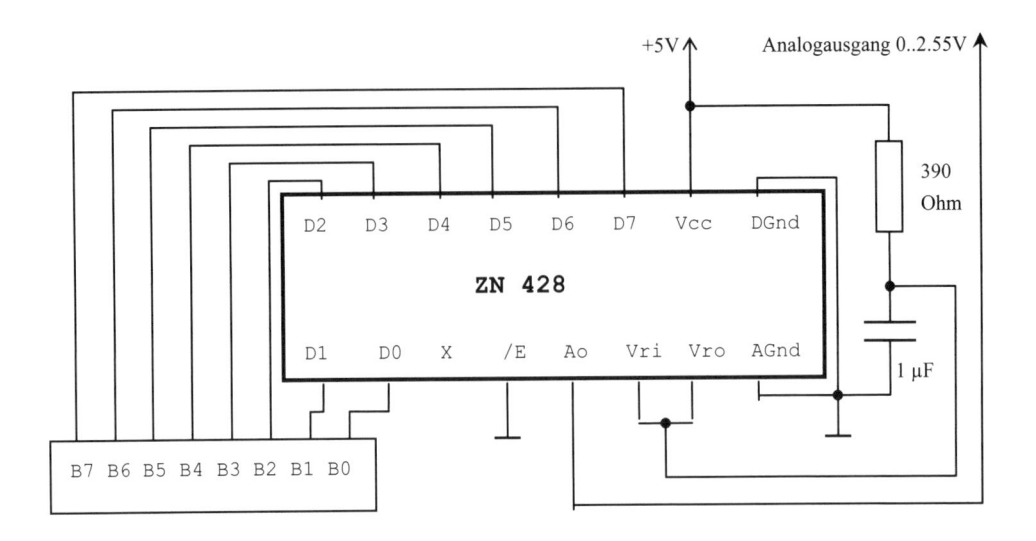

Bild 2-26: Paralleler Digital/Analogwandler am Port B

Funktionen lassen sich im Arbeitsspeicher aufbauen und ausgeben. Das Beispiel speichert eine Dreieckfunktion bestehend aus 256 Bytes in den SRAM Bereich mit der Anfangsadresse $0100, der dann nur durch Inkrementieren des Low-Teils periodisch ausgegeben wird.

```
; Ausgabespeicher mit 256 Funktionswerten füllen
         ldi    XL,LOW(list)    ;
         ldi    XH,HIGH(list)   ;
         ldi    akku,0          ;
anstei:  st     X+,akku         ; 129 Werte von 0 bis 128
         inc    akku            ;
         cpi    akku,128        ;
         brlo   anstei          ; bis Wert = 128
fallen:  st     X+,akku         ;
         dec    akku            ;
         brne   fallen          ; 127 Werte von 127 bis 1
; 256 Bytes Ausgabespeicher periodisch ausgeben
         ldi    XL,LOW(list)    ;
         ldi    XH,HIGH(list)   ;
aus:     ld     akku,X          ; Wert aus Liste
         out    PORTB,akku      ; nach D/A-Wandler
         inc    XL              ; nur Low-Adresse erhöhen
         rjmp   aus             ; Ausgabeschleife
         .DSEG                  ; Datenbereich
         .ORG   $100            ; Low-Adresse muss 00 sein
list:    .BYTE  256             ; 256 Bytes Ausgabespeicher
```

3 C-Programmierung

Die Programmiersprache C wurde erstmalig 1987 als ANSI-Standard genormt. Aus C entstand die Sprache C++ zur **O**bjekt **O**rientierten **P**rogrammierung (OOP). C-Compiler für die Controller der Atmel-AVR-Familien müssen an deren Register- und Befehlssatz sowie an deren Speicherstruktur angepasst sein; Compiler für den PC oder für die Controller anderer Familien bzw. Hersteller sind nicht verwendbar. Der Anhang enthält eine Liste von Firmen, die Compiler und Entwicklungssysteme speziell für die AVR-Controller anbieten. *Bild 3-1* zeigt als Beispiel das Arbeitsfenster der Entwicklungsumgebung winAVR „Programmers Notepad 2 Version v.2.0.5.32" mit dem GNU-Compiler Version 3.4.1. Sie ist frei verfügbar und kann aus dem Internet heruntergeladen werden.

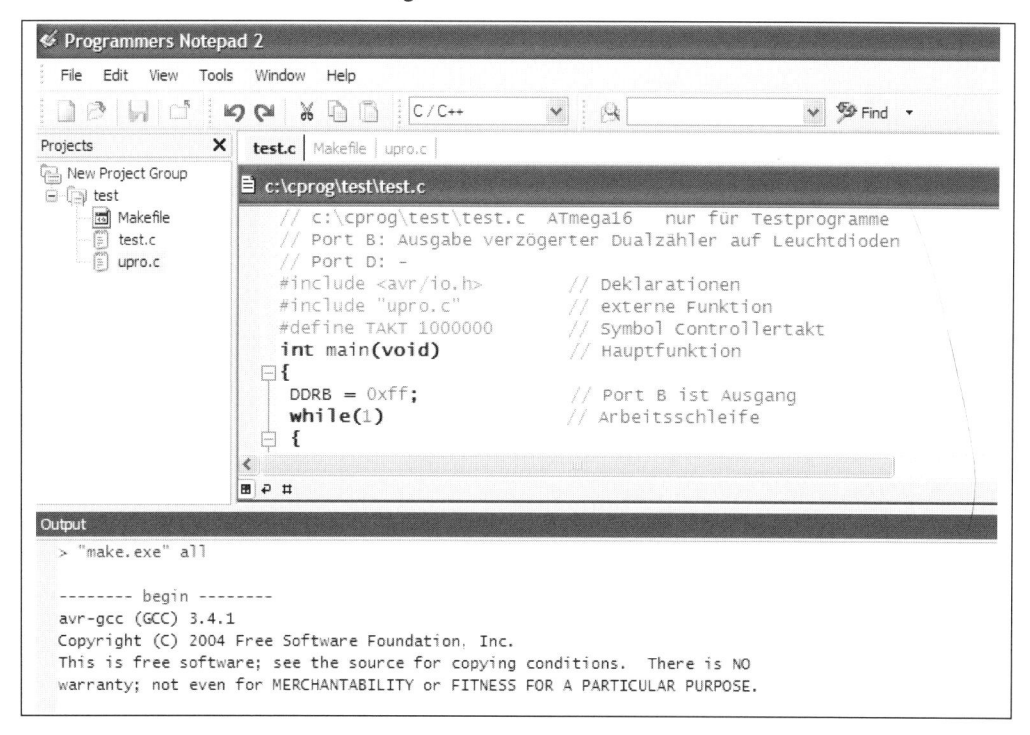

Bild 3-1: Die C-Entwicklungsumgebung winAVR Programmers Notepad 2 (Ausschnitt)

Der Editor der Entwicklungsumgebung markiert farblich die verschiedenen Teile des Quelltextes wie z.B. Kommentare, Präprozessoranweisungen und Kennwörter. Für die Übersetzung und das Laden des Programmcodes in den Baustein werden entsprechend *Bild 3-2* der Compiler, der Linker (Binder) und die Programmiersoftware von `winAVR` aufgerufen.

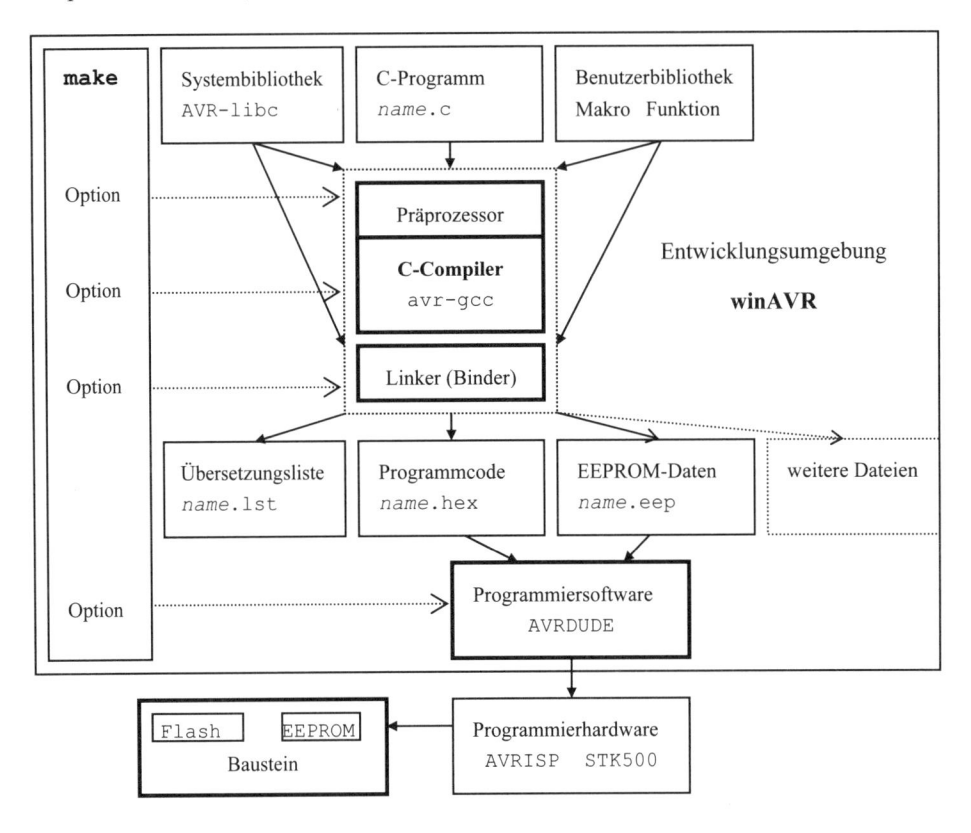

Bild 3-2: Die Entwicklung eines C-Programms mit winAVR (Übersicht)

Der Präprozessor fügt vor der eigentlichen Übersetzung Definitionen, Makroanweisungen und Funktionen in den Quelltext ein. Diese werden einer Systembibliothek `AVR-libc` sowie benutzereigenen Dateien entnommen. Der Linker bindet das vom Compiler übersetzte Maschinenprogramm mit Funktionen der Systembibliothek und mit Benutzerfunktionen zu einem ladbaren Programmcode zusammen, der von einer Programmiersoftware über eine Interfaceschaltung in den Controllerbaustein „gebrannt" wird.

Die Arbeit der als Beispiel dienenden Entwicklungsumgebung `winAVR` wird gesteuert durch Optionen in einer vorgefertigten **makefile**-Datei, in die der Benutzer mindestens den Controllertyp – z.B atmega16 – und den Namen der zu übersetzenden C-Datei – z.B. `test` – einträgt. Weitere Eintragungen betreffen die Optimierung, die Compilerversion und Linkeroptionen sowie Angaben für die Programmiersoftware.

```
#MCU name
MCU = atmega16


#Target file name (without extension)
TARGET = test


#Optimization level, can be [0, 1, 2, 3, s].
OPT = 1


#Compiler flag to set the C Standard level.

#Additional libraries

#Linker flags

#Programming support
```

In einer makefile-Datei kennzeichnet eine Raute **#** anders als in C einen Kommentar. Die Wirkung der Optimierungen lässt sich mit Assemblerkenntnissen in der List-Datei .lst verfolgen. Dies ist auch anzuraten, wenn sich bei der Simulation oder im Testbetrieb unerwartete Ergebnisse zeigen.

Der Compiler legt in einem *Startup*-Teil (Anlaufprogramm) die Interrupttabelle an, kopiert Konstanten und Anfangswerte in den SRAM-Arbeitsspeicher, initialisiert Register und ruft die Hauptfunktion main auf. Dieser Vorgang kann längere Zeit dauern und einen Teil des Programmspeichers belegen. Die verwendete Compilerversion benötigt bei einer leeren Hauptfunktion main {} ca. 140 Bytes Programmspeicher für den Startup. In der Hauptfunktion main werden in einem *Prolog* (Vorspann) von ca. 16 Bytes der Stapel angelegt und Register vorbesetzt. Dann folgt der Code der übersetzten C-Anweisungen, hinter dem in einem *Epilog* (Nachspann) eine unendliche Schleife angeordnet wird, die verhindert, dass das Programm bei fehlerhafter Programmierung in einen undefinierten Bereich gelangt.

Die für die Beispiele verwendete Entwicklungsumgebung winAVR mit dem GNU-Compiler ist das Werk vieler Programmierer, die ohne kommerzielles Interesse und aus lauter Freude an AVR-Controllern ein großartiges Arbeitsmittel geschaffen haben. Wegen der fortlaufenden Weiterentwicklung der Software und mit Rücksicht auf andere Entwicklungssysteme wird versucht, die Beispiele dieses Buches möglichst plattformunabhängig zu gestalten.

3.1 Allgemeiner Aufbau eines C-Programms

Ein Programmtext besteht in C aus einem globalen Vereinbarungsteil und mindestens der Hauptfunktion `main`, in der zwischen den Blockbegrenzungszeichen `{` und `}` die lokalen Vereinbarungen und Anweisungen angeordnet werden. Eine *Deklaration* vereinbart die Eigenschaften z.B. eines benutzerdefinierten Datentyps oder einer Funktion. Mit einer *Definition* wird Speicherplatz für Daten reserviert bzw. Code für Befehle erzeugt. Für „Deklaration" bzw. „Definition" wird oft auch der Begriff „Vereinbarung" verwendet, ohne auf die besonderen Unterschiede zu achten.

3.1.1 Zeichensatz und Bezeichner

Der Zeichensatz für die Eingabe des Programmtextes umfasst die großen und kleinen Buchstaben, die Ziffern und eine Reihe von Sonderzeichen, zu denen auch der Unterstrich _ gehört. Doppelzeichen wie z.B. `/*`, `*/` und `//` müssen immer zusammen geschrieben werden und dürfen nicht durch ein Leerzeichen getrennt werden. Die deutschen Umlaute ä, ö und ü sowie das ß sind nur in Kommentaren und in Texten zulässig. Die Whitespacezeichen Leerzeichen, Tabulator, Wagenrücklauf und Zeilenvorschub dienen als Trennzeichen. Anweisungen werden durch ein Semikolon abgeschlossen, das Komma trennt die Elemente von Aufzählungen. Ein Rückstrich (Backslash `\`) am Ende einer Zeile bedeutet eine Fortsetzung der Eingabe auf der nächsten Zeile.

Bezeichner sind Namen für Variablen und Funktionen. Der Anhang enthält eine Liste von Schlüsselwörtern wie z.B. `main` und von vordefinierten Bezeichnern wie z.B. `PORTB`, die in mit `#include` eingefügten Definitionsdateien enthalten sind und die der Benutzer verwenden aber nicht neu vereinbaren darf. Benutzerdefinierte Bezeichner müssen mit einem Buchstaben oder Unterstrich _ beginnen, danach sind auch Ziffern zulässig. Ein Name wird begrenzt durch Whitespacezeichen wie z.B. Leerzeichen oder durch ein Sonderzeichen wie z.B. den Operator + als Additionszeichen. Standardmäßig unterscheidet der Compiler zwischen großen und kleinen Buchstaben; `MAIN` oder `Main` anstelle von `main` würde eine Fehlermeldung ergeben.

Kommentare, die durch die Doppelzeichen `/*` und `*/` begrenzt werden, können sich über mehrere Zeilen erstrecken; hinter den Doppelzeichen `//` können auch Kommentare bis zum Zeilenende stehen.

```
/* Beispiele für Kommentare und Bezeichner */
void main (void)        // void und main sind Schlüsselwörter
{                       // Anfang des Funktionsblocks
  unsigned char wert;   // wert ist ein benutzerdefinierter Bezeichner
  wert = PIND;          // PIND ist in avr/io.h vereinbart
}                       // Ende des Funktionsblocks
```

3.1.2 Datentypen, Konstanten und Variablen

Datentyp	Länge	Bereich dezimal	Anwendung
`uint8_t` **`unsigned char`**	8 bit	0 .. 255	vorzeichenlose kleine Zahlen, Zähler, Zeichen
`uint16_t` **`unsigned int`**	16 bit	0 .. 65535	vorzeichenlose große Zahlen und Zähler
`uint32_t` `unsigned long`	32 bit	0 .. 4294967295	vorzeichenlose sehr große Zahlen und Zähler

`int8_t`
`char`
`signed char`
	8 bit	-128 .. +127	vorzeichenbehaftete kleine Zahlen

`int16_t`
`int`
`short int`
	16 bit	-32768 .. +32767	vorzeichenbehaftete große Zahlen

`int32_t`
`long`
`long int`
	32 bit	-2147483648 .. +2147483647	vorzeichenbehaftete sehr große Zahlen

`float`	32 bit	$\pm 10^{-37} .. \pm 10^{+38}$	reelle Zahlen mit ca. 7 Dezimalstellen
`double`	64 bit	$\pm 10^{-307} .. \pm 10^{+308}$	reelle Zahlen mit ca. 15 Dezimalstellen
`void`			leer oder unbestimmt oder nicht verwendet

Bild 3-3: Vordefinierte Datentypen (compilerabhängig!)

Anstelle der mit einer Endung `_t` versehenen Datentypbezeichner wie z.B. `uint8_t` werden meist die vordefinierten alternativen Bezeichner wie z.B. `unsigned char` verwendet. Die beiden 8bit Datentypen `char` und `unsigned char` entsprechen am besten dem byteorganisierten Register- und Befehlssatz der AVR-Controller. In einigen Fällen wie z.B. bei Konstanten, Zeigern und Aufzählungsdaten verwendet der Compiler standardmäßig den Datentyp `int`.

Datenkonstanten sind Dezimalzahlen mit den Ziffern 0 bis 9, Hexadezimalzahlen (Basis 16) mit den Ziffern 0 bis 9, A bis F oder a bis f nach dem Doppelzeichen **`0x`** sowie Zeichen zwischen Hochkommata. Ziffernfolgen mit führenden Nullen werden als Oktalzahlen (Basis 8) angesehen, die drei Bits zu einer Ziffer im Bereich von 0 bis 7 zusammenfassen.

```
unsigned char dezi, hexa, zeich, oktal;   // vier Variablen
dezi = 123;      // dezimale Konstante
hexa = 0x8f;     // hexadezimale Konstante
zeich= 'A';      // Zeichenkonstante Buchstabe A
oktal= 010;      // oktal Vorsicht: führende Null gibt dezimal 8
```

Wenn das standardmäßig für Konstanten verwendete 16bit `int`-Format für größere Werte oder bei Teilausdrücken nicht ausreicht, kann eine 32bit Speicherung durch Anhängen von **`l`** oder **L** (signed) bzw. **ul** oder **UL** (unsigned) vorgegeben werden. Das Beispiel berücksichtigt, dass der Wert 153600 des in Klammern stehenden Ausdrucks den 16bit Zahlenbereich überschreitet.

```
#define TAKT 3686400UL          // 32bit Symbolkonstante
#define BAUD 9600UL             // 32bit Symbolkonstante

UBRRL = TAKT / (16UL * BAUD) - 1;    // 32bit Rechnung gibt 23
```

Der untersuchte Compiler berechnet Ausdrücke, die Konstanten oder vorbesetzte Anfangswerte enthalten, bereits zur Übersetzungszeit und liefert eine Meldung *Warning: integer overflow in expression*, wenn der 16bit Wertebereich überschritten wird. Bei Operationen zur Laufzeit findet standardmäßig keine Überprüfung statt.

Zur Ausführung von Steuerfunktionen z.B. eines auf dem PC laufenden Terminalprogramms gibt es als Zeichenkonstanten Escape-Sequenzen, die mit einem Rückstrich (Backslash \) eingeleitet werden. *Bild 3-4* zeigt eine Auswahl.

Zeichen	hexadezimal	dezimal	ASCII	Anwendung
\a	0x07	7	BEL	Bell = Alarm = Hupe
\b	0x08	8	BS	Backspace = Rücktaste
\n	0x0A	10	LF	Line Feed = Zeilenvorschub
\r	0x0D	13	CR	Carriage Return = Wagenrücklauf

Bild 3-4: Escape-Sequenzen zur Terminalsteuerung (Auszug)

Textkonstanten (Strings) werden zwischen Hochkommata gesetzt und vom Compiler automatisch mit einer zusätzlichen Endemarke Null (0x00) versehen. Das Beispiel baut einen Text (String) auf, der auf einer neuen Zeile ausgegeben werden soll.

```
unsigned char meldung[] = "\n\rIhre Eingabe -> ";   // neue Zeile
```

Aufzählungskonstanten werden mit dem Kennwort **enum** vereinbart. Die benutzerdefinierten Bezeichner stehen zwischen den Klammern **{** und **}** in einer Liste. Ohne Wertzuweisung bekommt das erste Element den Wert 0, und alle ohne Wertzuweisung folgenden erhalten einen jeweils um 1 höheren Wert. Dahinter können Aufzählungsvariablen vereinbart werden. Die Variablen und die Werte der Konstanten entsprechen dem Datentyp **int**. Beispiele:

```
enum {FALSE, TRUE};                      // Werte 0 und 1
enum {mo, di, mi, do, fr, sa, so} tag;   // Aufzählungsvariable
enum {eins = 1, zwei, drei, vier, fuenf} note; // Werte 1 bis 5
enum {AN = 0x55, AUS = 0xAA} led;        // direkte Werte
tag = mo;              // Wertzuweisung an Aufzählungsvariable
note = eins + zwei;    // Ausdruck aus Aufzählungkonstanten
led = AN;              // Wertzuweisung an Aufzählungsvariable
```

3.1 Allgemeiner Aufbau eines C-Programms

Variablen sind Speicherstellen, die der Compiler in Registern oder im SRAM-Bereich anlegt. Sie können beim Start des Programms durch Einschalten der Versorgungsspannung oder bei einem Reset einen Anfangswert erhalten. Ihr Inhalt kann durch das Programm verändert werden und ist beim Abschalten der Versorgungsspannung oder bei einem Reset verloren, wenn er nicht durch Anweisungen in den EEPROM-Bereich gerettet wird.

Jede Variable muss vor ihrer Verwendung in Ausdrücken mit einem Datentyp vereinbart werden. Dies geschieht normalerweise in einem Vereinbarungsteil vor den Anweisungen. Ohne Zuweisung eines Anfangswertes haben statische Variablen den Startwert 0; der Inhalt dynamischer Variablen ohne Anfangswert ist unbestimmt. Eine Ausnahme sind die vordefinierten SFR-Register wie z.B. die Ports, die formal wie Variablen behandelt werden, auf die aber immer mit den Portbefehlen direkt zugegriffen wird. Beispiele:

```
unsigned char z, w = 123;  // global statisch vor main
void main (void)
{                          // Anfang des main-Blocks
unsigned char x, y = 0;    // lokal dynamisch in main
DDRB = 0xff;               // vordefinierte SFR-Variable
PORTB++;                   // Ausgabeport Port B um 1 erhöhen
```

Der Ausdruck `PORTB++` wird vom Compiler in die Befehle

```
IN    R24,0x1B    ; Port B nach Register kopieren
SUBI  R24,0xFF    ; Register um 1 erhöhen
OUT   0x1B,R24    ; neuen Wert nach Port B kopieren
```

übersetzt. Ein Assemblerprogrammierer würde anstelle von `SUBI  R24,0xFF` den Befehl `INC  R24` mit der gleichen Länge von einem Wort und der gleichen Ausführungszeit von einem Takt verwenden. Dieses Beispiel zeigt, wie gut der Compiler an die Struktur der AVR-Controller angepasst ist.

Die Programmiersprache C bietet dem Benutzer die Möglichkeit, anstelle der vordefinierten Datentypen eigene Bezeichner zu verwenden und eigene Datentypen zu deklarieren. Mit dem Kennwort **typedef** wird für einen bereits bestehenden Datentyp ein neuer Bezeichner vereinbart. Das Beispiel vereinbart den Datentypbezeichner `byte` im globalen Vereinbarungsteil; er ist in *allen* folgenden Funktionen gültig. Der Datentypbezeichner `word` wird lokal in `main` vereinbart und ist *nur* dort gültig.

```
typedef unsigned char byte;   // neuer globaler Datentyp byte
void main(void)
{                             // Anfang des main-Blocks
typedef unsigned int word;    // neuer lokaler Datentyp word
byte a, b, c;                 // drei Bytevariablen
word x, y, z;                 // drei Wortvariablen
```

Mit **typedef enum** wird ein benutzerdefinierter Aufzählungstyp deklariert. Die Beispiele vereinbaren zwei Datentypen mit den frei gewählten Bezeichnern `logic` und `note` und benutzen sie zur Definition der Variablen schalter und lesen, denen in Ausdrücken Werte zugewiesen werden.

```
/* Deklaration von Aufzählungstypen und Konstanten */
typedef enum {FALSE, TRUE} logic;
typedef enum {eins = 1, zwei, drei, vier, fuenf} note;
/* Definition von Variablen der benutzerdeklarierten Datentypen */
logic schalter = FALSE;    // Variable schalter mit Anfangswert 0
note lesen;                // Variable lesen ohne Anfangswert
/* Verwendung der Variablen in Ausdrücken */
lesen = eins;              // Zuweisung des Wertes 1
schalter = TRUE;           // Zuweisung des Wertes 1
```

Die Variablen der vordefinierten und benutzerdefinierten Datentypen belegen bei den char-Datentypen ein Byte und bei den int-Datentypen zwei Bytes. Der Abschnitt 3.4 behandelt zusammengesetzte Datentypen, bei denen unter einem Bezeichner mehrere Bytes vereinbart und angesprochen werden können.

Feldvariablen oder Felder (Arrays) bestehen aus Elementen des gleichen Datentyps. Beispiel eines eindimensionalen Feldes tab aus fünf Elementen vom Datentyp unsigned char mit Anfangswerten:

```
unsigned char tab[5] = {2,4,6,8,10};    // mit Anfangswerten vorbesetzt
```

Mit der aus der Mathematik bekannten Indizierung lassen sich die Elemente eines Feldes mit einfachen Schleifen ansprechen. Das Beispiel gibt alle fünf Elemente des Feldes tab auf dem Port B aus.

```
/* Ausgabe aller Werte des Feldes */
for(i = 0; i < 5; i++) PORTB = tab[i];    // Ausgabe
```

Strukturen bestehen aus Komponenten unterschiedlicher Datentypen. Beispiel zweier Strukturvariablen lasso und seil mit Komponenten der Datentypen char und int:

```
struct { unsigned char k1;    // Komponente_1 8 bit
         unsigned int k2;     // Komponente_2 16 bit
       } lasso, seil;         // zwei Strukturvariablen
lasso.k1 = 123;               // Wertzuweisung an Komponente
```

Mit *Bitfeldern* als Sonderfall einer Struktur lassen sich einzelne Bitpositionen innerhalb eines Bytes benennen und ansprechen.

```
struct { unsigned char ein : 1;    // Länge 1 bit
         unsigned char aus : 1;    // Länge 1 bit
       } marke;                    // Variable
marke.ein = 0;                     // lösche Bit
marke.aus = 1;                     // setze Bit
```

3.1.3 Gültigkeitsbereich und Lebensdauer

Ein *Block* besteht aus einer Folge von Vereinbarungen bzw. Anweisungen zwischen den Begrenzungszeichen **{** und **}**; hinter der abschließenden Klammer steht kein Semikolon. Die Vereinbarungen werden meist vor den Anweisungen angeordnet. Ein Block bildet den Rumpf einer Funktion wie z.B. von `main` und wird auch an Stellen verwendet, an denen nur eine Anweisung zulässig ist, aber mehrere ausgeführt werden müssen. Ein Block kann weitere Unterblöcke mit eigenen lokalen Größen enthalten.

```
Globale Vereinbarungen außerhalb eines Blocks

{ Vereinbarung_1; Vereinbarung_2; Anweisung_1; Anweisung_2; }

{
 Vereinbarung_1;
 Vereinbarung_2;

 Anweisung_1;
 Anweisung_2;
   {
     Unterblock
   } // Ende Unterblock
} // Ende Block
```

Globale Vereinbarungen werden meist im Kopf eines Programms vor den Funktionsblöcken angeordnet und sind in allen folgenden Blöcken gültig. Globale Variablen liegen im SRAM-Bereich auf festen Adressen und werden ohne Zuweisung eines Anfangswertes mit dem Startwert Null übergeben. Da der Inhalt einer globalen Variablen beim Verlassen eines Blocks erhalten bleibt, lassen sie sich zur Übergabe von Werten zwischen Funktionen, besonders Interruptfunktionen, verwenden.

Lokale Vereinbarungen innerhalb eines Blocks sind nur in diesem Block und gegebenenfalls in seinen Unterblöcken gültig. Damit können die Bezeichner innerhalb einer Funktion unabhängig von anderen Funktionen gewählt werden. Lokale Variablen liegen in Arbeitsregistern oder werden dynamisch auf dem SRAM-Stapel angelegt. Ohne Zuweisung eines Anfangswertes ist ihr Startwert unbestimmt. Beim Verlassen eines Funktionsblocks mit `return` oder beim Erreichen der Endklammer **}** geht ihr Inhalt verloren.

Werden jedoch global vereinbarte Bezeichner nochmals für lokale Größen verwendet, so übersteuern die lokalen Vereinbarungen innerhalb ihres Gültigkeitsbereiches die globalen.

Mit den in *Bild 3-5* zusammengestellten Kennwörtern lassen sich besondere Speichervereinbarungen für die Gültigkeit, die Lebensdauer und die Startwerte treffen.

Kennwort	Anwendung	Beispiel
`auto`	automatisch lokal und dynamisch anlegen	*selten verwendet*
`extern`	bereits außerhalb des Blocks vereinbart	*selten verwendet*
`register`	möglichst in einem Register anlegen	*selten verwendet*
`static`	auf fester Adresse (statisch) anlegen	`static unsigned char a, b;`
`const`	Daten sind konstant und dürfen nicht geändert werden	`const unsigned char x = 7;`
`volatile`	Daten können von außen geändert werden (flüchtig)	`volatile unsigned char x;`

Bild 3-5: Kennwörter für Speicherklassen und Attribute (Auszug)

Die Speicherklassenspezifizierer `auto`, `extern` und `register` werden kaum verwendet, da sie vom Compiler automatisch erkannt bzw. angewendet werden. Mit **static** gekennzeichnete lokale Variablen sind nur innerhalb des vereinbarten Blocks gültig, behalten aber ihren Wert auch nach dem Verlassen des Blocks, da sie auf festen Adressen (statisch) angelegt werden. Ohne Zuweisung eines Anfangswertes ist ihr Startwert Null.

Das Attribut **const** kennzeichnet Größen, die den bei der Vereinbarung zugewiesenen Wert nicht ändern dürfen. Der verwendete Compiler legte für diese benannten Konstanten keine Speicherstellen an, sondern setzte die zugewiesenen Werte in die entsprechenden Anweisungen ein. Das Attribut **volatile** (flüchtig) kennzeichnet Variablen, die außerhalb der Programmkontrolle z.B. durch Hardware oder einen Interrupt verändert werden können. Daher muss der Compiler immer auf den entsprechenden Speicher zugreifen und darf keine Optimierungen vornehmen, um überflüssige Anweisungen wegzurationalisieren.

In dem Beispiel muss die lokale Variable `x` in der Funktion `test` zu **static** erklärt werden, damit ihr Wert zwischen den Aufrufen erhalten bleibt. Ohne **volatile** für das lokale `x` in `main` würde der Compiler das `if` des Speichertests wegoptimieren, da sich der Wert von `x` nicht ändert, und der Speichertest würde nicht ausgeführt werden.

```
unsigned char a;                    // global in allen Blöcken
void test(void)
{                                   // Anfang des Funktionsblocks von test
 static unsigned char x;            // lokal in test statisch Startwert Null
 PORTB = x++;                       // bei jedem Aufruf um 1 erhöht
}                                   // Ende des Funktionsblocks von test
void main(void)
{                                   // Anfang des main-Funktionsblocks
 volatile unsigned char x;          // lokal in main flüchtig
 while(1)
 {                                  // Anfang des Schleifenblocks
  test();                           // Funktionsaufruf erhöht Zähler
  x = 0xff;
  if (x == 0xff) PORTD = 0x55; else PORTD = 0xaa;   // Speichertest
 }                                  // Ende des Schleifenblocks
}                                   // Ende des main-Funktionsblocks
```

3.1.4 Präprozessoranweisungen

Der *Präprozessor* ist der Teil des Compilers, der den Programmtext vor der eigentlichen Übersetzung bearbeitet durch Einfügen von Dateien, Umwandeln von Makroanweisungen und bedingtes Übersetzen.

Die in *Bild 3-6* zusammengestellten Präprozessoranweisungen beginnen mit dem Zeichen # und erstrecken sich bis zum Ende der Zeile und werden nicht wie Vereinbarungen und Anweisungen durch ein Semikolon abgeschlossen. Sollten mehrere Zeilen für eine Anweisung erforderlich sein, so kennzeichnet ein Rückstrich \ vor dem Zeilenende, dass der Präprozessor die folgende Zeile anhängen soll. Hinter den bedingten Präprozessoranweisungen können beliebig viele Präprozessor- oder Programmzeilen stehen.

In Pfadangaben kann für den Rückstrich \ auch ein Schrägstrich / verwendet werden; also `<avr/io.h>` für `<avr\io.h>`. Mit `#define` vereinbarte Symbole schreibt man üblicherweise, aber nicht zwingend, mit großen Buchstaben, um sie von den übrigen Vereinbarungen zu unterscheiden. Vom System vordefinierte Symbole beginnen oft mit einem oder zwei Unterstrichen _.

Anweisung	Operand	Anwendung	Beispiel
`#include`	`<Datei>`	Datei aus Standardordner einfügen	`#include <avr/io.h>`
`#include`	`"Datei"`	Datei aus Benutzerordner einfügen	`#include "konsole.h"`
`#define`	NAME	Symbol vereinbaren	`#define TEST`
`#define`	NAME text	Symbol für Text vereinbaren	`#define TEST 1`
`#define`	NAME(Argumente)	siehe 3.1.6 Makroanweisungen	`#define ADD(x,y) x + y`
`#undef`	NAME	Symbolvereinbarung aufheben	`#undef TEST`
`#if`	Ausdruck	bei wahr Folgezeilen ausführen	`#if (TEST == 1)`
`#if`	defined NAME	bei definiert Folgezeilen ausführen	`#if defined TEST`
`#ifdef`	NAME	bei definiert Folgezeilen ausführen	`#ifdef TEST`
`#ifndef`	NAME	bei nicht definiert Folgezeilen ausf.	`#ifndef TEST`
`#else`		bei nicht erfüllt Folgezeilen ausf.	
`#elif`	Ausdruck	wie `#else` dann `#if` Ausdruck	`#elif (TEST == 2)`
`#endif`		beendet `#if` `#else` `#elif`	
`#error`	`"String"`	Übersetzung mit Meldung abbrechen	`#error "Fehler"`
`#pragma`	*compilerabhängig*	Compilerabhängige Anweisungen	
`\`		Folgezeilen anhängen	`#error "Fehler\` `meldung"`

Bild 3-6: Präprozessoranweisungen (Auszug)

Präprozessoranweisungen sollten möglichst im globalen Vereinbarungsteil angeordnet werden, lassen sich aber auch im Testbetrieb zum Ausblenden bestimmter Programmteile verwenden. Ist in dem Beispiel das Symbol TEST bereits definiert, so wird die Übersetzung mit einer Fehlermeldung abgebrochen, anderenfalls wird für das Symbol TEST der Wert 1 vereinbart. In der Hauptfunktion `main` wird der Wert des Symbols für eine bedingte Compilierung verwendet, die ausgeblendeten Programmteile werden nicht auf Fehler untersucht. Die Einrückungen der bedingten Zweige machen das Programm lesbarer.

```
#include <avr/io.h>          // io.h aus Ordner C:\WinAVR\avr\include\avr
#ifdef TEST                  // ist TEST schon definiert?
 #error "TEST schon definiert"  // bei "ja" Fehlermeldung und Abbruch
#else
 #define TEST 1              // bei "nein" definiere TEST Wert 1
#endif
void main(void)
{
 DDRB=0xff;                  // Anweisung immer compilieren
 #if TEST==1                 // wenn TEST den Wert 1 hat
  PORTB = 0x11;              // dann Anweisung compilieren
 #elif TEST==2               // wenn TEST den WERT 2 hat
  PORTB = 0x22;              // dann Anweisung compilieren
  PORTD = 0x22;              // dann Anweisung compilieren
 #endif
}
```

Die bedingten Präprozessoranweisungen sind ein wertvolles Mittel, um Programme unabhängig vom Controllertyp zu gestalten. Das Beispiel programmiert die asynchrone serielle Schnittstelle für die Datenübertragung von und zu einem PC. Die UART-Schnittstelle der Controllerfamilien Tiny und Classic hat einen anderen Aufbau als die USART-Schnittstelle der Megafamilie mit der erweiterten synchronen Betriebsart sowie mit neuen Registern und anders vordefinierten Symbolen. Die bedingte Compilierung unterscheidet die beiden Fälle durch das vordefinierte Symbol UBRRL.

```
#ifdef UBRRL                                    // USART-Schnittstelle
 UBRRL = (TAKT / (8 * BAUD)) - 1;               // Baudrate
 UCSRA |= (1 << U2X);                           // Taktverdopplung
 UCSRB |= (1 << TXEN) | (1 << RXEN);            // Sender und Empfänger ein
 UCSRC |= (1 << URSEL) | (1 << UCSZ1) | (1 << UCSZ0);
#else                                           // UART-Schnittstelle
 UBRR = (TAKT / (16 * BAUD)) - 1;               // Baudrate
 UCR |= (1 << TXEN) | (1 << RXEN);              // Sender und Empfänger ein
#endif
 x = UDR;                                       // für beide Schnittstellen
```

3.1.5 Makro-Anweisungen und Funktionen

Eine *Makro-Anweisung* ist der Sonderfall einer `#define`-Anweisung mit offenen Stellen (Argumenten oder Parametern), die beim Aufruf durch aktuelle Werte ersetzt werden. Dies geschieht zur Übersetzungszeit durch den Präprozessor. Direkt hinter dem Symbol steht in runden Klammern eine Liste von formalen Argumenten (Parameter, Platzhalter, dummy), die auch in einem durch mindestens ein Leerzeichen getrennten Text erscheinen.

> `#define` NAME(formale Argumente) Text mit formalen Argumenten

In dem Beispiel sind `port` und `wert` Argumente, die in dem Text `port = wert` erscheinen. Dieser besteht aus einer einfachen Wertzuweisung.

```
#define INIT(port,wert) port = wert   // Makrodeklaration
```

Erscheint das Symbol im Programmtext, so baut der Präprozessor den Text in das Programm ein und setzt dabei die aktuellen Argumente anstelle der formalen ein.

> NAME (aktuelle Argumente)

In dem Beispiel ersetzt `DDRB` das formale Argument `port` und die Konstante `0xff` ersetzt das formale Argument `wert`.

```
INIT(DDRB,0xff);     // Makroaufruf wirkt wie DDRB = 0xff;
```

Makros können in Ausdrücken erscheinen und auch Ausdrücke als aktuelle Argumente enthalten. Dann müssen bei der Deklaration die entsprechenden Vorrangklammern gesetzt werden. Das Beispiel vereinbart zwei Makro-Anweisungen zur Addition zweier Zahlen, die sich nur in der Klammerung unterscheiden:

```
#define PLUS(a,b) a + b           // ohne Klammern
#define ADD(a,b) ((a) + (b))      // mit Sicherheitsklammern
```

Beim Aufruf der beiden Makro-Anweisungen mit einfachen Argumenten in einer einfachen Zuweisung ergeben sich erwartungsgemäß die gleichen Werte.

```
/* Aufruf der Makroanweisungen mit einfachen Argumenten */
 PORTB = PLUS(1,2);            // gibt den Wert 3
 PORTD = ADD(1,2);             // gibt den Wert 3
```

Makro-Anweisungen können mehrmals mit unterschiedlichen Argumenten aufgerufen werden und werden jedesmal an der Stelle des Aufrufs in den Programmtext eingebaut. Beim erneuten Aufruf der Makros mit dem Ausdruck `1+1` für das Argument a und `1+2` für das Argument b in einem Ausdruck, der die beiden Makros multipliziert, ergeben sich wesentliche Unterschiede. Der untersuchte Compiler berechnete für die nichtgeklammerte Version den Wert 9 und für die mit Klammern versehene den Wert 25.

```
/* erneuter Aufruf mit Ausdrücken in einem Ausdruck */
 PORTB = PLUS(1+1, 1+2) * PLUS(1+1, 1+2);   // gibt den Wert 9
 PORTD = ADD(1+1, 1+2) * ADD(1+1, 1+2);     // gibt den Wert 25
```

Das abschreckende Beispiel zeigt, dass bei der Vereinbarung von Makros Argumente und Ausdrücke geklammert werden sollten, um Konflikte in der Rangfolge von Operationen zu vermeiden. Die Argumentenliste muss ohne Leerzeichen direkt hinter dem Namen stehen.

> **#define** NAME(Argumentenliste)   ((Argument)   (Argument))

Makro-Anweisungen werden auch funktionsartige (function-like) Makros oder auch „inline-Funktionen" genannt, da sie wie Funktionen Argumente enthalten. Ein Sonderfall sind mit `inline` gekennzeichnete Funktionen, die der Compiler nicht wie eine Funktion aufruft, sondern wie ein Makro in den Code einbaut. Beispiel:

```
inline unsigned char get_D(void)
{
 return PIND;
}
```

Funktionen sind Unterprogramme, die aus Vereinbarungen und Anweisungen bestehen. Sie bilden einen besonderen Programmteil, der nur einmal vorhanden ist. Eine Funktion wird zur Laufzeit des Programms bei jedem Aufruf angesprungen und kehrt an ihrem Ende an die Stelle des Aufrufs zurück. In Abschnitt 3.5 werden Funktionen ausführlich behandelt.

Die *Definition* einer Funktion erfolgt üblicherweise vor ihrem Aufruf, also vor `main`, mit einem Bezeichner als Funktionsnamen. Der Ergebnistyp `void` gibt an, dass kein Ergebnis mit `return` zurückgeliefert wird; eine leere Argumentenliste wird ebenfalls mit `void` gekennzeichnet.

> **Ergebnistyp** *Bezeichner* (Liste formaler Argumente)
> {
> lokale Vereinbarungen;
> Anweisungen;
> **return** *Wert*;   // entfällt bei Ergebnistyp `void`
> }

Der *Aufruf* einer Funktion erfolgt mit ihrem Bezeichner und, wenn vereinbart, mit einer Liste aktueller Argumente, die an die Stelle der formalen Argumente treten.

> *Funktionsbezeichner* (Liste aktueller Argumente)

3.1 Allgemeiner Aufbau eines C-Programms

Bei umfangreichen Programmen mit vielen Makros und Funktionen ist es zweckmäßig, diese in eigene Dateien zu verlagern und sie mit **#include** "Datei.Typ" in den Programmtext einzufügen. In den Beispielen stimmen der Dateiname und der Bezeichner überein.

```
#include "init.c"    // Datei enthält Makrodefinition INIT
#include "eind.c"    // Datei enthält Funktion eind
#include "ausb.c"    // Datei enthält Funktion ausb
```

Header-Dateien fassen mehrere include-Anweisungen und globale Vereinbarungen in einer Datei, üblicherweise vom Dateityp .h, zusammen. In dem Beispiel enthält upros.h die drei oben genannten include-Anweisungen. Sie werden mit

```
#include "upros.h"   // upros.h enthält drei include-Anweisungen
```

in das Programm eingefügt. In den Programmbeispielen wird von der Möglichkeit, extern gespeicherte Makros und Funktionen zu verwenden, häufig Gebrauch gemacht, um die Programme kürzer und übersichtlicher zu gestalten.

Ein C-System enthält neben dem Präprozessor, der den Programmtext vorbereitet, und dem C-Compiler, der die eigentliche Übersetzung vornimmt, noch Systembibliotheken mit vordefinierten Typen, Werten, Makros und Funktionen. Für den GNU-Compiler der AVR-Familien werden sie in dem Dokument „avr-libc" beschrieben. Ein Beispiel ist die Systemdatei io.h, deren Vereinbarungen vom Präprozessor mit #include <avr/io.h> eingebaut werden.

Datei	Aufgabe bzw. Beispiele in Abschnitt
`<avr/boot.h>`	Der selbstprogrammierbare Boot-Bereich (nur Mega-Familie)
`<avr/crc16.h>`	CRC-Berechnung für Datensicherung
`<avr/eeprom.h>`	Die Adressierung des EEPROM-Bereiches
`<avr/interrupt.h>`	Interrupt und Systemsteuerung
`<avr/io.h>`	**Operationen mit dem SFR-Bereich**
`<avr/pgmspace.h>`	Die Adressierung des Flash-Speicherbereiches
`<avr/sfr_defs.h>`	Operationen mit dem SFR-Bereich
`<avr/signal.h>`	Interrupt und Systemsteuerung
`<avr/sleep.h>`	Interrupt und Systemsteuerung
`<avr/wdt.h>`	Interrupt und Systemsteuerung
`<ctype.h>`	Felder mit Unterabschnitt Zeichen und Zeichenketten (Strings)
`<errno.h>`	Fehlerbehandlung
`<inttypes.h>`	Datentypen, Konstanten und Variablen
`<math.h>`	Mathematische Bibliotheksfunktionen
`<setjmp.h>`	Sprünge zwischen Funktionsblöcken
`<stdio.h>`	Standard-Eingabe und Ausgabe von Zeichen und Zahlen auf externem Gerät
`<stdlib.h>`	Standard-Hilfsfunktionen
`<string.h>`	Felder mit Unterabschnitt Zeichen und Zeichenketten (Strings)

3.2 Operationen

Das Rechenwerk der AVR-Controller führt standardmäßig Byteoperationen mit 8bit Operanden in den Registern durch. Daneben gibt es Bitoperationen für SFR-Register und Wortoperationen für Adressrechnungen (Zeiger). Es ist Aufgabe des Compilers, die formelmäßig ausgedrückten Operationen aller Datentypen, auch der langen ganzzahligen und reellen, auf diese Grundoperationen zurückzuführen. Im Hinblick auf schnellen und kurzen Code ist es zweckmäßig, möglichst die `char`-Datentypen zu verwenden. Es besteht jedoch keine Möglichkeit, den Überlauf oder Unterlauf eines Zahlenbereiches abzufangen.

Ein *Ausdruck* besteht aus Konstanten, Variablen, Funktionsergebnissen und Elementen der zusammengesetzten Datentypen Feld und Struktur, die durch Operatoren verknüpft werden. Der *Wert* des berechneten Ausdrucks kann einer Variablen zugewiesen werden oder zur Steuerung einer bedingten Anweisung dienen.

3.2.1 Gemischte Ausdrücke

Werden bei der Berechnung von Ausdrücken bzw. bei der Zuweisung von Werten Operanden unterschiedlicher Datentypen miteinander verknüpft, erzeugt der Compiler automatisch entsprechende Befehle zur Anpassung der Datenformate. Die wichtigsten Regeln lauten:

- Ausdrücke werden in dem Datenformat berechnet, das den größten Wertebereich umfasst; die Daten der kleineren Formate werden dabei erweitert.
- Bei einer Zuweisung wird der Wert des rechts stehenden Ausdrucks in das Format des links stehenden L-Value umgeformt und abgespeichert.
- Bei der Verkürzung eines Operanden werden die höherwertigen Stellen abgeschnitten.
- Bei der Ausdehnung eines Operanden werden bei `signed` Typen Vorzeichen und bei `unsigned` Typen Nullen aufgefüllt.
- Da Konstanten als 16bit `signed int` angesehen werden, müssen größere Werte besonders gekennzeichnet werden.
- Für 32bit `long int` Konstanten wird **l** oder **L** an die Ziffernfolge angehängt; für 32bit `unsigned long` Konstanten wird **ul** oder **UL** an die Ziffernfolge angehängt.
- Durch Vorsetzen eines Typ- oder Castoperators (Rang 2!) wird eine ausdrückliche Umformung des Ausdrucks in das angegebene Datenformat vorgenommen.

> **(Datentypbezeichner)** Ausdruck

Das Beispiel setzt zwei 8bit Ziffern, die in jeweils einem Byte stehen, zu einer zweistelligen Zahl in einem 16bit Wort zusammen. Dabei werden Bytes zunächst zu Wörtern ausgedehnt.

```c
unsigned char zehner = 1, einer = 2;      // zwei Ziffern
unsigned int zahl;                         // zweistellige Zahl
zahl = ( (unsigned int) zehner << 8) | (unsigned int) einer;
```

3.2 Operationen

Die automatische Typumformung ist abhängig vom Compiler und seinen Einstellungen. In der untersuchten Version werden Ausdrücke, die Konstanten enthalten, möglichst schon zur Übersetzungszeit vom Compiler berechnet. Das Beispiel ermittelt den Teiler der USART-Schnittstelle aus dem Controllertakt und der Baudrate. Abschreckendes Beispiel:

```
#define TAKT 3686400ul            // 32bit Symbolkonstante
#define BAUD 9600                 // 16bit Symbolkonstante ohne ul

UBRRL = TAKT / (16 * BAUD) - 1;   // gibt den falschen Wert -94
UBRRL = TAKT / (16ul * BAUD) - 1; // gibt den richtigen Wert 23
```

In der ersten Formel wurde der geklammerte Ausdruck (16 * BAUD) in der Länge 16 bit zur Übersetzungszeit falsch berechnet, obwohl die 32bit Konstante TAKT in dem Ausdruck der rechten Seite enthalten ist. Allerdings erschien die Meldung *Warning: integer overflow in expression*, da in dem Beispiel das Produkt 16 * 9600 = 153600 den 16bit Wertebereich überschreitet. Es ist daher zweckmäßig, bereits bei der Vereinbarung von Konstanten und Variablen den Zahlenbereich zu berücksichtigen. Korrektes Beispiel:

```
#define TAKT 3686400UL            // 32bit Symbolkonstante
#define BAUD 9600UL               // 32bit Symbolkonstante
void main(void)
{
 unsigned long takt = 3686400ul;  // 32bit Anfangswert
 unsigned long baud = 9600ul;     // 32bit Anfangswert
 /* Berechnung zur Laufzeit über Maschinenbefehle    */
 UBRRL = takt / (16 * baud) - 1;  // gibt richtig 23
 /* Berechnung durch den Compiler zur Übersetzungszeit */
 UBRRL = TAKT / (16 * BAUD) - 1;  // gibt richtig 23
```

Das folgende Beispiel zeigt drei Makroanweisungen zur Umformung von 8bit und 16bit Werten mit Schiebeoperationen und einer logischen UND-Maske. Die Typoperatoren erzwingen eine ausdrückliche Typumwandlung.

```
#define HIGH(x)   ((unsigned char)((x) >> 8))        // High-Byte
#define LOW(x)    ((unsigned char)((x) & 0x00ff))    // Low-Byte
#define MINT(x,y) ((((unsigned int)(x)) << 8) | (unsigned int)(y))
void main(void)
{
 unsigned char a, b;        // zwei Byte-Variablen
 unsigned int test;         // eine Wort-Variable
 a = PINB;                  // Byte lesen
 b = PIND;                  // Byte lesen
 test = MINT(a, b)          // Wort aus Bytes zusammensetzen
 PORTB = HIGH(test);        // High-Byte des Wortes ausgeben
 PORTD = LOW(test) ;        // Low-Byte des Wortes ausgeben
}
```

3.2.2 Arithmetische und logische Operationen

Unäre Operatoren wie z.B. Vorzeichen sind an einen meist dahinter stehenden Operanden gebunden, *binäre* wie z.B. Rechenzeichen stehen zwischen den zu verknüpfenden Operanden. Der *Rang* gibt die Reihenfolge an, in der die Operatoren in Ausdrücken angewendet werden; Rang 1 wird zuerst und Rang 15 wird zuletzt behandelt. Wie in der Mathematik wird also die Multiplikation mit dem Rang 3 vor der Addition mit dem Rang 4 ausgeführt. Die *Richtung* gibt an, in welcher Reihenfolge gleichrangige Operatoren zu behandeln sind.

Rang	Richtung	Operator	Typ	Wirkung	Beispiel
1	-->	Name ( )	unär	liefert Funktionsergebnis	x = inp(PIND);
1	-->	( )	unär	runde Formelklammern	x = (a + b) * 3;
1	-->	[ ]	unär	eckige Klammern für Felder	x = tab[1];
2	<--	(Typ)	unär	Typumwandlung	x = (**unsigned char**)y;
14	<--	=	binär	Wertzuweisung	x = a + b;
15	-->	,	binär	Folge von Ausdrücken	a = 1, b = 2;

Runde Klammern mit dem höchsten Rang lassen sich wie in der Mathematik beliebig tief schachteln und werden von innen nach außen berechnet. Der Kommaoperator hat die niedrigste Rangstufe und wird nach allen anderen Operatoren ausgeführt; die Berechnung der Teilausdrücke erfolgt von links nach rechts. Die beiden Beispiele für eine Folge von Ausdrücken und eine mehrfache Zuweisung sind korrekt aber ungewöhnlich.

```
a = a * (b + c);      // erst Klammerinhalt b + c dann a * Summe
x = (a=1, b=2, c=3);  // Folge a=1 dann b=2 dann c=3 ergibt x = 3
a = b = c = 1;        // Mehrfachzuweisung c = 1 dann b = c dann a = b
```

Der Zuweisungsoperator = kopiert den Wert des rechts stehenden Ausdrucks in den links stehenden „L-Value", so z.B. in eine Variable, in ein Feldelement oder in eine Strukturkomponente. Erst durch ein Semikolon wird ein Ausdruck zu einer Wertzuweisung oder Ausdruckanweisung.

$$\boxed{\text{L-Value = Ausdruck;}}$$

Man beachte, dass die Zeichen Wagenrücklauf und Zeilenvorschub einer neuen Zeile, die sich verdeckt im Programmtext befinden, wie die anderen Whitespacezeichen Tabulator und Leerzeichen nur der Lesbarkeit des Textes dienen und keine Bedeutung haben, also auch nicht das Semikolon ersetzen können. Beispiele:

```
a = 1; b =2; c = 3;   // drei Wertzuweisungen auf einer Zeile
x = 3                 // Fehler: hier fehlt das Semikolon!!!
y = 4;                // Fehlermeldung: parse error before "y"
```

3.2 Operationen

Rang	Richtung	Operator	Typ	Wirkung	Beispiel
2	<--	+op -op	unär	positives Vorzeichen negatives Vorzeichen	x = + a; x = - a;

2	<--	op++
		++op
		op--
		--op
			unär	erst bewerten, dann + 1
				erst + 1, dann bewerten
				erst bewerten, dann - 1
				erst - 1, dann bewerten
					x++; // x = x + 1
					++x; // x = x + 1
					x--; // x = x - 1
					--x; // x = x - 1

3	-->	op * op
		op / op
		op % op
			binär	Multiplikation
				Divisionsquotient
				Divisionsrest
					x = a * b;
					x = a / b;
					y = a % b;

4	-->	op + op op - op	binär	Addition Subtraktion	x = a + b; x = a - b;

14	<--	op *= op
		op /= op
		op %= op
		op += op
		op -= op
			binär	erst * dann zuweisen
				erst / dann zuweisen
				erst % dann zuweisen
				erst + dann zuweisen
				erst - dann zuweisen
					x *= y; // x = x * y;
					x /= y; // x = x / y;
					x %= y; // x = x % y;
					x += y; // x = x + y;
					x -= y; // x = x - y;

Wie in der Mathematik werden nach der Regel „Punktrechnung geht vor Strichrechnung" Multiplikation und Division vor Addition und Subtraktion ausgeführt. Bei der Division der ganzzahligen Datentypen `char` und `int` liefert der Operator `/` den ganzzahligen Quotienten und der Operator `%` den ganzzahligen Divisionsrest. Beispiel:

```
unsigned char x = 9, quot, rest;  // Typvereinbarung mit Anfangswert
quot = x / 4;                     // ergibt Quotient 2
rest = x % 4;                     // ergibt Rest 1
```

Die Zähloperatoren `++` bzw. `--` dürfen nur auf Variablen – allgemein L-Value – angewendet werden. Stehen sie *hinter* einer Variablen, so wird zunächst mit dem alten Wert gerechnet, erst danach wird der Inhalt um 1 erhöht bzw. vermindert. Stehen sie *vor* der Variablen, so erfolgt die Zähloperation zuerst, und danach wird mit dem neuen Wert gerechnet. Beispiele für die Anordung der Zähloperatoren vor bzw. hinter der Variablen.

```
unsigned char i=1, j=2, x;   // Typvereinbarung mit Anfangswerten
x = i++;                     // wirkt wie x = i; dann i = i + 1;
x = --i;                     // wirkt wie i = i - 1; dann x = i;
j++;                         // wirkt wie j = j + 1; oder j += 1;
```

In C sind standardmäßig keine Einzelbitvariablen und Einzelbitbefehle vorgesehen. Wenn der Compiler keine entsprechenden Makros oder Funktionen zur Verfügung stellt, müssen *Bitoperationen* mit logischen Operatoren und Schiebeoperatoren vorgenommen werden. Die logischen Operatoren lassen sich wie die arithmetischen auf alle Datentypen anwenden.

Rang	Richtung	Operator	Typ	Wirkung	Beispiel
2	<--	~op	unär	logisches NICHT Einerkomplem.	x = ~ a;
8	-->	op & op	binär	logisches UND	x = a & 0x00ff;
9	-->	op ^ op	binär	logisches EODER	x = a ^ b;
10	-->	op | op	binär	logisches ODER	x = a | b;

14	<--	op &= op
		op ^= op
		op |= op
			binär	erst & dann zuweisen
				erst ^ dann zuweisen
				erst | dann zuweisen
					x &= y; // x = x & y;
					x ^= y; // x = x ^ y;
					x |= y; // x = x | y;

- Eine UND-Maske löscht alle Bitpositionen, in denen die Maske eine 1 hat.
- Eine EODER-Maske komplementiert alle Bitpositionen, in denen die Maske eine 1 hat.
- Eine ODER-Maske setzt alle Bitpositionen auf 1, in denen die Maske eine 1 hat.

```
unsigned char  x , a = 0x0f    // a = Bitmuster 0000 1111
x = ~a;          // gibt x = 0xf0 = 1111 0000 Einerkomplement
x = a & 0x03;    // gibt x = 0x03 = 0000 0011 Bits löschen
x = a ^ 0x03;    // gibt x = 0x0c = 0000 1100 Bits komplementieren
x = a | 0x30;    // gibt x = 0x3f = 0011 1111 Bits einfügen
```

Die Schiebeoperationen enthalten neben den Richtungsoperatoren << und >> noch die Anzahl der Bitpositionen, um die der Operand verschoben werden soll. Operationen zum zyklischen Schieben (rotieren) sind in C standardmäßig nicht vorgesehen und müssen durch Makros oder Funktionen oder eingebaute Assemblerbefehle nachgebildet werden.

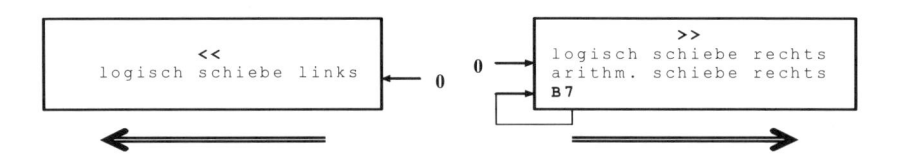

```
         <<                              >>
logisch schiebe links      0      logisch schiebe rechts
                                  arithm. schiebe rechts
                                  B7
```

Rang	Richtung	Operator	Typ	Wirkung	Beispiel
5	-->	op << n	unär	schiebe Operanden n bit links	x = a << 1; // 1 bit
5	-->	op >> n	unär	schiebe Operanden n bit rechts	x = a >> 4; // 4 bit
14	<--	op <<= n	unär	erst links schieben dann zuweisen	x <<= 1; // 1 bit
14	<--	op >>= n	unär	erst rechts schieben dann zuweisen	x >>= 4; // 4 bit

Der Verschiebezähler n kann eine Konstante, eine Variable oder allgemein ein positiver ganzzahliger Ausdruck sein. Der Links-Schiebeoperator << füllt die rechts frei werdenden Stellen unabhängig vom Datentyp mit Nullen auf (logisches Schieben). Linksschieben um n Bitpositionen entspricht einer Multiplikation mit 2^n. Der Rechts-Schiebeoperator >> füllt bei

3.2 Operationen

vorzeichenlosen (unsigned) Datentypen die links frei werdenden Stellen mit Nullen auf (logisches Schieben); bei den vorzeichenbehafteten Datentypen (signed) wird das Vorzeichen nachgezogen (arithmetisches Schieben). Rechtsschieben um n Bitpositionen entspricht einer Division durch 2^n. Beispiele mit einer konstanten Anzahl von Verschiebungen:

```
unsigned char   x , a = 0x04    // a = Bitmuster 0000 0100 = 4
x = a << 1;     // gibt x = 0x08 = 0000 1000 = 8 wie 8 = 4*2
x = a >> 1;     // gibt x = 0x02 = 0000 0010 = 2 wie 2 = 4/2
```

Die hexadezimalen logischen Masken für logische Operationen können durch Schiebeoperationen erzeugt werden, die der Compiler bereits zur Übersetzungszeit berechnet und in den Befehl einsetzt. Der Ausdruck

```
(1 << Bitposition)
```

erzeugt ein Byte, das in der angegebenen `Bitposition` eine **1** enthält, alle anderen Bitpositionen sind **0**. Mehrere Ausdrücke lassen sich durch die ODER-Funktion zu einem Bitmuster zusammensetzen.

```
(1 << Bitposition) | (1 << Bitposition) | (1 << Bitposition)
```

Die Beispiele erzeugen die binäre Maske 10000001 durch den Teilausdruck `(1 << 7)` gleich verschiebe die 1 um 7 Bitpositionen nach links mit dem Teilergebnis 10000000 und den Teilausdruck `(1 << 0)` gleich verschiebe die 1 um 0 Bitpositionen, also gar nicht, mit dem Teilergebnis 00000001. Das ODER setzt die beiden Teilausdrücke zusammen zum Bitmuster 10000001.

```
unsigned char   x, y;           // Testvariable
x  = (1 << 7) | (1 << 0);       // lade Konstante 1000 0001
y |= (1 << 7) | (1 << 0);       // ODER-Operation y = y | Konstante
```

Masken für UND-Verknüpfungen mit dem Operator **&** enthalten eine 0 an der Stelle, an der die Bitposition gelöscht werden soll. Dazu wird die mit Schiebe- und ODER-Operatoren aufgebaute Maske mit dem NICHT-Operator ~ negiert. Das Beispiel löscht die Bitpositionen 7 und 0 einer Variablen. Durch die Negation wird aus dem Muster 10000001 das Komplement 01111110. Man beachte die Klammerung des zu negierenden Ausdrucks, da der Operator ~ mit dem Rang 2 auf die gesamte Konstante und nicht nur auf den ersten Teilausdruck angewendet werden muss.

```
unsigned char   x = 0xff;       // Testvariable mit Anfangswert 11111111
x &= ~((1 << 7) | (1 << 0));    // UND-Operation x = x & Konstante
```

3.2.3 SFR-Register und Bitoperationen

Der Zugriff auf die Peripherie (Timer sowie parallele und serielle Schnittstellen) erfolgt über die **S**onder **F**unktions **R**egister SFR, die auch als Ports bezeichnet werden. Die 8bit SFR-Register werden wie vordefinierte Variablen vom Typ `volatile unsigned char` behandelt; die 16bit SFR-Register sind vom Typ `volatile unsigned int`. Die Datei `avr/io.h` enthält neben den Portvariablen auch vordefinierte Bezeichner für einzelne Bitpositionen. Die Tabelle *Bild 3-7* zeigt Beispiele für die Ports B und D, das Steuerregister `UCSRB` der seriellen USART-Schnittstelle (Abschnitt 4.5.3) und das 16bit Timerregister `TCNT1` (Abschnitt 4.4.2). In älteren GNU-Compilerversionen sind keine Portvariablen, sondern nur die Bezeichner vordefiniert. Beispiel: `#define   PB7    7`

SRAM	SFR	Name	Bit 7	Bit 6	Bit 5	Bit 4	Bit 3	Bit 2	Bit 1	Bit 0
0x38	0x18	**PORTB**	PB7	PB6	PB5	PB4	PB3	PB2	PB1	PB0
0x37	0x17	**DDRB**	DDB7	DDB6	DDB5	DDB4	DDB3	DDB2	DDB1	DDB0
0x36	0x16	**PINB**	PINB7	PINB6	PINB5	PINB4	PINB3	PINB2	PINB1	PINB0
0x32	0x12	**PORTD**	PD7	PD6	PD5	PD4	PD3	PD2	PD1	PD0
0x31	0x11	**DDRD**	DDD7	DDD6	DDD5	DDD4	DDD3	DDD2	DDD1	DDD0
0x30	0x10	**PIND**	PIND7	PIND6	PIND5	PIND4	PIND3	PIND2	PIND1	PIND0
0x2A	0x0A	**UCSRB**	RXCIE	TXCIE	UDRIE	RXEN	TXEN	UCSZ2	RXB8	TXB8
0x4C	0x2C	**TCNT1**	*16bit Timerregister ohne Bitbezeichner*							
0x4C	0x2C	**TCNT1L**	*Low-Byte des 16bit Timerregisters*							
0x4D	0x2D	**TCNT1H**	*High-Byte des 16bit Timerregisters*							

Bild 3-7: Beispiele für vordefinierte Portvariablen und Bitbezeichner

In der einzubindenden Systembibliothek `avr/io.h` ist für die Bezeichnung einer Bitposition in allen Registern der gleiche Zahlenwert definiert, also PB7 = DDB7 = PINB7 = 7, so dass auch in den Richtungs- und Eingaberegistern der Bezeichner des Portbits verwendet werden kann. Mit den Portvariablen und Bitbezeichnern können nun Bitmuster für die Behandlung von SFR-Registern erzeugt werden, in denen die Angaben der Datenblätter wie z.B. RXEN für **R**eceiver **X** E**N**able erscheinen. In den Beispielen haben PB7 den Wert 7, PB0 den Wert 0, RXEN den Wert 4 und TXEN den Wert 3. In den Masken wird die 1 entsprechend nach links geschoben.

```
TCNT1 = 1000;                           // 16bit Timerregister laden
PORTB = 0x81;                           // ist binär 1000 0001
PORTB = (1 << PB7) | (1 << PB0);        // gibt binär 1000 0001
UCSRB |= (1 << RXEN) | (1 << TXEN);     // Empfänger und Sender ein
```

Bei der Programmierung von Peripheriefunktionen ist genau zu unterscheiden, ob das gesamte Register mit einer Konstanten geladen wird oder ob nur bestimmte Bitpositionen gesetzt oder gelöscht werden ohne die übrigen zu verändern.

3.2 Operationen

```
UCSRB  =  (1 << RXEN) | (1 << TXEN);      // lade 8bit Konstante
UCSRB |=  (1 << RXEN) | (1 << TXEN);      // setze zwei Bitpositionen
UCSRB &= ~((1 << RXEN) | (1 << TXEN));    // lösche zwei Bitpositionen
```

In älteren GNU-Unterlagen erscheinen vordefinierte Makros zur Behandlung von SFR-Registern und Bitpositionen, die in den Beispielen *Bild 3-8* durch leider recht unanschauliche Bitoperationen ersetzt werden, um das Programm plattformunabhängig zu gestalten.

Makro (veraltet)	*Anwendung*	*Ersetzen durch*
`var = inp(sfr)`	Eingabe vom Port	`var = sfr`
`outp(wert, sfr)`	Ausgabe zum Port	`sfr = wert`
`BV(bit)` oder `_BV(bit)`	liefert Bitposition	`(1 << bit)`
`cbi(sfr,bit)`	Bit löschen	`sfr &= ~(1 << bit)`
`sbi(sfr,bit)`	Bit setzen	`sfr |= (1 << bit)`
`bit_is_set(sfr,bit)`	liefert ja wenn Bit 1	`sfr & (1 << bit)`
`bit_is_clear(sfr,bit)`	liefert ja wenn Bit 0	`!(sfr & (1 << bit))`
`loop_until_bit_is_set(sfr,bit)`	warten bis Bit 1	warte solange Bit 0
`loop_until_bit_is_clear(sfr,bit)`	warten bis Bit 0	warte solange Bit 1
	warte solange Bit 1	`while(sfr & (1 << bit))`
	warte solange Bit 0	`while(!(sfr & (1 << bit)))`

```
// k3p1.c  Bild 3-8 Bitoperationen mit SFR-Registern
// Port B: Ausgabe Dualzähler und Zustand auf PB7
// Port D: PD7: fallende Flanke  PD6 Zustand
#include <avr/io.h>              // Deklarationen einfügen
void main (void)                 // Hauptfunktion
{
 PORTB = 0;                      // Zähler löschen
 DDRB = 0xff;                    // Port B ist Ausgang
 while(1)                        // Arbeitsschleife
 {
  // Zustand von PIND6 wird auf PB7 ausgegeben
  if ( PIND & (1 << PD6))    PORTB |= (1 << PB7);  // PD6 High dann PB7 High
  if (!(PIND & (1 << PD6))) PORTB &= ~(1 << PB7);  // PD6 Low  dann PB7 Low
  // Fallende Flanke PIND7 erhöht Zähler auf Port B um 1
  while(PIND & (1 << PD7));      // warte solange High
  PORTB++;
  while(!(PIND & (1 << PD7)));   // warte solange Nicht High = Low
 } // Ende while
} // Ende main
```

Bild 3-8: Bitoperationen mit SFR-Registern

3.2.4 Vergleichsoperationen, Bitbedingungen und Schalter

Die bedingten Anweisungen der Verzweigungen und Schleifen (Abschnitt 3.3) verwenden den Wert eines Ausdrucks als Bedingung für ihre Ausführung. Bei *ja* oder *wahr* wird die Anweisung ausgeführt, bei *nein* oder *falsch* wird sie übergangen.

Wert ungleich Null bedeutet *wahr*: ausführen
Wert gleich Null bedeutet *falsch*: nicht ausführen

Der *Bedingungsausdruck* kann bestehen aus einer Konstanten oder dem Inhalt einer Variablen oder allgemein dem Wert eines Ausdrucks. Beispiele:

```
while(1) {...}              // Konstante: Schleife immer ausführen
if(schalter)...             // nur wenn Variable ungleich Null
if (a >= 0)...              // nur wenn a größer oder gleich Null
if (a == 0 && b == 0)...    // nur wenn a gleich Null UND b gleich Null
```

Die *Vergleichsoperatoren* führen Vergleiche zwischen arithmetischen Größen bzw. Bitmustern durch und bewerten das Ergebnis auf ja oder *wahr* bzw. *nein* oder *falsch*.

Rang	Richtung	Operator	Typ	Wirkung	Beispiel
6	-->	op < op	binär	kleiner als	if (a < b)...
6	-->	op <= op	binär	kleiner oder gleich	if (a <= b)...
6	-->	op >= op	binär	größer oder gleich	if (a >= b)...
6	-->	op > op	binär	größer als	if (a > b)...
7	-->	op == op	binär	gleich (keine Wertzuweisung!)	if (a == b)...
7	-->	op != op	binär	ungleich	if (a != b)...

Die *Verknüpfungsoperatoren* verknüpfen die Ergebnisse von Vergleichen oder den Inhalt von Schaltervariablen durch logische Operationen und liefern wieder ein Ergebnis *wahr* bzw. *falsch*, das von bedingten Anweisungen ausgewertet werden kann.

Rang	Richtung	Operator	Typ	Wirkung	Beispiel
2	<--	!op	unär	Bedingung verneinen	if (! (a == b))...
11	-->	op && op	binär	nur wenn beide wahr	if (a < 0 && b < 0)...
12	-->	op || op	binär	wenn einer von beiden wahr	if (a < 0 || b < 0)...

Der Verknüpfungsoperator ! mit dem Rang 2 wird vor den Vergleichsoperatoren (Rang 6 und 7) ausgeführt; entsprechende Vergleichsausdrücke sind zu klammern. Die Verknüp-

3.2 Operationen

fungsoperatoren `&&` sowie `||` mit dem Rang 11 und 12 werden nach allen Vergleichsoperatoren ausgeführt; entsprechende Klammern können entfallen.

Vorsicht: Der Vergleichsoperator `==` führt keine Wertzuweisung durch, der Zuweisungsoperator `=` macht keinen Vergleich, sondern der zugewiesene Wert entscheidet über die Ausführung. Die einfachen Operatoren `&` bzw. `|` führen Bitoperationen durch, nur die Doppeloperatoren `&&` bzw. `||` verknüpfen Aussagen. Die untersuchte Konfiguration des GNU-Compilers lieferte bei zweifelhafter Verwendung eines Zuweisungs- bzw. logischen Operators Warnungen wie z.B. *suggest parantheses around assignment used as truth value*.

Bei der Programmierung der Peripherie dienen oft Bitpositionen innerhalb einer Portvariablen als Bedingung für die Ausführung von Anweisungen und Schleifen. Sie können ohne Vergleichs- und Verknüpfungsoperationen direkt als Bedingung dienen, müssen jedoch mit *Bitoperationen* von den übrigen Bits isoliert werden. Für die Potentiale der Parallelports gilt:

Potential *High* (logisch **1**) bedeutet *wahr*: ausführen
Potential *Low* (logisch **0**) bedeutet *falsch*: nicht ausführen

Die Beispiele maskieren eine Bitposition mit dem logischen Operator **&**; das Ergebnis ist eine logische 0 oder 1, die als Bedingung dient.

```
if (PIND & (1 << PD6)) PORTB = 0xff;   // wenn PD6 high dann PortB high
if (!(PIND & (1 << PD6))) PORTB = 0;   // wenn PD6 low dann PortB low
while (PIND & (1 << PD7));             // warte solange PD7 high
while (!(PIND & (1 << PD7)));          // warte solange PD7 low
```

Bei Timern und seriellen Schnittstellen werden Bitpositionen automatisch auf 1 gesetzt, wenn ein bestimmtes Ereignis eingetreten ist, nach einem Reset werden sie mit 0 vorbesetzt übergeben und nach der Bedienung des Ereignisses gelöscht. Das Beispiel zeigt eine Schleife, die wartet, solange das Bit `RXC` im Anzeigeregister `UCSRA` noch 0 ist. Sie wird verlassen, wenn ein Zeichen im Empfänger eingetroffen ist und die Steuerung das Bit `RXC` auf 1 setzt.

Anzeige **1** bedeutet *aufgetreten*:	ausführen
Anzeige **0** bedeutet *nicht aufgetreten*:	nicht ausführen

```
while ( !(UCSRA & (1 << RXC)));   // warte solange NICHT (RXC == 1)
```

Als *Schalter* oder Flags (Flagge, Kennzeichen, Marke) bezeichnet man Variablen bzw. Bitpositionen, die Bedingungen speichern. Sie werden auch als Semaphore zur Synchronisierung parallel ablaufender Prozesse verwendet. Das Beispiel vereinbart eine globale Schaltervariable `marke`, die in einer Funktion `test` gesetzt bzw. gelöscht wird.

```
volatile unsigned marke = 0;    // Globale Variable Anfangswert Null
void test (void)                // parameterlose Funktion
{
 marke = PIND & (1 << PD7);     // Funktion setzt oder löscht Marke
}
```

Die Hauptfunktion `main` ruft die Funktion mit `test()` auf und wertet die Schaltervariable `marke` in einer bedingten Anweisung aus. Die Funktion muss auch ohne Argumente mit runden Klammern aufgerufen werden! Beim Aufruf ohne Klammer erschien in der untersuchten Compilerkonfiguration die Warnung: *statement with no effect*!

```
void main(void)                                  // Hauptfunktion
{
 while (1)
 {
  test();                                        // Funktion aufrufen
  if (marke) PORTB = 0xff; else PORTB = 0x00;    // Marke auswerten
 }
}
```

Schalterbits innerhalb einer Schaltervariablen sparen wertvollen Speicher. Das Beispiel vereinbart die Symbole `EIN` und `AUS` für die Bitpositionen 7 und 6 einer Schaltervariablen.

```
#define EIN 7                           // Symbol für Schalterbit 7
#define AUS 6                           // Symbol für Schalterbit 6
volatile unsigned marke = 0;            // Globale Schaltervariable
void test (void)                        // Funktion setzt Schalterbits
{
 if(PIND & (1 << PD7)) marke |= (1 << EIN); else marke |= (1 << AUS);
}

void main(void)                         // Hauptfunktion wertet Schalterbits aus
{
 while (1)
 {
  test();                               // Funktion parameterlos aufrufen
  if (marke & (1 << EIN)) { PORTB = 0xff; marke &= ~(1 << EIN); }
  if (marke & (1 << AUS)) { PORTB = 0x00; marke &= ~(1 << AUS); }
 }
}
```

Bitfelder sind ein Sonderfall einer Struktur. Ihre Komponenten lassen sich als Schalterbits für die Speicherung von Bedingungen verwenden. Vor ihrer Anwendung sollte der erzeugte Code untersucht werden. In der vorliegenden Konfiguration des GNU-Compilers zeigte es sich, dass in einfachen Anwendungen Variablen vom Typ `unsigned char` vorteilhafter als Strukturen sind.

3.2.5 Zeiger und Operationen mit Zeigern

Ein *Zeiger* (pointer) ist eine Speicherstelle, die im einfachsten Fall die *Adresse* einer Variablen enthält. Bei seiner Vereinbarung mit dem Operator * vor seinem Bezeichner muss auch der Typ der Daten festgelegt werden, auf die er zeigen soll.

> Datentyp *Zeigerbezeichner

Nach ihrer Vereinbarung haben Zeiger – wie auch Variablen – noch keinen definierten Inhalt und können mit dem Operator & auf die Adresse einer Variablen gesetzt werden.

> Zeiger = &Variablenbezeichner;

Nach der Zuweisung einer Adresse können nun über den Zeiger Operationen mit den adressierten Daten vorgenommen werden. Der Operator * vor dem Zeigerbezeichner kennzeichnet, dass die Operation nicht mit dem Zeiger, sondern mit den durch ihn adressierten Daten durchgeführt werden soll. Dies bezeichnet man auch als Indirektion oder Dereferenzierung.

> *Zeigerbezeichner

Das einfache Beispiel vereinbart für den Datentyp unsigned char einen Zeiger **px** und eine Variable x. Dann wird der Zeiger px auf die Adresse von x gesetzt. Der Zugriff auf die Daten ist nun sowohl über den Zeiger als auch über die Variable möglich.

```
unsigned char *px, x;     // Zeiger px und Variable x vereinbart
px = &x;                  // Zeiger px auf Adresse von x gesetzt
*px = 1;                  // Wert über Zeiger zuweisen
PORTB = *px;              // Wert über Zeiger ausgeben
PORTB = x;                // Wert über Variable ausgeben
```

Zeiger dürfen nur auf Adressen von Daten gesetzt werden, für deren Typ sie vereinbart wurden. Dies gilt auch für die Speicherklassen und Attribute, die immer für die bezogenen Daten und nicht für den Zeiger gelten. Gültige Beispiele:

```
static unsigned char  *point;// Zeiger point vereinbart
static unsigned char  wert;  // statische Variable vereinbart
point = &wert;               // Zeiger auf statische Variable gesetzt
*point = 123;                // Wertzuweisung über Zeiger point
; Zeiger auf vordefinierte Portvariablen
volatile unsigned char *ptr; // Zeiger für Portvariable vereinbart
ptr = &DDRB;                 // Zeiger auf Portvariable gesetzt
*ptr = 0xff;                 // Ausgabe auf Port über Zeiger
```

In Vereinbarungen kennzeichnet der Operator * vor dem Bezeichner, dass ein Zeiger und nicht eine Variable vereinbart wird. In Ausdrücken weist der Operator * darauf hin, dass die durch den Zeiger adressierten Daten verwendet werden sollen. Er ist direkt an den Operanden gebunden (Rang 2, unär) und darf nicht mit dem Multiplikationszeichen * (Rang 3, binär) verwechselt werden. Beispiele:

```
unsigned char *px;       // direkt vor Zeiger
unsigned char * px;      // mit Leerzeichen
unsigned char* px;       // hinter Datentyp
*px = * px * * px;       // Multiplikation *px  *  *px
```

Rang	Richtung	Operator	Typ	Wirkung	Beispiel
1	-->	( )	unär	runde Vorrangklammern	*(px + 1) = 0;
2	<--	Typ *Zeiger	unär	Zeiger vereinbaren	char *px, *py, x, y;
2	<--	&Bezeichner	unär	Adresse des Operanden	px = &x;
2	<--	*Bezeichner	unär	Indirektion Dereferenzierung	*px = 0xff;
2	<--	(Typ *)	unär	Zeiger auf Datentyp	py = (char *) y;

Als *Zeigerarithmetik* bezeichnet man Operationen mit Zeigern, nicht mit den durch sie adressierten Daten. Dabei fehlt der Dereferenzierungsoperator *.

Rang	Richtung	Operator	Typ	Wirkung	Beispiel
2	<--	op++	unär	erst bewerten, dann + Typlänge	px++; // px = px + 1
		++op		erst +Typlänge, dann bewerten	++px; // px = px + 1
		op--		erst bewerten, dann – Typlänge	px--; // px = px - 1
		--op		erst –Typlänge, dann bewerten	--px; // px = px - 1
4	-->	op + op	binär	Addition in Datentyplänge	px = px + 1;
		op - op		Subtraktion in Datentyplänge	px = px - 1;
6	-->	< <= >= >	binär	zwei Zeiger vergleichen	if (py <= py) …
7	-->	== !=	binär	zwei Zeiger vergleichen	if (px == py) …
14	-->	= += -=	binär	Wertzuweisung an Zeiger	px = py;

Alle arithmetischen Operationen (Addition und Subtraktion) mit Zeigern werden in der Speicherlänge des Datentyps durchgeführt, für den sie vereinbart wurden. Dadurch werden Daten wie z.B. Felder in der richtigen Reihenfolge adressiert. Bei Wertzuweisungen an Zeiger müssen die Datentypen, auf die sich Operanden beziehen, übereinstimmen.

Zeiger dienen zur Adressierung von dynamischen Feldern und zur Kennzeichnung von formalen Argumenten (Platzhaltern) von Funktionen, die über Adressen auf Speicherstellen des aufrufenden Programms zugreifen, um Ergebnisse zurückzuliefern.

3.3 Programmstrukturen

Die Schleifen und bedingten Anweisungen verwenden den Wert eines Ausdrucks als Bedingung für ihre Ausführung. Bei *ja* oder *wahr* wird die Anweisung ausgeführt, bei *nein* oder *falsch* wird sie übergangen.

Wert *ungleich Null* bedeutet *wahr*:	ausführen
Wert *gleich Null* bedeutet *falsch*:	nicht ausführen

Der in runde Klammern zu setzende *Bedingungsausdruck* kann bestehen aus:

- einer Konstanten wie z.B. `while (1)`, die immer *wahr* ergibt,
- einer Variablen wie z.B. `if (wert)`, deren Inhalt *gleich Null* oder *ungleich Null* ist,
- einem arithmetischen Ausdruck wie z.B. `if (x - 4)`, der berechnet wird und *gleich Null* oder *ungleich Null* ergibt,
- einem logischen Ausdruck wie z.B. `if (PIND & (1 << PD7))`, der eine Bitoperation mit dem Ergebnis *gleich Null* oder *ungleich Null* durchführt,
- einem Vergleichsausdruck wie z.B. `if (a == b)`, der *wahr* oder *falsch* ergibt sowie
- Verknüpfungen von Vergleichen wie z.B. `if (a == 0 && b == 0)`.

3.3.1 Schleifenanweisungen

Schleifen entstehen, wenn Programmteile mehrmals ausgeführt werden. Sie werden in der C-Programmierung als Struktogramm nach Nassi-Shneiderman dargestellt. Programmablaufpläne werden nur noch in der Assemblerprogrammierung verwendet.

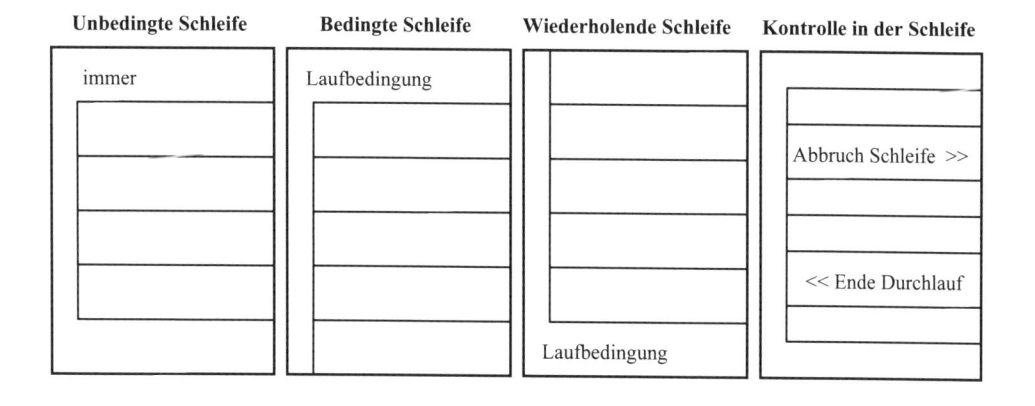

Unbedingte Schleife	**Bedingte Schleife**	**Wiederholende Schleife**	**Kontrolle in der Schleife**
immer	Laufbedingung		
			Abbruch Schleife >>
			<< Ende Durchlauf
		Laufbedingung	

- Die *unbedingte* Schleife hat weder eine Lauf- noch eine Abbruchbedingung. Sie muss durch ein äußeres Ereignis wie z.B. Reset oder Interrupt abgebrochen werden.
- Bei der *bedingten* Schleife wird die Laufbedingung vor dem Eintritt in die Schleife und vor jedem neuen Durchlauf geprüft. Sie verhält sich abweisend, da sie für den Fall, dass die Laufbedingung vor dem Eintritt in die Schleife nicht erfüllt war, nie ausgeführt wird.
- Bei der *wiederholenden* Schleife liegt die Kontrolle hinter dem Schleifenkörper, der mindestens einmal ausgeführt wird.
- Bei einer Kontrolle *im Schleifenkörper* unterscheidet man zwischen dem Abbruch der Schleife und dem Ende des aktuellen Durchlaufs mit erneuter Schleifenkontrolle.
- Schleifen lassen sich *schachteln*; jeder Schleifenkörper kann weitere Schleifen enthalten.

Die **Schleifenanweisung**

```
for (Anfangsausdruck; Bedingungsausdruck; Veränderungsausdruck) Anweisung;
```

enthält in runden Klammern drei Ausdrücke, die durch ein Semikolon zu trennen sind, und dahinter eine Anweisung oder einen in geschweifte Klammern { } zu setzenden Anweisungsblock, der mehrmals ausgeführt wird.

- Der *Anfangsausdruck* bestimmt den Anfangswert der Laufbedingung vor dem Eintritt in die Schleife.
- Der *Bedingungsausdruck* wird vor jedem Schleifendurchlauf geprüft. Bei *wahr* wird die Anweisung des Schleifenkörpers erneut ausgeführt, bei *falsch* ist die Schleife beendet.
- Der *Veränderungsausdruck* wird nach jedem Schleifendurchlauf neu berechnet und bildet die Bedingung für den nächsten Durchlauf.

Die **Zählschleife** ist die häufigste Anwendungsform der Schleifenanweisung.

```
for (Variable = Anfangswert; Laufbedingung; Variable ± Schrittweite) Anweisung;
```

- Der *Anfangsausdruck* besteht aus der Zuweisung des Anfangswertes an die Laufvariable.
  Beispiel: `i = 1;`   // beginne mit i = 1
- Der *Bedingungsausdruck* vergleicht den Inhalt der Laufvariablen mit dem Endwert. Solange die Laufbedingung erfüllt ist, wird die Anweisung des Schleifenkörpers ausgeführt.
  Beispiel: `i <= 10;`   // solange i kleiner oder gleich 10
- Der *Veränderungsausdruck* erhöht bzw. vermindert die Laufvariable um die Schrittweite.
  Beispiel: `i++`   // erhöhe i um 1

Der laufende Wert der Laufvariablen steht im Schleifenkörper zur Verfügung, darf aber dort nicht verändert werden. Das Beispiel vereinbart eine Laufvariable und gibt einen Zähler von 1 bis 10 auf dem Port B aus.

3.3 Programmstrukturen

```
unsigned char i;                        // Laufvariable vereinbart
for (i = 1; i<= 10; i++) PORTB = i;     // Schleifenkörper
```

Mit der Option C++ ist es möglich, den Typ der Laufvariablen in der `for`-Anweisung zu vereinbaren, die lokal nur für diese Anweisung gilt. Die Gültigkeit der beiden Laufvariablen i ist auf die entsprechende `for`-Schleife beschränkt.

```
for (unsigned char i = 1; i<= 10; i++) PORTB = i;  // i ist lokal
for (unsigned int i = 1; i < 65535; i++);          // i ist lokal
```

Die `for`-Schleife verhält sich abweisend. Ist die Laufbedingung vor dem Eintritt in die Schleife nicht erfüllt, so erfolgt kein Durchlauf. Müssen im Schleifenkörper mehrere Anweisungen ausgeführt werden, so verwendet man entweder eine Folge von Ausdrücken (Kommaoperator) oder besser eine Blockanweisung, die auf einer oder mehreren Zeilen eine Folge von Anweisungen enthält. Beispiele:

```
unsigned char i;                // Laufvariable vereinbart
for (i = 1; i <= 100; i++) { PORTB = i; warte(); }  // eine Zeile

for (i = 1; i <= 100; i++)      // Blockanweisung als Schleifenkörper
{                               // Blockanfang
 PORTB = i;                     // Ausgabe
 warte();                       // warten
}                               // Blockende
```

Eine `for`-Schleife mit leeren Laufparametern bildet wie ein `while` mit der Bedingung 1 eine unendliche Schleife. Beispiel:

```
for (;;)  { Schleifenkörper }  // wie while(1) { Schleifenkörper }
```

Bei einer Schachtelung von `for`-Schleifen wird die innere Schleife vollständig für jeden Wert der äußeren Schleife ausgeführt; die Gesamtzahl der Durchläufe ist das Produkt der Einzeldurchläufe. Steht hinter den runden Klammern direkt ein Semikolon, so ist der auszuführende Schleifenkörper leer. Beispiel für zwei geschachtelte Verzögerungsschleifen:

```
for (i=1; i<=100; i++) for (j=1; j<=100; j++);  // 10000 Durchläufe
```

Für Warteschleifen zur Zeitverzögerung empfiehlt es sich, eine Abwärtsschleife mit der Laufbedingung größer Null zu verwenden, die bei dem untersuchten Compiler in vier Takten pro Schritt ausgeführt wurde. Die entsprechende Aufwärtsschleife benötigte wegen der Prüfung auf den Endwert sieben Takte. Der Abwärtszähler wurde für die Laufbedingung i >= 0 vom Compiler wegrationalisiert. Ebenso der Aufwärtszähler für i <= 65535; jedoch erschien hier: "warning: comparison is always true due to limited range of data type".

```
for (unsigned int i = 65535; i > 0; i--);   // Abwärtszähler 4 Takte
for (unsigned int i = 1; i < 65535; i++);   // Aufwärtszähler 7 Takte
```

Die **bedingte Schleifenanweisung**

> **while** (*Laufbedingung*) **Anweisung** ; oder Blockanweisung **{ }**

prüft die Laufbedingung vor dem ersten Durchlauf und verhält sich dadurch abweisend. Ist die Bedingung nicht erfüllt, so wird die Schleife nicht begonnen. Unendliche Arbeitsschleifen mit der Laufbedingung **1** für immer erfüllt lassen sich nur durch einen Interrupt unterbrechen oder durch ein Reset abbrechen. Steht hinter den runden Klammern der `while`-Schleife direkt ein Semikolon, so ist der Schleifenkörper leer. Beispiele für Warteschleifen, die auf ein Low- bzw. High-Potential am Porteingang PD7 warten:

```
while (1)                              // Arbeitsschleife
{
 while ( PORTD & (1 << PD7));          // warte solange PD7 High
 PORTB++;
 while ( !(PORTD & (1 << PD7)));       // warte solange PD7 Low
}
```

Die **wiederholende Schleifenanweisung**

> **do**
>
> **Anweisung** ; oder Blockanweisung **{ }**
>
> **while** (*Laufbedingung*) ;

prüft die Laufbedingung erst nach dem Schleifenkörper und führt mindestens einen Durchlauf aus. Blockanweisungen und Einrückungen fördern die Übersicht. Beispiel:

```
do
{
 PORTB++;
 warte();
}
while ( !(PORTD & (1 << PD7)));       // solange PD7 Low
```

Die Abbruchanweisung

> **break;**
>
> **if** (*Bedingung*) **break;**

dient dazu, eine Schleife oder den `case`-Zweig einer `switch`-Fallunterscheidung abzubrechen. Sie kann an beliebiger Stelle im Schleifenkörper angeordnet werden.

3.3 Programmstrukturen

Die Kontrollanweisung

> `continue;`
>
> `if` (*Bedingung*) `continue;`

dient dazu, nur den aktuellen Durchlauf einer Schleife abzubrechen; alle auf `continue` folgenden Anweisungen werden nicht mehr ausgeführt, die Schleife wird jedoch fortgesetzt. Das Beispiel gibt einen verzögerten Dualzähler auf dem Port B aus. Für PD7 low wird die Schleife mit `continue` unterbrochen und der zweite Aufruf der Wartefunktion nicht mehr ausgeführt. Ein PD6 low bricht mit `break` die Schleife ab.

```
while(1)
{
 PORTB++;
 warte();                              // 33 ms warten
 if (! (PIND & (1 << PD7))) continue;  // unterbrechen für PD7 low
 if (! (PIND & (1 << PD6))) break;     // abbrechen für PD6 low
 warte();                              // nochmal 33 ms warten
}
```

Die Sprunganweisung

> `goto` Sprungziel;
>
> `if` (*Bedingung*) `goto` Sprungziel;

gestattet den Aufbau von Schleifen und Verzweigungen wie im Assembler. Hinter dem mit einem Doppelpunkt gekennzeichneten Sprungziel stehen die auszuführenden Anweisungen. Das Beispiel ruft in einer bedingten Schleife die Wartefunktion zehn Mal auf und verzögert damit den Zähler um 330 ms. Die Schleife wird mit PD5 low abgebrochen.

```
loop: PORTB++;
      for(unsigned char i = 1; i <=10; i++) warte(); // 330 ms warten
if( PIND & (1 << PD5)) goto loop;                    // solange PD5 high
```

Die Verzögerungszeit der Wartefunktion ist abhängig vom Controllertakt. Bei 8 MHz beträgt sie ca. 33 ms. Sie genügt für einfache Anwendungen, um Zähler sichtbar zu machen.

```
void warte(void)   // Funktion Zeitverzögerung ca. 33 ms bei 8 MHz
{
 for (unsigned int i = 65535; i > 0; i--); // 4*0.125*65534=32767 us
}
```

3.3.2 Verzweigungen mit bedingten Anweisungen

Programmverzweigungen werten eine Bedingung aus und entscheiden, welche Programmteile ausgeführt werden. Sie lassen sich als Struktogramm nach Nassi-Shneiderman darstellen.

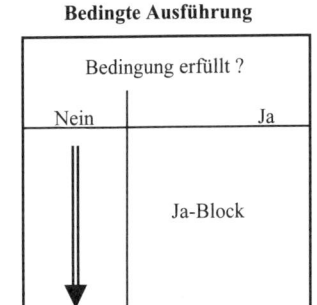

Bedingte Ausführung	Alternative Ausführung	Fallunterscheidung
Bedingung erfüllt? Nein / Ja — Ja-Block	Bedingung erfüllt? Nein-Block / Ja-Block	Bedingung? Fall_1 / Fall_2 / Fall_3 / Fall_n

- Bei einer *bedingten* Ausführung wird bei erfüllter Bedingung nur der Ja-Block ausgeführt, der aus mehreren Anweisungen bestehen kann; einen Nein-Block gibt es nicht.
- Bei einer *alternativen* Ausführung werden entweder der Ja-Block oder der Nein-Block ausgeführt, aber nicht alle beide.
- Eine *Fallunterscheidung* entsteht durch eine Aneinanderreihung bzw. Schachtelung von bedingten Ausführungen und steht in C als switch-Anweisung zur Verfügung.

Die einseitig bedingte Anweisung

> **if** (*Bedingung*) **Ja-Anweisung;** oder Blockanweisung **{ }**

führt die Ja-Anweisung nur aus, wenn die Bedingung erfüllt (*wahr*) ist; anderenfalls wird die Anweisung übergangen. Müssen mehrere Anweisungen ausgeführt werden, so verwendet man entweder eine Folge von Ausdrücken (Kommaoperator) oder besser eine Blockanweisung, die auf einer oder mehreren Zeilen eine Folge von Anweisungen enthält. Die Beispiele begrenzen die Variable zaehl auf 99 und geben sie bei High auf dem Port B aus.

```
if (zaehl > 99) zaehl = 0;                              // eine Anweisung
if (PIND & (1 << PD7)) { PORTB = zaehl; warte(); }      // eine Zeile

if (PIND & (1 << PD7))        // Block auf mehreren Zeilen
{                             // Blockanfang
 PORTB = zaehl;
 warte();
}                             // Blockende
```

3.3 Programmstrukturen

Die zweiseitig bedingte Anweisung

> `if` (*Bedingung*) **Ja-Anweisung** oder **Block** ; `else` **Nein-Anweisung** oder **Block** ;

führt entweder bei *wahr* die Ja-Anweisung oder bei *falsch* die hinter dem Kennwort `else` stehende Nein-Anweisung aus. Der Programmtext lässt sich durch Blockanweisungen übersichtlich gestalten. Zwischen der rechten Klammer `}` und dem `else` steht dann kein Semikolon. Die Beispiele verwenden das Potential am Eingang `PD7` zur Auswahl der beiden Programmzweige.

```
if (PORTD & (1 << PD7)) PORTB = 0x55; else PORTB = 0xaa;

if (PORTD & (1 << PD7)) {PORTB++;warte();} else {PORTB--;warte();}

if (PORTD & (1 << PD7))
{                       // Ja-Block für High
 PORTB++;
 warte();
}                       // Ende Ja-Block
else
{                       // Nein-Block für Low
 PORTB--;
 warte();
}                       // Ende Nein-Block
```

Der *bedingte Ausdruck* mit dem Rang 13 wird nach allen Operationen und vor der Wertzuweisung ausgeführt.

> *Bedingungsausdruck* **?** Wahr_Ausdruck **:** Falsch_Ausdruck

Ergibt der *Bedingungsausdruck* den Wert *wahr*, so wird der *Wahr_Ausdruck* verwendet. Ergibt er den Wert *falsch*, so wird der *Falsch_Ausdruck* verwendet. Das Beispiel liest den Eingang `PIND` des Ports D. Durch die UND-Maske `(1 << PD7)` = 10000000 wird die Bitposition B7 als Bedingung verwendet. Für B7 = High entsprechend 1 wird `0xff` auf dem Port B ausgegeben, alle Bitpositionen des Ports werden auf 1 gesetzt. Für B7 = Low entsprechend 0 werden alle Bitpositionen mit einer 0 gelöscht.

```
PORTB = PIND & (1 << PD7) ? 0xff : 0x00; // ergibt 0xff oder 0x00
```

Dieses Verhalten lässt sich auch durch eine zweiseitig bedingte Anweisung ausdrücken, für die der untersuchte Compiler wesentlich kürzeren und schnelleren Code erzeugte.

```
if(PIND & (1 << PD7)) PORTB = 0xff; else PORTB = 0x00;
```

Geschachtelte Verzweigungen können zu recht unübersichtlichen Programmen führen. Das Beispiel führt für die ganzzahlige Variable x im Bereich von 0 bis 2 drei verschiedene Programmzweige aus und berücksichtigt den Fehlerfall.

```
if   (x == 0) y = 0x30;
else if (x == 1) y = 0x31;
 else if (x == 2) y = 0x32;
  else y = 0xff;              // Fehlerfall bleibt übrig
```

Für eine Programmierung der gleichen Aufgabe mit einer *Folge* von einseitigen Bedingungen ist für die Abfrage des Fehlerfalls eine Bereichsprüfung erforderlich.

```
if (x == 0) y = 0x30;
if (x == 1) y = 0x31;
if (x == 2) y = 0x32;
if (x >  2) y = 0xff;         // Fehlerfall mit Bereichsprüfung
```

Die **Fallunterscheidung**

> **switch** (*Auswahlausdruck*)
> {
>   **case** Konstante_1 : Anweisungsfolge_1; **break**;
>   . . . .
>   **case** Konstante_n : Anweisungsfolge_n; **break**;
>   **default:**   Anweisungsfolge_s; **break**;
> }

vergleicht den ganzzahligen *Auswahlausdruck* mit den hinter case stehenden ganzzahligen Konstanten und führt bei einer Übereinstimmung die entsprechenden Anweisungen aus. Fehlt das break, so werden alle Zweige durchlaufen, bis entweder ein break auftritt oder die switch-Anweisung beendet ist. Dadurch lassen sich mehrere Konstanten zu einem gemeinsamen Zweig zusammenführen. Findet keine Übereinstimmung statt, so wird der default-Zweig ausgeführt; fehlt dieser, so ist die Anweisung ohne Ausführung eines Zweigs beendet. Das Beispiel entspricht den mit if programmierten Verzweigungen.

```
unsigned char x, y;            // Auswahlvariable und Ergebnis
x = PIND;                      // Wertzuweisung
switch(x)                      // Fallunterscheidung
{
 case 0 : y = 0x30; break;     // Fall x == 0
 case 1 : y = 0x31; break;     // Fall x == 1
 case 2 : y = 0x32; break;     // Fall x == 2
 default: y = 0xff;            // Fehlerfall x > 2
}
```

3.3 Programmstrukturen

3.3.3 Anwendungsbeispiele

Die vollständigen Programmbeispiele behandeln Grundfunktionen der Controllertechnik:

- Verzögerungsschleifen zur Einstellung von Wartezeiten,
- Ausgabe von dualen und dezimalen Zählern,
- Umwandlung von Codes und
- Warteschleifen auf Flanken von Eingangssignalen.

Die Verzögerungszeit von Schleifen ist abhängig von den durch den Compiler erzeugten Befehlen und von der Taktfrequenz des Controllers. Diese ist gegeben durch den an den Takteingängen anliegenden Quarz bzw. durch den programmierbaren internenTakt der Tiny- und Mega-Familien. Das Programm *Bild 3-9* gibt einen unverzögerten Dualzähler auf dem Port B aus, mit dem sich die Taktfrequenz messen lässt.

```
// k3p2.c Bild 3-9   ATmega16 Dualzähler als Taktteiler /10
// Port B: Ausgabe unverzögerter Dualzähler PB0 = 800 kHz gemessen
// Port D: -
#include <avr/io.h>         // Deklarationen
#define TAKT 8000000UL      // Takt 8 MHZ
void main(void)             // Hauptfunktion
{
 DDRB = 0xff;               // Port B ist Ausgang
 PORTB = 0;                 // Anfangswert Null
 while(1)                   // 5 Takte Low / 5 Takte High gibt Takt /10
 {
   PORTB++;                 // Portzähler + 1
 } // Ende while
} // Ende main
```

Bild 3-9: Dualer Aufwärtszähler zur Messung der Taktfrequenz

Die untersuchte Konfiguration des Compilers in der Optimierungsstufe 1 übersetzte die `while`-Schleife zusammen mit dem Ausdruck `PORTB++` in vier Befehle, die in fünf Takten ausgeführt wurden. Bei fünf Takten Low und fünf Takten High erscheint an `PB0` der Controllertakt geteilt durch 10. Bei einem externen Takt von 8 MHz wurde an `PB0` eine Frequenz von ca. 800 kHz gemessen; am `PB7` waren es 800 kHz / 128 = 6.25 kHz. Bei anderen Compilern bzw. Konfigurationen ist es dringend erforderlich, den Maschinencode in der Übersetzungsliste zu untersuchen. Der Zähler lässt sich nur durch den Einbau von Zeitverzögerungen sichtbar machen.

Für die Einstellung bestimmter Wartezeiten ist es erforderlich, die Anzahl der Schleifendurchläufe aus der Taktfrequenz und der Anzahl der Takte für einen Schleifendurchlauf zu berechnen.

> Durchläufe = Wartezeit [sek] * Frequenz [1/sek] / Anzahl der Schleifentakte

In der C-Programmierung ist die Einstellung bestimmter Wartezeiten durch Zählschleifen abhängig von dem durch den Compiler erzeugten Maschinencode; die untersuchte Compilerkonfiguration lieferte für eine abwärts zählende unsigned int for-Schleife einen Code mit vier Takten für einen Schleifendurchlauf. Die in *Bild 3-10* definierten Wartefunktionen werden in mehreren Programmbeispielen zur Zeitverzögerung in #include eingebunden. Die Funktionen warte1ms und wartex10ms benötigen das Symbol TAKT.

```c
// c:\cprog3\warte.c  Funktion Zeitverzögerung ca. 33 ms bei 8 MHz
// 8 MHz: 4*0.125*65534 = 32767 us = 32.8 ms taktabhängig
void warte(void)
{
  for (unsigned int i = 65535; i > 0; i--);  // 4 Takte
}

// c:\cprog3\warte1ms.c  Funktion Zeitverzögerung ca. 1 ms bei TAKT
// 8 MHz: ia=8000000/4000 = 2000*4*0.125 = 1000 us
void warte1ms(void)
{
  for (unsigned int i = TAKT/4000ul; i > 0; i--);  // 4 Takte
}

// c:\cprog3\wartex10ms.c  Funktion Zeitverzögerung faktor*10 ms bei TAKT
// 8 MHz: ia=8000000/400 = 20000*4*0.125 = 10000 us = 10 ms
void wartex10ms(unsigned char faktor)
{
  for (unsigned char j = 0; j < faktor; j++)     // Faktor
  {
    for (unsigned int i = TAKT/400ul; i > 0; i--);  // 4 Takte 10 ms
  } // Ende for j
} // Ende wartex10ms
```

Bild 3-10: Wartefunktionen zur Zeitverzögerung

Die parameterlose Funktion warte() verwendet den maximalen 16bit Anfangswert, der bis 1 heruntergezählt wird. Die Verzögerungszeit ist abhängig vom Controllertakt. Die parameterlose Funktion warte1ms() berechnet den Zähleranfangswert aus dem Symbol TAKT, das in main definiert sein muss, und wartet dadurch taktunabhängig ca. 1 ms. Der Wertparameter der Funktion wartex10ms (*faktor*) steuert eine for-Schleife, in die eine Warteschleife für 10 ms eingebettet ist. Wegen der abweisenden Struktur der for-Schleife wird für den Faktor 0 die Schleife nicht ausgeführt; die Wartezeit ergibt sich aus dem Aufruf der Funktion und dem Rücksprung ohne die innere Schleife.

3.3 Programmstrukturen

Der durch das Programm *Bild 3-11* ausgegebene Dualzähler lässt sich durch den Aufruf der externen Funktion warte1ms() sichtbar machen. Bei einem fehlerhaften Aufruf der Funktion ohne die leeren runden Klammern erschien die Warnung: *statement with no effect*.

```
// k3p3.c Bild 3-11 ATmega16   verzögerter Dualzähler
// Port B: Ausgabe dual verzögert T = 2ms f_PB0 = 500 Hz
// Port D: -
#include <avr/io.h>            // Deklarationen
#define TAKT 8000000UL         // Symbol Controllertakt 8 MHz
#include "c:\cprog3\warte1ms.c"  // ca. 1 ms Wartezeit bei TAKT
main(void)                     // Hauptfunktion
{
 DDRB = 0xff;                  // Port B ist Ausgang
 PORTB = 0;                    // Anfangswert Null
 while(1)                      // Arbeitsschleife
 {
  warte1ms();                  // Wartefunktion 1 ms
  PORTB++;                     // Zähler + 1
 } // Ende while
} // Ende main
```

Bild 3-11: Verzögerter Dualzähler auf dem Port B

Für die *dezimale Ausgabe* von Werten verwendet man oft Siebensegmentanzeigen und LCD-Module, bei denen jede Dezimalstelle binär codiert werden muss. Der BCD-Code (**B**inär **C**odierte **D**ezimalziffer) stellt die Ziffern von 0 bis 9 durch die entsprechenden vierstelligen Dualzahlen von 0000 bis 1001 dar. Für die Ansteuerung von dezimalen Anzeigeeinheiten dienen Decoderbausteine wie z.B. der 74LS47, die den BCD-Code in den Siebensegmentcode umsetzen. Für die Pseudotetraden von 1010 bis 1111 liefern die Decoder Sonderzeichen.

Die Funktion dual2bcd berechnet die Hunderter-, Zehner- und Einerstelle mit den Operatoren / (ganzzahlige Division) und % (ganzzahliger Divisionsrest) und setzt sie mit dem Verschiebeoperator << und dem ODER-Operator | zu einem 16bit Ergebnis zusammen, das rechtsbündig die drei binär codierten Dezimalziffern enthält.

```
// c:\cprog\dual2bcd.c dual -> BCD dreistellig
unsigned int dual2bcd(unsigned char z)
{
 return ((z/100) << 8) | (((z % 100) / 10) << 4) | ((z % 100) % 10);
}
```

Im Programm *Bild 3-12* läuft ein 8bit Dualzähler von 0 bis 255 mod 256, der mit der Funktion dual2bcd umgewandelt und dezimal ausgegeben wird. Die Hunderterstelle erscheint auf dem Port B, die Zehner und Einer auf dem Port C. Am Port D wird der variable Verzögerungsfaktor in der Einheit 10 ms eingestellt, der den Zähler sichtbar macht.

```c
// k3p4.c Bild 3-12   ATmega16 verzögerter Dezimalzähler
// Port B: Ausgabe Hunderter
// Port C: Ausgabe Zehner | Einer
// Port D: Eingabe Wartefaktor *10ms
#include <avr/io.h>              // Deklarationen
#define TAKT 8000000UL           // Symbol Controllertakt 8 MHz
#include "C:\cprog3\wartex10ms.c" // wartet Faktor * 10 ms
#include "C:\cprog3\dual2bcd.c"   // Umwandlung dual nach BCD dezimal
void main(void)                  // Hauptfunktion
{
 unsigned char zaehler = 0;      // Bytevariable
 DDRB = 0xff;                    // Port B ist Ausgang
 DDRC = 0xff;                    // Port C ist Ausgang
 while(1)                        // Arbeitsschleife
 {
  PORTB = dual2bcd(zaehler) >> 8; // Zähler Hunderter
  PORTC = dual2bcd(zaehler);      // Zähler Zehner | Einer
  zaehler++;                      // Zähler dual erhöhen
  wartex10ms(PIND);               // Faktor vom Port D
 } // Ende while
} // Ende main
```

Bild 3-12: Verzögerter Dezimalzähler auf dem Port B und C

Die folgenden Beispiele behandeln die Codierung bzw. Decodierung von ASCII-Ziffern in Form von Funktionen, die für den Anschluss eines PC als Terminal verwendet werden. Die Tabelle zeigt die drei Bereiche zur Darstellung von hexadezimalen Ziffern.

	Ziffern			*Großbuchstaben*			*Kleinbuchstaben*		
Zeichen	0	......	9	A	......	F	a	......	f
ASCII	0x30	......	0x39	0x41	......	0x46	0x61	......	0x66
hexa	0x00	......	0x09	0x0A	......	0x0F	0x0a	......	0x0f
binär	0000	......	1001	1010	......	1111	1010	......	1111

- Die binären Codes 0000 bis 1001 der Dezimalziffern von **0** bis **9** erscheinen im ASCII-Code als 0x30 bis 0x39 und lassen sich einfach durch Addition von 0x30 codieren bzw. durch Subtraktion von 0x30 decodieren.
- Die binären Codes 1010 bis 1111 der Hexadezimalziffern von **A** bis **F** erscheinen im ASCII-Code als 0x41 bis 0x46. Sie haben den Abstand 7 vom Ziffernbereich 0 bis 9.
- Die Kleinbuchstaben von **a** bis **f** liegen im Bereich von 0x61 bis 0x66. Sie haben den Abstand 0x20 vom Bereich der Großbuchstaben und unterscheiden sich nur in der Bitposition B5 von den Großbuchstaben.

3.3 Programmstrukturen

Die Funktion `bin2ascii` übernimmt den binären Code von 0000 bis 1111 als Argument und liefert den ASCII-Code der Ziffern 0 bis 9 bzw. A bis F als Funktionsergebnis zurück. Durch die Maskierung der oberen vier Bitpositionen kann kein Fehlerfall auftreten.

```
// c:\cprog3\bin2ascii.c  Umwandlung binär -> ASCII
unsigned char bin2ascii(unsigned char bin)
{
 bin = bin & 0x0f;                   // High_Nibble maskieren
 if (bin <= 9) return bin + 0x30; else return bin + 0x37;
}
```

Das Programmbeispiel *Bild 3-13* übernimmt vom Port D einen binären Wert von 0000 bis 1111 und gibt ihn als ASCII-Zeichen codiert auf dem Port B aus.

```
// k3p6.c Bild 3-13 ATmega16 binär nach ASCII umwandeln
// Port B: Ausgabe ASCII
// Port D: Eingabe Kippschalter binär PIND0 ... PIND3
#include <avr/io.h>                  // Deklarationen
#include "C:\cprog3\bin2ascii.c"     // Umwandlung binär nach ASCII
void main(void)                      // Hauptfunktion
{
 DDRB = 0xff;                        // Port B ist Ausgang
 while(1)                            // Arbeitsschleife
 {
  PORTB = bin2ascii(PIND);           // Eingabe umcodiert ausgeben
 } // Ende while
} // Ende main
```

Bild 3-13: Umwandlung von binär nach ASCII-Code

Die Funktion `ascii2bin` übernimmt ein Bitmuster als Argument und unterscheidet mit geschachtelten alternativen Verzweigungen vier Fälle:

- den Ziffernbereich von 0 bis 9,
- den Bereich der Großbuchstaben von A bis F,
- den Bereich der Kleinbuchstaben von a bis f und
- den Fehlerfall, wenn keine Hexadezimalziffer eingegeben wurde.

```
// c:\cprog3\ascii2bin.c   ASCII nach binär   0xff = Nicht-Ziffer
unsigned char ascii2bin(unsigned char as)
{
 if (as >= '0' && as <= '9') return as - '0';
   else if (as >= 'A' && as <= 'F') return as - 'A' + 10;
     else if (as >= 'a' && as <= 'f') return as - 'a' + 10;
       else return 0xff;            // Fehlermarke
}
```

Das Programmbeispiel *Bild 3-14* übernimmt vom Port D ein ASCII-Zeichen und gibt den decodierten Wert auf dem Port B aus. Der Fehlercode `0xff` schaltet alle sieben Segmente der Anzeige dunkel.

```c
// k3p7.c Bild 3-14    ATmega16 Umcodierung ASCII nach binär
// Port B: Ausgabe binär oder Fehlermarke Code 0xff: Anzeige dunkel
// Port D: Eingabe Kippschalter ASCII
#include <avr/io.h>                  // Deklarationen
#include "c:\cprog3\ascii2bin.c"     // Umcodierung ASCII nach binär
void main(void)                      // Hauptfunktion
{
 DDRB = 0xff;                        // Port B ist Ausgang
 while(1)                            // Arbeitsschleife
 {
  PORTB = ascii2bin(PIND);           // Eingabe umcodiert ausgeben
 } // Ende while
} // Ende main
```

Bild 3-14: Umwandlung von ASCII-Code nach binär mit Fehlerausgang

Bei der Auswertung von Portsignalen unterscheidet man zwischen Zuständen (High oder Low) und Flanken (steigend oder fallend).

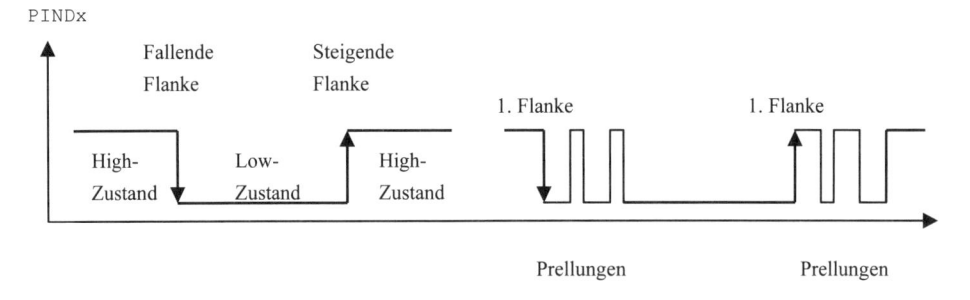

```
PINDx
 ▲
 │    Fallende        Steigende
 │    Flanke          Flanke
 │                                   1. Flanke        1. Flanke
 │ ────┐          ┌────────      ┐ ┌┐ ┌─────      ────┐ ┌┐ ┌───
 │     │          │              │ ││ │               │ ││ │
 │  High-   Low-     High-       └─┘└─┘               └─┘└─┘
 │ Zustand  Zustand  Zustand
 │                                  Prellungen        Prellungen
 └─────────────────────────────────────────────────────────────▶
```

Als Eingang geschaltete Portleitungen werden meist auf High-Potential gehalten. Beim Betätigen eines Tasters oder Schalters gehen sie in den Low-Zustand, es entsteht eine fallende Flanke. Beim Übergang von Low auf High tritt eine steigende Flanke auf. Mechanische Kontakte neigen zum Prellen, so dass nach dem ersten Übergang weitere Flanken auftreten können, die bei einer Flankensteuerung Fehlauslösungen verursachen würden. Die Prellzeiten liegen im Bereich von 1 bis 100 ms.

Bei einer *Zustandsteuerung* liegt eine alternative Verzweigung vor. Das Beispiel gibt bei High am Eingang PD7 auf dem Port B den Wert `0xaa` und bei Low den Wert `0x55` aus.

```c
if (PIND & (1 << PD7)) PORTB = 0xaa; else PORTB = 0x55;
```

3.3 Programmstrukturen

Bei einer *Flankensteuerung* wird das Ereignis oft durch eine fallende Flanke, also den Übergang von High nach Low, ausgelöst. Die Anzeigebits von SFR-Registern werden meist von der Steuerung automatisch wieder auf High zurückgesetzt. Bei Tasteneingaben sind Warteschleifen auf die steigende Flanke sowie Prellungen zu berücksichtigen. Das Beispiel zeigt einen dualen Zähler, der bei einer fallenden Flanke an PD7 um 1 erhöht und dann ausgegeben wird. Der Eingang PD7 ist durch ein Flipflop hardwaremäßig entprellt.

```
/* Ausgangszustand PD7 High, Kontakt durch Flipflop entprellt */
while (1)                               // Arbeitsschleife
{
  while( (PIND & (1 << PD7)) );         // warte solange High
  PORTB = ++zaehler;                    // Zähler erhöhen und ausgeben
  while ( !(PIND & (1 << PD7)) );       // warte solange Low
}
```

Bei nicht entprellten Kontakten kann die Betätigung einer Taste bis zu zehn und mehr fallende Flanken und damit Fehlfunktionen auslösen. Für eine softwaremäßige Entprellung baut man Verzögerungsschleifen ein, wenn Timer nicht zur Verfügung stehen. Die Wartezeit kann durch Versuche ermittelt werden. Für den Kippschalter PD0 des Testsystems waren 10 ms ausreichend.

```
/* Ausgangszustand PD0 High, Kontakt nicht entprellt */
while(1)
{
  while( (PIND & (1 << PD0)) );         // warte auf fallende Flanke
  wartex10ms(1);                        // 1 * 10 ms entprellen
  PORTB = ++zaehler;                    // Zähler erhöhen und ausgeben
  while ( !(PIND & (1 << PD0)) );       // warte auf steigende Flanke
  wartex10ms(1);                        // 1 * 10 ms entprellen
}
```

Das Programmbeispiel *Bild 3-15* zeigt einen dezimalen Zähler im Bereich von 0 bis 99 auf dem Port B, der durch drei Tasten bzw. Kippschalter am Eingabeport D gesteuert wird.

- Eine fallende Flanke an PD7 erhöht den Zähler um 1. Der Eingabetaster ist durch ein Flipflop entprellt, mit dem parallel liegenden Kippschalter lassen sich Prellungen testen.
- Eine fallende Flanke an PD6 vermindert den Zähler um 1. Bei der automatischen Wiederholung der Funktion (auto repeat) wird der Low-Zustand alle 250 ms abgetastet und die Eingabe wiederholt. Beide Flanken werden durch Warteschleifen entprellt.
- Eine fallende Flanke an PD5 löscht den Zähler. Beide Flanken werden mit einer Wartezeit von 10 ms entprellt.
- Der dezimale Zähler wird auf den maximalen Wert 99 begrenzt.

```c
// k3p8.c Bild 3-15   ATmega16   Zähler mit Tastenkontrolle
// Port B: Ausgabe dezimal 00 bis 99
// Port D: PD7: Zähler+1  PD6: Zähler-1  PD5: Zähler löschen
#include <avr/io.h>                  // Deklarationen
#define TAKT 8000000UL               // Symbol Controllertakt 8 MHz
#include "c:\cprog3\wartex10ms.c"    // wartet Faktor * 10 ms
#include "c:\cprog3\dual2bcd.c"      // Umwandlung dual nach dezimal
void main(void)                      // Hauptfunktion
{
 unsigned char zaehler=0;            // Zähler Bytevariable
 DDRB = 0xff;                        // Port B ist Ausgang
 PORTB = zaehler;                    // Anfangswert Null ausgeben
 while(1)                            // Arbeitsschleife
 {
  /* wenn entprellte Taste PD7 fallende Flanke dann Zähler + 1 */
  if ( !(PIND & (1 << PD7)) )        // wenn Taste Low
  {
   if (zaehler < 99) zaehler++;      // maximal 99
   PORTB = dual2bcd(zaehler);
   while ( !(PIND & (1 << PD7)) );   // warte solange Low
  } // Ende if
  /* wenn Taste PD6 Low dann Zähler - 1 mit auto-repeat */
  if ( !(PIND & (1 << PD6)) )        // wenn Taste Low
  {
   if (zaehler > 0) zaehler--;       // minimal 0
   PORTB = dual2bcd(zaehler);
   wartex10ms(25);                   // 250 ms warten
   if( (PIND & (1 << PD6)) ) wartex10ms(1); // bei High 10 ms entprellen
  } // Ende if
  /* wenn Taste PD5 fallende Flanke dann Zähler löschen*/
  if ( !(PIND & (1 << PD5)) )        // wenn Taste Low
  {
   zaehler = 0;                      // Zähler löschen
   PORTB = dual2bcd(zaehler);
   wartex10ms(1);                    // 10 ms entprellen
   while ( !(PIND & (1 << PD5)) );   // warte solange Low
   wartex10ms(1);                    // 10 ms entprellen
  } // Ende if
 } // Ende while
} // Ende main
```

Bild 3-15: Zähler mit Tastenkontrolle

3.4 Zusammengesetzte Datentypen

Die Einzelvariablen der bisherigen Beispiele belegen bei den char-Datentypen ein Byte und bei den int-Datentypen zwei Bytes. Dieser Abschnitt behandelt zusammengesetzte Datentypen, bei denen unter einem Bezeichner eine Vielzahl von Bytes vereinbart werden kann.

3.4.1 Felder und Zeichenketten (Strings)

Bei der *Dimensionierung* eines eindimensionalen Feldes

> Datentyp *Bezeichner* [Anzahl der Elemente]

gibt man hinter dem Feldbezeichner die Anzahl der Elemente in eckigen Klammern an. Als Datentyp sind alle in Abschnitt 3.1 behandelten Typen, Speicherklassen und Attribute zugelassen. Das Beispiel vereinbart ein Feld aus 100 Elementen vom Typ unsigned char.

```
unsigned char  tab[100];
```

Beim *Zugriff* auf die Elemente eines eindimensionalen Feldes

> *Bezeichner* [Indexposition von **0** bis Anzahl – **1**]

steht hinter dem Feldbezeichner in eckigen Klammern ein ganzzahliger Ausdruck, der den Index des Feldelementes angibt. Ein Überschreiten der Feldgrenzen von **0** bis zur Anzahl der Elemente -1 kann zu schwerwiegenden Fehlern führen. Das sichere Beispiel vereinbart die Anzahl der Elemente als Symbolkonstante und adressiert alle Elemente mit for-Schleifen.

```
#define N 10                     // Symbol für Feldgröße
unsigned char tab[N];            // Feldvereinbarung N Elemente
unsigned int i;                  // Laufvariable zur Adressierung
DDRB = 0xff;                     // Port B ist Ausgang
while(1)
{
 for (i=0; i<N; i++) tab[i] = i; // Feld mit Werten besetzen
 for (i=0; i<N; i++)             // Feld verzögert ausgeben
 {
  PORTB = tab[i];                // Feldelement nach Port B
  wartex10ms(100);               // warte 1 sek
 } // Ende for
} // Ende while
```

Bei der Zuweisung von *Anfangswerten*

> Datentyp *Bezeichner* [ ] = { Konstantenliste }

kann die Angabe der Feldgröße entfallen. Der Operator

> **sizeof** (*Feldbezeichner*)

liefert in diesem Fall die Anzahl der Feldelemente zur Steuerung von for-Schleifen, die alle Elemente des Feldes ansprechen. Das Beispiel vereinbart ein Feld aus vorbesetzten Konstanten und gibt alle Elemente mit dem Operator sizeof verzögert auf dem Port B aus.

```
const unsigned char tab[] = {0,1,2,3,4,5,6,7,8,9}; // Feld vorbesetzt
unsigned int i;                    // Laufvariable
DDRB = 0xff;                       // Port B ist Ausgang
while(1)
{
  for (i = 0; i < sizeof(tab); i++) {PORTB = tab[i]; wartex10ms(100);}
} // Ende while
```

Mehrdimensionale Felder werden mit einem Mehrfachindex vereinbart und adressiert. Das Beispiel vereinbart ein zweidimensionales Feld mit vorbesetzten Werten. Die Konstantenliste besteht entsprechend dem ersten Index aus zwei Teillisten mit je drei Werten entsprechend dem zweiten Index.

```
unsigned char x[2][3] = { {11, 22, 33}, {44, 55, 66} };
```

Die Elemente des zweidimensionalen Feldes liegen, beginnend mit dem Index [0][0] linear im Speicher. Die Werte des Beispiels haben die Anordnung:

Index	x[0][0]	x[0][1]	x[0][2]	x[1][0]	x[1][1]	x[1][2]
Adresse	+0	+1	+2	+3	+4	+5
Inhalt	11	22	33	44	55	66

Bei der Bearbeitung mehrdimensionaler Felder mit geschachtelten for-Schleifen läuft für jeden Wert der äußeren Schleife die innere Schleife vollständig durch. Das Beispiel löscht alle Elemente des zweidimensionalen Feldes.

```
for (i = 0; i < 2; i+)                    // äußere Schleife
  for (j = 0; j < 3; j++) x[i][j] = 0;    // innere Schleife
```

3.4 Zusammengesetzte Datentypen

In Feldern lassen sich abgetastete Signale speichern und auswerten. Das Programm *Bild 3-16* untersucht den Eingang PD7 auf Prellungen. Nach der ersten fallenden Flanke beginnt eine Schleife, welche die folgenden 1000 Zustände des Ports abtastet und in einem Feld speichert. Die Abtastrate betrug bei der untersuchten Compilerversion 13 Takte, also 1.6 µs pro Abtastung bei 8 MHz Takt. Dies ergibt eine Aufzeichnungsdauer von 1.6 ms. Die auf die Aufzeichnung folgende Auswertung vergleicht zwei aufeinanderfolgende Zustände; stimmen sie nicht überein, so liegt eine prellende Flanke vor. Nach der steigenden Flanke kann eine neue Messung vorgenommen werden. Die Versuche ergaben zwischen 3 und 15 Prellungen.

```c
// k3p9.c Bild 3 16 ATmega16   Signal abtasten, speichern und auswerten
// Port B: Ausgabe Anzahl der Prellungen dezimal
// Port D: Eingabe fallende Flanke PD7 beginnt Speicherung
#include <avr/io.h>              // Deklarationen
#include "c:\cprog3\dual2bcd.c"  // dual -> BCD
#define TAKT 8000000UL           // Controllertakt 8 MHz
#define N 1000                   // Anzahl der Aufzeichnungen
void main(void)                  // Hauptfunktion
{
 unsigned char feld[N], x;       // Feld vereinbart
 unsigned int i;                 // Zählvariable
 DDRB = 0xff;                    // Port B ist Ausgang
 while(1)                        // Arbeitsschleife
 {
  x = 0; PORTB = 0;                       // Zähler und Ausgabe löschen
  while ( PIND & (1 << PD7));             // warte auf fallende Flanke
  for (i=0; i < N; i++) feld[i] = PIND;   // Port N mal speichern 13 Takte
  for (i=0; i < N-1; i++)  if (feld[i] != feld[i+1]) x++;  // Flanken zählen
  PORTB = dual2bcd(x);                    // Prellungen dezimal ausgeben
  while ( !(PIND & (1 << PD7)));          // warte auf steigende Flanke
 } // Ende while
} // Ende main
```

Bild 3-16: Signal abtasten, speichern und Prellungen auswerten

Mit *Tabellen* lassen sich Umcodierungen, mathematische Funktionen und nichtlineare Zusammenhänge anstelle von Rechenverfahren behandeln. Man unterscheidet:

- fortlaufenden (sequentiellen) Tabellenzugriff für Suchverfahren und
- direkten (random) Zugriff mit einem berechneten oder eingegebenen Index.

Das Beispiel *Bild 3-17* führt eine Umcodierung der Eingabewerte von 0000 bis 1111 in den ASCII-Code der Hexadezimalziffern von 0 bis F mit einem eindimensionalen Feld im Direktzugriff durch. Diese Aufgabe wurde in *Bild 3-13* durch die Funktion bin2ascii rechnerisch vorgenommen. Die Umcodiertabelle enthält nur die 16 Ausgabewerte, deren Adresse durch eine Indexberechnung bestimmt wird. Der Fehlerfall wird durch eine Maskierung des eingegebenen Indexwertes abgefangen.

```c
// k3p10.c Bild 3-17 ATmega16 direkter Tabellenzugriff
// Port B: Ausgabe ASCII-Code 0x30 (Ziffer 0) bis 0x46 (Ziffer F)
// Port D: Eingabe PD3..PD0 Bitmuster 0000 bis 1111
#include <avr/io.h>          // Deklarationen
void main(void)              // Hauptfunktion
{
 const unsigned char tab[] = "0123456789ABCDEF"; // Tabelle als String
 DDRB = 0xff;                // Port B ist Ausgang
 while(1)                    // Arbeitsschleife
  {
   PORTB = tab[PIND & 0x0f]; // direkter Tabellenzugriff
  } // Ende while
} // Ende main
```

Bild 3-17: Umcodierung durch direkten Tabellenzugriff

Das Programm *Bild 3-18* löst die Umcodieraufgabe durch Suchen in einem zweidimensionalen Feld, das in der ersten Dimension 16 Eingabewerte und in der zweiten Dimension die 16 auszugebenden ASCII-Zeichen enthält. Der Fehlerfall ergibt sich, wenn der gesuchte Wert nicht in der Tabelle enthalten ist. Im Gegensatz zum Programm Bild 3-17 sind die Ausgabezeichen nicht als String, sondern einzeln abgelegt. Der Rückstrich \ am Ende der Konstantenliste bedeutet, dass die Vereinbarung auf der nächsten Zeile fortgesetzt wird.

```c
// k3p11.c Bild 3-18  ATmega16  Umcodierliste durchsuchen
// Port B: Ausgabe ASCII-Zeichen von 0x30 (0) bis 0x46 (F) Fehler:0xff
// Port D: Eingabe binäre Codierungen von 00000000 bis 00001111
#include <avr/io.h>          // Deklarationen
void main(void)              // Hauptfunktion
{
 const unsigned char tab [2][16]= {{0,1,2,3,4,5,6,7,8,9,10,11,12,13,14,15}, \
        {'0','1','2','3','4','5','6','7','8','9','A','B','C','D','E','F'} } ;
 unsigned char i, bin, aus;
 DDRB = 0xff;                // Port B ist Ausgang
 while(1)                    // Arbeitsschleife
  {
   bin = PIND;               // binäre Eingabe ohne Maske für High-Nibble !!!!
   aus = 0xff;               // Ausgabe mit Fehlercode vorbesetzt
   for (i=0; i<16; i++) if (tab[0][i] == bin) aus = tab[1][i]; // bei gefunden
   PORTB = aus;              // ASCII oder Fehlercode ausgeben
  } // Ende while
} // Ende main
```

Bild 3-18: Umcodierung durch Tabellensuche

3.4 Zusammengesetzte Datentypen

Bei der Behandlung mathematischer Funktionen kann es zweckmäßig sein, die Werte in Tabellen abzulegen und nicht jedesmal neu zu berechnen. Das Programm *Bild 3-19* speichert eine Sinustabelle in einem Feld ab und gibt dieses periodisch auf einem Digital/Analogwandler aus. Der Baustein ist entsprechend *Bild 2-28* am Port B angeschlossen und wandelt digitale Eingangswerte von 0 bis 255 um in analoge Ausgangsspannungen von 0 bis 2.55 Volt. Die Sinusfunktion und die Konstante π mit dem Symbol M_PI werden der Systembibliothek `math.h` entnommen. In der Formel

$$\text{sinus[i]} = \sin(i*M\_PI/180)*127 + 127$$

beseitigt der Faktor `*127` die Nachpunktstellen und der Summand `+127` verschiebt negative Werte in den positiven Bereich. Bei der Ausgabe entsteht eine mit einem Gleichanteil verschobene Sinusfunktion zwischen 0 und 2.55 Volt.

```c
// k3p12.c Bild 3-19 ATmega16  Sinustabelle aufbauen und ausgeben
// Port B: Ausgabe des Sinus auf D/A-Wandler ca. 1.7 kHz gemessen
// Port D: -
#include <avr/io.h>              // Deklarationen
#include <math.h>                // M_PI und sin
#define TAKT 8000000UL           // Controllertakt 8 MHz
void main(void)                  // Hauptfunktion
{
 unsigned char sinus[360];       // Sinustabelle von 0 bis 359 Grad
 unsigned int i;                 // Laufvariable
 DDRB = 0xff;                    // Port B ist Ausgang
 for (i=0; i<360; i++) sinus[i] = sin(i*M_PI/180)*127 + 127;
 while(1)                        // Arbeitsschleife
 {
  for (i=0; i<360; i++) PORTB = sinus[i];   // Ausgabe D/A-Wandler
 } // Ende while
} // Ende main
```

Bild 3-19: Ausgabe einer Sinustabelle auf einem Digital/Analogwandler

Bei der *Zeigeradressierung* von Feldern wird der Feldbezeichner ohne den Adressoperator direkt einem Zeiger gleichen Datentyps zugewiesen.

> Zeigerbezeichner = *Feldbezeichner*;

Die Adressierung der Feldelemente erfolgt mit der Zeigerarithmetik entsprechend Abschnitt 3.2.5. Das Beispiel *Bild 3-20* setzt einen Zeiger `ptab` auf die Adresse des Feldes `tab`. Die erste `for`-Schleife verändert durch den Ausdruck `*ptab++` den laufenden Inhalt des Zeigers, so dass er nach dem Ablauf der Schleife auf einen Wert hinter dem letzten Element zeigt und für weitere Operationen wieder auf den Anfang des Feldes gesetzt werden muss. In der zweiten `for`-Schleife bleibt der Zeiger durch den Ausdruck `*(ptab+i)` erhalten.

```
// k3p13.c Bild 3-20 ATmega16   Zeigeradressierung von Feldern
// Port B: Ausgabe Sekundenzähler von 0..9
// Port D: -
#include <avr/io.h>                  // Deklarationen
#define TAKT 8000000UL               // Controllertakt 8 MHz
#include "c:\cprog3\wartex10ms.c"    // wartet Faktor * 10 ms
#define N 10                         // Anzahl der Feldelemente
void main(void)                      // Hauptfunktion
{
 unsigned char tab[N], *ptab;        // Feld und Zeiger auf Feld
 unsigned int i;                     // Laufvariable
 DDRB = 0xff;                        // Port B ist Ausgang
 ptab = tab;                         // Zeiger <- Anfangsadresse des Feldes
 for (i=0; i<N; i++) *ptab++ = i;    // Zeiger wird heraufgezählt und zerstört
 ptab = tab;                         // Zeiger erneut auf Feldadresse setzen !
 while(1)                            // Arbeitsschleife
 {
  for (i=0; i<N; i++)                // Ausgabeschleife
  {
   PORTB = *(ptab+i);                // Zeiger bleibt erhalten
   wartex10ms(100);                  // warte 1 sek
  } // Ende for
 } // Ende while
} // Ende main
```

Bild 3-20: Zeigeradressierung von Feldern

Dynamischen Feldern wird erst während der Laufzeit des Programms Speicherplatz zugewiesen, der dem Heap (Haufen, Halde) entnommen wird. Die dafür erforderlichen Funktionen der Systemdatei `stdlib.h` sind nicht bei allen Compilern verfügbar. In der untersuchten Konfiguration legte der Compiler den Heap zwischen dem Bereich der Variablen und Felder und dem Stapel an.

Ergebnis	Aufruf	Bemerkung
Zeiger	malloc (Anzahl der Bytes)	Speicher nicht vorbesetzt zuweisen
Zeiger	calloc (Anzahl der Werte , Länge des Datentyps)	Speicher mit 0 vorbesetzt zuweisen
Länge	free (Zeiger)	Speicher freigeben
	sizeof (Datentyp)	liefert die Länge des Datentyps
	NULL	Nullmarke mit Wert 0

Das Beispiel *Bild 3-21* vereinbart einen Zeiger p, dem mit der Funktion malloc Speicherplatz für N = 10 Werte des Datentyps unsigned char zugewiesen wird. Nach der Freigabe mit free wird der Speicher erneut mit der Funktion calloc an den Zeiger z verge-

3.4 Zusammengesetzte Datentypen

ben. Für den nächsten Durchlauf der Testschleife muss der durch den Zeiger z belegte Speicher wieder freigegeben werden.

```c
// k3p14.c Bild 3-21  ATmega16  Dynamische Felder
// PORTB: Ausgabe Marke und Sekundenzähler 0 .. 9
// PORTD: -
#include <avr/io.h>          // Vereinbarungen
#include <stdlib.h>          // Speicherverwaltungsfunktionen
#define TAKT 8000000         // Controllertakt ca. 8 MHz
#include "c:\cproq3\wartex10ms.c" // wartet Faktor * 10 ms
#define N 10                 // Symbol für die Anzahl der Werte
void main(void)              // Hauptfunktion
{
 char *p=NULL,*z=NULL;       // Zeiger mit Null-Marke vorbesetzt
 unsigned int i;             // Laufvariable
 DDRB = 0xff;                // Port B ist Ausgang
 while(1)                    // Testschleife
 {
  p = malloc(N * sizeof(char) );              // Speicher zuweisen
  if (p != NULL) PORTB=0x55; else PORTB = 0xaa; // gelungen ?
  wartex10ms(200);                            // 2 sek warten
  for (i=0; i<N; i++) *(p+i) = i;             // besetzen
  for (i=0; i<N; i++) { PORTB = *(p+i); wartex10ms(100); } // ausgeben
  free(p);                                    // freigeben
  z = calloc(N, sizeof(char));                // Speicher mit 0 besetzt
  if (z != NULL) PORTB=0x55; else PORTB = 0xaa; // gelungen ?
  wartex10ms(200);                            // 2 sek warten
  for (i=0; i<N; i++) *(z+i) = *(z+i) + i;    // besetzen
  for (i=0; i<N; i++) { PORTB = *(z+i); wartex10ms(100); } // ausgeben
  free(z);                                    // freigeben
 } // Ende while
} // Ende main
```

Bild 3-21: Dynamische Felder zur Laufzeit des Programms

Bei der Anforderung von dynamischen Feldern ist zu beachten, dass bei Controllern die Größe des Arbeitsspeichers (SRAM) beschränkt ist. Er umfasst bei dem als Beispiel dienenden ATmega16 nur 1024 Bytes. Die Vergabe des dynamischen Speichers erfolgt zur Laufzeit durch ein residentes Betriebsprogramm und ist abhängig von dem verwendeten Compiler. In der untersuchten Konfiguration fehlten die Operatoren `new` und `delete` zum Anfordern bzw. Freigeben von Speicher für einzelne Variablen.

Strings oder Zeichenketten sind ein Sonderfall eindimensionaler Felder aus Zeichen vom Datentyp `char`. *Stringkonstanten* enthalten zwischen Hochkommata Texte aus Buchstaben, Ziffern und Sonderzeichen sowie aus Escape-Sequenzen (*Bild 3-4*).

> " Text aus Zeichen "

Stringvariable werden als eindimensionale Felder mit der Anzahl der Zeichen + **1** oder mit Anfangswerten ohne Längenangabe vereinbart.

> **char** oder **unsigned char** *Stringbezeichner* [Zeichenzahl + **1**]
>
> **char** oder **unsigned char** *Stringbezeichner* [ ] = " Text"

```
unsigned char zeile[81];              // Stringvariable 80 Zeichen
char melde[] = "\n\rHallo, Freunde! "; // Begrüßungsmeldung
```

Der Compiler legt hinter dem letzten Zeichen des Textes eine zusätzliche Endemarke mit dem Zahlenwert 0 ab. Der Operator `sizeof` liefert als Größe des nullterminierten Strings die Anzahl der Zeichen + **1** für die Endemarke.

Stringoperationen lassen sich nur über die einzelnen Elemente der Stringvariablen durchführen; Stringkonstanten erscheinen nur bei der Feldvereinbarung. Das Beispiel kopiert einen konstanten String `tab` mit dem `sizeof`-Operator in einen variablen String `aus` und gibt diesen durch Abfragen der Endemarke auf dem Port B aus.

```
const unsigned char tab[] = "123456789";  // String mit Konstanten
unsigned char aus[81];                    // Stringvariable unbesetzt
for (i=0; i<sizeof(tab); i++) aus[i] = tab[i]; // Feld kopieren
i = 0; while(tab[i] != 0) PORTB = tab[i++];    // Feld ausgeben
```

Strings lassen sich wie Felder mit Zeigern adressieren. Dann können Stringkonstanten auch als Operanden erscheinen; eine Zuweisung von Zeigern an Variablen oder Felder ist nicht möglich. Beispiele für Zuweisungen an Stringzeiger:

```
unsigned char  aus[81];          // String vereinbart
unsigned char *px, *py, *pz;     // Zeiger auf Strings
unsigned int i;                  // Laufvariable
px = "abcdef";                   // Zeiger <- Stringkonstante
py = aus;                        // Zeiger <- Stringvariable
pz = px;                         // Zeiger <- Zeiger
/* Ausgabe von "abcdef" nur über Zeiger nicht über Feld möglich */
i=0;
while (*(pz+i) != 0) PORTB = *(pz + i++); // Zeigeradressierung
```

3.4 Zusammengesetzte Datentypen

Strings werden vorwiegend für die Eingabe und Ausgabe von Texten auf einem über die serielle USART-Schnittstelle angeschlossenen PC, hier Konsole genannt, verwendet. Die in der Tabelle zusammengestellten benutzerdefinierten Konsolfunktionen für Zeichen werden im Abschnitt 4.5 erläutert. Die #include-Anweisungen sind zusammen mit Stringfunktionen in der Headerdatei konsole.h enthalten.

Ergebnis	Funktionsaufruf	Aufgabe
void	initusart(void)	USART bzw. UART initialisieren Symbole TAKT und BAUD
void	putch(unsigned char)	Zeichen nach USART ausgeben
unsigned char	getch(void)	warten und Zeichen von USART lesen
unsigned char	getche(void)	warten, Zeichen lesen und Echo ausgeben
unsigned char	kbhit(void)	Empfänger testen ohne Warten Ergebnis == 0: kein Zeichen Ergebnis != 0: Zeichen zurück
void	putstring(string)	Stringausgabe bis Endemarke NULL
unsigned char	getstring(string)	Stringeingabe mit BS bis Steuerzeichen max. Länge SLAENG Abbruchzeichen wird zurückgegeben
unsigned char	cmpstring(string_1,string_2)	Stringvergleich: Ergebnis == 0: Strings sind ungleich Ergebnis == 1: Strings sind gleich

Benutzerdefinierte Zeichen- und Stringfunktionen in konsole.h

Die #include-Anweisungen der drei Stringfunktionen sind ebenfalls in konsole.h enthalten. Sie arbeiten mit Strings, die im Arbeitsspeicher SRAM angeordnet sind. Strings im Konstantenbereich des Flash und im EEPROM werden im Abschnitt 3.4.3 behandelt.

Die Stringfunktion putstring gibt einen nullterminierten String auf der Konsole aus und ruft die Zeichenfunktion putch auf, die davor vereinbart sein muss.

```
// c:\cprog3\putstring.c   String bis Endemarke Null ausgeben
void putstring(unsigned char *zeiger)   // SRAM_String ausgeben
{
 while(*zeiger != 0) putch(*zeiger++); // solange keine Endemarke 0
}
```

Die Stringfunktion getstring speichert Eingabezeichen in einem String bis entweder ein Steuerzeichen wie z.B. Wagenrücklauf *cr* eingegeben wird oder die mit SLAENG definierte Länge erreicht ist. Das Abbruchzeichen wird als Ergebnis zurückgeliefert. Die während der Eingabe mit der Rücktaste *Backspace* BS möglichen Korrekturen sind für die gepufferte Eingabe von Zahlen besonders hilfreich. Die Zeichenfunktionen putch und getch müssen davor vereinbart sein.

```
// c:\cprog\getstring.c   String max. SLAENG mit Korrekturen lesen
unsigned char getstring(unsigned char *zeiger)
{
 unsigned anz = 0;                          // Zeichenzähler
 while(1)
 {
  *zeiger = getch();                        // Zeichen lesen ohne Echo
  if(*zeiger >= 0x20 && anz < SLAENG)       // kein Steuerzeichen
  {
   putch(*zeiger); anz++; zeiger++;         // Echo Zähler Zeiger erhöhen
  } // Ende if
  else
  {
   if(*zeiger != '\b' || anz >= SLAENG) // Ende der Eingaben
   {
    anz = *zeiger; *zeiger = 0; return anz; // Abbruchzeichen
   } // Ende if
   else
   if(*zeiger == '\b' && anz != 0)      // Korrektur mit Rücktaste
   {
    zeiger--; putch('\b'); putch(' '); putch('\b'); anz--;
   }  // Ende if
  } // Ende else
 } // Ende while
} // Ende Funktion
```

Die Stringfunktion cmpstring vergleicht die beiden als Parameter übergebenen Strings. Sie sind nur dann gleich, wenn sie in der Länge und in allen Zeichenpositionen übereinstimmen. In diesem Fall wird als Ergebnis der Wert 1 zurückgeliefert; bei ungleich ist das Ergebnis der Funktion 0.

```
// c:\cprog3\cmpstring.c Stringvergleich  1:gleich  0:ungleich
unsigned char cmpstring(unsigned char *s1, unsigned char *s2)
{
 while(1)
 {
  if( (*s1 == 0) && (*s2 == 0) ) return 1;  //   ja:  gleich
  if(*s1 != *s2) return 0;                  // nein: ungleich
  s1++; s2++;                               // weiter
 } // Ende while
} // Ende cmpstring
```

Das Programm *Bild 3-22* testet die Stringfunktionen und gleichzeitig auch die von ihnen aufgerufenen Zeichenfunktionen. Das Passwort für den Stringvergleich ist „*geheim*".

3.4 Zusammengesetzte Datentypen 241

```c
// k3p15.c  Bild 3-22 ATmega16   Stringoperationen
// Port D: PD1 = TXD und PD0 = RXD -> PC als Terminal
#include     <avr/io.h>           // Deklarationen
#define      TAKT 8000000ul       // Controllertakt 8 MHz
#define      BAUD 9800ul          // 9600 Baud
#define      SLAENG 81            // Länge Eingabestring
#include     "c:\cprog3\konsole.h" // Zeichen- und Stringfunktionen
// initusart putch getch getche kbhit putstring getstring cmpstring
void main (void)
{
 unsigned char puffer[SLAENG];    // Pufferspeicher
 initusart();                     // USART initialisieren
 while(1)                         // Arbeitsschleife String
 {
  putstring("\n\rKennwort -> ");  // Meldung auf neuer Zeile
  getstring(puffer);              // String eingeben
  putstring(" = ");               // Trennzeichen ausgeben
  putstring(puffer);              // Puffer ausgeben
  if (cmpstring(puffer,"geheim")) putstring("  getroffen"); // vergleichen
 } // Ende while
} // Ende main
```

Bild 3-22: Test der benutzerdefinierten Stringfunktionen

Die Systemdateien `string.h` und `ctype.h` enthalten eine Reihe von vordefinierten String- und Zeichenfunktionen für Stringoperationen. Die Tabelle enthält nur eine Auswahl; weitere Funktionen finden sich im Handbuch „avr-libc Reference Manual".

Ergebnis	*Funktionsaufruf*	*Aufgabe*
Zeiger auf Anfang	strcpy (*Ziel, Quelle*)	kopiert Quellstring nach Zielstring
Zeiger auf Anfang	strcat (*Ziel, Quelle*)	hängt Quellstring an Zielstring an
Anzahl der Zeichen	strlen (*String*)	liefert Anzahl der Zeichen ohne die Endemarke
Kennwert	strcmp (*String_1, String_2*)	vergleicht Strings alphabetisch Kennwert < 0: String_1 niedriger als String_2 Kennwert = 0: beide Strings sind gleich Kennwert > 0: String_1 höher als String_2

Die vordefinierten Stringfunktionen führen Operationen mit Stringkonstanten, Stringvariablen oder Zeigern auf Strings durch. Beispiele:

```c
strcpy (aus,tab);                    // kopiert Stringvariable aus <- tab
strcat (aus,"ABCDEF");               // hängt Stringkonstante an
if (strcmp(tab,"0123456789") == 0)   // vergleicht Strings
```

3.4.2 Strukturen

Der zusammengesetzte Datentyp `struct` (Datenstruktur) fasst Elemente verschiedener Datentypen unter einem Bezeichner zusammen.

```
Typ struct {

        Datentyp_1 Komponentenliste_1;
        . . . . . . . . . .
        Datentyp_n Komponentenliste_n;
} Strukturbezeichnerliste;
```

Als Typ sind alle in Abschnitt 3.1 behandelten Speicherklassen und Attribute zugelassen. In den Komponentenlisten werden Komponenten gleichen Datentyps zusammengefasst. Als Datentyp sind alle einfachen und zusammengesetzten Typen sowie Zeiger zugelassen. Die in den Komponentenlisten enthaltenen Bezeichner können mit Bezeichnern außerhalb der Struktur übereinstimmen, da sie immer an den Strukturbezeichner gebunden sind. Vorbesetzte Strukturen erhalten wie bei Feldern zwischen geschweiften Klammern eine Liste von Konstanten. Das Beispiel vereinbart eine Struktur `lasso` mit den beiden Komponenten `k1` und `k2` und den Anfangswerten 100 und 200.

```c
struct
    {
      unsigned char k1;         // Komponente_1
      unsigned int k2;          // Komponente_2
    } seil, lasso = { 10, 20 }; // vorbesetzte Anfangswerte
```

Die Komponenten einer Struktur werden über

```
Strukturbezeichner . Komponentenbezeichner
```

in Ausdrücken angesprochen. Das Beispiel multipliziert die Komponenten `k1` der Strukturen `lasso` und `seil` und gibt das Produkt auf dem Port B aus.

```c
lasso.k1 = lasso.k1 * seil.k1; // Ausdruck
PORTB = lasso.k1;              // k1 ausgeben
```

Bei dem Sonderfall einer *Union* liegen alle Komponenten, Varianten genannt, auf den gleichen Speicherplätzen; die Größe richtet sich nach der längsten Variante. Die Adressierung der Varianten erfolgt durch den Ausdruck *Unionbezeichner* . Komponentenbezeichner wie bei einer Struktur.

3.4 Zusammengesetzte Datentypen

```
union {
    Datentyp_1 Variante_1;
    . . . . . . . .
    Datentyp_n Variante_n;
} Variablenliste;
```

Der Sonderfall *Bitfelder* gestattet die Adressierung von einzelnen Bits oder Bitgruppen innerhalb einer Variablen durch eigene Bezeichner.

```
struct {
    Datentyp_1 Komponente_1 : Länge_1;
    . . . . . . . . . . . .
    Datentyp_n Komponente_n : Länge_n;
} Feldbezeichnerliste;
```

Die Adressierung der Bitfeldkomponenten erfolgt wie bei einer Struktur durch den Ausdruck *Feldbezeichner* . Komponentenbezeichner. Die untersuchte Compilerkonfiguration erzeugte für Bitoperationen in Einzelvariablen kürzeren Code als für Bitfelder. Das bereits in Abschnitt 3.2.4 behandelte Beispiel vereinbart ein Bitfeld marke mit den Komponenten ein und aus der Länge 1 bit. Sie dienen als Schaltervariablen für den Zustand von Portbits.

```
struct                            // Bitfeld vereinbaren
    {
      unsigned char ein : 1;      // Schalterbit für Ein-Zustand
      unsigned char aus : 1;      // Schalterbit für Aus-Zustand
    } marke;                      // Schaltervariable
// Marken setzen
 if (  PIND & (1 << PD7))  marke.ein = 1;   // Ein-Marke setzen
 if ( !(PIND & (1 << PD7))) marke.aus = 1;   // Aus-Marke setzen
// Marken auswerten und zurücksetzen
 if (marke.ein) { PORTB = 0xff; marke.ein = 0; } // Ein-Marke
 if (marke.aus) { PORTB = 0x00; marke.aus = 0; } // Aus-Marke
```

Mit **typedef struct** wird ein benutzerdefinierter Strukturtyp deklariert. Das Beispiel vereinbart einen Datentyp mit dem frei gewählten Bezeichner styp mit den beiden Komponenten k1 und k2 und benutzt ihn zur Definition der Strukturvariablen lasso und seil. Wertzuweisungen an Strukturen sind nur über ihre Komponenten möglich.

```
/* Deklaration des Strukturtyps styp */
typedef struct
            {
               unsigned char k1;   // Komponente_1
               unsigned int  k2;   // Komponente_2
            } styp;                // Datentyp styp
/* Definition von Variablen des Datentyps styp */
styp lasso, seil;                  // Variablen lasso und seil
lasso.k2 = 4711;                   // Wertzuweisung an Komponente
```

Als Komponenten von Strukturen sind alle einfachen und zusammengesetzten Datentypen – auch Strukturen – sowie Zeiger zugelassen. Ebenso lassen sich Strukturen auch über Zeiger adressieren. Der Zugriff auf die Komponenten kann durch den Operator -> erfolgen.

| *Strukturzeiger* = &Strukturvariable; |
| (**Strukturzeiger*) . Komponente |
| *Strukturzeiger* -> Komponente |

Das Beispiel vereinbart einen Zeiger szeiger auf Strukturen von Typ styp und setzt ihn auf die Adresse der Struktur otto.

```
/* Zeiger szeiger auf Struktur vom Datentyp styp */
styp otto, *szeiger;     // Struktur und Zeiger vereinbart
szeiger = &otto;         // Zeiger auf Struktur otto
(*szeiger).k1 = 0xaa;    // Komponente adressiert
PORTB = szeiger -> k1;   // mit Operator -> statt (*szeiger).k1
```

Beim Aufbau *verketteter Listen* enthält jeder Eintrag neben den Daten einen Zeiger auf das nächste Element. Die Adresse des ersten Listenelementes wird in einem Kopfzeiger gespeichert; das letzte Element ohne Nachfolger erhält eine Endemarke.

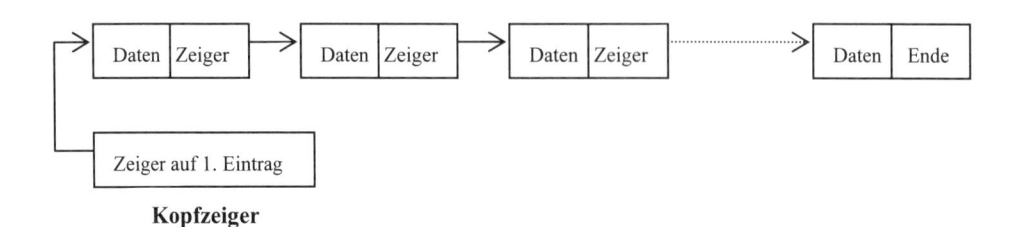

Kopfzeiger

Das Beispiel *Bild 3-23* baut eine verkettete Liste aus Eingabewerten vom Port D auf, die durch den Wert Null abgebrochen wird. Anschließend werden die gespeicherten Werte aus der Liste verzögert auf dem Port B ausgegeben.

3.4 Zusammengesetzte Datentypen

```c
// k3p16.c Bild 3-23  ATmega16  Verkettete Liste aufbauen und ausgeben
// Port B: Ausgabe der Listenwerte dann Endemarke 0x55
// Port D: Eingabe Taste PD7 bis Wert Null
#include <avr/io.h>                    // Deklarationen
#include <stdlib.h>                    // für malloc und NULL
#define TAKT 8000000UL                 // Controllertakt 8 MHz
#include "c:\cprog3\wartex10ms.c"      // wartet Faktor * 10 ms
void main(void)                        // Hauptfunktion
{
 struct styp {                         // Typdeklaration
             unsigned char x,daten;    // Datenteil
             struct styp *nach;        // Zeiger auf Nachfolger
            };
 struct styp *kopfz, *altz, *laufz;    // Zeigervariablen
 unsigned char wert, i = 0;            // Eingabewert und Zähler
 DDRB = 0xff;                          // Port B ist Ausgang
 kopfz = NULL;                         // Kopfzeiger
 laufz = NULL;                         // laufender Zeiger
 altz = NULL;                          // Zeiger auf Vorgänger
 while(1)                              // eingeben und speichern
 {
  while ( PIND & (1 << PD7) );         // warte solange PD7 High
  wert = PIND;                         // Eingabewert
  if (wert == 0) break;                // Abbruch der Eingabe für Null
  altz = laufz;                        // Zeiger auf Vorgänger
  laufz = malloc(1*sizeof(*laufz));    // neuen Speicher anfordern
  laufz->daten = wert;                 // Daten ablegen
  laufz->nach = NULL;                  // Endemarke
  if (kopfz == NULL) kopfz = laufz;    // Zeiger nach Kopf
  if (kopfz != NULL) altz->nach = laufz; // Zeiger nach Vorgänger
  PORTB = ++i;                         // laufender Kontrollzähler
  while ( !(PIND & (1 << PD7)) );      // warte solange PD7 Low
 } // Ende while Liste aufbauen
 while ( !(PIND & (1 << PD7)) );       // warte solange PD7 Low
 laufz = kopfz;                        // Zeiger auf 1. Element
 while(laufz != NULL)                  // Liste ausgeben
 {
  PORTB = laufz->daten;                // Daten ausgeben
  laufz = laufz->nach;                 // Zeiger auf Nachfolger
  wartex10ms(100);                     // ca. 1 sek warten
 } // Ende while ausgeben
 PORTB = 0x55;                         // Marke für Ende des Programms
} // Ende main                         // Neustart mit RESET
```

Bild 3-23: Verkettete Liste aufbauen und ausgeben

3.4.3 Die Adressierung des Flash- und EEPROM-Speichers

Die Bausteine der AVR-Familien enthalten die drei Speicherbereiche:

- den Flash-Programmspeicher mit der Interrupttabelle, den Befehlen und Konstanten,
- den EEPROM-Speicher zur nichtflüchtigen Aufbewahrung von Daten und
- einen Schreib-Lese-Speicher mit dem Registersatz, dem SFR-Bereich und dem SRAM als Arbeitsspeicher, der jedoch bei einigen Typen (AT90S1200 und ATtiny) fehlen kann.

Die GNU-Compiler unterteilen den SRAM in die Bereiche:
- .data für initialisierte globale und statische Variablen und Strings,
- .bss für nichtinitialisierte globale und statische Variablen und Strings,
- den Heap-Bereich für die dynamische Speichervergabe und
- den Stapel am Ende des SRAM-Bereiches.

Konstanten und vorbesetzte Variablen werden standardmäßig in einem Prolog (Vorspann) aus dem Flash-Programmspeicher .txt in den SRAM-Bereich .bss kopiert. Bei großen Tabellen und langen Texten kann es vorteilhafter sein, die Konstanten nicht in den SRAM zu kopieren, sondern im Programmspeicher zu adressieren.

Die untersuchte Compilerkonfiguration stellte für das Lesen von Daten aus dem Flash-Programmspeicher eine Reihe von Definitionen und Funktionen zur Verfügung, die in dem Handbuch „avr-libc Reference Manual" beschrieben werden. Sie werden mit

```
#include <avr/pgmspace.h>
```

eingefügt. Ältere Versionen verwenden die Datei progmem.h. Die im Programmspeicher abzulegenden Konstanten müssen vor main global oder in main statisch mit dem Attribut PROGMEM vereinbart werden.

```
const Datentyp PROGMEM Bezeichner = Konstanten
```

Ältere Compilerversionen verwenden __attribute__ ((progmem)) anstelle von PROGMEM. Die Beispiele vereinbaren eine globale und eine statische Bytekonstante im Programmspeicher.

```
#include <avr/pgmspace.h>                // Definitionen und Funktionen
const char PROGMEM wert = 0x55;          // globale Konstante
void main (void)
{
static const char PROGMEM zahl = 0xaa;   // statische Konstante
```

Die Tabelle enthält einige Definitionen und Funktionen, die im Programm *Bild 3-24* als Beispiele dienen. Die Stringfunktionen entsprechen denen in string.h.

3.4 Zusammengesetzte Datentypen

Ergebnis	Aufruf	Anwendung
	PROGMEM	Attribut für Konstanten im Programmspeicher
8 bit	pgm_read_byte(&Bezeichner)	Byte (8 bit) aus Programmspeicher lesen
16 bit	pgm_read_word(&Bezeichner)	Wort (16 bit) aus Programmspeicher lesen
32 bit	pgm_read_dword(&Bezeichner)	Doppelwort (32 bit) aus Programmspeicher lesen
	strcpy_P(Ziel, Quelle)	kopiert Quelle im Programmspeicher nach Ziel im SRAM
	strcat_P(Ziel, Quelle)	hängt Quelle im Programmspeicher an Ziel im SRAM an
Kennwert	strcmp_P(String_1,String_2)	vergleicht String_2 (Programmsp.) mit String_1 (SRAM) Kennwert wie strcmp-Funktion
Länge	strlen_P(String)	liefert Anzahl der Zeichen ohne Endemarke

```c
// k3p17.c Bild 3-24   ATmega16 Programmspeicherzugriff
// Port B: Ausgabe Testbytes und Feldelemente im Sekundentakt
// Port D: -
#include <avr/io.h>           // Deklarationen
#include <avr/pgmspace.h>     // Programmspeicherzugriff
#define TAKT 8000000UL        // Controllertakt 8 MHz
#include "c:\cprog3\wartex10ms.c" // wartet Faktor * 10 ms
const unsigned char PROGMEM byte = 0x01;    // Bytekonstante
const unsigned int PROGMEM wort = 0x0102;   // Wortkonstante
const unsigned long int PROGMEM dwort = 0x01020304; // Doppelwort
void main(void)               // Hauptfunktion
{
 static const char PROGMEM text [] = "0123456789";  // Textkonstante
 unsigned char feld[100];      // variabler String im SRAM
 unsigned int i;
 DDRB = 0xff;                 // Port B ist Ausgang
 while(1)                     // Arbeitsschleife
 {
  PORTB = pgm_read_byte(&byte);    wartex10ms(200); // Bytezugriff
  PORTB = pgm_read_word(&wort);    wartex10ms(200); // Wortzugriff
  PORTB = pgm_read_dword(&dwort); wartex10ms(200); // Doppelwortzugriff
  strcpy_P(feld, text);                            // String kopieren
  strcat_P(feld, text);                            // String anhängen
  if (strcmp_P(feld, text) != 0) PORTB = 0x55; else PORTB = 0xaa;
  wartex10ms(200); PORTB = strlen_P(text); wartex10ms(200); // Stringlänge
  i = 0; while(feld[i] != 0) {PORTB = feld[i++]; wartex10ms(100);} // Ausgabe
 } // Ende while
} // Ende main
```

Bild 3-24: Der Zugriff auf Daten im Flash-Programmspeicher

Der Compiler verwendet für den Programmspeicherzugriff den Befehl lpm; für den Zugriff auf den erweiterten Programmspeicher mit dem Befehl elpm stehen entsprechende Funktionen zur Verfügung. Abschnitt 6 behandelt die Programmierung des Boot-Bereiches, die nur für die Mega-Bausteine verfügbar ist.

Der *EEPROM-Bereich* dient zur nichtflüchtigen Aufbewahrung von Daten, die im Gegensatz zum SRAM nach dem Abschalten der Spannung nicht verloren gehen und nach dem Einschalten der Versorgungsspannung wieder zur Verfügung stehen. Der EEPROM-Bereich ist als Arbeitsspeicher nicht geeignet, da er nur etwa 100000 mal programmierbar ist und die Zugriffszeit besonders beim Schreiben im Millisekundenbereich liegt. Abschnitt 2.5.3 behandelt den Assembler-Zugriff auf den EEPROM-Bereich über zwei SFR-Register. Dies ist auch in der C-Programmierung über die SFR-Adressierung möglich.

Die untersuchte Compilerkonfiguration stellte für das Lesen und Schreiben von Daten im EEPROM eine Reihe von Definitionen und Funktionen zur Verfügung, die in dem Handbuch „avr-libc Reference Manual" beschrieben werden. Sie werden mit

```
#include <avr/eeprom.h>
```

eingefügt. Ältere Versionen verwenden die Datei eeprom.h. Die im EEPROM abzulegenden Variablen bzw. Felder müssen vor main global oder in main statisch mit

```
Datentyp __attribute__((section(".eeprom"))) Bezeichner
```

vereinbart werden. Hinter dem Bezeichner lassen sich Anfangswerte angeben, die durch eine Programmiereinrichtung aus einer Datei .eep in den Baustein geladen werden. In der Entwicklungsumgebung „Programmers Notepad 2" des GNU-Compilers muss dazu im Makefile der Schalter AVRDUDE_WRITE_EEPROM = ... gesetzt werden. Das recht umständliche Attribut lässt sich mit einem definierten Symbol EEPROM vereinfachen. Die Beispiele vereinbaren eine globale und eine statische Variable mit Anfangswerten im EEPROM.

```
#include <avr/eeprom.h>                        // EEPROM-Funktionen
#define EEPROM __attribute__((section (".eeprom"))) // neues Symbol
unsigned int EEPROM x = 0x0102;                // EEPROM-Variable global
main(void)                                     // Hauptfunktion
{
static unsigned char EEPROM y = 0x03;          // EEPROM-Variable statisch
```

Die in der Tabelle dargestellten Funktionen werden im Programm *Bild 3-25* für die Adressierung des EEPROM-Bereiches verwendet. Das Datenhandbuch des Herstellers beschreibt weitere Funktionen für ältere Versionen des GNU-Compilers und für Compiler anderer Hersteller sowie zur Behandlung der recht langen Warte- und Zugriffszeiten.

3.4 Zusammengesetzte Datentypen

Ergebnis	Aufruf	Anwendung
	__attribute__((section(".eeprom")))	Attribut für Daten im EEPROM
8 bit	eeprom_read_byte(&Bezeichner)	Byte (8 bit) aus EEPROM lesen
16 bit	eeprom_read_word(&Bezeichner)	Wort (16 bit) aus EEPROM lesen
32 bit	eeprom_read_dword(&Bezeichner)	Doppelwort (32 bit) aus EEPROM lesen
	eeprom_read_block(Ziel,Quelle,Länge)	Quelle (EEPROM) nach Ziel (SRAM)
	eeprom_write_byte(&Bezeichner, Wert)	Byte (8 bit) nach EEPROM schreiben
	eeprom_write_word(&Bezeichner, Wert)	Wort (16 bit) nach EEPROM schreiben
	eeprom_write_dword(&Bezeichner, Wert)	Doppelwort (32 bit) nach EEPROM schr.
	eeprom_write_block(Quelle,Ziel,Länge)	Quelle (SRAM) nach Ziel (EEPROM)

```c
// k3p18.c Bild 3-25 ATmega16  EEPROM-Zugriff
// Port B: Ausgabe Testwerte und Feld im Sekundentakt
// Port D: Eingabe Testwert
#include <avr/io.h>                   // Deklarationen
#include <avr/eeprom.h>               // EEPROM-Funktionen
#define TAKT 8000000UL                // Controllertakt 8 MHz
#define  EEPROM __attribute__((section(".eeprom")))  // neues Symbol
#include "c:\cprog3\wartex10ms.c"  // wartet Faktor * 10 ms
unsigned int EEPROM x = 0x0102;    // EEPROM-Variable global
void main(void)                       // Hauptfunktion
{
 static unsigned char EEPROM y = 0x03, z = 0x04;  // EEPROM statisch
 static unsigned char EEPROM tab[] = "0123456789"; // EEPROM Block
 unsigned char feld[20];                  // Puffer im SRAM
 unsigned int i;
 DDRB = 0xff;                             // Port B ist Ausgang
 while(1)                                 // Arbeitsschleife
 {
  PORTB = eeprom_read_word(&x); wartex10ms(200);  // EEPROM Wort lesen
  PORTB = eeprom_read_byte(&y); wartex10ms(200);  // EEPROM Byte lesen
  PORTB = eeprom_read_byte(&z); wartex10ms(200);  // EEPROM Byte lesen
  eeprom_write_byte(&z, PIND);            // EEPROM Byte schreiben
  PORTB = eeprom_read_byte(&z); wartex10ms(200);  // EEPRoM Byte rücklesen
  eeprom_read_block(feld, tab, sizeof(tab));  // EEPROM Block lesen
  i=0; while( feld[i] != 0) {PORTB = feld[i++]; wartex10ms(100);} // Ausgabe
 } // Ende while
} // Ende main
```

Bild 3-25: Der Zugriff auf den EEPROM-Bereich

3.5 Funktionen

Unterprogramme sind selbständige Programmteile, deren Code nur einmal angelegt wird. In der Programmiersprache C gibt es nur den einen Unterprogrammtyp Funktion, der sowohl Funktionsergebnisse zurückliefert als auch die Übergabe von Argumenten gestattet. Gemäß der Vorgabe „*erst vereinbaren, dann verwenden*" müssen Funktionen vor ihrem Aufruf definiert oder mit einem Prototyp – bestehend aus der Kopfzeile – deklariert werden. In den folgenden Beispielen liegen die Funktionen immer vor der Hauptfunktion `main` bzw. vor anderen sie aufrufenden Funktionen. Sie erhalten bei ihrer *Definition* einen Funktionsnamen.

```
Ergebnistyp Funktionsbezeichner (Liste formaler Argumente)
{
    lokale Vereinbarungen;
    Anweisungen;
    return Wert;   // entfällt bei Ergebnistyp void
}
```

Die Bezeichner der formalen Argumente und lokalen Vereinbarungen sind frei wählbar und nur innerhalb der Funktion sichtbar. Die formalen Argumente müssen in Typ und Anzahl mit den aktuellen Argumenten übereinstimmen. Fehlende Rückgabewerte und leere Argumentenlisten werden durch **void** (unbestimmt, leer) gekennzeichnet.

Der *Aufruf* einer Funktion erfolgt mit ihrem Bezeichner und, wenn vereinbart, mit einer Liste aktueller Argumente, die an die Stelle der formalen Argumente treten.

```
.... Funktionsbezeichner (Liste aktueller Argumente) ....
```

Für die Übergabe von Daten bzw. ihren Adressen zwischen der Funktion und aufrufendem Programm unterscheidet man:

- Funktionen ohne Rückgabewert und ohne Übergabeargumente,
- die Rückgabe eines Wertes, der mit dem Namen der Funktion verbunden ist,
- die Übergabe eines Wertes als Argument an die Funktion und
- die Übergabe einer Adresse als Argument an die Funktion, mit der sie sowohl Werte übernehmen als auch Ergebnisse zurückliefern kann.

3.5 Funktionen

Funktionen ohne Rückgabewert und ohne Argumente führen nur eine bestimmte Tätigkeit aus und kehren dann an die Stelle des Aufrufs zurück. Ergebnistyp und Argumentenliste sind dann vom Datentyp void. Das Beispiel benötigt kein Symbol TAKT.

```
void warte(void)       // parameterlose und ergebnislose Wartefunktion
{ for (unsigned int i = 65535; i > 0; i--); }   // taktabhängig!!!
```

Der Aufruf einer ergebnis- und argumentenlosen Funktion erfolgt nur durch den Bezeichner und leere runde Klammern, die allerdings sehr wichtig sind! Ohne die Klammern wird die Funktion nicht ausgeführt. Korrektes Beispiel:

```
warte();    // runde Klammern sind lebenswichtig!!!!
```

3.5.1 Funktionen mit Rückgabewert

Funktionen mit Rückgabewert müssen diesen mit einem Datentyp definieren. Der Wert des hinter return stehenden Ausdrucks ist das Ergebnis des Funktionsaufrufs. Das Beispiel liefert bei einem Tastendruck an PD7 das am Port D eingestellte Bitmuster zurück:

```
unsigned char get(void)    // Ergebnistyp unsigned char ohne Argumente
{
 while (PIND & (1 << PD7));      // warte auf fallende Flanke
 while (! (PIND & (1 << PD7)));  // warte auf steigende Flanke
 return PIND;                    // Rückgabewert ist Port D
}                                // return erforderlich
```

Im nächsten Beispiel setzt das aufrufende Programm den Rückgabewert der Funktion in einen Ausdruck ein. Die Maske 0x0f blendet die oberen vier Bitpositionen aus. Auch hier sind die leeren runden Klammern für den Aufruf der Funktion erforderlich.

```
PORTB = get() & 0x0f;            // Ausdruck mit Funktionsergebnis
```

Funktionen, die Argumente übergeben, können mit dem Rückgabewert eine Marke zurückliefern, die oft nicht ausgewertet wird. Das Beispiel ignoriert das Ergebnis der Funktion putch, das nicht übernommen wird.

```
int putch (char x)               // warten und Zeichen senden
{
 while( ! (UCSRA & (1 << UDRE)));  // warte solange Sender NICHT leer
 UDR = x;                          // Zeichen nach Sender
 return 0;                         // Rückgabe einer Marke
}
// Aufruf von putch ohne Auswertung der Marke
putch('>');                        // Prompt-Zeichen > ausgeben
```

3.5.2 Die Übergabe von Werten als Argument

Bei der Übergabe von Werten erscheint in der *Funktionsdefinition* der Typ des erwarteten Wertes und ein formales Argument (dummy, Platzhalter, Parameter), das beim Aufruf durch den aktuell übergebenen Wert ersetzt wird.

> *Funktionsbezeichner* (.... Datentyp *Argumentenbezeichner* ....)

Das Beispiel definiert eine Funktion wartex10ms, die ein unsigned char Argument faktor übernimmt und damit eine for-Schleife steuert. Die Funktion liefert keinen Wert zurück.

```
void wartex10ms(unsigned char faktor)
{
 for (unsigned char j = 0; j < faktor; j++)        // Faktor * 10 ms
 { for (unsigned int i = TAKT/400ul; i > 0; i--); } // 10 ms
}
```

Beim *Funktionsaufruf* werden die Werte der aktuellen Argumente in Form von Konstanten, Variablen, Feldelementen und als aus ihnen gebildete Ausdrücke übergeben. Änderungen der entsprechenden formalen Argumente werden nicht zurückgeliefert.

> *Funktionsbezeichner* (... aktueller Wert ....)

Die Beispiele rufen wartex10ms mit verschiedenen aktuellen Werten auf. Im ersten Aufruf ersetzt die Konstante 100 das formale Argument faktor, im zweiten Aufruf der aktuelle Inhalt der Variablen dsek und im dritten Aufruf der Ausdruck dsek + 1.

```
unsigned char dsek = 14;   // Variable in Hauptfunktion main
wartex10ms(100);           // Konstante
wartex10ms(dsek);          // Variable
wartex10ms(dsek+1);        // arithmetischer Ausdruck
```

Die Funktion dual2bcd übernimmt einen dualen Wert und liefert als Funktionsergebnis drei in einem 16bit Wort zusammengesetzte BCD-Stellen zurück.

```
unsigned int dual2bcd(unsigned char z) // dual nach dezimal BCD
{
 return ((z/100) << 8) | (((z%100)/10) << 4) | ((z%100)%10);
}
```

Aufruf der Funktion zur dezimalen Ausgabe der am Port D eingestellten Dualzahl:

```
PORTB = dual2bcd(PIND); // Zehner Einer   Hunderter abgeschnitten
```

3.5.3 Die Übergabe von Referenzen (Adressen)

Bei der Übergabe von Referenzargumenten erscheint in der Funktionsdefinition ein * vor dem Bezeichner des formalen Argumentes, der diesen als Zeiger kennzeichnet, da die Funktion keine Werte, sondern eine Adresse erwartet. Diese Zeigeradressierung (Abschnitt 3.2.5) ist in der Funktion für alle Operationen mit dem Referenzparameter zu verwenden.

> *Funktionsbezeichner (... Datentyp * Argumentenbezeichner ...)*

Das Beispiel definiert eine Funktion dual3bcd, die eine 8bit Dualzahl in eine dreistellige Dezimalzahl im BCD-Code umrechnet. Die Eingabe wird mit dem Wertargument wert übernommen. Die drei Referenzargumente *hund, *zehn und *ein geben die drei Dezimalziffern rechtsbündig zurück. Die drei ersten Zeilen erhalten einen Rückstrich (Backslash \ ), der den Text auf der nächsten Zeile fortsetzt.

```
void dual3bcd(unsigned char wert, \
              unsigned char *hund, \
              unsigned char *zehn, \
              unsigned char *ein)    // Definition auf 4 Zeilen
{
 *hund = wert / 100;                 // ganzzahlige Division
 *zehn = (wert % 100) / 10;          // Divisionsrest / 10
 *ein  = wert % 10;                  // Divisionsrest
}                                    // kein return da Typ void
```

Beim Aufruf können für die aktuellen Referenzargumente nur Adressen von Variablen oder Feldelementen übergeben werden, keine Werte oder Ausdrücke. Vor dem Bezeichner des aktuellen Argumentes steht daher der Adressoperator &. Änderungen der formalen Referenzargumente in der Funktion ändern die Speicherinhalte der aktuellen Argumente. Auf diese Weise lassen sich Ergebnisse zurückliefern.

> *Funktionsbezeichner (... & Bezeichner ....)*

Das Beispiel ruft die Funktion dual3bcd mit einem laufenden Zähler auf und gibt den umgerechneten dezimalen Wert auf den Ports aus. Der laufende Zähler zaehl liefert den Eingabewert, die Hunderterstelle erscheint in h (für hund), die Zehnerstelle in z (für zehn) und die Einerstelle in e (für ein).

```
unsigned char zaehl = 0, h, z, e;   // Variablen in main
dual3bcd(zaehl++, &h, &z, &e);      // Funktionsaufruf
PORTD = h;                          // Hunderter ausgeben
PORTB = (z << 4) | e);              // Zehner und Einer ausgeben
```

Das Programm *Bild 3-26* gibt einen verzögerten Dezimalzähler modulo 256 auf den beiden Ports B und C aus. Die Zeitverzögerung übernehmen die Funktionen `warte` und `wartex10ms`. Die Funktion `dual2bcd` übernimmt eine Dualzahl als Wertparameter und liefert die drei BCD-Ziffern in einem 16bit Rückgabewert zurück. Die Funktion `dual3bcd` rechnet eine Dualzahl in eine dreistellige Dezimalzahl um. Der duale Wert wird als Wertparameter übergeben, für die drei zurückzugebenden Dezimalstellen wurden Referenzparameter vereinbart. Für eine Rückgabe als Funktionsergebnis müssten wie in `dual2bcd` die drei Stellen zu einem Wort zusammengesetzt werden. Alle Funktionen werden mit `#include` aus einem externen Verzeichnis `c:\cprog3\` eingefügt.

```c
// k3p19.c Bild 3-26 ATmega16    Aufruf von Funktionen
// Port B: Ausgabe Hunderter
// Port C: Ausgabe Zehner   |   Einer
#include <avr/io.h>                 // Deklarationen
#define TAKT 8000000UL              // Controllertakt 8 MHz
#include "c:\cprog3\warte.c"        // ohne Parameter wartet 33ms bei 8 MHz
#include "c:\cprog3\wartex10ms.c"   // Wertparameter Faktor * 10 ms
#include "c:\cprog3\dual2bcd.c"     // Ergebnis und Wertparameter
#include "c:\cprog3\dual3bcd.c"     // Wertparameter und drei Referenzparameter
// Hauptfunktion ruft eingefügte Funktionen für Sekundenzähler auf
void main(void)
{
 unsigned char zaehl = 0, h, z, e;   // Zähler und drei Variablen
 DDRB = 0xff;                        // Port B ist Ausgang
 DDRC = 0xff;                        // Port C ist Ausgang
 while(1)                            // Zähler mod 256
 {
  // Funktion liefert Ergebnis aus Wertparameter
  PORTB = dual2bcd(zaehl) >> 8;      // Hunderter verschoben
  PORTC = dual2bcd(zaehl++);         // Zehner und Einer
  // Funktion ohne Parameter 30 mal aufgerufen
  for (int i=1; i<=30; i++) warte(); // wartet immer 30 * 33 ms
  // Funktion liefert drei Ergebnisse aus Wertparameter
  dual3bcd(zaehl++, &h, &z, &e);     // gibt drei Einzelstellen zurück
  PORTB = h;                         // Hunderter nach Port B
  PORTC = (z << 4) | e;              // Zehner und Einer nach Port C
  // Funktion ohne Ergebnis mit Wertparameter
  wartex10ms(100);                   // wartet ca. 1 sek
 } // Ende while
} // Ende main
```

Bild 3-26: Verzögerter Dezimalzähler mit externen Funktionen

3.5 Funktionen

Für die Übergabe von *Feldern* als Argumente an Funktionen ist zu beachten, dass Felder in C als Zeiger behandelt werden, der Name des Feldes ist ein Zeiger auf das erste Element [0]. Bei der Definition der formalen Referenzargumente gibt es die Feld- oder wahlweise die Zeigeradressierung.

> *Funktionsbezeichner* (... Typ *Feldbezeichner* [ ]... **oder** ... Typ **Zeiger*....)

Bei der Feldadressierung kennzeichnen die leeren eckigen Klammern, dass ein eindimensionales Feld übergeben wird, die Größe bleibt offen und muss getrennt als Wertparameter übergeben werden. Bei der Zeigeradressierung wird mit dem Operator * ein Zeiger auf das erste Feldelement vereinbart, die Anzahl der Elemente ist getrennt zu übergeben. In der Funktion wird das formale Argument entweder durch seine Feldelemente mit einem Index angesprochen oder mit dem Zeiger adressiert.

Bei der Übergabe des aktuellen Feldargumentes erscheint nur der Bezeichner des aktuellen Feldes, der Adressoperator **&** entfällt, da der Compiler bei Feldern immer die Adresse des ersten Elementes übergibt.

> *Funktionsbezeichner* (....*Feldbezeichner*....)

Das Beispiel zeigt eine Funktion wert, die ein Feld in Indexadressierung mit Zahlen von 0 bis N-1 füllt. Die Funktion aus gibt die Feldelemente mit Zeigeradressierung aus.

```
void wert(unsigned char feld[], unsigned int anz)  // Feldparameter
{
 unsigned int i;
 for (i=0; i<anz; i++) feld[i] = i;            // Indexadressierung
} // Ende wert

void aus(unsigned char *feld, unsigned int anz)   // Zeigerparameter
{
 unsigned int i;                               // Durchlaufzähler
 for (i=0; i<anz; i++) { PORTB = *(feld+i); wartex10ms(100); }
} // Ende aus

#define N 10
void main(void)
{
 unsigned char zahlen[N];   // Feldvereinbarung
 DDRB = 0xff;               // Port B ist Ausgang
 wert(zahlen, N);           // Werte von 0..N-1 einbauen
 aus(zahlen, N);            // Feld ausgeben
```

Für die Übergabe von *Funktionen* als Argumente an andere Funktionen ist zu beachten, dass Funktionsbezeichner als Zeiger auf den ersten Befehl angesehen werden. Bei der *Definition* einer Funktion, die eine Funktion als Argument erwartet, ist der Aufbau der erwarteten Funktion mit einem formalen *Argumentenbezeichner* zu beschreiben, der mit einem * als Zeiger gekennzeichnet wird; die runden Klammern sind wegen der Vorrangregeln erforderlich. In der Argumentenliste erscheinen nur die Typen der Argumente, keine Bezeichner.

Funktionsbezeichner (... Typ (* *Argumentenbezeichner*) (Typen der Argumente) ...)

Das Beispiel `test` erwartet zwei Argumente, einen Funktionszeiger mit dem formalen Bezeichner `func` ohne Rückgabewert mit einem `char`-Argument sowie einen `char`-Wert mit dem formalen Bezeichner `wert`.

```
void test(void (*func) (char), char wert)     // Definition mit *func
```

Beim *Aufruf* enthält die Liste der akuellen Argumente nur den Bezeichner der zu übergebenden Funktion. Das Beispiel ruft die Funktion `test` mit der Funktion `test1` als aktuellem Argument und mit der Konstanten 1 auf.

```
test(test1, 1);           // Aufruf mit dem akuellen Argument test1
```

Das Beispiel definiert zwei Funktionen `test1` und `test2` mit gleichem Aufbau, die als Zeiger an die Funktion `test` übergeben werden

```
void test1(char x)    // Funktion gibt Argument+1 aus
{ PORTB = x+1;}
void test2(char x)    // Funktion gibt Argument+2 aus
{ PORTB = x+2;}
void test(void (*func) (char), char wert) // Funktion als Argument
{ func(wert); }
void main(void)
{
 test(test1, 1);     // Funktion test1 gibt 1+1 aus
 test(test2, 1);     // Funktion test2 gibt 1+2 aus
```

Für die Übergabe von *SFR-Registern* als Parameter ist zu beachten, dass die vordefinierten Portvariablen von Datentyp `volatile unsigned char` sind. Das Beispiel übernimmt den Zeiger auf einen Port als Referenzparameter und den vom Port gelesenen Wert.

```
void aus(volatile unsigned char *reg, unsigned char wert)
{ *reg = wert; }     // Wert über Zeiger auf Port ausgeben
void main(void)
{
 aus(&PORTB, PIND);  // Adresse von PORTB und Wert von PIND
```

3.5.4 Die Eingabe und Ausgabe von Zahlen

Zahlen werden meist als ASCII-Zeichen von einem Gerät eingegeben und müssen in die interne Zahlendarstellung umgewandelt werden. Umgekehrt ist es erforderlich, auszugebende Zahlen aus der internen Darstellung in die ASCII-Codierung zu überführen.

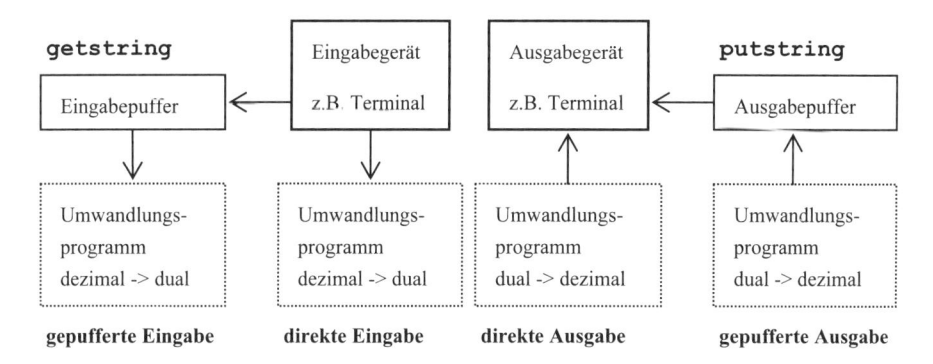

```
getstring          Eingabegerät      Ausgabegerät       putstring
Eingabepuffer  ←   z.B. Terminal     z.B. Terminal  ←   Ausgabepuffer
     ↓                   ↓                 ↑                 ↑
Umwandlungs-       Umwandlungs-      Umwandlungs-       Umwandlungs-
programm           programm          programm           programm
dezimal -> dual    dezimal -> dual   dual -> dezimal    dual -> dezimal

gepufferte Eingabe  direkte Eingabe  direkte Ausgabe   gepufferte Ausgabe
```

Eingabegeräte sind Tastaturen oder entsprechende Geräte an den seriellen Schnittstellen wie z.B. ein PC als Terminal. Ausgabegeräte sind Siebensegment- oder LCD-Anzeigen sowie Geräte an den seriellen Schnittstellen wie z.B. der Bildschirm eines PC als Terminal.

Bei der *direkten* Eingabe werden die umzuwandelnden Zeichen einzeln vom Eingabegerät abgeholt und ausgewertet; Korrekturen durch einen Benutzer sind nicht möglich. Bei der direkten Ausgabe erscheinen die Ziffern sofort auf dem Gerät; begleitende Texte müssen jedes Mal erneut aufgebaut werden.

Bei der *gepufferten* Eingabe gelangen die Zeichen zunächst in einen String und können z.B. mit der Rücktaste (Backspace) korrigiert werden, bevor sie vom Umwandlungsprogramm ausgewertet werden. Die gepufferte Ausgabe kann die Zahlenwerte in einen konstanten Ausgabetext einsetzen, der nur ein Mal aufgebaut wird.

Zahlen erscheinen bei der Datenübertragung als Dezimalzahlen, bei denen jede Ziffer als ASCII-Zeichen codiert ist. Die Tabelle des ASCII-Codes befindet sich im Anhang. Zeichenketten werden meist als nullterminierte Strings mit dem Steuercode $00 als Endemarke abgespeichert. Man unterscheidet:

- Steuerzeichen als Escape-Sequenzen (*Bild 3-4* Abschnitt 3.1.2)
- Sonderzeichen: Bereich von 0x20 (Leerzeichen) bis 0x2F (/),
- Dezimalziffern: Bereich von 0x30 (Ziffer 0) bis 0x39 (Ziffer 9),
- Großbuchstaben: Bereich von 0x41 (Buchstabe A) bis 0x5A (Buchstabe Z),
- Kleinbuchstaben: Bereich von 0x61 (Buchstabe a) bis 0x7A (Buchstabe z) sowie
- weitere Bereiche mit Sonderzeichen.

3.5.4.1 System-Funktionen für die Eingabe und Ausgabe von Zahlen

Die Programmiersprache C stellt standardmäßig Funktionen für die Eingabe und Ausgabe von Zahlen und Zeichen zur Verfügung, die mit

```
#include <stdio.h>
```

in den Programmtext eingefügt werden. Das Programm *Bild 3-27* testet eine Minimalversion; weitere Möglichkeiten können dem Handbuch „avr-libc Reference Manual" entnommen werden und lassen sich als Compileroptionen im `make`-File einstellen. Im Gegensatz zu einem PC, bei dem Tastatur und Bildschirmausgabe standardmäßig vorhanden sind, muss in der vorliegenden Version der Benutzer die Initialisierung der Schnittstelle und die Programmierung der grundlegenden Zeichenfunktionen selber durchführen.

Ergebnis	*Funktion*	*Anwendung*
`void`	`inituart(void)`	Baudrate, Sender und Empfänger des USART initialisieren
`int`	`putch(char)`	wartet und gibt das als Wertargument angegebene Zeichen aus
`int`	`getch(void)`	wartet auf ein ankommendes Zeichen und liefert es zurück
`int`	`getche(void)`	liefert wie `getch` ein Zeichen und sendet es zurück (Echo)

Vom Benutzer zu definierende Grundfunktionen

Die Initialisierung des Gerätes und die Definition der Grundfunktionen haben den Vorteil, dass mit den `stdio`-Funktionen nicht nur die USART-Schnittstelle, sondern auch andere Geräte wie z.B. eine externe Tastatur oder eine LCD-Anzeige betrieben werden können.

Die Funktion `inituart` initialisiert die serielle Schnittstelle. Sie erwartet die Symbole `TAKT` mit dem Systemtakt und `BAUD` mit der gewünschten Baudrate.

Die Funktion `putch` wartet bis der Sender frei ist und gibt das als Argument übergebene Zeichen seriell aus. Die Definition der Funktion mit einem `int`-Rückgabewert ist vom Compilerhersteller vorgeschrieben.

Die Funktion `getch` wartet bis ein Zeichen am Empfänger angekommen ist und liefert es als Ergebnis zurück. Die Definition als Funktion mit einem `int`-Rückgabewert anstelle von `unsigned char` ist vom Compilerhersteller vorgeschrieben.

Die Funktion `getche` sendet das empfangene Zeichen zusätzlich im Echo wieder zurück. Die Definition als Funktion mit einem `int`-Rückgabewert anstelle von `unsigned char` ist vom Compilerhersteller vorgeschrieben.

Die vom Benutzer definierten Zeichenfunktionen `putch` und `getch` werden der Systemfunktion `fdevopen` als Zeiger übergeben und dienen zur Ausgabe der Datenströme (Stream) `stdout` und `stderr` bzw. zur Eingabe in den Datenstrom (Stream) `stdin`. Dies sind Strings, die vom System im freien Speicher (Heap) des SRAM angelegt werden.

3.5 Funktionen

Die in der Tabelle enthaltenen Funktionen der Minimalversion von `stdio` führen nicht alle am PC üblichen Operationen aus. Sie liefern z.T. eine `int`-Marke zurück, mit der sich Fehlerzustände erkennen lassen.

Ergebnis	Funktion	Anwendung
Zeiger	`fdevopen(Ausf, Einf, 0)`	öffnet Stream `stdin`, `stdout` und `stderr`
		`Ausf` ist ein Zeiger auf die Zeichen-Ausgabe-Funktion
		`Einf` ist ein Zeiger auf die Zeichen-Eingabe-Funktion
int	`putchar(int Wert)`	gibt ein Zeichen über `stdout` aus
int	`getchar(void)`	liest ein Zeichen von `stdin`
int	`puts(String)`	gibt einen String über `stdout` aus
int	`gets(String)`	liest String von `stdin` Ende der Eingabe mit *lf = Alt-1-0*
int	**`printf`**`("Formate", Werte)`	gibt Werte der Liste mit Formatstring aus
int	**`scanf`**`("Formate", Zeiger)`	liest Daten mit Formatstring nach Variablen (Zeiger)
void	`clearerr(Stream)`	Fehlermarke `stdin`, `stdout` oder `stderr` zurücksetzen
int	`fclose(Stream)`	schließt Stream `stdin`, `stdout` oder `stderr`

Systemdefinierte Funktionen in `stdio.h`

Für die Eingabe und Ausgabe von *Zeichen und Texten* (Strings) sollten die entsprechenden Funktionen und nicht `scanf` und `printf` verwendet werden. Bei der Eingabe eines Textes mit `gets` ist zu beachten, dass dieser mit dem Steuerzeichen *lf = neue Zeile* zu beenden ist, das mit der Tastenkombination *Alt-1-0* der Zehnertastatur erzeugt werden kann.

```
char meldung [] = "\n\rStringeingabe mit lf (Alt-1-0) beenden!";
char z, text[81];                  // Zeichen und Stringvariable

puts("Bitte ein Zeichen eingeben"); // Stringkonstante ausgeben
putchar('>');                       // Prompt-Zeichen > ausgeben
z = getchar();                      // Zeichen-Eingabe mit Echo
puts(meldung);                      // Stringvariable ausgeben
gets(text);                         // Test-String lesen
puts(text);                         // Test-String ausgeben
```

Für die *Eingabe von Zahlen* müssen als ASCII-Zeichen codierte Dezimalziffern aus `stdin` in die interne duale Zahlendarstellung umgerechnet werden. Dazu sind Umwandlungsvorschriften in Form von Formatangaben erforderlich.

> *Zahl* = **`scanf`**`("Formatangaben" , Liste von Zeigern);`

Die *Formatangaben* stehen üblicherweise zwischen Hochkommata in einer Stringkonstanten und werden durch Leerzeichen getrennt. Sie bestehen aus dem Prozentzeichen % gefolgt von einem Kennbuchstaben für den umzuwandelnden Datentyp. Hinter dem letzten Format sollte kein Leerzeichen mehr stehen, da sonst bei der Eingabe ein neues Datenfeld erwartet wird. Formate für die Eingabe ganzer Zahlen:

- **%d** für den Datentyp `int` im Bereich von -32767 bis +32767
- **%i** für den Datentyp `int` im Bereich von -32767 bis +32767 auch hexadezimal `0x..`
- **%u** für den Datentyp `unsigned int` im Bereich von 0 bis 65535
- **%x** für den Datentyp `unsigned int` auch hexadezimale Eingabe `0x..`
- **%li** und **%ld** für den Datentyp `long int` bei %li auch hexadezimale Eingabe `0x..`
- **%lu** für den Datentyp `unsigned long int`

Die Bezeichner von *Variablen* sind durch ein vorangestelltes **&** als Zeiger zu kennzeichnen. Für jede Variable ist eine Formatangabe erforderlich. Der Compiler kontrolliert die Übereinstimmung der Formatangaben mit den Datentypen und gibt entsprechende Warnungen, aber keine Fehlermeldungen aus. Das Beispiel gibt eine Meldung aus und liest korrekt drei `int`-Variablen ohne den Rückgabewert von `scanf` auszuwerten.

```
int   x, y, z;                          // drei int-Variablen vereinbart
printf("\n\rDrei ganze Zahlen ->");     // Eingabeaufforderung
scanf("%i %i %i", &x, &y, &y);          // drei Formate und drei Zeiger
```

Auf der *Eingabezeile* sind die Zahlen durch mindestens ein Leerzeichen zu trennen. Ein Leerzeichen, ein Wagenrücklauf (return, enter, *cr*) oder ein Zeilenvorschub (*lf*) nach der letzten Ziffer der letzten Zahl beendet die Eingabe; Korrekturen sind nicht möglich. Beispiel:

```
100    -100    0x64cr
```

Eingabefehler durch einen Buchstaben, ein Sonderzeichen oder die Rücktaste führen zu einem sofortigen Abbruch der Eingabe; das den Fehler auslösende Zeichen verbleibt in `stdin` und kann bei der nächsten Eingabe zu einem weiteren Fehlerabbruch führen. Es ist daher dringend anzuraten, den `int`-Rückgabewert von `scanf` zu kontrollieren. Bei einer korrekten Umwandlung enthält er die Anzahl der gelesenen Werte, für den Wert 0 ist ein Eingabefehler aufgetreten. Das Beispiel fängt den Fehlerfall ab, löscht den Fehlerzustand, entfernt das fehlerhafte Zeichen und gibt eine Meldung aus.

```
marke = scanf("%i %i %i", &x, &y, &z);              // Zahlen-Eingabe
if (marke == 3)  printf("\n %i + %i %i", x, y, z);  // Zahlen-Ausgabe
  else { clearerr(stdin);               // Fehlerzustand löschen
         getchar();                     // Zeichen entfernen
         puts(" Eingabefehler"); }      // Fehlermeldung ausgeben
```

Da es zur Zeit keine Möglichkeit gibt, `stdin` mit `fflush` oder `reset` zu löschen, können Fehler auch mit `fclose` und einem neuen `fdevopen` behoben werden.

3.5 Funktionen

Für die *Ausgabe von Zahlen* werden diese aus der internen dualen Darstellung in ASCII-codierte Dezimalzahlen umgewandelt und zusammen mit zusätzlichen Texten und Steuerzeichen dem Datenstrom `stdout` zur Ausgabe übergeben. Zur formatierten Ausgabe dient der Aufruf der Funktion

> *Zahl* = **printf**("Formatangaben" , Liste von Werten);

Der Rückgabewert *Zahl* enthält die Anzahl der umgewandelten Datenfelder oder eine Fehlermarke, die üblicherweise nicht ausgewertet wird. In der Liste der auszugebenden Werte stehen Variablen, Konstanten oder beliebige Ausdrücke; für jeden Wert muss im Formatstring eine Umwandlungsvorschrift in Form eines Prozentzeichens `%` gefolgt von einem Kennbuchstaben für den umzuwandelnden Datentyp angegeben werden. Der Compiler kontrolliert die Übereinstimmung der Formatangaben mit den Datentypen und gibt entsprechende Warnungen, aber keine Fehlermeldungen aus. Formate für die Ausgabe ganzer Zahlen:

- `%d` und `%i` für den Datentyp `int` dezimal im Bereich von -32767 bis +32767
- `%u` für den Datentyp `unsigned int` dezimal im Bereich von 0 bis 65535
- `%x` und `%X` für den Datentyp `unsigned int` hexadezimal `0x..`
- `%li` und `%ld` für den Datentyp `long int` dezimale Ausgabe
- `%lu` für den Datentyp `unsigned long int` dezimale Ausgabe
- `%lx` und `%lX` für den Datentyp `unsigned long int` hexadezimal `0x..`

Für die reellen Datentypen `float` und `double` gibt es sowohl für die Eingabe als auch für die Ausgabe entsprechende Formatangaben, die den Unterlagen des Compilerherstellers entnommen werden können.

Der Formatstring kann neben den Formatangaben auch Escape-Steuerzeichen wie z.B. `\n` für eine neue Zeile und `\r` für einen Wagenrücklauf sowie beliebige Zeichen und Texte enthalten. Das Beispiel gibt den Inhalt der Variablen `x`, `y` und `z` sowie ihre Summe aus.

```
printf("\n\r X=%i   Y=%i   Z=%i   Summe=%i", x, y, z, x+y+z);
```

Auf der Ausgabe erscheinen auf einer neuen Zeile für x = 1, y = 2 und z = 3 die Werte:

```
X=1   Y=2   Z=3   Summe=6
```

Das Programm *Bild 3-27* testet die Eingabe und Ausgabe von Zeichen, Texten und ganzen Zahlen mit Funktionen in `stdio.h`. Die benutzerdefinierten Funktionen für die Initialisierung und die Eingabe und Ausgabe von Zeichen könnten mit einer Headerdatei eingefügt werden. Sie berücksichtigen durch bedingte Compilierung sowohl die USART der Mega-Familie als auch die UART der Classic-Bausteine.

```c
// k3p20.c Bild 3-27 ATmega16 Test der stdio-Funktionen
// Minimalversion nur für Zeichen, Strings und ganze Zahlen getestet
#include <avr/io.h>                 // Deklarationen
#include <stdio.h>                  // Standard Ein-/Ausgabe-Funktionen
#define TAKT 8000000UL              // Controllertakt 8 MHz
#define BAUD 9600UL                 // Baudrate 9600 Bd
void inituart(void)                 // USART bzw. UART initialisieren
{
 unsigned char x;                   // Hilfsvariable
 #ifdef UBRRL                       // USART-Schnittstelle
  UBRRL = (TAKT / (16 * BAUD)) - 1; // Baudrate
  UCSRB |= (1 << TXEN) | (1 << RXEN);
  UCSRC |= (1 << URSEL) | (1 << UCSZ1) | (1 << UCSZ0);
 #else                              // UART-Schnittstelle
  UBRR = (TAKT / (16 * BAUD)) - 1;  // Baudrate
  UCR |= (1 << TXEN) | (1 << RXEN);
 #endif
 x = UDR;                           // Empfänger leeren
}
int putch (char x)                  // warten und Zeichen senden
{
 #ifdef UCSRA
   while ( !(UCSRA & (1 << UDRE))); // warte solange Sender besetzt
 #else
   while ( !(USR & (1 << UDRE)));   // warte solange Sender besetzt
 #endif
 UDR = x;                           // Zeichen nach Sender
 return 0;                          // Marke kein Fehler
}
int getch(void)                     // warten und Zeichen abholen
{
 #ifdef UCSRA        // USART
 while ( !(UCSRA & (1 << RXC)));    // warte solange Empfänger besetzt
 #else               // UART
 lwhile( !(USR & (1 << RXC))) ;     // warte solange Empfänger besetzt
 #endif
 return UDR;                        // Zeichen abholen und rückliefern
}
int getche(void)                    // warten Zeichen mit Echo abholen
{
 unsigned char x;
 x = getch();                       // Zeichen abholen
 putch(x);                          // im Echo zurücksenden
 return x;                          // Zeichen zurückliefern
}
```

3.5 Funktionen

```
void main(void)                  // Hauptfunktion
{
 char meldung [] = "\n\rStringeingabe mit lf (Alt-1-0) beenden";
 char z, text[81];               // Zeichen und String
 int x, y, marke;                // Zahlenvariable und Fehlermarke
 inituart();                     // USART-Schnittstelle initialisieren
 fdevopen(putch, getche, 0);     // Zeichenfunktionen für stdout und stdin
 puts("Bitte ein Zeichen eingeben");
 putchar('>');                   // Prompt-Zeichen > ausgeben
 z = getchar();                  // Zeichen-Eingabe mit Echo
 puts(meldung);                  // Stringvariable ausgeben
 gets(text);                     // Test-String lesen
 puts(text);                     // Test-String ausgeben
 while(1)                        // Testschleife für ganze Zahlen
 {
  printf("\n\rZwei ganze Zahlen ->"); // Meldung
  marke = scanf("%i %i", &x, &y);     // Eingabe zwei Zahlen
  if (marke == 2)  printf("\n %i + %i = %i", x, y, x+y); // Zahlen-Ausgabe
    else { clearerr(stdin); getchar(); puts(" Eingabefehler"); }  // Fehler
 } // Ende while
} // Ende main
```

Bild 3-27: Test der Ein-/Ausgabefunktionen in `stdio.h`

Das Programm umfasste insgesamt 4956 Bytes. Beim Testlauf zeigten sich trotz korrekter Eingabe unerwartete Ergebnisse.

Die Werte `20000` für x und `30000` für y lieferten als Summe `-15536` und nicht wie zu erwarten `50000`. Die Ursache liegt darin, dass die `int`-Obergrenze von `+32767` bei der Bildung der Summe nicht kontrolliert wird.

Der Wert `100000` für x und y wurde zu `-31072` umgewandelt und ergab als Summe den Wert `3392`. Dies zeigt, dass der zulässige Zahlenbereich auch bei der Umwandlung mit `scanf` nicht kontrolliert wird.

Der Umfang der `stdio`-Funktionen sowie Schwierigkeiten bei ihrer Anwendung können dazu führen, nur die System-Umwandlungsfunktionen zu verwenden oder maßgeschneiderte Ein-/Ausgabefunktionen zu entwickeln.

3.5.4.2 System-Umwandlungsfunktionen für Zahlen

Die Umwandlungsfunktionen in `stdlib.h` überführen Zahlen aus der internen Darstellung in einen ASCII-String bzw. aus einem ASCII-String in die interne Darstellung.

Ergebnis	Funktion	Bemerkung
Zeiger	u**to**a(unsigned int, *String, Basis*)	16bit unsigned -> ASCII
Zeiger	ul**to**a(unsigned long, *String, Basis*)	32bit unsigned -> ASCII
Zeiger	i**to**a(signed int, *String, Basis*)	16bit signed -> ASCII
Zeiger	l**to**a(signed long, *String, Basis*)	32bit signed -> ASCII
Zeiger	d**to**strf(double, *Weite, Genau., String*)	64bit reell -> ASCII F-Format
Zeiger	d**to**stre(double, *String, Genau., Flags*)	64bit reell -> ASCII E-Format
long int	str**to**l(*String*, NULL, *Basis*)	ASCII -> 32bit signed
unsigned long	str**to**ul(*String*, NULL, *Basis*)	ASCII -> 32bit unsigned
double	str**to**d(*String*, NULL)	ASCII -> 64bit reell

System-Umwandlungsfunktion in `stdlib.h` *(Auszug)*

```
putstring("\n\r    unsigned int -> "); getstring(epuffer);  // eingeben
uwort = (unsigned int) strtoul(epuffer, NULL, 10);          // umwandeln
utoa(uwort, apuffer, 10); putch(' '); putstring(apuffer);   // Zahl ausgeben
putstring("\n\r    signed int -> "); getstring(epuffer);    // eingeben
iwort = (signed int) strtol(epuffer, NULL, 10);             // umwandeln
itoa(iwort, apuffer, 10); putch(' '); putstring(apuffer);   // Zahl ausgeben
putstring("\n\r unsigned long int -> "); getstring(epuffer); // eingeben
udwort = strtoul(epuffer, NULL, 10);                        // umwandeln
ultoa(udwort, apuffer, 10); putch(' '); putstring(apuffer); // ausgeben
putstring("\n\r   signed long int -> "); getstring(epuffer); // eingeben
idwort = strtol(epuffer, NULL, 10);                         // umwandeln
ltoa(idwort, apuffer, 10); putch(' '); putstring(apuffer);  // ausgeben
putstring("\n\r        double -> "); getstring(epuffer);    // eingeben
doppel = strtod(epuffer, NULL);                             // umwandeln
putstring("\n\r   Feldweite -> "); getstring(epuffer);      // Feldweite
weite = (unsigned char) strtoul(epuffer, NULL, 10);         // umwandeln
putstring("\n\r Genauigkeit -> "); getstring(epuffer);      // Genauigkeit
genau = (unsigned char) strtoul(epuffer, NULL, 10);         // umwandeln
putstring("\n\r       Flags -> "); getstring(epuffer);      // Flags standard 0
flag  = (unsigned char) strtoul(epuffer, NULL, 10);         // Vorz. 1 plus 2 E 4
dtostrf(doppel, weite, genau, apuffer); putch(' '); putstring(apuffer);
dtostre(doppel, apuffer, genau, flag); putch(' '); putstring(apuffer);
```

Test der System-Umwandlungsfunktionen

3.5 Funktionen

3.5.4.3 Benutzerdefinierte Funktionen für die Ausgabe und Eingabe von Zahlen

Die Funktionen benutzen die Verfahren der Zahlenumwandlung, die im entsprechenden Assembler-Abschnitt erklärt werden. Die Eingabefunktionen liefern eine Fehlermarke zurück, die für den Rückgabewert 0 einen Umwandlungsfehler anzeigt. Die #include-Anweisungen sind in der Headerdatei einaus.h zusammengefasst.

Ergebnis	Funktion	Anwendung
void	ausbin8(Wert)	Byte binär mit **0b** und acht Binärziffern ausgeben
void	aushex8(Wert)	Byte hexadezimal mit **0x** und zwei Hexaziffern ausgeben
void	ausudez16(Wert)	unsigned int vorzeichenlos dezimal ausgeben
void	ausidez16(Wert)	signed int mit Vorzeichen dezimal ausgeben
marke	einudez16(&Adr.)	dezimale unsigned int Eingabe marke 0: Fehler
marke	einidez16(&Adr.)	dezimale signed int Eingabe marke 0: Fehler
marke	einhex16(&Adr.)	**0x** hexadezimale unsigned int Eingabe marke 0: Fehler:

Benutzerdefinierte Umwandlungsfunktionen für Zahlen in einaus.h

Die Funktionen ausbin8 und aushex8 geben einen unsigned 8bit Wert binär bzw. hexadezimal aus und sind nur für die Ausgabe von Kontrollwerten im Testbetrieb vorgesehen.

```
// c:\cprog3\ausbin8.c  lz 0b binäre Ausgabe unsigned char
void ausbin8(unsigned char wert)    // binäre 8bit Ausgabe
{
 ausz(' '); ausz('0'); ausz('b');   // lz 0b für binär
 for (unsigned char I = 0; I < 8; i++)
     { ausz ((wert >> 7) + '0'); wert <<= 1; }
}

// c:\cprog3\aushex8.c Ausgabe hexadezimal lz 0x zwei Hexaziffern
void aushex8(unsigned char x)       // hexadezimale 8bit Ausgabe
{
 ausz(' '); ausz('0'); ausz('x');   // lz 0x für Hexa
 if ((x >> 4) < 10 ) ausz((x >> 4) + 0x30);
    else ausz((x >> 4) + 0x37);     // High-Nibble
 if ((x & 0xf) < 10 ) ausz((x & 0x0f) + 0x30);
    else ausz( (x & 0x0f) + 0x37);  // Low-Nibble
}
```

Die Funktionen ausudez16 und ausidez16 dienen zur Umwandlung von 16bit Werten in die dezimale Darstellung nach dem Divisionsrestverfahren. Die abgespaltenen Ziffern gelangen in einen als Stapel angelegten Zwischenspeicher und werden in umgekehrter Reihenfolge ausgegeben.

```c
// c:\cprog3\ausudez16.c  unsigned dezimal 16 bit
void ausudez16(unsigned int x)          // unsigned dezimal 16 bit
{
 unsigned char ziffer[5], anz = 0, i;   // Zwischenspeicher und Zähler
 ausz(' ');                             // Leerzeichen
 do
 {
  ziffer[anz++] = (x % 10) + 0x30;      // zerlegen zwischenspeichern
  x = x/10;
 } while (x != 0);                      // solange Quotient ungleich 0
 for (i = anz; i != 0; i--) ausz(ziffer[i-1]);  // umgekehrt ausgeben
}

// c:\cprog3\ausidez16.c   1z Vorz. signed dezimal 16bit
void ausidez16(int y)                   // signed dezimal 16bit
{
 long int x;                            // 32 bit für Rechnung
 unsigned char ziffer[5], anz = 0, i;   // Zwischenspeicher und Zähler
 x = y;                                 // long int ! wegen 0x8000 !
 ausz(' ');                             // Leerzeichen
 if (x > 0) ausz('+'); else { ausz('-'); x = -x; } // Vorzeichen
 do
 {
  ziffer[anz++] = (x % 10) + 0x30;      // zerlegen zwischenspeichern
  x = x/10;
 } while (x != 0);                      // solange Quotient ungleich 0
 for (i = anz; i != 0; i--) ausz(ziffer[i-1]);  // umgekehrt ausgeben
}
```

Bei vorzeichenbehafteten Zahlen erhalten negative Werte in der Ausgabe das Vorzeichen – und müssen für die Umwandlung durch den Ausdruck x = - x positiv gemacht werden. Wegen des Sonderfalls 0x8000 = -32768 muss die vorzeichenbehaftete Umwandlung mit erhöhter Genauigkeit als `long int` durchgeführt werden.

Bei der Eingabe von vorzeichenlosen Dezimalzahlen mit der Funktion einudez16 wird für den Fehlerfall eine Marke mit dem Wert 0 zurückgeliefert; bei gültigen Eingaben ist die Marke 1.

```c
// c:\cprog3\einudez16.c  Eingabe unsigned dezimal 16bit
unsigned char einudez16( unsigned int *x)  // return Fehlermarke
{
 unsigned char ziffer, err = 0, n = 0;
 unsigned long int wert = 0;            // 32bit Rechnung
 while (1)                              // dezimale Umwandlung
 {
  ziffer = einz();                      // Zeichen lesen
```

3.5 Funktionen

```
    if (ziffer >= '0' && ziffer <= '9')   // Dezimalziffer
    {
     wert = wert * 10 + (ziffer - '0'); n++;
     if (wert > 65535) err = 1;           // Überlaufmarke
    } // Ende if Ziffer
    else
    {
     if (n == 0 && ziffer < ' ') { *x = 0;    return 0; } // Fehler
     if (n != 0 && err == 1)     { *x = 0;    return 0; } // Fehler
     if (n != 0 && err == 0)     { *x = wert; return 1; } // gut
    } // Ende else keine Ziffer
   } // Ende while dezimale Umwandlung
} // Ende Funktion
```

Bei der Eingabe vorzeichenbehafteter Dezimalzahlen mit `einidez16` für den Datentyp `int` bzw. `signed int` kann ein Vorzeichen + oder – angegeben werden. Durch die 32bit Rechnung ist es möglich, den 16 bit Zahlenbereich zu kontrollieren und im Fall der Bereichsüberschreitung die Fehlermarke 0 zurückzuliefern.

```
// c:\cprog3\einidez16.c Eingabe signed dezimal 16bit
unsigned char einidez16(int *x)      // Eingabe dezimal signed 16bit
{
 unsigned char ziffer, err = 0, vor = 0 ;
 unsigned int n = 0;
 long int wert = 0;          // 32bit Rechnung
 while (1)                   // dezimale Umwandlung
 {
  ziffer = einz();
  if (ziffer == '+')    ziffer = einz();
  if (ziffer == '-')  { ziffer = einz(); vor = 1; }
  if (ziffer >= '0' && ziffer <= '9')   // Dezimalziffer
  {
   wert = wert * 10 + (ziffer - '0'); n++;
   if (wert > 32767) err = 1;           // Überlaufmarke
  } // Ende if Dezimalziffer
  else
  {
   if (n == 0 && ziffer < ' ') { *x = 0; return 0; } // Fehler
   if (n != 0 && err == 1)     { *x = 0; return 0; } // Fehler
   if (n != 0 && err == 0)                           // Gut-Ausgang
     { if (vor) wert = -wert; *x = wert; return 1; }  // gut
  } // Ende else nicht Dezimalziffer
 } // Ende while
} // Ende Funktion
```

Die hexadezimale Eingabefunktion `einhex16` dient zur Eingabe von vorzeichenlosen Bitmustern. Die Ziffernfolge muss mit **0x** beginnen und wird durch ein Steuerzeichen kleiner Leerzeichen abgebrochen. Bei einem Überlauf wird die Fehlermarke 0 zurückgegeben.

```
// c:\cprog3\einhex16.c 0x hexadezimale Eingabe 16bit
unsigned char einhex16 (unsigned int *x)  // Eingabe hexadezimal
{
 unsigned char ziffer;
 unsigned long int h = 0;      // Rechnung 32 bit wegen Überlauf
 if (einz() != '0') return 0;  // Fehler nicht 0
 if (einz() != 'x') return 0;  // Fehler nicht x
 ziffer = einz();              // erste Hexadezimalziffer lesen
 while (1)                     // hexadezimale Umwandlung
 {
  if (ziffer >= '0' && ziffer <= '9') h = (h << 4) + (ziffer - 0x30);
  if (ziffer >= 'A' && ziffer <= 'F') h = (h << 4) + (ziffer - 0x37);
  if (ziffer >= 'a' && ziffer <= 'f') h = (h << 4) + (ziffer - 0x57);
  if (h > 65535) return 0;              // Fehler Überlauf
  ziffer = einz();                      // neue Ziffer
  if (ziffer < ' ') { *x = h; return 1; } // Ende Steuerzeichen Gut
  } // Ende while hexadezimale Umwandlung
} // Ende Funktion
```

Die Ausgabe-Umwandlungsfunktionen übergeben die auszugebenden Zeichen einer Funktion `ausz`, die an das Ausgabegerät anzupassen ist. In dem Programmbeispiel *Bild 3-28* erfolgt die Ausgabe direkt über die serielle USART-Schnittstelle.

```
void ausz(unsigned char zeichen)   // direkte Ausgabe nach Gerät
{
 putch(zeichen);                   // nach USART
}
```

Die Eingabe-Umwandlungsfunktionen fordern die Zeichen von einer Funktion `einz` an, die an das Eingabegerät anzupassen ist. In dem Programmbeispiel *Bild 3-28* erfolgt die Eingabe aus einem globalen Pufferspeicher.

```
// Globaler Pufferspeicher und Eingabefunktion für gepufferte Eingabe
unsigned char puffer[SLAENG], ppos; // global Puffer Pufferposition
unsigned char einz(void)    // Eingabe aus globalem Pufferspeicher
{
   return puffer[ppos++];   // Zeichen aus Puffer  Zeiger + 1
}
```

Die Hauptfunktion muss dafür sorgen, dass der Pufferspeicher mit Zeichen des Eingabegerätes gefüllt wird. Dies geschieht in dem Beispiel durch die Funktion `getstring`.

3.5 Funktionen

```
            getstring(puffer); ppos = 0;       // Eingabe nach Pufferspeicher
```

Die Eingabefunktionen werten daher den Eingabestring anders aus als die Formate der `scanf`-Funktion:

- bei der Eingabe sind Korrekturen mit der Rücktaste (Backspace Code 0x08) möglich,
- Ende der Eingabezeile mit einer Steuertaste z.B. Wagenrücklauf (*cr* return enter),
- Nicht-Ziffern (z.B. Buchstaben) werden übergangen und führen nicht zu einem Abbruch,
- Rückgabe der Fehlermarke 0 bei Werten außerhalb 0 bis 65535 bzw. -32767 bis +32767,
- hexadezimale Eingabe mit `0x` und maximal vier Hexadezimalziffern,
- bei jedem Aufruf kann nur ein Wert umgewandelt werden und
- die folgenden Aufrufe können die Auswertung des Eingabepuffers fortsetzen.

Das Programm *Bild 3-28* testet die Eingabe und Ausgabe von Zeichen, Texten und ganzen Zahlen mit den Umwandlungsfunktionen in `einaus.h` und den Konsolfunktionen in `konsole.h`, die mit `#include` eingefügt werden. Dabei ist besonders auf die Reihenfolge der Funktionsdefinitionen zu achten, da Funktionen nur auf andere Unterfunktionen zugreifen können, die bereits vorher definiert wurden. Reihenfolge:

- Zeichenfunktionen `putch` und `getch`,
- Stringfunktionen `putstring` und `getstring`,
- Pufferspeicher `puffer` und Pufferposition `ppos`,
- Eingabefunktion `einz` und Ausgabefunktion `ausz` und zuletzt die
- Umwandlungsfunktionen wie z.B. `einudez16` und `ausudez16`.

```
// k3p21.c Bild 3-28 ATmega16 benutzerdefinierte Ein-/Ausgabe-Funktionen
// Port D: PD1 = TXD und PD0 = RXD -> PC als Terminal
#include    <avr/io.h>       // Deklarationen
#define     TAKT 8000000ul   // Controllertakt 8 MHz
#define     BAUD 9600ul      // 9600 Baud
#define     SLAENG 81        // Länge Eingabestring
// Einfügen: initusart putch getch getche kbhit putstring getstring cmpstring
#include    "c:\cprog3\konsole.h"   // Headerdatei mit Konsolfunktionen
// Globaler Pufferspeicher und Eingabefunktion für gepufferte Eingabe
unsigned char puffer[SLAENG], ppos; // global Puffer und Pufferposition
unsigned char einz(void)     // Eingabe aus globalem Pufferspeicher
{
  return puffer[ppos++];     // Zeichen aus Puffer Zeiger + 1
}
// Direkte Ausgabefunktion
void ausz(unsigned char zeichen)    // direkte Ausgabe nach Gerät
{
 putch(zeichen);                    // nach USART
}
```

```c
// einfügen: ausbin8 aushex8 ausudez16 ausidez16 einudez16 einidez16 einhex16
#include "c:\cprog3\einaus.h"      // Umwandlungsfunktionen für Zahlen
void main (void)                    // Hauptfunktion
{
 unsigned char zeichen, marke;      // Zeichen und Fehlermarke
 unsigned int uwort;                // unsigned Zahl 16bit
 int iwort;                         // signed Zahl 16bit
 initusart();                       // USART initialisieren
 while(1)                           // Arbeitsschleife
 {
  putstring("\n\n\r       ein Zeichen -> ");
  getstring(puffer); ppos = 0;      // Eingabe nach Pufferspeicher
  zeichen = einz();                 // Zeichen aus Puffer
  ausbin8(zeichen);                 // binäre Ausgabe
  aushex8(zeichen);                 // hexadezimale Ausgabe
  ausudez16(zeichen);               // unsigned dezimale Ausgabe
  ausidez16((int)zeichen);          // signed dezimale Ausgabe
  putstring("\n\rZahl ohne Vorzeichen -> ");
  getstring(puffer); ppos = 0;      // Eingabe nach Pufferspeicher
  marke = einudez16(&uwort);        // nach unsigned int umwandeln
  if(marke) ausudez16(uwort);       // unsigned dezimale Ausgabe
  if (!marke) putstring(" Fehler");
  putstring("\n\r Zahl mit Vorzeichen -> ");
  getstring(puffer); ppos = 0;      // Eingabe nach Pufferspeicher
  marke = einidez16(&iwort);        // nach unsigned int umwandeln
  if(marke) ausidez16(iwort);       // signed dezimale Ausgabe
  if (!marke) putstring(" Fehler");
  putstring("\n\r       0x hexadezimal -> ");
  getstring(puffer); ppos = 0;      // Eingabe nach Pufferspeicher
  marke = einhex16(&uwort);         // hexa nach unsigned int umwandeln
  if(marke) ausudez16(uwort);       // unsigned dezimale Ausgabe
  if (!marke) putstring(" Fehler");
 } // Ende while
} // Ende main
```

Bild 3-28: Test der Umwandlungsfunktionen in `einaus.h`

Das Beispielprogramm umfasste insgesamt 2240 Bytes. Zur Verringerung des Speicherbedarfs kann es sinnvoll sein, nicht die Headerdateien, sondern nur die benötigten Funktionen mit `#include` einzubinden.

3.6 Die Interruptsteuerung

Ein Interrupt bedeutet die Unterbrechung eines laufenden Programms durch ein Ereignis. Nach dessen Bedienung (Service) kann das unterbrochene Programm an der alten Stelle fortgesetzt werden. Interruptquellen sind z.B. externe Signale, die Timer und die seriellen Schnittstellen. *Bild 3-29* zeigt die Auslösung durch eine fallende Signalflanke.

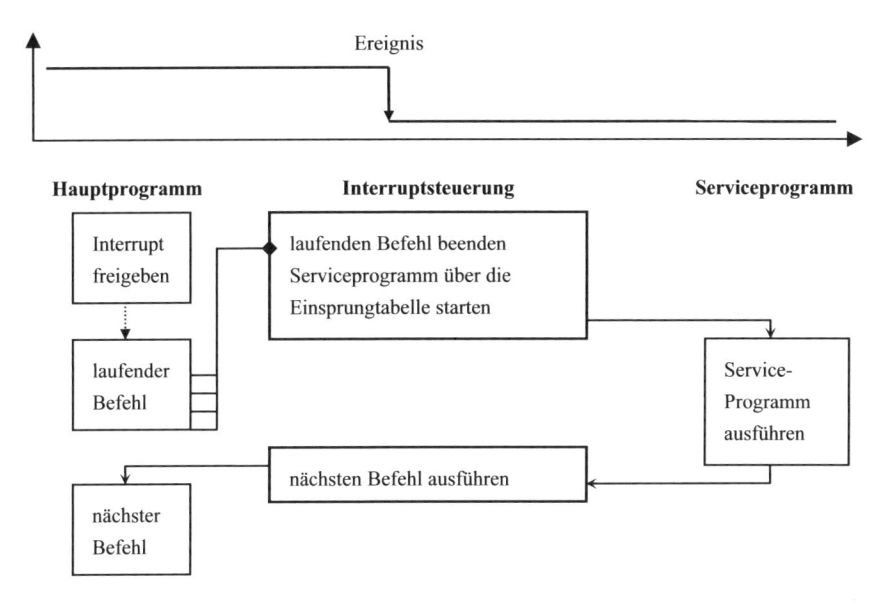

Bild 3-29: Auslösung (und Bedienung) eines Interrupts durch ein Ereignis

Nach dem Anlauf des Controllers durch Einschalten der Versorgungsspannung bzw. durch ein Reset sind alle Interrupts *global* durch eine 0 im I-Bit des Statusregisters SREG gesperrt. Jede Interruptquelle (Externe Signale, Timer, Schnittstellen) enthält eigene Masken- und Anzeigeregister, die den entsprechenden Interrupt ebenfalls mit einer 0 sperren. Für die Auslösung eines Interrupts müssen drei Bedingungen erfüllt sein:

- globale Freigabe aller Interrupts im Statusregister durch I = 1 und
- individuelle Freigabe des Interrupts durch eine 1 im entsprechenden Maskenregister und
- Auftreten des Ereignisses, das in dem entsprechenden Anzeigeregister eine Marke setzt.

Ist beim Auftreten des Ereignisses der Interrupt freigegeben, so beendet die Steuerung den laufenden Befehl und springt über eine Sprungtabelle im unteren Adressbereich des Programmspeichers in das Serviceprogramm, das den Interrupt bedient. Ein Serviceprogramm kann nur durch einen weiteren Interrupt unterbrochen werden, wenn es das globale Interruptbit freigibt. Nach Beendigung des Serviceprogramms wird die Marke im Anzeigeregister zurückgesetzt und das unterbrochene Programm an der alten Stelle fortgesetzt.

Bei der C-Programmierung hängt die Behandlung der Interrupts vom verwendeten Compiler ab. Der GNU-Compiler enthält in <avr/interrupt.h> und <avr/signal.h> Funktionen und Makros. Die Tabelle enthält Beispiele für die Interruptbezeichner des ATmega16 in <avr/iom16.h>. Neuere GNU-Compiler verwenden die Funktion ISR anstelle von SIGNAL. Treten mehrere Interruptanforderungen gleichzeitig auf, so werden die in der Tabelle an oberer Stelle stehenden Servicefunktionen vor den nachfolgenden ausgeführt.

Bezeichner	*Anwendung*	*Bemerkung*
SIG_INTERRUPT0	externer Interrupt INT0	auch ATmega16
SIG_INTERRUPT1	externer Interrupt INT1	auch ATmega16
SIG_OUTPUT_COMPARE2	Timer2 Ausgang Vergleich	auch ATmega16
SIG_OVERFLOW2	Timer2 Überlauf	auch ATmega16
SIG_INPUT_CAPTURE1	Timer1 Eingang Auffangen	auch ATmega16
SIG_OUTPUT_COMPARE1A	Timer1 Ausgang Vergleich A	auch ATmega16
SIG_OUTPUT_COMPARE1B	Timer1 Ausgang Vergleich B	auch ATmega16
SIG_OVERFLOW1	Timer1 Überlauf	auch ATmega16
SIG_OVERFLOW0	Timer0 Überlauf	auch ATmega16
SIG_SPI	SPI-Interrupt	auch ATmega16
SIG_UART_RECV	USART Empfänger gefüllt	auch ATmega16
SIG_UART_DATA	USART Datenregister leer	auch ATmega16
SIG_UART_TRANS	USART Sender frei	auch ATmega16
SIG_ADC	ADC Umwandlung beendet	auch ATmega16
SIG_EEPROM_READY	EEPROM bereit	auch ATmega16
SIG_COMPARATOR	Analogkomparator	auch ATmega16
SIG_2WIRE_SERIAL	TWI-Zweidraht-Schnittstelle	auch ATmega16
SIG_INTERRUPT2	externer Interrupt INT2	auch ATmega16
SIG_OUTPUT_COMPARE0	Timer0 Ausgang Vergleich	auch ATmega16
SIG_SPM_READY	Flash-Programmierung fertig	auch ATmega16

Vordefinierte Bezeichner für Interrupt-Service-Funktionen (ATmega16)

Ergebnis	*Funktion*	*Anwendung*
void	cli(void)	I <= 0 Interrupts global sperren
void	sei(void)	I <= 1 Interrupts global freigeben
	SIGNAL(*Bezeichner*)	Servicefunktion kann nicht unterbrochen werden
	INTERRUPT(*Bezeichner*)	Servicefunktion kann unterbrochen werden

Vordefinierte Funktionen und Attribute für Interrupt-Servicefunktionen

Interrupt-Servicefunktionen werden mit SIGNAL bzw. INTERRUPT vereinbart und erhalten als Parameter einen der vordefinierten Bezeichner, durch den die Interruptquelle gekennzeichnet wird. Dadurch kann der Compiler die Startadresse in die Einsprungtabelle eintragen. Nicht besetzte Einsprünge führen in eine Serviceroutine, die standardmäßig sofort wieder in das unterbrochene Programm zurückkehrt. Mit SIGNAL gekennzeichnete Funktionen können durch andere Interrupts nicht unterbrochen werden, während bei der Kennzeichnung mit INTERRUPT der Compiler zusätzlich einen Befehl erzeugt, der alle anderen Interrupts global wieder freigibt. Das Beispiel zeigt ein Serviceprogramm, das durch eine Flanke am Eingang PIND2 = INT0 aufgerufen wird.

```
#include <avr/signal.h>      // Deklarationen für Interrupt
#include <avr/interrupt.h>   // Deklarationen für Interrupt
SIGNAL(SIG_INTERRUPT0)       // für fallende Flanke PIND2 = INT0
{
 PORTB++;                    // Zähler um 1 erhöhen
}
```

Im Gegensatz zu Funktionen, die vom Programm aus aufgerufen werden, können Servicefunktionen weder Ergebnisse zurückliefern noch Argumente übernehmen oder übergeben. Sie erhalten daher weder einen Rückgabewert noch eine Argumentenliste. Werte können ausschließlich über globale Variablen oder Register übergeben werden. In dem Beispiel ist es das Datenregister des Ports B, das auch vom Hauptprogramm main aus zugänglich ist.

3.6.1 Die externen Interrupts

Die externen Interrupts werden durch Signale an den Portanschlüssen ausgelöst. Die folgenden Beispiele behandeln die drei externen Interrupts des ATmega16; für die anderen Controller sind die Unterlagen des Herstellers heranzuziehen. Im Haupt-Steuerregister MCUCR wird der auslösende Zustand bzw. die Flanke der externen Interrupts INT1 (PD3) und INT0 (PD2) festgelegt, die mit dem Takt synchronisiert sind. Der Anfangszustand der Bits nach einem Reset ist 0. Die Programmierung erfolgt mit UND- bzw. ODER-Masken, da das Register nicht bitadressierbar ist.

MCUCR = **MCU C**ontrol **R**egister SRAM-Adresse $55 SFR-Adresse $35

Bit 7	*Bit 6*	*Bit 5*	*Bit 4*	*Bit 3*	*Bit 2*	*Bit 1*	*Bit 0*
SM2	SE	SM1	SM0	ISC11	ISC10	ISC01	ISC00
Sleep Betriebsart	Sleep Betrieb 0: gesperrt 1: frei	Sleep Betriebsart	Sleep Betriebsart	externer Interrupt INT1 0 0: durch Low-Zustand 0 1: Zustandsänderung * 1 0: fallende Flanke 1 1: steigende Flanke		externer Interrupt INT0 0 0: durch Low-Zustand 0 1: Zustandsänderung * 1 0: fallende Flanke 1 1: steigende Flanke	

*: nicht bei allen Controllertypen vorhanden

Das MCU Control und Status Register (MCUCSR) und der asynchrone externe Interrupt INT2 (PB2) sind nicht bei allen Controllern vorhanden. Der Anfangszustand des Steuerbits ISC2 ist 0; es sollte nur bei gesperrtem Interrupt INT2 in GICR durch das Programm verändert werden. Vor der Freigabe des Interrupts in INT2 sollte eine 1 in das Anzeigebit INTF2 des Anzeigeregisters GIFR geschrieben werden, um einen durch die Programmierung von ISC2 ungewollt gesetzten und nun anstehenden Interrupt wieder zu löschen.

MCUCSR = **MCU C**ontrol und **S**tatus **R**egister   SRAM-Adresse $54   SFR-Adresse $34

Bit 7	Bit 6	Bit 5	Bit 4	Bit 3	Bit 2	Bit 1	Bit 0
JTD	ISC2	–	JTRF	WDRF	BORF	EXTRF	PORF
	INT2 Flanke 0: fallend 1: steigend						

Das Haupt-Interruptkontrollregister (GICR) gibt die drei externen Interrupts INT0, INT1 und INT2 frei; bei anderen Controllern wird es mit GIMSK oder GIMSR bezeichnet. Nach einem Reset sind alle drei externen Interrupts durch eine 0 gesperrt. Die Programmierung erfolgt mit UND- bzw. ODER-Masken, da das Register nicht bitadressierbar ist.

GICR = **G**eneral **I**nterrupt **C**ontrol **R**egister   SRAM-Adresse $5B   SFR-Adresse $3B

Bit 7	Bit 6	Bit 5	Bit 4	Bit 3	Bit 2	Bit 1	Bit 0
INT1	INT0	INT2	–	–	–	IVSEL	IVCE
INT1 0: gesperrt 1: frei	INT0 0: gesperrt 1: frei	INT2 0: gesperrt 1: frei					

Das Haupt-Interruptanzeigeregister (GIFR) enthält die drei Anzeigebits der externen Interrupts, alle anderen Bitpositionen sind z.Z. nicht belegt. Sie sind nach einem Reset mit 0 vorbesetzt, werden *durch das Interruptsignal* automatisch auf 1 gesetzt und beim Start des *Serviceprogramms* automatisch wieder auf 0 zurückgesetzt. Durch Einschreiben einer **1** können die Anzeigebits auch mit Befehlen gelöscht werden. Für die Programmierung sind Masken erforderlich, da das Register nicht bitadressierbar ist.

GIFR = **G**eneral **I**nterrupt **F**lag **R**egister   SRAM-Adresse $5A   SFR-Adresse $3A

Bit 7	Bit 6	Bit 5	Bit 4	Bit 3	Bit 2	Bit 1	Bit 0
INTF1	INTF0	INTF2	–	–	–	–	–
0: nicht anstehend 1: anstehend	0: nicht anstehend 1: anstehend	0: nicht anstehend 1: anstehend					

3.6 Die Interruptsteuerung

Das Beispielprogramm *Bild 3-30* initialisiert den externen Interrupt INT0. Der Anschluss PIND2 ist mit einem entprellten Taster beschaltet, der bei jeder Betätigung (fallende Flanke) ein Serviceprogramm startet, das einen Zähler auf dem Port B um 1 erhöht. Das Hauptprogramm fragt mit Warteschleifen einen entsprechenden Taster am Eingang PIND6 ab, der bei einer fallenden Flanke den Zähler löscht. Die Programmierung der Auslöseart in MCUCR und die Freigabe in GIMSK erfolgen in dem Beispiel durch Masken, welche die anderen Bitpositionen der Register nicht verändern.

```
// k3p22.c Bild 3-30 ATmega16 Externer Interrupt INT0
// Port B: Ausgabe Zähler
// Port D: Eingabe PD6 Zähler löschen PD2 = INT0: Zähler + 1
#include <avr/io.h>            // Deklarationen
#include <avr/signal.h>        // Deklarationen für Interrupt
#include <avr/interrupt.h>     // Deklarationen für Interrupt
#define TAKT 8000000UL         // Controllertakt 8 MHz
SIGNAL(SIG_INTERRUPT0)         // ISR Interrupt bei fallender Flanke PD2 = INT0
{
 PORTB++;                      // Zähler um 1 erhöhen
}
void main(void)                // Hauptfunktion
{
 DDRB = 0xff;                  // Port B ist Ausgang
 MCUCR |= (1 << ISC01);        // INT0 fallende Flanke
 GICR  |= (1 << INT0);         // INT0 frei
 sei();                        // alle Interrupts frei
 while(1)                      // Arbeitsschleife für Taste PIND6
 {
  while(PIND & (1 <<  PD6));      // warte auf fallende Flanke
  PORTB = 0;                      // Zähler löschen
  while( ! (PIND & (1 << PD6)));  // warte auf steigende Flanke
 } // Ende while
} // Ende main
```

Bild 3-30: Externer Interrupt INT0 erhöht Zähler

In dem Beispiel greifen sowohl die Interrupt-Servicefunktion als auch die Hauptfunktion auf das global verfügbare Datenregister PORTB zu; eine Übergabe von Werten über Argumentenlisten ist nicht möglich. Globale Variablen für Argumente werden außerhalb von Servicefunktionen und von main angelegt.

```
volatile unsigned char marke;  // global vor ISR-Funktion und main
SIGNAL(SIG_INTERRUPT0)         // ISR Interrupt bei INT0
void main (void)               // Hauptfunktion
```

3.6.2 Der Software-Interrupt

Als Software-Interrupt bezeichnet man den Start eines Interruptprogramms nicht durch ein Ereignis (externes Signal oder interner Timer), sondern durch besondere Befehle, die jedoch bei den Controllern der AVR-Familien nicht vorgesehen sind. Im Gegensatz zum Simulator löst das Setzen der Interrupt-Anzeigebits (z.B. INTF1 in GIFR) durch einen Befehl keinen Interrupt aus, sondern setzt das Bit wieder zurück. Software-Interrupts können jedoch durch die Beeinflussung von Portbits erzeugt werden. *Bild 3-31* zeigt als Beispiel den Interrupt INT0, der durch den Befehl cbi für das Datenbit PD2 des Ports D ausgelöst wird. Bei jedem Nulldurchgang eines 16bit Dualzählers wird ein Dezimalzähler auf dem Port B um 1 erhöht.

```c
// k3p23.c Bild 3-31 ATmega16 Software-Interrupt
// Port B: Ausgabe Zähler
// Port D: Eingabe PD2 High belegt durch Software-Interrupt
#include <avr/io.h>          // Deklarationen
#include <avr/signal.h>      // Interrupt Deklarationen
#include <avr/interrupt.h>   // Interrupt Deklarationen
#define TAKT 8000000UL       // Controllertakt 8 MHz
SIGNAL(SIG_INTERRUPT0)       // ISR Interrupt-Einsprung
{
 PORTB++;                    // Zähler PORT B + 1
}
void main(void)              // Hauptfunktion
{
 unsigned int zaehl = 0;     // 16bit Zähler
 DDRB = 0xff;                // Port B ist Ausgang
 DDRD |= (1 << PD2);         // PD2 = INT0 ist Ausgang!
 PORTD |= (1 << PD2);        // PD2 High
 MCUCR |= (1 << ISC01);      // fallende Flanke
 GICR |= (1 << INT0);        // INT0 frei
 sei();                      // alle Interrupts frei
 while(1)                    // Arbeitsschleife
 {
  zaehl++;                   // 16bit Zähler + 1
  if (zaehl == 0) { PORTD &= ~(1 << PD2); PORTD |= (1 << PD2);} // Flanke
 } // Ende while
} // Ende main
```

Bild 3-31: Software-Interrupt für INT0 bei Zählernulldurchgang

4 Die Peripherie

Die Peripherie-Einheiten verbinden den Controller mit der Anwendung. Nach dem Einschalten der Versorgungsspannung bzw. nach einem Reset sind alle Peripherieanschlüsse zunächst als Eingänge der Parallelports geschaltet. Für die Ausgabe von Signalen und für die in *Bild 4-1* dargestellten alternativen Portfunktionen müssen die Schnittstellen durch das Programm initialisiert werden. Sie sind nicht bei allen Bausteinen aller Familien vorhanden.

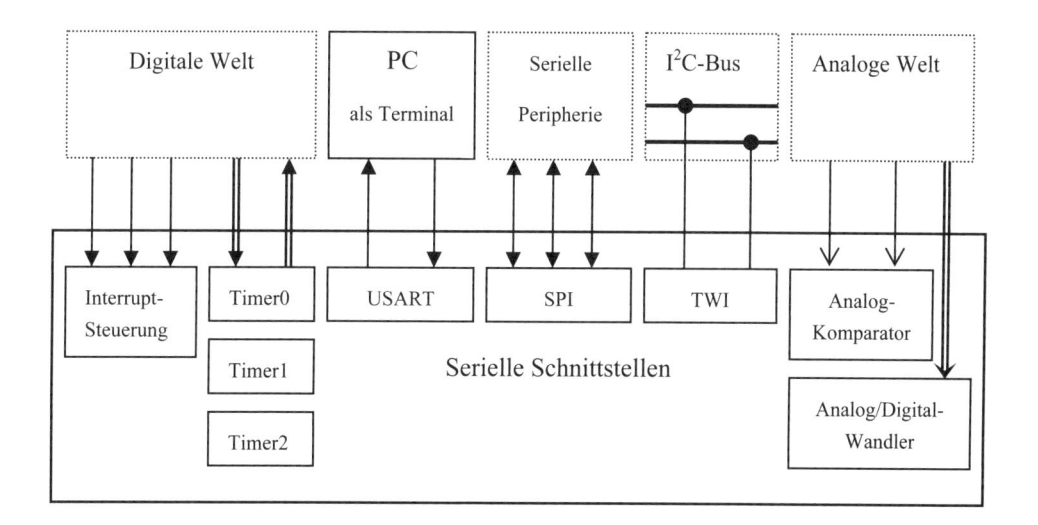

Bild 4-1: Alternative Portfunktionen (ATmega16)

Die externen Eingänge der Interruptsteuerung dienen der Programmunterbrechung durch wichtige Ereignisse wie z.B. Not-Aus-Taster. Sie werden im Abschnitt 2.7 (Assembler) und im Abschnitt 3.6 (C-Programmierung) behandelt. Mit der seriellen USART-Schnittstelle kann entsprechend Abschnitt 2.8 (Assembler) und Abschnitt 3.5.4 (C-Programmierung) eine Verbindung zu einem PC als Terminal hergestellt werden.

Dieses Kapitel behandelt die Timer, die seriellen Schnittstellen USART, UART, SPI und TWI sowie die analogen Schnittstellen. Die Assemblerbeispiele sind alle in der Schriftart `Courier`, die C-Programmbeispiele sind in der Schriftart *`Courier kursiv`* gesetzt.

Bild 4-2 zeigt die Anschlüsse der alternativen Funktionen des Bausteins ATmega16. Beispiele für andere Controller finden sich im Kapitel 5 Anwendungen.

Pin	Port	Alternative Funktion	
1	PB0	XCK	Taktausgang im Synchronbetrieb der USART-Schnittstelle
		T0	Eingang für den externen Takt Timer/Counter0
2	PB1	T1	Eingang für den externen Takt Timer/Counter1
3	PB2	INT2	Eingang für den externen Interrupt2
		AIN0	positiver Eingang des Analog-Komparators
4	PB3	OC0	Ausgang für den Compare-Betrieb Timer/Counter0
		AIN1	negativer Eingang des Analog-Komparators
5	PB4	/SS	Steueranschluss der seriellen SPI-Schnittstelle
6	PB5	MOSI	Eingang und Ausgang der seriellen SPI-Schnittstelle
7	PB6	MISO	Eingang und Ausgang der seriellen SPI-Schnittstelle
8	PB7	SCK	Eingang und Ausgang für den Takt der seriellen SPI-Schnittstelle
14	PD0	RXD	Eingang der seriellen Schnittstelle USART
15	PD1	TXD	Ausgang der seriellen Schnittstelle USART
16	PD2	INT0	Eingang für den externen Interrupt0
17	PD3	INT1	Eingang für den externen Interrupt1
18	PD4	OC1B	Ausgang für den Compare-Betrieb B Timer/Counter1
19	PD5	OC1A	Ausgang für den Compare-Betrieb A Timer/Counter1
20	PD6	ICP1	Eingang für den Capture-Betrieb Timer/Counter1
21	PD7	OC2	Ausgang für den Compare-Betrieb Timer/Counter2
22	PC0	SCL	bidirektionaler Taktanschluss der seriellen TWI-Schnittstelle
23	PC1	SDA	bidirektionaler Datenanschluss der seriellen TWI-Schnittstelle
24	PC2	TCK	Anschluss der JTAG-Schnittstelle
25	PC3	TMS	Anschluss der JTAG-Schnittstelle
26	PC4	TDO	Anschluss der JTAG-Schnittstelle
27	PC5	TDI	Anschluss der JTAG-Schnittstelle
28	PC6	TOSC1	Quarz-Takteingang für Timer2
29	PC7	TOSC2	Quarz-Takteingang für Timer2
33 - 40	PA7 - PA0	ADC7 - ADC0	acht analoge Eingänge für Analog/Digitalwandler

Bild 4-2: Alternative Portanschlüsse des Controllers ATmega16

Bei anderen Bausteinen wird trotz abweichender Anzahl und Anordnung der Stifte die Bezeichnung und Funktion der Anschlüsse meist beibehalten, also z.B. PD0 für den Eingang RXD der seriellen Schnittstelle und PD2 für den Eingang INT0 des externen Interrupt0. Für die Bezeichnungen und Funktionen der SFR-Register und ihrer Steuerbits können sich von Fall zu Fall Abweichungen gegenüber dem als Beispiel dienenden ATmega16 ergeben; maßgeblich sind die Datenbücher des Herstellers Atmel! Es ist daher zweckmäßig, für die SFR-Register und ihre Steuerbits ausschließlich symbolische Bezeichner zu verwenden und für allgemein verwendbare Programme mit bedingter Übersetzung zu arbeiten.

4.1 Die Takt- und Resetsteuerung

An dieser Stelle können nur allgemeine Richtwerte angegeben werden, da sich die Bausteine der drei Familien in ihren Spezifikationen stark voneinander unterscheiden. *Bild 4-3* zeigt ein Modell der Takt- und Resetsteuerung.

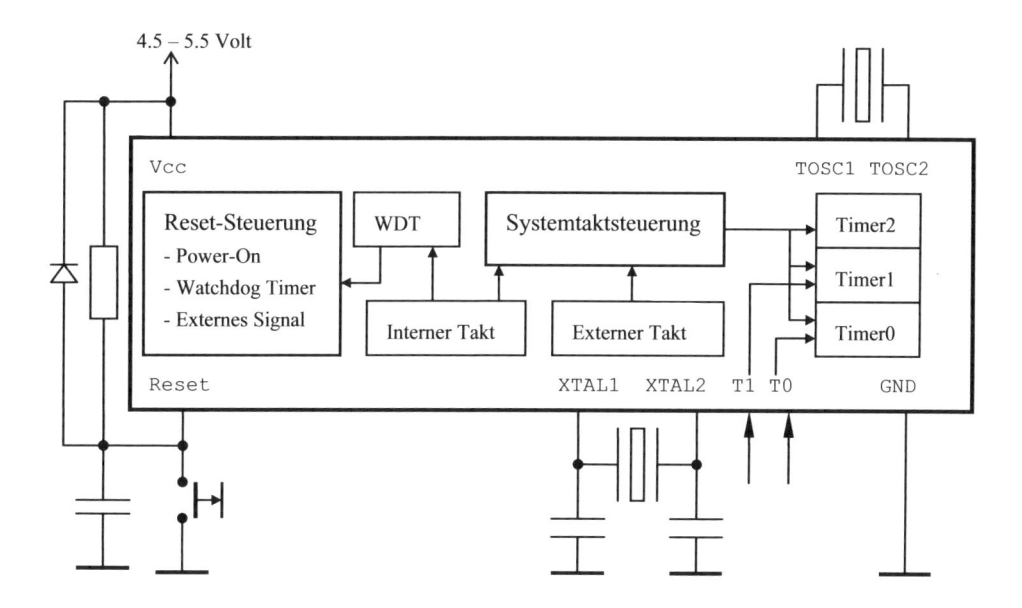

Bild 4-3: Modell der Takt- und Resetsteuerung

Die Versorgungsspannung liegt je nach Taktfrequenz zwischen 2.7 bzw. 4.5 und 5.5 Volt. Für die Stromaufnahme ohne externe Last wird ein Bereich von ca. 1 bis 10 mA angegeben; in den Stromsparbetriebsarten kann sie unter 1 µA liegen.

Nach dem Einschalten der Versorgungsspannung wird nach einer Wartezeit ein Power-On Reset ausgelöst, der die Peripherieschnittstellen in einen Anfangszustand versetzt und dann das Programm mit dem ersten Befehl des Programmspeichers startet. Für die Auslösung eines Resets durch eine steigende Flanke am Reset Eingang sollte ein RC-Kreis mit Freilaufdiode verwendet werden. Als Richtwerte werden 10 kOhm und 1 bis 10 µF angegeben. Bei langsam ansteigenden und abfallenden Versorgungsspannungen wird empfohlen, besondere Reset-Schaltkreise zu verwenden, die auch die Steuerung des Reset-Signals durch einen Taster sowie bei kurzzeitigen Spannungsunterbrechungen (Brown Out) übernehmen. Ein interner Taktgenerator versorgt den Watchdog Timer (WDT), der nach Ablauf einer programmierbaren Wartezeit von ca. 10 ms bis ca. 2 sek einen Watchdog Timer Reset auslösen kann, wenn ihn das Programm durch den Befehl `wdr` nicht vorher zurücksetzt.

Der *Systemtakt* bestimmt die Ausführungszeit der Befehle durch das Steuerwerk und wird für die Taktversorgung der Peripherie speziell der Timer verwendet. In den meisten Anwendungen wird der Systemtakt von einem Quarz an den Anschlüssen XTAL1 und XTAL2 abgeleitet; die beiden Stützkondensatoren sollten zwischen 12 und 22 pF liegen. Wenn eine Datenübertragung mit der seriellen asynchronen Schnittstelle vorgesehen ist, sollte ein Quarztakt gewählt werden, der einen für die gewählte Baudrate günstigen Teiler ergibt. Die beiden Timer0 und Timer1 besitzen eigene externe Taktanschlüsse T0 und T1 für die Betriebsart als Zähler. Der nicht bei allen Bausteintypen vorgesehene asynchrone Timer2 erhält seinen Takt meist von einem 32 kHz Uhrenquarz an den Anschlüssen TOSC1 und TOSC2.

Die Bausteine der Mega-Familie verfügen über eine programmierbare Systemtaktsteuerung, mit der die Taktquelle (interner Taktgenerator oder externer Takteingang) sowie die Startverzögerung nach dem Anstieg der Versorgungsspannung eingestellt werden können. Im Anlieferungszustand sind standardmäßig ca. 1 MHz und eine maximale Verzögerungszeit eingestellt. Die Vorgabewerte lassen sich bei der Programmierung des Bausteins durch das Entwicklungssystem oder durch den Zugriff auf die Sicherungs- und Steuerbits (siehe Abschnitt Boot-Lader) umprogrammieren. Das für den Interrupt2 der Mega-Controller vorgesehene SFR-Register MCUCSR enthält fünf Anzeigebits für die Auslösung des Reset:

- durch die JTAG-Schnittstelle,
- durch den Watchdog Timer,
- durch Absinken der Versorgungsspannung (brown out),
- durch eine fallende Flanke am Reset-Eingang oder
- durch Einschalten der Versorgungsspannung.

Die zu programmierenden Peripheriefunktionen der seriellen Schnittstellen, der Timer und der Analog/Digitalwandler sind teilweise abhängig von der gewählten Frequenz des Systemtaktes. Es ist daher zweckmäßig, möglichst keine Konstanten zu verwenden, sondern die Taktfrequenz als Parameter mit .EQU bzw. #define zu vereinbaren und die einzusetzenden Werte vom Übersetzer berechnen zu lassen. Dies gilt besonders für die Baudrate der asynchronen Serienschnittstelle. Für die meisten Beispiele dieses Kapitels wurde die Taktsteuerung des ATmega16 mit dem Entwicklungsgerät STK 500 oder AVRISP auf einen externen quarzgesteuerten Systemtakt von 8 MHz programmiert. Beispiel für die Berechnung der Baudrate der asynchronen seriellen Schnittstelle.

```
; Assemblerbeispiel Rechnung durch Assembler immer 32bit lang
    .EQU    TAKT = 8000000              ; 8 MHz Systemtakt
    .EQU    BAUD = 9600                 ; Baudrate
    .EQU    TEILER = TAKT/(16 * BAUD)- 1 ; Taktteiler

// C-Programmbeispiel UL bedeutet 32bit für Berechnung durch Compiler
#define  TAKT 8000000UL           // 8 MHz Systemtakt
#define  BAUD 9600UL              // Baudrate
#define  TEILER TAKT/(16UL * BAUD) - 1   // Taktteiler
```

4.2 Digitale Schaltungstechnik

Bild 4-4 zeigt die drei wichtigsten Ausgangsschaltungen der TTL-Technik (Transistor-Transistor-Logik), die mit ihren Weiterentwicklungen (LS, ALS, HCT) häufig für die Beschaltung der Peripherieanschlüsse verwendet wird.

a. Gegentakt-Ausgang (Push Pull)   b. Tristate-Ausgang   c. Open-Collector-Ausgänge (Open Drain)

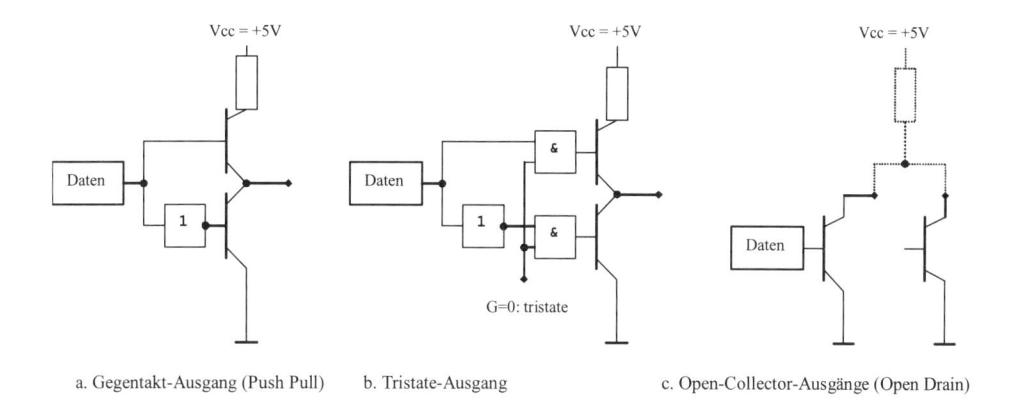

Bild 4-4: TTL-Ausgangstreiber (ohne Richtungspfeile!)

Bei einem *Gegentakt-Ausgang* nach *Bild 4-4a* ist jeweils einer der beiden Transistoren am Ausgang durchgeschaltet. Entweder der obere Transistor, der den Ausgang auf High legt oder der untere, der den Ausgang auf Low-Potential legt. Die Höhe der Ausgangsspannungen ist abhängig von der Belastung. Gegentaktausgänge lassen sich nur in Sonderfällen parallel schalten, normalerweise müssen sie durch Logikgatter verknüpft werden.

Bei einem *Tristate-Ausgang* nach *Bild 4-4b* sorgt ein Steuereingang G (Gate) dafür, dass beide Transistoren für G = 0 abgeschaltet sind, der Ausgang ist im dritten (hochohmigen) Zustand. Für G = 1 (aktiv High) ist jedoch einer der beiden Transistoren durchgeschaltet und der Ausgang ist entweder High oder Low. Im Tristate-Zustand dagegen ist der Ausgang potentialfrei, also elektrisch nicht vorhanden.

Bei einem *Open-Collector-Ausgang* nach *Bild 4-4c* fehlt der Transistor gegen High. Der Ausgangstransistor legt im durchgeschalteten Zustand den Ausgang auf Low. Für die Ausgabe von High im gesperrten Zustand des Transistors ist ein äußerer Arbeitswiderstand erforderlich, mit dem sich mehrere Open-Collector-Ausgänge durch Parallelschaltung logisch verknüpfen lassen. Die Leitung wird durch den gemeinsamen Arbeitswiderstand auf High gehalten und kann durch einen oder mehrere der angeschlossenen Open-Collector-Ausgänge auf Low gezogen werden; dies wird auch als wired-or (verdrahtetes ODER) bezeichnet.

Für die Belastung von Ausgängen sind zwei Gesichtspunkte zu unterscheiden:

- Beim Anschluss von Verbrauchern wie z.B. Leuchtdioden oder Relais bestimmt die Erwärmung des Bausteins den maximal entnehmbaren Strom (Treiberbetrieb).
- Beim Anschluss von Logikschaltungen müssen bestimmte Grenzwerte der Ausgangsspannung eingehalten werden, um ein sicheres Arbeiten der angeschlossenen Eingänge zu gewährleisten (Logikbetrieb).

Bild 4-5 zeigt die Spannungen und Ströme in der häufig verwendeten TTL-LS-Technik (Low Power Schottky). Diese Angaben der Hersteller sind nur als Richtwerte für die ungünstigsten Betriebsbedingungen (worst case) anzusehen. Ein unbelasteter Ausgang hat bei High eine Ausgangsspannung von ca. 4 Volt und bei Low eine Ausgangsspannung von ca. 0.01 Volt. Die Ausgangstransistoren können als spannungsabhängige Widerstände angesehen werden; die High-Ausgangsspannung fällt mit steigendem High-Strom ab, die Ausgangsspannung bei Low steigt mit steigendem Low-Strom an.

a. Ausgangs-Fan-Out = 20   b. Eingangs-Fan-In = 1

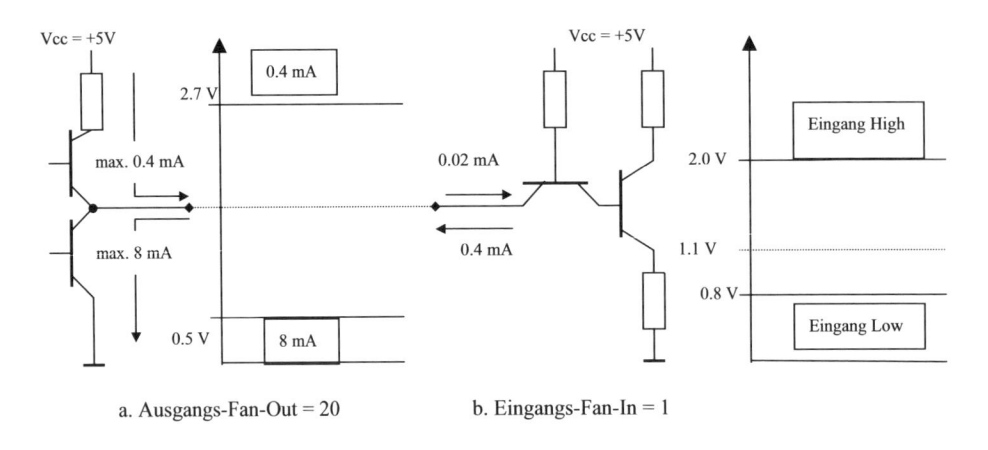

Bild 4-5: Spannungen und Ströme in der TTL-LS-Technik

Ein *Eingang* erkennt alle Spannungen größer 2.0 Volt als High und alle Spannungen kleiner als 0.8 Volt als Low; die Umschaltschwelle liegt bei ca. 1.1 Volt. Bei einer Standardlast (Fan-In = 1) fließt bei High ein Strom von 0.02 mA, bei Low beträgt der Strom am Eingang etwa 0.4 mA.

Ein *Ausgang* kann standardmäßig 20 Eingänge der Standardlast Fan-In = 1 treiben, das Fan-Out beträgt dann 20. Bei High darf die Ausgangsspannung bei maximal 0.4 mA auf höchstens 2.7 Volt absinken, damit sie von den angeschlossenen Eingängen noch sicher als High erkannt werden kann. Bei Low darf die Ausgangsspannung bei maximal 8 mA auf höchstens 0.5 Volt ansteigen, damit sie von den angeschlossenen Eingängen noch sicher als Low erkannt werden kann.

4.2 Digitale Schaltungstechnik

Lastangabe	TTL	LS	ALS	HCT	IO-Pin
Eingangs-High-Strom (Fan-In = 1)	0.04 mA	0.02 mA	0.02 mA	1 µA	1 µA
Eingangs-Low-Strom (Fan-In = 1)	1.6 mA	0.4 mA	0.1 mA	1 µA	1 µA
Standard-Fan-Out	10	20	20	>50	>50
Ausgangs-High-Strom (Standard)	0.4 mA	0.4 mA	0.4 mA	5..20 mA	3 mA
Ausgangs-Low-Strom (Standard)	16 mA	8 mA	8 mA	5..20 mA	20 mA
max. High-Strom als Treiber	ca. 0.5 mA	ca. 0.5 mA	ca. 0.5 mA	ca. 20 mA	ca. 20 mA
max. Low-Strom als Treiber	ca. 20 mA	ca. 20 mA	ca. 20 mA	ca. 20 mA	ca. 20 mA

Bild 4-6: Richtwerte für die Belastung von Logikbausteinen und Peripherieanschlüssen

Die Tabelle zeigt zur Orientierung Angaben über die Belastung von Logikbausteinen und Peripherieanschlüssen (Spalte IO-Pin) der AVR-Controller aus den Handbüchern der Hersteller. Die Ströme sind Absolutwerte ohne Angabe einer Richtung. Als Leistungstreiber verwendet man vorzugsweise Open-Collector-Ausgänge (7416 max. 40 mA bei Vcc=15 V), Bustreiber (74LS540 max. 25 mA bei High und max. 24 mA bei Low) sowie TTL-kompatible Darlington-Treiber (ULN-Serie über 100 mA).

Bei den in der *Controller-Technik* verwendeten MOS- und CMOS-Schaltungen fließen weit geringere Steuerströme als in der bipolaren TTL-Technik.

Ein Eingang des Controllers besteht aus einer Schutzschaltung (Dioden) sowie aus einem Zwischenspeicher für das Eingangspotential des Anschlusses (Pin), der als PIN-Register gelesen wird. Alle Potentiale größer als 3.0 Volt werden als High, alle Potentiale kleiner als 1.5 Volt werden als Low bewertet. Die Umschaltschwelle liegt bei ca. 2.1 Volt.

Ein Ausgang des Controllers besteht aus einem Ausgabespeicher, der als Port-Register die Daten bis zum nächsten Schreibbefehl festhält. Bei Low liefert der Ausgang bis zu einem Strom von 20 mA eine Ausgangsspannung kleiner als 0.6 Volt. Bei High ist die Spannung bis zu einem Strom von 3 mA größer als 4.3 Volt, bei 12 mA ist sie größer als 2.7 Volt. Für den Betrieb als Leistungstreiber macht der Hersteller folgende Angaben:

- Der maximale Ausgangsstrom für den einzelnen Anschluss beträgt 20 mA sowohl für High als auch für Low.
- Der maximale Ausgangsstrom eines Ports soll 100 mA nicht überschreiten, das bedeutet 12.5 mA pro Anschluss.
- Der maximale Ausgangsstrom aller Ports soll 200 mA nicht überschreiten.

Für periphere Geräte, die nicht mit TTL-Pegel betrieben werden können, sind Pegelwandler erforderlich. Ein Beispiel sind Pegelwandler für die serielle USART-Schnittstelle.

4.3 Die Parallelschnittstellen

Bild 4-7 zeigt die Schaltung eines Anschlusses ohne Berücksichtigung alternativer Funktionen. Nach einem Reset sind alle Register gelöscht; die Ports sind Eingänge und tristate.

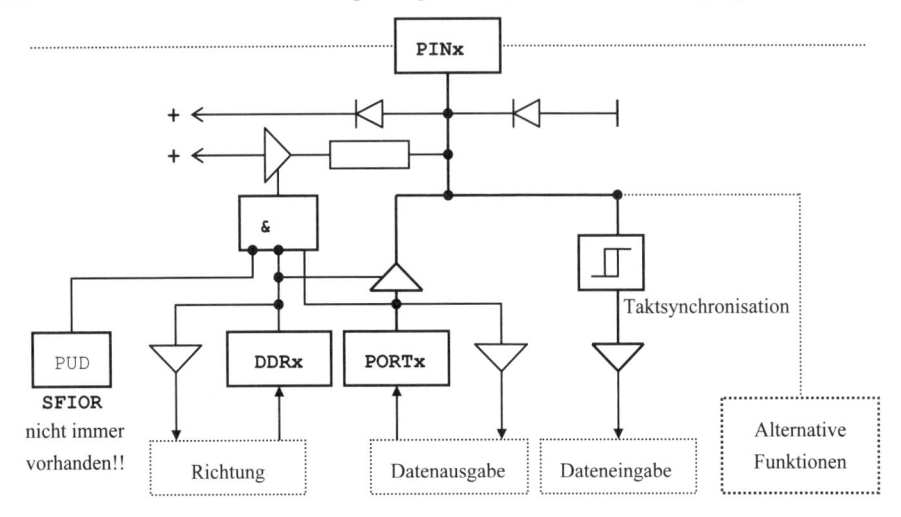

Bild 4-7: Modellschaltung eines Portanschlusses (ATmega16)

Die Parallelschnittstellen sind bitweise als Eingang oder als Ausgang programmierbar. Sie bestehen aus drei Ports, die im bitadressierbaren SFR-Bereich liegen:

- Der Richtungsport **DDRx** legt bitweise die Richtung (Eingang oder Ausgang) fest.
- Der Datenport **PORTx** enthält die auszugebenden Daten (rücklesbar).
- Der Anschlussport **PINx** dient zum Einlesen des anliegenden Portpotentials.
- Mit PUD = 1 wird für DDRx=0 und PORTx=1 der Pull-Up-Widerstand abgeschaltet.

SRAM	SFR	Name	Bit 7	Bit 6	Bit 5	Bit 4	Bit 3	Bit 2	Bit 1	Bit 0
$38	$18	PORTB	PB7	PB6	PB5	PB4	PB3	PB2	PB1	PB0
$37	$17	DDRB	DDB7	DDB6	DDB5	DDB4	DDB3	DDB2	DDB1	DDB0
$36	$16	PINB	PINB7	PINB6	PINB5	PINB4	PINB3	PINB2	PINB1	PINB0
$32	$12	PORTD	PD7	PD6	PD5	PD4	PD3	PD2	PD1	PD0
$31	$11	DDRD	DDD7	DDD6	DDD5	DDD4	DDD3	DDD2	DDD1	DDD0
$30	$10	PIND	PIND7	PIND6	PIND5	PIND4	PIND3	PIND2	PIND1	PIND0

Bild 4-8: Adressen und Bezeichner der Ports B und D (Beispiel ATmega16)

4.3 Die Parallelschnittstellen

Bild 4-9 zeigt vereinfachte Modelle der Betriebszustände für die Parallelports. Einzelheiten können den Datenbüchern des betreffenden Bausteins entnommen werden.

Betriebsart	DDRx	PORTx	PINx	Anschluss	Schaltung
Eingang tristate	0	0	?	tristate	DDRx=0, PORTx=0, PINx=?
Eingang High	0	1	1	High	DDRx=0, PORTx=1, PINx=1
Ausgang Push-Pull	1	0	0	Low	DDRx=1, PORTx=0, PINx=0
Ausgang Push-Pull	1	1	1	High	DDRx=1, PORTx=1, PINx=1
Ausgang Open Drain externer Arbeitswiderstand	0	0	1	High	DDRx=0, PORTx=0, PINx=1
Ausgang Open Drain externer Arbeitswiderstand	1	0	0	Low	DDRx=1, PORTx=0, PINx=0

Bild 4-9: Die Betriebszustände der Parallelports für PUD = 0 (nach Reset)

In der Betriebsart *Eingang* ist immer das Richtungsbit DDRx = 0. Das Datenbit bringt mit PORTx = 0 den Anschluss in den hochohmigen Tristate-Zustand. Für PORTx = 1 liegt der Anschluss durch den internen Pull-Up-Widerstand (35 bis 120 KOhm) auf High. Das an PINx eingelesene Potential hängt von der äußeren Beschaltung durch Kontakte oder Logikschaltungen ab. Ein unbeschalteter Tristate-Eingang liefert undefinierte Werte und stellt eine häufige Fehlerquelle dar. Im SFR-Register SFIOR lassen sich alle Eingänge tristate schalten.

In der Betriebsart *Push-Pull-Ausgang* ist immer das Richtungsbit DDRx = 1. Die Daten werden mit dem Port-Bit ausgegeben. Für PORTx = 0 ist der Ausgang Low, für PORTx = 1 ist der Ausgang High. Das an PINx zurückgelesene Potential hängt jedoch von der äußeren Beschaltung durch Widerstände oder Logikgatter ab. So würde z.B. bei einem stark belasteten Ausgang die Spannung soweit ansteigen bzw. absinken, dass die auf PORTx ausgegebenen Daten nicht mehr am Eingang PINx zurückgelesen werden.

In der Betriebsart *Open-Drain-Ausgang*, die dem Open-Collector-Ausgang der TTL-Technik entspricht, ist ein äußerer Arbeitswiderstand (Pull-Up) erforderlich. Das Datenbit bestimmt mit PORTx = 0 die Betriebsart, die Daten werden nun mit dem Richtungsbit DDRx ausgegeben. Für DDRx = 0 ist der Datenausgang tristate und der Anschluss wird durch den externen Arbeitswiderstand auf High gehalten, für DDRx = 1 wird er durch PORTx = 0 auf Low gezogen. Ein fehlender Arbeitswiderstand liefert statt High ein undefiniertes Ausgangspotential und stellt eine häufige Fehlerquelle dar. Das an PINx zurückgelesene Potential hängt von der äußeren Beschaltung des Portanschlusses ab.

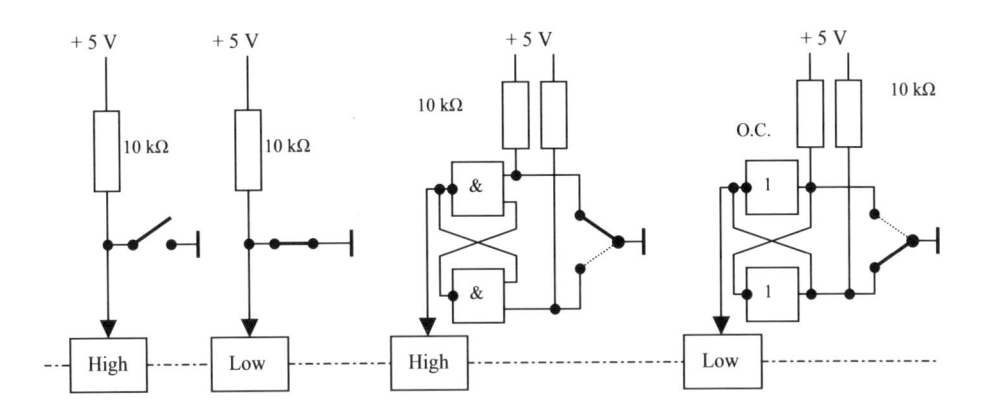

Bild 4-10: Eingabeschaltungen mit Schaltkontakten und Entprell-Flipflops

Die in *Bild 4-10* dargestellten Eingabeschaltungen bestehen aus Kontakten von Relais oder Schaltern und Tastern. Bei einfachen Schließern bzw. Öffnern besteht die Gefahr des Tastenprellens. Für ein sicheres Erkennen von Flanken kann man zum Entprellen Warteschleifen von ca. 1 bis 10 ms programmieren. Die hardwaremäßige Entprellung erfordert Umschaltkontakte zum Aufbau von Flipflops aus NAND-Schaltungen oder aus Invertern mit offenem Collector (O.C.). Diese bistabilen Kippschaltungen schalten bei der ersten Kontaktberührung und bleiben auch dann stabil, wenn der Kontakt kurzzeitig wieder verlassen wird.

4.3 Die Parallelschnittstellen

Die in *Bild 4-11* dargestellten Ausgabeschaltungen steuern als Beispiel Leuchtdioden an. Für die Standardausführung und extrahelle LEDs sind Treiberschaltungen erforderlich, die mit den entsprechenden Logikpegeln angesteuert werden. Das Schaltungsbeispiel verwendet einen invertierenden Treiber mit offenem Collector, so dass eine logische 1 die Leuchtdiode am Ausgang einschaltet. Stromsparende Versionen (low-current) können mit einem entsprechenden Vorwiderstand direkt an den Ausgängen der Ports betrieben werden. Eine Leuchtdiode, deren Anode an +5 Volt liegt, wird mit einer logischen 0 eingeschaltet, eine Leuchtdiode, deren Kathode an Ground liegt, wird mit einer logischen 1 eingeschaltet. An einem Ausgang lassen sich z.B. zwei verschiedenfarbige Leuchtdioden betreiben; die eine wird mit Low eingeschaltet, die andere mit High. Duo-Leuchtdioden ergeben durch Ansteuerung mit zwei Ausgängen drei Farben: rot, grün und als Mischlicht orange.

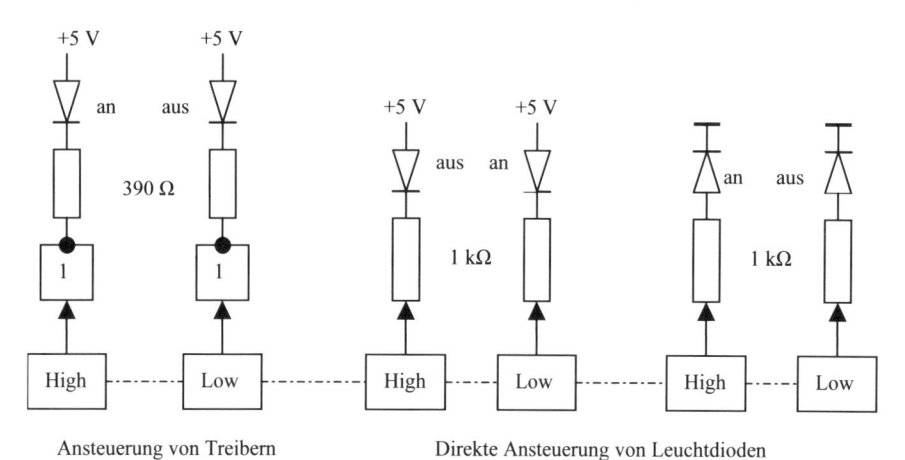

Bild 4-11: Ausgabeschaltungen (Beispiel Leuchtdioden)

Bei Ausgängen, die als Leistungstreiber verwendet werden, ist die thermische Belastung durch den Ausgangsstrom maßgeblich und nicht die Ausgangsspannung. Für die Ansteuerung von Logikschaltungen müssen jedoch die Ausgangspegel eingehalten werden.

Beim *Rücklesen* von Daten ist nicht immer sichergestellt, dass der ausgegebene Wert wieder erscheint. Bei zu starker Belastung des Ausgangs kann ein ausgegebenes High als Low zurückgelesen werden; zwischen der Ausgabe und dem Rücklesen muss wegen der Synchronisation der Peripherieanschlüsse ein Wartetakt eingelegt werden.

Zur Untersuchung des lastabhängigen Rücklesens liegt in der Schaltung *Bild 4-12* parallel zum Portausgang PB0 ein Potentiometer, mit dem das Potential abgesenkt werden kann. Das an PD0 eingestellte Potential wird auf PB0 ausgegeben, zurückgelesen und zur Kontrolle auf PC0 wieder ausgegeben. Bei einem älteren AT90S2313 der Classic-Familie war bei ca. 120 Ohm (ca. 20 mA) bei der Ausgabe von High die Spannung auf ca. 2 Volt abgesunken, so dass ein Low zurückgelesen wurde. Bei einem ATmega16 wurde die Umschaltschwelle von ca. 2 Volt erst bei ca. 10 Ohm und ca. 80 mA erreicht.

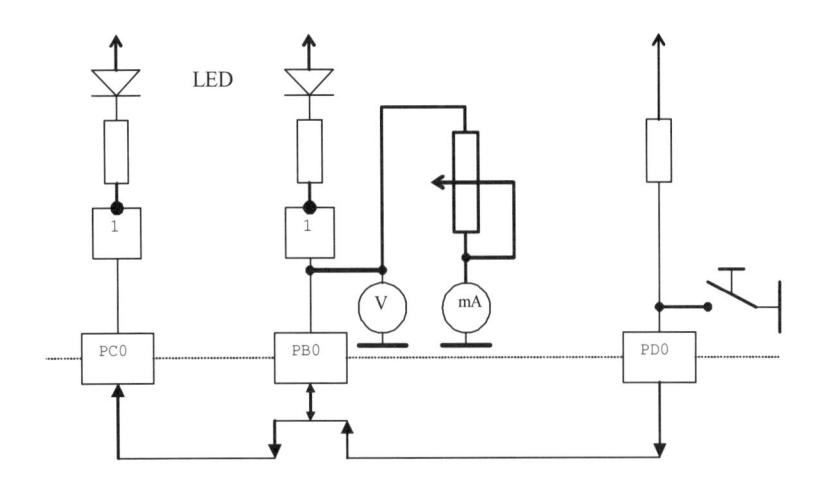

```
; Assemblerprogramm zum Lesen eines stark belasteten Eingangs
        ldi     akku,$ff        ;
        out     DDRB,akku       ; Port B ist Ausgang
        out     DDRC,akku       ; Port C ist Ausgang
; Arbeitsschleife
loop:   in      akku,PIND       ; PD0 eingeben
        out     PORTB,akku      ; PB0 ausgeben
        in      akku,PINB       ; PB0 rücklesen
        out     PORTC,akku      ; PC0 ausgeben
        rjmp    loop            ;
```

```c
// C-Programm zum Lesen eines stark belasteten Eingangs
DDRB = 0xff;            // Port B ist Ausgang
DDRC = 0xff;            // Port C ist Ausgang
while(1)                // Arbeitsschleife
{
 PORTB = PIND;          // PORT B <- Port D
 PORTC = PINB;          // PORT C <- Port B rücklesen
} // Ende while
```

Bild 4-12: Lastabhängiges Rücklesen eines Portanschlusses

Beim *sofortigen Rücklesen* ausgegebener Daten kann es vorkommen, dass nicht der neue, sondern ein alter Wert eingelesen wird. Der Grund dafür liegt in der Synchronisation der Peripherie mit dem Systemtakt. In den Beispielen *Bild 4-13* wird bei jeder fallenden Flanke an PD7 der Port D auf dem Port B ausgegeben, zurückgelesen und auf Port C ausgegeben. Erst durch Einfügen eines nop-Befehls erscheint der aktuelle Ausgabewert. Im C-Programm könnte anstelle des Assembler-Befehls auch eine andere verzögernde C-Anweisung stehen.

4.3 Die Parallelschnittstellen

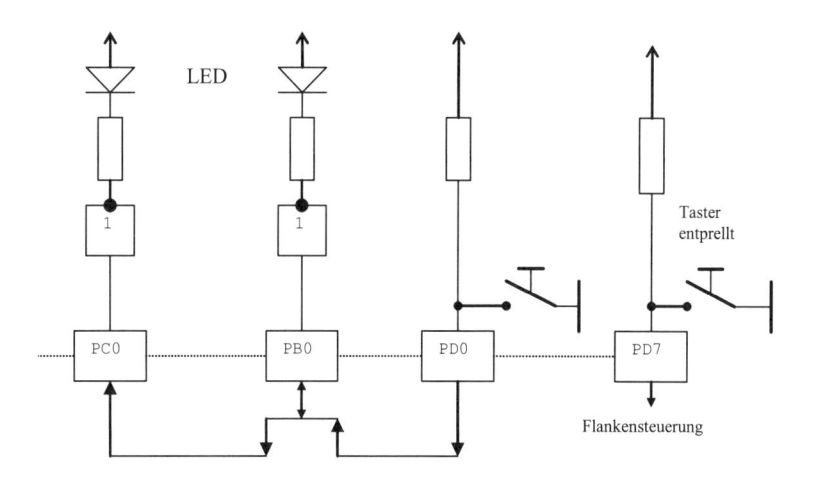

```
; Assemblerprogramm zeitverzögertes Rücklesen eines Ports
        ldi     akku,$ff        ;
        out     DDRB,akku       ; Port B ist Ausgang
        out     DDRC,akku       ; Port C ist Ausgang
; Arbeitsschleife
loop:   sbic    PIND,PD7        ;
        rjmp    loop            ; warte auf fallende Flanke
        in      akku,PIND       ; PD0 eingeben
        out     PORTB,akku      ; PB0 ausgeben
        nop                     ; Pause der Ergriffenheit
        in      akku,PINB       ; PB0 rücklesen
        out     PORTC,akku      ; PC0 ausgeben
loop1:  sbis    PIND,PD7        ;
        rjmp    loop1           ; warte auf steigende Flanke
        rjmp    loop            ;
```

```
// C-Programm zeitverzögertes Rücklesen eines Ports
DDRB = 0xff;        // Port B ist Ausgang
DDRC = 0xff;        // Port C ist Ausgang
while(1)            // Arbeitsschleife
{
 while (PIND & (1 << PD7));          // warte solange Taste High
 PORTB = PIND;                       // PORT B <- Port D
 asm volatile ("nop");               // Assembler-NOP einfügen
 PORTC = PINB;                       // PORT C <- Port B rücklesen
 while ( ! (PIND & (1 << PD7)));     // warte solange Taste Low
} // Ende while
```

Bild 4-13: Zeitverzögertes Rücklesen eines Portanschlusses

4.4 Die Timereinheiten

Ein *Timer* ist ein Zähler, der mit Befehlen initialisiert wird, aber dann programmunabhängig arbeitet und bei seinem Überlauf einen Interrupt auslösen kann. Anwendungsbeispiele:

- Periodische Interrupts als Zeitgeber z.B. für eine Uhr.
- Ereigniszähler (Counter) für externe Signale.
- Zeitverzögerungen anstelle von Programmschleifen.
- Frequenzgenerator und Frequenzmesser.
- Pulsweitenmodulation PWM als (analoge) Ausgabe z.B. zur Ansteuerung von Motoren.

Das in *Bild 4-14* dargestellte Modell eines Timers besteht aus vier hintereinander geschalteten Flipflops, die bei jeder fallenden Flanke das nachfolgende Flipflop umschalten. Der Timer lässt sich mit Anfangswerten laden und an den Ausgängen auslesen und vergleichen.

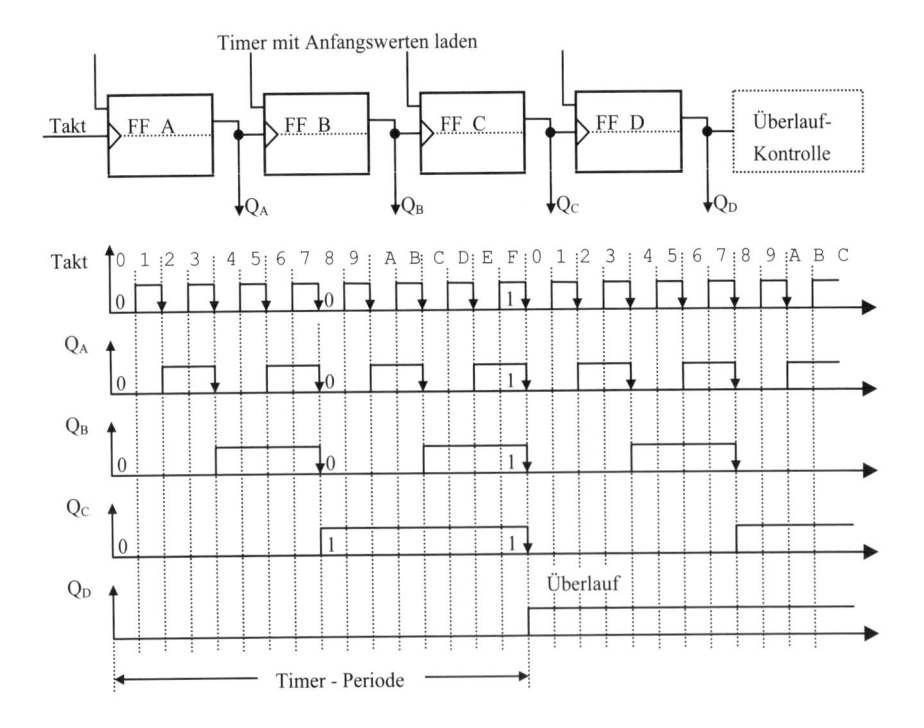

Bild 4-14: Modell eines Timers im durchlaufenden Betrieb als Aufwärtszähler

4.4 Die Timereinheiten

Bewertet man die Ausgänge des Timers als Zahlen, so entsteht ein Aufwärtszähler von 0000 bis 1111 dual oder von 0 bis F hexadezimal oder von 0 bis 15 dezimal. Im durchlaufenden Betrieb beginnt der Zähler nach dem Erreichen des Endwertes 1111 wieder mit dem Anfangswert 0000. Es entsteht eine Periode von 16 Timertakten.

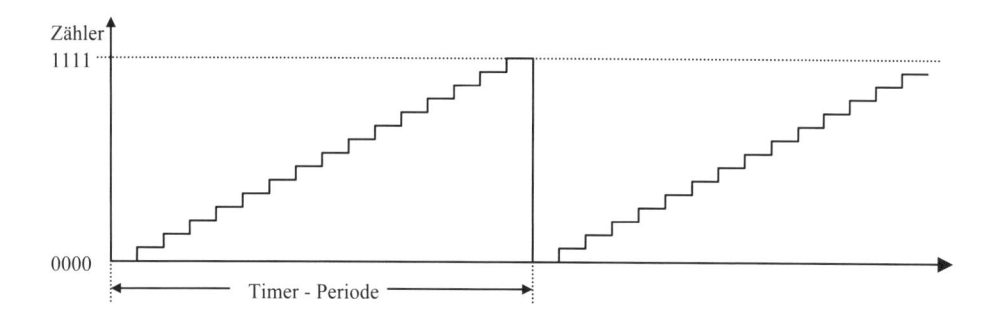

Bild 4-15: 4bit Timer im durchlaufenden Betrieb als Aufwärtszähler

Im Betrieb als Frequenzgenerator wird der laufende Zählerstand mit dem Inhalt eines Registers verglichen. Bei Übereinstimmung (*match*) schaltet eine Steuerung den Frequenzausgang von Low auf High bzw. von High auf Low, so dass eine Rechteckfrequenz entsteht.

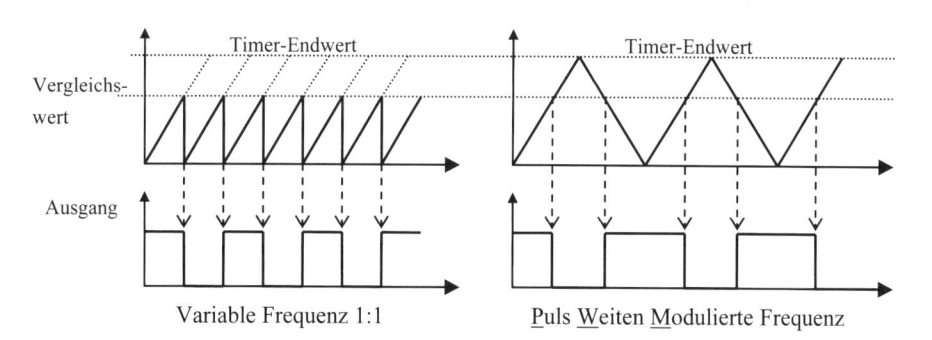

Bild 4-16: Timer als Frequenzgenerator

Für die Ausgabe eines Rechtecksignals im Tastverhältnis 1:1 wird der Aufwärtszähler beim Erreichen des Vergleichswertes abgebrochen und der Ausgang wird umgeschaltet. Zur Ausgabe eines PWM-Signals läuft der Zähler nach dem Erreichen des Endwertes abwärts; der Ausgang wird bei jedem Erreichen des Vergleichswertes umgeschaltet.

Der Timertakt des 8bit Timer0 und des 16bit Timer1 wird durch einen programmierbaren Vorteiler vom Systemtakt abgeleitet. Dieser beträgt bei allen Beispielen **8 MHz**.

4.4.1 Der 8bit Timer0

In den Standard-Betriebsarten arbeitet der Timer0 als 8bit Aufwärtszähler. Die Compare-Betriebsart zur Frequenzerzeugung ist nicht bei allen Controllertypen vorhanden.

4.4.1.1 Timer0 in den Standard-Betriebsarten

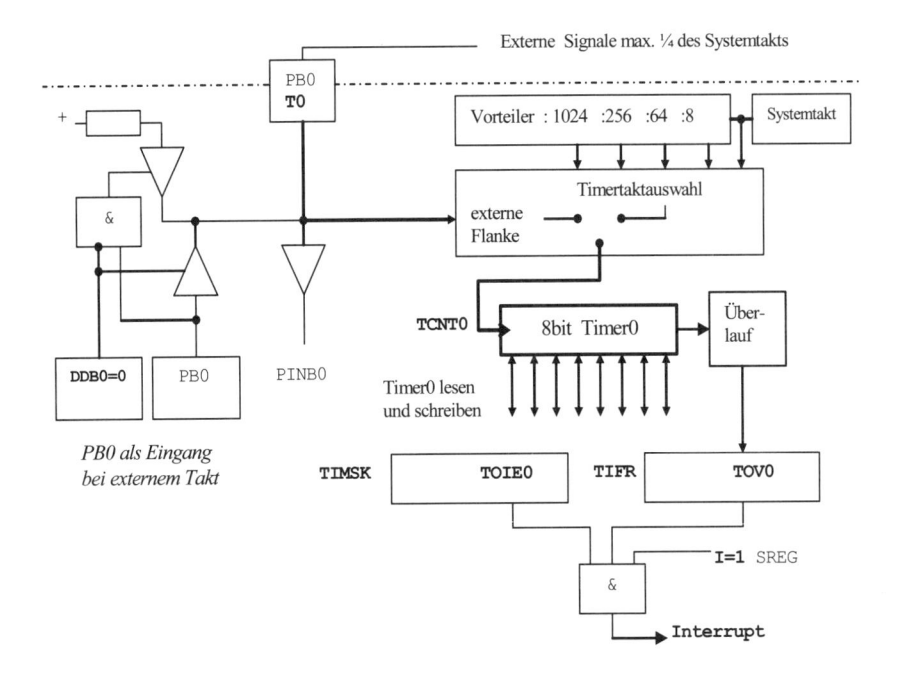

Bild 4-17: Modell des 8bit Timer/Counter0 ohne Compare-Betriebsart (ATmega16)

Der Timer0 (*Bild 4-17*) besteht aus einem dualen 8bit Aufwärtszähler, der jederzeit beschrieben und gelesen werden kann. Im Timerbetrieb wird der Systemtakt mit einem programmierbaren Vorteiler zum Timertakt heruntergeteilt. Im Zählerbetrieb (Counter) erhöhen externe Taktflanken am Eingang T0 den Zähler um 1. Der Überlauf kann einen Interrupt auslösen. Der Timer muss zur Einstellung von Verzögerungszeiten mit der Anzahl der Takte bis zum Nulldurchgang, also mit der Differenz zum Überlaufwert 256 geladen werden. Beispiel:

Systemtakt 8 000 000 Hz: Teiler 64 = 125 000 Hz => 8 µs pro Timertakt
Verzögerungszeit ca. 1 ms = 1000 µs gibt 1000/8 = 125 Takte

```
        ldi     r16, 256 - 125    ; Anfangswert des Zählers
        out     TCNT0,r16         ; nach Timer Register

TCNT0 = 256 - 125;                // Anfangswert laden
```

4.4 Die Timereinheiten

Die Taktquelle und der Taktteiler werden mit dem Steuerregister `TCCR0` eingestellt. Nach einem Reset ist das Register gelöscht und der Takt abgeschaltet.

TCCR0 = **T**imer/**C**ounter **C**ontrol **R**egister **0**   SRAM-Adresse $53   SFR-Adresse $33

Bit 7	Bit 6	Bit 5	Bit 4	Bit 3	Bit 2	Bit 1	Bit 0
FOC0	WGM00	COM01	COM00	WGM01	**CS02**	**CS01**	**CS00**
					0 0 0 Timer Stopp		
	(PWM Steuerung nicht bei allen Bausteinen vorhanden)				0 0 1 Systemtakt		
					0 1 0 Systemtakt / 8		
					0 1 1 Systemtakt / 64		
					1 0 0 Systemtakt / 256		
					1 0 1 Systemtakt / 1024		
					1 1 0 externer Takt fallende Flanke an T0		
					1 1 1 externer Takt steigende Flanke an T0		
					externer Takt max. ¼ des Systemtakts		

Die Tabelle enthält für einen Systemtakt von **8 MHz** die Timertaktfrequenz und die Timerperiode. Für den Fall, dass der Timer nach 256 Durchläufen wieder mit 0 beginnt, entsteht ein zusätzlicher Teiler durch 256. Die Werte sind gerundet.

Auswahl	Teiler	Takt	Periode	Takt : 256	Periode * 256
0 0 1	: 1	**8 MHz**	0.125 µs	31.250 kHz	32 µs
0 1 0	: 8	1 MHz	1 µs	3.90625 kHz	256 µs
0 1 1	: 64	125 kHz	8 µs	488.28 Hz	2.048 ms
1 0 0	: 256	31.250 kHz	32 µs	122.07 Hz	8.192 ms
1 0 1	: 1024	7.8125 kHz	128 µs	30.52 Hz	32.768 ms

Bei der Anwendung als Zeitgeber einer Sekundenuhr löst der Timer0 periodische Interrupts aus, die von einem Softwarezähler gezählt werden. Dafür muss der den Systemtakt liefernde Quarz so gewählt werden, dass sich möglichst ein ganzzahliger Zähler ergibt. Beispiel:

Quarz = Systemtakt = 8 000 000 Hz
Teilerfaktor in `TCCR0` = 256 gibt Timertakt 31 250 Hz
Teiler wegen periodischer Auslösung durch 256 gibt 122.0703125 Hz **gerundet** 122
Nach 122 Auslösungen des Timer0-Interrupts ist etwa eine Sekunde vergangen.

Weitere Kombinationen liefern ganzzahlige Zähler:

Systemtakt 2.4576 MHz Teilerfaktor 64 Periodenteiler 256 Zähler 150
Systemtakt 3.6864 MHz Teilerfaktor 64 Periodenteiler 256 Zähler 226
Systemtakt 7.3728 MHz Teilerfaktor 64 Periodenteiler 256 Zähler 450

Der duale 8bit Aufwärtszähler des Timerregisters `TCNT0` kann vom Programm jederzeit mit einem Anfangswert beschrieben und ausgelesen werden. Nach einem Nulldurchgang ist der Anfangswert gegebenenfalls neu zu laden.

TCNT0 = **T**imer/**C**ou**NT**er**0**   SRAM-Adresse $52   SFR-Adresse $32

laufender 8bit Aufwärtszähler

Bei einem Überlauf des Zählers von $FF nach $00 wird das Bit `TOV0` im Timer-Anzeigeregister `TIFR` gesetzt. Das Register ist nicht bitadressierbar!

TIFR = **T**imer **I**nterrupt **F**lag **R**egister   SRAM-Adresse $58   SFR-Adresse $38

Bit 7	*Bit 6*	*Bit 5*	*Bit 4*	*Bit 3*	*Bit 2*	*Bit 1*	*Bit 0*
OCF2	TOV2	ICF1	OCF1A	OCF1B	TOV1	**OCF0**	**TOV0**
Timer2	Timer2	Timer1	Timer1	Timer1	Timer1	**Timer0** 1 : *match*	**Timer0** 1 : *Überlauf*

Wird das Bit `TOV0` durch eine Warteschleife des Programms kontrolliert, so muss es durch Einschreiben einer **1** wieder zurückgesetzt werden. Löst es einen Interrupt aus, so wird es bei der Annahme des Interrupts automatisch wieder gelöscht.

Das Timer-Interruptmaskenregister `TIMSK` gibt den Timer0-Interrupt frei. Da es nicht bitadressierbar ist, sollten Einzelbitoperationen mit Masken in einem Arbeitsregister durchgeführt werden. Nach einem Reset sind alle Masken gelöscht und die Interrupts gesperrt.

TIMSK = **T**imer **I**nterrupt **M**a**SK** Register   SRAM-Adresse $59   SFR-Adresse $39

Bit 7	*Bit 6*	*Bit 5*	*Bit 4*	*Bit 3*	*Bit 2*	*Bit 1*	*Bit 0*
OCIE2	TOIE2	TICIE1	OCIE1A	OCIE1B	TOIE1	**OCIE0**	**TOIE0**
Timer2	Timer2	Timer1	Timer1	Timer1	Timer1	**Timer0** *match* 1 : *frei*	**Timer0** *Überlauf* 1 : *frei*

Für `TOV0` = 1 (Überlauf) und `TOIE0` = 1 (Freigabe) und `I` = 1 wird der Timer0-Interrupt ausgelöst, der beim Start des Serviceprogramms das Anzeigebit `TOV0` wieder zurücksetzt. Bei einem Überlauf von $FF läuft der Timer weiter mit dem Anfangswert $00, *nicht* mit einem eingeschriebenen Startwert. Bei einem Neuladen durch das Programm sind Verzögerungszeiten der Interruptsteuerung (4 Takte) und Ausführungszeiten der Befehle bis zum Einschreiben des neuen Wertes besonders zu berücksichtigen. Man beachte, dass wegen des Aufwärtszählens die Differenz zum Überlaufwert 256 anzugeben ist!

4.4 Die Timereinheiten

Die Betriebsart *periodischer Interrupt* kann zur Programmierung von Uhren verwendet werden. Die Programme *Bild 4-18* zeigen einen Sekundenzähler. Der Systemtakt von 8 MHz geteilt durch den Vorteiler 256 ergibt einen Timertakt von 31.25 kHz. Der durchlaufende Timer wirkt als Teiler durch 256 und ergibt eine Überlauffrequenz von 122.07 gerundet 122 Hz. Alle 8.2 ms tritt ein Interrupt auf, der den Interruptzähler um 1 vermindert. Nach 122 Durchläufen ist eine Sekunde vergangen; der Dezimalzähler auf dem Port B wird um 1 erhöht. Das Hauptprogramm führt nach der Initialisierung des Interrupts keine Aktionen durch.

```
; k4p2.asm Bild 4-18a Timer0 ungenauer Sekundenzähler mit Interrupt
; 8 MHz : 256 : 256 = 122.07 Hz gerundet Zähler = 122
; Port B: Ausgabe Sekunden mod 60
        .INCLUDE "m16def.inc"   ; Deklarationen
        .EQU    TAKT  = 8000000 ; Systemtakt 8 MHz
        .EQU    ZAEHL = TAKT / (256 * 256) ; Interruptzähler
        .EQU    TEILER = 0b100  ; Taktteiler 256
        .DEF    akku  = r16     ; Arbeitsregister
        .DEF    seku  = r18     ; Sekundenzähler
        .DEF    tictac = r19    ; Interruptzähler
        .CSEG                   ; Programmbereich
        rjmp    start           ; Einsprung nach Reset
        .ORG    OVF0addr        ; Einsprung nach Timer0 Überlauf
        rjmp    timer           ; nach Service-Programm
        .ORG    $2A             ; alle anderen Interrupts übergehen
start:  ldi     akku,LOW(RAMEND); Stapelzeiger laden
        out     SPL,akku        ;
        ldi     akku,HIGH(RAMEND);
        out     SPH,akku        ;
        ser     akku            ; akku <= $FF
        out     DDRB,akku       ; Port B als Ausgang
        in      akku,TCCR0      ; altes Steuerregister Timer0
        ori     akku,TEILER     ; mit Taktteiler verODERn
        out     TCCR0,akku      ; neues Steuerregister Timer0
        in      akku,TIMSK      ; akku <= Timer-Interrupt-Masken
        ori     akku,1 << TOIE0 ; TOIE0 = 1; Interrupt für
        out     TIMSK,akku      ; Timer0 Überlauf frei
        clr     seku            ; Sekundenzähler
        out     PORTB,seku      ; PORT B löschen
        ldi     tictac,ZAEHL    ; Interruptzähler für 1 sek laden
        sei                     ; I = 1: alle Interrupts frei
; Hauptprogramm schläft vor sich hin
schlei: nop                     ; tu nix
        rjmp    schlei          ;
; Einsprung Timer0 Überlauf
timer:  push    r16             ; Register retten
        in      r16,SREG        ; SREG retten
```

```
            push      r16              ;
            dec       tictac           ; Interruptzähler - 1
            brne      timer2           ; ungleich 0: weiter
            ldi       tictac,ZAEHL     ;   gleich 0: Anfangswert
            inc       seku             ; Sekundenzähler + 1
            cpi       seku,60          ; Sekunde < 60 ?
            brlo      timer1           ;   ja: ausgeben
            clr       seku             ; nein: wieder mit 0 beginnen
timer1:     mov       r16,seku         ; akku <= Sekunde
            rcall     dual2bcd         ; nach BCD umwandeln
            out       PORTB,r16        ; und ausgeben
timer2:     pop       r16              ; Register zurück
            out       SREG,r16         ; SREG
            pop       r16              ; zurück
            reti                       ; Rücksprung nach Unterbrechung
; dual2bcd: Umwandlung R16 dual nach BCD dreistellig
            .INCLUDE "dual2bcd.asm"    ; R16 dual -> R17:R16   0 H E Z  BCD
            .EXIT                      ; Ende des Quelltextes
```

Bild 4-18a: Timer0-Interrupt als Sekundenzähler (Assembler)

Das C-Programm führt die Umwandlung des dualen Zählers in den BCD-Code in einer Anweisung des Serviceprogramms durch. Den globalen Variablen takt und seku wurden bei der Vereinbarung Vorgabewerte zugewiesen, da ein übereifriger Compiler in der Optimierungsstufe 1 die Wertzuweisungen in der Arbeitsschleife von main nicht ausführte, wenn vor der Schleife die gleichen Werte zugewiesen wurden!

```c
// k4p2.c Bild 4-18c Timer0 Sekundenzähler
// 8 MHz : 256 : 256 = 122.07 gerundet 122 Hz
// Port B: Ausgabe Sekundenzähler
#include <avr/io.h>                        // Deklarationen
#include <avr/signal.h>                    // für Interrupt
#include <avr/interrupt.h>                 // für Interrupt
#define  TAKT   8000000ul                  // Systemtakt 8 MHz
#define  ZAEHL  TAKT / (256ul * 256ul)     // Interruptzähler
#define  TEILER 0x4                        // 0b100 Taktteiler durch 256
volatile unsigned char takt=ZAEHL, seku=0; // globale Variablen
SIGNAL (SIG_OVERFLOW0)                     // bei Timer0 Überlauf
{
 takt--;                                   // Interruptzähler - 1
 if(takt == 0)                             // nach 122 Durchläufen
 {
  takt = ZAEHL; seku++;                    // Anfangswert neu Zähler erhöhen
  if (seku == 60) seku = 0;                // Sekunde mod 60
  PORTB = ((seku/10) << 4) | (seku % 10);  // BCD ausgeben
```

4.4 Die Timereinheiten

```c
 } // Ende if takt
} // Ende SIGNAL
void main(void)            // Hauptfunktion
{
 DDRB = 0xff;              // Port B Richtung Ausgabe
 TCCR0 |= TEILER;          // Teiler 100 Systemtakt :256
 TIMSK |= (1 << TOIE0);    // Timer0 Interrupt frei
 PORTB = seku;             // auf Port B ausgeben
 sei();                    // alle Interrupts frei
 while(1)                  // schlafende Schleife durch Interrupt unterbrochen
 {
 } // Ende while
} // Ende main
```

Bild 4-18c: Timer0-Interrupt als Sekundenzähler (C-Programm)

Die Programme *Bild 4-19* zeigen die Betriebsart *Flankenzähler* (Counter). Eine fallende Flanke am Eingang T0 (PB0) arbeitet als externer Takt und erhöht den Timer0 um 1. Die Programmschleife gibt den laufenden Zählerstand auf dem Port D aus. Ein Überlauf des Zählers von 255 nach 0 könnte mit einem Interrupt abgefangen werden.

```asm
; k4p3.asm   Bild 4-19a Timer0 als Flankenzähler externer Takt
; Port B: Flanke PB0 = T0 erhöht Zähler um 1
; Port D: laufenden Zählerstand dual ausgeben
        .INCLUDE "m16def.inc"  ; Deklarationen
        .DEF    akku = r16     ; Arbeitsregister
        .CSEG                  ; Programmbereich
        rjmp    start          ; Einsprung nach Reset
        .ORG    $2A            ; Interrupts übergehen
start:  ldi     akku,LOW(RAMEND); Stapel anlegen
        out     SPL,akku       ;
        ldi     akku,HIGH(RAMEND);
        ser     akku           ; akku <= $FF
        out     DDRD,akku      ; Port D als Ausgang
        clr     akku           ; Zähler
        out     PORTD,akku     ; löschen
        in      akku,TCCR0     ; altes Steuerregister
        ori     akku,0b110     ; externer Takt fallende Flanke
        out     TCCR0,akku     ; neues Steuerregister
schlei: in      akku,TCNT0     ; laufenden Zählerstand
        out     PORTD,akku     ; auf Port D dual ausgeben
        rjmp    schlei         ;
        .EXIT                  ; Ende des Quelltextes
```

Bild 4-19a: Timer0 als Flankenzähler (Assembler)

```c
// k4p3.c Bild 4-19c ATmega16 Timer0 externer Takt Flankenzähler
// Port B: Taste PB0 = T0 erhöht Zähler um 1
// Port D: laufenden Zählerstand dual ausgeben
#include <avr/io.h>      // Deklarationen
void main(void)          // nur Hauptfunktion
{
 DDRD = 0xff;            // Port D ist Ausgang
 PORTD = 0;              // Zähler löschen
 TCCR0 |= 0x06;          // 0110 Timer0 externer Takt fallende Flanke
 while(1)                // Arbeitsschleife
 {
  PORTD = TCNT0;         // laufenden Zähler dual auf Port D ausgeben
 } // Ende while
} // Ende main
```

Bild 4-19c: Timer0 als Flankenzähler (C-Programm)

In der Betriebsart *Einmalauslösung* lassen sich die Timer für die Einstellung von Wartezeiten verwenden. Die Zeit vom Start des Timers bis zu seinem Überlauf berechnet sich unter Berücksichtigung zusätzlicher Steuertakte durch Befehle nach der Formel:

$$\text{Zeit} = \frac{\text{Teiler} * \text{Ladefaktor}}{\text{Takt}} + \frac{\text{Steuertakte}}{\text{Takt}}$$

Daraus ergibt sich der in den Timer zu ladende Faktor:

$$\text{Faktor} = \frac{\text{Takt} * \text{Zeit} - \text{Steuertakte}}{\text{Teilerwert}}$$

Faktor = Ladewert für den Timer
Takt = Systemtaktfrequenz [Hz]
Zeit = Zeitverzögerung [sek]
Teilerwert = 1 oder 8 oder 64 oder 256 oder 1024 entsprechend den Codes in TCCR0
Steuertakte = Anzahl der Controllertakte für Steuerbefehle

Der Taktteiler im Steuerregister ist so zu wählen, dass der gerundete ganzzahlige Ladewert (Faktor) für den 8bit Timer0 im Bereich von 1 bis 255 und für den 16bit Timer1 im Bereich von 1 bis 65535 liegt. Die Anzahl der Steuertakte ergibt sich aus dem Programm. Zahlenbeispiele für einen Systemtakt von 8 000 000 Hz unter Vernachlässigung der Steuertakte:

Wartezeit 32 ms: Faktor = 8000000 * 0.032 / 1024 = 250 Code 1 0 1
Wartezeit 8 ms: Faktor = 8000000 * 0.008 / 256 = 250   Code 1 0 0
Wartezeit 1 ms: Faktor = 8000000 * 0.001 / 64 = 125   Code 0 1 1
Wartezeit 0.1 ms Faktor = 8000000 * 0.0001 / 8 = 100   Code 0 1 0

4.4 Die Timereinheiten

Die Unterprogramme bzw. Funktionen zur Zeitverzögerung erwarten als Argumente den Ladewert für den Timer und den Code für den Taktteiler, die im Hauptprogramm bestimmt werden müssen. Eine bessere Lösung würde diese Parameter aus dem Systemtakt und der Zeitverzögerung berechnen. Die Beispiele t0warte kehren erst nach Ablauf der Wartezeit an die Stelle des Aufrufs zurück. Sie prüfen zusätzlich den Bereich des zulässigen Taktteilers, um zu verhindern, dass der Timer in eine unerwünschte Betriebsart gerät.

```
; t0warte.asm Unterprogramm zur Zeitverzögerung mit Timer0
; R16 = Faktor 1..255   R17 = Teilercode 001 bis 101 (1..5)
t0warte:cpi     r17,1       ; 1 Takt:  untere Grenze 0
        brlo    t0warte3    ; 1 Takt:  < 1: Fehler nicht ausführen
        cpi     r17,5+1     ; 1 Takt:  obere Grenze
        brsh    t0warte3    ; 1 Takt:  > 5: Fehler nicht ausführen
        push    r16         ; 2 Takte: Register retten
        neg     r16         ; 1 Takt:  Faktor <- 2er Komplement
        out     TCNT0,r16   ; 1 Takt:  Timer0 <- Faktor
        in      r16,TCCR0   ; 1 Takt:  altes Steuerregister
        andi    r16,$f8     ; 1 Takt:  Maske 1111 1000 alten Code
        or      r16,r17     ; 1 Takt:  neuen Teilercode einbauen
        out     TCCR0,r16   ; 1 Takt:  Steuerung Timer0 starten
; Warteschleife auf Timer0-Überlauf
t0warte1:in     r16,TIFR    ; 1 Takt:  Flags lesen
        sbrs    r16,TOV0    ; 2 Takte: überspringe bei TOV0 = 1:
        rjmp    t0warte1    ; 2 Takte: kein Überlauf
        out     TIFR,r16    ; 1 Takt:  TOV0 löschen
        clr     r16         ; 1 Takt:  Teiler = 0
        out     TCCR0,r16   ; 1 Takt:  Timer0 stoppen
t0warte2:pop    r16         ; 2 Takte: Register zurück
t0warte3:ret                ; 4 Takte: Rücksprung
```

```c
// t0warte.c Funktion zur Zeitverzögerung mit Timer0
void t0warte(unsigned char faktor, unsigned char teiler)
{
 if(faktor != 0 && teiler >=1 && teiler <= 5) // Begrenzung
  {
   TCNT0 = -faktor;                  // 2er Komplement nach Timer0
   TCCR0 &= ~0x07;                   // alten Teilercode löschen
   TCCR0 |= teiler;                  // neuen Teilercode Steuerung
   while( ! (TIFR & (1 << TOV0)));   // warte solange TOV0 = 0
   TIFR |= (1 << TOV0);              // TOV0 löschen durch Schreiben
   TCCR0 &= ~0x07;                   // Timer0 stopp
  } // Ende if
} // Ende Funktion
```

Unterprogramm und Funktion zur Einstellung von Wartezeiten mit dem Timer0

Die Programme *Bild 4-20* verwenden den Timer0 zur Ausgabe einer variablen Rechteckfrequenz am Ausgang PB3. Am Port D wird der Teiler eingestellt, der den Systemtakt auf den Timertakt herunterteilt. Der am Port C eingestellte Wartefaktor wird direkt als Anfangswert in das Timerregister geladen und dann aufwärts gezählt. Jeder Überlauf schaltet den Ausgang PB3 um; dadurch entsteht ein Rechtecksignal im Tastverhältnis ca. 1:1.

```
; k4p4.asm Bild 4-20a ATmega16 Zeitverzögerung durch Timer0
; Port B: PB3: Ausgabe Rechteckfrequenz
; Port C: Eingabe Wartefaktor
; Port D: Eingabe D2 D1 D0: Teilercode 001..101
        .INCLUDE "m16def.inc"   ; Deklarationen
        .EQU    TAKT = 8000000  ; Systemtakt 8 MHz
        .DEF    akku = r16      ; Arbeitsregister
        .DEF    teiler = r17    ; Teilercode für Timer
        .DEF    faktor = r18    ; Wartefaktor für Wartezeit
        .CSEG                   ; Programm
        rjmp    start           ; Einsprung nach Reset
        .ORG    OVF0addr        ; Einsprung Timer0 Überlauf
        rjmp    t0warte         ; R17=Teiler R18=Wartefaktor
        .ORG    $2A             ; Interrupteinsprünge übergehen
start:  ldi     akku,LOW(RAMEND); Stapel anlegen
        out     SPL,akku        ;
        ldi     akku,HIGH(RAMEND);
        out     SPH,akku        ;
        sbi     PORTB,PB3       ; PB3 High
        sbi     DDRB,PB3        ; PB3 ist Frequenzausgang
        in      akku,TIMSK      ; R16 <- Timer-Interrupt-Masken
        ori     akku,1 << TOIE0 ; Timer0 Überlauf frei
        out     TIMSK,akku      ;
        in      faktor,PINC     ; R18 <- Wartefaktor
        out     TCNT0,faktor    ; Timer <- Wartefaktor
        in      teiler,PIND     ; R17 <- Teiler
        andi    teiler,0b00000111 ; Maske für Teilercode
        out     TCCR0,teiler    ; Teiler laden Timer starten
        sei                     ; Interrupts frei
; Hauptprogrammschleife laufenden Teiler und Faktor lesen
schlei: in      akku,PIND       ; Teiler am Port D einstellen
        andi    akku,0b00000111 ; Maske Teilercode
        mov     teiler,akku     ;
        in      faktor,PINC     ; Faktor am Port C einstellen
        rjmp    schlei          ;
; Interrupt-Service-Programm
t0warte:sbis    PORTB,PB3       ; überspringe wenn High
        rjmp    t0wart1         ; springe bei Low
        cbi     PORTB,PB3       ; Ausgang Low
```

4.4 Die Timereinheiten

```
           rjmp     t0wart2            ;
t0wart1:sbi         PORTB,PB3          ; Ausgang High
t0wart2:out         TCNT0,faktor       ; Wartefaktor neu
           out      TCCR0,teiler       ; Taktteiler neu
           reti                        ; Rückkehr aus Interrupt-Service
           .EXIT                       ; Ende des Quelltextes
```

Bild 4-20a: Variable Rechteckfrequenz an PB3 (Assembler)

```c
// k4p4.c Bild 4-20c ATmega16 Timer0 Wartezeit einstellen
// Port B: PB3 Ausgang Rechteckfrequenz
// Port c: Eingabe Wartefaktor
// Port D: Eingabe D2 D1 D0 Teilercode 001 010 011 100 101
#include <avr/io.h>              // Deklarationen
#include <avr/signal.h>          // für Interrupt
#include <avr/interrupt.h>       // für Interrupt
volatile unsigned char teiler, faktor;  // globale Variablen
SIGNAL (SIG_OVERFLOW0)           // bei Timer0 Überlauf
{
 if(PORTB & (1 << PB3)) PORTB &= ~(1 << PB3); else PORTB |= (1 << PB3);
 TCCR0 = teiler;                 // Teilercode von Port D
 TCNT0 = faktor;                 // Wartefaktor von Port C
} // Ende Interruptfunktion
void main(void)                  // Hauptfunktion
{
 PORTB |= (1 << PB3);            // PB3 High
 DDRB |= (1 << PB3);             // PB3 ist Ausgang
 TIMSK |= (1 << TOIE0);          // Timer0 Interrupt frei
 faktor = PINC;                  //
 TCNT0 = faktor;                 // Wartefaktor von Port C
 teiler = PIND & 0x07;           //
 TCCR0 = teiler;                 // Teilercode von Port D mit Maske und Start
 sei();                          // Interrupts frei
 while(1)
 {
  faktor = PINC;                 // Wartefaktor von Port C
  teiler = PIND & 0x07;          // Teilercode von Port D mit Maske
 } // Ende while
} // Ende main
```

Bild 4-20c: Variable Rechteckfrequenz an PB3 (C-Programm)

Die erweiterten Compare-Betriebsarten des nächsten Abschnitts enthalten einfachere Verfahren zur Erzeugung von Rechteckfrequenzen.

4.4.1.2 Timer0 in den erweiterten Compare-Betriebsarten (Mega-Familie)

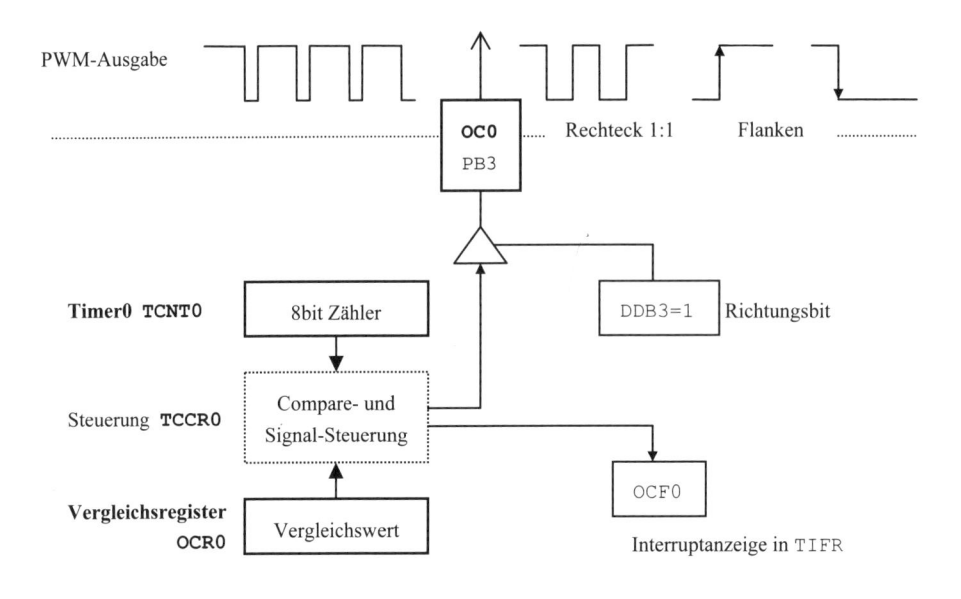

Bild 4-21: Die erweiterten Betriebsarten des Timer0 (ATmega16)

In den *erweiterten* Betriebsarten des Timer0, die z.B. beim ATmega16 vorhanden sind, wird der laufende 8bit Aufwärtszähler im Timerregister mit einem zusätzlichen 8bit Compare-Register OCR0 verglichen. Bei Übereinstimmung (*match*) wird ein Signal am Ausgang OC0 (**O**utput **C**ompare Timer**0**) umgeschaltet und, wenn freigegeben, auch ein Interrupt ausgelöst.

OCR0 = **O**utput **C**ompare **R**egister Timer**0**   SRAM-Adresse $5C   SFR-Adresse $3C

8bit Vergleichswert

In den Betriebsarten Signalausgabe über **O**utput **C**ompare Timer**0** OC0 muss das Richtungsbit im entsprechenden Parallelport (DDB3) auf 1 gesetzt werden, um den Ausgangstreiber durchzuschalten; das entsprechende Datenbit PB3 ist dann wirkungslos.

Stimmen Zähler TCNT0 und Vergleichsregister OCR0 überein (*match*), so kann ein Interrupt ausgelöst werden, der im Bit OCIE0 des Maskenregisters TIMSK freigegeben und im Bit OCF0 des Anzeigeregisters TIFR angezeigt wird. Weitere Angaben über den Zeitpunkt des Nachladens von OCR0 und der Auslösung eines Interrupts sollten dem Handbuch des Herstellers entnommen werden. Die Betriebsart wird im Steuerregister TCCR0 eingestellt.

4.4 Die Timereinheiten

TCCR0 = **T**imer/**C**ounter **C**ontrol **R**egister **0**   SRAM-Adresse $53   SFR-Adresse $33

Bit 7	Bit 6	Bit 5	Bit 4	Bit 3	Bit 2 bis Bit 0 bestimmen die Timerfrequenz
FOC0	WGM00	COM01	COM00	WGM01	**Betriebsarten**
0	0	0	0	0	Timerbetrieb OC0 ist Portausgang PB3
0	0	0	1	0	OC0 Rechteck 1:1 Frequenz fest wie OCR0 = $FF
0	0	0	1	1	OC0 Rechteck 1:1 Frequenz variabel durch OCR0
0	0	1	0	x	OC0 bei match fest auf Low legen (Flanke)
0	0	1	1	x	OC0 bei match fest auf High legen (Flanke)
0	1	1	0	0	OC0 PWM phasenrichtig
0	1	1	1	0	OC0 PWM phasenrichtig invertiert
0	1	1	0	1	OC0 PWM schnell (fast)
0	1	1	1	1	OC0 PWM schnell (fast) invertiert

Die Bitpositionen CS02 (*Bit 2*) bis CS00 (*Bit 0*) des Steuerregisters bestimmen wie im Standard-Betrieb den Teiler, mit dem der Timertakt vom Systemtakt heruntergeteilt wird. Das Schreiben einer 1 nach FOC0 (**F**orce **O**utput **C**ompare Timer0) löst ein *match* an OC0 aus, ohne jedoch den Timer zu löschen oder einen Interrupt auszulösen. Die beiden Steuerbits WGM00 und WGM01 (**W**aveform **G**eneration **M**ode) bestimmen die Betriebsart des Ausgangs OC0. Mit den Steuerbits COM00 und COM01 (**C**omparematch **O**utput **M**ode) wird festgelegt, wie der Ausgang OC0 bei einer Übereinstimmung von Timer0 und Vergleichsregister umgeschaltet wird. Dies ist abhängig von der eingestellten Betriebsart. Im Mode 0 und 2 wird ein Rechtecksignal im Tastverhältnis 1:1 ausgegeben.

Rechteck 1:1 Frequenz fest

WGM00	COM01	COM00	WGM01
0	0	1	0

$f = \text{Systemtakt}/(2*\text{Teiler}*256)$

Rechteck 1:1 Frequenz variabel

WGM00	COM01	COM00	WGM01
0	0	1	1

$f = \text{Systemtakt}/(2*\text{Teiler}*(\text{OCR0} +1))$

Im Mode 1 läuft der Timer0 nach dem Erreichen des Maximalwertes wieder abwärts bis zum Wert Null. Bei jedem Vergleichswert wird der Ausgang OC0 umgeschaltet.

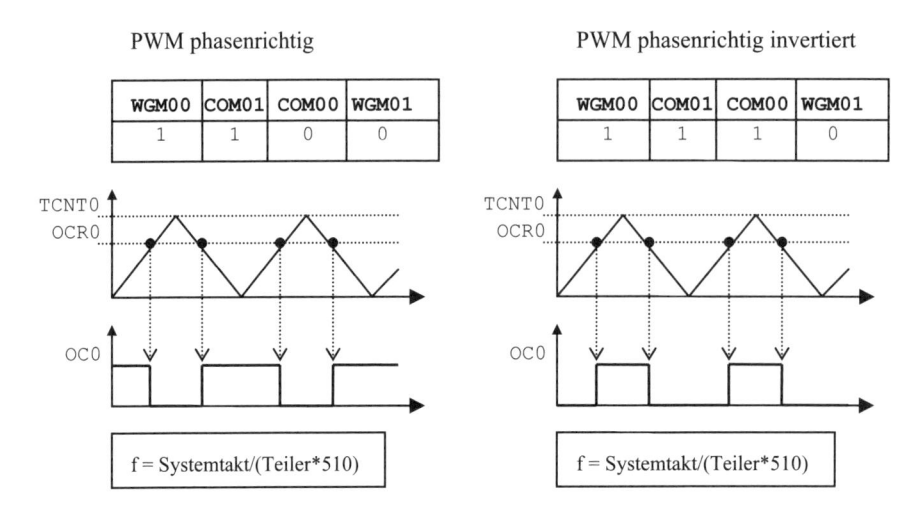

PWM phasenrichtig

WGM00	COM01	COM00	WGM01
1	1	0	0

$f = \text{Systemtakt}/(\text{Teiler}*510)$

PWM phasenrichtig invertiert

WGM00	COM01	COM00	WGM01
1	1	1	0

$f = \text{Systemtakt}/(\text{Teiler}*510)$

Im Mode 3 beginnt der Timer nach dem Erreichen des Maximalwertes wieder mit Null. Der Ausgang OC0 wird beim Vergleichswert und beim Maximalwert umgeschaltet.

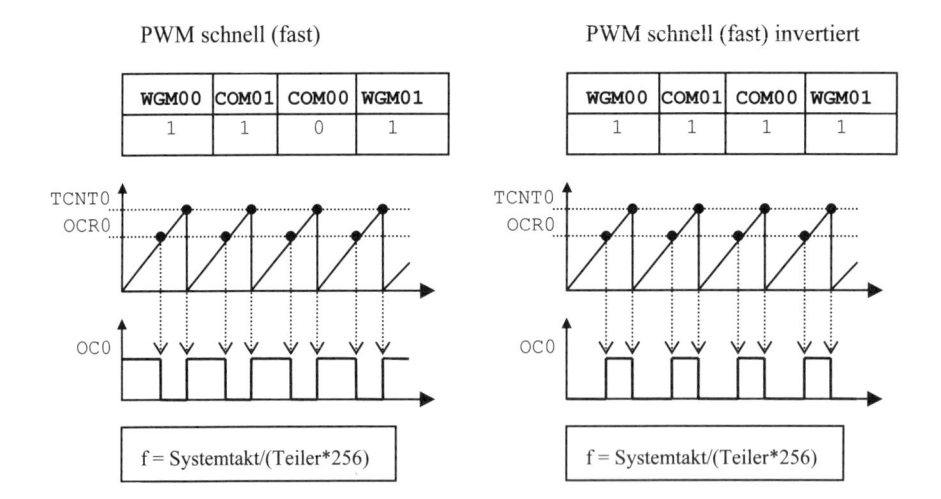

PWM schnell (fast)

WGM00	COM01	COM00	WGM01
1	1	0	1

$f = \text{Systemtakt}/(\text{Teiler}*256)$

PWM schnell (fast) invertiert

WGM00	COM01	COM00	WGM01
1	1	1	1

$f = \text{Systemtakt}/(\text{Teiler}*256)$

Die Testprogramme *Bild 4-22* lesen den Steuercode der Betriebsart und des Taktteilers vom Port D sowie den Vergleichswert für die Frequenz bzw. für das Tastverhältnis vom Port C. Dabei ist zu beachten, dass nicht alle 256 möglichen Bitkombinationen verwendet werden. Das erzeugte Rechtecksignal lässt sich am Ausgang OC0 (PB3) messen und mit einem Oszilloskop verfolgen.

4.4 Die Timereinheiten

```
; k4p5.asm Bild 4-22a ATmega16 Timer0 Test Comparebetrieb
; Port B: Ausgabe B3: Ausgangs-Signal
; Port C: Eingabe Vergleichswert OCR0
; Port D: Eingabe Steuercode für TCCR0
        .INCLUDE "m16def.inc"   ; Deklarationen
        .DEF    akku = r16      ; Arbeitsregister
        .CSEG                   ; Programm
        rjmp    start           ; Einsprung nach Reset
        .ORG    $2A             ; Interrupteinsprünge übergehen
start:  ldi     akku,LOW(RAMEND); Stapel anlegen
        out     SPL,akku        ;
        ldi     akku,HIGH(RAMEND);
        out     SPH,akku        ;
        sbi     PORTB,PB3       ; PB3 High
        sbi     DDRB,PB3        ; PB3 = OC0 ist Signalausgang
schlei: in      akku,PINC       ; Vergleichswert
        out     OCR0,akku       ; nach Compare-Register
        in      akku,PIND       ; Steuercode
        out     TCCR0,akku      ; nach Steuerregister
        in      akku,PINB       ; Test normaler Portbetrieb
        lsl     akku            ; PB3 <- PB2
        out     PORTB,akku      ;
        rjmp    schlei          ;
        .EXIT                   ; Ende des Quelltextes
```

Bild 4-22a: Assemblerprogramm testet Compare-Betriebsarten

```
// k4p5.c Bild 4-22c ATmega16 Timer0 Test Comparebetrieb
// Port B: Ausgabe PB3 = OC0 Signalausgang
// PORT C: Eingabe Vergleichswert OCR0
// Port D: Eingabe  Code für Steuerung TCCR0
#include <avr/io.h>         // Deklarationen
void main(void)             // Hauptfunktion
{
 sbi(PORTB,PB3);            // PB3 = OC0 High
 sbi(DDRB,PB3);             // PB3 = OC0 ist Ausgang
 while(1)                   // Arbeitsschleife
 {
  OCR0 = PINC;              // Vergleichswert nach Compare Register
  TCCR0 = PIND;             // Steuercode nach Steuerregister
  PORTB = PINB << 1;        // Test Portbetrieb PB3 <- PB2
 } // Ende while
} // Ende main
```

Bild 4-22c: Test der Compare-Betriebsarten durch ein C-Programm

4.4.2 Der 16bit Timer1

Der Timer1 besteht aus einem 16bit Aufwärtszähler mit zusätzlichen Registern für folgende Betriebsarten:

- Der Timer/Counter-Betrieb arbeitet als Taktgeber und Zähler wie Timer0.
- Im Capture-Betrieb wird der laufende Zählerstand im Capture-Register aufgefangen.
- Im Compare-Betrieb wird der Zähler mit dem Compare-Register verglichen.
- Der PWM-Betrieb gibt ein pulsweitenmoduliertes Signal aus.

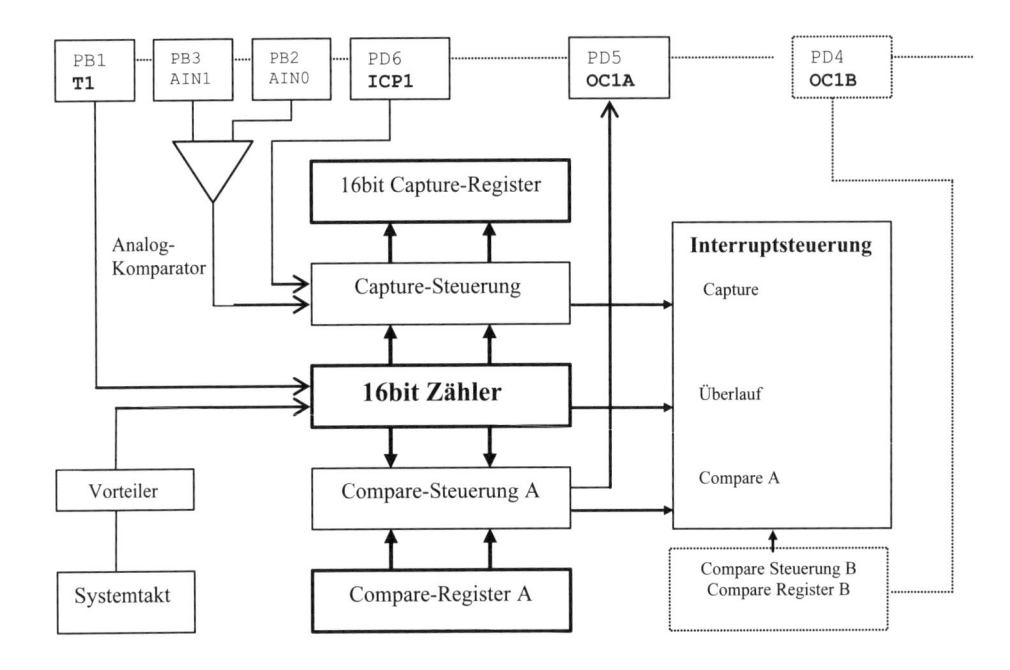

Bild 4-23: Modell des 16bit Timer/Counter1 (ATmega16) ohne erweiterte Compare-Betriebsarten

Das in *Bild 4-23* dargestellte Modell entspricht dem bei fast allen Bausteinen vorhandenen Standaufbau des Timer1. Jedoch können sich Unterschiede in den Bezeichnungen der Register, der Steuerbits und der Anschlüsse ergeben. Die Beispiele beziehen sich auf den ATmega16 ohne das zweite Compare-Register B und die erweiterten PMW-Betriebsarten.

Die 16bit Register Zähler, Capture und Compare werden über zwei Byteregister angesprochen. Ein Zwischenspeicher sorgt für den korrekten 16bit Zugriff. Falls Interrupt-Serviceprogramme in den Ablauf der beiden Bytezugriffe einbrechen können, wird empfohlen, die Interrupts während des Zugriffs zu sperren. Assemblerbeispiel:

```
cli                         ; I <= 0 Interrupts gesperrt
out     TCNT1H,teilh        ; Teiler_High laden
out     TCNT1L,teill        ; Teiler_Low laden
sei                         ; I <= 1 Interrupts wieder frei
```

4.4 Die Timereinheiten

Für C-Compiler mit Portvariablen werden Wortoperationen verwendet. Beispiel

```
unsigned int teil = 28802;   // Teiler als Vorgabewert
cli();                       // I <= 0 Interrupts gesperrt
TCNT1 = teil;                // zwei Byteoperationen
sei();                       // I <= 1 Interrupts wieder frei
```

Für ältere Compiler stehen vordefinierte Funktionen zur Verfügung.

Ergebnis	Funktion	Anwendung
unsigned int	__inw(port)	Wort lesen
unsigned int	__inw_atomic(port)	Wort lesen I=0 Interrupt gesperrt
void	__outw(unsigned int, port)	Wort schreiben
void	__outw_atomic(unsigned int, port)	Wort schreiben I=0 Interrupt gesperrt

```
__outw_atomic(TEILER, TCNT1L);   // lade Timer_1 mit Anfangswert
```

Die *Taktquelle* wird zusammen mit dem Capture-Betrieb über das Steuerregister **B** programmiert. Das Steuerregister **A** stellt die Betriebsarten Compare und PWM ein. Nach einem Reset sind diese Register gelöscht. Die Betriebsarten Capture, Compare, PWM und der Takt sind abgeschaltet. Für Bit 7 bis Bit 3 gleich Null sind Capture und Compare abgeschaltet.

TCCR1B = **T**imer/**C**ounter **C**ontrol **R**egister **1 B**   SRAM-Adresse $4E   SFR-Adresse $2E

Bit 7	Bit 6	Bit 5	Bit 4	Bit 3	Bit 2	Bit 1	Bit 0
ICNC1	ICES1	–	WGM13	WGM12 (CTC1)	CS12	CS11	CS10
0 0 für Timer/Counter (Capture aus)		0	0 0 für Timer/Counter (Compare und PWM aus)		0 0 0 Timer Stopp 0 0 1 Systemtakt 0 1 0 Systemtakt / 8 0 1 1 Systemtakt / 64 1 0 0 Systemtakt / 256 1 0 1 Systemtakt / 1024 1 1 0 externer Takt fallende Flanke 1 1 1 externer Takt steigende Flanke externer Takt max. ¼ Systemtakt		

Die Tabelle enthält für einen Systemtakt von **8 MHz** Timertaktfrequenz und Timerperiode. Für den Fall, dass der Timer nach 65 536 Durchläufen wieder mit 0 beginnt, entsteht ein zusätzlicher Teiler durch 65 536. Die Werte sind z.T. gerundet.

Auswahlcode	Teiler	Takt	Periode	Takt : 65536	Periode * 65536
0 0 1	: 1	**8 MHz**	0.125 µs	122.07 Hz	8.192 ms
0 1 0	: 8	1 MHz	1 µs	15.25 Hz	65.536 ms
0 1 1	: 64	125 kHz	8 us	1.907 Hz	524.3 ms
1 0 0	: 256	31.25 kHz	32 µs	0.477 Hz	2.097 s
1 0 1	: 1024	7.8125 kHz	128 µs	0.119 Hz	8.389 s

Timer1 arbeitet wie Timer0 als Aufwärtszähler. Zur Einstellung von Verzögerungszeiten ist die Anzahl der Takte als Differenz zum Überlaufwert 65536 zu laden. Beispiel:

Systemtakt 8 000 000 Hz : Teiler 256 = 31 250 Hz
Verzögerungszeit 1 Sekunde ergibt 31250 Takte, die als 65536 - **31250** zu laden sind.

Im freilaufenden Betrieb (modulo 65536) als Zeitgeber einer Sekundenuhr muss sich ein ganzzahliger Zähler ergeben, der gegebenenfalls zu runden ist. Beispiel:

Systemtakt 8 000 000 Hz, Teilerfaktor 1, Periodenteiler 65536 gibt Zähler 122.01 **gerundet** 122

Der duale 16bit Zähler kann vom Programm jederzeit mit einem Anfangswert beschrieben und ausgelesen werden. Er besteht aus zwei Bytes auf zwei verschiedenen Adressen, die nacheinander angesprochen werden müssen. Ein (verdeckter) Zwischenspeicher sorgt dafür, dass beide Bytes gleichzeitig in bzw. aus dem Zähler übertragen werden.

TCNT1H = Timer/CouNTer1 High   SRAM-Adresse $4D   SFR-Adresse $2D

High-Byte des 16bit Zählers

TCNT1L = Timer/CouNTer1 Low   SRAM-Adresse $4C   SFR-Adresse $2C

Low-Byte des 16bit Zählers

Beim *Lesen* wird zuerst das Low-Byte gelesen, gleichzeitig wird das High-Byte zwischengespeichert. Dann wird das High-Byte aus dem Zwischenspeicher gelesen.

Beim *Schreiben* wird zuerst das High-Byte in den Zwischenspeicher geschrieben. Das Schreiben des Low-Bytes überträgt gleichzeitig das High-Byte aus dem Zwischenspeicher in das 16bit Register.

Timer1 besitzt standardmäßig drei *Interruptquellen*, die in den Interruptregistern TIFR und TIMSK zusammen mit dem Überlauf der anderen Timer kontrolliert werden. In der erweiterten Version kommt dazu ein Interrupt durch die Steuerung von Compare B.

4.4 Die Timereinheiten

- Bei einem Überlauf des Zählers von $FFFF nach $0000 wird Bit `TOV1` gesetzt.
- Beim Auffangen (Capture) des Zählers in das Auffangregister wird Bit `ICF1` gesetzt.
- Bei Gleichheit (Compare) von Zähler und Vergleichswert A wird Bit `OCF1A` gesetzt.
- Bei Gleichheit (Compare) von Zähler und Vergleichswert B wird Bit `OCF1B` gesetzt.

Die Bitpositionen des Timer-Interruptanzeigeregisters `TIFR` werden beim Auftreten des Ereignisses von der Steuerung auf 1 gesetzt und beim Start des Serviceprogramms automatisch wieder gelöscht. Dies kann auch durch Einschreiben einer 1 durch einen Befehl erfolgen, wenn das entsprechende Bit durch eine Programmschleife kontrolliert wird.

TIFR = **T**imer **I**nterrupt **F**lag **R**egister   SRAM-Adresse $58   SFR-Adresse $38

Bit 7	Bit 6	Bit 5	Bit 4	Bit 3	Bit 2	Bit 1	Bit 0
OCF2	TOV2	**ICF1**	**OCF1A**	**OCF1B**	**TOV1**	OCF0	TOV0
Timer2	Timer2	**Timer1** 1: *Capture*	**Timer1** 1: *match A*	**Timer1** 1: *match B*	**Timer1** 1: *Überlauf*	Timer0	Timer0

TOV1 wird gesetzt durch einen Timer1 Überlauf; es wird gelöscht durch Annahme des Interrupts oder Schreiben einer 1.

ICF1 wird gesetzt bei erfüllter Capture-Bedingung; es wird gelöscht durch Annahme des Interrupts oder Schreiben einer 1.

OCF1A wird gesetzt bei erfüllter Compare-Bedingung des standardmäßigen Komparators A; es wird gelöscht durch Annahme des Interrupts oder Schreiben einer 1.

OCF1B wird gesetzt bei erfüllter Compare-Bedingung des erweiterten Komparators B; es wird gelöscht durch Annahme des Interrupts oder Schreiben einer 1.

Das Timer-Interruptmaskenregister `TIMSK` gibt die Timer1-Interrupts frei. Da es nicht bitadressierbar ist, sollten Einzelbitoperationen mit Masken in einem Arbeitsregister durchgeführt werden, da das Register von allen zwei (drei) Timern gemeinsam verwendet wird. Nach einem Reset sind alle Masken gelöscht und die Interrupts sind gesperrt.

TIMSK = **T**imer **I**nterrupt **M**a**SK** Register   SRAM-Adresse $59   SFR-Adresse $39

Bit 7	Bit 6	Bit 5	Bit 4	Bit 3	Bit 2	Bit 1	Bit 0
OCIE2	TOIE2	**TICIE1**	**OCIE1A**	**OCIE1B**	**TOIE1**	OCIE0	TOIE0
Timer2	Timer2	**Timer1** Capture 1: *frei*	**Timer1** Compare A 1: *frei*	**Timer1** Compare B 1: *frei*	**Timer1** Überlauf 1: *frei*	Timer0	Timer0

310   4 Die Peripherie

4.4.2.1 Die Betriebsarten Timer und Zähler des Timer1

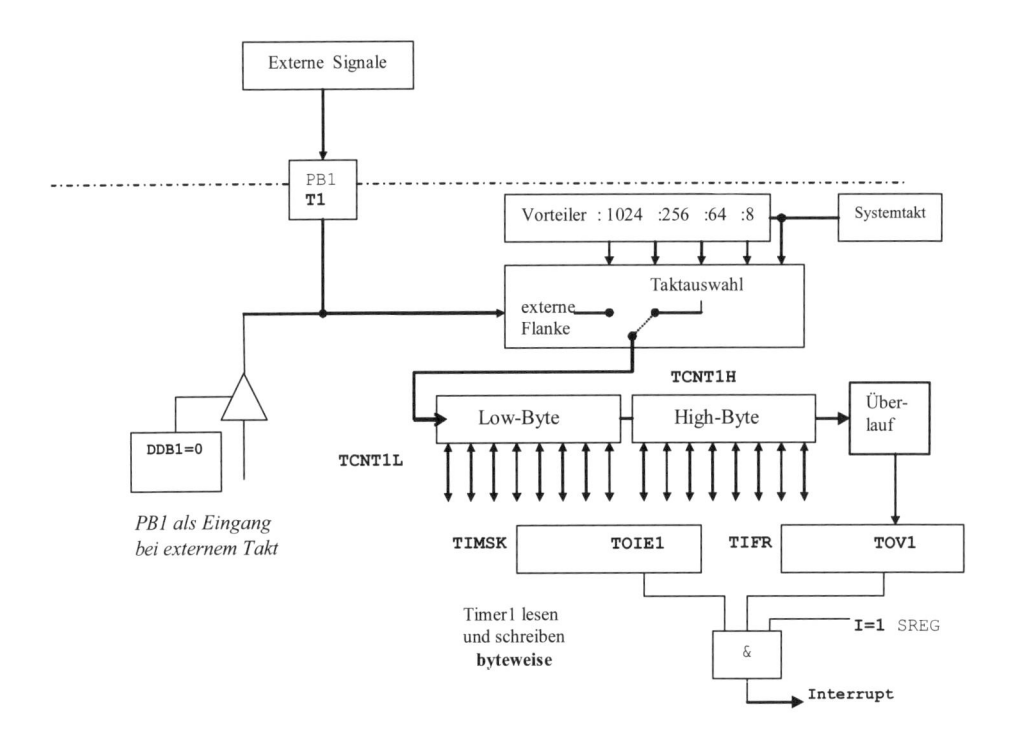

Bild 4-24: Timer1 Betriebsarten Timer und Zähler

Die Betriebsart *Timer/Counter* (*Bild 4-24*) entspricht der des Timer0 mit dem Unterschied, dass ein 16bit Aufwärtszähler von Null bzw. einem Startwert bis zum Endwert 65535 ($FFFF) zur Verfügung steht. Der Zähler beginnt bei einem Überlauf automatisch wieder mit Null, wenn er nicht von einem Interrupt-Serviceprogramm mit einem neuen Startwert geladen wird. Dabei sind Verzögerungszeiten der Interruptsteuerung (4 Takte) und Ausführungszeiten der Befehle bis zum Einschreiben des Startwertes zu berücksichtigen.

Das Beispiel *Bild 4-25* gibt eine Uhr auf einer vierstelligen BCD-Anzeige aus. Der Systemtakt von 8 MHz wird durch den Vorteiler 256 auf 31250 Hz geteilt. Für einen Zähltakt von 1 Hz sind 31250 Timertakte erforderlich. Wegen des Aufwärtszählers wird die Differenz zum Überlaufwert 65536 als Startwert in den Timer geladen und bei jedem Interrupt nachgeladen. Die Verzögerungszeiten bis zum Zeitpunkt des Nachladens bleiben in dem Beispiel unberücksichtigt. Für eine zusätzliche Ausgabe der Stunden ist anstelle der statischen Ausgabe eine Multiplexanzeige zu empfehlen, die mit drei Portleitungen über einen 1-aus-8-Decoder acht Anzeigeeinheiten ansteuert und den 4bit Code auf vier weiteren Portleitungen ausgibt. Dadurch steigen sowohl der Hardware- als auch der Softwareaufwand erheblich an.

4.4 Die Timereinheiten

```
; k4p6.asm Bild 4-25a Timer1: Ausgabe einer Uhr
; Port B: Ausgabe Minute
; Port D: Ausgabe Sekunde
        .INCLUDE "m16def.inc"   ; Deklarationen
        .EQU    takt = 8000000  ; Systemtakt 8 MHz
        .DEF    akku = r16      ; Arbeitsregister
        .DEF    teilh = r18     ; Teiler High
        .DEF    teill = r19     ; Teiler Low
        .DEF    sekun = r20     ; Sekunde
        .DEF    minut = r21     ; Minute
        .EQU    teiler = 65536- (takt / 256) ; gibt 31250 Hz
        .CSEG                   ; Programmbereich
        rjmp    start           ; Einsprung nach Reset
        .ORG    OVF1addr        ; Einsprung Überlauf Timer1
        rjmp    tictac          ; jede Sekunde Uhr weiterstellen
        .ORG    $2A             ; alle anderen Interrupts nicht besetzt
start:  ldi     akku,LOW(RAMEND); Stapel anlegen
        out     SPL,akku        ;
        ldi     akku,HIGH(RAMEND);
        out     SPH,akku        ;
        ser     akku            ; akku <= $FF
        out     DDRB,akku       ; Port B Ausgang
        out     DDRD,akku       ; Port D Ausgang
        clr     sekun           ; Sekunde löschen
        out     PORTD,sekun     ;
        clr     minut           ; Minute löschen
        out     PORTB,minut     ;
        ldi     teilh,HIGH(teiler) ; Taktteiler
        ldi     teill,LOW(teiler)  ; für 1 sek
        out     TCNT1H,teilh    ; Teiler nach
        out     TCNT1L,teill    ; Timer1
        ldi     akku,0b100      ; 8 MHz : 256 = 31250 Hz
        out     TCCR1B,akku     ; als Vorteiler
        in      akku,TIMSK      ; akku <= Timer-Interrupt-Masken
        ori     akku,(1 << TOIE1);
        out     TIMSK,akku      ; Timer1 Überlauf-Interrupt frei
        sei                     ; I = 1: alle Interrupts frei
warte:  rjmp    warte           ;
; Interrupt- und Unterprogramme
; Einsprung Interrupt Timer1 jede Sekunde Überlauf BCD-Umwandlung
tictac: out     TCNT1H,teilh    ; neuen Anfangswert
        out     TCNT1L,teill    ; für Timer
        push    akku            ; akku retten
        in      akku,SREG       ; Status
        push    akku            ; retten
```

```
            inc     sekun           ; Sekunde + 1
            cpi     sekun,60        ; < 60
            brlo    tictac1         ; nein:
            clr     sekun           ;    ja: Minute vergangen
            inc     minut           ;        Minute + 1
            cpi     minut,60        ; < 60
            brlo    tictac1         ; nein:
            clr     minut           ;    ja: Stunde vergangen
tictac1:mov         akku,sekun      ; Sekunde
            rcall   dual2bcd        ; nach BCD umwandeln
            out     PORTD,akku      ; auf Port D ausgeben
            mov     akku,minut      ; Minute
            rcall   dual2bcd        ; nach BCD umwandeln
            out     PORTB,akku      ; auf Port B ausgeben
            pop     akku            ; Status
            out     SREG,akku       ; zurück
            pop     akku            ; akku zurück
            reti                    ; zurück aus Interrupt
; externes Unterprogramm
        .INCLUDE "dual2bcd.asm" ; R16 dual nach R17:R16 BCD
        .EXIT                   ; Ende des Quelltextes
```

Bild 4-25a: Assemblerprogramm Timer1 Betriebsart Timer für den Sekundentakt einer Uhr

```
// k4p6.c Bild 4-25c Timer1: Uhr
// Port B: Ausgabe Minute
// Port C: Ausgabe Sekunde
#include <avr/io.h>                 // Deklarationen
#include <avr/signal.h>             // für Interrupt
#include <avr/interrupt.h>          // für Interrupt
#define TAKT 8000000UL              // Systemtakt 8 MHz
#define TEILER  65536UL-(TAKT/256UL) // Taktteiler für Vorteiler 256
unsigned char sekun=0,minut=0;      // globale Variablen wegen Interrupt
SIGNAL(SIG_OVERFLOW1)               // Serviceroutine bei Timer1 Überlauf
{                                   // Einsprung jede Sekunde
 TCNT1 = TEILER;                    // Timer1 Anfangswert
 sekun++;                           // Sekunde + 1
 if (sekun >= 60)                   // wenn Minute vergangen
 {
  sekun = 0;                                   // Sekunde = 0
  minut++; if (minut >= 60) minut = 0;  // Minute + 1
 }
 PORTD = ((sekun/10) << 4) | (sekun%10); // Ausgabe BCD
 PORTB = ((minut/10) << 4) | (minut%10); // Ausgabe BCD
}
```

4.4 Die Timereinheiten   313

```c
void main(void)              // Hauptfunktion
{
 DDRB = 0xff;                // Port B ist Ausgang
 DDRD = 0xff;                // Port D ist Ausgang
 PORTD = sekun;              // Anfangswert Sekunde
 PORTB = minut;              // Anfangswert Minute
 TCNT1 = TEILER;             // Timer1 Anfangswert
 TCCR1B = 0x04;              // 1 0 0 Vorteiler 8 MHz : 256 = 31250 Hz
 TIMSK |= (1 << TOIE1);      // TOIE1=1 Interrupt frei
 sei();                      // I = 1: alle Interrupts frei
 while(1) {}                 // Schleife tut nix mehr
} // Ende main
```

Bild 4-25c: C-Programm Timer1 Betriebsart Timer für den Sekundentakt einer Uhr

4.4.2.2 Die Capture Betriebsart des Timer1

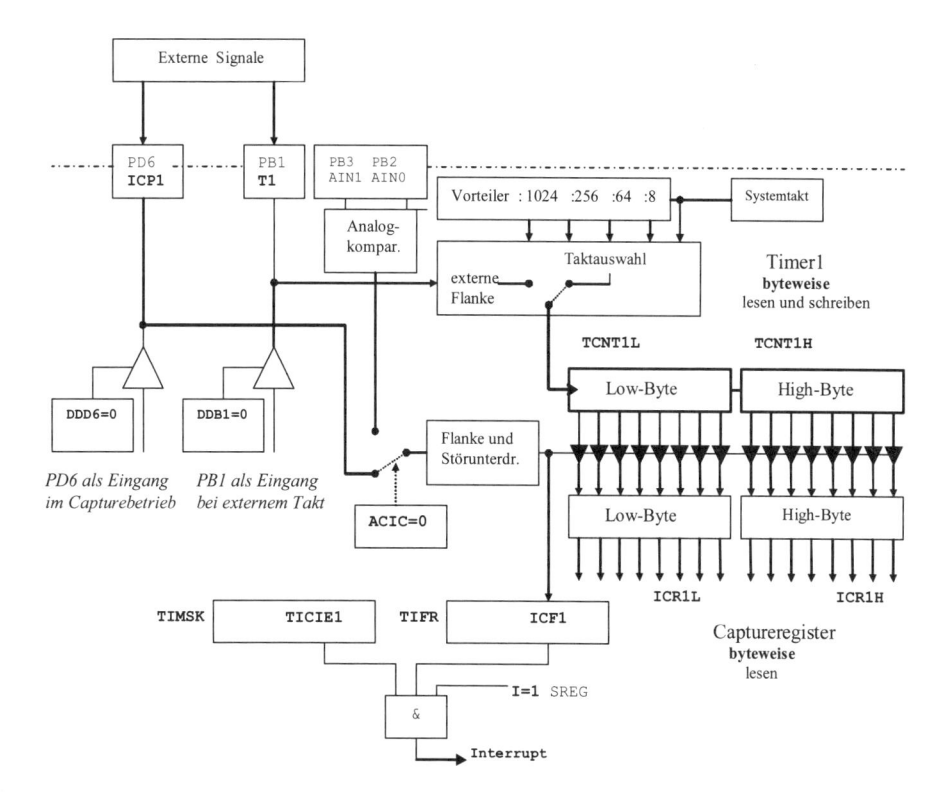

Bild 4-26: Timer1 Betriebsart Capture (Auffangen)

In der Betriebsart *Capture* (Auffangen) wird der laufende Zählerstand durch ein Ereignis in das Capture (Auffang) Register ICR1 geladen und kann dort abgeholt werden. Die beiden Byteregister werden nacheinander gelesen in der Reihenfolge erst Low, dann High.

ICR1H = Input Capture Register Timer 1 High   SRAM-Adresse $45 SFR-Adresse $25

High-Byte des 16bit Auffangwertes

ICR1L = Input Capture Register Timer 1 Low   SRAM-Adresse $44 SFR-Adresse $24

Low-Byte des 16bit Auffangwertes

Eine 0 im Bit ACIC im Steuerregister ACSR des Analogkomparators bestimmt den Eingang ICP1 (PD6) als auslösendes Ereignis, es ist nach einem Reset gelöscht (0). Für eine 1 löst der Analogkomparator das Auffangen des Zählerstandes aus.

ACSR = Analogcomp. Contr Status Reg. SRAM-Adresse $28 SFR-Adresse $08   bitadressierbar

Bit 7	Bit 6	Bit 5	Bit 4	Bit 3	Bit 2	Bit 1	Bit 0
ACD	ACBG	ACO	ACI	ACIE	**ACIC**	ACIS1	ACIS0
					Captureauslösung durch **0: Eingang ICP1** 1: Analogkomparator		

Für eine 1 im Bit ICNC1 (**I**nput **C**apture **N**oise **C**anceler Timer **1**) im Steuerregister **B** wird der Capture Vorgang nur ausgelöst, wenn vier Systemtakte lang das Signal stabil anliegt. Bit ICES1 (**I**nput **C**apture **E**dge **S**elect Timer **1**) legt die auslösende Flanke fest.

TCCR1B = Timer/Counter Control Register 1 B SRAM-Adresse $4E SFR-Adresse $2E

Bit 7	Bit 6	Bit 5	Bit 4	Bit 3	Bit 2	Bit 1	Bit 0
ICNC1	**ICES1**	–	WGM13	WGM12 (CTC1)	CS12	CS11	CS10
Störunterdrück. 0: aus 1: ein	*Flanke* 0: fallend 1: steigend	0	0 0 für Capture (Compare	0 und PWM aus)	0 0 0 Timer Stopp 0 0 1 Systemtakt 0 1 0 Systemtakt / 8 0 1 1 Systemtakt / 64 1 0 0 Systemtakt / 256 1 0 1 Systemtakt / 1024 1 1 0 ext. Takt fallende Flanke 1 1 1 ext. Takt steigende Flanke externer Takt max. ¼ Systemtakt		

4.4 Die Timereinheiten

Für eine Auslösung der Capture-Funktion durch ICP1 (**I**nput **C**apture **P**in) muss die Portleitung PD6 entsprechend *Bild 4-26* als Eingang programmiert werden. Gleichzeitig mit der Übernahme des Zählerstands in das Auffangregister kann ein entsprechender Interrupt ausgelöst werden. Das Maskenbit in TIMSK ist nach einem Reset gelöscht. Der Timer läuft unabhängig von der Übernahme weiter.

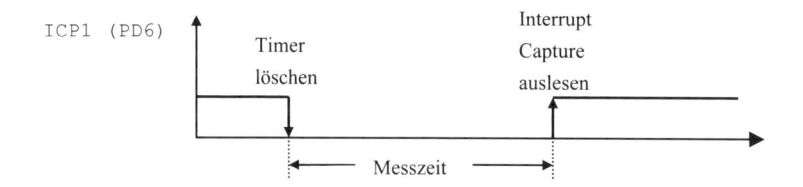

Bild 4-27: Zeitmessung im Capture-Betrieb

Das Beispiel *Bild 4-28* misst die Low-Zeit von einer fallenden Flanke an PD6 (ICP1) bis zur steigenden Flanke. Die dezimalen Werte der vierstelligen Dezimalanzeige sind mit dem Faktor 128 µs zu multiplizieren.

```
; k4p7.asm Bild 4-28a: ATmega16 Messung Low-Zeit im Capture-Betrieb
; Port B: Ausgabe Capture_High BCD   Tausender   Hunderter
; Port C: Ausgabe Capture_Low  BCD   Zehner      Einer
; Port D: Eingabe PD6 = ICP1
; Systemtakt 8 MHz Teiler 1024   Low-Zeit = dezimale Anzeige * 128 us
; Maximal 9999 * 128 us = 1.28 sek Messzeit
        .INCLUDE "m16def.inc"   ; Deklarationen
        .EQU    takt = 8000000  ; Systemtakt 8 MHz
        .DEF    akku = r16      ; Arbeitsregister
        .DEF    null = r0       ; Nullregister
        .CSEG                   ; Programmbereich
        rjmp    start           ; Einsprung nach Reset
        .ORG    ICP1addr        ; Einsprung bei Capture
        rjmp    fange           ; gefangenen Wert auslesen
        .ORG    $2A             ; weitere Interrupts nicht besetzt
start:  ldi     akku,LOW(RAMEND); Stapel anlegen
        out     SPL,akku        ;
        ldi     akku,HIGH(RAMEND);
        out     SPH,akku        ;
        clr     null            ; Nullregister löschen
        ser     akku            ; akku <= $FF
        out     DDRB,akku       ; Port B Ausgang
        out     DDRC,akku       ; Port C Ausgang
        in      akku,TIMSK      ;
        ori     akku,(1 << TICIE1) ; Timer1 Capture Interrupt frei
```

```
                out     TIMSK,akku      ;
                ldi     akku, (1 << ICES1) | (1 << CS12)  | (1 << CS10)
                out     TCCR1B,akku     ; steigende Flanke und Teiler 1024
                sei                     ; alle Interrupts frei
; fallende Flanke startet Messzeit
schlei:         sbic    PIND,PD6        ; überspringe bei Low
                rjmp    schlei          ; warte solange High
                out     TCNT1H,null     ; Timer1 löschen
                out     TCNT1L,null     ;
schlei1:        sbis    PIND,PD6        ; überspringe bei High
                rjmp    schlei1         ; warte solange Low
                rjmp    schlei          ;
; Einsprung bei steigender Flanke PD6 Capture-Wert ausgeben
fange:          push    r16             ; Register retten
                in      r16,SREG        ;
                push    r16             ;
                push    r17             ;
                push    r18             ;
                in      r16,TIFR        ; Timer-Flag-Register
                sbrc    r16,TOV1        ; überspringe wenn Timer1 kein Überlauf
                rjmp    fange1          ; Überlauf: TOV1 löschen und Marke ausgeben
                in      r16,ICR1L       ; R16 <= Capture-Low
                in      r17,ICR1H       ; R17 <= Capture-High
                rcall   dual4bcd        ; Umwandlung dual nach BCD
                tst     r18             ; R18 = Zehntausender Null ?
                brne    fange2          ; nein: Wert > 9999
                rjmp    fange3          ; und ausgeben
fange1:         out     TIFR,r16        ; TOV1 wird durch Schreiben zurückgesetzt
fange2:         ldi     r16,$aa         ; Fehlermarke < <
                ldi     r17,$aa         ; Fehlermarke < <
fange3:         out     PORTB,r17       ; Tausender Hunderter auf Port B ausgeben
                out     PORTC,r16       ; Zehner    Einer     auf Port C ausgeben
                pop     r18             ; Register zurück
                pop     r17             ;
                pop     r16             ;
                out     SREG,r16        ;
                pop     r16             ;
                reti                    ; Rücksprung
; dual4bcd Umwandlung R17:R16 dual nach BCD R18:R17:R16
                .INCLUDE "dual4bcd.asm" ; dual nach dezimal BCD
                .EXIT                   ; Ende des Quelltextes
```

Bild 4-28a: Assemblerprogramm Zeitmessung im Capture-Betrieb

4.4 Die Timereinheiten

```c
// k4p7.c Bild 4-28c ATmega16 Timer1 Zeitmessung im Capture-Betrieb
// Port B: Ausgabe Capture-High BCD Tausender Hunderter
// Port C: Ausgabe Capture-Low  BCD Zehner     Einer
// Port D: Eingabe PD6 = ICP1
// 8 MHz : 1024 = 128 us / Anzeigeeinheit max. 9999 * 128 us = 1.28 sek
#include <avr/io.h>                          // Deklarationen
#include <avr/signal.h>                      // für Interrupt
#include <avr/interrupt.h>                   // für Interrupt
SIGNAL(SIG_INPUT_CAPTURE1)                   // Interrupt Capture
{
 register unsigned int wert;                 // Timertakte in ICR1
 unsigned char flag;
 wert = ICR1;                                // Capture-Wert auslesen
 flag = TIFR;                                // Timer1 Überlaufmarke lesen
 if( (wert > 9999) | (flag & (1 << TOV1)))   // Überlauf
  {
   PORTB = 0xaa;                             // Fehlermarke < <
   PORTC = 0xaa;                             // Fehlermarke < <
   TIFR = flag;                              // Flag löschen
  }
 else
  {
   PORTB = (wert/1000 << 4) | (wert%1000)/100; // Tausender und Hunderter
   wert %= 100;
   PORTC = (wert/10 << 4) | wert%10;         // Zehner und Einer
  }
}
void main(void)                              // Hauptfunktion
{
 DDRB = 0xff;                                // Port B ist Ausgabe
 DDRC = 0xff;                                // Port C ist Ausgabe
 TIMSK |= (1 << ICF1);                       // ICF1 Capture Interrupt frei
// Capture bei steigender Flanke Teiler : 1024
 TCCR1B |= (1 << ICES1) | (1 << CS12) | (1 << CS10);
 sei();                                      // Interrupts frei
 while(1)
  {
   while(PIND & (1 << PD6));                 // warte solange PD6 High
   TCNT1 = 0;                                // Timer1 löschen Messung start
   while( !(PIND & (1 << PD6)));             // warte solange PD6 Low
  }
} // Ende main
```

Bild 4-28c: C-Programm Zeitmessung im Capture-Betrieb

4.4.2.3 Die Standard Compare A Betriebsart des Timer1

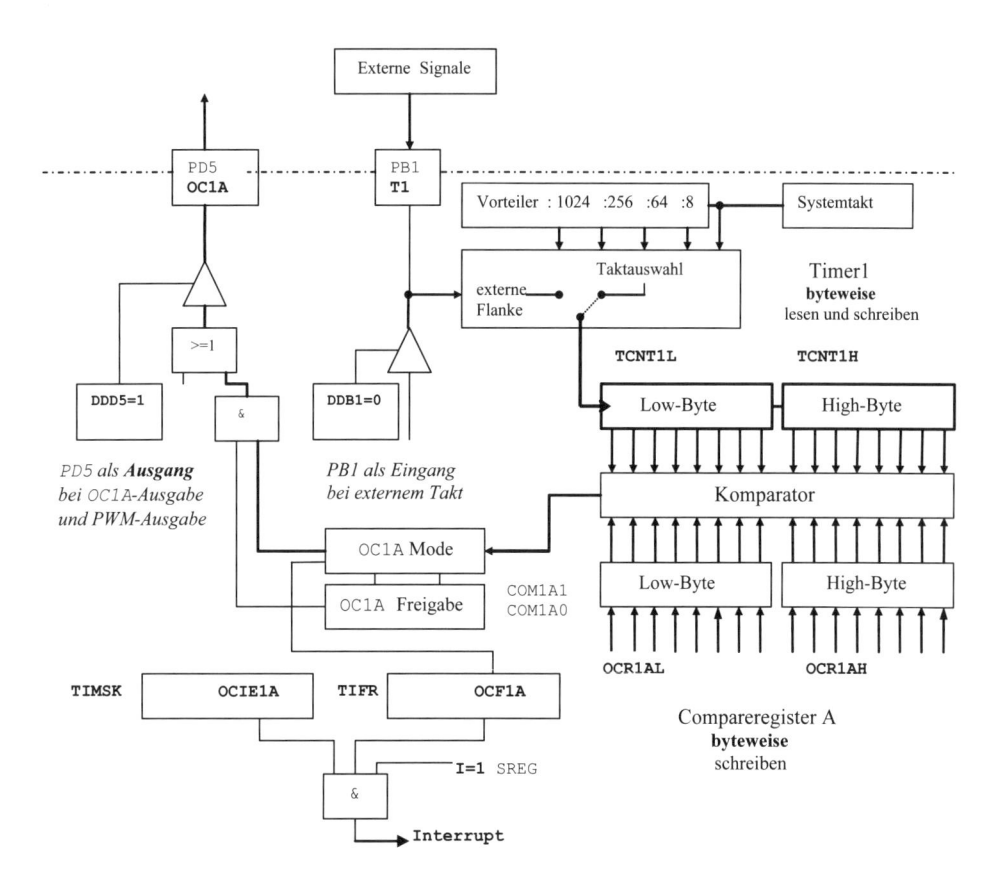

Bild 4-29: Timer1 Betriebsarten Compare (vergleichen) und PWM

In der Betriebsart *Compare* (Vergleichen) wird der laufende Zählerstand mit dem Inhalt des Vergleichsregisters OCR1A verglichen. Dieses besteht aus zwei Bytes auf zwei Adressen, die nacheinander beschrieben werden in der Reihenfolge erst High, dann Low; und umgekehrt gelesen werden in der Reihenfolge erst Low, dann High. Bei Übereinstimmung (*match*) von Timer1 und Compare-Register kann ein Interrupt ausgelöst werden. Das Maskenbit in TIMSK ist nach einem Reset gelöscht. Der Portanschluss PD5 muss als Ausgang programmiert werden, um das Signal OC1A (**O**utput **C**ompare Timer**1 A**) auszugeben.

OCR1AH = **O**utput **C**ompare **R**eg. Timer **1 A H**igh   SRAM-Adresse $4B   SFR-Adresse $2B

High-Byte des 16bit Vergleichswertes

4.4 Die Timereinheiten

OCR1AL = **O**utput **C**ompare **R**eg. Timer **1 A L**ow   SRAM-Adresse $4A   SFR-Adresse $2A

Low-Byte des 16bit Vergleichswertes

Bit **CTC1** (**C**lear **T**imer **1** on **C**ompare Match) des Steuerregisters **B** legt fest, ob der Timer nach einer Übereinstimmung (*match*) weiter laufen soll (0) oder gelöscht wird (1). In neueren Versionen wird das Bit als **WGM12** (**W**aveform **G**eneration **M**ode) bezeichnet.

TCCR1B = **T**imer/**C**ounter **C**ontrol **R**egister **1 B**   SRAM-Adresse $4E   SFR-Adresse $2E

Bit 7	*Bit 6*	*Bit 5*	*Bit 4*	*Bit 3*	*Bit 2*	*Bit 1*	*Bit 0*
ICNC1	ICES1	–	WGM13	**WGM12 (CTC1)**	CS12	CS11	CS10
0 0 für Compare (Capture aus)		0	0 für Compare (PWM aus)	*Im Comparebetrieb:* 0: Timer durchlaufend 1: löschen nach *match*	0 0 0 Timer Stopp 0 0 1 Systemtakt 0 1 0 Systemtakt / 8 0 1 1 Systemtakt / 64 1 0 0 Systemtakt / 256 1 0 1 Systemtakt / 1024 1 1 0 ext. Takt fallende Flanke 1 1 1 ext. Takt steigende Flanke ext. Takt max. ¼ Systemtakt		

Die Compare-Betriebsart ist nur für die Steuerbits **PWM11 = 0** und **PWM10 = 0** des Steuerregisters **A** eingeschaltet, für die anderen Bitkombinationen arbeitet der Timer in der Betriebsart PWM. Die Steuerbits COM1A1 und COM1A0 (**COM**pare Output Mode) bestimmen das Verhalten (Mode) des Ausgangs OC1A (**O**utput **C**ompare Pin **1**) bei Übereinstimmung (*match*). Sie haben in der Betriebsart PWM eine andere Bedeutung. Das Schreiben einer 1 nach FOC1A löst ein *match* an OC1A aus.

TCCR1A = **T**imer/**C**ounter **C**ontrol **R**egister **1 A**   SRAM-Adresse $4F   SFR-Adresse $2F

Bit 7	*Bit 6*	*Bit 5*	*Bit 4*	*Bit 3*	*Bit 2*	*Bit 1*	*Bit 0*
COM1A1	**COM1A0**	COM1B1	COM1B0	**FOC1A**	FOC1B	PWM11	PWM10
0 0: OC1A abgeschaltet 0 1: OC1A umschalten 1 0: OC1A löschen (0) 1 1: OC1A setzen (1) bei Übereinstimmung		0 0 für Compare A (Compare B aus)		1 löst Compare A *match* aus	0 für Compare A (Compare B)	0 für Compare	0 für Compare

Das Beispiel *Bild 4-30* gibt eine Frequenz von ca. 1 Hz auf PD5 (OC1A) aus. Für einen genauen Uhrentakt wäre eine Systemfrequenz zu wählen, die einen ganzzahligen Teiler ergibt.

```
; k4p8.asm Bild 4-30a: ATmega16 Frequenzgenerator im Compare-Betrieb
; Port B: -
; Port D: PD5 (OC1A) blinkt mit ca. 1 Hz
        .INCLUDE "m16def.inc"   ; Deklarationen
        .EQU    takt = 8000000  ; Systemtakt 8 MHz
        .EQU    teiler = takt/(2*64) ; Teiler = 62500
        .DEF    akku = r16      ; Arbeitsregister
        .CSEG                   ; Programmbereich
        rjmp    start           ; Einsprung nach Reset
        .ORG    $2A             ; alle Interrupts nicht besetzt
start:  ldi     akku,LOW(RAMEND) ; Stapel anlegen
        out     SPL,akku        ;
        ldi     akku,HIGH(RAMEND);
        out     SPH,akku        ;
        sbi     DDRD,PD5        ; PD5 = OC1A ist Ausgang
        ldi     akku,HIGH(teiler); Compare-Register mit Teiler laden
        out     OCR1AH,akku     ; Compare-High
        ldi     akku,LOW(teiler) ;
        out     OCR1AL,akku     ; Compare-Low
        ldi     akku,(1 << COM1A0); PD5 umschalten PWM aus
        out     TCCR1A,akku     ; A-Steuerregister
        ldi     akku,(1 << WGM12) | (1 << CS11) | (1 << CS10); Teiler 64
        out     TCCR1B,akku     ; B-Steuerregister
schlei: rjmp    schlei          ; tu nix mehr
        .EXIT                   ; Ende des Quelltextes keine Interrupts
```

Bild 4-30a: Assemblerbeispiel Frequenzgenerator im Compare-Betrieb

```
// k4p8.c Bild 4-30c: ATmega16 Frequenzgenerator im Compare-Betrieb
// Port B= -
// Port D: PD5 (OC1A) blinkt mit ca. 1 Hz
#include <avr/io.h>             // Deklarationen
#define TAKT 8000000UL          // Systemtakt 8 MHz
#define TEILER TAKT/(2UL*64UL)  // gibt 62500
void main(void)
{
 sbi(DDRD, PD5);                // PD5 = OC1A ist Ausgang
 OCR1A = TEILER;                // Compare-Register laden
 TCCR1A |= (1 << COM1A0);       // OC1A umschalten PWM aus
 TCCR1B |= (1 << WGM12) | (1 << CS11) | (1 << CS10); // Teiler 64
 while(1) { }                   // nur der Timer arbeitet
} // Ende main
```

Bild 4-30c: C-Beispiel Frequenzgenerator im Compare-Betrieb

4.4.2.4 Die Standard PWM Betriebsart des Timer1

Die Betriebsart *PWM* (**P**uls **W**eiten **M**odulation) ist ein Sonderfall des Compare-Betriebs. Die Standard PWM-Betriebsart verwendet nur den Komparator A und liefert am Ausgang OC1A ein PWM-Signal, dessen Frequenz im Steuerregister B zusammen mit den zwei Bitpositionen im Steuerregister A bestimmt wird. Das Verhältnis von High-Zeit zu Low-Zeit ergibt sich aus dem Compare-Register OCR1A. Der Portanschluss (PD5) muss als Ausgang programmiert werden. Mit dem Steuerregister TCCR1B wird der Timertakt eingestellt; die anderen Bitpositionen sind im Standardbetrieb 0.

TCCR1B = **T**imer/**C**ounter **C**ontrol **R**egister **1 B**   SRAM-Adresse $4E   SFR-Adresse $2E

Bit 7	*Bit 6*	*Bit 5*	*Bit 4*	*Bit 3*	*Bit 2*	*Bit 1*	*Bit 0*
ICNC1	ICES1	–	WGM13	WGM12 (CTC1)	CS12	CS11	CS10
0 0 für Standard PWM		0	0 für Standard PWM	0 für Standard PWM	0 0 0 Timer Stopp 0 0 1 Systemtakt 0 1 0 Systemtakt / 8 0 1 1 Systemtakt / 64 1 0 0 Systemtakt / 256 1 0 1 Systemtakt / 1024 1 1 0 ext. Takt fallende Flanke 1 1 1 ext. Takt steigende Flanke ext. Takt max. ¼ Systemt.		

Das Steuerregister TCCR1A legt das Verhalten (Mode) des PWM-Ausgangs OC1A (PD5) fest. In neueren Versionen werden die Bitpositionen PWM10 und PWM11 als WGM10 und WGM11 (**W**aveform **G**eneration **M**ode) bezeichnet. Bit 2 bis Bit 5 sind im Standardbetrieb 0.

TCCR1A = **T**imer/**C**ounter **C**ontrol **R**egister **1 A**   SRAM-Adresse $4F   SFR-Adresse $2F

Bit 7	*Bit 6*	*Bit 5*	*Bit 4*	*Bit 3*	*Bit 2*	*Bit 1*	*Bit 0*
COM1A1	COM1A0	COM1B1	COM1B0	FOC1A	FOC1B	WGM11 (PWM11)	WGM10 (PWM10)
0 0: kein PWM 0 1: kein PWM 1 0: PWM Ausgang 1 0: PWM invertiert	0 0 für Standard PWM (Komparator B)			0 für PWM Komp A	0 für PWM Komp B	0 0: kein PWM Betrieb 0 1: 8bit PWM Betrieb 1 0: 9bit PWM Betrieb 1 1: 10bit PWM Betrieb	

Die Bitpositionen PWM11 und PWM10 legen den Spitzenwert (TOP) des Zählers und damit die Frequenz des PWM-Signals in Abhängigkeit vom Timertakt fest. *Bild 4-31* zeigt die Erzeugung des Signals durch den Timer1 und das Compare Register.

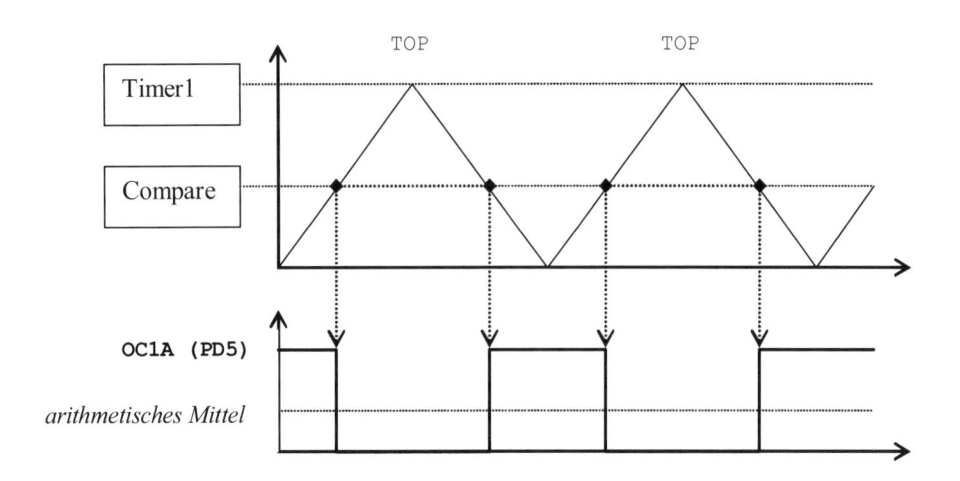

Bild 4-31: Erzeugung eines nicht invertierten PWM-Signals

Im 8bit Modus läuft Timer1 von $00 bis zum Spitzenwert (TOP) $FF (255) aufwärts. Erreicht der Zähler den 8bit Wert des Compare-Registers (*match*), so wird der Ausgang OC1 (PB3) auf Low geschaltet. Nach dem Spitzenwert TOP läuft der Zähler abwärts und schaltet beim Erreichen des Vergleichswertes den Ausgang wieder auf High. Dies setzt sich periodisch fort. Im invertierten Betrieb schaltet der Aufwärtszähler den Ausgang auf High und der Abwärtszähler den Ausgang auf Low.

Allgemein bestimmen die Bitpositionen PWM11 und PWM10 die Auflösung und zusammen mit dem Takt des Timer1 die Frequenz des PWM-Signals.

8bit Auflösung: TOP = $0FF (255)   Frequenz = Timertakt / 510
9bit Auflösung: TOP = $1FF (511)   Frequenz = Timertakt / 1022
10bit Auflösung: TOP = $3FF (1023) Frequenz = Timertakt / 2046

Das Compare-Register OCR1A wird zuerst mit dem High-Byte und dann mit dem Low-Byte der Impulslänge beschrieben. Der Wert gelangt zunächst in einen Zwischenspeicher und wird zum Zeitpunkt TOP in das eigentliche Vergleichsregister übertragen.

Im nichtinvertierten Betrieb bestimmt der Wert des Compare-Registers die Länge der High-Zeit. Für den Spitzenwert TOP ist der Ausgang OC1 immer High. Für $000 ist er nie High, also immer Low.

Im invertierten Betrieb bestimmt der Wert des Compare-Registers die Länge der Low-Zeit. Für den Spitzenwert TOP ist der Ausgang OC1A immer Low. Für $000 ist er nie Low, also immer High.

Die Bitpositionen CS12, CS11 und CS10 des Steuerregisters **B** wählen den Timertakt aus. Die Tabelle enthält für einen Systemtakt von **8 MHz** die Timertaktfrequenz und die PWM-Frequenzen in den drei Auflösungen. Die Werte sind z.T. gerundet.

4.4 Die Timereinheiten

Auswahl	Teiler	Timertakt	8bit PWM	9bit PWM	10bit PWM
0 0 1	: 1	**8 MHz**	15686 Hz	7827.8 Hz	3910.1 Hz
0 1 0	: 8	1 MHz	1960.8 Hz	978.47 Hz	488.76Hz
0 1 1	: 64	125 kHz	245.10 Hz	122.31 Hz	61.095 Hz
1 0 0	: 256	31.25 kHz	61.275 Hz	30.577 Hz	15.274 Hz
1 0 1	: 1024	7.8125 kHz	15.319 Hz	7.6443 Hz	3.8184 Hz

Entsprechend der Auflösung werden nur die wertniedrigsten acht bzw. neun bzw. zehn Bitpositionen des Compare-Registers geladen und beim Vergleich berücksichtigt. Der geladene Wert bestimmt die Länge der High- bzw. Low-Zeit und damit das Tastverhältnis und den arithmetischen Mittelwert des PWM-Signals. Im PWM-Betrieb arbeiten die Interrupts Timer1 Überlauf und Timer1 Compare wie in den entsprechenden Betriebsarten.

Das Beispiel *Bilder 4-32* und *4-33* gibt ein nichtinvertiertes PWM-Signal von ca. 1960 Hz mit der Auflösung 10 bit aus. Die High-Zeit wird an Kippschaltern des Ports B (`Bit_10 Bit_9 Bit_8`) und Ports C (`Bit_7..Bit_0`) eingestellt und zum High- und Low-Teil des zu ladenden Wertes zusammengesetzt. Damit lässt sich die Helligkeit einer am Ausgang `OC1A` (PD5) angeschlossenen Leuchtdiode *analog* einstellen.

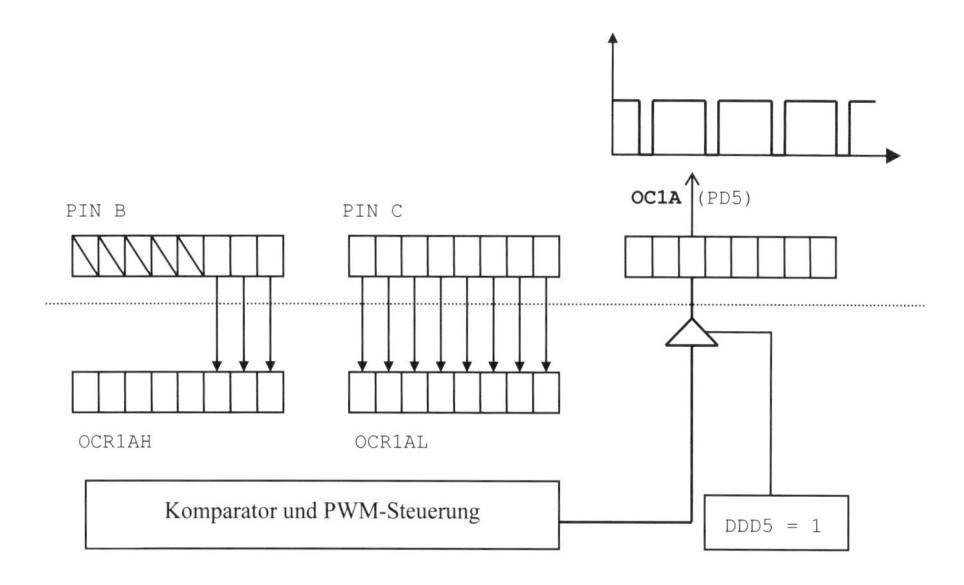

Bild 4-32: ATmega16 PWM-Signal an PD5 (OC1A) steuert LED

```
; k4p9.asm Bild 4-33a: ATmega16 PWM-Signal an PD5(OC1A) steuert LED
; Port B: Eingabe   Compare-High Bit10 Bit9 Bit8
; Port C: Eingabe   Compare-Low  Bit7 bis Bit0
; Port D: Ausgabe:  PD5 Signal OC1A
```

```
        .INCLUDE "m16def.inc"    ; Deklarationen
        .EQU    takt = 8000000   ; Systemtakt 8 MHz
        .DEF    akku = r16       ; Arbeitsregister
        .DEF    hilf = r17       ; Hilfsregister
        .CSEG                    ; Programmbereich
        rjmp    start            ; Einsprung nach Reset
        .ORG    $2A              ; alle Interrupts nicht besetzt
start:  ldi     akku,LOW(RAMEND) ; Stapel anlegen
        out     SPL,akku         ;
        ldi     akku,HIGH(RAMEND);
        out     SPH,akku         ;
        sbi     DDRD,PD5         ; PD5 = OC1A  Ausgang
        ldi     akku,(1 << COM1A1) | (1 << WGM11) | (1 << WGM10); 10 bit
        out     TCCR1A,akku      ; A-Steuerregister
        ldi     akku,(1 << CS11) ; 8 MHz :8 :2046 = 489 Hz PWM
        out     TCCR1B,akku      ; B-Steuerregister
; Eingabe proportional High-Zeit des Ausgangs
schlei: in      akku,PINB        ; akku <= Port B Compare-High
        out     OCR1AH,akku      ;
        in      akku,PINC        ; akku <= Port C Compare-Low
        out     OCR1AL,akku      ;
        rjmp    schlei           ;
        .EXIT                    ; Ende des Quelltextes
```

Bild 4-33a: Assemblerbeispiel für eine „analoge" Ausgabe im PWM-Betrieb

```
// k4p9.c Bild 4-33c: ATmega16 PWM-Signal an PD5 (OC1A) steuert LED
// Port B: Eingabe  Compare-High  Bit10 Bit9 Bit8
// Port C: Eingabe  Compare-Low   Bit8 bis Bit0
// Port D: Ausgabe: PD5 Signal OC1A
#include <avr/io.h>              // Deklarationen
#define TAKT 8000000UL           // Systemtakt 8 MHz

void main (void)                 // Hauptfunktion
{
 DDRD |= (1 << PD5);             // PD5 = OC1A Ausgang
 TCCR1A = (1 << COM1A1) | (1 << WGM11) | (1 << WGM10); // PWM 10bit
 TCCR1B = (1 << CS11);           // 8 MHz :8 :2046 = 1960 Hz
 while(1)                        // Arbeitsschleife High-Zeit lesen
 {
  OCR1A = (PINB << 8 ) | PINC;   // 10bit High-Zeit laden
 } // Ende while
} // Ende main
```

Bild 4-33c: C-Beispiel für eine „analoge" Ausgabe im PWM-Betrieb

4.4.3 Die erweiterten Timer-Betriebsarten

Moderne Bausteine wie z.B. der ATmega16 enthalten einen dritten Timer2 sowie erweiterte Funktionen für den Compare- und PWM-Betrieb. Die Beispiele beziehen sich auf den Timer1 des Mega16 und können sinngemäß auf die anderen Timer übertragen werden.

Durch Einschreiben einer 1 in das Bit PSR10 des Registers SFIOR wird der von Timer0 und Timer1 benutzte Vorteiler des internen Taktes für Synchronisationszwecke zurückgesetzt.

SFIOR = **S**pecial **F**unktion **IO R**egister SRAM-Adresse $50 SFR-Adresse $30

Bit 7	Bit 6	Bit 5	Bit 4	Bit 3	Bit 2	Bit 1	Bit 0
ADTS2	ADTS1	ADTS0	–	ACME	PUD	PSR2	**PSR10**
							1: *Reset für Vorteiler*

Im Compare-Betrieb werden durch Einschreiben einer 1 in die Bits FOC0 bzw. FOC1A bzw. FOC1B der Timer-Steuerregister die Compare-Ausgänge in den Zustand versetzt, für den die *match* Bedingung programmiert ist. Diese **F**orce **O**utput **C**ompare Signale beeinflussen weder die Interrupts noch die Timer und sind im PWM-Betrieb wirkungslos.

Der zweite Compare-Kanal B des Timer1 enthält ein Vergleichsregister OCR1B, das wie das entsprechende Register des Kanals A arbeitet. Der Portanschluss PD4 muss als Ausgang programmiert werden, um das Signal OC1B (**O**utput **C**ompare **Timer1 B**) auszugeben. Für eine Interruptauslösung durch den Kanal B stehen in den Timer-Interruptregistern ein entsprechendes Anzeige- und ein entsprechendes Freigabebit zur Verfügung.

OCR1BH = **O**utput **C**ompare **R**eg. Timer **1 B H**igh   SRAM-Adresse $49 SFR-Adresse $29

High-Byte des 16bit Vergleichswertes

OCR1BL = **O**utput **C**ompare **R**eg. Timer **1 B L**ow   SRAM-Adresse $48 SFR-Adresse $28

Low-Byte des 16bit Vergleichswertes

Die Steuerbits COM1B1 und COM1B0 im Steuerregister TCCR1A legen die Betriebsart des Ausgangs OC1B wie für den Kanal A fest. Eine 1 in FOC1B bringt den Ausgang in den *match* Zustand. Für die erweiterten-Compare und PWM-Betriebsarten wurde ein neues Steuerbit WGM13 in TCCR1B eingeführt, und in den Unterlagen wurden die Bits CTC1, PWM11 und PWM10 umbenannt in WGM12, WGM11 und WGM10. Die Abkürzung WGM bedeutet **W**aveform **G**eneration **M**odul (Kurvenformerzeugung).

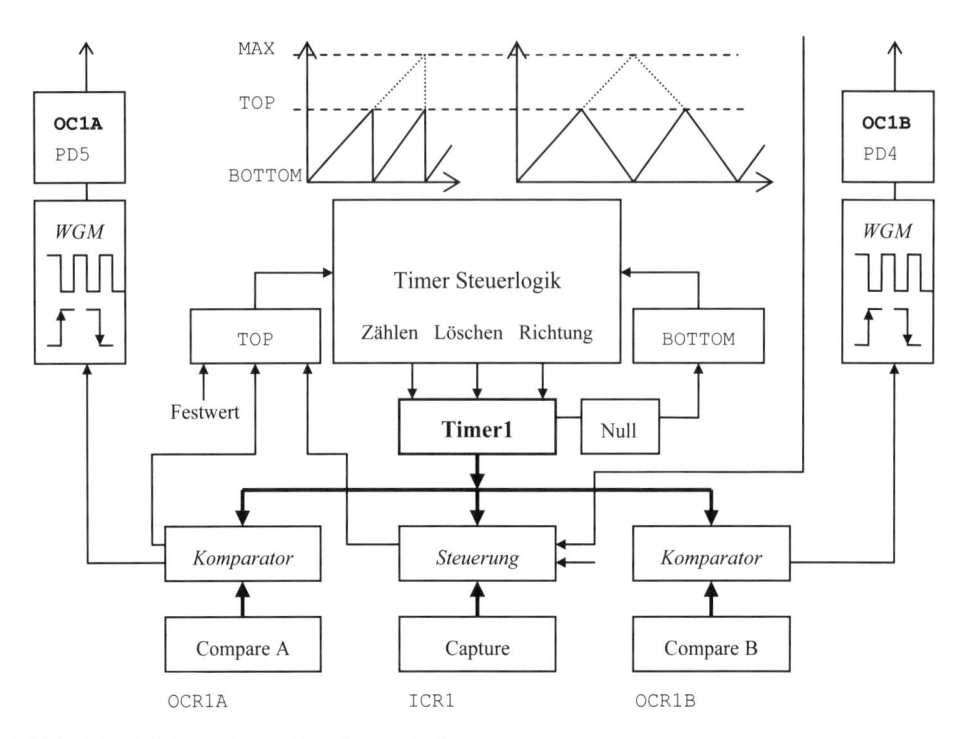

Bild 4-34: Modell der erweiterten Betriebsarten des Timer1

Der Timer beginnt im Zustand BOTTOM mit dem Anfangswert $0000 und zählt aufwärts bis zum Endwert TOP. Dieser ist entweder ein Festwert ($00FF, $01FF, $03FF oder MAX = $FFFF) oder der variable Inhalt der Register OCR1A bzw. ICR1. In den Betriebsarten Compare und Schnell-PWM (*fast*) zählt er nach dem Endwert wieder ab $0000 aufwärts (Sägezahnfunktion). In den phasenkorrekten Betriebsarten läuft der Timer jedoch abwärts bis zum Endwert BOTTOM (Dreiecksfunktion) und dann wieder aufwärts.

Im *Compare-Betrieb* findet eine Übereinstimmung (*match*) statt, wenn Timer und Compare-Register den gleichen Wert haben und damit der Endwert TOP des Timers erreicht ist. Die Steuerbits COM1xx des Steuerregisters TCCR1A bestimmen die Funktion der WGM-Einheit für die Ausgänge OC1x. Die Bitkombinationen 1 0 (löschen) und 1 1 (setzen) bringen den Ausgang bei der ersten Übereinstimmung (*match*) in den Low- bzw. High-Zustand und sind für die Ausgabe von einmaligen Flanken bestimmt. Die Bitkombination 0 1 schaltet den Ausgang bei jeder Übereinstimmung (*match*) um und dient zur Ausgabe eines Rechtecksignals mit dem Tastverhältnis 1:1.

In den *PWM-Betriebsarten* legt eine *match* Bedingung den Endwert TOP des Timers und damit die Ausgabefrequenz fest. Diese ist entweder eine Konstante oder variabel durch den Inhalt des Registers ICR1 bzw. OCR1A. Der Umschaltpunkt der Ausgabe und damit das

4.4 Die Timereinheiten

Tastverhältnis ergibt sich aus einer zweiten *match* Bedingung des Compare-Registers OCR1A für den Kanal A bzw. OCR1B für den Kanal B. Diese beiden Werte müssen jedoch kleiner als der TOP Wert sein, damit ein *match* erfolgen kann. Die Steuerbits COM1xx bestimmen in den PWM-Betriebsarten, wie der Ausgang an den *match* Punkten umgeschaltet wird. Bei der direkten Ausgabe wird beim *match* des Aufwärtszählens der Ausgang von High auf Low geschaltet; bei der invertierten Ausgabe geht der Ausgang auf High.

Die beiden Kanäle A und B haben jeweils einen eigenen Komparator, ein eigenes Komparatorregister und eine eigene Ausgabesteuerung WGM, jedoch kann Kanal B keinen Umschaltpunkt TOP liefern. Die Beispiele beziehen sich auf die Ausgabe von Rechteckfunktionen auf dem Kanal A des Timer1. Auf die Unterschiede zwischen dem Laden der Compare Register und der Interruptauslösung wird nicht eingegangen.

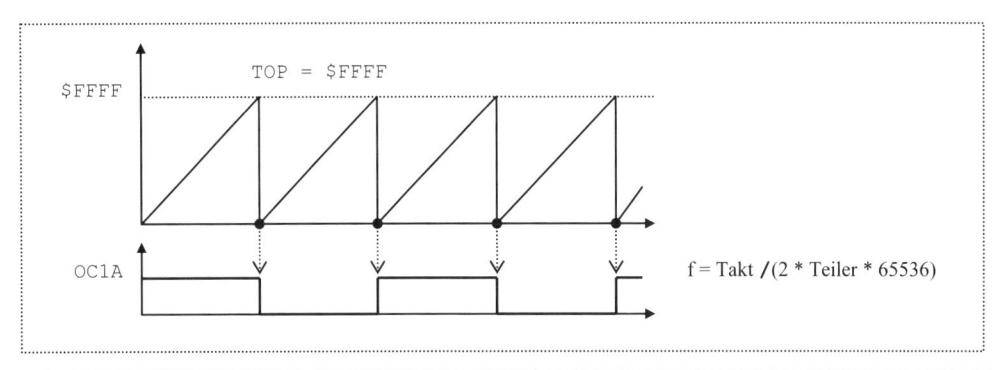

$f = \text{Takt} / (2 * \text{Teiler} * 65536)$

Betriebsart	TCCR1A		TOP	TCCR1B		TCCR1A	
	COM1A1	COM1A0		WGM13	WGM12	WGM11	WGM10
Compare durchlaufend Frequenz konstant 1:1	0	1	$FFFF	0	0	0	0

Bild 4-35: Der Compare-Betrieb mit durchlaufendem Timer für den Kanal A

Im *Compare-Betrieb* mit durchlaufendem Timer (*Bild 4-35*) ist die Frequenz im Tastverhältnis 1:1 fest durch den Taktteiler vorgegeben. Beide Kanäle liefern bei gleicher Programmierung der Ausgabeeinheit WGM phasensynchron die gleiche Frequenz. Beispiel:

Systemtakt 8 MHz
Timertakt durch Teiler 1: 8 MHz Ausgangsfrequenz 61 Hz
Timertakt durch Teiler 8: 1 MHz Ausgangsfrequenz 7.6 Hz

```
$FFFF .................................................
         TOP = OCR1A   ICR1


OC1A                                    f = Takt /(2 * Teiler * (TOP + 1))
```

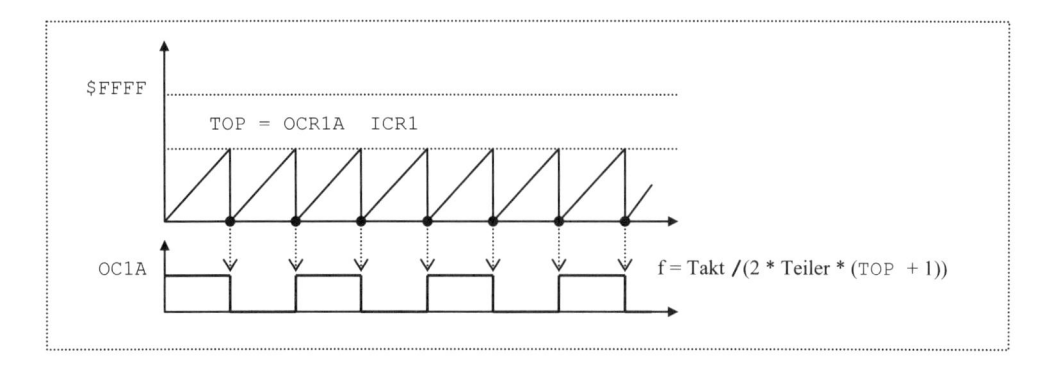

Betriebsart	TCCR1A		TOP	TCCR1B		TCCR1A	
	COM1A1	COM1A0		WGM13	WGM12	WGM11	WGM10
Compare Timer löschen CTC Frequenz variabel durch OCR1A	0	1	OCR1A	0	1	0	0
Compare Timer löschen CTC Frequenz variabel durch ICR1	0	1	ICR1	1	1	0	0

Bild 4-36: Der Compare-Betrieb mit Timer löschen (CTC) für den Kanal A

Im *Compare-Betrieb* CTC (Clear Timer on Compare match) ist die Frequenz variabel im Tastverhältnis 1:1. Der Umschaltpunkt TOP und damit die Frequenz wird bestimmt durch das Compare-Register OCR1A oder durch das Capture-Register ICR1, das sich nur für das Steuerbit WGM13 = 1 beschreiben lässt. Für den Kanal B ergibt sich die gleiche Frequenz, die jedoch durch OCR1B in der Phase gegenüber dem Kanal A verschoben werden kann.

Beispiel:

Systemtakt 8 MHz
Timertakt durch Teiler 1: 8 MHz
TOP durch OCR1A = 65535
Kanal A: OCR1A = 65535 Ausgangsfrequenz 61 Hz
Kanal B: OCR1B = 32767 Ausgangsfrequenz 61 Hz gegenüber Kanal A phasenverschoben

TOP durch ICR1 = 65535
Kanal A: OCR1A = 32767 Ausgangsfrequenz 61 Hz
Kanal B: OCR1B = 16383 Ausgangsfrequenz 61 Hz gegenüber Kanal A phasenverschoben

4.4 Die Timereinheiten

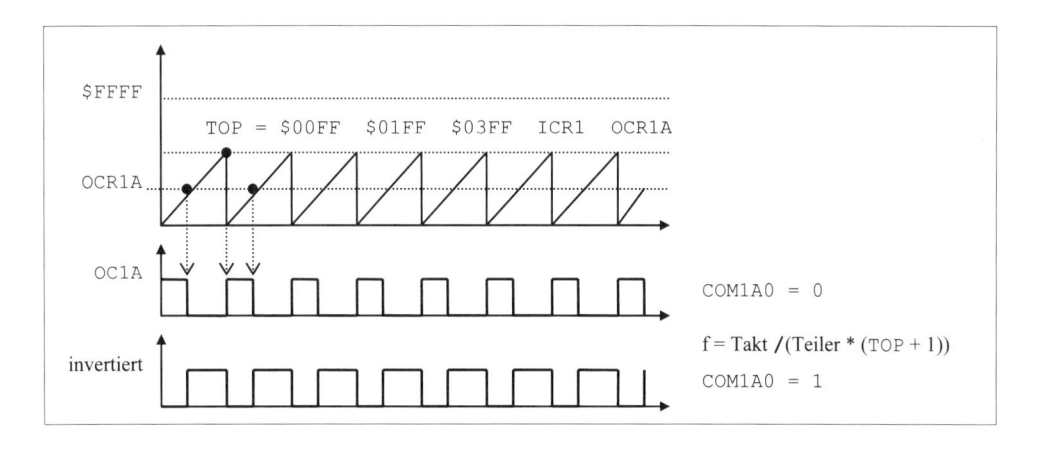

```
$FFFF
            TOP = $00FF   $01FF   $03FF   ICR1   OCR1A
OCR1A

OC1A                                                COM1A0 = 0

                                        f = Takt /(Teiler * (TOP + 1))
invertiert                                          COM1A0 = 1
```

Betriebsart	TCCR1A		TOP	TCCR1B		TCCR1A	
	COM1A1	COM1A0		WGM13	WGM12	WGM11	WGM10
PWM fast 8 bit Frequenz fest	1	x	$00FF	0	1	0	1
PWM fast 9 bit Frequenz fest	1	x	$01FF	0	1	1	0
PWM fast 10 bit Frequenz fest	1	x	$03FF	0	1	1	1
PWM fast Frequenz variabel	1	x	ICR1	1	1	1	0
PWM wie Compare Frequenz variabel 1:1	0	1	OCR1A	1	1	1	1

Bild 4-37: Schneller (fast) PWM-Betrieb für den Kanal A

Im schnellen (*fast*) PWM-Betrieb wird der Timer beim Erreichen des TOP Umschaltpunktes auf Null gesetzt und läuft dann wieder aufwärts. TOP bestimmt die Frequenz, OCR1A das Tastverhältnis. Das Register OCR1A für den ersten Umschaltpunkt muss kleiner sein als der obere Umschaltpunkt TOP, da sonst keine Übereinstimmung zwischen dem Timer und dem Compare-Register auftreten kann. Dies würde bedeuten, dass keine periodische Rechteckfunktion, sondern ein konstantes Potential ausgegeben wird. In dem Beispiel liegen die Ladewerte der beiden Compare-Register mit 128 und 64 unter dem TOP Wert von 255.

Systemtakt 8 MHz
Timertakt durch Teiler 1: 8 MHz
TOP konstant $FF = 255
Kanal A: OCR1A = 128 Ausgangsfrequenz 31.25 kHz Tastverhältnis 1:1
Kanal B: OCR1B = 64 Ausgangsfrequenz 31.25 Hz Tastverhältnis 1:3

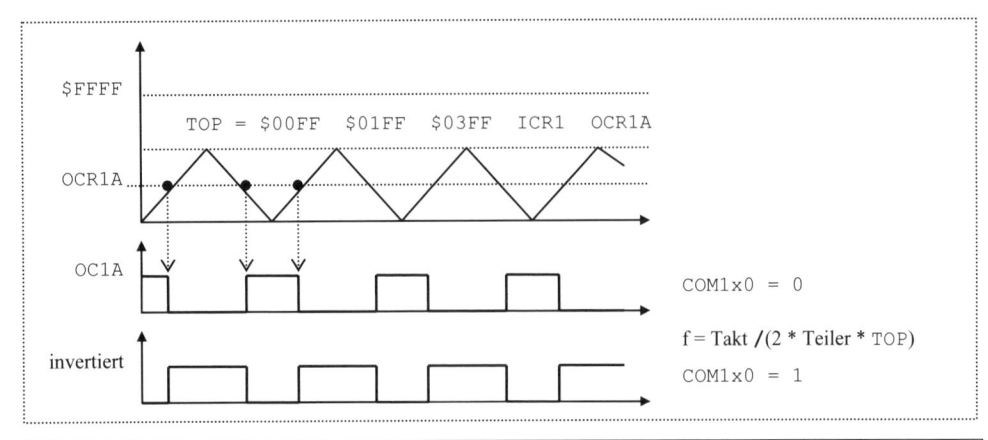

```
                    TOP = $00FF  $01FF  $03FF  ICR1  OCR1A
$FFFF
OCR1A

OC1A                                                      COM1x0 = 0
                                                          f = Takt /(2 * Teiler * TOP)
invertiert                                                COM1x0 = 1
```

Betriebsart	TCCR1A		TOP	TCCR1B		TCCR1A	
	COM1A1	COM1A0		WGM13	WGM12	WGM11	WGM10
PWM phasenkorrekt 8 bit	1	x	$00FF	0	0	0	1
PWM phasenkorrekt 9 bit	1	x	$01FF	0	0	1	0
PWM phasenkorrekt 10 bit	1	x	$03FF	0	0	1	1
PWM phasenkorrekt variabel	1	x	ICR1	1	0	1	0
PWM phasen- und frequenzkorr. Frequenz variabel	1	x	ICR1	1	0	0	0
PWM wie Compare 1:1	0	1	OCR1A	1	0	0	1
PWM wie Compare 1:1	0	1	OCR1A	1	0	1	1

Bild 4-38: Phasen- und frequenzkorrekter PWM-Betrieb für den Kanal A

Im phasen- und frequenzkorrekten PWM-Betrieb läuft der Timer nach dem Erreichen des TOP Umschaltpunktes wieder abwärts bis auf Null. TOP bestimmt die Frequenz, OCR1A das Tastverhältnis. Beispiel:

Systemtakt 8 MHz
Timertakt durch Teiler 1: 8 MHz
TOP konstant $FF = 255
Kanal A: OCR1A = 128 Ausgangsfrequenz 15.6 kHz Tastverhältnis 1:1
Kanal B: OCR1B = 64 Ausgangsfrequenz 15.6 Hz Tastverhältnis 1:3 phasenverschoben gegen Kanal A

In den erweiterten Betriebsarten der Timer mit zwei Kanälen für die Betriebsarten Compare und PWM arbeiten beide Kanäle mit der gleichen durch TOP gegebenen Frequenz, jedoch tritt bei unterschiedlichen Ladewerten für die Compareregister eine Phasenverschiebung zwischen den Kanälen auf, die in *Bild 4-39* dargestellt ist. Die Signale sind nicht invertiert. Der Umschaltpunkt TOP ist konstant oder durch ICR1 gegeben und liegt über den *match* Bedingungen der beiden Kanäle.

4.4 Die Timereinheiten

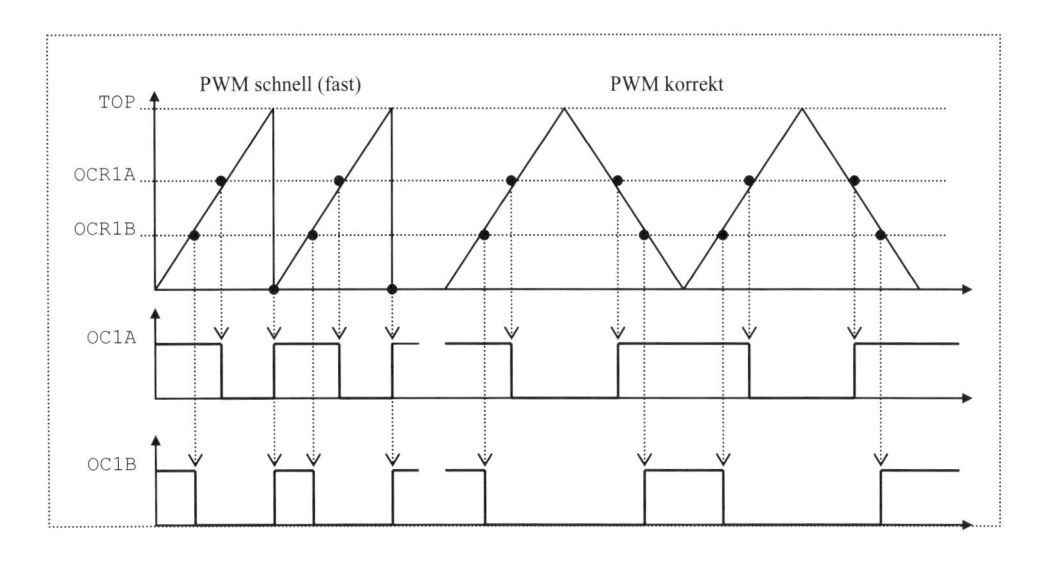

Bild 4-39: Die Phasenbeziehungen zwischen den Kanälen A und B

Die Tabelle gibt einen Überblick über die wichtigsten Compare-Betriebsarten des Timer1.

Ausgang	TOP	PWM	COM1A1	COM1A0	WGM13	WGM12	WGM11	WGM10
Portoperation	–	–	0	0	0	0	0	0
Flanke fallend	–		1	0	x	1	0	0
Flanke steigend	–	–	1	1	x	1	0	0
1:1 fest	0xFFFF	–	0	1	0	0	0	0
1:1 variabel	OCR1A	–	0	1	0	1	0	0
1:1 variabel	ICR1	–	0	1	1	1	0	0
PWM korr.	0x00FF	8bit	1	0	0	0	0	1
PWM korr. inv.	0x00FF	8bit	1	1	0	0	0	1
PWM korr.	0x01FF	9bit	1	0	0	0	1	0
PWM korr. inv.	0x01FF	9bit	1	1	0	0	1	0
PWM korr.	0x03FF	10bit	1	0	0	0	1	1
PWM korr. inv.	0x03FF	10bit	1	1	0	0	1	1
PWM korr.	ICR1	16bit	1	0	1	0	1	0
PWM korr. inv.	ICR1	16bit	1	1	1	0	1	0
PWM fast	0x00FF	8bit	1	0	0	1	0	1
PWM fast inv.	0x00FF	8bit	1	1	0	1	0	1
PWM fast	0x01FF	9bit	1	0	0	1	1	0
PWM fast inv.	0x01FF	9bit	1	1	0	1	1	0
PWM fast	0x03FF	10bit	1	0	0	1	1	1
PWM fast inv.	0x03FF	10bit	1	1	0	1	1	1
PWM fast	ICR1	16bit	1	0	1	1	1	0
PWM fast inv.	ICR1	16bit	1	1	1	1	1	0

Die Betriebsarten des Timer1 lassen sich mit dem Testprogramm *Bild 4-40* untersuchen. Die Steuerbits werden am Port B eingestellt und mit Maskierungen und Verschiebungen in die beiden Steuerregister eingesetzt. Die Ladewerte der Compare-Register werden über PINC und PIND eingegeben; das Capture-Register bleibt konstant 0xFFFF. Die ausgegebenen Rechtecksignale an OC1A und OC1B lassen sich mit einem Oszilloskop verfolgen.

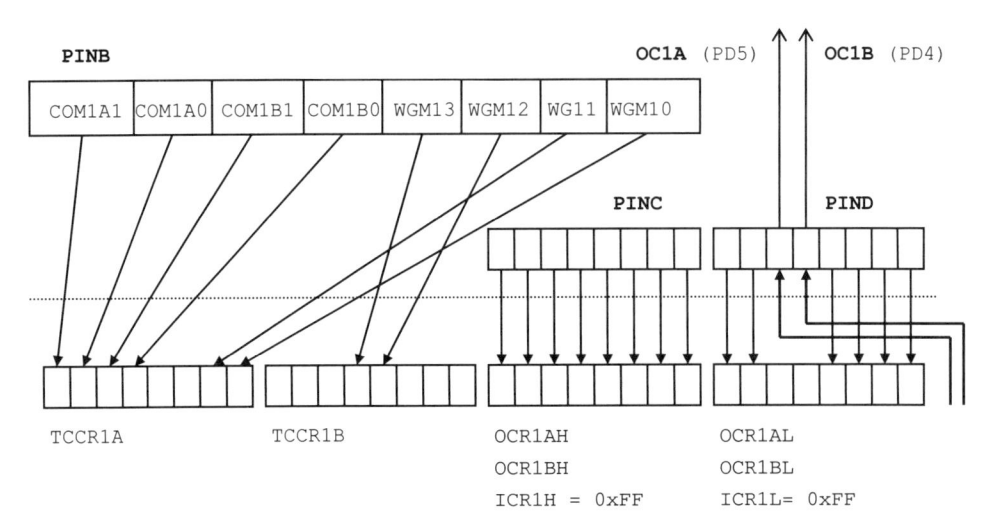

```
; k4p10.asm Bild 4-40a ATmega16 Erweiterter Compare und PWM Betrieb
; Port B: Eingabe COM1A1 COM1A0 COM1B1 COM1B0 WGM13 WGM12 WGM11 WGM10
; Port C: Eingabe High-Byte    xxxxxxxx    OCR1A OCR1B    ICR1 = $FFFF fest
; Port D: Eingabe Low-Byte     xx00xxxx    Ausgabe OC1A = PD5 und OC1B = PD4
        .INCLUDE "m16def.inc"   ; Deklarationen
        .EQU    TAKT = 8000000  ; Systemtakt
        .DEF    akku = r16      ; Arbeitsregister
        .CSEG                   ; Programmbereich
        rjmp    start           ; Einsprung nach Reset
        .ORG    $2A             ; alle Interrupts nicht besetzt
start:  ldi     akku,LOW(RAMEND); Stapel anlegen
        out     SPL,akku        ;
        ldi     akku,HIGH(RAMEND);
        out     SPH,akku        ;
        sbi     DDRD,PD5        ; PD5 = OC1A  Ausgang
        sbi     DDRD,PD4        ; PD4 = OC1B  Ausgang
; Steuercodes und Werte für Compare und Capture eingeben
schlei: in      akku,PINB       ; R16 <- COMxx und WGMxx
        mov     r17,akku        ; R17 <- COMxx und WGMxx
        andi    r17,0b11110011  ; Maske WGM13 und WGM12
        out     TCCR1A,r17      ; TCCR1A geladen
        lsl     akku            ; WGM11 und WGM10 positionieren
```

4.4 Die Timereinheiten

```
            andi    akku,0b00011000   ; maskieren
            ori     akku,0b00000001   ; Teiler 1 gibt Timertakt 8 MHz
            out     TCCR1B,akku       ; TCCR1B geladen
            in      akku,PINC         ; R16 <- Capture/Compare-High
            in      r17,PIND          ; R17 <- Capture/Compare-Low
            andi    r17,0b11001111    ; Maske für Low-Byte
            out     OCR1AH,akku       ; Compare A erst High
            out     OCR1AL,r17        ; dann Low
            out     OCR1BH,akku       ; Compare B erst High
            out     OCR1BL,r17        ; dann Low
            ldi     akku,0xff         ; ICR1 fest auf $ffff
            out     ICR1H,akku        ; Capture erst High
            out     ICR1L,akku        ; dann Low
            rjmp    schlei            ;
            .EXIT                     ; Ende des Quelltextes
```

Bild 4-40a: Assemblertestprogramm für die Betriebsarten Compare und PWM

```c
// k4p10.c Bild 4-40c ATmega16 Erweiterter Compare und PMW Betrieb
// Port B: Eingabe COM1A1 COM1A0 COM1B1 COM1B0 WGM13 WGM12 WGM11 WGM10
// Port C: Eingabe High-Byte   xxxxxxxx   OCR1A OCR1B    ICR1 = 0xffff fest
// Port D: Eingabe Low-Byte    xx00xxxx   Ausgabe OC1A = PD5 und OC1B = PD4
#include <avr/io.h>                // Deklarationen
#define TAKT 8000000UL             // Controllertakt 8 MHz
main(void)                         // Hauptfunktion
{
 unsigned int ladewert;            // Testdaten für Compare und Capture
 DDRD = (1 << PD4) | (1 << PD5);   // OC1A und OC1B Ausgänge
 while(1)                          // Steuercodes und Werte eingeben
  {
   TCCR1A = PINB & ~((1 << (WGM13-1)) | (1 << (WGM12-1))); // maskieren
   TCCR1B = ((PINB << 1) & ((1 << WGM13) | (1 << WGM12))) | (1 << CS10);
   ladewert = (PINC << 8) | (PIND & 0xCF); // Maske 1100 1111
   OCR1A = ladewert;               // variabel von PINC und PIND
   OCR1B = ladewert;               // variabel von PINC und PIND
   ICR1  = 0xffff;                 // fest
  } // Ende while
} // Ende main
```

Bild 4-40c: C-Testprogramm für die Betriebsarten Compare und PWM

4.4.4 Der 8bit Timer2

Der Timer2 ist bei manchen Bausteinen gar nicht oder in einer anderen Ausführung vorhanden. Dieser Abschnitt beschreibt den Timer2 des ATmega16. Der 8bit Timer2 bietet die Möglichkeit, einen zweiten Quarz von z.B. von 32768 Hz an `TOSC1` und `TOSC2` anzuschließen, der asynchron zum Systemtakt arbeitet und als Taktgeber für eine Uhr (RTC = Real-Time Clock) dienen kann. *Bild 4-41* zeigt ein vereinfachtes Modell.

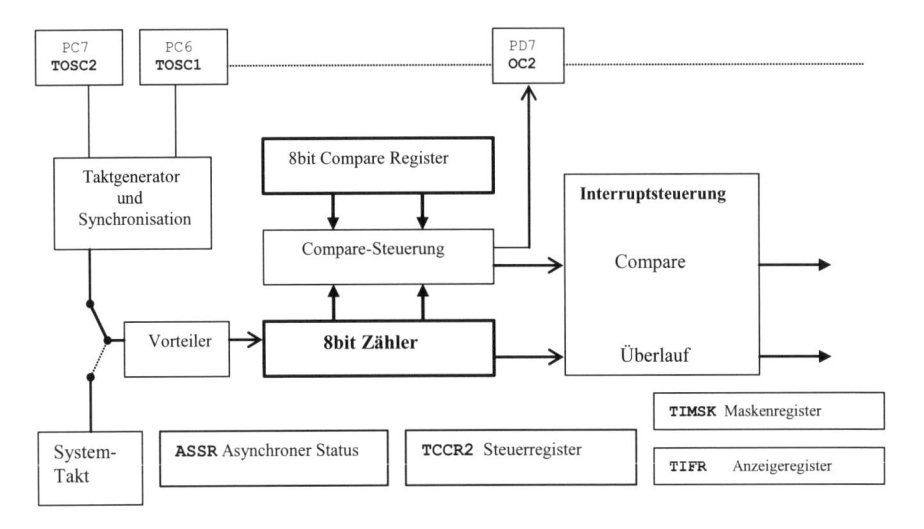

Bild 4-41: Modell des 8bit Timer2 (ATmega16)

Der Teilerfaktor wird zusammen mit der Compare- bzw. PWM-Betriebsart im Steuerregister **TCCR2** eingestellt. Für einen externen Takt von 32768 Hz bei einem Teiler von 128 ergibt ein periodischer Überlauf modulo 256 eine Frequenz von genau 1 Hz.

TCCR2 = **T**imer/**C**ounter2 **C**ontrol **R**egister SRAM-Adresse $45 SFR-Adresse $25

Bit 7	Bit 6	Bit 5	Bit 4	Bit 3	Bit 2	Bit 1	Bit 0
FOC2	WGM20 (PWM2)	COM21	COM20	WGM21 (CTC2)	CS22	CS21	CS20
0 für Timer	0 für Timer *(Compare PWM)*	0 für Timer *(Compare PWM)*	0 für Timer *(Compare PWM)*	0 für Timer *(Compare PWM)*	0 0 0 : Timer/Counter Stopp 0 0 1 : Takt / 1 0 1 0 : Takt / 8 0 1 1 : Takt / 32 1 0 0 : Takt / 64 1 0 1 : Takt / 128 1 1 0 : Takt / 256 1 1 1 : Takt / 1024		

4.4 Die Timereinheiten

Die Betriebsarten Compare und PWM werden im Abschnitt 4.4.3 erläutert. Der duale 8bit Aufwärtszähler **TCNT2** kann vom Programm jederzeit gelesen und mit einem Anfangswert beschrieben werden. Das Compare-Register **OCR2** enthält den Vergleichswert im Compare- bzw. PWM-Betrieb.

TCNT2 = **T**imer/Cou**NT**er2 SRAM-Adresse $44 SFR-Adresse $24

laufender 8bit Aufwärtszähler

OCR2 = **O**utput **C**ompare **R**egister 2 SRAM-Adresse $43 SFR-Adresse $23

8bit Vergleichswert

Das Statusregister der asynchronen Betriebsart **ASSR** schaltet die asynchrone Betriebsart mit externem Quarz ein und gibt den Status der Synchronisation mit dem Systemtakt an. Für die Probleme der Synchronisation beider Takte sollten die Unterlagen des Herstellers herangezogen werden.

ASSR = **AS**ynchronous **S**tatus **R**egister SRAM-Adresse $42 SFR-Adresse $22

Bit 7	Bit 6	Bit 5	Bit 4	Bit 3	Bit 2	Bit 1	Bit 0
-	-	-	-	AS2	TCN2UB	OCR2UB	TCR2UB
				0 Systemtakt 1 externer Takt	0: TCN2 bereit	0: OCR2 bereit	0: TCR2 bereit

Bei einem Überlauf des Zählers von $FF nach $00 wird das Bit TOV2 im Timer-Anzeigeregister TIFR gesetzt. Das Register ist nicht bitadressierbar!

TIFR = **T**imer **I**nterrupt **F**lag **R**egister SRAM-Adresse $58 SFR-Adresse $38

Bit 7	Bit 6	Bit 5	Bit 4	Bit 3	Bit 2	Bit 1	Bit 0
OCF2	TOV2	ICF1	OCF1A	OCF1B	TOV1	OCF0	TOV0
Timer2 1: *match*	Timer2 1: *Überlauf*	Timer1	Timer1	Timer1	Timer1	Timer0	Timer0

Wird das Bit TOV2 durch eine Warteschleife des Programms kontrolliert, so muss es durch Einschreiben einer 1 wieder zurückgesetzt werden. Löst es einen Interrupt aus, so wird es bei der Annahme automatisch wieder gelöscht.

Das Timer-Interruptmaskenregister TIMSK gibt den Timer2-Interrupt frei. Da es nicht bitadressierbar ist, sollten Einzelbitoperationen mit Masken in einem Arbeitsregister durchgeführt werden. Nach einem Reset sind alle Masken gelöscht und die Interrupts gesperrt.

TIMSK = Timer Interrupt MaSK Register   SRAM-Adresse $59   SFR-Adresse $39

Bit 7	Bit 6	Bit 5	Bit 4	Bit 3	Bit 2	Bit 1	Bit 0
OCIE2	**TOIE2**	TICIE1	OCIE1A	OCIE1B	TOIE1	OCIE0	TOIE0
Timer2 Compare 1: *frei*	**Timer2** Überlauf 1: *frei*	Timer1	Timer1	Timer1	Timer1	Timer0	Timer0

Für TOV2 = 1 (Überlauf) und TOIE2 = 1 (Freigabe) und I = 1 wird der Timer2-Interrupt ausgelöst, der beim Start des Serviceprogramms das Anzeigebit TOV2 wieder zurücksetzt. Bei einem Überlauf von $FF läuft der Timer weiter mit dem Anfangswert $00, nicht mit einem eingeschriebenen Startwert. Bei einem Neuladen durch das Programm sind Verzögerungszeiten der Interruptsteuerung (4 Takte) und Ausführungszeiten der Befehle bis zum Einschreiben des neuen Wertes besonders zu berücksichtigen. Man beachte, dass wegen des Aufwärtszählens die Differenz zum Überlaufwert 256 anzugeben ist!

Die Programme *Bild 4-42* verwenden den beim Überlauf des Timer2 ausgelösten Interrupt für eine Sekundenuhr, die auf dem Port B dezimal ausgegeben wird. Bei einem Uhrenquarz von 32768 Hz und einem Taktteiler von 128 entsteht nach 256 Timertakten ein Interrupt, der die Uhr um 1 erhöht.

```
; k4p11.asm Bild 4-42a ATmega16 Timer2 Sekundenzähler
; Port B: Ausgabe dezimal 00 bis 59 Sekunden
; Port C: Quarz 32 768 Hz an TOSC1 (PC6) und TOSC2 (PC7)
        .INCLUDE "m16def.inc"   ; Deklarationen
        .DEF    akku = r16      ; Arbeitsregister
        .DEF    seku = r18      ; Sekunde
        .CSEG                   ; Programmbereich
        rjmp    start           ; Einsprung nach Reset
        .ORG    OVF2addr        ; Einsprung Überlauf Timer2
        rjmp    tictac          ; jede Sekunde Uhr weiterstellen
        .ORG    $2A             ; alle anderen Interrupts nicht besetzt
start:  ldi     akku,LOW(RAMEND); Stapel anlegen
        out     SPL,akku        ;
        ldi     akku,HIGH(RAMEND);
        out     SPH,akku        ;
        ser     akku            ; akku <= $FF
        out     DDRB,akku       ; Port B Ausgang
        clr     seku            ; Sekunde löschen
        out     PORTB,seku      ;
        in      akku,TIMSK      ; akku <= Timer Interrupt Masken
```

4.4 Die Timereinheiten

```
            ori     akku,(1 << TOIE2);
            out     TIMSK,akku      ; Timer2 Überlauf Interrupt frei
            in      akku,ASSR       ; akku <- asynchrone Kontrolle
            ori     akku,1 << AS2   ; asynchrone Betriebsart ext. Quarz
            out     ASSR,akku       ; einstellen
            ldi     akku,(1 << CS22) | (1 << CS20) ; Teiler:128 gibt 256
            out     TCCR2,akku      ; als Vorteiler
            sei                     ; I = 1: alle Interrupts frei
warte:      rjmp    warte           ;
; Einsprung Interrupt Timer2 jede Sekunde Überlauf BCD-Umwandlung
tictac:     push    akku            ; Register retten
            in      akku,SREG       ;
            push    akku            ;
            push    r17             ; dual2bcd zerstört R17!
            inc     seku            ; Sekunde erhöhen
            cpi     seku,60         ; mod 60
            brlo    tictac1         ; < 60: weiter
            clr     seku            ; >= 60: null
tictac1:    mov     akku,seku       ;
            rcall   dual2bcd        ; Umwandlung dual -> BCD
            out     PORTB,akku      ; BCD ausgeben
            pop     r17             ; Register zurück
            pop     akku            ;
            out     SREG,akku       ;
            pop     akku            ;
            reti                    ; zurück aus Interrupt
; externes Unterprogramm
            .INCLUDE "dual2bcd.asm" ; R16 dual nach R17:R16 BCD
            .EXIT                   ; Ende des Quelltextes
```

Bild 4-42a: Assemblerprogramm einer Sekundenuhr mit Timer2 und Uhrenquarz

```
// k4p11.c Bild 4-42c ATmega16   Timer2 Sekundenzähler
// Port B: Ausgabe Sekunden 00 bis 59
// Port C: Quarz 32768 kHz an TOSC1 (PC6) und TOSC2 (PC7)
#include <avr/io.h>              // Deklarationen
#include <avr/signal.h>          // für Interrupt
#include <avr/interrupt.h>       // für Interrupt
volatile unsigned char  seku=0;  // globale Variable
SIGNAL (SIG_OVERFLOW2)           // bei Timer2 Überlauf
{
 seku++;
 if (seku == 60) seku = 0;       // Sekunde mod 60
 PORTB = ((seku/10) << 4) | (seku % 10); // BCD ausgeben
} // Ende SIGNAL
```

```
void main(void)             // Hauptfunktion kein Aufruf von SIGNAL!!!
{
 DDRB = 0xff;                // Port B Richtung Ausgabe
 PORTB = seku;               // auf Port B ausgeben
 ASSR  |= (1 << AS2);        // asynchron mit ext. Takt
 TCCR2 |= (1 << CS22) | (1 << CS20);    // Teiler Systemtakt :128
 TIMSK |= (1 << TOIE2);      // Timer2 Interrupt frei
 sei();                      // alle Interrupts frei
 while(1) { }                // Arbeitsschleife durch Interrupt unterbrochen
} // Ende main
```

Bild 4-42c: C-Programm einer Sekundenuhr mit Timer2 und Uhrenquarz

In den Betriebsarten *Compare und PWM* muss das Richtungsbit des Ausgangs OC2 (PD7) im entsprechenden Parallelport (hier DDD7) auf 1 gesetzt werden, um den Ausgangstreiber durchzuschalten; das entsprechende Datenbit ist wirkungslos. Die Tabelle zeigt die wichtigsten Steuercodes für das Steuerregister **TCCR2**, die denen des Timer0 entsprechen.

Bit 7	Bit 6	Bit 5	Bit 4	Bit 3	Bit 2 bis Bit 0 bestimmen die Timerfrequenz
FOC2	WGM20	COM21	COM20	WGM21	**Betriebsarten**
0	0	0	0	0	Timerbetrieb OC2 ist Portausgang
0	0	0	1	0	OC2 Rechteck 1:1 Frequenz fest wie OCR0 = $FF
0	0	0	1	1	OC2 Rechteck 1:1 Frequenz variabel durch OCR0
0	0	1	0	x	OC2 bei match fest auf Low legen (Flanke)
0	0	1	1	x	OC2 bei match fest auf High legen (Flanke)
0	1	1	0	0	OC2 PWM phasenrichtig
0	1	1	1	0	OC2 PWM phasenrichtig invertiert
0	1	1	0	1	OC2 PWM schnell (fast)
0	1	1	1	1	OC2 PWM schnell (fast) invertiert

Für alle Steuerbits 0 wird im Timerbetrieb kein Signal ausgegeben. Das Steuerbit WGM20 unterscheidet zwischen dem Normalbetrieb (0) und dem PWM-Betrieb (1). Im Normalbetrieb wird für eine 0 in COM21 ein Rechtecksignal im Tastverhältnis 1:1 ausgegeben, dessen Frequenz für eine 1 in WGM21 durch den Timertakt und das Compare-Register bestimmt wird. Im PWM-Betrieb liefert das Compare-Register das Tastverhältnis. Im schnellen (*fast*) Betrieb ist die PWM-Frequenz gleich dem Timertakt durch 256; im phasenrichtigen Betrieb ist sie Timertakt durch 512. Das Schreiben einer 1 nach FOC2 löst ein *match* an OC2 aus. Abschnitt 4.4.3 behandelt ausführlich die Betriebsarten Compare und PWM der Timer.

4.4 Die Timereinheiten 339

4.4.5 Der Watchdog Timer und Stromsparbetrieb

Der Watchdog Timer (Wachhund) dient dazu, Fehlerzustände wie z.B. Endlosschleifen abzubrechen und den Controller wie beim Einschalten der Versorgungsspannung (Power-On) bzw. bei einem Low-Signal am Reset-Eingang neu zu starten. Dabei wird die Peripherie zurückgesetzt und der auf der Adresse $0000 liegende Befehl ausgeführt (*Bild 4-43*). Die neueren Bausteine wie z.B. die der ATmega Familie verfügen über weitere Resetquellen.

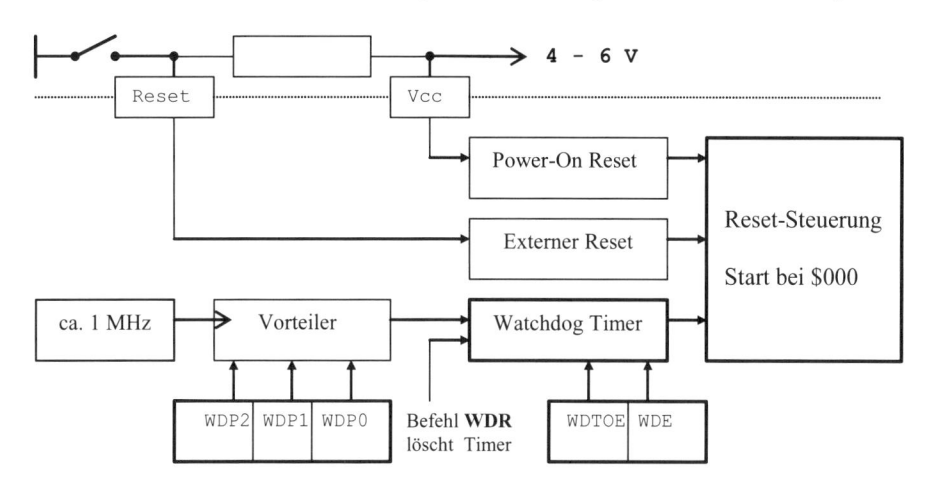

Bild 4-43: Watchdog Timer und Reset

Das Register `WDTCR` stellt die Wartezeit (Time-Out) bis zum Auslösen des Watchdog-Reset ein, wenn der Timer nicht vorher mit dem Befehl `WDR` (**W**atch **D**og **R**eset) zurückgesetzt wurde.

WDTCR = **W**atch**D**og **T**imer **C**ontrol **R**egister   SRAM-Adresse $41   SFR-Adresse $21

Bit 7	Bit 6	Bit 5	Bit 4	Bit 3	Bit 2	Bit 1	Bit 0
–	–	–	WDTOE	WDE	WDP2	WDP1	WDP0
			0: WDE nicht löschbar 1: WDE löschbar	0: Timer aus 1: Timer ein	0 0 0: Teiler 16 Zeit ca. 15 ms 0 0 1: Teiler 32 Zeit ca. 30 ms 0 1 0: Teiler 64 Zeit ca. 60 ms 0 1 1: Teiler 128 Zeit ca. 120 ms 1 0 0: Teiler 256 Zeit ca. 240 ms 1 0 1: Teiler 512 Zeit ca. 490 ms 1 1 0: Teiler 1024 Zeit ca. 970 ms 1 1 1: Teiler 2048 Zeit ca. 1.9 sek		

Der Timertakt wird von einem eigenen internen Oszillator (ca. 1 MHz) abgeleitet und ist abhängig von der Versorgungsspannung Vcc. Mit den Bitpositionen `WDP0` bis `WDP2` wird ein Vorteiler eingestellt. Die angegebenen Wartezeiten beziehen sich auf eine Versorgungsspannung von ca. 5 Volt. Bei 3 Volt ist die Zeit etwa um das dreifache länger. Nach einem Einschalten der Versorgungsspannung bzw. nach einem externen Reset ist der Watchdog Timer zunächst abgeschaltet. Er wird durch Setzen (1) von `WDE` (**W**atch **D**og **E**nable) eingeschaltet. Zum Abschalten des Watchdog Timers muss das Bit `WDTOE` (**W**atch **D**og **T**imer **O**ff **E**nable) gleichzeitig mit `WDE` gesetzt (1) werden. Dann kann innerhalb der nächsten 4 Takte (Befehle) das Bit `WDE` gelöscht werden. Mit dem Befehl **WDR** (**W**atch **D**og **R**eset) muss der Timer vor Ablauf der eingestellten Zeit wieder zurückgesetzt werden, sonst wird das Programm abgebrochen und mit Reset neu gestartet.

Der Befehl `wdr` (**w**atch **d**og **r**eset) setzt den Watchdog Timer vor Ablauf der Wartezeit zurück. Mit dem Befehl `sleep` wird der Baustein zusammen mit Steuerbits in `MCUCR` in einen stromsparenden Ruhezustand versetzt.

Befehl	Operand	ITHSVNZC	W	T	Wirkung
sleep			1	1	*bringt für SE = 1 den Controller in einen Ruhezustand*
wdr			1	1	*setzt den Watchdog Timer zurück*

Das Assemblerbeispiel gibt einen verzögerten Dezimalzähler auf dem Port B aus. Wenn der Taster PD7 jedoch nicht alle 1.9 sek betätigt wird, bricht der Watchdog Timer den Zähler mit einem Reset ab und startet das Programm erneut.

```
; k4p12.asm Watchdog Timer muss mind. alle 1.9 sek beruhigt werden
; Port B: Ausgabe Zähler für ca. 100 ms
; Port D: PD7 = Low betätigen und Wachhund beruhigen sonst RESET
        .INCLUDE "m16def.inc"    ; Deklarationen
        .EQU     takt = 8000000  ; Systemtakt
        .DEF     akku = r16      ;
        .DEF     zael = r18      ;
        .CSEG                    ; Programmbereich
        rjmp     start           ;
        .ORG     $2A             ; Interrupts nicht besetzt
start:  ldi      akku,LOW(RAMEND)  ; Stapelzeiger
        out      SPL,akku          ; anlegen
        ldi      akku,HIGH(RAMEND) ;
        out      SPH,akku          ;
        ser      akku              ;
        out      DDRB,akku         ; Port B ist Ausgang
        ldi      akku,(1<<WDTOE) | (1<<WDE) | (1<<WDP2) | (1<<WDP1) | (1<<WDP0)
        out      WDTCR,akku        ; Teiler 2048 ca. 1.9 sek
        clr      zael              ; Ausgabezähler löschen
loop:   mov      akku,zael         ;
        rcall    dual2bcd          ; nach BCD
```

4.4 Die Timereinheiten

```
                out     PORTB,akku      ; Zähler dezimal in 100 ms ausgeben
                ldi     XL,2            ; 2*65536*0.125*6 ca.100 ms Wartezeit
loop1:          sbis    PIND,PD7        ; 2 Takte überspringe wenn PD7 High
                wdr                     ; bei Low: Wachhund beruhigen
                sbiw    ZL,1            ; 2 Takte Wartezähler -1
                brne    loop1           ; 2 Takte
                dec     XL              ;
                brne    loop1           ;
                inc     zael            ; Ausgabezähler + 1
                rjmp    loop            ; neue Ausgabe
                .INCLUDE "dual2bcd.asm" ; R16 dual -> R17 und R16 BCD
                .EXIT                   ; Ende des Quelltextes
```

Ältere GNU-Compiler stellen in der API-Bibliothek Watchdog Funktionen zur Verfügung, die mit #include <wdt.h> zugeordnet werden müssen.

Ergebnis	Funktion	Anwendung
void	wdt_enable(*Faktor*)	WDT einschalten
		Faktor = 0: Vorteiler :16 Zeit ca. 15 ms (5 Volt)
		Faktor = 1: Vorteiler :32 Zeit ca. 30 ms (5 Volt)
		Faktor = 2: Vorteiler :64 Zeit ca. 60 ms (5 Volt)
		Faktor = 3: Vorteiler :128 Zeit ca. 120 ms (5 Volt)
		Faktor = 4: Vorteiler :256 Zeit ca. 240 ms (5 Volt)
		Faktor = 5: Vorteiler :512 Zeit ca. 490 ms (5 Volt)
		Faktor = 6: Vorteiler :1024 Zeit ca. 970 ms (5 Volt)
		Faktor = 7: Vorteiler :2048 Zeit ca. 1.9 sek (5 Volt)
void	wdt_reset(void)	WDT zurücksetzen
void	wdt_disable(void)	WDT ausschalten

Neuere Versionen des GNU-Compilers ordnen die Watchdog Funktionen mit #include <avr/wdt.h> zu und enthalten zusätzlich vordefinierte Konstanten für die Wartezeit. Das C-Programmbeispiel gibt einen verzögerten Dezimalzähler auf dem Port B aus. Wenn der Taster PD7 jedoch nicht alle 1.9 sek betätigt wird, bricht der Watchdog Timer den Zähler mit einem Reset ab und startet das Programm erneut.

```c
// k4p12.c Watchdog Timer mindestens alle 1.9 sek beruhigen
// Port B: Ausgabe Zähler Einheit ca. 100 ms
// Port D: PD7 = Low: Taste drücken Wachhund beruhigen sonst löst er Reset aus
#include <avr/io.h>              // Deklarationen
#include <avr/wdt.h>             // vordefinierte Watchdog Funktionen
void main(void)                  // Hauptfunktion
{
 unsigned char zaehler;          // 8bit Dualzähler
```

```
unsigned long int i;            // 32bit Wartezähler
DDRB = 0xff;                    // Port B ist Ausgang
wdt_enable(7);                  // Wachhund scharf machen Zeit ca. 1.9 sek
zaehler = 0;                    // Ausgabezähler löschen
while(1)                        // Arbeitsschleife
{
 zaehler++;                     // Zähler erhöhen
 PORTB = ((zaehler%100)/10 << 4) | ((zaehler%100)%10); // Zähler ausgeben
 for(i=0; i<100000; i++)                        // Schleife ca. 100 ms
   if( !(PIND & (1 << PIND7))) wdt_reset();     // Wachhund beruhigen
} // Ende while
} // Ende main
```

Mit den Bits SE und SMx des Haupt-Steuerregisters MCUCR lässt sich für den Controller ein stromsparender *Ruhezustand* vorbereiten, der durch den Befehl sleep ausgelöst wird.

MCUCR = **MCU** **C**ontrol **R**egister SRAM-Adresse $55 SFR-Adresse $35

Bit 7	Bit 6	Bit 5	Bit 4	Bit 3	Bit 2	Bit 1	Bit 0
SM2	SE	SM1	SM0	ISC11	ISC10	ISC01	ISC00
Sleep	Sleep 0: gesperrt 1: frei	Sleep	Sleep	Interrupt INT1		Interrupt INT0	

SM2	SM1	SM0	Sleep Betriebsart
0	0	0	Idle
0	0	1	ADC Noise Reduction
0	1	0	Power-down
0	1	1	Power-save
1	0	0	reserviert
1	0	1	reserviert
1	1	0	Standby
1	1	1	Extended Standby

Der Ruhezustand wird durch SE = 1 vorbereitet (initialisiert). Das Beispiel bereitet für den ATmega16 mit SM0 = 0, SM1 = 0 und SM2 = 0 den Zustand idle vor, der durch alle Interrupts abgebrochen werden kann. Der Befehl sleep der Hauptprogrammschleife versetzt den Baustein in einen stromsparenden Ruhezustand, in dem er keine Befehle ausführt. Dieser wird in dem Beispiel durch einen externen Interrupt INT1 abgebrochen. Der Controller führt die Serviceroutine und dann den auf den Befehl sleep folgenden Befehl aus. Für die Wirkung der stromsparenden Betriebsarten und die Möglichkeiten zu ihrer Beendigung sollten die Unterlagen des Herstellers herangezogen werden.

4.4 Die Timereinheiten

```
; k4p13.asm ATmega16 im Ruhezustand (Sleep Mode)
; Port B: Ausgabe Dualzähler durch Taste PD3 um 1 erhöht
; Port D: Eingabe Taste PD3
        .INCLUDE "m16def.inc"   ; Deklarationen für ATmega16
        .DEF    akku = r16      ; Arbeitsregister
        .CSEG                   ; Programm-Flash
        rjmp    start           ; Reset-Einsprung
        .ORG    INT1addr        ; Einsprung externer Interrupt INT1
        jmp     taste           ; nach Serviceprogramm
        .ORG    $2A             ; weitere Interrupteinsprünge übergehen
start:  ldi     akku,LOW(RAMEND); Stapel anlegen
        out     SPL,akku        ;
        ldi     akku,HIGH(RAMEND) ;
        out     SPH,akku        ;
        ldi     akku,$ff        ; Bitmuster 1111 1111
        out     DDRB,akku       ; Richtung Port B ist Ausgang
        clr     akku            ; Dualzähler löschen
        out     PORTB,akku      ; und Anfangswert ausgeben
; Ruhezustand Sleep Mode 0 0 0 Idle
        in      akku,MCUCR      ; altes Steuerregister
        sbr     akku,1 << SE    ; setze  Bit SE Sleep Mode ein
        cbr     akku,1 << SM0   ; lösche Bit SM0
        cbr     akku,1 << SM1   ; lösche Bit SM1
        cbr     akku,1 << SM2   ; lösche Bit SM2
        out     MCUCR,akku      ; Mode 0 0 0 Idle
; Interrupt INT1 initialisieren
        in      akku,MCUCR      ; altes Steuerregister
        sbr     akku,1 << ISC11 ; setze  Bit ISC11
        cbr     akku,1 << ISC10 ; lösche Bit ISC10
        out     MCUCR,akku      ; ISC1x: 1 0 INT1 fallende Flanke
        in      akku,GICR       ; altes Freigaberegister
        sbr     akku,1 << INT1  ; setze Bit INT1
        out     GICR,akku       ; Interrupt INT1 freigegeben
        sei                     ; alle Interrupts global frei
; Hauptprogramm schläft stromsparend vor sich hin
loop:   sleep                   ; energiesparender Schlaf
        rjmp    loop            ; tu nix
; Serviceprogramm erhöht Zähler: R16 und SREG nicht gerettet !!!
taste:  in      r16,PORTB       ; Zähler in PORTB
        inc     r16             ; Dualzähler erhöhen
        out     PORTB,r16       ; dual ausgeben
        reti                    ; Rücksprung aus Serviceprogramm
        .EXIT                   ; Ende des Quelltextes
```

Durch #include <avr/sleep.h> können bei neueren GNU-Compilern zwei Funktionen und mehrere vordefinierte Bezeichner für den Stromsparbetrieb zugeordnet werden.

Ergebnis	Funktion	Anwendung
void	set_sleep_mode(mode)	bereitet sleep Betrieb in MCUCR durch SM2 SM1 SM0 vor
		mode 0 0 0: SLEEP_MODE_IDLE
		mode 0 0 1: SLEEP_MODE_ADC
		mode 0 1 0: SLEEP_MODE_PWR_DOWN
		mode 0 1 1: SLEEP_MODE_PWR_SAVE
		mode 1 1 0: SLEEP_MODE_STANDBY
		mode 1 1 1: SLEEP_MODE_EXT_STANDBY
void	sleep_mode(void)	führt sleep Befehl aus

Für die Wirkung der Betriebsarten sollten die Unterlagen des Herstellers herangezogen werden. Das Beispiel versetzt den ATmega16 in den *idle* Stromsparbetrieb, der durch einen externen Interrupt kurzzeitig unterbrochen wird, um einen Dualzähler auf dem Port B um 1 zu erhöhen.

```
// k4p13.c ATmega16 im Ruhezustand (Sleep Mode)
// Port B: Ausgabe Dualzähler durch Taste PD3 um 1 erhöht
// Port D: Eingabe Taste PD3
#include <avr/io.h>              // Deklarationen
#include <avr/sleep.h>           // Sleep Funktionen
#include <avr/interrupt.h>       // Interruptfunktionen
#include <avr/signal.h>          // Interruptfunktionen
SIGNAL(SIG_INTERRUPT1)           // durch INT1 ausgelöst
{
 PORTB++;                        // Ausgabe Port B + 1
}
void main(void)                  // Hauptfunktion
{
 DDRB = 0xff;                    // Port B ist Ausgang
 PORTB = 0;                      // Anfangswert Null
 MCUCR |= (1 << ISC11);          // Interrupt 1 fallende Flanke
 GICR  |= (1 << INT1);           // Interrupt 1 frei
 set_sleep_mode(SLEEP_MODE_IDLE); // Sleep Mode 0 idle vorbereiten
 sei();                          // alle Interrupts frei
 while(1) { sleep_mode(); }      // Arbeitsschleife schläft fest
} // Ende main
```

4.5 Die seriellen Schnittstellen USART und UART

Die meisten AVR-Bausteine verfügen über eine serielle Schnittstelle für die Datenübertragung nach den Normen V.24 bzw. RS 232 C. Die Bezeichnung **USART** ist eine Abkürzung für **U**niversal **S**ynchronous and **A**synchronous **R**eceiver and **T**ransmitter und bedeutet, dass Empfänger und Sender für die synchrone und die asynchrone serielle Datenübertragung vorhanden sind. Die einfache UART-Schnittstelle enthält nur den Asynchronbetrieb.

Bei der seriellen Datenübertragung werden die Daten parallel in ein Schieberegister geschrieben und dann vom Sender mit dem Sendetakt seriell herausgeschoben. Sie gelangen über die Datenleitung zum Empfänger, der sie mit dem Empfangstakt aufnimmt, und können dort wieder parallel ausgelesen werden. *Bild 4-44* zeigt eine *synchrone* serielle Übertragung mit einer zusätzlichen Taktleitung, die Sender und Empfänger synchronisiert. Gegenüber der parallelen Übertragung verringert sich der Leitungsaufwand auf eine Datenleitung und gegebenenfalls eine zusätzliche Taktleitung; für die Übertragung eines Bytes ist jedoch die achtfache Zeit gegenüber der parallelen Übertragung erforderlich.

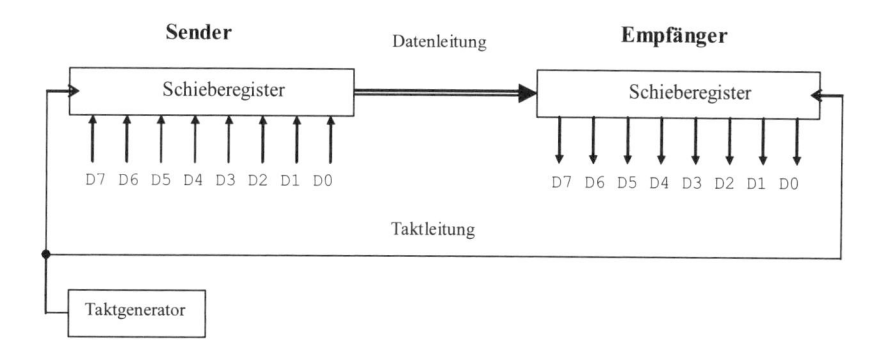

Bild 4-44: Synchrone serielle Datenübertragung mit gemeinsamer Taktleitung

Bei der in *Bild 4-45* dargestellten *asynchronen* seriellen Übertragung nach den Normen V.24 bzw. RS 232 C entfällt die Taktleitung; Sender und Empfänger sind nur durch die Datenleitung und Ground (Erde) miteinander verbunden. Die Schnittstelle enthält sowohl einen Sender als auch einen Empfänger und kann im Vollduplexbetrieb gleichzeitig senden und empfangen. Die Daten werden in einen Rahmen (*frame*) aus Startbit, Stoppbit und Paritätsbit eingebettet. Da der Schiebetakt nicht übertragen wird, müssen Sender und Empfänger auf die gleiche Taktfrequenz eingestellt sein und sich bei jedem Zeichen durch die fallende Flanke des Startbits neu synchronisieren. Das Startbit ist immer TTL-Low (z.B. 0.1 Volt), und die Leitung ist V.24-positiv (z.B. +10 Volt). Dann folgen die Datenbits. Das Stoppbit ist immer TTL-High und geht in den Ruhezustand über, wenn kein Zeichen direkt folgt. Zwischen dem letzten Bit D7 und dem Stoppbit kann optional ein Paritätsbit oder ein zweites Stoppbit eingeschoben werden (siehe CHR9, RXB8 und TXB8 in UCR).

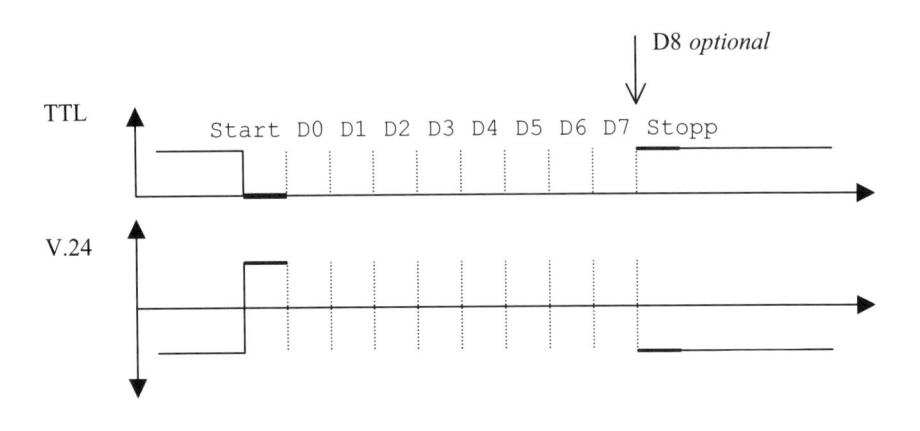

Bild 4-45: Zeitdiagramm der asynchronen seriellen Übertragung

Die Anzahl der Übertragungsschritte pro Sekunde wird in der Einheit *baud* angegeben. Da mit jedem Schritt (Takt) ein Bit übertragen wird, ist hier die Baudrate gleich der Datenübertragungsrate in der Einheit *bps* (Bit pro Sekunde). Wegen der fehlenden Taktverbindung müssen Sender und Empfänger auf die gleiche Baudrate eingestellt sein, die nicht mehr als 2% von dem genormten Wert abweichen sollte. Bei 9600 baud (bps) beträgt die Bitzeit 104 µs. Die Übertragung eines Zeichens (Startbit, acht Datenbits und Stoppbit) dauert ca. 1 ms.

Mit der USART-Schnittstelle lässt sich eine Verbindung zur seriellen Schnittstelle des PC (COMx) herstellen. Diese ist für den Anschluss eines Modems (Modulator/Demodulator) mit besonderen Steuersignalen eingerichtet, die einen Quittungsbetrieb (Handshake) ermöglichen. Die USART-Schnittstelle der AVR-Controller muss diese Modemsignale – wenn erforderlich – mit zusätzlichen Leitungen der Parallelports übertragen. *Bild 4-46* zeigt eine einfache Dreidrahtverbindung. Für die Verbindung des STK 500 mit dem PC ist also ein 1:1-Kabel erforderlich. Zwei normgerechte V.24-Schnittstellen werden mit einem Nullmodem-Kabel nach *Bild 4-47* verbunden, bei dem Sende- und Empfangsleitungen gekreuzt sind.

Stiftbelegung der 9poligen PC-Schnittstelle:

Stift 2: Empfängereingang RxD
Stift 3: Senderausgang TxD
Stift 5: Ground (Erde)

Stiftbelegung der 9poligen Buchse des Entwicklungsgerätes STK 500:

Stift 2: Senderausgang TXD
Stift 3: Empfängereingang RXD
Stift 5: Ground (Erde)

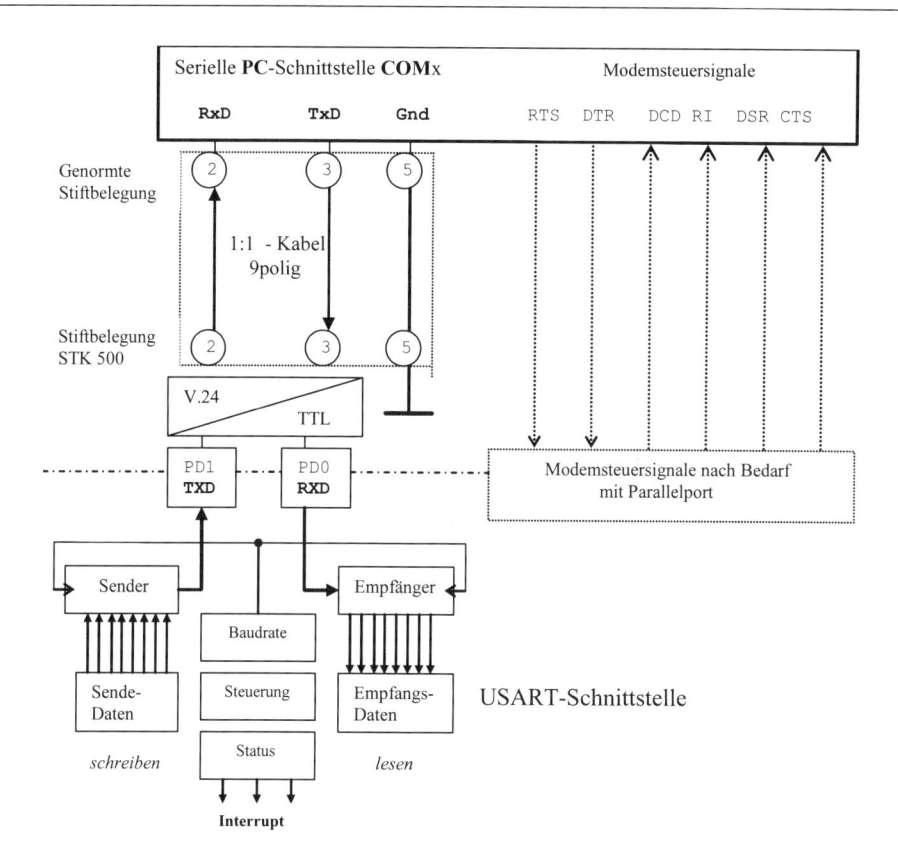

4.5 Die seriellen Schnittstellen USART und UART

Bild 4-46: USART-Schnittstelle und Dreidrahtverbindung mit 1:1-Kabel zum PC

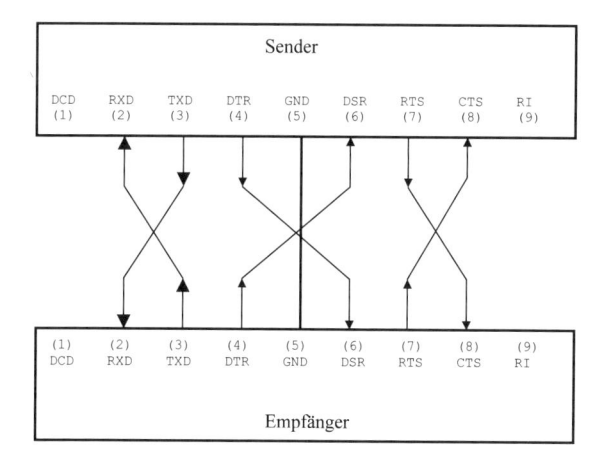

Bild 4-47: Nullmodem-Verbindung mit Handshakesignalen

4.5.1 Die serielle USART-Schnittstelle

Die Sende- und Empfangsdaten werden in Doppelpuffern zwischengespeichert. Die Datenübertragung erfolgt über das Datenregister UDR, das beim Schreiben die Sendedaten aufnimmt und beim Lesen die empfangenen Daten enthält.

UDR = **U**SART **D**ata **R**egister   SRAM-Adresse $2C   SFR-Adresse $0C   bitadressierbar

schreiben:	Sendedaten nach Senderpuffer übertragen
lesen:	Empfangsdaten aus Empfängerpuffer abholen

Sender und Empfänger der Schnittstelle werden für die gleiche Baudrate programmiert. Für die einfache asynchrone Übertragungsgeschwindigkeit (Bit U2X = 0 in UCSRA) ergeben sich der in das Baudratenregister UBRR zu ladende ganzzahlige Teiler, die tatsächliche Baudrate und der Fehler aus den Formeln:

$$\text{Teiler} = \frac{\text{Systemtakt}}{16 * \text{Baud}} - 1 \quad \textbf{z.B.} \quad \frac{8\ \text{MHz}}{16 * 9600} - 1 = 51.08 \text{ gerundet } 51$$

$$\text{Baud} = \frac{\text{Systemtakt}}{16 * (\text{Teiler} + 1)} \quad \textbf{z.B.} \quad \frac{8\ \text{MHz}}{16*(51 + 1)} = 9615.4 \text{ tatsächlich}$$

$$\text{Fehler} = \frac{\text{Baudrate}_{\text{tatsächlich}}}{\text{Baudrate}_{\text{genormt}}} - 1 * 100 \quad \textbf{z.B.} \quad \frac{9615.4}{9600} - 1 * 100 = 0.16\%$$

Bei verdoppelter asynchroner Übertragungsgeschwindigkeit (Bit U2X = 1 in UCSRA) ist der Faktor 16 im Nenner durch den Faktor 8 zu ersetzen. Im Synchronbetrieb (Bit UMSEL = 1) ist der Faktor 16 im Nenner durch den Faktor 2 zu ersetzen.

Die rechnerisch ermittelten Teilerfaktoren sind zu runden, da das Baudratenregister nur ganzzahlige Werte aufnehmen kann. Da Sender und Empfänger bei jeder fallenden Flanke des Startbits neu synchronisiert werden, sind üblicherweise Abweichungen von bis zu 2% von den genormten Baudraten zulässig.

Baud	1.8432 M	2 MHz	2.4576 M	3.2768 M	3.6864 M	4 MHz	4.608 M	7.3728 M	*8 MHZ*
2400	47	51	63	84	95	103	119	191	207
4800	23	25	31	42	47	51	59	95	103
9600	11	12	15	20	23	25	29	47	**51**

4.5 Die seriellen Schnittstellen USART und UART

Das Low-Byte der 12 bit langen ganzzahligen Baudrate ist nach UBRRL zu schreiben.

UBRRL = USART **B**aud **R**ate **R**egister **L**ow   SRAM-Adresse $29   SFR-Adresse $09   bitadressierbar

Baudrate Bit 7 bis Bit 0

Das High-Byte ist nach UBRRH zu schreiben, das nach einem Reset zunächst gelöscht ist. Da es auf der gleichen Adresse wie das Steuer- und Statusregister UCSRC liegt, muss beim Zugriff auf das Baudratenregister das Umschaltbit URSEL = 0 sein.

UBRRH = USART **B**aud **R**ate **R**egister **H**igh   SRAM-Adresse $40   SFR-Adresse $20

Bit 7	*Bit 6*	*Bit 5*	*Bit 4*	*Bit 3*	*Bit 2*	*Bit 1*	*Bit 0*
URSEL = 0	–	–	–	Baudrate Bit 11 bis Bit 8			

Nach einem Reset ist die USART-Schnittstelle zunächst gesperrt. Sie muss durch Programmierung der drei Steuerregister freigegeben werden, die als Statusregister gleichzeitig auch Anzeige- und Zustandsbits enthalten.

UCSRA = USART **C**ontrol **S**tatus **R**egister **A**   SRAM-Adresse $2B   SFR-Adresse $0B   bitadressierbar

Bit 7	*Bit 6*	*Bit 5*	*Bit 4*	*Bit 3*	*Bit 2*	*Bit 1*	*Bit 0*
RXC	TXC	UDRE	FE	DOR	PE	U2X	MPCM
Empfänger 0: kein Zei. 1: Zeichen *Interrupt*	*Daten aus Schiebereg.* 1: gesendet *Interrupt*	*Sendedaten-Register* 1: leer *Interrupt*	*Empfangs-Rahmen* 1: Fehler	*Empfänger-Überlauf* 1: Fehler	*Paritäts-kontrolle* 1: Fehler	*Steuerbit doppelte Baudrate*	*Steuerbit Multi-prozessor-betrieb*

Das Anzeigebit **RXC** wird von der Steuerung auf 1 gesetzt, wenn ein Zeichen im Empfänger angekommen ist und wird beim Lesen der Daten aus UDR wieder gelöscht.

Das Anzeigebit **TXC** wird von der Steuerung auf 1 gesetzt, wenn ein Zeichen aus dem Sender herausgeschoben wurde und der Sendepuffer leer ist. Es wird bei der Interruptannahme bzw. durch Einschreiben einer 1 wieder gelöscht.

Das Anzeigebit **UDRE** wird von der Steuerung auf 1 gesetzt, wenn der Sendepuffer für die Übertragung neuer Daten bereit ist. Nach einem Reset ist der Sender bereit und UDRE ist 1.

Die Anzeigebits **FE**, **DOR** und **PE** werden von der Steuerung auf 1 gesetzt, wenn ein entsprechender Fehler aufgetreten ist. Sie werden durch Lesen des Datenregisters wieder auf 0 zurückgesetzt.

Das Steuerbit **U2X** = 1 (**D**ouble the **U**SART Transmission Speed) verdoppelt die Baudrate im asynchronen Betrieb. Dann ist im Nenner der Formel für den Taktteiler der Faktor 16 durch den Faktor 8 zu ersetzen!

Das Steuerbit **MPCM** = 1 (**M**ulti-**P**rocessor **C**ommunication **M**ode) schaltet für den Empfänger den Multiprozessorbetrieb ein, in dem bei empfangenen Zeichen zwischen Daten und Adressen unterschieden wird.

UCSRB = **U**SART **C**ontrol **S**tatus **R**egister **B**   SRAM-Adresse $2A   SFR-Adresse $0A   bitadressierbar

Bit 7	Bit 6	Bit 5	Bit 4	Bit 3	Bit 2	Bit 1	Bit 0
RXCIE	TXCIE	UDRIE	RXEN	TXEN	UCSZ2	RXB8	TXB8
Empfänger Interrupt 1: frei	*Sender Interrupt* 1: frei	*Sendedaten Interrupt* 1: frei	*Empfänger* 0: gesperrt 1: frei	*Sender* 0: gesperrt 1: frei	*Zeichenlänge siehe* UCSRC	*Empfänger Bit 8*	*Sender Bit 8*

Das Steuerbit **RXCIE** ist vom Programm auf 1 zu setzen, wenn bei einem empfangenen Zeichen (RXC = 1) und für I = 1 im Statusregister ein Interrupt ausgelöst werden soll.

Das Steuerbit **TXCIE** ist vom Programm auf 1 zu setzen, wenn bei einem herausgeschobenen Zeichen (TXC = 1) und für I = 1 im Statusregister ein Interrupt ausgelöst werden soll.

Das Steuerbit **UDRIE** ist vom Programm auf 1 zu setzen, wenn bei einem leeren Sendedatenregister (UDRE = 1) und für I = 1 im Statusregister ein Interrupt ausgelöst werden soll.

Die Einsprünge der drei Interrupt-Serviceprogramme liegen im unteren Adressbereich und werden von den meisten Definitionsdateien als Symbole vereinbart.

- Empfängerinterrupt: Assembler URXCaddr und für C: SIG_UART_RECV
- Sendeschieberegisterinterrupt: Assembler UTXCaddr und für C: SIG_UART_TRANS
- Sendedatenregisterinterrupt: Assembler UDREaddr und für C: SIG_UART_DATA

```
; Assemblerbeispiel für einen Empfängerinterrupt
    .ORG   URXCaddr    ; Einsprungadresse
    rjmp   abholen     ; Sprung zum Serviceprogramm

// C-Servicefunktion für einen Empfängerinterrupt
SIGNAL(SIG_UART_RECV)
{  /* Zeichen abholen */  }
```

Das Steuerbit **RXEN** ist vom Programm auf 1 zu setzen, um den Empfänger einzuschalten. Die Portfunktionen sind dabei abgeschaltet.

Das Steuerbit **TXEN** ist vom Programm auf 1 zu setzen, um den Sender einzuschalten. Die Portfunktionen sind dabei abgeschaltet.

4.5 Die seriellen Schnittstellen USART und UART

Das Steuerbit **UCSZ2** (**U**SART **C**haracter **SiZ**e) bestimmt zusammen mit UCSZ1 und UCSZ0 des Steuerregisters UCSRC die Anzahl der Datenbits von Sender und Empfänger.

Die Bitposition **RXB8** enthält bei einer Übertragung von neun Datenbits die neunte Bitposition der empfangenen Daten und muss vor dem Lesen des Datenregisters UDR gelesen werden.

In die Bitposition **TXB8** ist bei einer Übertragung von neun Datenbits die neunte Bitposition zu schreiben bevor die restlichen acht Bitpositionen nach UDR geschrieben werden.

Das Steuer- und Statusregister UCSRC liegt auf der gleichen Adresse wie das Baudratenregister UBRRH und muss mit dem Steuerbit URSEL = 1 eingeschaltet werden.

UCSRC = **US**ART **C**ontrol **S**tatus **R**egister **C**   SRAM-Adresse $40   SFR-Adresse $20

Bit 7	Bit 6	Bit 5	Bit 4	Bit 3	Bit 2	Bit 1	Bit 0
URSEL	UMSEL	UPM1	UPM0	USBS	UCSZ1	UCSZ0	UCPOL
URSEL = 1	Betriebsart 0: *Async.* 1: *Sync.*	Parität: 0 0: keine 0 1: reserviert 1 0: gerade Parität 1 1: ungerade Parit.		Stoppbits 0: 1 Bit 1: 2 Bits	Datenlänge UCSZ2 UCSZ1 UCSZ0 0 0 0: 5bit Übertragung 0 0 1: 6bit Übertragung 0 1 0: 7bit Übertragung 0 1 1: 8bit Übertragung 1 1 1: 9bit Übertragung		Synchronbetrieb *Phasenlage des Schiebetaktes*

Das Steuerbit **UMSEL** (**U**SART **M**ode **SEL**ect) schaltet mit einer 0 den asynchronen und mit einer 1 den synchronen Betrieb ein.

Die Steuerbits **UPM1** und **UPM2** (**U**SART **P**arity **M**ode) wählen die Parität der übertragenen Daten aus, die mit dem Anzeigebit PE auf Paritätsfehler überprüft wird.

Das Steuerbit **USBS** (**U**SART **S**top **B**it Select) legt die Anzahl der Stoppbits für die zu sendenden Daten fest. Die Angabe ist für den Empfänger, der nur ein Stoppbit benötigt, wirkungslos.

Die Steuerbits **UCSZ1** und **UCSZ0** (**U**SART **C**haracter **SiZ**e) legen zusammen mit UCSZ2 die Anzahl der übertragenen Datenbits fest.

Das Steuerbit **UCPOL** (**U**SART **C**lock **POL**arity) bestimmt nur im Synchronbetrieb die Phasenlage der gesendeten bzw. empfangenden Datenbits in Bezug auf den Übertragungstakt. Im Asynchronbetrieb sollte UCPOL = 0 sein. Im synchronen Sendebetrieb werden für das Bit UCPOL = 0 die an TxD gesendeten Datenbits mit der steigenden Flanke des Sendetaktes XCK ausgegeben, für UCPOL = 1 mit der fallenden Flanke. Im synchronen Eingabebetrieb werden für UCPOL = 0 die an RxD ankommenden Datenbits mit der fallenden Flanke des Taktes XCK abgetastet, für UCPOL = 1 mit der steigenden Flanke.

4.5.1.1 Der Asynchronbetrieb der USART-Schnittstelle

Der Asynchronbetrieb ist nach einem Reset mit UMSEL = 0 voreingestellt. Die Funktionen der Schnittstelle wurden nach folgenden Gesichtspunkten programmiert:

- Definierte Symbolkonstanten im Hauptprogramm für den Systemtakt und die Baudrate,
- Unterprogramme, Makros und Funktionen für die Grundoperationen,
- Zusammenfassung der Include-Anweisungen in Headerdateien,
- durch bedingte Assemblierung bzw. Compilierung allgemeine Verwendbarkeit sowohl für die USART- als auch für die UART-Schnittstelle (Abschnitt 4.5.2).

Die *Assembler-Makrovereinbarungen* wurden im Abschnitt 2.8 für die Eingabe und Ausgabe von Zeichen, Strings und Zahlen verwendet. Die INCLUDE-Anweisungen sind in der Headerdatei Mkonsole.h zusammengefasst.

```
; Mkonsole.h Makros mit Konsolfunktionen für USART und UART
    .INCLUDE  "Minituart.asm"  ; @0: Baudrate   Symbol: TAKT
    .INCLUDE  "Mputch.asm"     ; Ausgabe @0: Register mit Zeichen
    .INCLUDE  "Mputkon.asm"    ; Ausgabe @0: Zeichenkonstante
    .INCLUDE  "Mgetch.asm"     ; Eingabe mit warten @0: Register für Zeichen
    .INCLUDE  "Mgetche.asm"    ; Eingabe mit Echo   @0: Register für Zeichen
    .INCLUDE  "Mkbhit.asm"     ; Eingabe ohne warten @0 Null oder Zeichen
```

Die Makrovereinbarung Minituart initialisiert die Schnittstelle für den Asynchronbetrieb mit acht Datenbits und zwei Stoppbits und schaltet Sender und Empfänger ein.

```
; Minituart.asm: Makro UART bzw. USART initialisieren Symbol TAKT @0 Baudrate
    .MACRO    Minituart         ; @0 = Baudrate
    push      r16               ; Register retten
    .IFDEF    UBRRL             ; USART Mega-Familie
    ldi       r16,TAKT/(8*@0) - 1 ; Teilerformel Baudrate 8*
    out       UBRRL,r16         ; UBRRH nach Reset 0 !
    sbi       UCSRA,U2X         ; 2*Baudrate Faktor 8*
    ldi       r16,(1<<URSEL)|(1<<UCSZ1)|(1<<UCSZ0) ; Kontrollreg. C
    out       UCSRC,r16         ; asynchron 2 Stoppbits 8 Datenbits
    ldi       r16,(1<<RXEN)|(1<<TXEN) ;
    out       UCSRB,r16         ; Empfänger und Sender ein
    .ELSE                       ; UART
    ldi       r16,TAKT/(16*@0) - 1 ; Teilerformel Baudrate 16*
    out       UBRR,r16          ; Baudrate
    ldi       r16,(1<<RXEN)|(1<<TXEN) ;
    out       UCR,r16           ;  Empfänger und Sender ein
    .ENDIF                      ;
    in        r16,UDR           ; Empfänger leeren
    pop       r16               ; Register zurück
    .ENDM                       ;
```

4.5 Die seriellen Schnittstellen USART und UART

Die Makrovereinbarung `Mputch` wartet bis der Sender frei ist und übergibt dann dem Datenregister das Zeichen, das im angegebenen Register enthalten ist.

```
; Mputch.asm Makro: warten und Zeichen aus Register @0 nach Sender
         .MACRO   Mputch        ; @0 Register mit Ausgabezeichen
Mputch1: .IFDEF   UCSRA         ; USART Mega-Familie
         sbis     UCSRA,UDRE    ; überspringe wenn USART-Sender frei
         .ELSE                  ; UART
         sbis     USR,UDRE      ; überspringe wenn UART-Sender frei
         .ENDIF                 ;
         rjmp     Mputch1       ; sonst warten
         out      UDR,@0        ; Zeichen aus Register nach Sender
         .ENDM                  ;
```

Die Makrovereinbarung `Mgetch` wartet, bis ein Zeichen im Datenregister angekommen ist und übergibt es dem angegebenen Register.

```
; Mgetch.asm Makro: warten und Zeichen nach Register @0 ohne Echo
         .MACRO   Mgetch        ; @0 Parameter Register
Mgetch1: .IFDEF   UCSRA         ; USART Mega-Familie
         sbis     UCSRA,RXC     ; überspringe wenn Zeichen da
         .ELSE                  ; UART
         sbis     USR,RXC       ; überspringe wenn Zeichen da
         .ENDIF                 ;
         rjmp     Mgetch1       ; sonst warten
         in       @0,UDR        ; Register @0 <- Zeichen
         .ENDM                  ;
```

Die Makrovereinbarung `Mgetche` wartet, bis ein Zeichen im Datenregister angekommen ist, sendet es im Echo zurück und übergibt es dem angegebenen Register.

```
; Mgetche.asm Makro: warten und Zeichen nach Register @0 mit Echo
          .MACRO   Mgetche       ; @0 Parameter Register
Mgetche1: .IFDEF   UCSRA         ; USART Mega-Familie
          sbis     UCSRA,RXC     ; überspringe wenn Zeichen da
          .ELSE                  ; UART
          sbis     USR,RXC       ; überspringe wenn Zeichen da
          .ENDIF                 ;
          rjmp     Mgetche1      ; sonst warten
          in       @0,UDR        ; Register @0 <- Zeichen
Mgetche2: .IFDEF   UCSRA         ; USART Mega-Familie
          sbis     UCSRA,UDRE    ; überspringe wenn USART-Sender frei
          .ELSE                  ; UART
          sbis     USR,UDRE      ; überspringe wenn UART-Sender frei
          .ENDIF                 ;
          rjmp     Mgetche2      ; sonst warten
```

```
            out      UDR,@0      ; Zeichen aus Register nach Sender
            .ENDM                ;
```

Die Makrovereinbarung Mkbhit prüft den Status des Empfängers und kehrt sofort zurück. Es wird entweder das empfangene Zeichen oder eine Null für den Fall zurückgeliefert, dass kein Zeichen im Empfänger angekommen ist.

```
; Mkbhit.asm Makro: Empfänger testen Zeichen nach Register @0
            .MACRO   Mkbhit      ; @0 Parameter Register
            clr      @0          ; Register @0 löschen
            .IFDEF   UCSRA       ; USART Mega-Familie
            sbic     UCSRA,RXC   ; überspringe wenn kein Zeichen da
            .ELSE                ; UART
            sbic     USR,RXC     ; überspringe wenn kein Zeichen da
            .ENDIF               ;
            in       @0,UDR      ; sonst Register @0 <- Zeichen
            .ENDM                ;
```

Die Makrovereinbarung Mputkon gibt nicht den Inhalt eines Registers, sondern die als Parameter angegebene Konstante seriell aus.

```
; Mputkon.asm Makro gibt Konstante als ASCII-Zeichen aus
            .MACRO   Mputkon     ; @0 Parameter Zeichen
            push     r16         ; Hilfs-Register retten
            ldi      r16,@0      ; Konstante als Parameter
Mputkon1:   .IFDEF   UCSRA       ; USART Mega-Familie
            sbis     UCSRA,UDRE  ; überspringe wenn Sender frei
            .ELSE                ; UART
            sbis     USR,UDRE    ; überspringe wenn Sender frei
            .ENDIF
            rjmp     Mputkon1    ; sonst warten
            out      UDR,r16     ; Zeichen nach Sender
            pop      r16         ; Hilfs-Register zurück
            .ENDM                ;
```

Das Assemblerprogramm *Bild 4-48* testet die Konsol-Makros. Nach der Ausgabe eines Promptzeichens **>** werden alle ankommenden Zeichen im Echo wieder zurückgeschickt. Das Steuerzeichen *Escape* mit dem Code $1b beendet die erste Schleife und führt in eine zweite Schleife, die laufend das Zeichen **U** mit dem binären Code 01010101 ausgibt. Auf das Low-Startbit folgt dann als wertniedrigstes Bit 1 ein High und dann wieder ein Low. Das werthöchste Low-Bit wird gefolgt von einem Stopp-High. Für das Rechtecksignal mit dem Tastverhältnis 1:1 wurde eine Frequenz von 4808 Hz gemessen. Dies entspricht einer Baudrate (Halbperiode des Signals) von 9616, die damit um 0.16% vom genormten Wert abweicht.

4.5 Die seriellen Schnittstellen USART und UART

```
; k4p14.asm Bild 4-48   USART-Test mit Konsol-Makros
; Port B: -
; Port D: PD0 -> RXD   PD1 -> TXD   COM1 9600 Bd
        .INCLUDE "m16def.inc"    ; Deklarationen für ATmega16
        .INCLUDE "Mkonsole.h"    ; Makros für Zeichenübertragung
        .EQU    TAKT = 8000000   ; Systemtakt 8 MHz
        .DEF    akku = r16       ; Arbeitsregister
        .CSEG                    ; Programm-Flash
        rjmp    start            ; Reset-Einsprung
        .ORG    $2A              ; Interrupteinsprünge übergehen
start:  ldi     akku,LOW(RAMEND) ; Stapelzeiger laden
        out     SPL,akku         ;
        ldi     akku,HIGH(RAMEND) ;
        out     SPH,akku         ;
        Minituart 9600           ; USART initialisieren 9600 Baud bei TAKT
neu:    Mputkon '>'              ; > ausgeben
schlei: Mgetch  akku             ; Zeichen ohne Echo empfangen
        cpi     akku,$1b         ; Steuerzeichen Escape ?
        breq    loop             ; nein: kein Echo
        Mputch  akku             ;   ja: Echo
        rjmp    schlei           ; und neue Eingabe
; Ausgabeschleife mit * bis Abbruch mit beliebiger Taste
loop:   Mputkon $55              ; $55 = 0b01010101 = U ausgeben
        Mkbhit  akku             ; Empfänger testen
        tst     akku             ; Akku <- Null Zeichen da ?
        breq    loop             ; Null: kein Zeichen da
        rjmp    neu              ; ungleich Null: Zeichen nicht ausgeben
        .EXIT                    ; Ende des Quelltextes
```

Bild 4-48: Assemblerprogramm testet Konsol-Makros

Für besondere Aufgaben kann es sinnvoll sein, anstelle von Makros Unterprogramme zu verwenden, die nur einmal als Code vorhanden sind, aber mehrmals aufgerufen werden. Im Gegensatz zu den Makros enthalten die Beispiele keine bedingte Assemblierung und sind daher nur für die USART-Schnittstelle verwendbar.

Das Unterprogramm initusart initialisiert die Schnittstelle für den Asynchronbetrieb mit acht Datenbits und einem Stoppbit ohne Parität. Die Baudrate wird vom Assembler aus den Symbolen TAKT und BAUD als ganzzahlige Konstante berechnet und in das Baudratenregister geschrieben. Es ist jedoch zweckmäßig, vorher durch eine Handrechnung zu überprüfen, ob der gerundete Wert nicht mehr als 2% vom genormten Nennwert abweicht. Mit verdoppelter Baudrate (U2X = 1) lassen sich gegebenenfalls günstigere Werte erzielen.

```
; initusart.asm USART initialisieren für einfache Baudrate
initusart:push  r16                    ; Register retten
        ldi     r16,LOW(TAKT/(16*BAUD) - 1)  ; Teilerformel
        out     UBRRL,r16              ; nach Baudratenregister Low
        ldi     r16,HIGH(TAKT/(16*BAUD) - 1) ; Teilerformel
        andi    r16,0b01111111         ; URSEL = 0
        out     UBRRH,r16              ; nach Baudratenregister High
        sbi     UCSRB,RXEN             ; Empfänger einschalten
        sbi     UCSRB,TXEN             ; Sender einschalten
        ldi     r16,(1 << URSEL) | (1 << UCSZ1) | (1 << UCSZ0) ; URSEL = 1
        out     UCSRC,r16              ; async, ohne Parit. 1 Stoppbit 8 Datenbits
        in      r16,UDR                ; Empfänger leeren
        pop     r16                    ; Register zurück
        ret                            ; Rücksprung
```

Das Unterprogramm putch wartet bis der Sender frei ist und übergibt dann das auszugebende Zeichen dem Sendedatenregister. Bei 9600 Baud (Bitzeit ca. 100 µs) beträgt die maximale Wartezeit bei einem Startbit, acht Datenbits und einem Stoppbit etwa 1 ms.

```
; putch.asm USART warten und Zeichen aus R16 ausgeben
putch:  sbis    UCSRA,UDRE             ; überspringe wenn Sender frei
        rjmp    putch                  ; sonst warten
        out     UDR,r16                ; Zeichen nach Sender
        ret                            ; Rücksprung
```

Die Unterprogramme getch und getche warten auf ein ankommendes Zeichen. Die Wartezeit beträgt bei 9600 Baud und 10 Bits mindestens eine Millisekunde. Bei sehr langsamer Eingabe durch die Sendestation kann es zweckmäßig sein, die Wartezeit durch einen Empfängerinterrupt zu verkürzen. Das Unterprogramm kbhit testet den Empfänger und kehrt mit dem Rückgabewert Null zurück, wenn kein Zeichen angekommen ist.

```
; getch.asm USART warten und Zeichen nach R16 lesen
getch:  sbis    UCSRA,RXC              ; überspringe wenn Zeichen da
        rjmp    getch                  ; sonst warten
        in      r16,UDR                ; R16 <- Zeichen
        ret                            ; Rücksprung
;
; getche.asm USART warten und Zeichen nach R16 lesen und Echo senden
getche: sbis    UCSRA,RXC              ; überspringe wenn Zeichen da
        rjmp    getche                 ; sonst warten
        in      r16,UDR                ; R16 <- Zeichen
getche1:sbis    UCSRA,UDRE             ; überspringe wenn Sender frei
        rjmp    getche1                ; sonst warten
        out     UDR,r16                ; Zeichen im Echo senden
        ret                            ; Rücksprung
;
```

4.5 Die seriellen Schnittstellen USART und UART

```
;kbhit.asm USART Empfänger testen und Rücksprung
kbhit:  clr     r16             ; R16 löschen: kein Zeichen da
        sbic    UCSRA,RXC       ; überspringe wenn kein Zeichen da
        in      r16,UDR         ; sonst R16 <- Zeichen
        ret                     ; Rücksprung
```

Die Unterprogramme lassen sich mit .INCLUDE einzeln in das Hauptprogramm einfügen oder in einer Headerdatei wie z.B. konsole.h zusammenfassen.

```
; konsole.h Headerdatei für Zeichen-Konsolfunktionen
.INCLUDE "initusart.asm" ; Symbole TAKT und BAUD
.INCLUDE "putch.asm"     ; Zeichen aus R16 ausgeben
.INCLUDE "getch.asm"     ; Zeichen nach R16 lesen
.INCLUDE "getche.asm"    ; Zeichen nach R16 mit Echo
.INCLUDE "kbhit.asm"     ; Empfänger testen R16=0: kein Zeichen
```

Das Assemblerprogramm *Bild 4-49* testet die USART-Zeichenfunktionen mit einem PC als Terminal. Nach dem Senden des Promptzeichens **>** werden alle vom PC gesendeten Zeichen im Echo wieder zurückgeschickt.

```
; k4p14a.asm Bild 4-49   USART-Test mit Konsol-Unterprogrammen
; Port B: -
; Port D: PD0 -> RXD   PD1 -> TXD   COM1 9600 Bd
        .INCLUDE "m16def.inc"   ; Deklarationen für ATmega16
        .EQU    TAKT = 8000000  ; Systemtakt 8 MHz
        .EQU    BAUD = 9600     ; Baudrate
        .DEF    akku = r16      ; Arbeitsregister
        .CSEG                   ; Programm-Flash
        rjmp    start           ; Reset-Einsprung
        .ORG    $2A             ; Interrupteinsprünge übergehen
start:  ldi     akku,LOW(RAMEND)  ; Stapelzeiger laden
        out     SPL,akku        ;
        ldi     akku,HIGH(RAMEND) ;
        out     SPH,akku        ;
        rcall   initusart       ; USART initialisieren BAUD bei TAKT
neu:    ldi     akku,'>'        ; R16 <- Prompt >
        rcall   putch           ; ausgeben
schlei: rcall   getch           ; R16 <- Zeichen ohne Echo empfangen
        cpi     akku,$1b        ; Steuerzeichen Escape ?
        breq    loop            ; nein: kein Echo
        rcall   putch           ;   ja: R16 im Echo ausgeben
        rjmp    schlei          ; und neue Eingabe
; Ausgabeschleife mit * bis Abbruch mit beliebiger Taste
loop:   ldi     akku,$55        ; R16 <- $55 = 0b01010101 = U
        rcall   putch           ; ausgeben
        rcall   kbhit           ; R16 <- Empfänger testen
```

```
            tst     akku              ; R16 = Null Zeichen da ?
            breq    loop              ; Null: kein Zeichen da
            rjmp    neu               ; nicht Null: Zeichen nicht ausgeben
; Konsol-Unterprogramme einfügen
            .INCLUDE "konsole.h"      ; initusart,putch,putkon,getch,getche,kbhit
            .EXIT                     ; Ende des Quelltextes
```

Bild 4-49: Assemblerprogramm zum Testen der USART Zeichenfunktionen

Die *C-Funktionen* sind durch die bedingte Compilierung sowohl für die USART- als auch für die UART-Schnittstelle verwendbar. Die Funktion initusart initialisiert die Schnittstelle für den Asynchronbetrieb mit acht Datenbits und einem Stoppbit ohne Parität. Die Baudrate wird vom Compiler aus den Symbolen TAKT und BAUD als ganzzahlige Konstante berechnet und gespeichert. Es ist jedoch zweckmäßig, vorher durch eine Handrechnung zu überprüfen, ob der gerundete Wert nicht mehr als 2% vom genormten Nennwert abweicht. Mit verdoppelter Baudrate (U2X = 1) lassen sich gegebenenfalls günstigere Werte erzielen.

```
// c:\cprog3\initusart.c  USART oder UART initialisieren mit TAKT und BAUD
void initusart(void)                  // USART bzw. UART initialisieren
{
 unsigned char x;                     // Hilfsvariable
#ifdef UBRRL                          // USART-Schnittstelle
  UBRRL = (TAKT / (16ul * BAUD)) - 1; // Baudrate mit TAKT und BAUD
  UCSRB |= (1 << TXEN) | (1 << RXEN); // Sender und Empfänger ein
  UCSRC |= (1 << URSEL) | (1 << UCSZ1) | (1 << UCSZ0); // async 8bit
#else                                 // UART-Schnittstelle
  UBRR = (TAKT / (16 * BAUD)) - 1;    // Baudrate
  UCR |= (1 << TXEN) | (1 << RXEN);   // Sender und Empfänger ein
#endif
 x = UDR;                             // Empfänger leeren
}
```

Die Funktion putch wartet bis der Sender frei ist und übergibt dann das auszugebende Zeichen dem Sendedatenregister. Bei 9600 Baud und einer Bitzeit von ca. 100 µs beträgt die maximale Wartezeit bei einem Startbit, acht Datenbits und einem Stoppbit etwa 1 ms.

```
// c:\cprog3\putch.c Zeichenausgabe für USART und UART
void putch (unsigned char x)          // warten und Zeichen senden
{
#ifdef UCSRA                          // USART
  while( ! (UCSRA & (1 << UDRE)));    // warte solange Sender besetzt
#else                                 // UART
  while( ! (USR & (1 << UDRE)));      // warte solange Sender besetzt
#endif
  UDR = x;                            // Zeichen nach Sender
}
```

4.5 Die seriellen Schnittstellen USART und UART

Die Funktionen `getch` und `getche` warten auf ein ankommendes Zeichen. Die Wartezeit beträgt bei 9600 Baud und 10 Bits mindestens eine Millisekunde. Bei sehr langsamer Eingabe durch die Sendestation kann es zweckmäßig sein, die Wartezeit durch einen Empfängerinterrupt zu verkürzen. Die Funktion `kbhit` testet den Empfänger und kehrt mit dem Rückgabewert Null zurück, wenn kein Zeichen angekommen ist. Die Beispiele verzichten auf die Auswertung der Fehlermarken für Überlauf, Rahmen und Parität.

```c
// c:\cprog3\getch.c Zeichen von USART oder UART holen
unsigned char getch(void)            // warten und Zeichen abholen
{
 #ifdef UCSRA                        // USART
 while ( ! (UCSRA & (1 << RXC)));    // warte bis Zeichen da
 #else                               // UART
 while ( ! (USR & (1 << RXC)));      // warte bis Zeichen da
 #endif
 return UDR;                         // Zeichen abholen
}


// c:\cprog3\getche.c Eingabe mit Echo von USART oder UART
unsigned char getche(void)           // warten und lesen mit Echo
{
 int x;                              // Hilfsvariable
 #ifdef UCSRA                        // USART
 while ( ! (UCSRA & (1 << RXC)));    // warte bis Zeichen da
 x = UDR;                            // abholen und speichern
 while( ! (UCSRA & (1 << UDRE)));    // warte solange Sender besetzt
 #else                               // UART
 while ( ! (USR & (1 << RXC)));      // warte bis Zeichen da
 x = UDR;                            // abholen und speichern
 while( ! (UCSRA & (1 << UDRE)));    // warte solange Sender besetzt
 #endif
 UDR = x;                            // Echo senden
 return x;                           // Zeichen zurückgeben
}

// c:\cprog\kbit.c kein Zeichen: Rückgabe 0 sonst Rückgabe Zeichen
unsigned char kbhit(void)            // Empfänger testen
{
 #ifdef UCSRA                        // USART
 if (UCSRA & (1 << RXC)) return UDR; else return 0;
 #else                               // UART
 if ( USR & (1 << RXC)) return UDR; else return 0;
 #endif
}
```

Die Funktionen lassen sich mit #include einzeln in das Hauptprogramm einfügen oder in einer Headerdatei wie z.B. konsolfunc.h zusammenfassen.

```
// c:\cprog3\konsolfunc.h Konsolfunktionen
#include "c:\cprog3\initusart.c"    // USART oder UART initialisieren
#include "c:\cprog3\putch.c"        // Zeichen nach Sender
#include "c:\cprog3\getch.c"        // Zeichen vom Empfänger
#include "c:\cprog3\getche.c"       // Zeichen vom Empfänger mit Echo
#include "c:\cprog3\kbhit.c"        // Empfänger testen
```

Das C-Programm *Bild 4-50* testet die USART-Zeichenfunktionen mit einem PC als Terminal. Nach dem Senden des Promptzeichens **>** werden alle vom PC gesendeten Zeichen im Echo wieder zurückgeschickt. Von den mit #include "konsole.h" eingefügten Funktionen werden getch und kbhit nicht benötigt. Die in der Hauptfunktion main definierten Symbole TAKT und BAUD werden für die Initialisierung in der Funktion initusart benötigt.

```
// k4p14.c Bild 4-50 ATmega16 USART Test Konsolfunktionen
// Port B: -
// Port D: PD0 -> RXD   PD1 -> TXD
#include <avr/io.h>              // Deklarationen
#define TAKT 8000000UL           // Controllertakt 8 MHz
#define BAUD 9600UL              // Baudrate
#include "c:\cprog3\konsolfunc.h" // initusart,putch,getch,getche,kbhit
main(void)                       // Hauptfunktion
{
 initusart();                    // USART initialisieren
 putch('>');                     // Prompt ausgeben
 while(1)                        // Arbeitsschleife
 {
  getche();                      // Zeichen lesen mit Echo
 } // Ende while
} // Ende main
```

Bild 4-50: C-Programm zum Testen der USART-Zeichenfunktionen

4.5 Die seriellen Schnittstellen USART und UART   361

4.5.1.2 Die USART-Interruptsteuerung

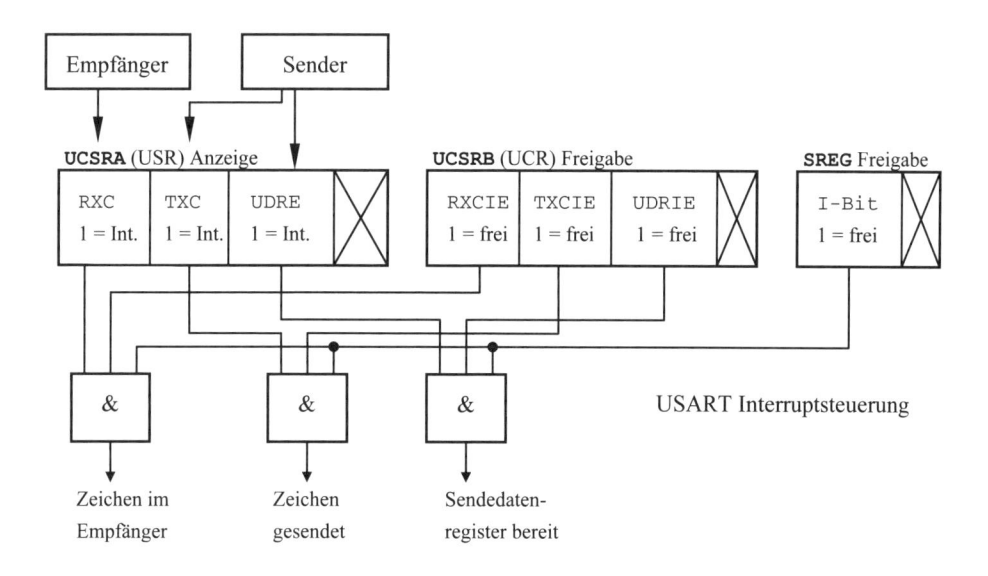

Bild 4-51: Die USART-Interruptsteuerung (ATmega16)

Die Einsprünge der drei Interrupt-Serviceprogramme liegen im unteren Adressbereich und werden von den meisten Definitionsdateien als Symbole vereinbart.

- Empfängerinterrupt: Assembler `URXCaddr` und für C: `SIG_UART_RECV`
- Sendeschieberegisterinterrupt: Assembler `UTXCaddr` und für C: `SIG_UART_TRANS`
- Sendedatenregisterinterrupt: Assembler `UDREaddr` und für C: `SIG_UART_DATA`

In den Beispielprogrammen *Bild 4-52* werden die den Empfänger-Interrupt auslösenden Zeichen im Echo wieder zurückgesendet, eine Auswertung findet nicht statt.

```
; k4p15.asm Bild 4-52 ATmega USART Empfängerinterrupt
; Port D: PD0 -> RXD  PD1 -> TXD  COM1 9600 Bd
        .INCLUDE "m16def.inc"   ; Deklarationen für ATmega16
        .EQU    TAKT = 8000000  ; Systemtakt 8 MHz
        .EQU    BAUD = 9600     ; Baudrate 9600 Bd
        .DEF    akku = r16      ; Arbeitsregister
        .CSEG                   ; Programm-Flash
        rjmp    start           ; Reset-Einsprung
        .ORG    URXCaddr        ; Einsprung Empfängerinterrupt
        jmp     holen           ; nach Zeichen abholen
        .ORG    $2A             ; andere Interrupteinsprünge übergehen
```

```
start:   ldi    akku,LOW(RAMEND)   ; Stapelzeiger laden
         out    SPL,akku           ;
         ldi    akku,HIGH(RAMEND)  ;
         out    SPH,akku           ;
         rcall  initusart          ; initialisieren Symbole TAKT und BAUD
         sbi    UCSRB,RXCIE        ; Empfängerinterrupt frei
         sei                       ; alle Interrupts global frei
         ldi    akku,'>'           ; Promptzeichen
         rcall  putch              ; ausgeben
loop:    rjmp   loop               ; Arbeitsschleife tut nichts
; externe Unterprogramme aus Headerdatei einbauen
         .INCLUDE "konsole.h"      ; initusart,putch,getche (getch kbhit)
; Serviceprogramm für Empfängerinterrupt
holen:   push   r16                ; Register retten
         rcall  getche             ; Zeichen abholen und im Echo zurücksenden
         pop    r16                ; Register zurück
         reti                      ;
         .EXIT                     ; Ende des Quelltextes
```

Bild 4-52a: Assemblerprogramm mit Empfängerinterrupt

```
// k4p15.c Bild 4-52c ATmega16 USART Empfängerinterrupt
// Port D: PD0 -> RXD   PD1 -> TXD
#include <avr/io.h>              // Deklarationen
#include <avr/signal.h>          // für Interrupt
#include <avr/interrupt.h>       // für Interrupt
#define TAKT 8000000UL           // Controllertakt 8 MHz
#define BAUD 9600UL              // Baudrate
#include "c:\cprog3\konsolfunc.h" // initusart,putch,getch,getche,kbhit
SIGNAL(SIG_UART_RECV)            // Servicefunktion für Empfängerinterrupt
{
 getche();                       // Zeichen abholen und im Echo zurücksenden
}
main(void)                       // Hauptfunktion
{
 initusart();                    // USART initialisieren
 sbi(UCSRB, RXCIE);              // Empfängerinterrupt frei
 sei();                          // alle Interrupts global frei
 putch('>');                     // Prompt ausgeben
 while(1) { }                    // Arbeitsschleife leer
} // Ende main
```

Bild 4-52c: C-Programm mit Empfängerinterrupt

4.5 Die seriellen Schnittstellen USART und UART

4.5.1.3 Der Synchronbetrieb der USART-Schnittstelle

Der Synchronbetrieb wird mit UMSEL = 1 eingeschaltet. Für die Berechnung der Baudrate bzw. des Teilers aus dem Systemtakt gelten die Formeln:

$$\text{Baudrate} = \frac{\text{Systemtakt}}{2*(\text{Teiler} + 1)} \qquad \text{Teiler} = \frac{\text{Systemtakt}}{2 * \text{Baudrate}} - 1$$

Im Gegensatz zum Asynchronbetrieb wird zusätzlich zu den Daten ein Schiebetakt am Anschluss XCK (e**X**ternal **C**loc**K**) PB0 übertragen. Zur Ausgabe des Taktes im Masterbetrieb muss der Anschluss durch das Richtungsbit DDR_XCK = **1** als Ausgang programmiert werden. Im Slavebetrieb ist XCK ein Eingang für den externen Takt, dessen Frequenz wegen der Synchronisation mit dem Systemtakt höchstens ¼ des Systemtaktes betragen darf. Die Programme *Bild 4-53* senden synchron das Bitmuster 01010101 am Ausgang TXD (PD1).

```
; k4p16.asm Bild 4-53 ATmega USART Test Synchronbetrieb
; Port B: PB0 = XCK Ausgang Schiebetakt
; Port D: PD1 -> TXD  COM1 9600 Bd
        .INCLUDE "m16def.inc"    ; Deklarationen für ATmega16
        .EQU    TAKT = 8000000   ; Systemtakt 8 MHz
        .EQU    BAUD = 9600      ; Baudrate 9600 Bd
        .DEF    akku = r16       ; Arbeitsregister
        .CSEG                    ; Programm-Flash
        rjmp    start            ; Reset-Einsprung
        .ORG    $2A              ; Interrupteinsprünge übergehen
start:  ldi     akku,LOW(RAMEND) ; Stapelzeiger laden
        out     SPL,akku         ;
        ldi     akku,HIGH(RAMEND);
        out     SPH,akku         ;
        ldi     akku,LOW(TAKT/(2*BAUD) - 1) ; Baudrate Low
        out     UBRRL,akku       ;
        ldi     akku,HIGH(TAKT/(2*BAUD) - 1) ; Baudrate High
        andi    akku,$7F         ; Maske 0111 1111 URSEL = 0
        out     UBRRH,akku       ;
        ldi     akku,(1<<URSEL) | (1<<UMSEL) | (1<<UCSZ1) | (1<<UCSZ0) ;
        out     UCSRC,akku       ; UCSRC ein, synch., 1 Stopp, 8 Datenbits
        sbi     DDRB,PB0         ; Taktleitung als Ausgang
        sbi     UCSRB,TXEN       ; nur Sender ein
        ldi     akku,$55         ; Bitmuster 0101 0101
loop:   sbis    UCSRA,UDRE       ; überspringe wenn Sender frei
        rjmp    loop             ; warte solange Sender besetzt
        out     UDR,akku         ; Zeichen synchron senden
        rjmp    loop             ; Sendeschleife
```

Bild 4-53a: Assemblerprogramm zum Testen des Synchronbetriebs

```c
// k4p16.c Bild 4-53c ATmega16 Test Synchronbetrieb
// Port B: PB0 = XCK = Ausgabe Schiebetakt
// Port D: PD1 = TXD -> Ausgabe Daten -> Terminal wie asynchron
#include <avr/io.h>          // Deklarationen
#define TAKT 8000000UL       // Controllertakt 8 MHz
#define BAUD 9600UL          // Baudrate
void main(void)              // Hauptfunktion
{
 unsigned int teiler;
 teiler = TAKT / (2UL * BAUD) - 1; // Baudrate
 UBRRL = teiler;             // Low
 UBRRH = (teiler >> 8);      // High
 UCSRC |= (1 << URSEL) | (1 << UMSEL) | (1 << UCSZ1) | (1 << UCSZ0);
 sbi(DDRB,PB0);              // Taktleitung als Ausgang
 sbi(UCSRB,TXEN);            // nur Sender ein
 while(1)                    // Arbeitsschleife
 {
  loop_until_bit_is_set(UCSRA, UDRE); // warte bis Sender frei
  UDR = 0x55;                // Bitmuster 0101 0101 ausgeben
 } // Ende while
} // Ende main
```

Bild 4-53c: C-Programm zum Testen des Synchronbetriebs

Der Schiebetakt wird während des gesamten Synchronbetriebes ausgegeben, auch wenn nicht gesendet wird und dabei der Ausgang TxD auf TTL-High Potential liegt. Ein auf einem PC laufendes Terminalprogramm interpretierte das synchron gesendete Bitmuster **0**101010**1** = $55 als den Buchstaben **U**. Die Bitfolge Startbit 0, Datenbit D0 = 1 bis Datenbit D7 = 0 und Stoppbit 1 ergab ein Rechtecksignal von ca. 4800 Hz auf dem Datenausgang TXD = PD1 und von ca. 9600 Hz auf dem Taktausgang XCK = PB0. Durch das Steuerbit UCPOL = 0 im Steuerregister UCSRC wurden die Daten und Rahmenbits mit steigender Taktflanke herausgeschoben.

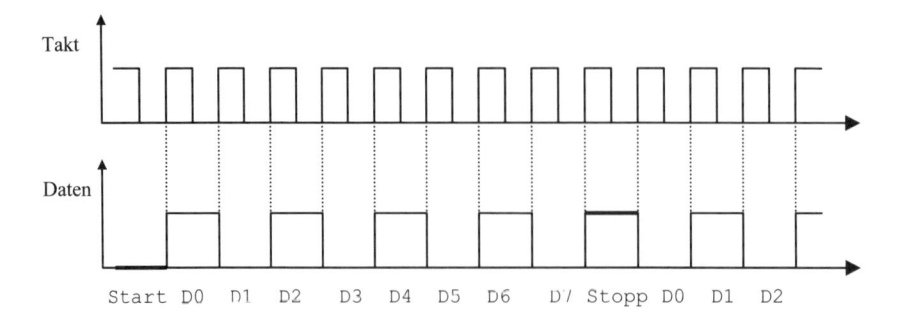

4.5.2 Die asynchrone UART-Schnittstelle

Die Beispiele dieses Abschnitts wurden mit dem Controller **AT90S2313** getestet; der ansonsten verwendete ATmega16 verfügt über eine USART Schnittstelle nach Abschnitt 4.5.1.

Für die asynchrone serielle Übertragung gibt es im bitadressierbaren SFR-Bereich vier Ports. Nach einem Reset sind alle Register gelöscht, nur die Bitpositionen UDRE und RXB8 sind nach einem Reset 1. Auf der Adresse des Datenregisters UDR liegen zwei Ports. Ist UDR Ziel, so werden Daten in den Sender geschrieben; ist UDR Quelle, so werden Daten aus dem Empfänger gelesen.

UDR = **U**ART **D**ata **R**egister SRAM-Adresse $2C SFR-Adresse $0C   bitadressierbar

schreiben:	Sendedaten nach Sender übertragen
lesen:	Empfangsdaten aus Empfänger abholen

Sender und Empfänger arbeiten mit dem gleichen Übertragungstakt, der aus dem Systemtakt abgeleitet wird. Die Abtastung des Eingangs RxD erfolgt mit dem 16fachen Übertragungstakt. Der in das Baudratenregister UBRR zu ladende ganzzahlige Teiler ergibt sich aus dem Systemtakt und der Baudrate nach der Formel:

$$\text{Teiler} = \frac{\text{Systemtakt}}{16 * \text{Baud}} - 1 \qquad \textbf{z.B:} \quad \frac{3.6864 \text{ MHz}}{16 * 9600} - 1 = 23$$

UBRR = **U**ART **B**aud **R**ate **R**egister SRAM-Adresse $29 SFR-Adresse $09   bitadressierbar

Baudrate für Sender und Empfänger

Die rechnerisch ermittelten Teilerfaktoren sind zu runden, da das Baudratenregister nur ganzzahlige Werte aufnehmen kann. Da Sender und Empfänger bei jeder fallenden Flanke des Startbits neu synchronisiert werden, sind üblicherweise Abweichungen von bis zu 2% von den genormten Baudraten zulässig. Für die Programmbeispiele war das Entwicklungsgerät STK 500 auf einen Systemtakt von 3.69 MHz eingestellt. Dies entspricht bei 9600 baud einem Teilerfaktor von 23.02 gerundet 23.

Baud	1.8432 M	2 MHz	2.4576 M	3.2768 M	**3.6864 M**	4 MHz	4.608 M	7.3728 M	8 MHZ
2400	47	51	63	84	95	103	119	191	207
4800	23	25	31	42	47	51	59	95	103
9600	11	12	15	20	**23**	25	29	47	51

Nach einem Reset ist die UART-Schnittstelle zunächst gesperrt. Sie muss durch Programmieren des Steuerregisters UCR freigegeben werden.

UCR = **U**ART **C**ontrol **R**egister SRAM-Adresse $2A SFR-Adresse $0A   bitadressierbar

Bit 7	Bit 6	Bit 5	Bit 4	Bit 3	Bit 2	Bit 1	Bit 0
RXCIE	TXCIE	UDRIE	RXEN	TXEN	CHR9	RXB8	TXB8
Empfänger-Interrupt 1: frei	Sender-Interrupt 1: frei	Sendedaten-Interrupt 1: frei	Empfänger 0: gesperrt 1: frei	Sender 0: gesp. 1: frei	9bit Zeichen 0: nein 1: ja	Empfänger für CHR9=1 Bit = 0 / 1	Sender für CHR9=1 Bit = 0 / 1

Für den **Empfänger** gilt:

RXEN = 1 schaltet den Empfänger ein und die Portleitung PD0 als Eingang.

RXCIE = 1 gibt den Empfängerinterrupt frei.

Für CHR9 = 1 enthält das Bit RXB8 das empfangene neunte Bit (**1** nach Reset).

Für den **Sender** gilt:

TXEN = 1 schaltet den Sender ein und die Portleitung PD1 als Eingang.

TXCIE = 1 gibt den Senderinterrupt des Schieberegisters frei.

UDRIE = 1 gibt den Senderinterrupt des Datenregisters frei.

Für CHR9 = 1 wird Bit TXB8 als das neunte Bit gesendet.

Die Beispiele initialisieren die UART-Schnittstelle nach einem Reset:

```
; Assemblerprogrammierung mit Baudrate als Konstante
        ldi     r16,23      ; 9600 Bd bei 3.6864 MHz
        out     UBRR,r16    ; nach Baudratenregister
        sbi     UCR,RXEN    ; Empfänger ein
        sbi     UCR,TXEN    ; Sender ein
        in      r16,UDR     ; Empfangsregister leeren

// C-Programmierung mit Baudrate als Konstante
UBRR = 23;              // 9600Bd bei 3.6864 MHz
UCR |= (1 << RXEN);     // Empfänger ein
UCR |= (1 << TXEN);     // Sender ein
x = UDR;                // Empfangsregister leeren
```

4.5 Die seriellen Schnittstellen USART und UART

Die Übertragung kann vom Programm durch Auswerten des Statusregisters USR kontrolliert werden. Die Bitpositionen werden von der Steuerung gesetzt bzw. gelöscht.

USR = **U**ART **S**tatus **R**egister SRAM-Adresse $2B SFR-Adresse $0B bitadressierbar

Bit 7	Bit 6	Bit 5	Bit 4	Bit 3	Bit 2	Bit 1	Bit 0
RXC	TXC	UDRE	FE	OR	–	–	–
Empfänger 0: kein Zei. 1: Zeichen Interrupt	*Daten aus Schiebereg.* 1: gesendet Interrupt	*Sendedaten-Register* 1: leer Interrupt	*Empfangs-Rahmen* 1: Fehler	*Empfänger-Überlauf* 1: Fehler			

Für den **Empfänger** gilt:

RXC = 1: Zeichen empfangen; löschen durch Lesen von UDR.

FE = 1: Rahmenfehler; löschen bei Stoppbit = 1.

OR = 1: Überlauffehler: Zeichen überschrieben; löschen durch Lesen von UDR.

Mit RXEN = **1** (Empfängerfreigabe) wird der Portausgang PD0 abgeschaltet. Der Empfänger tastet den Eingang mit dem 16fachen Schiebetakt ab. Wird ein gültiges Startbit erkannt, so werden die nachfolgenden acht Datenbits in das nicht zugängliche Empfangs-Schieberegister geschoben; für CHR9 = 1 wird das neunte Bit nach RXB8 übertragen. Dann muss ein Stoppbit High folgen, sonst wird die Fehlermarke FE = 1 (**F**rame **E**rror) gesetzt. Bei der Übertragung der empfangenen Daten in das Empfangsdatenregister UDR setzt die Steuerung RXC = 1 (**R**eceive **C**omplete). War das Datenregister noch nicht geleert, so wird die Überlaufmarke OR (**O**ver **R**un) gesetzt. Das Anzeigebit RXC wird durch Lesen des Empfangsdatenregisters wieder gelöscht. Für den Empfang eines Zeichens kann das Programm entweder das Statusbit RXC in einer Warteschleife kontrollieren (Polling) oder bei freigegebenem Interrupt das Zeichen im Serviceprogramm abholen. Die Beispiele warten, bis ein Zeichen empfangen wurde und im Empfangsdatenregister bereit ist.

```
; Assemblerunterprogramm liefert Zeichen in R16 zurück
getch:  sbis    USR,RXC     ; Empfangsbit ?
        rjmp    getch       ; 0: kein Zeichen da
        in      r16,UDR     ; R16 <= Empfänger
        ret                 ; Rücksprung
```

```
// C-Funktion liefert Zeichen als Funktionswert zurück
unsigned char getch(void)
{
 while( !(USR & (1 << RXC)));  // warte solange kein Zeichen empfangen
 return UDR;                    // Zeichen abholen
}
```

Für den **Sender** gilt:

TXC = 1:   Zeichen aus Schieberegister gesendet;

   löschen durch Interruptannahme oder Schreiben einer 1 nach TXC.

UDRE = 1: wenn Sendedatenregister leer (Anfangszustand nach Reset);

   löschen durch Schreiben von Daten nach Sendedatenregister UDR.

Nach einem Reset ist UDRE = 1, das Sendedatenregister ist leer und kann ein zu sendendes Zeichen aufnehmen (**U**ART **D**ata **R**egister **E**mpty). Die Steuerung setzt UDRE = 0, wenn das Programm ein zu sendendes Zeichen nach UDR geschrieben hat und setzt UDRE = 1, wenn das Zeichen in das Sendeschieberegister übertragen wurde und das Sendedatenregister wieder frei ist. Für UDRE = 1 und UDRIE = 1 und I = 1 wird ein Sendedateninterrupt ausgelöst. Die Steuerung setzt TXC = 1, wenn ein Zeichen aus dem Sendeschieberegister vollständig gesendet wurde (**T**ransmit **C**omplete). Für TXC = 1 und TXCIE = 1 und I = 1 wird ein Sendeschieberegister-Interrupt ausgelöst. Beim Eintritt in das Serviceprogramm oder durch Einschreiben einer 1 wird TXC wieder gelöscht. Für das Senden eines Zeichens kann das Programm entweder die Statusbits TXC bzw. UDRE in einer Warteschleife kontrollieren (Polling) oder bei freigegebenen Interrupts das Zeichen im Serviceprogramm nach UDR schreiben. Das Beispiel wartet, bis das Sendedatenregister frei ist und übergibt dann ein Zeichen aus R16 an den Sender.

```
; Assemblerunterprogramm übergibt Zeichen aus R16 an Sender
putch:  sbis    USR,UDRE    ; Sendedatenregisterbit ?
        rjmp    putch       ; 0: besetzt
        out     UDR,r16     ; Sender <= R16
        ret                 ;
```

```
// C-Funktion übergibt Wert an Sender
void putch(unsigned char x)
{
 while( !(USR & (1 << UDRE))) ; // warte solange Sender nicht leer
 UDR = x;                       // Zeichen nach Sender
}
```

Die Beispiele *Bild 4-54* programmieren die UART-Schnittstelle mit dem Unterprogramm init auf 9600 Baud und geben das Promptzeichen > mit dem Unterprogramm putch seriell aus. Dann werden mit dem Unterprogramm getche alle seriell ankommenden Zeichen im Echo zurückgesendet und zur Kontrolle auf dem Port B ausgegeben. Die Include-Anweisungen fügen die Unterprogramme über die Headerdatei UART.h in den Programmtext ein.

4.5 Die seriellen Schnittstellen USART und UART

```
; p30.asm Bild 4-54 AT90S2313 UART Polling 3.6864 MHz 9600 baud 8 Bits
; Port B: Ausgabe des empfangenen Zeichens
; Port D: PD0=RXD PD1=TXD   PD2..PD6: frei
        .INCLUDE "2313def.inc"  ; mit Portdeklarationen
        .EQU    baud = 9600     ; Symbol für Baudrate
        .EQU    takt = 3686400  ; Symbol für Controllertakt
        .DEF    akku = r16      ; Arbeitsregister
        .CSEG                   ; Programmsegment im Flash
        rjmp    start           ; Reset-Einsprung
        .ORG    $10             ; Interrupteinsprünge übergangen
start:  ldi     akku,LOW(RAMEND); Stapel anlegen
        out     SPL,akku        ;
        ldi     akku,$ff        ; Richtung Port B
        out     DDRB,akku       ; ist Ausgang
        rcall   init            ; UART initialisieren
        ldi     akku,'>'        ; Prompt
        rcall   putch           ; ausgeben
; Hauptprogrammschleife
haupt:  rcall   getche          ; Empfänger lesen nach Akku mit Echo
        out     PORTB,akku      ; auf Port B ausgeben
        rjmp    haupt           ;
        .INCLUDE "UART.h"       ; UART-Konsolfunktionen init,putch,getche
        .EXIT                   ;
```

```c
// p31.c Bild 4-54 AT90S2313 UART im Polling 3.6864 MHz 9600 baud 8 Bits
// Port B: Ausgabe des empfangenen Zeichens
// Port D: PD0=RXD PD1=TXD   PD2..PD6: frei
#include <avr/io.h>             // Deklarationen
#define BAUD 9600UL             // Symbol für Baudrate
#define TAKT 3686400UL          // Symbol für Controllertakt
#define TEILER TAKT/(16UL * BAUD) - 1  // Symbol für Teiler
#include "UART.h"               // UART-Konsolfunktionen init,putch,getche
void main(void)                 // Hauptfunktion
{
 DDRB = 0xff;                   // Port B ist Ausgang
 init();                        // UART initialisieren
 putch('>');                    // Prompt ausgeben
 while(1)                       // Arbeitsschleife
 {
  PORTB = getche();             // lesen, Echo, Port B ausgeben
 } // Ende while
} // Ende main
```

Bild 4-54: Senden und Empfangen im Abfragebetrieb (Polling)

4.5.3 Software-Emulation der asynchronen Schnittstelle

Für Bausteine ohne asynchrone serielle Schnittstelle kann diese durch Programme emuliert (nachgebildet) werden. Das Beispiel verwendet für die Initialisierung die gleichen Portanschlüsse, die auch für die UART/USART-Schnittstellen vorgesehen sind. Die Baudrate erscheint in den Funktionen `putch` und `getch` als Wartezähler für die Bitzeit.

```
; softinit.asm USART/UART Software Initialisierung
softinit: sbi    PORTD,PD1   ; PD1 = TXD High
          sbi    DDRD,PD1    ; PD1 = TXD ist Ausgang
          cbi    DDRD,PD0    ; PD0 = RXD ist Eingang
          ret
```

```
// c:\cprog3\softinit.c USART/UART Software Initialisierung
void softinit(void)
{
 PORTD |= (1 << PD1);    // PD1 = TXD High
 DDRD  |= (1 << PD1);    // PD1 = TXD = Ausgang
 DDRD  &= ~(1 << PD0);   // PD0 = RXD = Eingang
}
```

Der für das **Senden** benötigte Schiebetakt wird von einer Warteschleife der Bitzeit abgeleitet, die durch Messungen dem Normwert von 9600 baud möglichst nahe angepasst wurde. Bei der C-Programmierung war es nötig, zusätzlich den übersetzten Code heranzuziehen. Das Beispiel gibt das Bitmuster 0011001**1** mit dem wertniedrigsten Bit **1** zuerst aus.

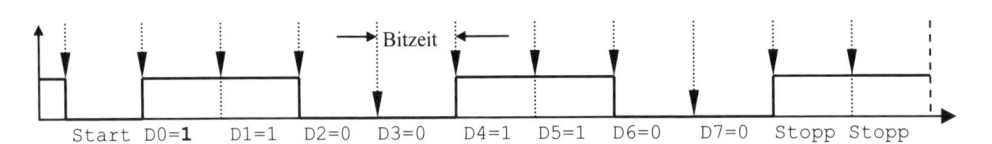

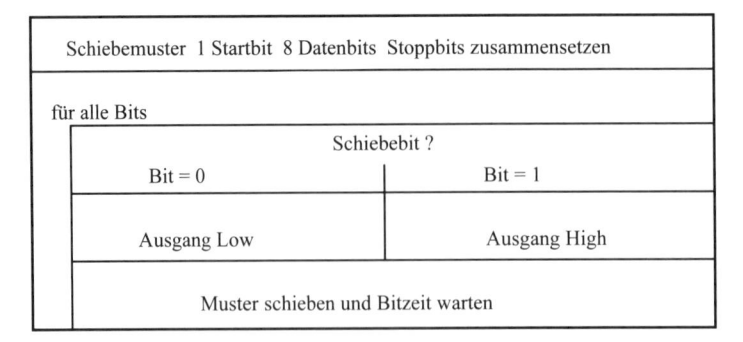

Schiebemuster 1 Startbit 8 Datenbits Stoppbits zusammensetzen		
für alle Bits		
Schiebebit ?		
Bit = 0		Bit = 1
Ausgang Low		Ausgang High
Muster schieben und Bitzeit warten		

4.5 Die seriellen Schnittstellen USART und UART

```
; softputch.asm Software R16 seriell ausgeben
softputch: push    r16       ; Register retten
           push    r17       ;
           push    r18       ;
           push    XL        ;
           push    XH        ;
           ser     r17       ; R17 = 11111111
           lsl     r16       ; R16 = D6 D5 D4 D3 D2 D1 D0 0=Startbit
           rol     r17       ; R17 =  1  1  1  1  1  1  1=Stoppbit D7
           ldi     r18,11    ; R18 = Zähler 1 Start- 8 Daten- 2 Stopp-Bits
softputch1:sbrc    r16,0     ; überspringe wenn Bit_0 = 0
           rjmp    softputch2 ; springe wenn Bit_0 = 1
           cbi     PORTD,PD1 ;   TXD Ausgang Low
           rjmp    softputch3 ;
softputch2:sbi     PORTD,PD1 ;   TXD Ausgang High
softputch3:ldi     XL,LOW(TAKT/(4*BAUD) - 3)  ;
           ldi     XH,HIGH(TAKT/(4*BAUD) - 3) ;
softputch4:sbiw    XL,1      ; 2 Takte
           brne    softputch4 ; 2 Takte
           lsr     r17       ;
           ror     r16       ;
           dec     r18       ; Schiebezähler - 1
           brne    softputch1 ;
           pop     XH        ; Register zurück
           pop     XL        ;
           pop     r18       ;
           pop     r17       ;
           pop     r16       ;
           ret

// c:\cprog3\softputch.c Software Zeichen ausgeben
void softputch(unsigned char x)
{
 unsigned int teiler = (TAKT/(6*BAUD) - 2); // Bitzeitzähler
 unsigned int muster = (((unsigned int) x) << 1) | 0xfe00;
 for (unsigned char i = 1; i <= 11; i++)    // 1 Start, 8 Daten, 2 Stopp
 {
  if ( (muster & 0x1) == 1) PORTD |= (1 << PD1); else PORTD &= ~(1 << PD1);
  muster >>= 1;
  for (unsigned int j = 1; j <= teiler; j++); // Bitzeit warten
 } // Ende for Bitschleife
} // Ende softputch
```

Der für das **Empfangen** nötige Schiebetakt wird wie beim Senden von der berechneten Bitzeit abgeleitet. Die Abtastung der Leitung erfolgt in der Mitte der Bitzeit. Das Beispiel empfängt das Bitmuster 00110011 mit dem wertniedrigsten Bit **1** zuerst.

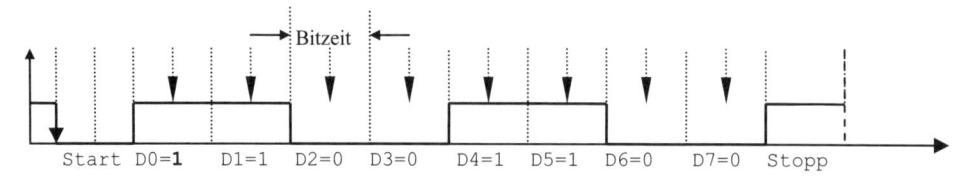

```
    ↑
    |           ←Bitzeit→
    |   ▼   ▼   ▼   ▼   ▼   ▼   ▼   ▼   ▼
    |___     _____         _____         ___
       |___|       |_____|       |_____|
     Start D0=1 D1=1 D2=0 D3=0 D4=1 D5=1 D6=0 D7=0 Stopp
```

warte auf die fallende Flanke des Startbits		
warte die halbe Bitzeit bis zur Mitte des Startbits		
für alle acht Datenbits		
	warte Bitzeit bis zur Mitte des Datenbits schiebe altes Zeichen	
	Eingang ?	
	Low	High
	Datenbit 0	Datenbit 1
warte Bitzeit des Stoppbits		

```
; softgetch.asm  R16 <- abgetastetes Zeichen
softgetch:  push    r17                       ; Register retten
            push    XL                        ;
            push    XH                        ;
            ldi     r17,8                     ; Zähler 8 Datenbits
softgetch1: ldi     XL,LOW(TAKT/(4*BAUD) - 3) ; Bitzeit
            ldi     XH,HIGH(TAKT/(4*BAUD) - 3) ;
            lsr     XH                        ; halbe Bitzeit
            ror     XL                        ;
softgetch2: sbic    PIND,PD0                  ; überspringe bei Low
            rjmp    softgetch2                ; warte auf fallende Flanke
softgetch3: sbiw    XL,1                      ; 2 Takte halbe Bitzeit
            brne    softgetch3                ; 2 Takte für Startbit warten
            sbic    PIND,PD0                  ; überspringe bei Low Startbit
            rjmp    softgetch1                ; Startbit High: nochmal versuchen
softgetch4: ldi     XL,LOW(TAKT/(4*BAUD)-3)   ; Bitzeit
            ldi     XH,HIGH(TAKT/(4*BAUD)-3)  ;
softgetch5: sbiw    XL,1                      ; 2 Takte ganze Bitzeit
            brne    softgetch5                ; 2 Takte warten
```

4.5 Die seriellen Schnittstellen USART und UART

```
                lsr     r16              ; alt nach rechts Bit_7 = 0
                sbic    PIND,PD0         ; überspringe bei Low
                ori     r16,$80          ; bei High Bit_7 = 1
                dec     r17              ; Bitzähler - 1
                brne    softgetch4 ;
                ldi     XL,LOW(TAKT/(4*BAUD)-3)   ; Bitzeit
                ldi     XH,HIGH(TAKT/(4*BAUD)-3)  ; für Stoppbit
softgetch6:sbiw XL,1             ; 2 Takte ganze Bitzeit
                brne    softgetch6 ; 2 Takte warten
                pop     XH               ; Register zurück
                pop     XL               ;
                pop     r17              ;
                ret                      ; R16 = Zeichen

; softgetche.asm  R16 <- Zeichen mit Echo empfangen
softgetche: rcall   softgetch    ; R16 <- Zeichen
            rcall   softputch    ; R17 -> Echo ausgeben
            ret                  ;
```

```c
// c:\cprog3\softgetch.c
unsigned char softgetch(void)
{
 unsigned char zeichen;
 unsigned int teiler = (TAKT/(6*BAUD) - 2);   // Bitzeitzähler
 while( (PIND & (1 << PD0)) );  // warte auf fallende Flanke Startbit
 for (unsigned int i = 1; i <= teiler; i +=2); // warte halbe Bitzeit
 for (unsigned char j = 1; j <= 8; j++)        // für 8 Datenbits
 {
  for (unsigned int i = 1; i <= teiler; i++);  // warte Bitzeit
  zeichen >>= 1;                               // alt nach rechts Bit_7 = 0
  if (PIND & (1 << PD0)) zeichen |= 0x80;      // Bit_7 = 1
 } // Ende for j
 for (unsigned int i = 1; i <= teiler; i++);   // warte Bitzeit Stopp-Bit
 return zeichen;
} // Ende softgetch

// c:\cprog3\softgetche.c Software lesen mit Echo
unsigned char softgetche(void)
{
 unsigned char x;
 x = softgetch();
 softputch(x);
 return x;
} // Ende softgetche
```

Die in Headerdateien zusammengefassten Software-Funktionen werden in den Testprogrammen *Bild 4-55* zur Eingabe und Ausgabe von Zeichen über die Portanschlüsse PD0 und PD1 verwendet, die RXD und TXD der UART/USART-Schnittstellen entsprechen.

```
; softkonsole.h Headerdatei für Software-Konsolfunktionen
    .INCLUDE "softinit.asm"     ; Symbole TAKT und BAUD
    .INCLUDE "softputch.asm"    ; Zeichen aus R16 ausgeben
    .INCLUDE "softgetch.asm"    ; Zeichen nach R16 lesen
    .INCLUDE "softgetche.asm"   ; Zeichen nach R16 mit Echo

; k4p16a.asm Bild 4-55  USART/UART Software-Emulation
; Port B: -
; Port D: PD0 -> RXD  PD1 -> TXD  COM1 9600 Bd
         .INCLUDE "m16def.inc"     ; Deklarationen für ATmega16
         .EQU    TAKT = 8000000    ; Systemtakt 8 MHz
         .EQU    BAUD = 9600       ; Baudrate
         .DEF    akku = r16        ; Arbeitsregister
         .CSEG                     ; Programm-Flash
         rjmp    start             ; Reset-Einsprung
         .ORG    $2A               ; Interrupteinsprünge übergehen
start:   ldi     akku,LOW(RAMEND)  ; Stapelzeiger laden
         out     SPL,akku          ;
         ldi     akku,HIGH(RAMEND) ;
         out     SPH,akku          ;
         rcall   softinit          ; Richtung TXD und RXD
neu:     ldi     akku,'>'          ; > Prompt
         rcall   softputch         ; ausgeben
         rcall   softgetche        ; R16 <- 1.Zeichen Echo
schlei:  rcall   softgetch         ; R16 <- Zeichen empfangen
         cpi     r16,$1b           ; Escape ?
         breq    loop              ;   ja:
         rcall   softputch         ; nein: R16 im Echo ausgeben
         rjmp    schlei            ;
loop:    ldi     akku,$55          ; R16 <- $55 = U = 0b01010101
         rcall   softputch         ;
         rjmp    loop              ; Abbruch nur mit Reset
; Software-Konsol-Unterprogramme einfügen
         .INCLUDE "softkonsole.h"  ; softinit softputch softgetch softgetche
         .EXIT                     ; Ende des Quelltextes
```

Bild 4-55a: Assembler-Hauptprogramm testet Software-Konsolunterprogramme

4.5 Die seriellen Schnittstellen USART und UART 375

```
// c:\cprog3\softkonsole.h Software Konsolfunktionen in C:\cprog3
#include "c:\cprog3\softinit.c"    // TXD und RXD initialisieren
#include "c:\cprog3\softputch.c"   // Zeichen nach Sender
#include "c:\cprog3\softgetch.c"   // Zeichen vom Empfänger
#include "c:\cprog3\softgetche.c"  // Zeichen vom Empfänger mit Echo

// k4p16a.c Bild 4-55c ATmega16 USART Test Software-Konsolfunktionen
// Port B: -
// Port D: PD0 -> RXD  PD1 -> TXD
#include <avr/io.h>           // Deklarationen
#define TAKT 8000000UL        // Controllertakt 8 MHz
#define BAUD 9600UL           // Baudrate
#include "c:\cprog3\softkonsole.h" // softinit,softputch,softgetch,softgetche
void main(void)               // Hauptfunktion
{
 unsigned char zeichen;       //
 softinit();                  // RXD und TXD initialisieren
 softputch('>');              // Prompt ausgeben
 softputch(softgetch());      // Zeichen im Echo lesen
 while(1)                     // Arbeitsschleife
 {
  zeichen = softgetche();     // Zeichen lesen mit Echo bis Escape
  if (zeichen == 0x1b) while (1) { softputch(0x55); } // Abbruch mit Reset
 } // Ende while
} // Ende main
```

Bild 4-55c: C-Hauptfunktion testet Software-Konsolfunktionen

Die Software-Konsolfunktionen lassen sich durch folgende Maßnahmen verbessern:

- Parameter für Baudrate, Anzahl der Datenbits und Stoppbits,
- Übergabe der verwendeten Portanschlüsse als Parameter,
- Timer anstelle von Warteschleifen für die Bitzeit,
- mehrfache Abtastung des Eingangs während der Bitzeit,
- Kontrolle des Rahmens (frame) für Start- und Stoppbit und
- Überlaufkontrolle beim Empfang.

Eine Realisierung der `kbhit`-Funktion, die den Empfang eines Zeichens testet, ist nur möglich, wenn wie bei den UART/USART-Schnittstellen globale Speicherstellen für die Sendedaten, Empfangsdaten und Zustandsbits angelegt werden.

4.6 Die serielle SPI-Schnittstelle

Die SPI-Schnittstelle (**S**erial **P**eripheral **I**nterface) arbeitet im Gegensatz zur asynchronen Schnittstelle synchron mit einer gemeinsamen Taktleitung für Sender und Empfänger. Sie wird von den Entwicklungssystemen zum Herunterladen des Programms in den Flash- und EEPROM-Bereich verwendet, steht aber dem Anwender nicht bei allen Bausteinen zur Verfügung und kann dann durch Software nachgebildet werden. Das Beispiel zeigt die Anschlüsse des ATmega16, die für andere Bausteine abweichend belegt sein können.

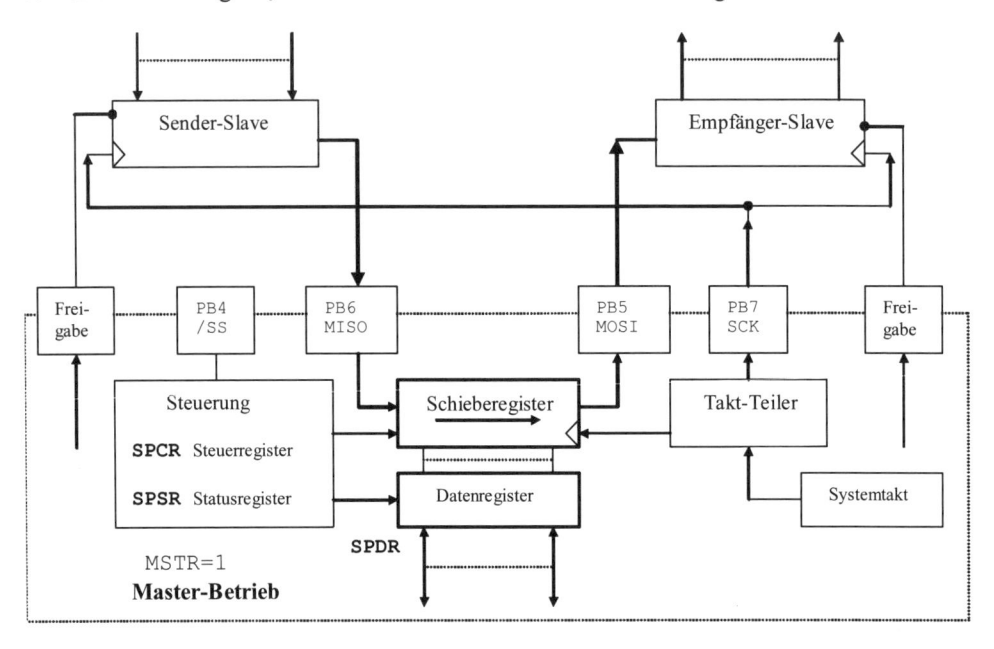

Bild 4-56: Die SPI-Schnittstelle als Master für Slave-Ein-/Ausgaberegister (ATmega16)

Im *Masterbetrieb Bild 4-56* bestimmt die Schnittstelle den Zeitpunkt der Datenübertragung und liefert am Ausgang SCK (Shift Clock) den Schiebetakt für die angeschlossenen Slave-Einheiten. Nach seiner Freigabe schiebt der als Sender arbeitende Slave die Daten seriell über den Eingang MISO (**M**aster **I**n) in das Schieberegister des Masters, der *gleichzeitig* seine Daten über den Ausgang MOSI (**M**aster **O**ut) an einen als Slave arbeitenden Empfänger ausgibt. Der Sender- bzw. Empfänger-Slave wird nicht automatisch durch die SPI-Schnittstelle freigegeben, sondern mit einem besonderen Befehl über den als Ausgang programmierten Anschluss /SS (Slave Select) oder über einen anderen Portausgang. Die Übertragung beginnt mit dem Schreiben eines Bytes in das Datenregister SPDR durch einen Ausgabebefehl und endet mit dem letzten (achten) Bit jedoch ohne Start-, Stopp- und Paritätsbits wie bei der asynchronen seriellen Schnittstelle.

4.6 Die serielle SPI-Schnittstelle

Für den *Empfang* eines Bytes vom Sender-Slave muss nach dessen Freigabe ein beliebiges Start-Byte in das Datenregister SPDR geschrieben werden, um die Übertragung am Eingang **MI**SO (**M**aster **I**n) zu starten. Das Ende der Übertragung wird im Anzeigebit SPIF des SPI-Statusregisters angezeigt, und das empfangene Byte kann aus dem Datenregister SPDR ausgelesen werden.

Für das *Senden* an den Empfänger-Slave am Ausgang **MO**SI (**M**aster **O**ut) wird nach dessen Freigabe das auszugebende Byte in das Datenregister SPDR geschrieben, um die Ausgabe zu starten. Das Ende der Übertragung wird im Anzeigebit SPIF des SPI-Statusregisters angezeigt. Bei einer *gleichzeitigen* Freigabe von Sender- und Empfänger-Slave durch den Master wird das an **MO**SI ausgegebene Byte durch das an **MI**SO ankommende Byte ersetzt.

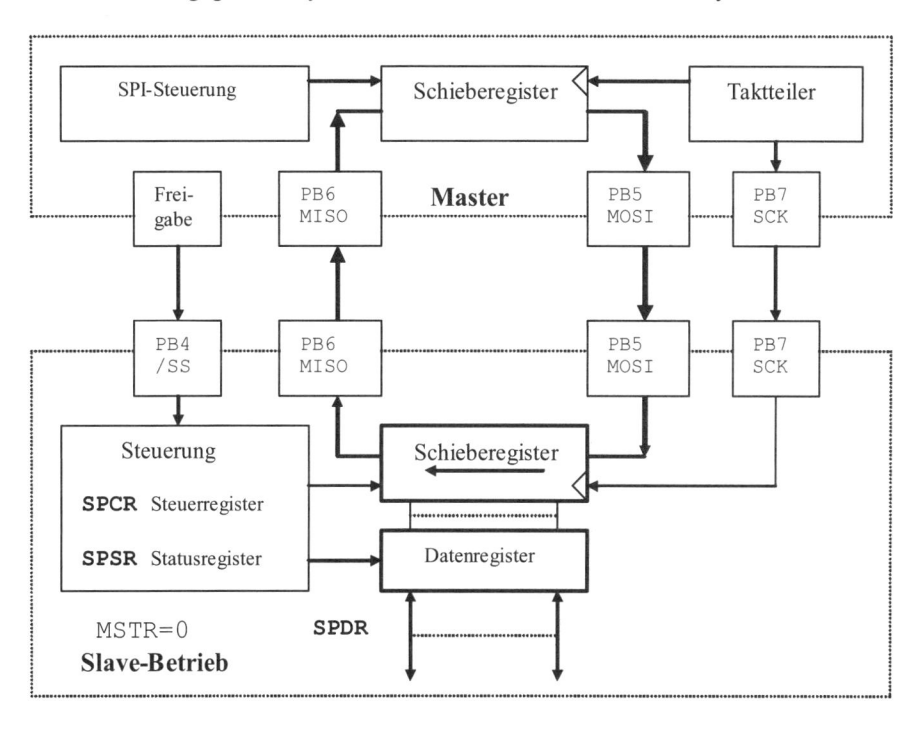

Bild 4-57: Die SPI-Schnittstelle zur Datenübertragung zwischen AVR-Controllern (ATmega16)

Im *Slavebetrieb Bild 4-57* wird die Schnittstelle (unten) vom Master (oben) freigegeben, der auch den Schiebetakt am Eingang SCK liefert. Ein Low-Zustand am Anschluss /SS (Slave Select) startet die Übertragung. Das im Datenregister SPDR enthaltene Datenbyte wird am Ausgang MI**SO** (**S**lave **O**ut) gesendet und durch die am Eingang MO**SI** (**S**lave **I**n) ankommenden Daten ersetzt. Das Ende der Übertragung wird im Anzeigebit SPIF des SPI-Statusregisters angezeigt und kann einen Interrupt auslösen. Im Slavebetrieb ist der Anschluss MO**SI** als Eingang immer tristate (hochohmig). Der Ausgang MI**SO** ist während eines High-Zustandes am Freigabeeingang /SS tristate. Er wird durch einen Low-Zustand von /SS freigegeben und enthält das Potential der Sendedaten.

Das Beispiel zeigt die Kopplung zweier AVR-Controller zur Übertragung von Daten über die SPI-Schnittstelle. Beim Anschluss mehrerer Slaves an einen Master entsteht ein Bussystem, bei dem der Master jeweils einen Slave durch den Eingang /SS freigibt. Im Multi-Masterbetrieb kann einer von mehreren Mastern die Kontrolle übernehmen.

Im SPI-Betrieb haben die vier Anschlussleitungen (*Bild 4-58*) der Schnittstelle je nach Betriebsart unterschiedliche Funktionen, sonst lassen sie sich als normale Portleitungen verwenden.

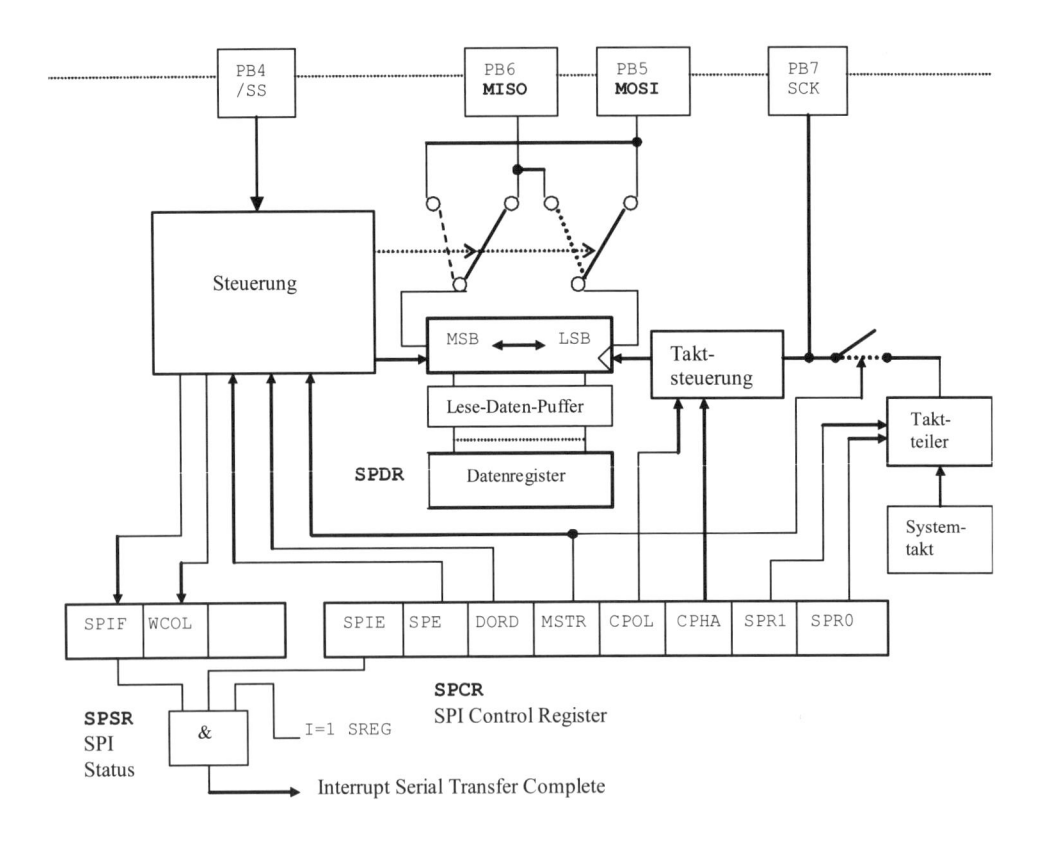

Bild 4-58: Modell der SPI-Schnittstelle (ATmega16)

Der Anschluss MOSI (**M**aster **O**ut **S**lave **I**n) muss für den Masterbetrieb im Richtungsbit als Ausgang programmiert werden. Im Slavebetrieb ist er automatisch immer ein Eingang.

Der Anschluss MISO (**M**aster **I**n **S**lave **O**ut) ist im Masterbetrieb automatisch immer ein Eingang. Er muss für den Slavebetrieb im Richtungsbit als Ausgang programmiert werden.

Der Anschluss SCK (**S**hift **CL**ock) muss für den Masterbetrieb im Richtungsbit als Ausgang programmiert werden. Im Slavebetrieb ist er automatisch immer ein Eingang.

4.6 Die serielle SPI-Schnittstelle

Der Anschluss /SS (**S**lave **S**elect) kann im Masterbetrieb als Ausgang programmiert werden und dann zur Freigabe der Slaves dienen; jedoch sind dazu besondere Befehle erforderlich. Wird er im Masterbetrieb als Eingang programmiert, so muss er auf High-Potential liegen. Ein Low bricht den Masterbetrieb ab, wenn ein anderer Baustein die Masterfunktion übernehmen will. Im Slavebetrieb ist der Anschluss /SS automatisch ein Eingang, der den Ausgang MISO bei High tristate hält und nur bei Low das Potential der zu sendenden Daten ausgibt.

Im Auslieferungszustand der Controller-Bausteine sind der Programm-Flash und der EEPROM-Bereich mit $FF vorbesetzt (gelöscht). Der serielle Programmierbetrieb der Entwicklungssysteme verwendet die SPI-Schnittstelle zum Herunterladen des Programms und vorbesetzter EEPROM-Daten über die Anschlüsse SCK, MOSI und MISO, die bei allen Bausteinen vorhanden sind. Dabei ist das Programmiergerät der Master und der zu programmierende Baustein ist Slave.

Die Datenbücher des Herstellers enthalten die für die Programmierung zu verwendenden Algorithmen. Im Literaturverzeichnis des Anhangs finden sich mehrere Zeitschriftenbeiträge, die Programmiereinrichtungen beschreiben. Sie behandeln schwerpunktmäßig die Hardware, die Software kann aus dem Internet heruntergeladen werden.

Die folgenden Ausführungen dieses Abschnitts behandeln die SPI-Schnittstelle im Masterbetrieb und verwenden als Anwendungsbeispiel zwei TTL-Schieberegister als Slave für die Eingabe und Ausgabe von Testdaten. AVR-Bausteine, bei denen die SPI-Schnittstelle nur dem seriellen Programmierbetrieb dient und dem Anwender als Master nicht zugänglich ist, müssen die SPI-Schnittstelle durch Software emulieren.

Nach einem Reset ist die SPI-Schnittstelle zunächst gesperrt. Sie muss durch Programmieren des Steuerregisters **SPCR** freigegeben werden.

SPCR = **SP**I **C**ontrol **R**egister   SRAM-Adresse $2D   SFR-Adresse $0D   bitadressierbar

Bit 7	Bit 6	Bit 5	Bit 4	Bit 3	Bit 2	Bit 1	Bit 0
SPIE	SPE	DORD	MSTR	CPOL	CPHA	SPR1	SPR0
Interrupt 0: gesperrt 1: frei	*Freigabe* 0: gesperrt 1: SPI frei	*Richtung* 0: MSB erst 1: LSB erst	*Betrieb* 0: Slave 1: Master	*Ruhezust.* 0: Low 1: High	*Taktphase* 0: versetzt 1: sofort	***Master*** *Schiebetakt* 0 0: Sytemtakt / 4 0 1: Systemtakt / 16 1 0 : Systemtakt / 64 1 1 : Systemtakt / 128 für SPI2X = 1 Verdopplung des Taktes!	

Bit SPIE (**SP**I **I**nterrupt **E**nable) gibt mit einer 1 den Interrupt der SPI-Schnittstelle frei. Er wird ausgelöst, wenn die Steuerung Bit SPIF im Statusregister auf 1 setzt und der globale Interrupt mit I = 1 im Statusregister freigegeben ist.

Bit SPE (**SP**I **E**nable) gibt mit einer 1 die SPI-Schnittstellenfunktionen frei. Für den Anfangszustand 0 nach einem Reset arbeiten die vier Anschlüsse als Portleitungen.

Bit DORD (**D**ata **ORD**er) legt die Schieberichtung (*Bild 4-59*) fest. Mit einer 0 wird das werthöchste Bit MSB (**M**ost **S**ignificant **B**it) zuerst geschoben, mit einer 1 das wertniedrigste Bit LSB (**L**east **S**ignificant **B**it).

Bit MSTR (**MaSTeR**/Slave Select) schaltet mit einer 1 die Master-Betriebsart ein. Das Bit wird zurückgesetzt, wenn im Masterbetrieb der als Ausgang programmierte Anschluss /SS Low wird. Für eine 0 ist der Slavebetrieb eingeschaltet.

Die Bits CPOL (**C**lock **POL**arity) und CPHA (**C**lock **PHA**se) bestimmen den Ruhezustand der Taktleitung und den Zeitpunkt des Schiebens und der Auswertung des Eingangspotentials (*Bild 4-60*).

Die Bits SPR1 und SPR0 (**SP**I **C**lock **R**ate Select) legen nur im Masterbetrieb die Frequenz des Schiebetaktes fest. Im Slavebetrieb gibt der Master den Takt an. In neueren Ausführungen kann der Takt mit dem Bit SPI2X verdoppelt werden.

Die Übertragung kann vom Programm durch Auswerten des Statusregisters **SPSR** kontrolliert werden. Die Bitpositionen werden von der Steuerung gesetzt bzw. gelöscht.

SPSR = **SP**I **S**tatus **R**egister   SRAM-Adresse $2E   SFR-Adresse $0E   bitadressierbar

Bit 7	*Bit 6*	*Bit 5*	*Bit 4*	*Bit 3*	*Bit 2*	*Bit 1*	*Bit 0*
SPIF	**WCOL**	-	-	-	-	-	**SPI2X**
Anzeige 1: Transfer fertig oder Masterabbruch	*Kollision* 1: Schreib- fehler						SPI2X = 1: Verdopplung des Taktes in SPR1 SPR0

Bit SPIF (**SP**I **I**nterrupt **F**lag) wird von der Steuerung am Ende einer Übertragung oder beim Abbruch der Masterfunktion durch /SS auf 1 gesetzt. Es wird von der Steuerung bei der Annahme des Interrupts automatisch auf 0 zurückgesetzt. Dies geschieht auch durch Lesen des Statusregisters SPSR bei gesetztem Anzeigeflag SPIF und durch anschließenden Zugriff auf das Datenregister SPDR.

Das Bit WCOL (**W**rite **COL**lision Flag) wird von der Steuerung auf 1 gesetzt, wenn das Datenregister SPDR während einer Übertragung beschrieben wird, da in diesem Fall die laufende Übertragung abgebrochen wird. Das Bit wird durch Lesen von SPCR und durch anschließenden Zugriff auf SPDR wieder zurückgesetzt.

In neueren Versionen der Schnittstelle verdoppelt das Bit SPI2X (**D**ouble **SP**I **S**peed) für eine 1 den durch SPR1 und SPR0 eingestellten Schiebetakt des Masters. Für einen angeschlossenen Slave darf der Takt maximal ¼ des Systemtaktes betragen.

4.6 Die serielle SPI-Schnittstelle

Beim Schreiben des SPI-Datenregisters gelangt das auszugebende Byte über einen Pufferspeicher in das Schieberegister. Im Masterbetrieb wird damit die Übertragung gestartet; im Slavebetrieb bestimmt der Eingang /SS den Beginn. Am Ende der Übertragung werden die empfangenen Daten nicht aus dem Schieberegister, sondern aus einem Empfangspuffer gelesen. Dieser muss gelesen werden, bevor das nächste Byte vollständig empfangen wurde.

SPDR = **SP**I **D**ata **R**egister SRAM-Adresse $2F SFR-Adresse $0F bitadressierbar

schreiben:	Sendedaten nach Schieberegister Masterbetrieb: Übertragung starten
lesen:	Empfangsdaten aus Empfangspuffer abholen

Die Auswahl der Schieberichtung DORT sowie der Polarität CPOL und der Phasenlage CPHA des Taktes richtet sich nach Erfordernissen der angeschlossenen Slave-Einheiten. *Bild 4-59* zeigt die Schieberichtung des internen Schieberegisters und seine Verbindung mit den SPI-Anschlüssen als Modell.

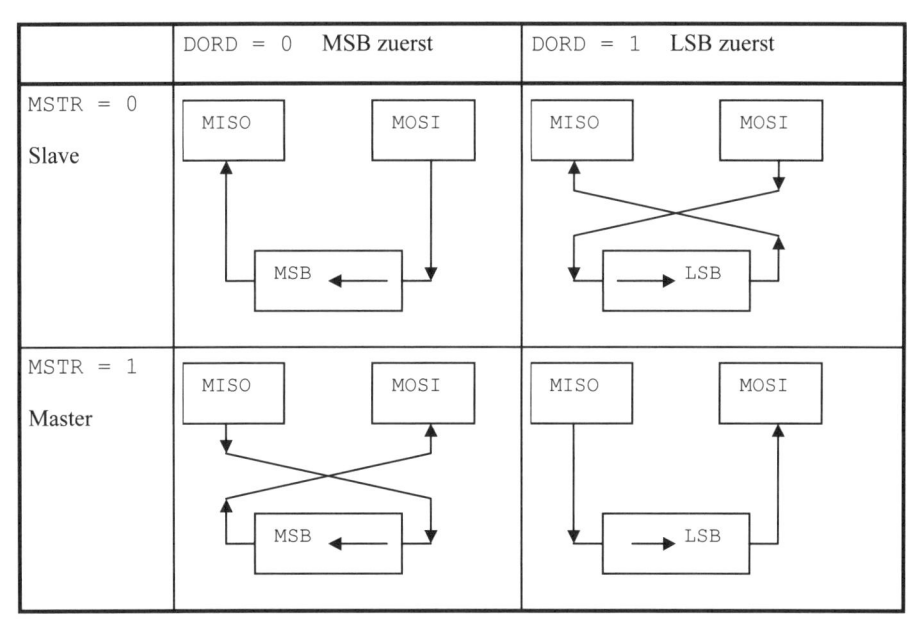

Bild 4-59: Die Betriebsarten (MSTR) und Schieberichtungen (DORD)

Die in *Bild 4-60* dargestellten Zeitdiagramme geben für den *Masterbetrieb* den Ruhezustand der Taktleitung SCK und die Phasenlage des Taktes an. Für CPOL = 0 ist der Ruhezustand der Taktleitung Low. Während der Übertragung werden acht positive Taktimpulse im Tastverhältnis 1:1 ausgegeben. Für CPOL = 1 ist der Ruhezustand der Taktleitung High und es werden acht negative Taktimpulse ausgegeben. Der Master startet mit dem Einschreiben eines Bytes in das Datenregister SPDR die Übertragung und gibt das erste Bit aus. Die Bitposition CPHA des Steuerregisters bestimmt die Phasenlage des Taktes. Für CPHA = 1 wird sofort eine steigende bzw. fallende Taktflanke ausgegeben; für CPHA = 0 folgt die steigende bzw. fallende Flanke des Taktsignals erst eine halbe Taktzeit später.

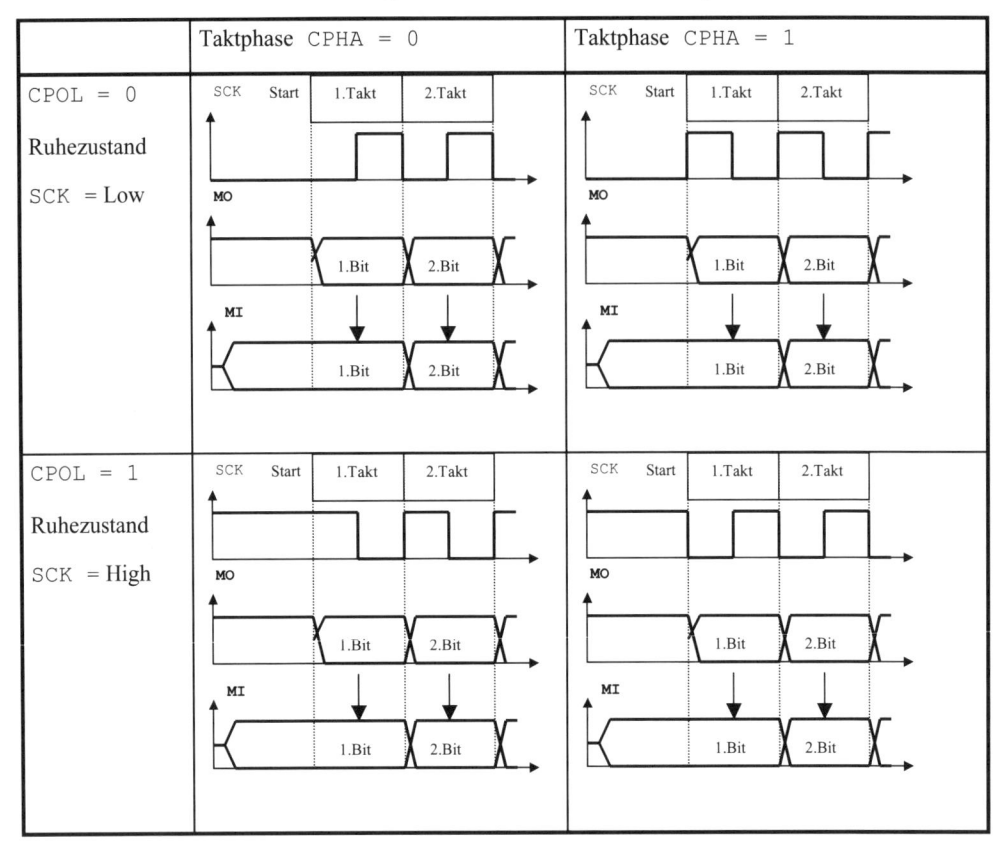

	Taktphase CPHA = 0	Taktphase CPHA = 1
CPOL = 0 Ruhezustand SCK = Low		
CPOL = 1 Ruhezustand SCK = High		

Bild 4-60: Die Taktpolaritäten (CPOL) und Phasenlagen (CPHA) als Master

Als Sender gibt Master sofort nach dem Start und dann am Beginn eines Taktes neue Daten auf dem Ausgang **MO** aus; es ist Aufgabe des angeschlossenen Empfänger-Slaves, die Daten, meist mit einer Taktflanke, zu übernehmen.

Als Empfänger übernimmt der Master in der Mitte des Taktes die Daten von der Eingangsleitung **MI** und schiebt sie am Ende eines Taktes weiter. Für CPHA = 0 erfolgt die Übernahme mit der Vorderflanke, für CPHA = 1 mit der Rückflanke. Der angeschlossene Sender-Slave muss seine Ausgangsdaten, meist flankengesteuert, rechtzeitig zur Verfügung stellen.

Im *Slave-Betrieb* der SPI-Schnittstelle beginnt die Übertragung mit der fallenden Flanke des vom Master ausgegebenen Freigabesignals /SS (Slave Select). Für CPHA = 0 wird sofort das erste Bit auf dem Ausgang SO ausgegeben, alle weiteren folgen am Ende jedes Taktes.

4.6 Die serielle SPI-Schnittstelle

Für CPHA = 1 erfolgt die Ausgabe des ersten Bits erst bei der ersten Taktflanke des vom Master ausgegebenen Taktsignals SCK. Empfangsbits werden ab der Mitte des Taktes übernommen und am Ende weitergeschoben.

In der Schaltung *Bild 4-61* dienen zwei serielle TTL-Schieberegister als Slave. An den acht parallelen Eingängen A bis H des *Sender-Slaves* 74HCT165 liegen Schiebeschalter, deren Potential für einen Low-Zustand am Steuereingang SH/LD (Shift/Load) in acht zustandsgesteuerte RS-Flipflops übernommen wird. Für ein High am Eingang SH/LD sind die Eingänge gesperrt, am Ausgang Q_H liegt das Potential des H-Flipflops. Mit jeder steigenden Flanke am Takteingang CLK wird ein neues Bit herausgeschoben. Nach der ersten steigenden Flanke erscheint der Inhalt des G-Flipflops am Ausgang. Für den SPI-Betrieb wurden mit CPOL=0 der Ruhezustand Low und mit CPHA = 0 die Eingabe mit der Vorderflanke gewählt, damit Q_H gelesen werden kann, bevor der Slave mit der ersten steigenden Taktflanke Q_G herausschiebt. Mit dem zusätzlichen seriellen Eingang SER am A-Flipflop lassen sich mehrere Schieberegister kaskadieren.

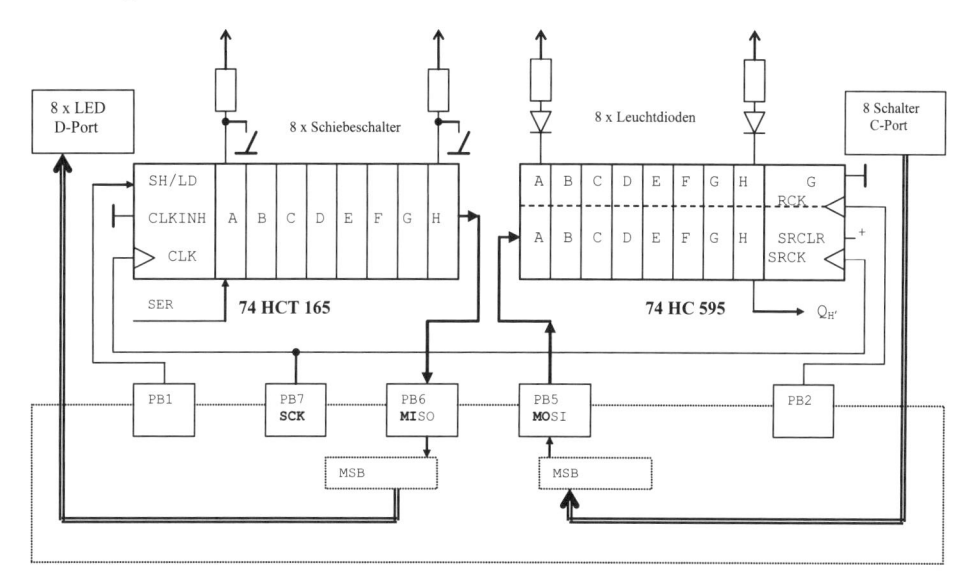

Bild 4-61: Die SPI-Schnittstelle mit TTL-Schieberegistern als Slave (ATmega16)

Verbindung des ATmega16 mit den Schieberegistern:

```
Ausgang PB1 -> SH/LD (Stift 1) 74HCT165
Ausgang SCK (PB7) -> CLK (Stift 2) 74HCT165
Ausgang SCK (PB7) -> SRCK (Stift 11) 74HC595
Ausgang MOSI (PB5) -> SER (Stift 14) 74HC595
Ausgang PB2 -> RCK (Stift 12) 74HC595
Eingang MISO (PB6) -> QH (Stift 9) 74HCT165
```

An den acht parallelen Ausgängen des *Empfänger-Slaves* 74HC595 liegen die Kathoden von acht Leuchtdioden. Mit jeder steigenden Flanke am Eingang SRCK (Shift Register Clock) wird ein Schieberegister um eine Bitposition verschoben und das am Eingang anliegende Potential gelangt in das A-Bit. Mit dem zusätzlichen Ausgang $Q_{H'}$ lassen sich mehrere Schieberegister kaskadieren. Erst eine steigende Flanke am Eingang RCK (Register Clock) übernimmt den Inhalt des Schieberegisters in das Speicherregister, an dem die parallele Ausgabe erfolgt. Durch die Trennung von Schieberegister und Speicherregister ist sichergestellt, dass während des Schiebens keine ungültigen Daten an den Ausgängen erscheinen. Für den SPI-Betrieb wurden mit CPOL=0 der Ruhezustand Low und mit CPHA = 0 die steigende Flanke in der Mitte des Übertragungstaktes gewählt, damit der Empfänger die am Taktanfang ausgegebenen Daten zum richtigen Zeitpunkt übernehmen kann.

Die Programme *Bild 4-62* geben die vom Sender-Slave empfangenen Daten zur Kontrolle auf dem Port D aus. Die am Port C eingestellten Bits werden an den Empfänger-Slave gesendet. Das Byte wird vor der Ausgabe komplementiert, damit an den Leuchtdioden eine **0** als *aus* und eine **1** als *ein* erscheint.

```
; k4p17.asm Bild 4-62a ATmega16 Test der SPI-Schnittstelle
; Systemtakt 3.6864 MHz : 4 = 0.9216 MHz Schiebetakt
; Port B: SPI Anschlüsse nach 74HCT165 (Schalter) und 74HC595 (LED)
; Port C: Eingabe nach Empfänger-Slave
; Port D: Ausgabe des Sender-Slave
        .INCLUDE "m16def.inc"   ; Deklarationen
        .DEF     akku = r16     ; Arbeitsregister
        .CSEG                   ; Programmsegment
        rjmp     start          ; Reset-Einsprung
        .ORG     $2A            ; Interrupts übersprungen
start:  ldi      akku,LOW(RAMEND); Stapel anlegen
        out      SPL,akku       ;
        ldi      akku,HIGH(RAMEND);
        out      SPH,akku       ;
        ldi      akku,$ff       ; Richtung Ausgabe
        out      DDRD,akku      ; Port D ist LED-Ausgabe
        ldi      akku,(1 << DDB7) | (1 << DDB5) | (1 << DDB2) | (1 << DDB1);
        out      DDRB,akku      ; DDB7=SCK DDB5=MOSI DDB2=SRCK DDB1=SH/LD
        cbi      PORTB,PB1      ; Sender-Slave SH/LD = 0: laden
        sbi      PORTB,PB2      ; Empfänger-Slave Übernahme RCK = 1
        ldi      akku,(1 << SPE) | (1 << MSTR) ;
        out      SPCR,akku      ; SPI frei  MSB erst  Master  Takt/4
; Hauptprogramm Arbeitsschleife
haupt:  rcall    empf           ; akku <= Sender-Slave Schalter
        out      PORTD,akku     ; Kontrollausgabe Port D
        in       akku,PINC      ; Testwerte eingeben
        com      akku           ; invertieren wegen Kathodenansteuerung
        rcall    send           ; Ausgabe Empfänger-Slave LEDs
        rjmp     haupt          ; Schleife
```

4.6 Die serielle SPI-Schnittstelle

```
; SPI-Unterprogramme
; empf: Slave Schalter -> MISO -> Empfänger -> R16
empf:    sbi     PORTB,PB1       ; SH/LD = 1: schieben
         out     SPDR,r16        ; Start der Übertragung
empf1:   sbis    SPSR,SPIF       ; überspringe wenn SPIF=1: Übertragung fertig
         rjmp    empf1           ; warte auf Ende der Übertragung
         in      r16,SPDR        ; Empfangsdaten abholen SPIF wird 0
         cbi     PORTB,PB1       ; SH/LD = 0: laden
         ret                     ; Rücksprung
; send: R16 -> Sender -> MOSI -> Slave Leuchtdioden
send:    cbi     PORTB,PB2       ; RCK Übernahme Low
         out     SPDR,R16        ; Daten nach Sender Start der Übertragung
send1:   sbis    SPSR,SPIF       ; überspringe wenn SPIF=1: Übertragung fertig
         rjmp    send1           ; warte auf Ende der Übertragung
         in      r16,SPDR        ; SPIF wieder 0
         sbi     PORTB,PB2       ; Slave steigende Flanke RCK: übernehmen
         ret                     ; Rücksprung
         .EXIT                   ; Ende des Programmtextes
```

Bild 4-62a: Assemblerprogramm zur SPI-Datenübertragung

```c
// k4p17.c Bild 4-62c ATmega16 Test der SPI Schnittstelle
// Systemtakt 3.6864 MHz : 4 = 0.9216 MHz Schiebetakt
// Port B: SPI Anschlüsse 74HCT165 und 74HC595
// Port C: Eingabe nach Empfänger-Slave (LED)
// Port D: Ausgabe des Sender-Slave (Schalter)
#include <avr/io.h>                   // Deklarationen
unsigned char empf(void)              // liefert Daten des Sender-Slave
{
 sbi(PORTB,PB1);                      // SH/LD = 1: schieben
 SPDR = 0xff;                         // Start der Übertragung
 loop_until_bit_is_set(SPSR, SPIF);   // warte bis Bit 1: fertig
 cbi(PORTB,PB1);                      // SH/LD = 0: laden
 return SPDR;                         // Empfangsdaten abholen
}
void send(unsigned char wert)         // sendet wert seriell nach Slave
{
 cbi(PORTB,PB2);                      // RCK Übernahme Low
 SPDR = wert;                         // Daten nach Sender und starten
 loop_until_bit_is_set(SPSR, SPIF);   // warte bis Bit 1: fertig
 wert = SPDR;                         // SPIF wieder 0 (Pseudolesen)
 sbi(PORTB,PB2);                      // RCK Übernahme High: steigende Flanke
}
```

```c
void main(void)                    // Hauptfunktion
{
 DDRD = 0xff;                      // Port D ist Ausgang
 DDRB = (1 << DDB7) | (1 << DDB5) | (1 << DDB2) | (1 << DDB1); // Ausgänge
 cbi(PORTB,PB1);                   // Sender-Slave SH/LD = 0: laden
 sbi(PORTB,PB2);                   // Empfänger-Slave Übernahme RCK=1
 SPCR = (1 << SPE) | ( 1 << MSTR); // SPI ein MSB erst Master Systemtakt / 4
 while(1)                          // Arbeitsschleife
 {
  PORTD = empf();                  // Kontrollausgabe nach Port D
  send(~PINC);                     // Eingabe von Port C senden
 } // Ende while
} // Ende main
```

Bild 4-62c: C-Programm zur SPI-Datenübertragung

Bei Controllern, bei denen die SPI-Schnittstelle dem Anwender nicht zur Verfügung steht, können die Funktionen der Schnittstelle durch Software emuliert (nachgebildet) werden. Die Programme *Bild 4-63* verwenden die Anschlussleitungen und Slave-Schieberegister des *Bildes 4-61*. Die Programmierung der SPI-Schnittstelle entfällt, die Unterprogramme empf und send führen die der SPI-Schnittstelle entsprechenden Funktionen mit Bitoperationen durch.

```asm
; k4p18.asm Bild 4-63a ATmega16 Software-Emulation SPI-Schnittstelle
; Port B: Software-SPI Anschlüsse 74HCT165 und 74HC595
; Port C: Eingabe nach Empfänger-Slave
; Port D: Ausgabe des Sender-Slave
        .INCLUDE "m16def.inc"    ; Deklarationen
        .DEF    akku = r16       ; Arbeitsregister
        .CSEG                    ; Programmsegment
        rjmp    start            ; Reset-Einsprung
        .ORG    $2A              ; Interrupts übersprungen
start:  ldi     akku,LOW(RAMEND) ; Stapel anlegen
        out     SPL,akku         ;
        ldi     akku,HIGH(RAMEND) ;
        out     SPH,akku         ;
        ldi     akku,$ff         ; Richtung Ausgabe
        out     DDRD,akku        ; Port D ist LED-Ausgabe
        ldi     akku,(1 << DDB7) | (1 << DDB5) | (1 << DDB2) | (1 << DDB1);
        out     DDRB,akku        ; Aus: PB7=SCK PB5=MOSI PB2=RCK PB1=SH/LD
        cbi     PORTB,PB1        ; Sender-Slave SH/LD = 0: laden
        sbi     PORTB,PB2        ; Empfänger-Slave Übernahme RCK = 1
; Hauptprogramm
haupt:  rcall   empf             ; akku <= Sender-Slave Schalter
        out     PORTD,akku       ; Kontrollausgabe Port D
```

4.6 Die serielle SPI-Schnittstelle

```
            in      akku,PINC       ; Testwerte eingeben
            com     akku            ; invertieren wegen Kathodenansteuerung
            rcall   send            ; akku => Empfänger-Slave LEDs
            rjmp    haupt           ; Schleife
; Unterprogramme
; empf: R16 <= Sender-Slave MSB zuerst
empf:       push    r17             ; Register retten
            ldi     r17,8           ; R17 = Schiebezähler
            sbi     PORTB,PB1       ; Slave SH/LD = 1: schieben QH liegt an
empf1:      cbi     PORTB,PB7       ; Takt Low
            lsl     r16             ; R16 1 bit links   B0 <= 0
            sbic    PINB,PB6        ; überspringe wenn MI = 0
            inc     r16             ; für MI = 1: R16 B0 <= 1
            sbi     PORTB,PB7       ; steigende Taktflanke: Slave schiebt
            dec     r17             ; Zähler - 1
            brne    empf1           ; bis 8 Bits empfangen
            cbi     PORTB,PB1       ; Slave SH/LD = 0: laden
            pop     r17             ; Register zurück
            ret                     ; Rücksprung
; send: R16 => Sender-Slave MSB zuerst
send:       push    r17             ; Register retten
            ldi     r17,8           ; R17 = Schiebezähler
            cbi     PORTB,PB2       ; Slave RCK Übernahme Low
send1:      cbi     PORTB,PB7       ; Schiebetakt Low
            cbi     PORTB,PB5       ; Ausgabebit Low
            sbrc    r16,7           ; überspringe wenn B7 = 0
            sbi     PORTB,PB5       ; für B7 = 1: Ausgabebit High
            lsl     r16             ; das nächste Bit fertig machen
            sbi     PORTB,PB7       ; Slave steigende Schiebeflanke
            dec     r17             ; Zähler - 1
            brne    send1           ; bis 8 Bits gesendet
            sbi     PORTB,PB2       ; Slave steigende Flanke RCK: übernehmen
            pop     r17             ; Register zurück
            ret                     ;
            .EXIT                   ; Ende des Programmtextes
```

Bild 4-63a: Assemblerprogramm zur Software-Emulation der SPI-Schnittstelle

```
// k4p18.c Bild 4-63c ATmega16 SPI Software-Emulation
// Port B: Software-SPI 74HCT165 und 74HC595
// Port C: Eingabe für Empfänger-Slave
// Port D: Ausgabe des Sender-Slave
#include <avr/io.h>            // Deklarationen
```

```c
unsigned char empf(void)          // liefert Schalter des Sender-Slave MSB zuerst
{
 unsigned char daten, i;          // Hilfsvariable und Zähler für 8 Bits
 sbi(PORTB,PB1);                  // SH/LD = 1: schieben QH liegt an
 for(i=1; i<=8; i++)              // für 8 Bits
 {
  cbi(PORTB, PB7);                // Takt Low
  daten = daten << 1;             // logisch links B0 <= 0
  if (bit_is_set(PINB, PINB6)) daten++; // für MI = 1: B0 <= 1
  sbi(PORTB, PB7);                // steigende Taktflanke: Slave schiebt
 } // Ende for
 cbi(PORTB,PB1);                  // SH/LD = 0: laden
 return daten;                    // Empfangsdaten zurückliefern
} // Ende empf
//
void send(unsigned char wert)     // sendet seriell nach Empfänger MSB zuerst
{
 unsigned char i;                 // Zähler für 8 Bits
 cbi(PORTB,PB2);                  // RCK Übernahme Low
 for(i=1; i<=8; i++)              // für 8 Bits
 {
  cbi(PORTB, PB7);                // Takt Low
  cbi(PORTB, PB5);                // Ausgabebit Low
  if( (wert & 0x80) == 0x80) sbi(PORTB, PB5); // für B7 = 1 Ausgabebit High
  wert = wert << 1;               // das nächste Bit fertig machen
  sbi(PORTB, PB7);                // Slave steigende Schiebeflanke
 } // Ende for
 sbi(PORTB,PB2);                  // RCK Übernahme High: steigende Flanke
} // Ende send
//
void main(void)                   // Hauptfunktion
{
 DDRD = 0xff;                     // Port D ist Ausgang
 DDRB = (1 << DDB7) | (1 << DDB5) | (1 << DDB2) | (1 << DDB1); // Ausgänge
 cbi(PORTB,PB1);                  // Sender-Slave SH/LD = 0: laden
 sbi(PORTB,PB2);                  // Empfänger-Slave Übernahme RCK=1
 while(1)                         // Arbeitsschleife
 {
  PORTD = empf();                 // Kontrollausgabe Port D
  send(~PINC);                    // senden invertiert wegen LEDs Kathoden
 } // Ende while
} // Ende main
```

Bild 4-63c: C-Programm zur Software-Emulation der SPI-Schnittstelle

4.7 Die serielle TWI-Schnittstelle (I²C)

Die TWI-Schnittstelle (**T**wo-**W**ire serial **I**nterface) entspricht der bekannten I²C-Schnittstelle (**IIC** = **I**nter **IC**-Bus), mit der über 100 IC-Bausteine über einen Bus miteinander verbunden werden können. Beispiele für I²C Bausteine:

- Buscontroller (PCD8584) als Mastereinheit,
- Treiber für LCD-Anzeigen (PCF6566 und PCF8576),
- Echtzeituhr mit Kalender (PCF8573),
- digitale Ein-/Ausgabeeinheit (PCF8575) für 8bit parallele Daten,
- analoge Ein-/Ausgabeeinheit (PCF8591) mit 8bit A/D- und D/A-Wandlern sowie
- RAM-Speicher (PCF8570) und EEPROM-Bausteine (ST24C08).

Alle Komponenten eines Systems werden parallel an die beiden bidirektionalen Busleitungen SCL (**S**erial **CL**ock line) für den Takt und SDA (**S**erial **DA**ta line) für Daten bzw. Adressen angeschlossen (*Bild 4-64*). Der Ruhezustand der Busleitungen ist High, die maximale Taktfrequenz beträgt 100 kHz.

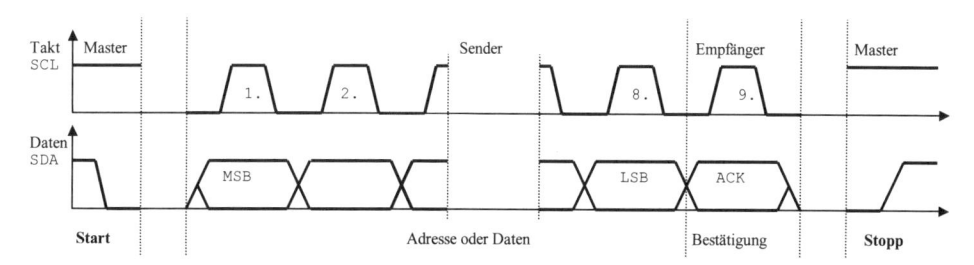

Bild 4-64: Übertragung von Daten bzw. Adressen über den I²C-Bus

Der *Master* liefert die Startbedingung (SCL = High, SDA fallende Flanke), den Übertragungstakt SCL und die Stoppbedingung (SCL = High, SDA steigende Flanke). Ein *Slave* wird durch den Master über eine Adresse freigegeben; er kann, getaktet durch SCL, Daten auf die Datenleitung SDA legen und das Bestätigungssignal ACK (**ACK**nowledge) liefern. Ein *Sender* legt Daten, im Falle eines Masters auch Adressen, auf die Datenleitung SDA. Ein *Empfänger* übernimmt die Daten und bestätigt den Empfang mit dem Signal ACK = Low. Änderungen von Daten- bzw. Adressbits sind nur während des Low-Zustandes von SCL zulässig; während SCL = High muss die Datenleitung SDA stabil sein. Nach der Startbedingung sendet der Master eine 7bit Slave-Adresse gefolgt von einem Richtungsbit R/W (**R**ead = High, **W**rite = Low); dies muss vom adressierten Slave mit ACK = Low bestätigt werden. Dann folgen die Daten, die entweder der Master sendet und der Slave bestätigt oder der Slave sendet und der Master bestätigt. Im Multi-Master-Betrieb können mehrere Masterkomponenten abwechselnd die Kontrolle über den Bus übernehmen.

Die TWI-Schnittstelle der Mega-Familie kann sowohl als Master als auch als Slave senden und empfangen. Bausteine ohne diese Schnittstelle müssen die entsprechenden Zustände bzw. Flanken mit Befehlen ausgeben bzw. kontrollieren.

Der Schiebetakt SCL wird durch einen Vorteiler aus dem Systemtakt abgeleitet. Der Teilerfaktor TWPS mit den Werten 0, 1, 2 und 3 ist in das Statusregister TWSR einzutragen. Schiebetakt und Bitratenfaktor ergeben sich zu:

$$SCL = \frac{Systemtakt}{16 + 2(Faktor)4^{TWPS}} \qquad Faktor = \frac{Systemtakt/SCL - 16}{2 * 4^{TWPS}}$$

Nach Angaben des Herstellers soll im Masterbetrieb der Wert des Bitratenfaktors nicht unter 10 liegen. Bei einem Systemtakt von 3.6864 MHz, einem gewählten Schiebetakt SCL von ca. 10 kHz und dem Vorteiler TWPS = 1 ist der Bitratenfaktor von 44 in das Bitratenregister **TWBR** zu laden. Nach einem Reset ist der Anfangswert dieses Registers 0.

TWBR = **TWI B**it Rate **R**egister SRAM-Adresse $20 SFR-Adresse $00   bitadressierbar

Bitratenfaktor

Mit dem Steuerregister TWCR werden Übertragungsparameter eingestellt und angezeigt sowie die auszuführende Operation (Start, Stopp, Bestätigung) gestartet. Nach einem Reset ist der Anfangswert dieses Registers 0.

TWCR = **TWI C**ontrol **R**egister SRAM-Adresse $56 SFR-Adresse $36

Bit 7	Bit 6	Bit 5	Bit 4	Bit 3	Bit 2	Bit 1	Bit 0
TWINT	**TWEA**	**TWSTA**	**TWSTO**	**TWWC**	**TWEN**	–	**TWIE**
1 setzen: *starten* 1 anzeigen: *fertig*	*ACK ausführen*	*Start ausführen*	*Stopp ausführen*	*Anzeige Schreibkollision aufgetreten*	1: TWI *freigeben*		1: TWI-*Interrupt freigeben*

Das Bit **TWINT** (**TW**I **INT**errupt Flag) dient sowohl zum Starten einer Operation als auch zur Anzeige, dass diese ausgeführt wurde.

Durch Einschreiben von TWINT = **1** wird eine Operation gestartet, die in den anderen Bitpositionen angegeben wird und die in den anderen Registern bereits vorbereitet worden sein muss (z.B. Sendedaten in TWDR). Die Steuerung setzt daraufhin TWINT = **0** und führt die Operation aus.

Als Anzeigebit wird TWINT von der Steuerung wieder von 0 auf **1** gesetzt, wenn die angeforderte Operation ausgeführt wurde. Ist der TWI-Interrupt mit TWIE = 1 und I = 1

4.7 Die serielle TWI-Schnittstelle (I²C)

freigegeben, so wird ein entsprechendes Serviceprogramm gestartet; die Einsprungadresse ist in den Definitionsdateien enthalten. Das Anzeigebit wird *nicht* automatisch beim Start des Serviceprogramms zurückgesetzt, sondern muss mit einem Befehl durch Einschreiben einer **1** gelöscht werden. Da damit die nächste Operation gestartet wird, muss sie in den Registern TWAR, TWSR und TWDR vorbereitet sein. Das Beispiel gibt eine Startbedingung aus und wartet auf ihre Ausführung:

```
; Assemblerbeispiel
        ldi     r18,(1<<TWINT) | (1<<TWSTA) | (1<<TWEN);
        out     TWCR,r18         ; Startbedingung ausgeben
send1:  in      r18,TWCR         ; Steuerregister lesen
        sbrs    r18,TWINT        ; überspringe wenn fertig
        rjmp    send1            ; warte solange TWINT = 0

// C-Beispiel
TWCR = (1 << TWINT) | (1 << TWSTA) | (1 << TWEN); // Start
loop_until_bit_is_set(TWCR, TWINT);    // warte bis fertig
```

Das Bit **TWEA** (**TW**I **E**nable **A**cknowledge) erzeugt mit einer **1** den Bestätigungsimpuls ACK, wenn die Slave-Adresse empfangen wurde oder wenn für TWGCE = 1 ein allgemeiner Anruf erfolgte oder wenn ein Datenbyte empfangen wurde.

Das Bit **TWSTA** (**TW**I **STA**rt Condition) erzeugt mit einer **1** den Startzustand auf dem Bus, wenn dieser frei ist. Im Belegtzustand wird nach Erkennen des Stoppzustandes erneut versucht, den Bus zu belegen. Nach der Übertragung des Startzustandes muss das Bit durch einen Befehl zurückgesetzt werden.

Das Bit **TWSTO** (**TW**I **STO**p Condition) erzeugt mit einer **1** den Stoppzustand auf dem Bus, nach dessen Ausführung das Bit automatisch zurückgesetzt wird.

Das Bit **TWWC** (**TW**I **W**rite **C**ollision Flag) wird von der Steuerung auf 1 gesetzt, wenn versucht wird, während einer laufenden Operation (TWINT = 0) Daten in das Datenregister TWDR zu schreiben. Das Bit wird durch einen Schreibbefehl bei TWINT = 1 zurückgesetzt.

Das Einschreiben einer 1 in das Bit **TWEN** (**TW**I **EN**able) gibt den TWI-Betrieb frei; mit einer 0 wird er gesperrt.

Mit einer **1** im Bit **TWIE** (**TW**I **I**nterrupt **E**nable) zusammen mit dem globalen Freigabebit I = 1 im Statusregister SREG wird der Interrupt am Ende einer Operation (TWINT = 1) freigegeben. Die Einsprungadresse ist meist in den Definitionsdateien vorgegeben.

```
; Assemblerbeispiel für einen TWI-Interrupt
    .ORG    TWIaddr    ; symbolische Einsprungadresse
    rjmp    fertig     ; Sprung zum Serviceprogramm

// C-Servicefunktion für einen TWI-Interrupt
SIGNAL(SIG_2WIRE_SERIAL) {  /* Zeichen abholen */  }
```

Das Statusregister TWSR zeigt den Zustand der Übertragung auf dem Bus an. Nach einem Reset ist der Anfangswert dieses Registers $F8 bzw. 0b11111000.

TWSR = **TWI S**tatus **R**egister SRAM-Adresse $21 SFR-Adresse $01   bitadressierbar

Bit 7	Bit 6	Bit 5	Bit 4	Bit 3	Bit 2	Bit 1	Bit 0
TWS7	TWS6	TWS5	TWS4	TWS3	-	TWPS1	TWPS0
Status	Status	Status	Status	Status		0 0: Vorteiler 1 0 1: Vorteiler 4 1 0: Vorteiler 16 1 1: Vorteiler 64	

Die Bitpositionen TWS7 bis TWS3 (**TWI S**tatus) geben je nach Betriebsart den Zustand der Übertragung an. Die Codes können den Unterlagen des Herstellers entnommen werden.

Die Vorteilerwerte TWPS1 und TWPS0 (**TWI P**re**S**caler) sind dezimal mit 0, 1, 2 und 3 in die Formeln des Schiebetaktes bzw. Bitratenfaktors einzutragen. Sie sind so zu wählen, dass der Bitratenfaktor nicht unter 10 liegt.

Die Sende- und Empfangsdaten werden in das Datenregister TWDR geschrieben bzw. aus dem Register gelesen. Der Vorgabewert nach einem Reset ist $FF (0b11111111).

TWDR = **TWI D**ata **R**egister SRAM-Adresse $23 SFR-Adresse $03   bitadressierbar

schreiben: Sendedaten
lesen: Empfangsdaten

Das Adressregister TWAR enthält eine 7bit Adresse für den Slave-Betrieb bzw. für den Multi-Master-Betrieb. Der Vorgabewert nach einem Reset ist $FE (0b11111110).

TWAR = **TWI S**lave **A**ddress **R**egister SRAM-Adresse $22 SFR-Adresse $02   bitadressierbar

Bit 7	Bit 6	Bit 5	Bit 4	Bit 3	Bit 2	Bit 1	Bit 0
TWA6	TWA5	TWA4	TWA3	TWA2	TWA1	TWA0	TWGCE
Adressbit	Adressbit	Adressbit	Adressbit	Adressbit	Adressbit	Adressbit	1: Anruf frei

Das Bit **TWGCE** (**TWI G**eneral **C**all Recognition **E**nable) gibt mit einer 1 die Erkennung eines allgemeinen Anrufs über den Bus frei.

Das Beispiel *Bild 4-65* benutzt einen I^2C-Baustein zur Eingabe und Ausgabe von 8bit parallelen Daten. Die oberen vier Bitpositionen der Adresse sind intern mit 0 1 1 1 festgelegt, die folgenden drei Bitpositionen werden durch Beschaltung der Anschlüsse A0, A1 und A2

4.7 Die serielle TWI-Schnittstelle (I²C)

eingestellt. Das letzte Adressbit R/W ist 0, wenn in den Baustein geschrieben wird, und 1, wenn der Baustein gelesen wird. Die acht Leuchtdioden wurden direkt an die Ausgänge angeschlossen. Dadurch schaltet ein Low die Leuchtdiode an und ein High schaltet sie aus. Für die Eingabe von Daten müssen die Ausgänge auf High liegen.

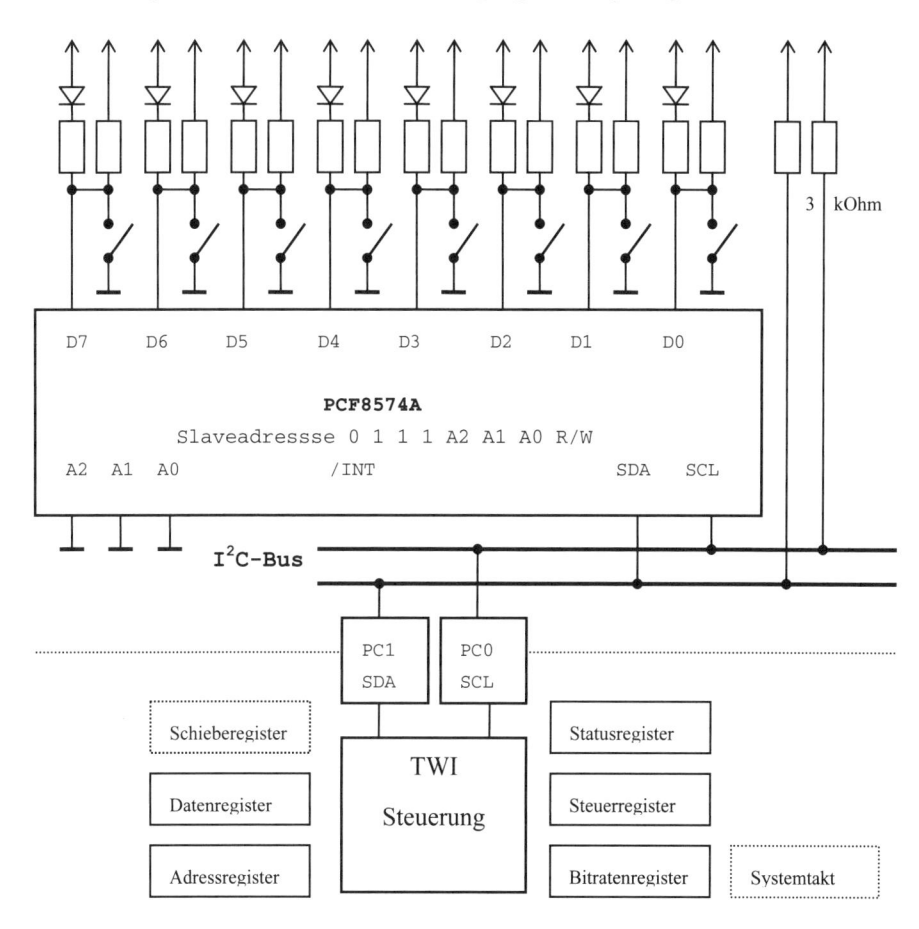

Bild 4-65: ATmega16 mit I²C-Ein-/Ausgabebaustein PCF8574A

Die Programme *Bild 4-66* senden die am Port D eingestellten Daten komplementiert an den I²C-Baustein und geben die von ihm empfangenen Daten auf dem Port B aus.

```
; k4p19.asm Bild 4-66a TWI-Schnittstelle (I2C) ATmega16 3.6864 MHz
; Port B: Ausgabe der empfangenen Daten
; Port C: PC1=SDA PC0=SCL an PCF8574A 8bit I/O
; Port D: Eingabe senden nach 8bit I/O Ausgabeeinheit
        .INCLUDE "m16def.inc"      ; Deklarationen
        .EQU     TAKT = 3686400    ; Systemtakt 3.6864 MHz
        .EQU     ausad = $70       ; Adresse Ausgabeeinheit
```

```
            .EQU     einad = $71         ; Adresse Eingabeeinheit
            .DEF     akku = r16          ; für Daten
            .DEF     addr = r17          ; für Adressen
            .CSEG                        ; Programmsegment
            rjmp     start               ; Einsprung nach Reset
            .ORG     $2A                 ; keine Interrupts
start:      ldi      akku,LOW(RAMEND)    ; Stapel anlegen
            out      SPL,akku            ;
            ldi      akku,HIGH(RAMEND)   ;
            out      SPH,akku            ;
            ldi      akku,$ff            ;
            out      DDRB,akku           ; Port B ist Ausgabe
            ldi      akku,44             ; Bitrate für Bustakt SCL=10kHz
            ldi      addr,$1             ; Vorteiler TWPS = 1
            rcall    init                ; TWI initialisieren
schlei:     ldi      addr,ausad          ; R17 = Adresse Ausgaberegister
            in       akku,PIND           ; R16 = Ausgabedaten
            com      akku                ; Komplement
            rcall    send                ; TWI senden
            ldi      addr,einad          ; R17 = Adresse Eingaberegister
            rcall    empf                ; TWI empfangen
            out      PORTB,akku          ; Kontrollausgabe PORT B
            rjmp     schlei              ; Arbeitsschleife
; init R16 = Bitratenfaktor r17 = Vorteiler
init:       out      TWBR,r16            ; Bitrate
            out      TWSR,r17            ; Vorteiler
            ret                          ; Rücksprung
; send R17 = Slaveadresse   R16 = Ausgabedaten
send:       push     r18                 ; Register retten
; Startbedingung ausgeben ohne Statuskontrolle
            ldi      r18,(1<<TWINT) | (1<<TWSTA) | (1<<TWEN) ;
            out      TWCR,r18            ; Startbedingung ausgeben
send1:      in       r18,TWCR            ; Steuerregister lesen
            sbrs     r18,TWINT           ; überspringe wenn fertig
            rjmp     send1               ; warte solange TWINT = 0
; Slaveadresse R17 ausgeben ohne Statuskontrolle
            out      TWDR,r17            ; R17 = Slaveadresse
            ldi      r18,(1<<TWINT) | (1<<TWEN) ;
            out      TWCR,r18            ; Slaveadresse ausgeben
send2:      in       r18,TWCR            ; Steuerregister lesen
            sbrs     r18,TWINT           ; überspringe wenn fertig
            rjmp     send2               ; warte solange TWINT = 0
; Daten R16 senden ohne Statuskontrolle
            out      TWDR,r16            ; R16 = Daten an Slave
            ldi      r18,(1<<TWINT) | (1<<TWEN) ;
```

4.7 Die serielle TWI-Schnittstelle (I²C)

```
            out     TWCR,r18              ;
send3:      in      r18,TWCR              ; Steuerregister lesen
            sbrs    r18,TWINT             ; überspringe wenn fertig
            rjmp    send3                 ; warte solange TWINT = 0
; Stoppbedingung ausgeben
            ldi     r18,(1<<TWINT) | (1<<TWSTO) | (1<<TWEN) ;
            out     TWCR,r18              ; Stoppbedingung ausgeben
            pop     r18                   ; Register zurück
            ret                           ; Rücksprung
; empf R17 = Slaveadresse Rückgabe R16 <= empfangene Daten
empf:       push    r18                   ; Register retten
; Startbedingung ausgeben ohne Statuskontrolle
            ldi     r18,(1<<TWINT) | (1<<TWSTA) | (1<<TWEN) ;
            out     TWCR,r18              ; Startbedingung ausgeben
empf1:      in      r18,TWCR              ; Steuerregister lesen
            sbrs    r18,TWINT             ; überspringe wenn fertig
            rjmp    empf1                 ; warte solange TWINT = 0
; Slaveadresse R17 ausgeben ohne Statuskontrolle
            out     TWDR,r17              ; R17 = Slaveadresse
            ldi     r18,(1<<TWINT) | (1<<TWEN) ;
            out     TWCR,r18              ; Slaveadresse ausgeben
empf2:      in      r18,TWCR              ; Steuerregister lesen
            sbrs    r18,TWINT             ; überspringe wenn fertig
            rjmp    empf2                 ; warte solange TWINT = 0
; Daten nach R16 empfangen ohne Statuskontrolle
            ldi     r18,(1<<TWINT) | (1<<TWEN) ;
            out     TWCR,r18              ;
empf3:      in      r18,TWCR              ; Steuerregister lesen
            sbrs    r18,TWINT             ; überspringe wenn fertig
            rjmp    empf3                 ; warte solange TWINT = 0
            in      r16,TWDR              ; R16 <= Daten
; Bestätigungsimpuls an Sender ohne Statuskontrolle
            ldi     r18,(1<<TWINT) | (1<<TWEA) | (1<<TWEN);
            out     TWCR,r18              ;
empf4:      in      r18,TWCR              ; Steuerregister lesen
            sbrs    r18,TWINT             ; überspringe wenn fertig
            rjmp    empf4                 ; warte solange TWINT = 0
; Stoppbedingung ausgeben
            ldi     r18,(1<<TWINT) | (1<<TWSTO) | (1<<TWEN)
            out     TWCR,r18              ; Stoppbedingung ausgeben
            pop     r18                   ; Register zurück
            ret                           ; Rücksprung
            .EXIT                         ; Ende des Quelltextes
```

Bild 4-66a: Assemblerprogramm testet TWI-Schnittstelle

```c
// k4p19.c Bild 4-66c ATmega16 TWI-Schnittstelle PCF8574A
// Port B: Ausgabe der Empfangsdaten
// Port C: PC1 = SDA -> Stift 15  PC0=SCL -> Stift 14 PCF8574A
// PORT D: Eingabe der Sendedaten
#include <avr/io.h>          // Deklarationen
#define TAKT 3686400UL       // Systemtakt 3.6864 MHz
#define AUSAD 0x70           // Adresse Ausgabeeinheit PCF8574A
#define EINAD 0x71           // Adresse Eingabeeinheit PCF8574A
#define FAKTOR 44            // Teilerfaktor für 10 kHz Bustakt
#define TEILER 1             // Vorteiler TWPS = 1
 void init(unsigned char faktor, unsigned char teiler) // TWI initialisieren
 {
  TWBR = faktor;             // Bitrate
  TWSR = teiler;             // Vorteiler
 } // Ende init
 void send(unsigned char adres, unsigned char daten)   // Zeichen senden
 {
  TWCR = (1 << TWINT) | (1 << TWSTA) | (1 << TWEN);   // Startbedingung
  loop_until_bit_is_set(TWCR, TWINT);                 // warte bis fertig
  TWDR = adres;                                       // Adresse
  TWCR = (1 << TWINT) | (1 << TWEN);                  // senden
  loop_until_bit_is_set(TWCR, TWINT);                 // warte bis fertig
  TWDR = daten;                                       // Daten
  TWCR = (1 << TWINT) | (1 << TWEN);                  // senden
  loop_until_bit_is_set(TWCR, TWINT);                 // warte bis fertig
  TWCR = (1 << TWINT) | (1 << TWSTO) | (1 << TWEN);   // Stoppbedingung
 } // Ende send
 unsigned char empf(unsigned char adres)              // Zeichen empfangen
 {
  unsigned char daten;                                // Hilfsvariable
  TWCR = (1 << TWINT) | (1 << TWSTA) | (1 << TWEN);   // Startbedingung
  loop_until_bit_is_set(TWCR, TWINT);                 // warte bis fertig
  TWDR = adres;                                       // Adresse
  TWCR = (1 << TWINT) | (1 << TWEN);                  // senden
  loop_until_bit_is_set(TWCR, TWINT);                 // warte bis fertig
  TWCR = (1 << TWINT) | (1 << TWEN);                  // Empfang starten
  loop_until_bit_is_set(TWCR, TWINT);                 // warte bis fertig
  daten = TWDR;                                       // Daten abholen
  TWCR = (1 << TWINT) | (1 << TWEA) | (1 << TWEN);    // ACK-Impuls senden
  loop_until_bit_is_set(TWCR, TWINT);                 // warte bis fertig
  TWCR = (1 << TWINT) | (1 << TWSTO) | (1 << TWEN);   // Stoppbedingung
  return daten;
 } // Ende empf
```

4.7 Die serielle TWI-Schnittstelle (I²C)

```
void main (void)              // Hauptfunktion
{
 unsigned char awert, ewert;  // Zwischenwerte für Test
 DDRB = 0xff;                 // Port B gibt Testdaten aus
 init(FAKTOR, TEILER);        // TWI Bustakt Initialisierung
 while (1)                    // Arbeitsschleife
 {
  awert = PIND;               // Testwerte vom Port D eingeben
  send(AUSAD, ~awert);        // Komplement senden
  ewert = empf(EINAD);        // Empfangsdaten
  PORTB = ewert;              // auf Port B ausgeben
 } // Ende while
} // Ende main
```

Bild 4-66c: C-Programm testet TWI-Schnittstelle

Das einfache Testbeispiel der TWI-Schnittstelle steuert nur einen Slave-Baustein an, der allerdings aus zwei Einheiten mit zwei Adressen besteht. Durch die Übertragung von Daten *und* Adressen lassen sich an einem aus zwei Leitungen und dem Bezugspotential Ground bestehenden seriellen Bus eine Vielzahl von Einheiten betreiben. Dabei ist es oft eine Frage der Kosten, ob man die Einheiten günstiger direkt ansteuert oder I²C-Bausteine einsetzt.

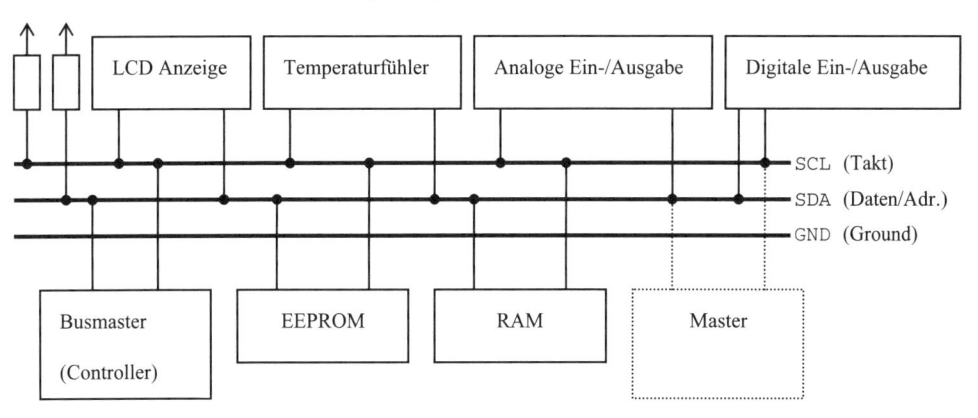

Bild 4-67: Serielles Bussystem

In einem Multi-Master-System können mehrere Mastereinheiten abwechselnd die Kontrolle über den Bus übernehmen. Einzelheiten dieser Betriebsart können den Unterlagen des Herstellers Atmel entnommen werden.

4.8 Analoge Schnittstellen

Ein *Digital/Analogwandler* setzt einen binären Eingangswert in eine analoge Ausgangsspannung um. Der Wert 0 liefert z.B. eine Spannung von 0 Volt am Ausgang, der Wert 255 eine Spannung von +2.55 Volt. Dazwischen liegen bei einem 8bit Wandler noch 253 weitere Spannungsstufen. Mit Operationsverstärkern lässt sich die Ausgangsspannung z.B. auf 0 bis +20 Volt verstärken oder auf bipolares Potential z.B. von –10 bis +10 Volt verschieben. Bei dem in *Bild 4-68* dargestellten Wandlerbaustein bestimmt eine außen anzulegende Referenzspannung U_{ref} die Höhe der analogen Ausgangsspannung. Das Modell entspricht dem in Abschnitt 2.8.7 *Bild 2-26* dargestellten Wandlerbaustein ZN 428, der dort am Port B betrieben wird. Ein Low Potential am Freigabeeingang übernimmt den an den acht digitalen Eingängen anliegenden binären Wert; dieser bleibt bis zum nächsten Schreibvorgang gespeichert. Die Umsetzzeit vom Einschreiben des digitalen Wertes bis zur analogen Ausgabe hängt nur ab von der Schaltzeit der Analogschalter und des Bewertungsnetzwerkes und liegt unter 1 µs.

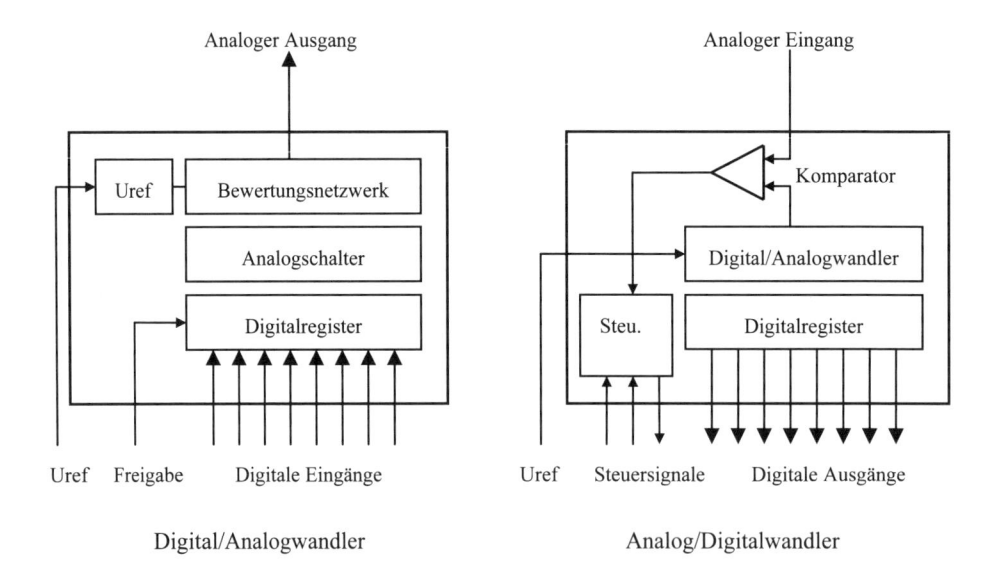

Bild 4-68: Analoge Schnittstellen

Der Wandlerbaustein wird durch den fest auf Low gelegten Freigabeeingang dauernd freigegeben und gibt den an seinen Eingängen anliegenden digitalen Wert direkt analog aus. Er belegt jedoch einen ganzen parallelen Ausgabeport. Für den Betrieb mehrerer derartiger Bausteine werden diese parallel geschaltet und einzeln mit einem Low am Freigabeeingang freigegeben; entweder direkt durch ein Portsignal oder mit einem zusätzlichen Decoderbau-

4.8 Analoge Schnittstellen

stein. Controller wie z.B. der ATmega8515, die Signale zum Betrieb externer SRAM-Bausteine erzeugen, können auch parallele Digital/Analogwandler am parallelen Bus betreiben. Andere analoge Ausgabemöglichkeiten sind serielle Digital/Analogwandler an einer der seriellen Schnittstellen TWI oder SPI bzw. die Ausgabe eines pulsweiten modulierten Signals (PWM) mit einem Timer nach Abschnitt 4.4.2.4.

Ein *Analog/Digitalwandler* setzt eine analoge Eingangsspannung in einen digitalen Ausgabewert um. Ein Eingang von 0 Volt liefert z.B. den Wert 0, ein Eingang von +2.55 Volt z.B. den Wert 255. Das Eingangssignal lässt sich mit Verstärkerschaltungen dem Messbereich des Wandlers anpassen, der auch durch die anzulegende Referenzspannung U_{ref} bestimmt wird. Unipolare Spannungen gegen das Bezugspotential Ground werden direkt einem Eingang zugeführt; bipolare Spannungen werden durch analoge Schaltungen unipolar verschoben oder an die beiden Eingänge bipolarer Wandler angeschlossen. Mit Steuersignalen wird das Umwandlungsformat eingestellt und die Umwandlung gestartet. Am Ende der Wandlung gibt die Steuerung ein entsprechendes Statussignal aus.

Man unterscheidet folgende parallele Umwandlungsverfahren, die im Wesentlichen die zu messende Spannung durch einen *Komparator* mit dem Ausgang eines internen Digital/Analogwandlers vergleichen.

Rampenumsetzer vergleichen die zu messende Spannung mit einer Sägezahnspannung, deren Anstieg bei Übereinstimmung durch den Komparator abgebrochen wird. Sie werden vorwiegend zur hochgenauen Erfassung langsamer Vorgänge in der Messtechnik verwendet, haben aber eine relativ lange Umsetzzeit im Millisekundenbereich.

Umsetzer nach dem Verfahren der *schrittweisen Näherung* (sukzessive Approximation oder Wägeverfahren) führen den Vergleich bitweise durch. Beginnend mit der werthöchsten Bitposition wird die Vergleichsspannung probeweise um den Wert einer Bitposition erhöht. Ist die resultierende Vergleichsspannung größer als die zu messende Spannung, so wird das Bit wieder entfernt. Ein 8bit Wandler benötigt also acht Wandlungsschritte. Die Umsetzzeit liegt je nach Takt und Bitbreite zwischen 1 und 100 µs.

Parallelumsetzer erzeugen für jede Stufe eine eigene Vergleichsspannung; ein 8bit Wandler besteht also aus 256 Vergleichsspannungen und 256 Komparatoren sowie aus einer digitalen Bewertungsschaltung. Die Umsetzzeit liegt unter 1µs.

Für die Erfassung analoger Größen wie z.B. Temperatur und Druck gibt es für die AVR Controller mehrere Möglichkeiten:

- Programmierung eines Wandlungsverfahrens mit dem Analogkomparator, der bei fast allen Bausteinen vorhanden ist,
- Verwendung des internen Analog/Digitalwandlers, der allerdings nur in wenigen Bausteinen enthalten ist,
- Anschluss externer serieller oder paralleler Wandlerbausteine an eine serielle Schnittstelle bzw. an einen Parallelport oder
- Einsatz von Sensoren mit digitalem Ausgang, die ein dem Messwert proportionales digitales Ausgangssignal oder direkt den digital codierten Messwert liefern.

4.8.1 Der Analogkomparator

Der Analogkomparator ist in fast allen Bausteinen jedoch in geringfügig abweichenden Versionen und Anschlussbelegungen vorhanden. Der folgende Unterabschnitt behandelt die Standardversion am Beispiel des AT90S2313, mit dem auch die Programmbeispiele getestet wurden.

4.8.1.1 Die Standardversion am Beispiel des AT90S2313

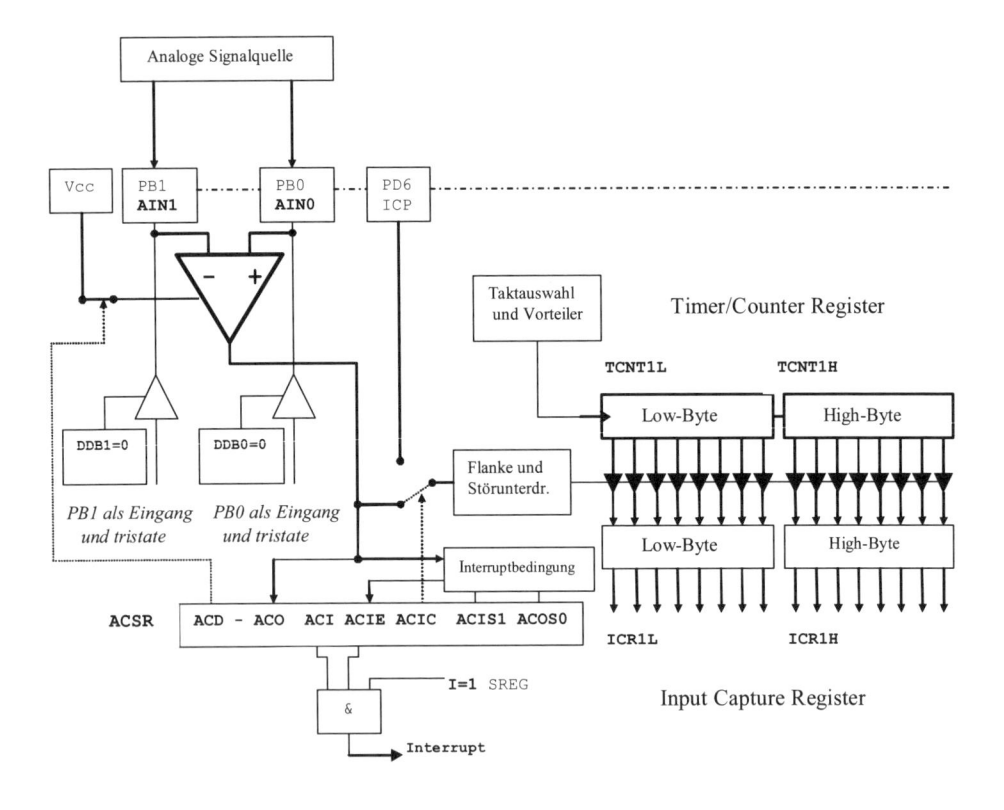

Bild 4-69: Modell des Analogkomparators Standardversion Anschlüsse des AT90S2313

Der Analogkomparator (*Bild 4-69*) vergleicht zwei analoge Eingangsspannungen an den Eingängen **AIN0** und **AIN1** miteinander. Die Portleitungen müssen als Eingang programmiert und tristate sein. Der interne Ausgang des Komparators **ACO** ist 1, wenn der positive Eingang AIN0 ein höheres Potential hat als der negative Eingang AIN1.

Das Steuer- und Anzeigeregister ACSR des Analogkomparators legt die Betriebsbedingungen des Komparators fest und enthält Statusanzeigen. Die Bitposition ACBG ist nur in erweiterten Versionen des Komparators wirksam und wird im nächsten Unterabschnitt behandelt.

4.8 Analoge Schnittstellen

ACSR = **A**nalogcomp. **C**ontrol **S**tatus **R**eg. SRAM-Adresse $28 SFR-Adresse $08   bitadressierbar

Bit 7	Bit 6	Bit 5	Bit 4	Bit 3	Bit 2	Bit 1		Bit 0
ACD	ACBG	ACO	ACI	ACIE	ACIC	ACIS1		ACIS0
Komparator **0**: ein 1: aus	siehe 4.8.1.2 **ATmega16**	*Anzeige Komparator-Ausgang* 1: AIN0 > AIN1	1: *Anzeige Interrupt*	1: *Interrupt frei*	*Capture-bedingung* 0: ICP PD6 1: Analog-komparator	*Interruptbedingung* 0 0: umschalten 0 1: - 1 0: fallende Flanke 1 1: steigende Flanke		

Bit **ACD** (**A**nalog **C**omparator **D**isable) ist nach einem Reset gelöscht (**0**) und der Komparator ist eingeschaltet. Er kann durch Setzen (1) von ACD zur Verringerung der Stromaufnahme abgeschaltet werden.

Bit **ACBG** (**A**nalog **C**omparator **B**and**G**ap Select) legt in der erweiterten Version mit einer 1 eine interne Vergleichsspannung an den positiven Eingang AIN0.

Bit **ACO** (**A**nalog **C**omparator **O**utput) zeigt den Ausgang des Komparators an.

Bit **ACI** (**A**nalog **C**omparator **I**nterrupt Flag) wird von der Steuerung auf 1 gesetzt, wenn die ausgewählte Interruptbedingung aufgetreten ist. Das Bit wird bei der Annahme des Interrupts automatisch wieder zurückgesetzt. Dies kann auch durch Einschreiben einer 1 durch einen Befehl erfolgen. Das Bit wird auch zurückgesetzt, wenn andere Bits des Registers mit SBI oder CBI angesprochen werden!

Bit **ACIE** (**A**nalog **C**omparator **I**nterrupt **E**nable) sperrt den Interrupt mit einer 0 oder gibt ihn mit einer 1 frei.

Bit **ACIC** (**A**nalog **C**omparator **I**nput **C**apture) schaltet mit einer 1 den Ausgang ACO des Komparators auf den Eingang Störunterdrückung und Flankenauswahl der Capture-Steuerung. Mit einer **0** (nach Reset) ist der Capture-Eingang ICP (PD6) mit der Capture-Steuerung verbunden.

Die Bits **ACIS1** und **ACIS0** (**A**nalog **C**omparator **I**nterrupt **S**elect) legen die Interruptbedingung bei einer Änderung des Komparatorausgangs ACO fest. Vor einer Änderung dieser Bitpositionen sollte der Interrupt des Analogkomparators gesperrt werden, um Fehlauslösungen zu vermeiden.

Der in fast allen Controllern der AVR-Familien vorhandene Analogkomparator vergleicht lediglich zwei Eingangsspannungen miteinander und liefert nur die Aussage *kleiner* bzw. *größer*. Ein Analog/Digitalwandler dagegen liefert als Ergebnis eines Wandlungsvorgangs einen Zahlenwert von 8 oder 10 bit.

Bild 4-70 zeigt den Aufbau eines einfachen Analog/Digitalwandlers mit dem Komparator. Ein PWM-Aufwärtszähler erzeugt am Eingang AIN0 die durch ein RC-Glied geglättete steigende Rampe einer Vergleichsspannung. Diese wird verglichen mit der zu messenden

Spannung am Eingang AIN1. Bei Gleichheit wird der Zähler abgebrochen; er enthält den digitalisierten Messwert.

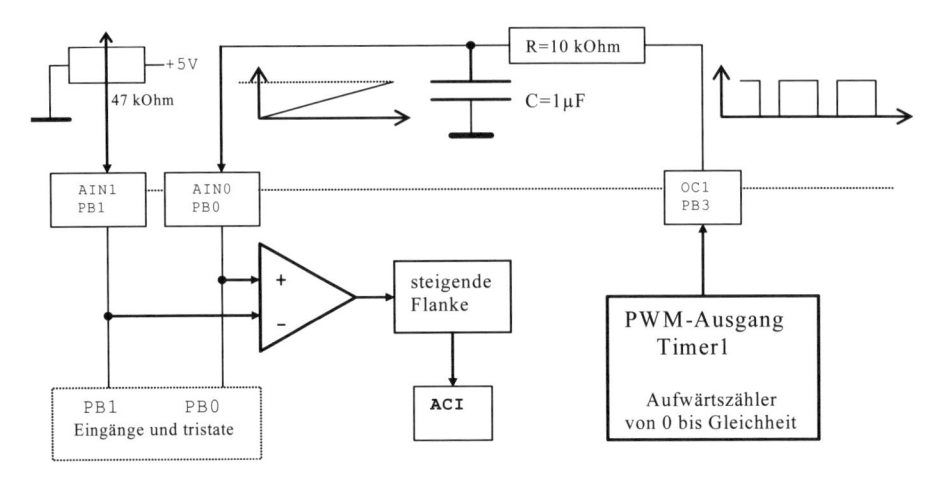

Bild 4-70: Analog/Digitalwandler mit Analogkomparator und PWM-Ausgang (AT90S2313)

Die Testprogramme *Bild 4-71* rufen ein Unterprogramm zur Initialisierung des Wandlers und ein weiteres Unterprogramm zur eigentlichen Messung auf. Die Umsetzzeit ist abhängig vom Messwert. Bei 2.5 Volt betrug sie ca. 20 ms.

```
; k4p20.asm Bild 4-71a AT90S2313 A/D-Wandler mit PWM und Analogkomparator
; Port B: PB0 und PB1: analoge Eingabe   PB3: Ausgang Vergleichsspannung PWM
; Port D: Ausgang Messwert dual
; PB3(OC1)/-/R=10 kOhm/-/PB0(AIN0)-C=1uF->Gnd Eingang PB1(AIN1) Ux=0..5 V
        .INCLUDE "2313def.inc"      ; Deklarationen
        .DEF     akku = r16         ; Arbeitsregister
        .CSEG                       ; Programmbereich
        rjmp     start              ; Einsprung nach Reset
        .ORG     $10                ; keine Interrupts
start:  ldi      akku,LOW(RAMEND)   ; Stapel anlegen
        out      SPL,akku           ;
        ser      akku               ; akku <= $ff
        out      DDRD,akku          ; Port D ist Ausgang
        rcall    adini              ; AD-Wandler initialisieren
; Arbeitsschleife digitalen Wert auf Port D und PB7 ausgeben
schlei: rcall    adein              ; akku <= digitaler Wert
        lsr      akku               ; Bit_0 abschneiden 7bit-Ausgabe!
        out      PORTD,akku         ; D6..D0 dual ausgeben
        clr      akku               ; 278 us warten simuliert Verarbeitung
warte:  nop                         ; 1
        dec      akku               ; 1
```

4.8 Analoge Schnittstellen

```
        brne    warte           ; 2   256 * 4 * 0.2713 us = 278 us
        rjmp    schlei          ; Endlos-Schleife
; adini = AD-Wandler und PWM initialisieren
adini:  push    r16             ;
        cbi     DDRB,DDB0       ; PB0 = AIN0 = Eingang
        cbi     PORTB,PB0       ; B0  = AIN0 tristate
        cbi     DDRB,DDB1       ; PB1 = AIN1 = Eingang
        cbi     PORTB,PB1       ; B1  = AIN1 tristate
        sbi     DDRB,DDB3       ; PB3 = Ausgang OC1
        clr     r16             ; R16 <= $00
        out     OCR1AH,r16      ; Start bei
        out     OCR1AL,r16      ; Zähler 0
        ldi     r16,0b10000001  ; PWM nicht invertiert 8bit
        out     TCCR1A,r16      ; Steuerung A
        ldi     r16,0b00000001  ; Teiler : 1 = 3.6864 MHz -> 7.23 kHz PWM
        out     TCCR1B,r16      ; Steuerung B
        ldi     r16,0b00010011  ; ein - - - ACI=0 ICP steig. Flanke
        out     ACSR,r16        ; fallende Flanke ACO
        pop     r16             ;
        ret                     ;
; adein = AD wandeln R16 <= Rückgabe
adein:  push    r17             ; R17 retten
        push    r18             ; R18 = Hilfsregister retten
        clr     r17             ; R17 = Null
; Kondensator entladen
        out     OCR1AH,r17      ; PWM-High: $00
        out     OCR1AL,r17      ; PWM-Low:  $00
        cbi     PORTB,PB0       ; Daten   PB0 = 0
        sbi     DDRB,DDB0       ; Ausgang PB0 = AIN0 = Low
        clr     r16             ; ca. 278 us
warte0: nop                     ; warten
        dec     r16             ;
        brne    warte0          ;
        cbi     DDRB,DDB0       ; PB0 = AIN0 = tristate
; nun geht es los
        ldi     r16,0           ; R16 = Zähler Anfangswert Offset
adein1: in      r18,TIFR        ; Hilfsregister <= Überlaufanzeige
        sbrs    r18,7           ; TOV1 = 1: Überlauf Timer: weiter
        rjmp    adein1          ; TOV1 = 0: warte auf Timernulldurchgang
        ori     r18,0b10000000  ; TOV1 löschen
        out     TIFR,r18        ; durch 1 schreiben
        out     OCR1AH,r17      ; PWM-High: $00
        out     OCR1AL,r16      ; PWM-Low:  Zähler
        sbic    ACSR,ACO        ; ACO = 0: AIN0 < AIN1: weiter
        rjmp    adein2          ; ACO = 1: AIN0 > AIN1: fertig
```

```
           cpi     r16,$FF         ; Zähler auf Endwert $FF ?
           breq    adein2          ;   ja: kein Wert gewandelt
           inc     r16             ; nein: Zähler + 1
           rjmp    adein1          ;
adein2:    out     OCR1AH,r17      ; PWM-High: $00
           out     OCR1AL,r17      ; PWM-Low:  $00
           pop     r18             ; R18 zurück
           pop     r17             ; R17 zurück
           ret                     ; Rücksprung R16 <= Ergebnis
           .EXIT                   ; Ende des Quelltextes
```

Bild 4-71a: Assemblerprogramm testet Analogkomparator (AT90S2313)

```c
/* k4p20.c Bild 4-71c AT90S2313 A/D-Wandler mit PWM und Analogkomparator
 Port B: PB0 und PB1: analoge Eingabe  PB3: Ausgang steigende Rampe PWM
 Port D: Ausgang Messwert dual
 PB3(OC1)/-/R=10 kOhm/-/PB0(AIN0)-C=1uF(Folie)->Gnd Eingang PB1(AIN1) Ux=0 5V
*/
#include <avr/io.h>
// Funktionen vor main
void adini(void)     // AD-Wandler und PWM initialisieren
{
 cbi(DDRB, DDB0);    // PB0 = AIN0 = Eingang
 cbi(PORTB, PB0);    // PB0 = AIN0 tristate
 cbi(DDRB, DDB1);    // PB1 = AIN1 = Eingang
 cbi(PORTB, PB1);    // PB1 = AIN1 tristate
 sbi(DDRB, DDB3);    // PB3 = Ausgang für OC1 PWM
 OCR1 = 0;           // Start bei Zähler 0
 TCCR1A = 0x81;      // 1000 0001 PWM nicht invertiert 8bit
 TCCR1B = 0x01;      // 0000 0001 Teiler : 1 = 3.6864 MHz -> 7.23 kHz PWM
 ACSR = 0x13;        // 0001 0011 ein - - - ACI=0 ICP steig. Flanke
} // Ende adini

unsigned char adein(void) // Rückgabe gewandelter Wert
{
 unsigned char i;    // Zähler
 /* Kondensator entladen                                  */

 OCR1 = 0;           // Start bei Zähler 0
 cbi(PORTB, PB0);    // Daten    PB0 = 0 = Low
 sbi(DDRB, DDB0);    // Ausgang PB0 = AIN0 = Low
 for (i=0;i<254;i++); // Schleife für Entladezeit
 cbi(DDRB, DDB0);    // Eingang PB0 = AIN0 = tristate
 /* aufsteigende Rampe durch PWM-Signal erzeugen */
 i = 0;              // Zähler ergibt analogen Wert
```

4.8 Analoge Schnittstellen

```
 while( (i <= 254) && (ACSR & 0x20) == 0) // solange nicht erreicht
 {
  while( (TIFR & 0x80) == 0); // warte solange kein Timer_1 Überlauf
  TIFR = 0x80;                // Flag wieder löschen
  OCR1 = i++;                 // Pulsweite und Zähler erhöhen
 } // bis Rampe den analogen Messwert erreicht
 OCR1 = 0;                    // PWM-Ausgang wieder löschen
 return (unsigned char) i;    // Messwert zurück
} // Ende adein

void main(void)               // Hauptfunktion ruft adini und adein
{
 unsigned char wert, i;       // Hilfsvariable
 DDRD = 0xff;                 // Port D ist nun Ausgang
 adini();                     // AD-Wandler und PWM initialisieren
 while(1)                     // Arbeitsschleife
 {
  wert = adein();             // analogen Wert abholen
  PORTD = wert >> 1;          // und geschnitten ausgeben
  for (i=0;i<254;i++);        // Warteschleife simuliert Verarbeitung
 } // Ende while
} // Ende main
```

Bild 4-71c: C-Programm testet Analogkomparator (AT90S2313)

4.8.1.2 Die Erweiterungen des ATmega16

Der Baustein ATmega16 enthält neben dem Analogkomparator einen „echten" Analog/Digitalwandler mit acht Eingängen, der im Abschnitt 4.8.2 behandelt wird. Die Erweiterungen betreffen eine Verbindung zwischen beiden analogen Einheiten.

Das Bit **ACBG** (**A**nalog **C**omparator **B**and **G**ap Select) des Steuerregisters ACSR legt mit einer 1 eine interne Vergleichsspannung von 2.56 Volt an den positiven Eingang des Komparators und schaltet den externen Eingang AIN0 ab.

SFIOR = **S**pecial **F**unktion **IO R**egister SRAM-Adresse $50 SFR-Adresse $30

Bit 7	Bit 6	Bit 5	Bit 4	Bit 3	Bit 2	Bit 1	Bit 0
ADTS2	ADTS1	ADTS0	–	**ACME**	PUD	PSR2	PSR10
				0 : AIN1 verbunden 1 : & ADEN = 0 Analogkanäle verbunden			

Das Bit **ACME** (**A**nalog **C**omparator **M**ultiplexer **E**nable) des Steuerregisters SFIOR schaltet mit einer 1 bei ausgeschaltetem Analog/Digitalwandler (ADEN in ADCSR = 0) einen der acht analogen Eingänge ADC0 bis ADC7 auf den negativen Eingang des Komparators und schaltet den externen Eingang AIN1 ab. Die Steuerbits MUX2 bis MUX0 des Kanalauswahlregisters ADMUX wählen den Kanal aus. *Bild 4-72* zeigt die Verbindung der analogen Einheiten zusammen mit einer Testschaltung.

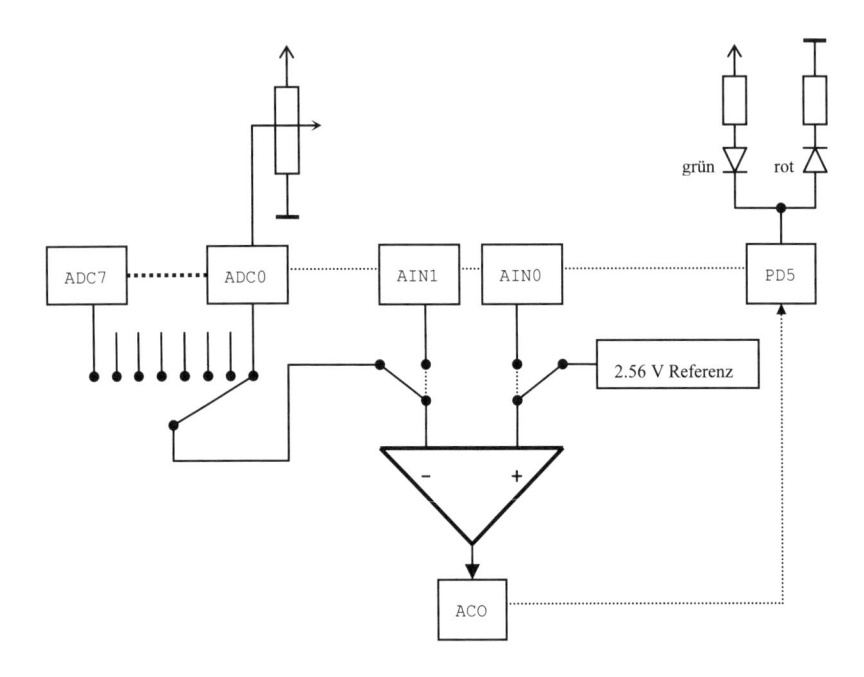

Bild 4-72: Erweiterungen des Analogkomparators ATmega16 und Testschaltung

Die Testschaltung besteht aus einem Potentiometer am Eingang ADC0, mit dem eine Spannung von 0 bis +5 Volt an den negativen Komparatoreingang angelegt werden kann. Der positive Komparatoreingang liegt an der internen Referenzspannung von +2.56 Volt. Der Komparatorausgang ACO wird durch die Programme *Bild 4-73* auf dem Ausgang PD5 ausgegeben, an den zwei Leuchtdioden angeschlossen sind. Für eine Eingangsspannung grösser als die Referenzspannung liefert der Komparator eine 0, welche die grüne Leuchtdiode einschaltet. Ist die Eingangsspannung kleiner, so schaltet eine 1 die rote Leuchtdiode ein.

```
; k4p21.asm Bild 4-73a ATmega16 Test des Analogkomparators
; Port A: ADC0 -> Potentiometer
; Port D: PD5 Ausgabe für kleiner oder grösser
        .INCLUDE "m16def.inc"   ; Deklarationen
        .DEF    akku = r16      ; Arbeitsregister
        .CSEG                   ; Programmsegment
```

4.8 Analoge Schnittstellen

```
          rjmp     start              ;
          .ORG     $2A                ; keine Interrupts
start:    ldi      akku,LOW(RAMEND)   ; Stapel anlegen
          out      SPL,akku           ;
          ldi      akku,HIGH(RAMEND)  ;
          out      SPH,akku           ;
          sbi      DDRD,DDD5          ; D5 ist Ausgang
          cbi      ACSR,ACD           ; Komparator ein
          sbi      ACSR,ACBG          ; Vergleichsspannung 2.56 V an +
          in       akku,SFIOR         ; Kanalmultiplexer
          ori      akku,(1 << ACME)   ; der Analogkanäle
          out      SFIOR,akku         ; ein
          cbi      ADCSR,ADEN         ; Analog/Digitalwandler aus
          cbi      ADMUX,MUX2         ; Kanal 0 0 0 = ADC0 auswählen
          cbi      ADMUX,MUX1         ; an
          cbi      ADMUX,MUX0         ; - Eingang des Komparators
loop:     in       akku,ACSR          ; Anzeige AC0 laden
          out      PORTD,akku         ; und ausgeben
          rjmp     loop               ; Schleife
          .EXIT                       ; Ende des Quelltextes
```

Bild 4-73a: Assemblerprogramm testet Analogkomparator des ATmega16


```
// k4p21.c Bild 4-73c ATmega16 Test des Analogkomparators
// Port A: ADC0 an Potentiometer
// Port D: PD5 Ausgabe für kleiner oder größer
#include <avr/io.h>     // Deklarationen
main(void)              // Hauptfunktion
{
 sbi(DDRD, DDD5);       // PD5 ist Ausgang
 cbi(ACSR, ACD);        // Analogkomparator ein
 sbi(ACSR, ACBG);       // Vergleichsspannung 2.56 V an + Eingang
 SFIOR |= (1 << ACME);  // Kanalmultiplexer ein
 cbi(ADCSR, ADEN);      // Analog/Digitalwandler aus
 cbi(ADMUX, MUX2);      // Kanal 0 0 0 = ADC0 auswählen
 cbi(ADMUX, MUX1);      // an
 cbi(ADMUX, MUX0);      // - Eingang des Komparators
 while(1)               // Arbeitsschleife
 {
  PORTD = ACSR;         // Status nach Anzeige
 } // Ende while
} // Ende main
```

Bild 4-73c: C-Programm testet Analogkomparator des ATmega16

4.8.2 Der Analog/Digitalwandler

Einige Bausteine der Classic-Familie enthalten einen Analog/Digitalwandler mit mehreren unipolaren Eingängen; in den Bausteinen der Mega-Familie finden sich Erweiterungen, die gesondert behandelt werden. Der folgende Unterabschnitt beschreibt die Standardversion am Beispiel des AT90S4433, mit dem auch die Programmbeispiele getestet wurden.

4.8.2.1 Die Standardversion am Beispiel des AT90S4433

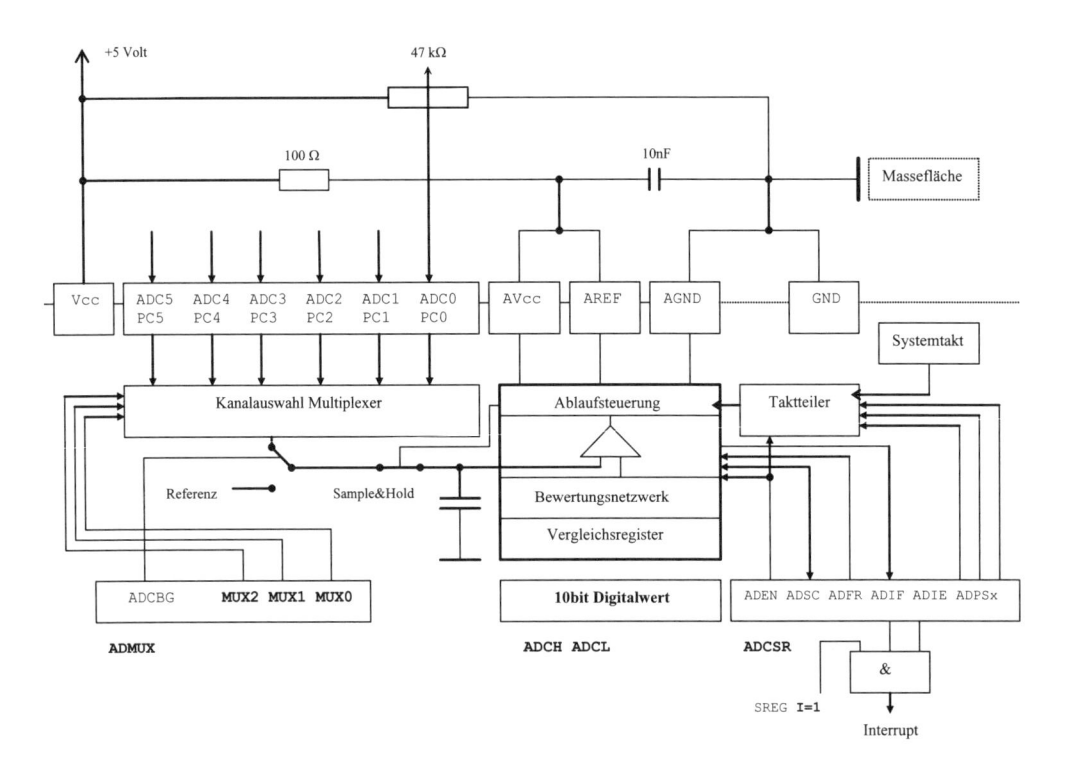

Bild 4-74: Modell des Analog/Digitalwandlers (AT90S4433)

Das Modell *Bild 4-74* zeigt den Aufbau des Wandlers im AT90S4433. Am Eingang von Kanal ADC0 befindet sich ein Potentiometer als analoge Signalquelle für die Testprogramme *Bild 4-75* und *Bild 4-76*. Die Analog/Digitalwandler-Einheit besitzt eine eigene Stromversorgung; AVcc kann nach einer Empfehlung des Herstellers über ein RC-Glied mit der Stromversorgung Vcc des Bausteins verbunden werden. AGND und die Massefläche der analogen Eingangskomponenten sollten nur an einem Punkt mit dem GND-Anschluss des Bausteins verbunden werden. Die Referenzspannung AREF bestimmt den Messbereich. Sie darf nicht größer sein als die Versorgungsspannung und wurde in dem Beispiel mit AVcc verbunden.

4.8 Analoge Schnittstellen

Der Kanalmultiplexer wählt einen der sechs Eingänge für die Messung aus, wahlweise kann eine interne Referenzspannung angelegt werden. Eine Sample&Hold-Schaltung (Abtast- und Halteglied) sorgt dafür, dass sich Änderungen der zu messenden Spannung während der Umwandlungszeit nicht auswirken, da der Eingangskanal abgetrennt wird. Der Wandler vergleicht die zu messende Spannung des Ladekondensators mit dem Ausgang eines internen 10bit Digital/Analogwandlers, der aus einem digitalen Vergleichsregister und einem Bewertungsnetzwerk besteht. Nach dem Verfahren der schrittweisen Näherung (sukzessiven Approximation) wird im ersten Schritt die halbe Vergleichsspannung angelegt. Ist die zu messende Spannung kleiner, so wird im zweiten Schritt die Vergleichsspannung um ein Viertel erhöht; ist sie größer, so wird sie um ein Viertel vermindert. Im dritten Schritt wird die Vergleichsspannung um ein Achtel erhöht bzw. vermindert, nach 10 Schritten ist die Vergleichsspannung der zu messenden Spannung angenähert, und das Vergleichsregister enthält den gemessenen digitalisierten Wert. Die Umsetzzeit beträgt bei einem Wandlungstakt von 50 kHz ca. 260 µs und bei 200 kHz ca. 65 µs. Der Wandlungstakt wird über einen programmierbaren Teiler vom Systemtakt abgeleitet und soll zwischen 50 und 200 kHz liegen. Einzelheiten sind den Unterlagen des Herstellers zu entnehmen.

Mit dem Register `ADMUX` wird der umzuwandelnde Kanal ausgewählt. Bei einigen Versionen (z.B. AT90S4433) kann eine interne Referenzspannung anstelle einer externen Spannung angelegt werden. Nach einem Reset sind alle Bitpositionen gelöscht.

ADMUX = **AD**C **Mu**ltiplexer Select Register   SRAM-Adresse $27   SFR-Adresse $07   bitadressierbar

Bit 7	Bit 6	Bit 5	Bit 4	Bit 3	Bit 2	Bit 1	Bit 0
–	ADCBG	–	–	–	MUX2	MUX1	MUX0
	0: Eingang PC0..PC5 **1**: interne Referenz				*Kanalauswahl* 0 0 0 : Kanal ADC0 PC0 0 0 1 : Kanal ADC1 PC1 0 1 0 : Kanal ADC2 PC2 0 1 1 : Kanal ADC3 PC3 1 0 0 : Kanal ADC4 PC4 1 0 1 : Kanal ADC5 PC5		

Bit **ADCBG** (**A**DC **B**and **G**ap Select) ist nach einem Reset gelöscht (**0**) und die externen Kanäle sind eingeschaltet. Mit einer 1 in Verbindung mit der Programmierung eines Sicherungsbits kann eine interne Referenz angelegt werden.

Die Bitpositionen **MUX2**, **MUX1** und **MUX0** wählen den umzuwandelnden Kanal aus.

Das Register **ADCSR** enthält die Steuer- und Statusbits für den Betrieb des Wandlers. Die Ablaufsteuerung benötigt einen Takt im Bereich von 50 bis 200 kHz, der über einen programmierbaren Taktteiler vom Systemtakt des Controllers abgeleitet wird. Nach einem Reset sind alle Bitpositionen des Registers gelöscht.

ADCSR = **ADC** **C**ontrol and **S**tatus **R**eg.   SRAM-Adresse $26   SFR-Adresse $06   bitadressierbar

Bit 7	Bit 6	Bit 5	Bit 4	Bit 3	Bit 2	Bit 1	Bit 0
ADEN	ADSC	ADFR	ADIF	ADIE	ADPS2	ADPS1	ADPS0
Wandler **1**: ein **0**: aus	**1** : *Start* **0** : *Ende der Wandl.*	0 : *Einzel* 1 : *Dauer Wandl.*	**1**: *Interrupt Daten bereit*	**1**: *Interrupt frei*	Wandlungstaktteiler 0 0 0 Teiler : 2 0 0 1 Teiler : 2 0 1 0 Teiler : 4 0 1 1 Teiler : 8 1 0 0 Teiler : 16 1 0 1 Teiler : 32 1 1 0 Teiler : 64 1 1 1 Teiler : 128		

Bit **ADEN** (**ADC** **En**able) ist nach einem Reset gelöscht (**0**) und der Wandler ist abgeschaltet. Das Schreiben einer 1 schaltet den Wandler ein.

Bit **ADSC** (**ADC** **S**tart **C**onversion) startet durch Einschreiben einer 1 die Umwandlung. Beim ersten Start nach der Freigabe mit ADEN wird ein zusätzlicher Umwandlungszyklus vorangestellt, der die erste Umwandlungszeit verlängert.

In der Betriebsart *Einzelwandlung* wird das Bit ADSC am Ende der Umwandlung von der Steuerung wieder zurückgesetzt (**0**); jede Wandlung muss in dieser Betriebsart neu gestartet werden.

In der Betriebsart freilaufende *Dauerwandlung* wird automatisch am Ende einer Wandlung sofort die nächste gestartet und ADSC bleibt 1; Kontrolle auf neue Daten durch ADIF.

Bit **ADFR** (**ADC** **F**ree **R**un Select) schaltet mit einer 1 den freilaufenden Wandlungsbetrieb ein, in dem am Ende einer Wandlung automatisch die nächste gestartet wird. Durch Einschreiben einer 0 wird die Betriebsart Freilaufwandlung wieder abgeschaltet.

Bit **ADIF** (**ADC** **I**nterrupt **F**lag) wird von der Steuerung auf 1 gesetzt, wenn eine Wandlung beendet ist und die gewandelten Daten im Datenregister zur Verfügung stehen. Das Bit wird bei der Annahme des Interrupts automatisch wieder zurückgesetzt. Dies kann auch durch Einschreiben einer 1 mit einem Befehl erfolgen. Das Bit wird auch zurückgesetzt, wenn andere Bitpositionen des Registers mit den Befehlen SBI oder CBI angesprochen werden.

Bit **ADIE** (**ADC** **I**nterrupt **E**nable) sperrt (0) oder gibt den Interrupt frei (1).

Mit den Bits **ADPS2** bis **ADPS0** (**ADC** **P**rescaler **S**elect) wird der Vorteiler so programmiert, dass der Umwandlungstakt zwischen 50 und 200 kHz liegt.

Die Datenregister **ADC** enthalten die gewandelten Daten am Ende einer Wandlung. Die Register müssen in der Reihenfolge erst **ADCL** (Low) dann **ADCH** (High) gelesen werden.

4.8 Analoge Schnittstellen

ADCH = **ADC** Data Register **H**igh   SRAM-Adresse $25   SFR-Adresse $05

Bit_9 und Bit_8 des 10bit Digitalwertes

ADCL = **ADC** Data **R**egister **L**ow   SRAM-Adresse $24   SFR-Adresse $04

Low-Byte des 10bit Digitalwertes

Die folgenden Testprogramme zeigen den Analog/Digitalwandler des AT90S4433 in beiden Betriebsarten. Als analoge Signalquelle dient ein Potentiometer, an dem eine Spannung zwischen 0 und Vcc = 5 Volt abgegriffen werden kann. Die Programme *Bild 4-75* arbeiten in der Betriebsart Einzelwandlung. Nach dem Start des Wandlers kontrolliert eine Schleife das Bit ADSC, das von der Ablaufsteuerung am Ende der Wandlung gelöscht wird. In der Testschleife wird der gewandelte Wert auf dem Port B und dem Port D dual ausgegeben, und der Wandler wird jedesmal durch Setzen von Bit ADSC erneut gestartet.

```
; k4p22.asm Bild 4-75a AT90S4433 AD-Wandler Betriebsart Einzelwandlung
; Systemtakt 3.6864 MHz : 32 = 115.2 kHz Wandlungstakt
; Port B: Ausgabe dual Bit_9 Bit_8
; Port D: Ausgabe dual Bit_7..Bit_0
; Port C: Eingabe ADC0 Potentiometer
        .INCLUDE "4433def.inc"   ; Deklarationen
        .DEF    akku = r16       ; Arbeitsregister
        .CSEG                    ; Programmsegment
        rjmp    start            ; Reset-Einsprung
        .ORG    $10              ; Interrupteinsprünge übergangen
start:  ldi     akku,LOW(RAMEND) ; Stapel anlegen
        out     SPL,akku         ;
        ldi     akku,$ff         ; Richtung Ausgabe
        out     DDRB,akku        ; Port B
        out     DDRD,akku        ; Port D
        ldi     akku,0b11000101  ; ADC ein,Start,Einzel,0,Int.gesp.,Teiler 32
        out     ADCSR,akku       ; ADC initialisieren
haupt:  sbic    ADCSR,ADSC       ; Wandlung beendet ?
        rjmp    haupt            ; nein: warten
        in      akku,ADCL        ;   ja: LOW-Byte abholen
        out     PORTD,akku       ;       nach Port D
        in      akku,ADCH        ;       High-Bits abholen
        out     PORTB,akku       ;       nach Port B
        sbi     ADCSR,ADSC       ; Wandler neu starten
        rjmp    haupt            ; Wandlungsschleife
        .EXIT                    ; Ende des Quelltextes
```

Bild 4-75a: Assemblerprogramm Betriebsart Einzelwandlung

```c
/* k4p22.c Bild 4-75c AT90S4433 AD-Wandler Betriebsart Einzelwandlung
   Systemtakt 3.6864 MHz : 32 = 115.2 kHz Wandlungstakt
   Port B: Ausgabe dual Bit_9 Bit_8
   Port D: Ausgabe dual Bit_7..Bit_0
   Port C: Eingabe ADC0 Potentiometer
*/
#include <avr/io.h>    // Deklarationen
void main(void)        // Hauptfunktion
{
 DDRB = 0xff;          // Port B ist Ausgang
 DDRD = 0xff;          // Port D ist Ausgang
 ADCSR = 0xc5;         // 1100 0101 ADC ein,Start,Einzel,0,Int.gesp.,Teiler 32
 while(1)              // Arbeitsschleife
 {
  loop_until_bit_is_clear(ADCSR,ADSC); // warte auf Ende der Wandlung
  PORTD = ADCL;        // Low-Byte -> Port D
  PORTB = ADCH;        // High-Byte -> Port B
  sbi(ADCSR,ADSC);     // Wandler neu starten
 } // Ende while
} // Ende main
```

Bild 4-75c: C-Programm Betriebsart Einzelwandlung

In der Betriebsart freilaufende Dauerwandlung nach *Bild 4-76* wird der Wandler nur einmal gestartet und löst am Ende jeder Wandlung einen Interrupt aus, der den gewandelten Wert abholt und auf den beiden Ports dual ausgibt.

```asm
; k4p23.asm Bild 4-76a AT90S4433 AD-Wandler Dauerwandlung Interrupt
; Systemtakt 3.6864 MHz : 32 = 115.2 kHz Wandlungstakt
; Port B: Ausgabe dual
; Port D: Ausgabe dual
; Port C: Eingabe ADC0 Potentiometer
        .INCLUDE "4433def.inc"  ; Deklarationen
        .DEF    akku = r16      ; Arbeitsregister
        .DEF    datenl = r24    ; Datenregister Low
        .DEF    datenh = R25    ; Datenregister High
        .CSEG                   ; Programmsegment
        rjmp    start           ; Reset-Einsprung
        .ORG    $0B             ; Interrupt ADC fertig
        rjmp    fertig          ; Daten abholen
        .ORG    $10             ; Interrupteinsprünge übergangen
start:  ldi     akku,LOW(RAMEND); Stapel anlegen
        out     SPL,akku        ;
        ldi     akku,$ff        ; Richtung Ausgabe
        out     DDRB,akku       ; Port B
```

4.8 Analoge Schnittstellen

```
            out     DDRD,akku       ; Port D
            ldi     akku,0b11101101 ; ADC ein,Start,Dauer,0,Int.frei,Teiler 32
            out     ADCSR,akku      ; ADC initialisieren
            sei                     ; Interrupts frei
haupt:      nop                     ; tu nix
            rjmp    haupt           ; Wandlungsschleife
; Einsprung Dauerwandlung fertig
fertig:     push    r24             ; Register retten
            push    r25             ;
            in      r24,ADCL        ; Daten Low abholen
            in      r25,ADCH        ; Daten High abholen
            out     PORTD,r24       ; Port D <= Low-Byte
            out     PORTB,r25       ; Port B <= High-Byte
            pop     r25             ; Register zurück
            pop     r24             ;
            reti                    ; zurück aus Interrupt
            .EXIT                   ; Ende des Quelltextes
```

Bild 4-76a: Assemblerprogramm freilaufende Dauerwandlung mit Interrupt

```c
/* k4p23.c Bild 4-76c AT90S4433 AD-Wandler Dauerbetrieb Interrupt
 Systemtakt 3.6864 MHz : 32 = 115.2 kHz Wandlungstakt
 Port B: Ausgabe dual Bit_9 Bit_8
 Port D: Ausgabe dual Bit_7..Bit_0
 Port C: Eingabe ADC0 Potentiometer
*/
#include <avr/io.h>          // Deklarationen
#include <avr/signal.h>      // Interrupt-Deklarationen
#include <avr/interrupt.h>   // Interrupt-Deklarationen
SIGNAL(SIG_ADC)              // Interrupt-Service AD-Wandler
{
 PORTD = ADCL;               // Low-Teil ausgeben
 PORTB = ADCH;               // High-Teil ausgeben
}
void main(void)              // Hauptfunktion
{
 DDRB = 0xff;                // Port B ist Ausgang
 DDRD = 0xff;                // Port D ist Ausgang
 ADCSR = 0xed;  // 1110 1101 ADC ein,Start,Dauer,0,Int.frei,Teiler 32
 sei();                      // Interrupts global frei
 while(1) { }                // Arbeitsschleife leer
} // Ende main
```

Bild 4-76c: C-Programm freilaufende Dauerwandlung mit Interrupt

4.8.2.2 Die Erweiterungen des ATmega16

Dieser Unterabschnitt behandelt den Analog/Digitalwandler des ATmega16 als Beispiel für die *Erweiterungen* neuerer Bausteinversionen:

- sieben differenzielle (bipolare) Eingangskanäle,
- zwei differenzielle (bipolare) Eingangskanäle mit Verstärkungsfaktoren 10x und 200x,
- linksbündige oder rechtsbündige Ausrichtung des 10bit digitalen Ergebnisses,
- programmierbare Referenzspannungen und
- programmierbare Startbedingungen für die Wandlung.

Mit dem erweiterten Register ADMUX werden die Referenzspannung und der umzuwandelnde Kanal ausgewählt. Nach einem Reset sind alle Bitpositionen gelöscht.

ADMUX = **ADC Mu**ltiple**x**er Select Register   SRAM-Adresse $27   SFR-Adresse $07   bitadressierbar

Bit 7	Bit 6	Bit 5	Bit 4	Bit 3	Bit 2	Bit 1	Bit 0
REFS1	REFS0	ADLAR	MUX4	MUX3	MUX2	MUX1	MUX0
Referenzspannung 0 0 : Pin AREF 0 1 : von AVcc 1 0 : - 1 1 : 2.56 V intern		*Ausrichtung* 0 : rechts 1 : links	*unipolar/differenziell/Verstärkung* 0 0 : **acht unipolare Kanäle** Tabelle MUX2 bis MUX0 0 1 : zwei differenzielle Kanäle mit Verstärkungsfaktoren 1 0 : sieben differenzielle Kanäle gegen ADC1 (negativ) 1 1 : vier differenzielle Kanäle gegen ADC2 (negativ)		*unipolare Kanalauswahl* 0 0 0 : Kanal ADC0 PA0 0 0 1 : Kanal ADC1 PA1 0 1 0 : Kanal ADC2 PA2 0 1 1 : Kanal ADC3 PA3 1 0 0 : Kanal ADC4 PA4 1 0 1 : Kanal ADC5 PA5 1 1 0 : Kanal ADC6 PA6 1 1 1 : Kanal ADC7 PA7		

Differenzielle Eingänge mit Verstärkung				*differenziell ohne Verstärkung*			*differenziell ohne Verstärkung*		
MUX4-0	pos Ein	neg Ein	Verstärk.	MUX4-0	pos Ein	neg Ein	MUX4-0	pos Ein	neg Ein
01000	ADC0	ADC0	10x	10000	ADC0	ADC1	11000	ADC0	ADC2
01001	**ADC1**	**ADC0**	**10x**	10001	ADC1	ADC1	11001	ADC1	ADC2
01010	ADC0	ADC0	200x	10010	ADC2	ADC1	11010	ADC2	ADC2
01011	**ADC1**	**ADC0**	**200x**	10011	ADC3	ADC1	11011	ADC3	ADC2
01100	ADC2	ADC2	10x	10100	ADC4	ADC1	11100	ADC4	ADC2
01101	**ADC3**	**ADC2**	**10x**	10101	ADC5	ADC1	11101	ADC5	ADC2
01110	ADC2	ADC2	200x	10110	ADC6	ADC1	11110	Eingang 1.22 Volt	
01111	**ADC3**	**ADC2**	**200x**	10111	ADC7	ADC1	11111	Eingang Ground	

Die Bits **REFS1** und **REFS0** (**REF**erence Selection Bits) legen die Referenzspannung fest. Für die internen Referenzen AVcc bzw. 2.56 Volt wird empfohlen, den offenen Eingang AREF zur Störunterdrückung mit einem Kondensator zu beschalten.

Bit **ADLAR** (**A**DC **L**eft **A**djust **R**esult) bestimmt die Ausrichtung des 10bit Ergebnisses in den Ergebnisregistern ADCH und ADCL.

4.8 Analoge Schnittstellen

Die Bits **MUX4** bis **MUX0** (Analog Channel und Gain Selection Bits) wählen den Eingangskanal, die Betriebsart (unipolar bzw. differenziell) und den Verstärkungsfaktor. Der Hersteller garantiert den differenziellen Betrieb, speziell mit Verstärkung, nur für die Gehäusebauformen TQFP und MLF. Der Verstärkungsfaktor 10x ergibt eine Auflösung von 8bit, der Faktor 200x ergibt 7bit.

Das Register **ADCSR** enthält die Steuer- und Statusbits für den Betrieb des Wandlers. Die Ablaufsteuerung benötigt eine Taktfrequenz im Bereich von 50 bis 200 kHz, die über einen programmierbaren Taktteiler vom Systemtakt des Controllers abgeleitet wird. Nach einem Reset sind alle Bitpositionen des Registers gelöscht.

ADCSR = **AD**C **C**ontrol and **S**tatus **R**eg.   SRAM-Adresse $26   SFR-Adresse $06   bitadressierbar

Bit 7	Bit 6	Bit 5	Bit 4	Bit 3	Bit 2	Bit 1	Bit 0
ADEN	ADSC	ADATE	ADIF	ADIE	ADPS2	ADPS1	ADPS0
Wandler 1: ein 0: aus	1 : Start 0 : Ende der Wandl.	0 : Einzel 1 : Dauer Wandl.	1: *Interrupt* Daten bereit	1: *Interrupt* frei	Wandlungstaktteiler 0 0 0 Teiler : 2 0 0 1 Teiler : 2 0 1 0 Teiler : 4 0 1 1 Teiler : 8 1 0 0 Teiler : 16 1 0 1 Teiler : 32 1 1 0 Teiler : 64 1 1 1 Teiler : 128		

Bit **ADEN** (**AD**C **En**able) ist nach einem Reset gelöscht (**0**) und der Wandler ist abgeschaltet. Das Schreiben einer 1 schaltet den Wandler ein.

Bit **ADSC** (**AD**C **S**tart **C**onversion) startet durch Einschreiben einer 1 die Umwandlung. Beim ersten Start nach der Freigabe mit ADEN wird ein zusätzlicher Umwandlungszyklus vorangestellt, der die erste Umwandlungszeit verlängert.

In der Betriebsart *Einzelwandlung* wird das Bit ADSC am Ende der Umwandlung von der Steuerung wieder zurückgesetzt (0); jede Wandlung muss in dieser Betriebsart neu gestartet werden.

In der Betriebsart freilaufende *Dauerwandlung* wird automatisch am Ende einer Wandlung sofort die nächste gestartet und ADSC bleibt 1; Kontrolle auf neue Daten durch ADIF.

Bit **ADATE** (**AD**C **A**uto **T**rigger **E**nable) schaltet mit einer 1 den freilaufenden Wandlungsbetrieb ein, in dem am Ende einer Wandlung automatisch die nächste gestartet wird. Die Bitpositionen ADTS2 bis ADTS0 im Steuerregister SFIOR legen die Triggerbedingung fest. Durch Einschreiben einer 0 wird die Betriebsart Freilaufwandlung wieder abgeschaltet.

Bit **ADIF** (**AD**C **I**nterrupt **F**lag) wird von der Steuerung auf 1 gesetzt, wenn eine Wandlung beendet ist und die gewandelten Daten im Datenregister zur Verfügung stehen. Das Bit wird bei der Annahme des Interrupts automatisch wieder zurückgesetzt. Dies kann auch durch Einschreiben einer 1 durch einen Befehl erfolgen. Das Bit wird auch zurückgesetzt, wenn andere Bitpositionen des Registers mit den Befehlen SBI oder CBI angesprochen werden!

Bit **ADIE** (**AD**C **I**nterrupt **E**nable) sperrt (0) oder gibt den Interrupt frei (1).

Mit den Bits **ADPS2** bis **ADPS0** (**AD**C **P**rescaler **S**elect) wird der Vorteiler so programmiert, dass der Umwandlungstakt zwischen 50 und 200 kHz liegt.

Die Datenregister **ADC** enthalten die gewandelten Daten am Ende einer Wandlung. Die Register müssen in der Reihenfolge erst **ADCL** (Low) dann **ADCH** (High) gelesen werden. Die Ausrichtung wird bestimmt vom Bit ADLAR im Register ADMUX.

ADCH = **AD**C Data Register **H**igh   SRAM-Adresse $25   SFR-Adresse $05

ADLAR = 0: *Bit_9 und Bit_8 des 10bit Digitalwertes*
ADLAR = 1: *Bit_9 bis Bit_2 des 10bit Digitalwertes*

ADCL = **AD**C Data Register **L**ow   SRAM-Adresse $24   SFR-Adresse $04

ADLAR = 0: *Bit_7 bis Bit_0 des 10bit Digitalwertes*
ADLAR = 1: *Bit_1 und Bit_0 des 10bit Digitalwertes*

Für das Bit **ADATE = 1** im Steuerregister ADCSDR bestimmen die Bitpositionen ADTS2 bis ADTS0 im Steuerregister SFIOR die Triggerquelle im freilaufenden Betrieb.

SFIOR = Special Funktion IO Register   SRAM-Adresse $50   SFR-Adresse $30

Bit 7	Bit 6	Bit 5	Bit 4	Bit 3	Bit 2	Bit 1	Bit 0
ADTS2	ADTS1	ADTS0	–	ACME	PUD	PSR2	PSR10
Triggerquelle für ADATE = 1							
0 0 0 Freilaufbetrieb							
0 0 1 Analogkomparator							
0 1 0 Externer Interrupt0							
0 1 1 Timer0 Compare							
1 0 0 Timer0 Überlauf							
1 0 1 Timer1 Compare B							
1 1 0 Timer1 Überlauf							
1 1 1 Timer1 Capture							

4.8 Analoge Schnittstellen

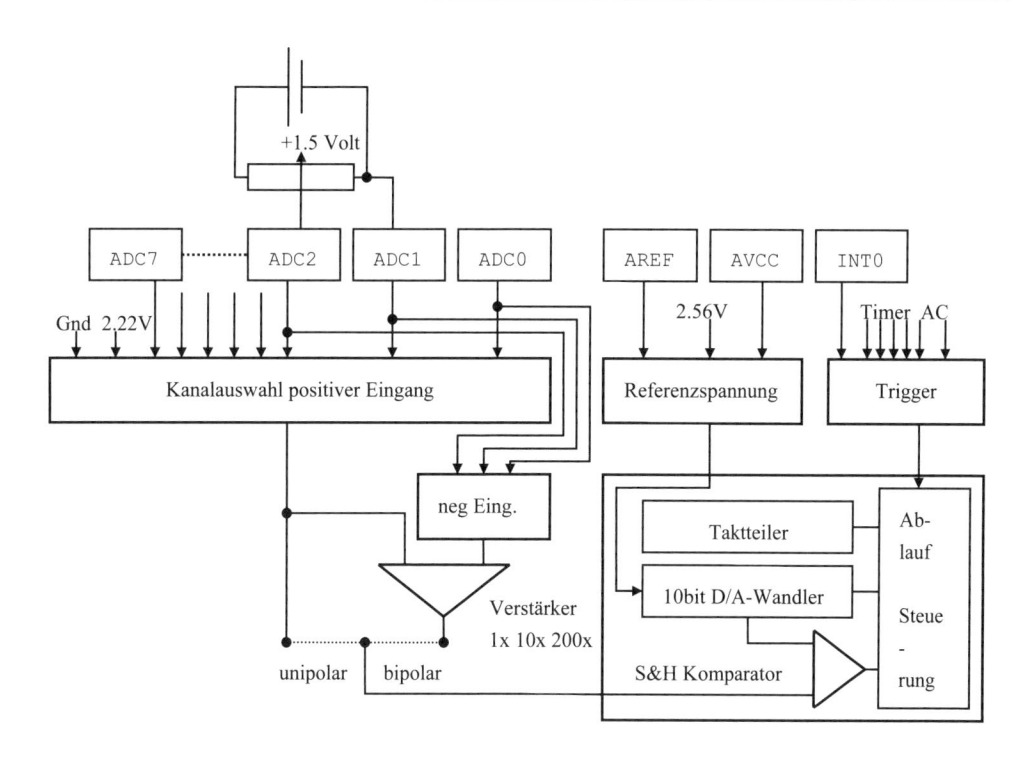

Bild 4-77: Erweiterungen des Analog/Digitalwandlers ATmega16 und Testschaltung

Die Programme *Bild 4-78* testen die Differenzmessung zwischen den Kanälen ADC2 und ADC1 entsprechend der Schaltung *Bild 4-77*.

```
; k4p24.asm Bild 4-78a ATmega16 AD-Wandler Differenzmessung
; Systemtakt 3.6864 MHz : 32 = 115.2 kHz Wandlungstakt
; Port B: Ausgabe High Hunderter
; Port D: Ausgabe High Zehner Einer
; Port A: Eingabe Potentiometer +ADC2 nach -ADC1
        .INCLUDE "m16def.inc"   ; Deklarationen
        .DEF     akku = r16     ; Arbeitsregister
        .CSEG                   ; Programmsegment
        rjmp     start          ; Reset-Einsprung
        .ORG     $2A            ; Interrupteinsprünge übergangen
start:  ldi      akku,LOW(RAMEND); Stapel anlegen
        out      SPL,akku       ;
        ldi      akku,HIGH(RAMEND) ;
        out      SPH,akku       ;
        ldi      akku,$ff       ; Richtung Ausgabe
        out      DDRB,akku      ; Port B
```

```
        out     DDRD,akku         ; Port D
        ldi     akku,(1<<ADLAR) | (1<<MUX4) |(1<<MUX1);
        out     ADMUX,akku        ; linksbündig Differenz +ADC2  -ADC1
        ldi     akku,(1<<ADEN) | (1<<ADSC) | (1<<ADPS2) | (1<<ADPS0);
        out     ADCSR,akku        ; ein, Start, Einzel Teiler 32
haupt:  sbic    ADCSR,ADSC        ; Wandlung beendet ?
        rjmp    haupt             ; nein: warten
        in      akku,ADCL         ;   ja: Low Bits abholen
        in      akku,ADCH         ;        High Byte abholen
        rcall   dual2bcd          ; R16 nach BCD umwandeln R17 und R17
        out     PORTB,r17         ; Hunderter
        out     PORTD,akku        ; Zehner und Einer
        sbi     ADCSR,ADSC        ; Wandler neu starten
        rjmp    haupt             ; Wandlungsschleife
        .INCLUDE "dual2bcd.asm"   ; R16 dual -> R17:R16 BCD
        .EXIT                     ; Ende des Quelltextes
```

Bild 4-78a: Assemblerprogramm testet Analog/Digitalwandler des ATmega16

```
// k4p24.c Bild 4-78c ATmega16 AD-Wandler Differenzmessung
// Systemtakt 3.6864 MHz : 32 = 115.2 kHz Wandlungstakt
// Port B: Ausgabe BCD Hunderter
// Port D: Ausgabe BCD Zehner und Einer
// Port A: Eingabe Potentiometer +ADC2 nach -ADC1
#include <avr/io.h>        // Deklarationen
void main(void)            // Hauptfunktion
{
 unsigned char x;          // Hilfsvariable
 DDRB = 0xff;              // Port B ist Ausgang
 DDRD = 0xff;              // Port D ist Ausgang
 ADMUX = (1 << ADLAR) | (1  << MUX4) | (1 << MUX1);
 ADCSR = (1 << ADEN) | (1 << ADSC) | (1 << ADPS2) | (1 << ADPS0);
 while(1)                  // Arbeitsschleife
 {
  loop_until_bit_is_clear(ADCSR,ADSC); // warte auf Ende der Wandlung
  x = ADCL;                // Low Bits abholen
  x = ADCH;                // High Byte abholen
  PORTB = x / 100;         // Hunderter
  PORTD = ( ( (x % 100) / 10) << 4) | ((x % 100) % 10); // Zehner Einer
  sbi(ADCSR,ADSC);         // Wandler neu starten
 } // Ende while
} // Ende main
```

Bild 4-78c: C-Programm testet Analog/Digitalwandler des ATmega16

4.8 Analoge Schnittstellen

4.8.3 Serielle analoge Schnittstellenbausteine

Für Controller ohne analoge Schnittstellen können externe Schnittstellenbausteine verwendet werden. Der als Beispiel dienende 12bit Digital/Analogwandler LTC 1257 *Bild 4-79* wird mit drei Anschlussleitungen betrieben.

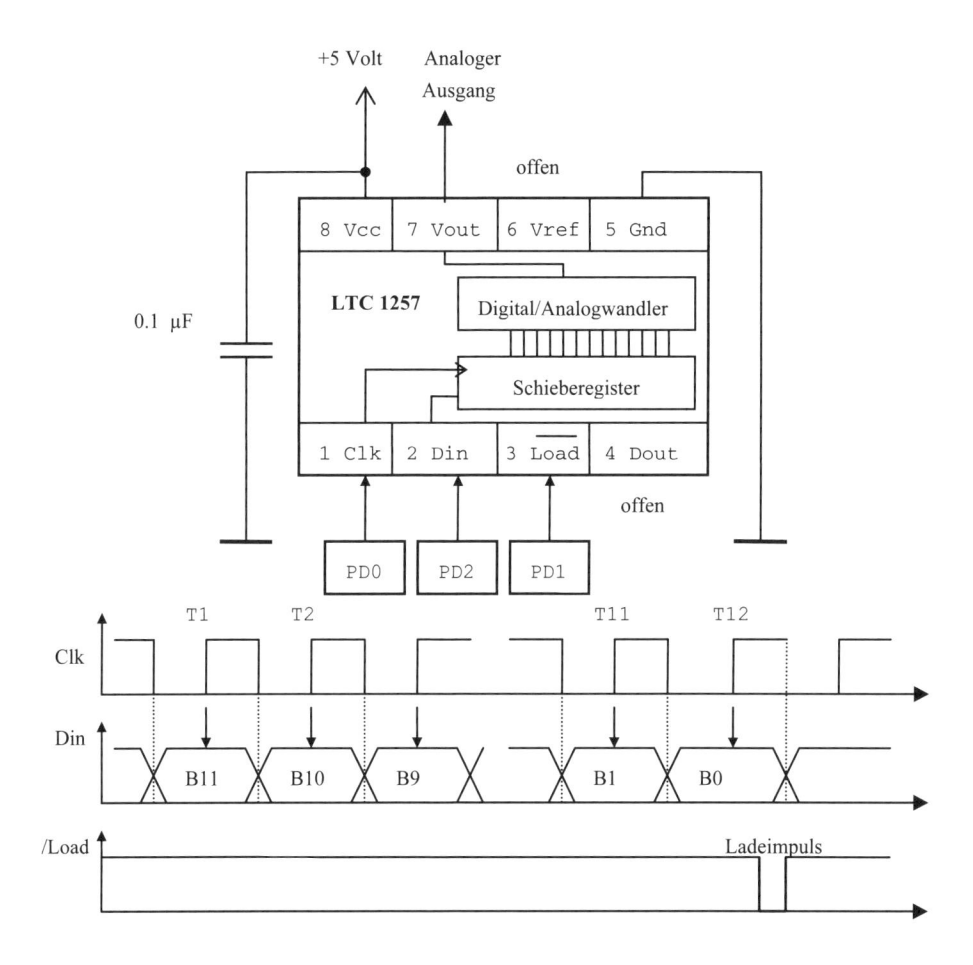

Bild 4-79: Anschluss des seriellen Digital/Analogwandlers LTC 1257

Die Daten werden im seriellen Format mit dem werthöchsten Bit MSB zuerst dem Eingang Din zugeführt und mit der steigenden Taktflanke in einem Schieberegister gespeichert. Ein Ladeimpuls überträgt den digitalen Wert in den internen parallelen Digital/Analogwandler. Die dargestellte Schaltung arbeitet mit einer internen Referenzspannung, die von der Versorgungsspannung abgeleitet wird. Der größte 12bit Eingangswert $FFF = 4095 ergibt eine Ausgangsspannung von ca. 2.05 Volt.

Der als Beispiel dienende 12bit Analog/Digitalwandler LTC 1286 *Bild 4-80* arbeitet nach dem Verfahren der schrittweisen Näherung und wird mit drei Anschlussleitungen betrieben.

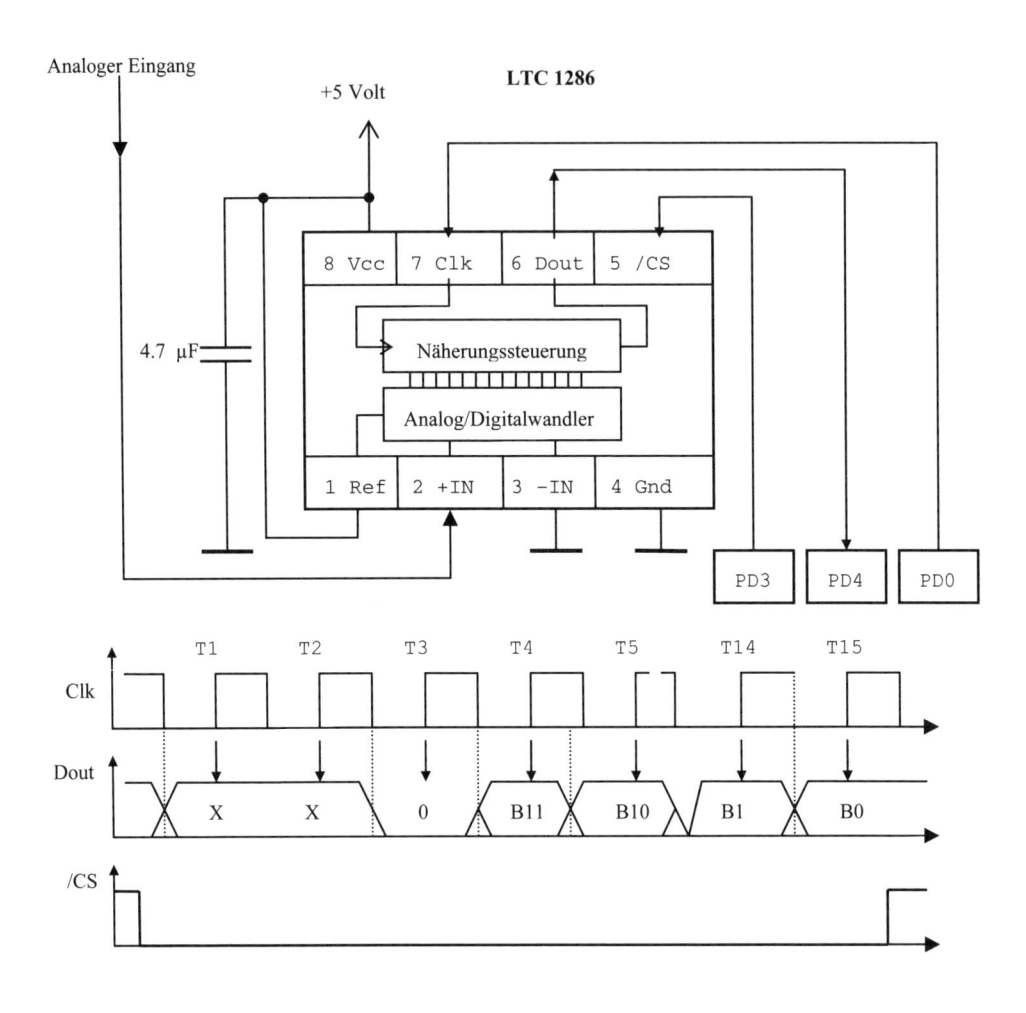

Bild 4-80: Anschluss des seriellen Analog/Digitalwandlers LTC 1286

Die Wandlung beginnt mit einem Low am Auswahleingang /CS. Die beiden ersten Clk Takte speichern die analoge Eingangsspannung (*sample*). Während der schrittweisen Näherung (*convert*) wird das sich ergebende Bit seriell herausgeschoben. Der dritte Takt liefert immer eine 0, dann kommen die Datenbits beginnend mit der werthöchsten Bitposition MSB. In der dargestellten Betriebsart wird die Messung mit /CS High beendet. Legt man in der dargestellten Schaltung den differenziellen -IN Eingang auf Ground, so ergibt eine Spannung von +5 Volt am +IN Eingang einen digitalen Wert von $FFF = 4095.

4.8 Analoge Schnittstellen

Die Testprogramme *Bild 4-81* geben die vom Analog/Digitalwandler empfangenen Werte wieder auf dem Digital/Analogwandler aus.

```
; k4p25.asm Bild 4-81a ATmega16 serielle analoge Wandler
; PORT C: Ausgabe Hunderter des High-Byte
; Port B: Ausgabe Zehner und Einer des High-Byte
; Port D: PD0:CLK A/D: PD4=DOUT PD3=/CS   D/A: PD2=DIN PD1=/LOAD
        .INCLUDE  "m16def.inc"   ; Deklarationen
        .EQU      takt = 3686400 ; Systemtakt 3.6864 MHz
        .EQU      zeit = 50      ; Wartezeit 50 us
        .EQU      faktor = (zeit * takt) / (1000000 * 3) ; Ladefaktor
        .DEF      akku = r16     ; Arbeitsregister
        .DEF      hakku = r17    ; Hilfsakku für Hunderter
        .DEF      wertl = r24    ; digitaler Wert Low
        .DEF      werth = r25    ; digitaler Wert High
        .CSEG                    ; Programm-Flash
        rjmp      start          ; Reset-Einsprung
        .ORG      $2A            ; Interrupts übergehen
start:  ldi       akku,LOW(RAMEND) ; Stapelzeiger anlegen
        out       SPL,akku       ;
        ldi       akku,HIGH(RAMEND) ;
        out       SPH,akku       ;
        ldi       akku,$ff       ;
        out       DDRB,akku      ; Port B ist Ausgang
        out       DDRC,akku      ; Port C ist Ausgang
        ldi       akku,$0f       ; D3 D2 D1 D0
        out       DDRD,akku      ; sind Ausgänge
        out       PORTD,akku     ; alle Ausgänge High
haupt:  rcall     serein         ; R25:R24  <- Wert rechtsbündig
        rcall     seraus         ; R25:R24 wieder ausgeben
        ldi       akku,4         ; Wert linksbündig schieben
haupt1: lsl       wertl          ; 4 bit links
        rol       werth          ; schieben
        dec       akku           ;
        brne      haupt1         ;
        mov       akku,werth     ; High Byte
        rcall     dual2bcd       ; nach dezimal
        out       PORTB,akku     ; R16 = Zehner und Einer ausgeben
        out       PORTC,hakku    ; R17 = Hunderter
        rjmp      haupt          ;
; Unterprogramm serielle Eingabe vom A/D-Wandler LTC 1286 -> R25:R24
serein: push      r16            ; Register retten
        cbi       PORTD,PD3      ; /CS Low: Wandler freigegeben
        clr       wertl          ; R25:R24 Ergebnis löschen
        clr       werth          ;
```

```
        ldi      r16,15          ; Zähler für steigende Flanken
; fallende Flanke ausgeben
sereil:cbi       PORTD,PD0       ; Takt -> Low
        rcall    warte           ; Halbperiode warten
; steigende Flanke ausgeben
        sbi      PORTD,PD0       ; Takt -> High
; bei steigender Flanke abtasten
        lsl      wertl           ; Low-Byte nach links
        rol      werth           ; High-Byte mit Carry links
        sbic     PIND,PIND4      ; überspringe wenn PD4 Low
        adiw     wertl,1         ; PD4 High: Bit = 1
        rcall    warte           ; Halbperiode warten
        dec      r16             ; Flankenzähler - 1
        brne     sereil          ; bis alle Abtastflanken
        rcall    warte           ; Halbperiode warten
        sbi      PORTD,PD3       ; /CS High: Wandler gesperrt
        pop      r16             ; Register zurück
        ret                      ; Ergebnis in R25:R24 zurück
; Unterprogramm serielle Ausgabe nach D/A-Wandler LTC 1257
seraus:push      r16             ; Register retten
        push     r24             ; Wert retten
        push     r25             ;
        ldi      r16,12          ; Zähler für 12 fallende Flanken
; fallende Flanke und Daten ausgeben
seraul:cbi       PORTD,PD0       ; Takt -> Low
        sbrc     werth,3         ; überspringe wenn Bit_3 High
        rjmp     serau2          ; für Bit_7 High
        cbi      PORTD,PD2       ; Datenleitung Low
        rjmp     serau3          ;
serau2:sbi       PORTD,PD2       ; Datenleitung High
serau3:lsl       wertl           ; Ausgabe nach links
        rol      werth           ;
        rcall    warte           ; Halbperiode warten
; steigende Flanke ausgeben
        sbi      PORTD,PD0       ; Takt -> High
        dec      r16             ; Taktzähler - 1
        brne     seraul          ;
        rcall    warte           ; eine Halbperiode warten
; Ladeimpuls ausgeben
        cbi      PORTD,PD1       ; /LOAD Low
        nop                      ;
        nop                      ;
        sbi      PORTD,PD1       ; /LOAD High
        pop      r25             ; Wert zurück
        pop      r24             ;
```

4.8 Analoge Schnittstellen

```
        pop     r16             ; Register zurück
        ret                     ; Rücksprung
; Unterprogramm Wartezeit für Halbperiode 50 us des Taktes 10 kHz
warte:  push    r16             ; Register retten
        ldi     r16,faktor      ; Wartefaktor
warte1: dec     r16             ; 1 Takt
        brne    warte1          ; 2 Takte
        pop     r16             ; Register zurück
        ret                     ; Rücksprung
        .INCLUDE "dual2bcd.asm" ; R16 dual -> R17:R16 BCD
        .EXIT                   ; Ende des Quelltextes
```

Bild 4-81a: Assemblerprogramm testet serielle analoge Bausteine

```c
// k4p25.c Bild 4-81c ATmega16 serielle analoge Wandler
// PORT C: Ausgabe Hunderter des High-Byte
// Port B: Ausgabe Zehner und Einer des High-Byte
// Port D: PD0:CLK A/D: PD4=DOUT PD3=/CS  D/A:PD2=DIN PD1=/LOAD
#include <avr/io.h>           // Deklarationen
#define TAKT 3686400UL        // Controllertakt 3.6864 MHz
#define ZEIT 50UL             // Wartezeit 50us für 10 kHz Takt
#define FAKTOR (ZEIT * TAKT) / (1000000UL * 3UL) // Wartefaktor
// Funktion Wartezeit für Halbperiode 50 us des Taktes 10 kHz
void warte(unsigned char x)
{
 unsigned char i;           // Wartezähler
 for(i=0; i<x; i++);        // bis 0 herabzählen
}
// Funktion serielle Eingabe vom A/D-Wandler LTC 1286
unsigned int serein(void)
{
 unsigned int wert = 0;     // Ergebnis löschen
 unsigned char i;           // Bitzähler
 cbi(PORTD,PD3);            // /CS Low: Wandler freigegeben
 for(i=1; i<=15; i++)       // Abtastungen
 {
  // fallende Flanke ausgeben
  cbi(PORTD,PD0);           // Takt -> Low
  warte(FAKTOR);            // Halbperiode warten
  // steigende Flanke ausgeben
  sbi(PORTD,PD0);           // Takt -> High
  // bei steigender Flanke abtasten
  wert = wert << 1;         // 1 bit links
  if (bit_is_set(PIND,PIND4)) wert++; // für High setze Bit
  warte(FAKTOR);            // Halbperiode warten
```

```c
  } // Ende for
  warte(FAKTOR);              // vor Sperrung Halbperiode warten
  sbi(PORTD,PD3);             // /CS High: Wandler gesperrt
  wert = wert & 0x0fff;       // 4 bit maskieren
  return wert;                // Rückgabe rechtsbündig
} // Ende serein
// Funktion serielle Ausgabe nach D/A-Wandler LTC 1257
void seraus(unsigned int x)
{
 unsigned char i;             // Zähler
 for(i=1; i<=12; i++)         // Ausgabeschleife
 {
 // fallende Flanke und Daten ausgeben
  cbi(PORTD,PD0);             // Takt -> Low
  if(x & 0x0800) sbi(PORTD,PD2); else cbi(PORTD,PD2);
  x = x << 1;                 // 1 bit links
  warte(FAKTOR);
 // steigende Flanke ausgeben
  sbi(PORTD,PD0);             // Takt -> High
  warte(FAKTOR);              // Halbperiode warten
 } // Ende for
 // Ladeimpuls ausgeben
  cbi(PORTD,PD1);             // /LOAD Low
  x = x << 1;                 // kurz warten
  sbi(PORTD,PD1);             // /LOAD High
} // Ende seraus
void main(void)               // Hauptfunktion
{
 unsigned int wert;           // Hilfsvariable für Digitalwert
 DDRB = 0xff;                 // Port B Ausgabe
 DDRC = 0xff;                 // Port C Ausgabe
 DDRD = 0x0f;                 // D3-D0 Ausgabe Wandlersteuerung
 PORTD = 0x0f;                // alle Ausgänge High
 while(1)                     // Arbeitsschleife
 {
  wert = serein();            // Eingabe vom seriellen A/D-Wandler 12 rechtsbündig
  seraus(wert);               // Wert wieder seriell auf D/A-Wandler ausgeben
  wert = wert >> 4;           // nur High-Byte auf BCD-Anzeige 3 stellig
  PORTC = wert/100;           // Hunderter BCD ausgeben
  PORTB = ((wert%100)/10 << 4) | ((wert%100)%10); // Zehner und Einer
 } // Ende while
} // Ende main
```

Bild 4-81c: C-Programm testet serielle analoge Bausteine

4.8 Analoge Schnittstellen 425

4.8.4 Parallele analoge Schnittstellenbausteine

Für besondere Anwendungen müssen Schnittstellenbausteine, die für einen parallelen Peripheriebus bestimmt sind, mit den Parallelschnittstellen eines Controllers betrieben werden. Die Bausteine enthalten auf der Busseite:

- parallele Datenbusanschlüsse für die Eingabe und Ausgabe der Daten, z.B. D0 bis D7 für 8bit Daten,
- parallele Adressbusanschlüsse für die Auswahl von mehreren Registern, z.B. A0 für die Auswahl eines Lese- und eines Schreibregisters sowie
- Freigabeanschlüsse für die Lese- bzw. Schreibimpulse, die meist aktiv Low sind.

Beispiele sind der in *Bild 4-82* dargestellte 8bit Analog/Digitalwandler AD 670 und der 8bit Digital/Analogwandler ZN 428, der bereits im *Bild 2-26* für die Ausgabe einer Sinusfunktion verwendet wurde.

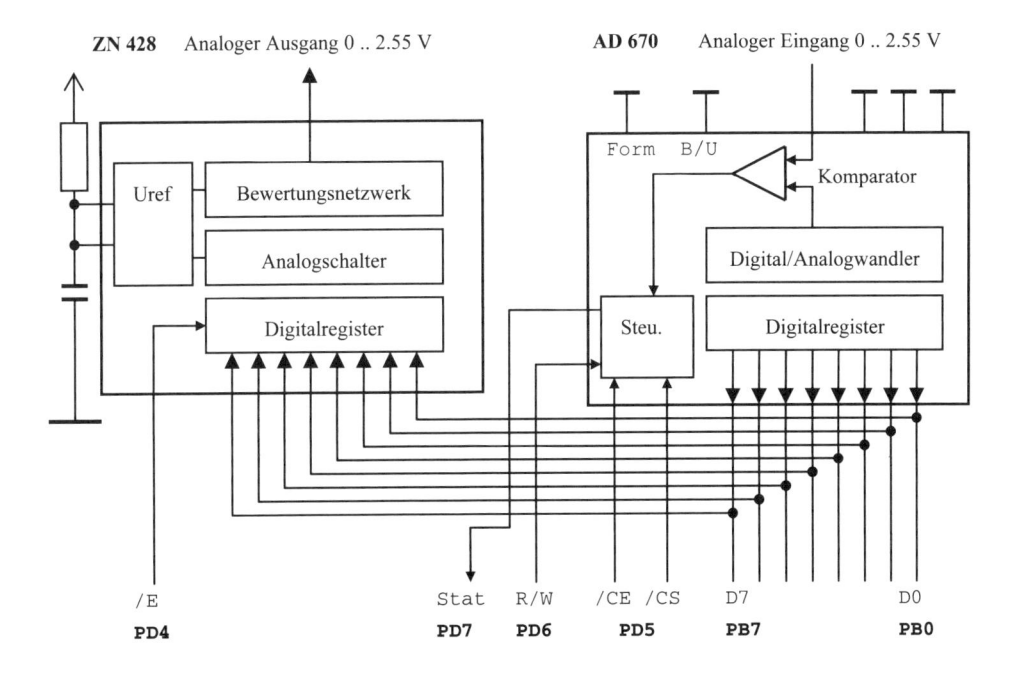

Bild 4-82: Parallele analoge Schnittstellenbausteine

Die Datenbusanschlüsse beider Bausteine werden parallel geschaltet und an den Port B des Controllers angeschlossen. In einem Schreibzyklus ist der Port als Ausgang zu betreiben, in einem Lesezyklus als Eingang. Der Steuerausgang PD4 wählt mit einem Low-Signal den Digital/Analogwandler aus, der Steuerausgang PD5 gibt mit einem Low-Signal den Analog/Digitalwandler frei.

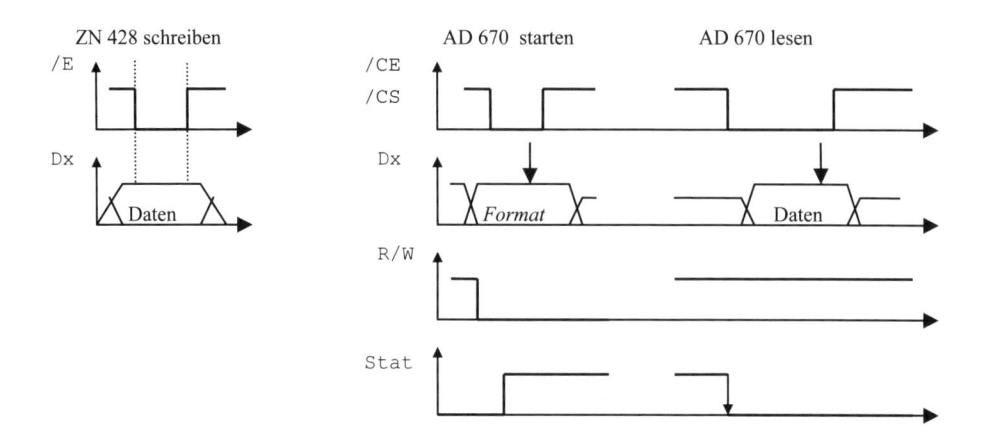

```
             ZN 428 schreiben           AD 670  starten     AD 670 lesen
        /E                        /CE
                                  /CS

        Dx                         Dx
              Daten                      Format              Daten

                                  R/W


                                  Stat
```

Zum Schreiben des Ausgabewertes in den *Digital/Analogwandler* ZN 428 werden die Daten über den Port B ausgegeben und mit einem Low-Impuls am Eingang /E in den Baustein übernommen. Für die dargestellte Referenzspannung ergibt der Wert 255 eine Ausgangsspannung von +2.55 Volt.

Der *Analog/Digitalwandler* AD 670 hat eine Wandlungszeit von 10 μs. Die Anschlüsse Form (Format) und B/U (BPO/UPO) wurden für ein vorzeichenloses unipolares Datenformat eingestellt. Die Komparatoreingänge wurden so beschaltet, dass eine Eingangsspannung von +2.55 Volt den digitalen Wert 255 ergibt.

Die Wandlung wird mit dem Eingang R/W Low und einem Low-Impuls an den Freigabeeingängen /CE und /CS gestartet, die Steuerung liest dabei die beiden Formateingänge. Am Ende der Wandlung geht der Statusausgang Stat auf Low und die gewandelten Daten können mit dem Eingang R/W High und einem Low-Impuls auf den Auswahleingängen /RD und /CS ausgelesen werden.

Die Testprogramme *Bild 4-83* erfassen die am Analog/Digitalwandler angelegte Spannung und geben den Wert auf dem Digital/Analogwandler wieder analog aus. Da für eine digitale Anzeige keine Ausgabeeinheiten zur Verfügung standen, erscheinen die Werte dezimal auf einem PC als Terminal.

```
; k4p26.asm Bild 4-83a ATmega16 parallele analoge Wandler
; Port B: 8bit Datenbus
; Port D: D7=Status D6=R/W D5=/CS=/CE D4=/E   D1=TXD D0=RXD
        .INCLUDE  "m16def.inc"     ; Deklarationen
        .INCLUDE  "mkonsole.h"     ; Konsolmakros
        .EQU      TAKT = 3686400   ; Systemtakt 3.6864 MHz
        .DEF      akku = r16       ; Arbeitsregister
        .CSEG                      ; Programm-Flash
        rjmp      start            ; Reset-Einsprung
        .ORG      $2A              ; Interrupts übergehen
start:  ldi       akku,LOW(RAMEND) ; Stapelzeiger anlegen
```

4.8 Analoge Schnittstellen

```
        out       SPL,akku        ;
        ldi       akku,HIGH(RAMEND) ;
        out       SPH,akku        ;
        minituart 9600             ; USART initialisieren
        ldi       akku,(1 << PD6) | (1 << PD5) | (1 << PD4);
        out       DDRD,akku       ; Ausgänge Steuerport D
        out       PORTD,akku      ; Ausgänge High
haupt:  rcall     parein          ; R16  <- 8bit digitaler Wert
        rcall     paraus          ; R16 wieder analog ausgeben
        rcall     termaus         ; R16 auf Terminal ausgeben
        rjmp      haupt           ;
; Unterprogramm parallele Eingabe vom A/D-Wandler AD670
parein: cbi       PORTD,PD6       ; R/W Low: für starten
        cbi       PORTD,PD5       ; /CE=/CS Low
        nop                       ; Startimpuls
        nop                       ;
        nop                       ;
        sbi       PORTD,PD5       ; /CE=/CS High
        sbi       PORTD,PD6       ; R/W High für lesen
; warte auf fallende Flanke Statussignal
parein1:sbic      PIND,PIND7      ; überspringe wenn Low
        rjmp      parein1         ; warte auf fallende Flanke
        cbi       PORTD,PD5       ; /CE=/CS Low
        nop                       ;
        nop                       ;
        in        r16,PINB        ; R16 <- Wert
        sbi       PORTD,PD5       ; /CE=/CS High
        ret                       ;
; Unterprogramm parallele Ausgabe nach D/A-Wandler ZN428
paraus: push      r17             ; Register retten
        ldi       r17,$ff         ; Port B
        out       DDRB,r17        ; ist Ausgang für D/A-Wandler
        out       PORTB,r16       ; Ausgabedaten nach Datenbus
        cbi       PORTD,PD4       ; /E Low
        nop                       ; Ladeimpuls
        sbi       PORTD,PD4       ; /E wieder High
        ldi       r17,$00         ; Port B
        out       DDRB,r17        ; ist wieder Eingang
        pop       r17             ; Register zurück
        ret                       ;
; Unterprogramm Ausgabe R16 dezimal auf Terminal
termaus:push      r16             ; Register retten
        push      r17             ;
        mputkon   10              ; neue Zeile
        mputkon   12              ;
```

```
            rcall     dual2bcd      ; R16 -> R17 und R16 BCD
            subi      r17,-$30      ; addi +$30 nach ASCII
            mputch    r17           ; Hunderter Ziffer ausgeben
            mov       r17,r16       ; R17 <- Zehner Einer
            swap      r17           ; R17 <- Einer Zehner
            andi      r17,$0f       ; Maske 0000 1111 Zehner
            subi      r17,-$30      ; addi +$30 nach ASCII
            mputch    r17           ; Zehnerziffer ausgeben
            andi      r16,$0f       ; Maske 0000 1111 Einer
            subi      r16,-$30      ; addi +$30 nach ASCII
            mputch    r16           ; Einerziffer ausgeben
            mputkon   ' '           ; Leerzeichen ausgeben
            mputkon   '>'           ; Prompt ausgeben
            mgetch    r16           ; warte auf Taste ohne Echo
            pop       r17           ; Register zurück
            pop       r16           ;
            ret                     ;
            .INCLUDE "dual2bcd.asm" ; R16 dual -> R17:R16 BCD
            .EXIT                   ; Ende des Quelltextes
```

Bild 4-83a: Assemblerprogramm testet parallele analoge Wandler

```
// k4p26.c Bild 4-83c ATmega16 parallele analoge Wandler
// Port B: 8bit Datenbus
// Port D: D7=Status D6=R/W D5=/CS=/CE D4=/E  D1=TXD D0=RXD
#include <avr/io.h>           // Deklarationen
#define TAKT 3686400UL        // Systemtakt 3.6864 MHz
#define BAUD 9600UL           // Baudrate
#include "inituart.c"         // USART initialisieren
#include "putch.c"            // Zeichen ausgeben
#include "getch.c"            // Zeichen vom Empfänger abholen
// Funktion Ausgabe 8bit dezimal auf Terminal
void termaus(unsigned char wert)
{
 putch(10); putch(13);             // neue Zeile
 putch( (wert/100) + 0x30);        // Hunderter
 putch( (wert%100)/10 + 0x30);     // Zehner
 putch( (wert%100)%10 + 0x30);     // Einer
 putch(' '); putch('>');           // Leerzeichen und Prompt
 getch();                          // warte auf Taste
} // Ende termaus
// Funktion 8bit parallele Eingabe von A/D-Wandler AD670
unsigned char parein(void)
{
 unsigned char wert, x;     // Hilfsvariable
```

4.8 Analoge Schnittstellen

```c
 cbi(PORTD,PD6);          // R/W Low: für starten
 cbi(PORTD,PD5);          // /CE=/CS Low
 x = PINB;                // Pseudolesen als Startimpuls
 x = PIND;                //
 sbi(PORTD,PD5);          // /CE=/CS High
 sbi(PORTD,PD6);          // R/W High für lesen
 loop_until_bit_is_clear(PIND,PIND7); // warte auf fertig
 cbi(PORTD,PD5);          // /CE=/CS Low
 x = PINB;                // Pseudolesen zum warten
 x = PIND;                //
 wert = PINB;             // digitalen Wert abholen
 sbi(PORTD,PD5);          // /CE=/CS High
 return wert;             //
} // Ende parein
// Funktion parallele Ausgabe nach D/A-Wandler ZN428
void paraus(unsigned char wert)
{
 DDRB = 0xff;             // Port B ist Ausgabe
 PORTB = wert;            // Daten nach Bus
 cbi(PORTD,PD4);          //  /E Low
 wert = PINB;             // Pseudobefehl zum warten
 sbi(PORTD,PD4);          // /E wieder High
 DDRB = 0;                // Port B ist wieder Eingabe
} // Ende paraus
void main(void)            // Hauptfunktion
{
 unsigned char wert;       // Hilfsvariable
 inituart();               // USART initialisieren
 DDRD = (1 << PD6) | (1 << PD5) | (1 << PD4);   // Richtung Port C
 PORTD = (1 << PD6) | (1 << PD5) | (1 << PD4);  // Ausgänge High
 while(1)                  // Arbeitsschleife
 {
  wert = parein();         // 8bit parallele Eingabe von A/D
  paraus(wert);            // 8bit parallele Ausgabe nach D/A
  termaus(wert);           // 8bit Ausgabe dezimal auf Terminal
 } // Ende while
} // Ende main
```

Bild 4-83c: C-Programm testet parallele analoge Wandler

4.9 Die serielle USI-Schnittstelle

Die USI-Schnittstelle (**U**niversal **S**erial **I**nterface) findet sich z.B. in den Bausteinen Tiny2313, Tiny26 und Mega169. Sie kann mit geringem Aufwand an Software die seriellen Schnittstellen UART, SPI und TWI (I^2C) ersetzen. In den Anwendungshinweisen des Herstellers Atmel finden sich Beispiele für die Betriebsarten:

- Dokument AVR307: Half Duplex UART Using USI Module
- Dokument AVR319: Using the USI module for SPI communication
- Dokument AVR310: Using the USI module as I^2C master
- Dokument AVR312: Using the USI module as I^2C slave

Der Kern der USI-Schnittstelle ist wie bei den anderen seriellen Schnittstellen ein 8bit Schieberegister, mit dem ein Byte seriell herausgeschoben und gleichzeitig auch hineingeschoben wird. Dazu kommt eine synchrone Taktsteuerung. Die drei Anschlüsse am Port B haben je nach Betriebsart unterschiedliche Funktionen. Der Schiebetakt wird entweder von einem Überlauf des Timer0 oder extern vom Takteingang oder von der Software durch Einschreiben einer 1 in das Bit USICLK des Steuerregisters abgeleitet.

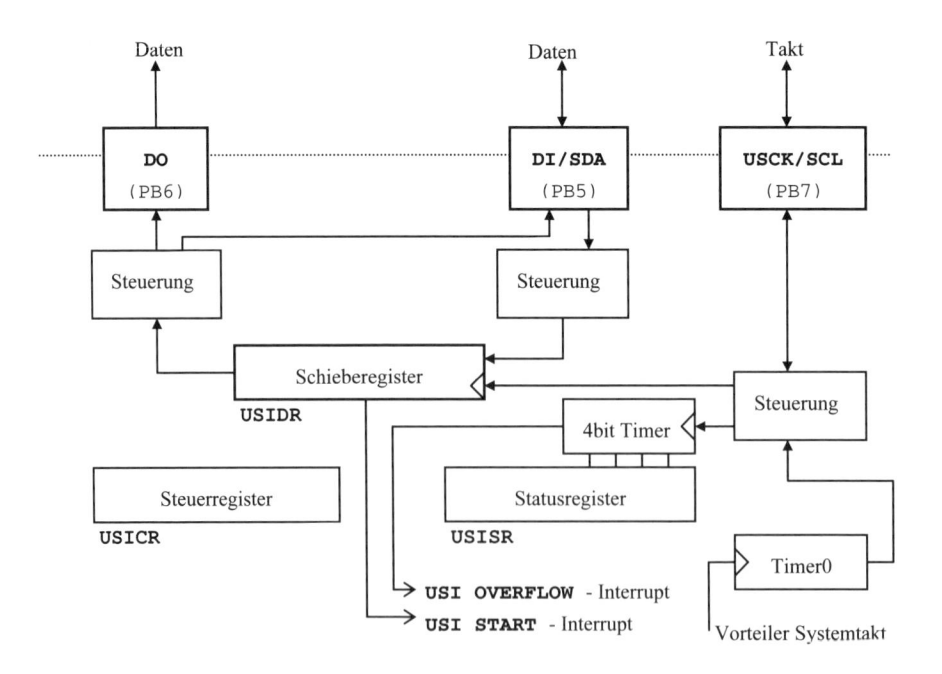

Bild 4-84: Modell der USI-Schnittstelle (Tiny2313)

4.9 Die serielle USI-Schnittstelle

Beim Schreiben des USI-Datenregisters gelangt das auszugebende Byte direkt in das Schieberegister. Beim Lesen des USI-Datenregisters werden die empfangenen Daten direkt aus dem Schieberegister gelesen.

USIDR = USI **D**ata **R**egister SRAM-Adresse $2F SFR-Adresse $0F bitadressierbar

schreiben:	Sendedaten
lesen:	Empfangsdaten

Nach einem Reset ist die USI-Schnittstelle zunächst gesperrt. Sie muss durch Programmieren des Steuerregisters **USICR** freigegeben werden.

USICR = USI **C**ontrol **R**egister SRAM-Adresse $2D SFR-Adresse $0D bitadressierbar

Bit 7	Bit 6	Bit 5	Bit 4	Bit 3	Bit 2	Bit 1	Bit 0
USISIE	USIOIE	USIWM1	USIWM0	USICS1	USICS0	USICLK	USITC
Startbedingung	Timer-Überlauf	0 0: normale Portoperat. 0 1: SPI-Betrieb mit DO, DI und USCK 1 0: TWI-Betrieb mit SDA und SCL 1 1: TWI-Betrieb mit SDA und SCL		0 0 0: kein Takt 0 0 1: Softwaretakt für USICLK=1 0 1 x: Takt durch Timer0 Überlauf 1 0 0: externer Takt 1 1 0: externer Takt 1 0 1: externer und Software Takt 1 1 1: externer und Software Takt			1 schreiben: Ausgang USICK umschalten bzw. Timer Takt
Interrupt 0: gesperrt 1: frei	Interrupt 0: gesperrt 1: frei						

Bit **USISIE** (USI Start Condition Interrupt Enable) gibt mit einer 1 den Interrupt der USI-Schnittstelle frei, wenn abhängig von der Betriebsart die Startbedingung aufgetreten ist.

Bit **USIOIE** (USI Counter Overflow Interrupt Enable) gibt mit einer 1 den Interrupt bei einem Überlauf des 4bit Timers der USI-Schnittstelle frei.

Die Bits **USIWM1** und **USIWM0** (USI Wire Mode) bestimmen die Betriebsart der Ausgänge.

Die Bits **USICS1** und **USICS0** (USI Clock Source Select) bestimmen die Taktquelle für das Schieberegister und den 4bit Timer. Einzelheiten siehe Datenbuch des Herstellers.

Bit **USICLK** (USI Clock Strobe): für `USICS1=USICS0=0` liefert das Einschreiben einer **1** nach `USICLK` den Taktimpuls für das Schieberegister und den 4bit Timer.

Bit **USITC** (USI Toogle Clock Port Pin) schaltet in Abhängigkeit von der Betriebsart und der Taktquelle den Takt für den Ausgang USCK/SCL bzw. für den 4bit Timer.

Die Übertragung kann vom Programm durch Auswerten des Statusregisters **USISR** kontrolliert werden. Die Bitpositionen werden von der Steuerung gesetzt und müssen vom Programm zurückgesetzt (gelöscht) werden.

USISR = **USI S**tatus **R**egister SRAM-Adresse $2E SFR-Adresse $0E   bitadressierbar

Bit 7	Bit 6	Bit 5	Bit 4	Bit 3	Bit 2	Bit 1	Bit 0
USISIF	USIOIF	USIPF	USIDC	USICNT3	USICNT2	USICNT1	USICNT0
Startbed. 1: aufgetreten	Timerüberlauf 1: aufgetreten	Stoppbed. 1: aufgetr.	Kollision 1: aufgetr.	laufender Wert des 4bit Timers von 0000 bis 1111			

Bit **USISIF** (USI Start Condition Interrupt Flag) wird von der Steuerung auf 1 gesetzt, wenn je nach Betriebsart die Startbedingung aufgetreten ist und wird durch Einschreiben einer 1 wieder zurückgesetzt.

Bit **USIOIF** (USI Counter Overflow Interrupt Flag) wird von der Steuerung bei einem Überlauf des 4bit Timers von 1111 nach 0000 auf 1 gesetzt und wird durch Einschreiben einer 1 wieder zurückgesetzt.

Bit **USIPF** (USI Stop Condition Flag) wird von der Steuerung auf 1 gesetzt, wenn je nach Betriebsart eine Stoppbedingung aufgetreten ist und wird durch Einschreiben einer 1 wieder zurückgesetzt.

Bit **USIDC** (USI Data Output Collision) wird von der Steuerung auf 1 gesetzt, wenn in den beiden TWI-Betriebsarten die Bitposition 7 des Schieberegisters nicht mit dem Ausgang übereinstimmt.

Die Bitpositionen **USICNT3** bis **USICNT0** (USI Counter Value) enthalten den laufenden Wert des 4bit Timers, der jederzeit gelesen und beschrieben werden kann. Die Taktquelle wird durch die Bits USICS1 und USICS0 des Steuerregisters bestimmt.

```
; Beispiel für den SPI Betrieb als Master aus dem Datenbuch des Herstellers
      out   USIDR,r16         ; Sendedaten nach Schieberegister
      ldi   r16,(1 << USIOIF) ; Timerüberlaufanzeige und Timer zurücksetzen
      out   USISR,r16         ;
      ldi   r16,(1<<USIWM0)|(1<<USICS1)|(1<<USICLK)|(1<<USITC) ; Takt
loop: out   USICR,r16         ; Softwaretakt
      sbis  USISR,USIOIF      ; Ende der Übertragung ?
      rjmp  loop              ; nein:
      in    r16,USIDR         ;   ja: Empfangsdaten abholen
```

5 Anwendungsbeispiele

Die Anwendungsbeispiele dieses Kapitels wurden in Fädel- oder Stecktechnik aufgebaut. Der Controller wurde in der Schaltung mit dem Gerät AVRISP über die ISP-Schnittstelle programmiert. Die Programmieranschlüsse MISO, SCK, RESET und MOSI wurden entweder frei gehalten oder so beschaltet, dass ein einwandfreier Programmierbetrieb gewährleistet war.

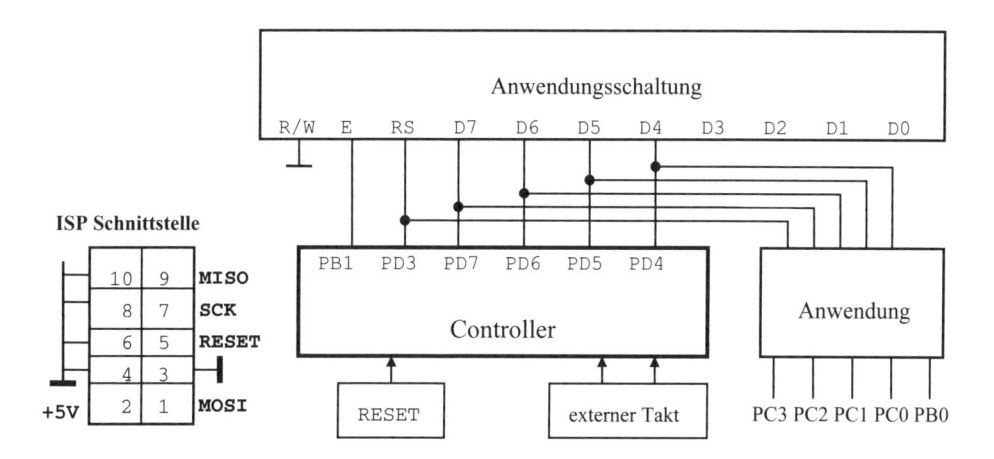

Die Beispiele behandeln häufig verwendete Bausteine wie z.B. den ATtiny12 (8 Anschlüsse), den ATtiny2313 (20 Anschlüsse) und den ATmega8 (28 Anschlüsse) sowie grundlegende Schaltungen und Verfahren wie z.B. serielle Peripheriebausteine, Multiplexanzeige, Tastaturabfrage und externe Speicherbausteine.

Baustein	Flash	SRAM	EEPROM	Peripherie	Beispiel
AT90S2343	2 KB	128 Bytes	128 Bytes	5 I/O 1 Timer	5.1 Würfel
ATtiny12	1 KB	-	64 Bytes	6 I/O 1 Timer	5.2 Zufallszahlen
ATtiny2313	2 KB	128 Bytes	128 Bytes	18 I/O 2 Timer	5.3 Stoppuhr
ATmega8	8 KB	1024 Bytes	512 Bytes	20 I/O 3 Timer SPI	5.4 LCD-Anzeige und Tastatur
ATmega8515	8 KB	512 Bytes	512 Bytes	32 I/O ext. RAM	5.5 Externer SRAM
ATtiny2313	2 KB	128 Bytes	128 Bytes	18 I/O 2 Timer	5.6 LED-Matrixanzeige
ATmega8	8 KB	1024 Bytes	512 Bytes	20 I/O 3 Timer SPI	5.7 Funktionsgenerator

5.1 Würfel mit dem ATtiny12 (AT90S2343)

Der Baustein AT90S2343 wird, wie auch der ATtiny12, mit einem 8poligen DIL (Dual In Line) Gehäuse geliefert. Er enthält folgende Komponenten:

- 2048 Bytes Flash-Speicher für max. 1024 Befehle und Konstanten,
- 128 Bytes SRAM für Arbeitsspeicher und Stapel,
- 128 Bytes EEPROM zur Speicherung nichtflüchtiger Daten,
- einen externen Interrupteingang,
- fünf Ein-/Ausgabeleitungen einer Parallelschnittstelle,
- einen 8bit Timer0 und
- einen Watchdog Timer.

Der Baustein AT90S2343 kann durch einen internen Taktgenerator ohne Quarz betrieben werden; durch Umprogrammieren eines Steuerbits ist es möglich, an den Anschluss CLOCK (PB3) eine externe Taktquelle anzuschließen. Gegenüber dem ATmega16 fehlen weitere externe Interrupts, die asynchrone serielle Schnittstelle (USART), der 16bit Timer1, die TWI-Schnittstelle und der Analogkomparator. Die Vektortabelle enthält drei Einträge:

Adresse	Interrupt	Auslösung durch	Beispiel
$000	Reset	Power-on Reset (Spannung ein), steigende Flanke, Watchdog Timer	rjmp start
$001	INT0	externer Interrupt an Port PB1	rjmp taste
$002	TIMER0, OVF0	Timer0 Überlauf	rjmp fertig

Die fünf Leitungen des Ports B haben teilweise alternative Funktionen, die serielle SPI-Schnittstelle ist jedoch nur für eine externe Programmiereinrichtung verfügbar.

Pin	Port	Alternative Funktion	
5	PB0	MOSI	Dateneingang im Programmierbetrieb
6	PB1	INT0	Eingang für externen Interrupt0
		MISO	Datenausgang im Programmierbetrieb
7	PB2	T0	Eingang für externen Takt Timer/Counter0
		SCK	Takteingang im Programmierbetrieb
2	PB3	CLOCK	Eingang für externen Controllertakt
3	PB4		keine

Der Befehlssatz und die Programmierung der peripheren Schnittstellen entsprechen im Wesentlichen dem ATmega16. Der Baustein eignet sich wegen seiner geringen Abmessungen

5.1 Würfel mit dem ATtiny12 (AT90S2343)

für einfache Anwendungen entsprechend der Tiny Familie. *Bild 5-1* zeigt als Beispiel die Ansteuerung von sieben Leuchtdioden für einen Würfel.

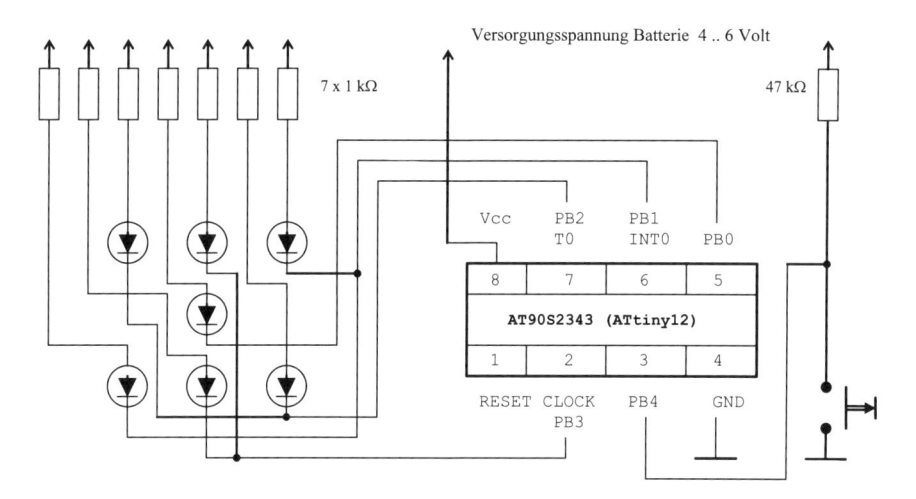

Wert	Anzeige	PB3	PB2	PB1	PB0	Hexa
aus		0	0	0	0	$00
1	o	0	0	0	1	$01
2	o / o	0	0	1	0	$02
3	o / o / o	0	0	1	1	$03
4	o o / o o	0	1	1	0	$06
5	o o / o / o o	0	1	1	1	$07
6	o o o / o o o	1	1	1	0	$0E
7	o o o / o / o o o	1	1	1	1	$0F

Bild 5-1: Die Anschlussbelegung des AT90S2343 und Schaltplan des Würfels mit Mustertabelle

Da für sieben Leuchtdioden nur vier Leitungen zur Verfügung stehen, die fünfte wird zur Tasteneingabe verwendet, werden mit den Ausgängen PB1, PB2 und PB3 jeweils zwei LEDs (Low Current Version) direkt ohne externe Treiber angesteuert. Bei einem Vorwiderstand von 1 kOhm nimmt eine LED einen Strom von ca. 3 mA auf, mit ca. 6 mA pro Anschluss und ca. 21 mA für den gesamten Port werden die vom Hersteller genannten Grenzwerte eingehalten. Die Anoden der LEDs liegen auf High-Potential, sie werden mit einem Low-Potential (logisch 0) an der Kathode eingeschaltet und mit High (logisch 1) ausgeschaltet. Da die Tabelle der Ausgabemuster ursprünglich für die umgekehrte Logik aufgestellt wurde, müssen die Tabellenwerte vor der Ausgabe komplementiert werden.

Ein Würfel muss eine Zufallszahl im Bereich von 1 bis 6 ausgeben. Dies gelingt durch eine Würfelschleife, die *zufällig* durch eine Taste am Eingang PB4 abgebrochen wird. Die Programme *Bild 5-2* (Assembler) und *Bild 5-3* (C-Programm) erweitern den Würfel für die Ausgabe einer Sieben, wenn beim Einschalten die Taste PB4 gedrückt wurde. Für den Lampentest und das Entprellen der Eingabetaste wird ein Unterprogramm wartex10ms aufgerufen und mit .INCLUDE eingebunden.

```
; k5p1.asm Bild 5-2 Würfel mit AT90S2343 mit Sonderfunktion 1..7
; Port B: PB0..PB3: LED-Ausgabe Kathoden  PB4: Tasteneingabe
        .INCLUDE "2343def.inc"   ; Deklarationen
        .EQU    TAKT = 1000000   ; interner Takt 1 MHz
        .DEF    akku = r16       ; Arbeitsregister
        .DEF    zaehl = r17      ; laufender Zähler
        .DEF    anz = r18        ; Zählerendwert 6 oder 7
        .CSEG                    ; Programmsegment
        rjmp    start            ; Einsprung nach Reset
        .ORG    $10              ; Interrupteinsprünge übergehen
start:  ldi     akku,LOW(RAMEND) ; Stapel anlegen 128 Bytes
        out     SPL,akku         ;
        ldi     akku,0b00001111  ; B7..B5 = x  B4 = ein  B3..B0 = aus
        out     DDRB,akku        ; Richtung Port B
; Endwert=6  wenn Taste bei Start gedrückt: Endwert=7
        ldi     anz,6            ; Endwert 6 vorgegeben
        sbis    PINB,PB4         ; überspringe wenn Taste PB4 oben
        ldi     anz,7            ; Low: gedrückt: 7er Würfel
; Lampentest: alle Werte 500 ms lang anzeigen
        mov     zaehl,anz        ; laufender Zähler <= Endwert
        ldi     ZL,LOW(tab*2)    ; Z <= Anfangsadresse der Tabelle
        ldi     ZH,HIGH(tab*2)   ;
        ldi     akku,50          ; Faktor für 50*10 = 500 ms warten
haupt1: lpm                      ; R0 <= Tabellenwert
        adiw    ZL,1             ; nächste Adresse
        com     r0               ; Logik umdrehen wegen Kathodenansteuerung
        out     PORTB,r0         ; Wert anzeigen
        rcall   wartex10ms       ; 500 ms warten
        dec     zaehl            ; Durchlaufzähler - 1
```

5.1 Würfel mit dem ATtiny12 (AT90S2343)

```
        brne    haupt1              ; für alle Werte
        ldi     akku,$ff            ; alle LEDS
        out     PORTB,akku          ; wieder aus
; Anfangswerte der Würfelschleife laden
haupt2: mov     zaehl,anz           ; 1 Takt: laufender Zähler <= Endwert
        ldi     ZL,LOW(tab*2)       ; 1 Takt: Z <= Anfangsadresse der Tabelle
        ldi     ZH,HIGH(tab*2)      ; 1 Takt:
; Würfelschleife mit Tastenkontrolle
haupt3: sbis    PINB,PINB4          ; Taste gedrückt fallende Flanke
        rjmp    haupt4              ;   ja: ausgeben
        adiw    ZL,1                ; nein: Adresse + 1
        dec     zaehl               ; Zähler - 1
        breq    haupt2              ; 2 Takte bei Sprung  1 Takt bei Nicht-Spr.
        nop                         ; 1 Takt Zeitausgleich
        nop                         ; 1 Takt
        rjmp    haupt3              ; 2 Takte
; fallende Flanke Taste gedrückt: Augen anzeigen
haupt4: lpm                         ; R0 <= Tabelle
        com     r0                  ; Logik umdrehen wegen Kathodenansteuerung
        out     PORTB,r0            ; und auf LED ausgeben
        ldi     akku,2              ; Ladefaktor für 2*10 = 20 ms warten
        rcall   wartex10ms          ; Wartefunktion 20 ms entprellen
haupt5: sbis    PINB,PINB4          ; steigende Flanke ?
        rjmp    haupt5              ; nein: warten
        rcall   wartex10ms          ;  ja: 20 ms entprellen
        ldi     akku,$ff            ;   alle LEDs aus
        out     PORTB,akku          ;
        rjmp    haupt2              ; neues Würfeln
; Externes Unterprogramm einbauen
        .INCLUDE "wartex10ms.asm"   ; R16=Faktor * 10ms warten
; Tabelle für Ausgabemuster:  1 2 3 4  5  6   7
tab:    .DB     $01, $02, $03, $06, $07, $0e , $0f, 0 ; Ausgabemuster
        .EXIT                       ; Ende des Quelltextes
```

Bild 5-2: Assemblerprogramm für den AT90S2343

Das Assemblerprogramm des AT90S2343 kann mit einigen Änderungen auch für den Baustein ATtiny12 verwendet werden. Das C-Programm *Bild 5-3* konnte mit dem untersuchten GNU-Compiler nur für den AT90S2343 übersetzt werden, da der ATtiny12 keinen Softwarestapel hat. Für einen genauen Zeitausgleich in der Würfelschleife des C-Programms müsste der vom Compiler erzeugte Maschinencode untersucht werden. Dies ist jedoch compilerabhängig und in der vorliegenden Anwendung auch unnötig, da auch für die Warteschleifen keine genauen Zeitbedingungen zu beachten sind.

```c
// k5p1.c Bild 5-3 Würfel mit AT90S2343 Takt 1 MHz Sonderfunktion 1..7
// Port B: PB0..PB3: LED-Ausgabe Kathoden  PB4: Tasteneingabe
#include  <io.h>                          // Deklarationen
#define   TAKT 1000000ul                  // Systemtakt 1 MHz für wartex10ms
#include  "c:\cprog3\wartex10ms.c"        // Wartefunktion einfügen
void main (void)                          // Hauptfunktion
{
 unsigned char i, zaehler = 6;
 unsigned char tab[7] = {0x01,0x02,0x03,0x06,0x07,0x0e,0x0f}; // Ausgabe
 DDRB = 0x0f;                             // B7..B5 = x  B4 = ein  B3..B0 = aus
 if (!(PINB & (1 << PB4))) zaehler = 7;   // Taste PB4 beim Start gedrückt
 for (i=0; i < zaehler; i++)              // Schleife für Lampentest
 {
  PORTB = ~tab[i];                        // komplementierten Wert ausgeben
  wartex10ms(50);                         // 50*10ms = 500 ms warten
 } // Ende for
 PORTB = 0xff;                            // alle LEDs wieder aus
 while (1)                                // Würfelschleife ohne Zeitausgleich
 {
  for (i=0; i<zaehler; i++)               // alle Werte 1 .. durchgehen
  {
   if (!(PINB & (1 << PB4)))              // Taste Low = gedrückt
   {
    PORTB = ~tab[i];                      // gewürfelte Augen ausgeben
    wartex10ms(5);                        // 50 ms warten entprellen
    while ( !(PINB & (1 << PB4)));        // warte auf steigende Flanke
    wartex10ms(5);                        // 50 ms warten entprellen
    PORTB = 0xff;                         // Anzeige wieder aus
   } // Ende if
  } // Ende for
 } // Ende while
} // Ende main
```

Bild 5-3: C-Programm für den AT90S2343

Der im nächsten Abschnitt behandelte Baustein ATtiny12 hat im Wesentlichen die gleichen Anschlüsse wie der in der Würfelschaltung verwendete AT90S2343 und kann diesen ersetzen. Für die Assemblerprogrammierung sind jedoch einige Unterschiede zu beachten.

- Die Befehle `adiw` und `sbiw` können durch Makros ersetzt werden.
- Das Anlegen des Softwarestapels entfällt; die Befehle `push` und `pop` müssen durch `mov` mit Hilfsregistern ersetzt werden.

In dem Assemblerprogramm sind die Änderungen beim Übergang vom AT90S2343 zum ATtiny12 mit Fettschrift markiert.

5.1 Würfel mit dem ATtiny12 (AT90S2343)

```asm
; k5p1tiny.asm ohne Bild Würfel mit Tiny12 mit Sonderfunktion 1..7
; Port B: PB0..PB3: LED-Ausgabe Kathoden  PB4: Tasteneingabe
        .INCLUDE "tn12def.inc"   ; Deklarationen für Tiny12
        .EQU    TAKT = 1000000   ; interner Takt 1 MHz
        .DEF    akku = r16       ; Arbeitsregister
        .DEF    zaehl = r17      ; laufender Zähler
        .DEF    anz = r18        ; Zählerendwert 6 oder 7
; Tiny12: Makrodefinitionen ersetzen adiw und sbiw
        .MACRO  Madiw            ; für Befehl adiw Aufruf: RegL,RegH,konst
        subi    @0,-@2           ; addiere Konstante
        sbci    @1,-1            ; addiere Null + Übertrag
        .ENDM                    ; Achtung: Flags invertiert!!!!
        .MACRO  Msbiw            ; für Befehl sbiw Aufruf: RegL,RegH,konst
        subi    @0,@2            ; subtrahiere Konstante
        sbci    @1,0             ; subtrahiere Null und Borgen
        .ENDM                    ; Flags korrekt
        .CSEG                    ; Programmsegment
        rjmp    start            ; Einsprung nach Reset
        .ORG    $10              ; Interrupteinsprünge übergehen
; Tiny12: ohne SRAM kein Softwarestapel anlegen Befehle push und pop ersetzen
start:  ldi     akku,0b00001111  ; B7..B5 = x  B4 = ein  B3..B0 = aus
        out     DDRB,akku        ; Richtung Port B
; Endwert=6  wenn Taste bei Start gedrückt: Endwert=7
        ldi     anz,6            ; Endwert 6 vorgegeben
        sbis    PINB,PB4         ; überspringe wenn Taste PB4 oben
        ldi     anz,7            ; Low: gedrückt: 7er Würfel
; Lampentest: alle Werte 500 ms lang anzeigen
        mov     zaehl,anz        ; laufender Zähler <= Endwert
        ldi     ZL,LOW(tab*2)    ; Z <= Anfangsadresse der Tabelle
        ldi     ZH,HIGH(tab*2)   ;
        ldi     akku,50          ; Faktor für 50*10 = 500 ms warten
haupt1: lpm                      ; R0 <= Tabellenwert
        Madiw   ZL,ZH,1          ; Tiny12: Makroaufruf: nächste Adresse
        com     r0               ; Logik umdrehen wegen Kathodenansteuerung
        out     PORTB,r0         ; Wert anzeigen
        rcall   wartex10ms       ; 500 ms warten
        dec     zaehl            ; Durchlaufzähler - 1
        brne    haupt1           ; für alle Werte
        ldi     akku,$ff         ; alle LEDS
        out     PORTB,akku       ; wieder aus
; Anfangswerte der Würfelschleife laden
haupt2: mov     zaehl,anz        ; 1 Takt: laufender Zähler <= Endwert
        ldi     ZL,LOW(tab*2)    ; 1 Takt: Z <= Anfangsadresse der Tabelle
        ldi     ZH,HIGH(tab*2)   ; 1 Takt:
```

```
; Würfelschleife mit Tastenkontrolle
haupt3:  sbis    PINB,PINB4          ; Taste gedrückt fallende Flanke
         rjmp    haupt4              ;   ja: ausgeben
         Madiw   ZL,ZH,1             ; Tiny12: nein: Makroaufruf: Adresse + 1
         dec     zaehl               ; Zähler - 1
         breq    haupt2              ; 2 Takte bei Sprung  1 Takt bei Nicht-Spr.
         nop                         ; 1 Takt Zeitausgleich
         nop                         ; 1 Takt
         rjmp    haupt3              ; 2 Takte
; fallende Flanke Taste gedrückt: Augen anzeigen
haupt4:  lpm                         ; R0 <= Tabelle
         com     r0                  ; Logik umdrehen wegen Kathodenansteuerung
         out     PORTB,r0            ; und auf LED ausgeben
         ldi     akku,2              ; Ladefaktor für 2*10 = 20 ms warten
         rcall   wartex10ms          ; Wartefunktion 20 ms entprellen
haupt5:  sbis    PINB,PINB4          ; steigende Flanke ?
         rjmp    haupt5              ; nein: warten
         rcall   wartex10ms          ;   ja: 20 ms entprellen
         ldi     akku,$ff            ;   alle LEDs aus
         out     PORTB,akku          ;
         rjmp    haupt2              ; neues Würfeln
; Tiny12: internes Unterprogramm ersetzt sbiw, push und pop
; wartex10ms.asm wartet 10 ms * Faktor in R16
wartex10ms:
         tst     r16                 ; Null abfangen
         breq    wartex10msc         ; bei Null Rücksprung
         mov     r1,r16              ; push   r16    Register retten
         mov     r2,r24              ; push   r24
         mov     r3,r25              ; push   r25
wartex10msa:
         ldi     r24,LOW(TAKT/400)   ; 20 MHz gibt
         ldi     r25,HIGH(TAKT/400)  ; Ladewert 50 000
wartex10msb:
         Msbiw   r24,r25,1           ; Tiny12: 2 Takte Makroaufruf für sbiw
         brne    wartex10msb         ; 2 Takte
         dec     r16                 ; Zähler vermindern
         brne    wartex10msa         ;
         mov     r25,r3              ; pop    r25 Register zurück
         mov     r24,r2              ; pop    r24
         mov     r16,r1              ; pop    r16
wartex10msc:
         ret                         ;
; Tabelle für Lampentest:   1  2  3  4  5  6  7
tab:     .DB     $01, $02, $03, $06, $07, $0e , $0f, 0 ; Ausgabemuster
         .EXIT                       ; Ende des Quelltextes
```

5.2 Zufallszahlen mit ATtiny12 (AT90S2343)

Der Baustein ATtiny12 dient als Beispiel für die Tiny Serie, die sich durch geringe Abmessungen und niedrigen Preis auszeichnen. Der Baustein wird auch mit einem 8poligen DIL (Dual In Line) Gehäuse geliefert und ist pinkompatibel mit dem im Abschnitt 5.1 verwendeten AT90S2343. Er enthält folgende Komponenten:

- 1024 Bytes Flash-Programmspeicher für max. 512 Befehle und Konstanten,
- 32 Bytes RAM nur für den Registersatz, jedoch kein Softwarestapel und kein Variablenbereich,
- Hardwarestapel mit drei Einträgen für Rücksprungadressen von Interrupts und Unterprogrammen,
- 64 Bytes EEPROM zur Speicherung nichtflüchtiger Daten,
- einen externen Interrupteingang,
- sechs Ein-/Ausgabeleitungen einer Parallelschnittstelle,
- einen 8bit Timer0,
- einen Watchdog Timer und
- einen Analogkomparator.

Der Baustein verfügt über einen internen Taktgenerator für einen festen Systemtakt von ca. 1 MHz, er kann durch Umprogrammieren von Steuerbits auch mit externem Takt betrieben werden. Gegenüber dem ATmega16 fehlen der zweite externe Interrupt, die asynchrone serielle Schnittstelle (USART), der 16bit Timer1, die Schnittstellen SPI und TWI sowie SRAM für Variablen und den Softwarestapel. Die Vektortabelle enthält sechs Einträge:

Adresse	Interrupt	Auslösung durch	Beispiel
$000	Reset	Power-on Reset (Spannung ein) steigende Flanke am Reset-Eingang Watchdog Timer Auslösung EEPROM-Programmierungsfehler	rjmp start
$001	INT0addr	externer Interrupt an Port PB1	rjmp taste
$002	PCINTaddr	Potentialänderung an einem Portanschluss	rjmp neu
$003	OVF0addr	Timer0 Überlauf	rjmp tictac
$004	ERDYaddr	EEPROM-Programmierung fertig	rjmp nochmal
$005	ACIaddr	Analogkomparator fertig	rjmp fertig

Anstelle des Softwarestapels gibt es einen Hardwarestapel für drei Einträge, so dass drei geschachtelte Aufrufe von Unterprogrammen bzw. Interruptprogrammen möglich sind. Gegenüber dem Standardbefehlssatz der AT-Controller entfallen die Stapelbefehle `push` und `pop`. Verfügbar sind jedoch fünf Interruptquellen und der Befehl `rcall`, die Rücksprungadressen auf dem Hardwarestapel ablegen, sowie die Rücksprungbefehle `reti` und `ret` zum Entfernen aus dem Hardwarestapel. Unter Beachtung der Schachtelungstiefe lassen sich Interrupts und Unterprogramme wie gewohnt programmieren. Wegen der Beschränkung des

RAM-Speichers auf den Registersatz entfallen die direkte und die indirekte Speicheradressierung für den SRAM; jedoch ist der Befehl lpm zum Lesen von Konstanten aus dem Programmspeicher vorhanden. Die folgende Tabelle zeigt die *nicht verfügbaren* Befehle des ATtiny12.

Fehlende Befehle	Ersetzbar durch
push und pop	mov mit Registern als Hilfsspeicherstellen
adiw und sbiw	add und adc bzw. subi und sbci
icall und ijmp	rcall und rjmp
lds und sts	mov mit Registern als Hilfsvariablen
ld und st für X Y Z+ -Z	ld Rd,Z und st Z,Rd indirekte Registeradressierung
ldd und std für Y und Z	ld Rd,Z und st Z,Rd indirekte Registeradressierung

Dafür gibt es eine indirekte Registeradressierung mit den wertniedrigsten fünf Bitpositionen des Registerpaares Z als Zeiger auf ein Arbeitsregister als Ersatz für die indirekte Speicheradressierung, da kein Arbeitsspeicher vorhanden ist.

Befehl	Operand	ITHSVNZC	W	T	Wirkung	
ld	Rd,Z		1	2	Rd <= (Z)	5bit Registeradresse in ZL
st	Z,Rd		1	2	(Z) <= Rd	5bit Registeradresse in ZL

Die Portleitungen (*Bild 5-4*) haben teilweise alternative Funktionen, die serielle SPI-Schnittstelle SCK, MISO und MOSI ist nur für eine externe Programmiereinrichtung verfügbar und wird in dem Anwendungsbeispiel durch Software emuliert. Der Baustein ATtiny12 hat bis auf einen zusätzlichen Anschluss PB5 (Stift 1 Reset) die gleiche Anschlussbelegung wie der AT90S2343, jedoch sind wesentliche Unterschiede in der Programmierung zu beachten! Die sechs Portleitungen lassen sich mit dem in Abschnitt 4.6 dargestellten Verfahren der synchronen seriellen Übertragung SPI auf wesentlich mehr Anschlüsse ausdehnen.

Die in *Bild 5-4* dargestellte Schaltung steuert mit zwei Schieberegistern 16 Leuchtdioden einer zweistelligen Dezimalanzeige direkt an. PB0 gibt die Daten seriell aus, PB2 liefert den Schiebetakt und PB1 den Übernahmeimpuls. Der Kippschalter am Eingang PB4 bestimmt den Endwert eines Dezimalzählers, der mit dem Taster an PB3 angehalten werden kann.

5.2 Zufallszahlen mit ATtiny12 (AT90S2343)

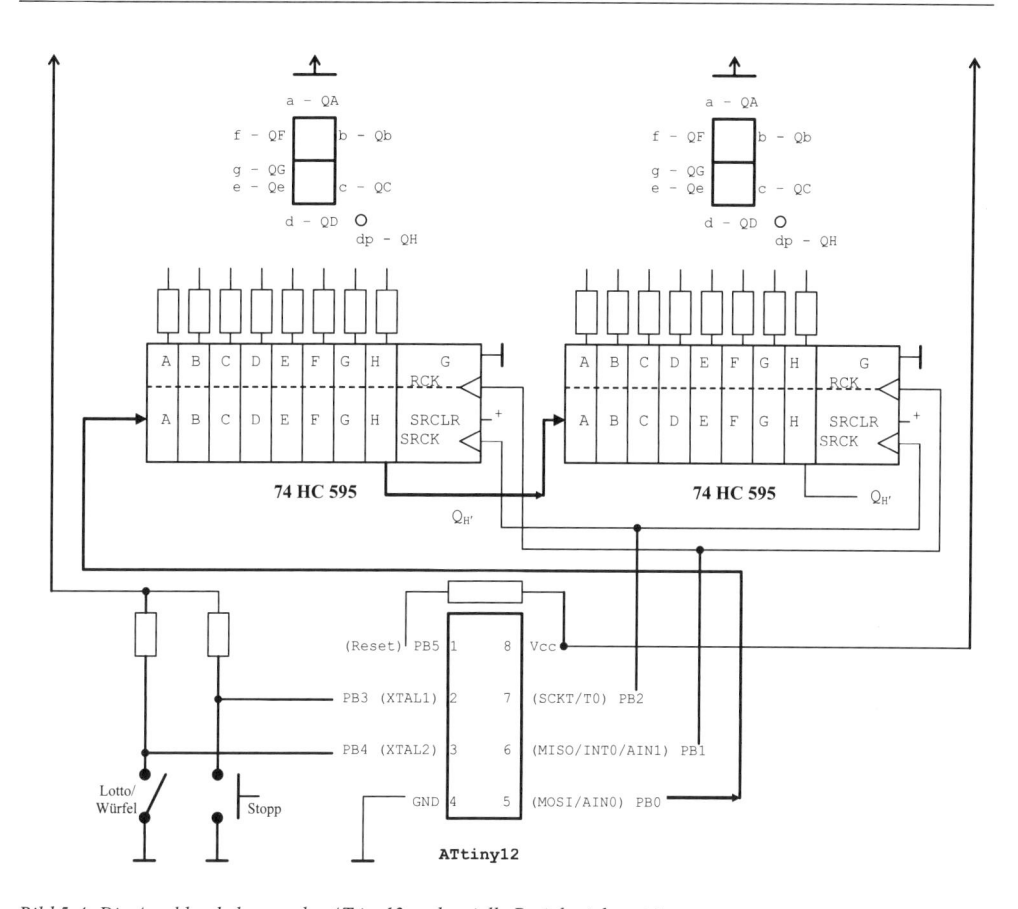

Bild 5-4: Die Anschlussbelegung des ATtiny12 und serielle Peripheriebausteine

Das Assemblerprogramm *Bild 5-5* gibt einen Zähler von 1 bis zum an PB4 ausgewählten Endwert auf der zweistelligen Dezimalanzeige unverzögert aus. Wegen der hohen Geschwindigkeit erscheinen die Ziffern 88. Der Zähler wird durch die Taste an PB3 angehalten und der augenblickliche Wert erscheint solange als Zufallszahl, bis die Taste wieder freigegeben wird. Die SPI-Schnittstelle wurde mit Software emuliert.

```
; k5p2.asm Bild 5-5 ATtiny12 Gewinnzahlen im Lotto und Würfel
; Port B: B5:frei B4:Taster B3:Schalter B2:SCKL B1:RC B0:SERein
        .INCLUDE "tn12def.inc"  ; Deklarationen
        .DEF    akku = r16      ; Arbeitsregister
        .DEF    hilf = r17      ; Hilfsregister
        .DEF    zaehl = r18     ; laufender Zähler
        .DEF    null = r19      ; Nullregister
        .DEF    endwe = r20     ; variabler Endwert
        .EQU    lotto = 49      ; Lotto
        .EQU    wuerf = 6       ; Würfel
        .CSEG                   ; Programmsegment
```

```
            rjmp    start               ; Reset-Einsprung
            .ORG    $10                 ; Interrupteinsprünge übergehen
start:      ldi     akku,0b111          ; PB2 PB1 PB0 sind Ausgänge
            out     DDRB,akku           ; Richtung Port B
            clr     null                ; Nullregister löschen
haupt:      ldi     endwe,lotto+1       ; Vorgabe: Lottozahlen
            sbis    PINB,PB4            ; Kippschalter High: Lotto
            ldi     endwe,wuerf+1       ; Kippschalter Low: Würfel
            ldi     zaehl,1             ; Anfangswert Zähler
haupt1:     rcall   ausgabe             ; ausgeben
            sbis    PINB,PB3            ; überspringe wenn Taste High
            rjmp    haupt3              ; Low: Taste gedrückt
haupt2:     inc     zaehl               ; Zähler erhöhen
            cp      zaehl,endwe         ; Endwert ?
            brlo    haupt1              ; <= weiter
            rjmp    haupt               ; >  Anfangswert laden
haupt3:     sbis    PINB,PB3            ; überspringe wenn Taste High
            rjmp    haupt3              ; Low: Taste gedrückt warten
            rjmp    haupt2              ; High: weiter
;
; Unterprogramm Ausgabe R18 zweistellig dezimal seriell
ausgabe:    mov     r1,r16              ; Arbeitsregister retten
            mov     r2,r17              ; anstelle von push
            mov     r3,r18              ;
            clr     r16                 ; R16 = Zehner
; Dual nach BCD umwandeln
ausgab1:    cpi     r18,10              ; Dividend < 10 ?
            brlo    ausgab2             ;   ja: fertig
            subi    r18,10              ; nein: um 10 vermindern
            inc     r16                 ;       Zehner + 1
            rjmp    ausgab1             ; bis Dividend < 10 dann R18 = Einer
; umcodieren nach Siebensegmentcode
ausgab2:    ldi     ZL,LOW(tab*2)       ; Z <= Anfangsadresse Tabelle
            ldi     ZH,HIGH(tab*2)      ;
            add     ZL,r16              ; Abstand Zehner dazu
            adc     ZH,null             ; + Übertrag 16bit-Operation
            lpm                         ; R0 <= Segmentcode Zehner
            mov     r17,r0              ; R17 <= Segmentcode Zehner
            ldi     ZL,LOW(tab*2)       ; Z <= Anfangsadresse Tabelle
            ldi     ZH,HIGH(tab*2)      ;
            add     ZL,r18              ; Abstand Einer dazu
            adc     ZH,null             ; + Übertrag 16bit-Operation
            lpm                         ; R0 <= Segmentcode Einer
; 16 Bits seriell ausgeben MSB Einer zuerst LSB Zehner zuletzt
            cpi     r17,$3F             ; Zehnerziffer Code 0
```

5.2 Zufallszahlen mit ATtiny12 (AT90S2343)

```
           brne    ausgab3         ; nein:
           ldi     r17,0           ;  ja: führende 0 unterdrückt
ausgab3:   com     r17             ; Zehnerausgabe komplementieren
           com     r0              ; Einerausgabe komplementieren
           ldi     r18,16          ; Bitzähler
           cbi     PORTB,PB1       ; RCK Übernahmetakt Low
ausgab4:   cbi     PORTB,PB2       ; SCKL Schiebetakt Low
           cbi     PORTB,PB0       ; Datenbit Low
           sbrc    r0,7            ; überspringe wenn B7 = 0
           sbi     PORTB,PB0       ; Datenbit High
           lsl     r17             ; Zehner links B7 -> Carry
           rol     r0              ; Carry -> B0 Einer
           sbi     PORTB,PB2       ; SCKL steigende Flanke
           dec     r18             ; Bitzähler vermindern
           brne    ausgab4         ; bis alle Bits gesendet
           sbi     PORTB,PB1       ; RCK Übernahmetakt steigende Flanke
           mov     r18,r3          ; Arbeitsregister zurück
           mov     r17,r2          ; anstelle von pop
           mov     r16,r1          ;
           ret                     ; Rücksprung
; Codetabelle dezimale Ausgabe für direkte Kathodenansteuerung komplementieren
tab:   .DB  $3F,$06,$5b,$4F,$66,$6D,$7D,$07,$7F,$6F ; Ziffern 0..9
       .EXIT
```

Bild 5-5: Assemblerprogramm zur Ausgabe von Zufallszahlen (ATtiny12)

Da mit dem zur Verfügung stehenden GNU-Compiler keine C-Programme für den ATtiny12 übersetzt werden konnten, musste ersatzweise der pinkompatible AT90S2343 für die Ausgabe von Zufallszahlen herangezogen werden.

```c
// k5p2.c Bild 5-6 AT90S2343 für ATtiny12 Lotto und Würfel
// Port B: B5:frei B4:Taster B5:Schalter B2:SCKL B1:RC B0:SERein
#include <io.h>                    // Deklarationen
#define lotto 49                   // Makrosymbol Lottozahlen
#define wuerfel 6                  // Makrosymbol Würfel
unsigned char tab[10] = {0x3f,0x06,0x5b,0x4f,0x66,0x6d,0x7d,0x07,0x7f,0x6f};
void ausgabe(unsigned char zahl)   // dezimal seriell ausgeben
{
 unsigned char einer, zehner, i;   // lokale Hilfsvariablen
 unsigned int schieber;            // 16bit Schieberegister
 einer = tab[zahl % 10];           // Einer nach Siebensegmentcode
 zehner = tab[zahl / 10];          // Zehner nach Siebensegmentcode
 if (zehner == 0x3f) zehner = 0;   // führende Null durch Leerzeichen
 schieber = (unsigned int)einer << 8 | (unsigned int) zehner ; // MSB  LSB
 schieber = ~schieber;             // Komplement wegen Kathodenansteuerung
```

```
  PORTB &= ~(1 << PB1);                // RCK Übernahmetakt Low
  for (i=1; i<=16; i++)                // Schiebeschleife
  {
   PORTB &= ~(1 << PB2);               // SCKL Schiebetakt Low
   if((schieber & 0x8000) == 0x8000) PORTB |= (1 << PB0);
   else PORTB &= ~(1 << PB0);          // Bitausgabe
   schieber = schieber << 1;           // nächstes Bit schieben
   PORTB |= (1 << PB2);                // SCKL Schiebetakt steigende Flanke
  } // Ende for
  PORTB |= (1 << PB1);                 // RCK Übernahmetakt steigende Flanke
} // Ende ausgabe

void main(void)                        // Hauptfunktion
{
 unsigned char i, iend;                // Zähler und Zählerendwert
 DDRB = 0x07;                          // 0000 0111 PB2 PB1 BB0 Portausgänge
 while(1)                              // Arbeitsschleife
 {
  if(! (PINB & (1 << PB4))) iend = wuerfel; else iend = lotto;
  for(i=1; i<=iend; i++)               // Zahlen von 1 bis ...erzeugen
  {
   ausgabe(i);                         // laufenden Wert ausgeben
   if(!(PINB & ( 1 << PB3))) while (! (PINB & (1 <<PB3))); // Stopp-Taste?
  } // Ende for
 } // Ende while
} // Ende main
```

Bild 5-6: C-Programm zur Ausgabe von Zufallszahlen für AT90S2343

In der Assemblerprogrammierung ist beim Übergang vom ATtiny12 auf den AT90S2343 zu beachten, dass vom Programm der Softwarestapel angelegt wird. Dieser nimmt beim Aufruf des Unterprogramms ausgabe die Rücksprungadresse auf.

5.3 Stoppuhr mit dem ATtiny2313 (90S2313)

Der Baustein AT90S2313 (*Bild 5-7*) enthält:

- 2048 Bytes Flash-Programmspeicher für max. 1024 Befehle und Konstanten,
- 128 Bytes SRAM für Arbeitsspeicher und Stapel,
- 128 Bytes EEPROM zur Speicherung nichtflüchtiger Daten,
- zwei externe Interrupteingänge,
- fünfzehn Ein-/Ausgabeleitungen zweier Parallelschnittstellen,
- einen 8bit Timer0 und einen 16bit Timer1,
- einen Watchdog Timer,
- und einen Analogkomparator.

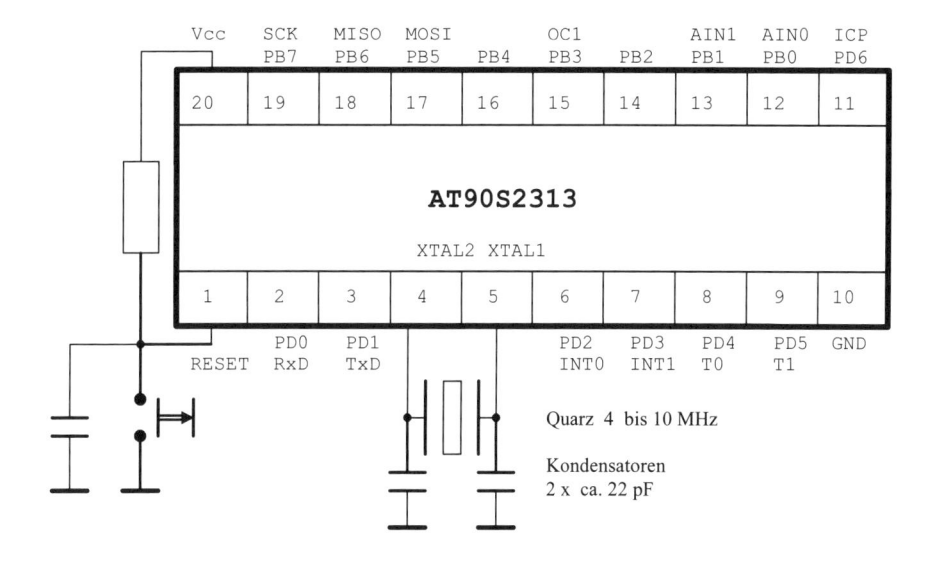

Bild 5-7: Die Anschlüsse des Bausteins AT90S2313 mit Reset-Schaltung und externem Takt

Die Portleitungen PB0 bis PB7 und PD0 bis PD6 können alternativ auch für andere Schnittstellen verwendet werden. RxD und TxD sind die Datenleitungen der seriellen Schnittstelle UART. Mit den Anschlüssen INT0 und INT1 werden externe Interrupts (Programmunterbrechungen) ausgelöst. Die beiden internen Timer benutzen die Leitungen T0, T1, ICP und OC1. Die Eingänge AIN0 und AIN1 führen auf einen Komparator für den Aufbau eines Analog/Digitalwandlers. Die Anschlüsse SCK, MISO und MOSI dienen der Programmierung des Flash-Programmspeichers und auch des EEPROMs durch ein externes Programmiergerät und stehen bei diesem Baustein dem Anwender nicht zur Verfügung.

In neueren Anwendungen wird der AT90S2313 durch den pinkompatiblen **ATtiny2313** ersetzt. Der Hersteller Atmel beschreibt den Übergang zur wesentlich erweiterten Tiny-Ausführung in dem Dokument „AVR091 Replacing AT90S2313 by ATtiny2313". Der Baustein **Tiny2313** (*Bild 5-8*) enthält:

- 2048 Bytes Flash-Programmspeicher mit Selbstprogrammierung,
- 128 Bytes SRAM für Arbeitsspeicher und Softwarestapel,
- 128 Bytes EEPROM zur Speicherung nichtflüchtiger Daten,
- programmierbarer interner und externer Systemtakt,
- zwei externe Interrupteingänge sowie erweiterte Interruptfunktionen,
- achtzehn Ein-/Ausgabeleitungen dreier Parallelschnittstellen,
- einen 8bit Timer0 und einen 16bit Timer1 mit erweiterten PWM-Funktionen,
- einen Watchdog Timer,
- eine universelle serielle USI-Schnittstelle für SPI- und TWI-Betrieb,
- eine synchrone und asynchrone USART-Schnittstelle
- und einen Analogkomparator.

```
        (RESET/dW) PA2  | 1    20 | Vcc
              (RXD) PD0 | 2    19 | PB7 (SCK/UCSK/PCINT7)
              (TXS) PD1 | 3    18 | PB6 (MISO/DO/PCINT6)
            (XTAL2) PA1 | 4    17 | PB5 (MOSI/DI/SDA/PCINT5)
            (XTAL1) PA0 | 5    16 | PB4 (OC1B/PCINT4)
    (CKOUT/XCK/INT0) PD2| 6    15 | PB3 (OC1A/PCINT3)
             (INT1) PD3 | 7    14 | PB2 (OC0A/PCINT2)
               (T0) PD4 | 8    13 | PB1 (AIN1(PCINT1)
          (OC0B/T1) PD5 | 9    12 | PB0 (AIN0/PCINT0)
                   GND  |10    11 | PD6 (ICP)

                    ATtiny2313
```

Bild 5-8: Die Anschlüsse des ATtiny2313 in der Bauform PDIP20

Die 15 Anschlüsse der Ports B und D entsprechen der Classic-Ausführung AT90S2313. Zusätzlich lassen sich die Anschlüsse RESET, XTAL2 und XTAL1 zu Portleitungen A0 bis A1 umprogrammieren. Dies geschieht üblicherweise mit dem Entwicklungssystem vor dem Laden des Flash- und des EEPROM-Bereiches. Mit den Sicherungsbits (Fuses) werden die Taktquelle und ein Taktteiler eingestellt. Bei der Programmierung der Sicherungsbits (Lock Bits) kann der Baustein nur im **Mode 1** nochmals programmiert werden!

- ■ **Mode 1**: *No memory lock features enabled*   wählen für weitere Programmierungen!!!
- □ Mode 2: *Further programming disabled*
- □ Mode 3: *Further programming and verification disabled*

5.3 Stoppuhr mit dem ATtiny2313 (90S2313)

Die Interruptmöglichkeiten des **ATtiny2313** wurden gegenüber dem AT90S2313 wesentlich erweitert. Weitere Einzelheiten sind dem Datenbuch des Herstellers zu entnehmen.

Adresse	Symbol in tn2313def.inc	Symbol in avr/iotn2313.h	Auslösung durch
$000			Reset
$001	INT0addr	SIG_INT0	externer Interrupt INT0 (PD2)
$002	INT1addr	SIG_INT1	externer Interrupt INT1 (PD3)
$003	ICP1addr	SIG_TIMER1_CAPT	Timer1 Capture Eingang
$004	OC1Aaddr	SIG_TIMER1_COMPA	Timer1 Compare match A
$005	OVF1addr	SIG_TIMER1_OVF	Timer1 Überlauf
$006	OVF0addr	SIG_TIMER0_OVF	Timer0 Überlauf
$007	URXC0addr	SIG_USART0_RX	USART Zeichen empfangen
$008	UDRE0addr	SIG_USART0_UDRE	USART Datenregister leer
$009	UTXC0addr	SIG_USART0_TX	USART Zeichen gesendet
$00A	ACIaddr	SIG_ANALOG_COMP	Analogkomparator
$00B	PCINTaddr	SIG_PCINT	Potentialänderung am Port
$00C	OCI1Baddr	SIG_TIMER1_COMPB	Timer1 Compare match B
$00D	OCI0Aaddr	SIG_TIMER0_COMPA	Timer0 Compare match A
$00E	OCI0Baddr	SIG_TIMER0_COMPB	Timer0 Compare match B
$00F	USI_STARTaddr	SIG_USI_START	USI Schnittstelle startet
$010	USI_OVaddr	SIG_USI_OVERFLOW	USI Schnittstelle Überlauf
$011	ERDYaddr	SIG_EE_READY	EEPROM Schreibop. fertig
$012	WDTaddr	SIG_WDT_OVERFLOW	Watchdog Timer
$013	Ende der Einsprungtabelle erster Befehl des Programms		start: ldi

Die Interrupteinsprünge des ATtiny2313

Die in *Bild 5-9* dargestellte Schaltung enthält eine dreistellige Dezimalanzeige im Bereich von 000 bis 999, zwei entprellte Kippschalter zur Eingabe von Steuergrößen sowie einen entprellten Taster für eine Stoppuhr mit einer Anzeige für Sekunden und Millisekunden. Der Systemtakt von 3.072 MHz wurde so gewählt, dass der Teiler 1 zusammen mit 256 Durchläufen einen periodischen Interrupt des 8bit Timer0 von 12 kHz ergibt, der mit einem Softwarezähler von 12 auf 1000 Hz entsprechend 1 ms heruntergeteilt wird.

Die Programme erfüllen folgende Funktionen:

- Start mit einer fallenden Flanke am entprellten Taster PD5.
- Während der Messzeit (Taste gedrückt) ist die Anzeige dunkel.
- Stopp mit einer steigenden Flanke am entprellten Taster PD5.
- Kippschalter PD4 auf Low: Anzeige der Sekunde mit Punkt hinter der letzten Stelle.
- Kippschalter PD4 auf High: Anzeige der Millisekunde mit Punkt vor der höchsten Stelle.
- Kippschalter PD6 ist frei für weitere Funktionen wie z.B. Frequenzmessung.
- Bei einem Überlauf des Sekundenzählers > 999 wird konstant U U U angezeigt.

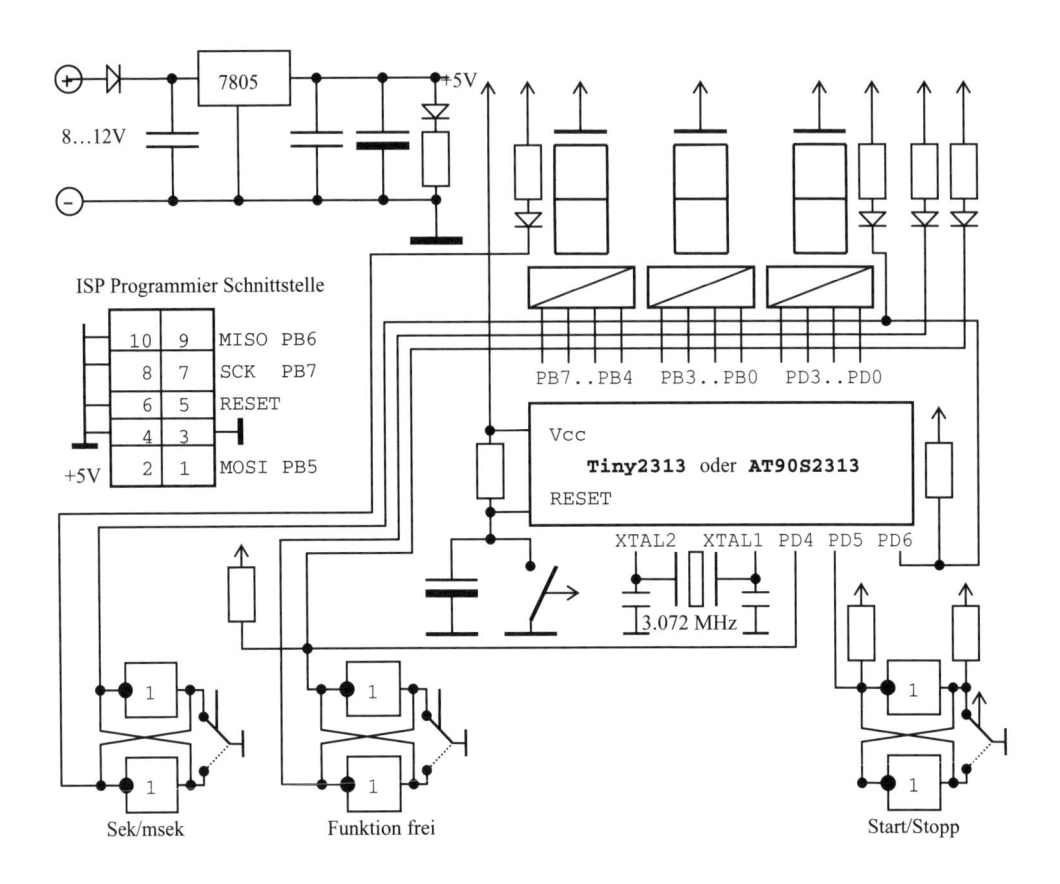

Bild 5-9: Schaltung der Stoppuhr mit ISP-Schnittstelle und Stromversorgung

```
; k5p3.asm Bild 5-10 Anwendungsbeispiel Stopp-Uhr Tiny2313
; Port B: Ausgabe BCD Hunderter und Zehner
; Port D: PD0..PD3 BCD Einer  PD6:msek/sek  PD5:Start/Stopp  PD4: frei
        .INCLUDE "tn2313def.inc"; Deklarationen für Tiny2313
        .EQU    takt = 30720000 ; Systemtakt 3.072 MHz
        .DEF    akku = r16      ; Arbeitsregister
        .DEF    zaehl = r20     ; R20 = Interruptzähler
        .DEF    fehl  = r21     ; R21 = Fehlermarke
        .DEF    teil  = r22     ; R22 = Taktteiler für Timerstart
        .CSEG                   ; Programmsegment
        rjmp    start           ; Reset-Einsprung
        .ORG    $6              ; Einsprung Timer0 Overflow
        rjmp    tictac          ; jede ms Überlauf
        .ORG    $10             ; weitere Interrupteinsprünge übergehen
start:  ldi     akku,LOW(RAMEND); Stapel anlegen (max. 128 Bytes)
```

5.3 Stoppuhr mit dem ATtiny2313 (90S2313)

```
         out     SPL,akku         ;
         ldi     akku,$ff         ; Port B
         out     DDRB,akku        ; ist Ausgang
         ldi     akku,$0f         ; 0000 1111
         out     DDRD,akku        ; D3..D0 sind Ausgänge
         in      akku,TIMSK       ; alte Timer Interruptmasken
         ori     akku,1 << TOIE0  ; Timer0 Overflow Interrupt
         out     TIMSK,akku       ; frei
; alle Zähler löschen
         ldi     zaehl,12         ; 3072000: 256 = 12000:12 = 1000 Hz = 1 ms
         clr     fehl             ; R21 = Fehlermarke löschen
         clr     XL               ; X = ms-Zähler löschen
         clr     XH               ;
         clr     YL               ; Y = sek-Zähler löschen
         clr     YH               ;
         out     TCNT0,YH         ; Timer0 löschen
         ldi     teil,1 << CS00   ; R22 <- Taktteiler 1
; warte auf PD5 fallende Flanke der ersten Messung
haupt:   sbic    PIND,PIND5       ; überspringe bei Low = gedrückt
         rjmp    haupt            ; warte solange High
haupt1:  out     TCCR0,teil       ; Timer start
         sei                      ; alle Interrupts frei
         ldi     akku,$ff         ; 1111 1111 Anzeige dunkel
         out     PORTD,akku       ;
         out     PORTB,akku       ;
         clr     teil             ; R22 <- Timer stopp vorbereiten
; warte auf steigende Flanke PD5 = Stopp-Flanke
haupt2:  sbis    PIND,PIND5       ; überspringe bei High = gelöst
         rjmp    haupt2           ; warte solange Low
         out     TCCR0,teil       ; Timer stopp
         cli                      ; Interrupt gesperrt
         ldi     zaehl,12         ; R20 = Interruptzähler
         ldi     teil,1 << CS00   ; R22 <- Taktteiler 1 für Start
         clr     akku             ; akku <- 0
         out     TCNT0,akku       ; Timer0 löschen
; Messung auswerten
         tst     fehl             ; Überlauf-Fehlermarke testen
         breq    haupt3           ; kein Fehler
         ldi     akku,$CC         ; Fehler: Marke U U U
         out     PORTB,akku       ; ausgeben
         out     PORTD,akku       ;
         clr     XL               ; Zähler löschen
         clr     XH               ;
         clr     YL               ;
         clr     YH               ;
```

```
            clr     fehl            ;
            rjmp    haupt           ; warte auf fallende Flanke
haupt3: mov         r16,XL          ; R17:R16 <- msek dual
            mov     r17,XH          ;
            clr     XL              ;
            clr     XH              ;
            rcall   dual3bcd        ; R17:R16 <- msek BCD
            mov     r18,r16         ; R18 <- msek Einer
            mov     r19,r17         ; R19 <- msek Hunderter | Zehner
            mov     r16,YL          ; R17:R16 <- sek dual
            mov     r17,YH          ;
            clr     YL              ;
            clr     YH              ;
            rcall   dual3bcd        ; R17 <- sek Hundt | Zehner R16 <- sek Einer
; PD6 Auswahl Sekunden / Millisekunden
haupt4: sbis        PIND,PIND6      ; überspringe bei High: sek
            rjmp    haupt5          ; Low: msek
            out     PORTB,r17       ; High: Sekunden Hunderter Zehner
            out     PORTD,r16       ;                          Einer
            rjmp    haupt6          ;
haupt5: out         PORTB,r19       ;   Low: Millisekunden Hunderter Zehner
            out     PORTD,r18       ;                               Einer
; warte auf neue fallende Startflanke PD5
haupt6: sbic        PIND,PIND5      ;
            rjmp    haupt4          ; Taste High: neue Auswahl
            rjmp    haupt1          ; Taste Low:  neue Messung
;
; Timer0 Überlauf-Interrupt 12mal pro Millisekunde
tictac: push        akku            ; Register retten
            in      akku,SREG       ; Status
            push    akku            ;
            dec     zaehl           ; Interruptzähler - 1
            brne    tictac1         ; noch nicht Null
; 1 Millisekunde vergangen X=ms  Y=sek
            ldi     zaehl,12        ; Null: Interruptzähler <- Anfangswert
            adiw    XL,1            ; ms erhöhen
            ldi     akku,HIGH(1000) ; schon 1 sek erreicht ?
            cpi     XL,LOW(1000)    ; Low-Teil
            cpc     XH,akku         ; High-Teil und Carry
            brlo    tictac1         ; < 1000: weiter
            clr     XL              ; >= 1000: ms löschen
            clr     XH              ;
            adiw    YL,1            ; sek erhöhen
            cpi     YL,LOW(1000)    ; Überlauf <= 1000 ?
            cpc     YH,akku         ; High-Teil und Carry
```

5.3 Stoppuhr mit dem ATtiny2313 (90S2313)

```
            brlo    tictac1         ; < 1000
            ldi     fehl,1          ; Fehlermarke setzen
tictac1:    pop     akku            ; Register zurück
            out     SREG,akku       ;
            pop     akku            ;
            reti                    ;
; internes Unterprogramm dual -> BCD dreistellig
; R17:R16 0..999 dual -> R17<=Hunderter | Zehner  R16<=0000 | Einer
dual3bcd:   push    r18             ; Register retten
            push    r19             ;
            clr     r18             ; R18 = Stellen-Zähler löschen
            ldi     r19,HIGH(100)   ; R19 = Hilfsregister High-Teil
dual3bcd1:  cpi     r16,LOW(100)    ; Hunderterprobe
            cpc     r17,r19         ;
            brlo    dual3bcd2       ; < 100: fertig
            subi    r16,LOW(100)    ; >= 100: abziehen
            sbci    r17,HIGH(100)   ;
            inc     r18             ; R18 = Hunderter erhöhen
            rjmp    dual3bcd1       ;
dual3bcd2:  swap    r18             ; R18 = Hunderter | 0000
dual3bcd3:  cpi     r16,10          ; Zehnerprobe
            brlo    dual3bcd4       ; < 10: fertig
            subi    r16,10          ; >= 10: abziehen
            inc     r18             ; R18 = Zehner erhöhen
            rjmp    dual3bcd3       ; R16 <= 0000      | Einer
dual3bcd4:  mov     r17,r18         ; R17 <= Hunderter | Zehner
            pop     r19             ; Register zurück
            pop     r18             ;
            ret                     ;
            .EXIT                   ; Ende des Quelltextes
```

Bild 5-10: Assemblerprogramm der Stoppuhr für den Tiny2313


```c
// k5p3.c Bild 5-11 Tiny2313 3.072 MHz  Stoppuhr mit Timer0
// Port B: Ausgabe BCD Hunderter und Zehner
// Port D: PD0..PD3 BCD Einer   PD6 msek/sek  PD5:Start/Stopp  PD4: frei
#include <avr/io.h>             // Deklarationen
#include <avr/interrupt.h>      // für Interrupt
#include <avr/signal.h>         // für Interrupt
#define TAKT 3072000            // 3.072 MHz: 256 = 12000:12 = 1000 Hz = 1 ms
unsigned int volatile sek=0, msek=0;       // globale Wort-Variable
unsigned char volatile  izaehl=1, fehl=0;  // globale Byte-Variable
SIGNAL (SIG_TIMER0_OVF)                    // Timer0 Überlauf
{
 izaehl++; if(izaehl > 12)                 // Interruptzähler
```

```
{
 izaehl = 1; msek++;
 if(msek >= 1000) { msek=0; sek++; }      // Zähler erhöhen
 if(sek >= 1000) fehl = 1;                // Überlauf-Fehlermarke setzen
} // Ende if izaehl
} // Ende Interruptfunktion
void main(void)
{
 unsigned char aussekh, aussekl, ausmsekh, ausmsekl;
 DDRB = 0xff;                      // Port B ist Ausgang
 DDRD = 0x0f;                      // Port D PD3..PD0 sind Ausgänge
 TIMSK |= 1 << TOIE0;              // Timer0 Interrupt frei
 TCNT0 = 0;                        // Timer0 löschen
 while(PIND & (1 << PIND5));       // warte auf erste fallende Flanke PD5
 while(1)                          // Arbeitsschleife
 {
  TCCR0B = 1 << CS00; sei();       // Timer0 start Teiler=1 Interrupt frei
  PORTB = 0xff; PORTD = 0x0f;      // Anzeige dunkel während der Messung
  while(!(PIND & (1 << PIND5)));   // warte auf steigende Flanke PD5
  TCCR0B = 0; cli();               // Timer0 stopp Interrupt sperren
  aussekh = ((sek/100) << 4) | (sek%100)/10;   // Sekunde Hundt und Zehner
  aussekl = sek%10;                            // Sekunde Einer
  ausmsekh = ((msek/100) << 4) | (msek%100)/10; // msek Hunderter und Zehner
  ausmsekl = msek%10;                          // Millisekunde Einer
  TCNT0 = 0; izaehl = 1; msek = 0; sek = 0;    // Zähler löschen
  while(PIND & (1 << PIND5))                   // warte auf fallende Flanke
  {
   if (fehl == 1) { PORTB = 0xcc; PORTD = 0x0c; } // Fehlermarke U U U
   if (fehl == 0)                                 // kein Fehler: ausgeben
   { if (PIND & (1 << PIND6)) { PORTB = aussekh; PORTD = aussekl; }
                         else { PORTB = ausmsekh; PORTD = ausmsekl; }
   } // Ende if
  } // Ende while warte fallende Flanke
  fehl = 0;                                    // Fehlermarke löschen
 } // Ende while Arbeitsschleife
} // Ende main
```

Bild 5-11: C-Programm der Stoppuhr

5.4 LCD-Anzeige und Tastatur mit dem ATmega8

Der Baustein ATmega8 kann den pinkompatiblen AT90S4433 der Classic-Familie mit wesentlich erweiterten Funktionen ersetzen. Er wird auch mit einem schmalen 28poligen DIL (Dual In Line) Gehäuse geliefert. Besondere Merkmale des ATmega8:

- Hardware-Multiplikationsbefehle,
- 8192 Bytes selbstprogrammierbarer Flash-Programmspeicher,
- 1024 Bytes SRAM für Arbeitsspeicher und Stapel,
- 512 Bytes EEPROM zur Speicherung nichtflüchtiger Daten,
- zwei externe Interrupteingänge,
- 20 Ein-/Ausgabeleitungen, auf 23 durch Programmierung erweiterbar,
- zwei 8bit und ein 16bit Timer mit erweiterten PWM-Funktionen,
- eine asynchrone und synchrone serielle USART-Schnittstelle,
- eine serielle SPI-Schnittstelle auch für den Anwender,
- eine serielle TWI (I^2C) Schnittstelle,
- ein Analogkomparator und
- ein 10bit Analog/Digitalwandler für sechs Kanäle.

Mit den Sicherungsbits (Fuses) wird die Taktquelle (intern oder extern) eingestellt. Bei der Programmierung der Sicherungsbits (Lock Bits) kann der Baustein nur im **Mode 1** nochmals programmiert werden!

```
       (/RESET) PC6   1    28   PC5 (ADC5 SCL)
          (RXD) PD0   2    27   PC4 (ADC4 SDA)
          (TXD) PD1   3    26   PC3 (ADC3)
         (INT0) PD2   4    25   PC2 (ADC2)
         (INT1) PD3   5    24   PC1 (ADC1)
       (XCK T0) PD4   6    23   PC0 (ADC0)
                Vcc   7    22   GND
                GND   8    21   AREF
  (XTAL1 TOSC1) PB6   9    20   AVcc
  (XTAL2 TOSC2) PB7  10    19   PB5 (SCK)
           (T1) PD5  11    18   PB4 (MISO)
         (AIN0) PD6  12    17   PB3 (MOSI OC2)
         (AIN1) PD7  13    16   PB2 (/SS OC1B)
         (ICP1) PB0  14    15   PB1 (OC1A)
                        ATmega8
```

Bild 5-12: Die Anschlussbelegung des ATmega8 in der Bauform PDIP28

Die maximale Taktfrequenz beträgt 16 MHz. Die Vektortabelle enthält folgende Einträge:

Adresse	Symbol in m8def.inc	Symbol in avr/iom8.h	Auslösung durch
$000			Reset
$001	INT0addr	SIG_INT0	externer Interrupt INT0 (PD2)
$002	INT1addr	SIG_INT1	externer Interrupt INT1 (PD3)
$003	OC2addr	SIG_OUTPUT_COMPARE2	Timer2 Compare match
$004	OVF2addr	SIG_OVERFLOW2	Timer2 Überlauf
$005	ICP1addr	SIG_INPUT_CAPTURE1	Timer1 Capture Eingang
$006	OC1Aaddr	SIG_OUTPUT_COMPARE1A	Timer1 Compare match A
$007	OC1Baddr	SIG_OUTPUT_COMPARE1B	Timer1 Compare match B
$008	OVF1addr	SIG_OVERFLOW1	Timer1 Überlauf
$009	OVF0addr	SIG_OVERFLOW0	Timer0 Überlauf
$00A	SPIaddr	SIG_SPI	SPI Schnittstelle
$00B	URXCaddr	SIG_UART_RECV	USART Zeichen empfangen
$00C	UDREaddr	SIG_UART_DATA	USART Datenregister leer
$00D	UTXCaddr	SIG_UART_TRANS	USART Zeichen gesendet
$00E	ADCaddr	SIG_ADC	Analog/Digitalwandler fertig
$00F	ERDYaddr	SIG_EEPROM_READY	EEPROM Schreibop. fertig
$010	ACIaddr	SIG_COMPARATOR	Analogkomparator
$011	TWIaddr	SIG_2WIRE_SERIAL	TWI Schnittstelle
$012	SPMaddr	SIG_SPM_READY	SPM Selbstprogrammierung
$013	Ende der Einsprungtabelle erster Befehl des Programms start: ldi		

Bild 5-13: Die Interrupteinsprünge des ATmega8

Das in *Bild 5-14* dargestellte Testsystem mit dem ATmega8 wurde auf einer Europakarte (100 x 160 mm) in Fädeltechnik aufgebaut. Es wird mit externem Takt von 8 MHz an den Anschlüssen XTAL1 (PB6) und XTAL2 (PB7) betrieben. Ein Taster mit RC-Glied am Eingang RESET (PC6) führt das System wieder in die Grundstellung. An der Schaltung sind folgende Schnittstellen verfügbar:

Die ISP-Schnittstelle dient zum Anschluss des Programmiergerätes AVRISP des Herstellers Atmel (In System Programmer), mit dem der Flash- und EEPROM-Bereich sowie die Steuerbits (Fuses und Lockbits) programmiert werden. Die SPI-Schnittstelle ist eine Erweiterung mit der Leitung /SS (PB2) zum Anschluss serieller Peripheriebausteine.

Die TWI-Schnittstelle verbindet das System mit dem I^{2}C-Bus, an dem handelsübliche I^{2}C-Bausteine oder eigene Controller mit entsprechender Programmierung betrieben werden können. Die USART-Schnittstelle verbindet das System über V.24/TTL-Treiber mit einem PC als Terminal.

Die folgenden Programmbeispiele zeigen den Betrieb einer aus 25 Tasten bestehenden Tastatur. Die Eingaben der 16 Hexadezimaltasten (0 bis 9 und A bis F) erscheinen auf einer LCD-Anzeige mit vier Zeilen zu je 16 Zeichen; die neun Funktionstasten werden in den Beispielen für die Cursorsteuerung der Anzeige verwendet.

5.4 LCD-Anzeige und Tastatur mit dem ATmega8

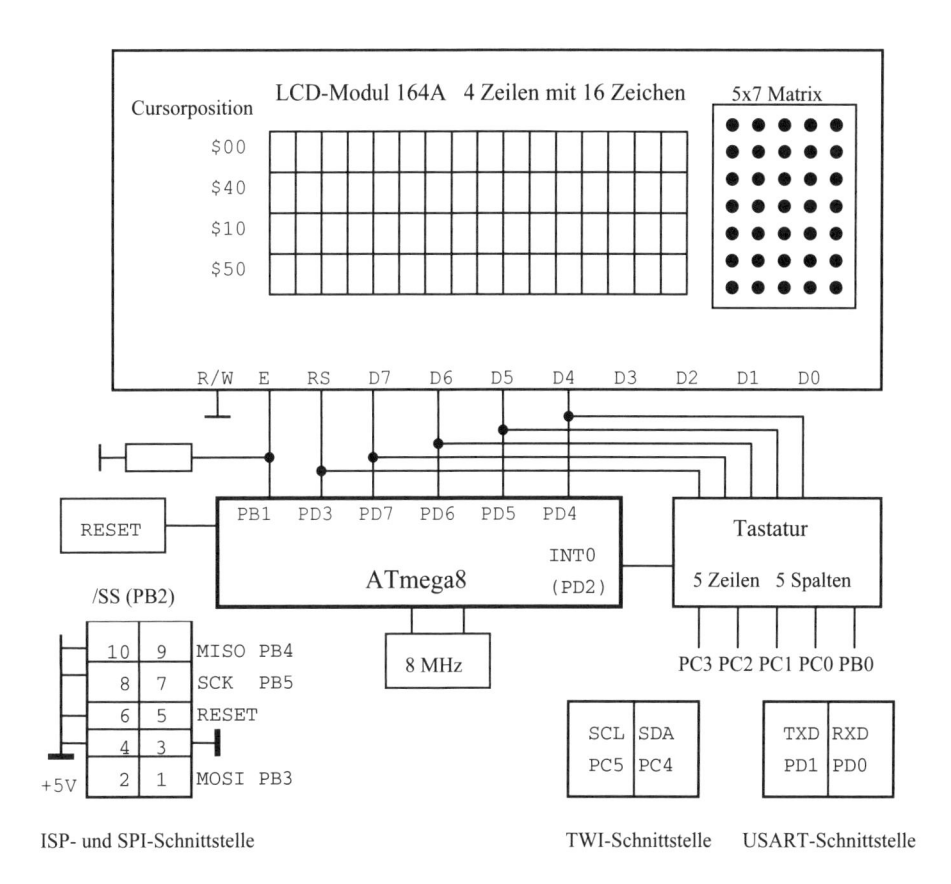

Bild 5-14: ATmega8 mit LCD-Anzeige, Tastatur und seriellen Schnittstellen

Eine *LCD-Anzeige* besteht aus einer Pixelmatrix, die von einem speziellen Mikrocontroller ähnlich dem Atmel ATmega169 über Zeilen- und Spaltentreiber angesteuert wird. Die darzustellenden ASCII-Zeichen gelangen über eine Busschnittstelle in einen internen DDRAM (Display Data RAM) und werden über einen Festwertspeicher CGROM in die entsprechenden Pixelpunkte umgesetzt. In einem CGRAM (Character Generator RAM) kann der Benutzer eigene Zeichen definieren. Neben den anzuzeigenden Daten werden dem Controller Steuerkommandos übergeben, für deren Ausführung jedoch einige Zeit erforderlich sein kann. LCD-Anzeigen werden von mehreren Herstellern in unterschiedlichen Versionen angeboten, so dass in jedem Anwendungsfall das entsprechende Datenblatt heranzuziehen ist. Das folgende Beispiel beschreibt das LCD-Modul 164A des Herstellers Displaytech, das mit einem standardmäßigen Controller ausgerüstet ist.

Die auszugebenden Daten (ASCII-Zeichen) und Steuerkommandos werden der LCD-Einheit über eine Busschnittstelle übergeben. Im 8bit Betrieb werden Daten und Kommandos in einem Zugriffszyklus über D7 bis D0 übertragen. Im 4bit Betrieb sind zwei Zugriffe über D7 bis D4 erforderlich, D3 bis D0 bleiben frei. Der erste Zyklus überträgt die höherwertigen Bitpositionen Bit 7 bis Bit 4, der zweite Zyklus die niederwertigen Bitpositionen Bit 3 bis Bit 0. Die in der Tabelle genannten Kommandos und Ausführungszeiten sind Richtwerte für den 4bit Betrieb.

Zeit	Kommando	Code	D7	D6	D5	D4	D3	D2	D1	D0
5 ms	3 x Initialisierung (ein Zugriff)	$30	0	0	1	1	x	x	x	x
5 ms	4bit Bus einstellen (ein Zugriff)	$20	0	0	1	0	x	x	x	x
50 µs	4bit Bus, Zeilen und Matrix Zeilen: N=0: 2 (1) N=1: 4(2) Matrix: F=0: 5x7 F=1: 5x10		0	0	1	0	N	F	x	x
50 µs	4bit Bus 4 Zeilen 5x7 Matrix	$28	0	0	1	0	1	0	0	0
50 µs	Display und Cursor einstellen Display: D=0: ein D=1: aus Cursor : C=0: ein C=1: aus Blinken: B=1: ja B=0: nein		0	0	0	0	1	D	C	B
50 µs	Display Cursor ein, nicht blinken	$0E	0	0	0	0	1	1	1	0
5 ms	Display löschen	$01	0	0	0	0	0	0	0	1
5 ms	Cursor home (links oben)	$02	0	0	0	0	0	0	1	x
50 µs	Display oder Cursor schieben S=0: Cursor S=1: Display R=0: links R=1: rechts		0	0	0	1	S	R	x	x
50 µs	Cursor nach links schieben	$10	0	0	0	1	0	0	0	0
50 µs	Cursor nach rechts schieben	$14	0	0	0	1	0	1	0	0
50 µs	Cursor auf Adresse positionieren	$xx	1	a	a	a	a	a	a	a
50 µs	Daten vom Bus lesen R/W = 0									

Bild 5-15: Kommandos und Ausführungszeiten für LCD-Anzeigeeinheiten (Richtwerte)

Die Initialisierung der Anzeige nach dem Einschalten der Versorgungsspannung bzw. nach einem Reset kann für den *4bit Bus* (D7 bis D4) in folgenden Schritten erfolgen:

- Nach dem Einschalten mindestens 50ms warten.
- Steuerbyte $30 mit einem Zugriff übertragen und mindestens 5 ms warten.
- Steuerbyte $30 mit einem Zugriff übertragen und warten.
- Steuerbyte $30 mit einem Zugriff übertragen und warten.
- Steuerbyte $20 für 4bit Bus mit einem Zugriff übertragen und warten.
- Zwei Zugriffe: 4bit Bus, Displayzeilen und Matrix einstellen und warten.
- Zwei Zugriffe: Display und Cursor einstellen und warten.

Nach der Initialisierung sind weitere Kommandos zum Löschen der Anzeige und zur Positionierung des Cursors erforderlich. Die Daten werden in den internen DDRAM übertragen und an der augenblicklichen Cursorposition angezeigt. Die Übertragung der Kommandos und Daten wird von Signalen zeitlich gesteuert, die von außen anzulegen sind.

5.4 LCD-Anzeige und Tastatur mit dem ATmega8

Signal **R/W** (Read/Write): R/W = 0: LCD liest vom Bus R/W = 1: LCD gibt auf Bus aus.

Signal **RS** (Register Select): RS = 0: Kommando übertragen RS = 1: Daten übertragen.

Signal **E** (Enable): Übernahme der Buszustände mit fallender Flanke.

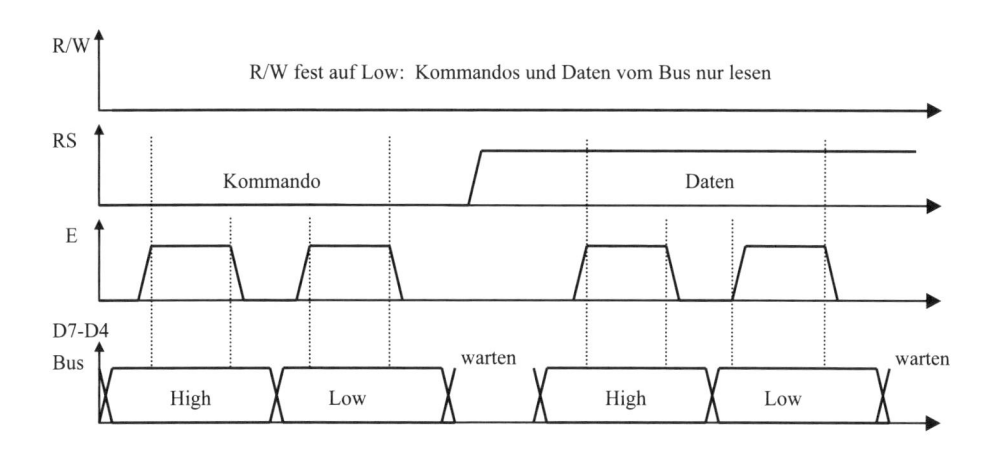

Bild 5-16: Timing der Busschnittstelle für R/W = 0 (nur lesen) im 4bit Betrieb

Der zeitliche Verlauf der Bussignale *Bild 5-16* gilt nur für den 4bit Busbetrieb. Die Zykluszeit soll ca. 1 µs betragen. Das Übernahmesignal E soll ca. 500 ns lang High sein, bevor es mit fallender Flanke die Buszustände übernimmt. Die Signale RS und R/W sowie die Daten bzw. Kommandos sollen ca. 200 ns lang vor der Übernahme stabil anliegen. In den meisten Anwendungen wird durch R/W = Low auf die Übergabe der intern im DDRAM gespeicherten Daten und eines Busyflags verzichtet, mit dem die Ausführung eines Kommandos erkannt werden könnte. Für den 4bit Betrieb gibt es zwei Möglichkeiten des Portanschlusses:

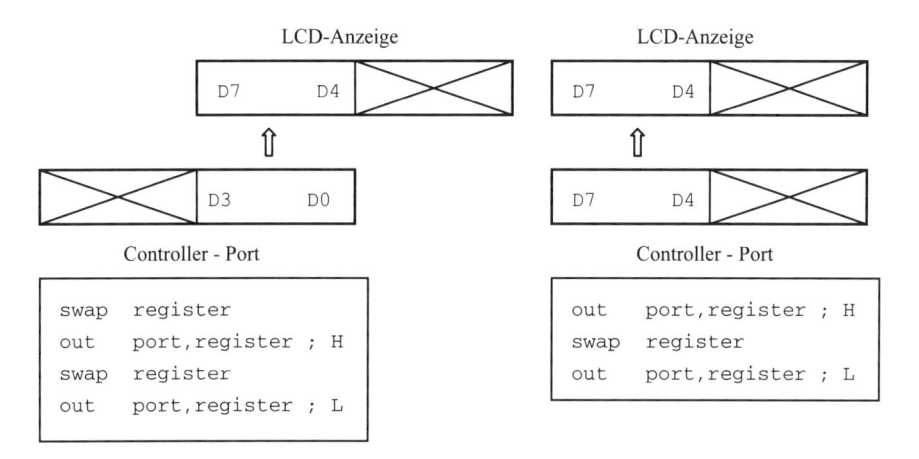

```
swap    register
out     port,register ; H
swap    register
out     port,register ; L
```

```
out     port,register ; H
swap    register
out     port,register ; L
```

Die Datenleitungen des LCD-Moduls werden entweder an die oberen vier Ausgänge oder an die unteren vier Ausgänge eines Controllerports angeschlossen. Um im 4bit Betrieb die richtige Reihenfolge der Halbbytes (erst High, dann Low) zu gewährleisten, müssen beim Anschluss an den unteren Teil eines Ports die Registerhälften zuerst vertauscht werden.

Die Organisation des internen DDRAMs ist abhängig vom Hersteller, von der Bauform und von der Anzahl der Zeilen und Spalten. Die übergebenen Zeichen werden zwar fortlaufend im DDRAM abgelegt, aber nicht in dieser Reihenfolge angezeigt. Am Ende einer Zeile entsteht bis zur nächsten Zeile ein nicht sichtbarer Bereich. Beispiel für das Modul 164A:

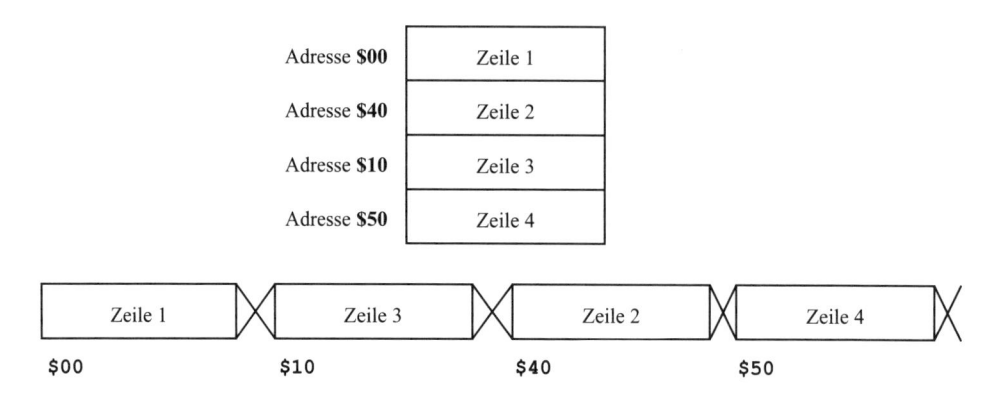

```
Adresse $00    Zeile 1
Adresse $40    Zeile 2
Adresse $10    Zeile 3
Adresse $50    Zeile 4
```

```
| Zeile 1 |X| Zeile 3 |X| Zeile 2 |X| Zeile 4 |X
  $00        $10         $40         $50
```

Auf die Zeile 1 folgt nach einem nicht sichtbaren Bereich die Zeile 3, dann kommen mit nicht sichtbaren Zwischenräumen die Zeilen 2 und 4. Durch diese verstreute Anordnung der Zeilen ist eine Kontrolle der laufenden Cursorposition erforderlich, die am Ende einer Zeile den Cursor auf den Anfang der nächsten Zeile positioniert.

Das Assemblerprogramm *Bild 5-17* definiert die Symbole, mit denen die Ports und Bits in den Unterprogrammen angesprochen werden. Die von der Tastatur eingegebenen Hexadezimalziffern von 0 bis 9 und A bis F erscheinen fortlaufend auf der Anzeige; am Ende der letzten Zeile wird die Ausgabe am Anfang der ersten Zeile fortgesetzt. Den neun Funktionstasten sind folgende Steueroperationen zugeordnet:

- Code 1: Leerzeichen ausgeben
- Code 2: nicht belegt
- Code 3: nicht belegt
- Code 4: Cursor eine Zeile abwärts (*lf*)
- Code 5: Cursor eine Zeile aufwärts
- Code 6: Cursor eine Stelle nach rechts
- Code 7: Cursor eine Stelle nach links (*BS*)
- Code 8: Display löschen, Cursor an den Anfang der ersten Zeile (*home*)
- Code 9: Zeile löschen, Cursor an den Zeilenanfang (*cr*)

5.4 LCD-Anzeige und Tastatur mit dem ATmega8

```asm
; k5p4.asm Bild 5-17 ATmega8 Test LCD-Anzeige und 5x5-Tastatur
; Port B: LCD-Anzeige: PB1: E-Signal
; Port D: LCD-Anzeige: PD7 PD6 PD5 PD4 (4bit)   PD3: RS-Signal
        .INCLUDE "m8def.inc"    ; Deklarationen für ATmega8
        .EQU    takt = 8000000  ; Systemtakt Quarz 8 MHz
; Symboldefinitionen für LCD-Schnittstelle 4bit Bus an High-Port
        .EQU    lcdpen = PORTB  ; Port des E Signals
        .EQU    lcden = PB1     ; Bit E Freigabesignal
        .EQU    lcdprs = PORTD  ; Port des RS Signal
        .EQU    lcdrs = PD3     ; Bit RS Registerauswahlsignal
        .EQU    lcdpdat = PORTD ; Port des 4bit-Datenbus
        .EQU    lcdbus = 'h'    ; Anschluss an High-Port PB7..PB4
; Registerdefinitionen
        .DEF    akku = r16      ; Arbeitsregister
        .DEF    curpos = r23    ; R23 = laufende Cursorposition
        .CSEG                   ; Programm-Flash
        rjmp    start           ; Reset-Einsprung
        .ORG    $13             ; Interrupteinsprünge übergehen
start:  ldi     akku,LOW(RAMEND); Stapelzeiger
        out     SPL,akku        ; anlegen
        ldi     akku,HIGH(RAMEND);
        out     SPH,akku        ;
        ldi     akku,0b11111000 ; PD7-PD3 sind Ausgänge
        out     DDRD,akku       ; für LCD und Tastaturspalten
        cbi     PORTB,lcden     ; PB1 Ausgang low
        sbi     DDRB,lcden      ; PB1 ist Ausgang für LCD-/E-Signal
        rcall   lcd4ini         ; LCD initialisieren
        clr     curpos          ; Cursor links oben
        ldi     ZL,LOW(text1*2) ; String "Willkommen
        ldi     ZH,HIGH(text1*2);        >          "
        rcall   lcd4puts        ;
; Testschleife für Tasten
loop:   rcall   eintas          ; R16 <- Tastencode
        cpi     r16,' '         ; Steuercode < lz (Funktionscode 1..9) ?
        brlo    loop1           ;   ja:
        rcall   lcd4put         ; nein: Ziffer 0..9 A..F ausgeben
        rcall   lcd4cur         ; Cursorkontrolle
        rjmp    loop            ; neue Eingabe
; 9 Funktionstasten auswerten
loop1:  rcall   lcd4func        ; Funktionstasten je nach Anwendung
        rjmp    loop            ;
;
; Konstantenbereich
text1:  .DB     "   Willkommen    >",0 ;
;
```

```
; Externe LCD- und Tastatur-Unterprogramme
        .INCLUDE "lcd4.h"         ; lcd4ini lcd4com lcd4put lcd4puts
        .INCLUDE "lcd4cur.asm"    ; Cursorkontrolle mit curpos
        .INCLUDE "lcd4func.asm"   ; Funktionstasten je nach Anwendung
        .INCLUDE "warte1ms.asm"   ; warte 1 ms bei takt
        .INCLUDE "tastatur.asm"   ; enthält Upros taste und eintas
        .EXIT                     ; Ende des Quelltextes
```

Bild 5-17: Assemblerprogramm für LCD-Anzeige und Tastatur

Die INCLUDE-Anweisungen der Assembler-Unterprogramme zu Initialisierung und Ausgabe von Kommandos und Daten sind in der Headerdatei lcd4.h zusammengefasst. Sie sind mit leichten Anpassungen auch für andere Modulausführungen und Anwendungen verwendbar. Für den Anschluss an den High-Teil des Ports ist das Symbol lcdbus = 'h' zu setzen, für den Low-Teil ist lcdbus = 'l' zu setzen, um mit bedingter Assemblierung die Registerhälften vor der Ausgabe zu vertauschen. Die Zeitbedingungen wurden gegenüber dem Datenblatt des LCD-Moduls 164A erheblich verlängert, um auch langsamere Ausführungen zu berücksichtigen.

```
; lcd4.h Headerdatei für 4bit LCD-Anzeige
; Symbole lcdpen,lcden  lcdprs,lcdrs lcdpdat lcdbus
; Unterprogramm warte1ms benötigt Symbol takt
        .INCLUDE    "lcd4ini.asm"    ; Initialisierung
        .INCLUDE    "lcd4com.asm"    ; R16 = Kommando ausgeben
        .INCLUDE    "lcd4put.asm"    ; R16 = Daten ausgeben
        .INCLUDE    "lcd4puts.asm"   ; Z = Stringadresse

; lcd4ini.asm LCD-Anzeige 4bit-Modus initialisieren nach Einschalten
lcd4ini:    push    r16              ; Register retten
            ldi     r16,250          ; nach dem Einschalten
lcd4ini1:   rcall   warte1ms         ; 250 ms warten
            dec     r16              ;
            brne    lcd4ini1         ;
; Funktionen Modus Zeilen Matrix Display Cursor Entry
            ldi     r16,0b00110011   ; Startcode 3 | Startcode 3
            rcall   lcd4com          ;
            ldi     r16,0b00110010   ; Startcode 3 | 4bit-Code 2
            rcall   lcd4com          ;
            ldi     r16,0b00101000   ; 4bit|2/4 Zeilen|5x7 Matrix
            rcall   lcd4com          ;
            ldi     r16,0b00001110   ; Display on|Cursor on|Blink off
            rcall   lcd4com          ;
            ldi     r16,0b00000110   ; Cursor inc|Display not shift
            rcall   lcd4com          ;
            ldi     r16,0b00000010   ; Cursor home
```

5.4 LCD-Anzeige und Tastatur mit dem ATmega8

```
        rcall   lcd4com         ;
        ldi     r16,0b00000001  ; Display clear
        rcall   lcd4com         ;
        pop     r16             ; Register zurück
        ret                     ;

; lcd4com.asm R16 = 8bit Kommando nach 4bit Bus
lcd4com:push    r16             ; Register mit Zeichen retten
        .IF     lcdbus =='l'    ; wenn 4bit LCD an Low-Port
        swap    r16             ; R16 <= High | Low
        .ENDIF                  ;
        out     lcdpdat,r16     ; High-Nibble ausgeben
        cbi     lcdprs,lcdrs    ; RS = Low: Kommandoausgabe
        sbi     lcdpen,lcden    ; E High
        rcall   warte1ms        ; 1 ms warten
        cbi     lcdpen,lcden    ; E Low: fallende Flanke
        swap    r16             ; Nibbles vertauschen
        out     lcdpdat,r16     ; Low-Nibble
        cbi     lcdprs,lcdrs    ; RS = Low: Kommandoausgabe
        sbi     lcdpen,lcden    ; E High
        rcall   warte1ms        ; 1 ms warten
        cbi     lcdpen,lcden    ; E Low: fallende Flanke
        clr     r16             ; alle Ausgänge
        out     lcdpdat,r16     ; auf Low
        ldi     r16,10          ;
lcd4com1:rcall  warte1ms        ; 10 ms warten
        dec     r16             :
        brne    lcd4com1        ;
        pop     r16             ; Register zurück
        ret                     ;

; lcd4put.asm R16 = 8bit Daten nach 4bit Bus
lcd4put:push    r16             ; Register mit Zeichen retten
        .IF     lcdbus =='l'    ; wenn 4bit LCD an Low-Port
        swap    r16             ; R16 <= High | Low
        .ENDIF                  ;
        out     lcdpdat,r16     ; High-Nibble ausgeben
        sbi     lcdprs,lcdrs    ; RS = High: Datenausgabe
        sbi     lcdpen,lcden    ; E = High
        rcall   warte1ms        ; 1 ms warten
        cbi     lcdpen,lcden    ; E Low: fallende Flanke
        swap    r16             ; Nibbles vertauschen
        out     lcdpdat,r16     ; Low-Nibble
        sbi     lcdprs,lcdrs    ; RS = High: Daten
        sbi     lcdpen,lcden    ; E High
```

```
        rcall   warte1ms        ; 1 ms warten
        cbi     lcdpen,lcden    ; E Low: fallende Flanke
        clr     r16             ; alle Ausgänge
        out     lcdpdat,r16     ; auf Low
        rcall   warte1ms        ; 1 ms warten
        pop     r16             ; Register zurück
        ret                     ;

; lcd4puts.asm  Z = Stringadresse
lcd4puts:push   r0              ; Register retten
        push    r16             ;
        push    ZL              ;
        push    ZH              ;
lcd4puts1:lpm                   ; R0 <- Zeichen
        adiw    ZL,1            ; Adresse + 1
        tst     r0              ; Endemarke Null ?
        breq    lcd4puts2       ; ja: fertig
        mov     r16,r0          ; R16 <- Zeichen
        rcall   lcd4put         ; ausgeben
        rcall   lcd4cur         ; Cursorkontrolle
        rjmp    lcd4puts1       ;
lcd4puts2:pop   ZH              ; Register zurück
        pop     ZL              ;
        pop     r16             ;
        pop     r0              ;
        ret                     ;
```

Die Unterprogramme lcd4cur und lcd4func sind nicht in der Headerdatei enthalten, da die Cursorkontrolle und die Belegung der Funktionstasten stark vom LCD-Modul und der Anwendung abhängig sind. Die neun Funktionstasten werden mit einem berechneten (indirekten) Unterprogrammaufruf aus einer Sprungtabelle und nicht mit Vergleichsbefehlen ausgewählt.

```
; lcd4cur.asm Cursorkontrolle für LCD-Anzeige mit 4 Zeilen
lcd4cur:push    r16             ; Register retten
        inc     curpos          ; Cursor weiter zählen
        cpi     curpos,$10      ; Ende 1. Zeile ?
        brne    lcd4cur1        ;
        ldi     curpos,$40      ; Anfang 2. Zeile
        ldi     r16,$80 | $40   ; ja:
        rcall   lcd4com         ; auf 2.Zeile
        rjmp    lcd4cur4        ;
lcd4cur1:cpi    curpos,$50      ; Ende 2. Zeile ?
        brne    lcd4cur2        ;
        ldi     curpos,$10      ; Anfang 3. Zeile
```

5.4 LCD-Anzeige und Tastatur mit dem ATmega8

```
            ldi     r16,$80 | $10   ; ja:
            rcall   lcd4com         ; auf 3. Zeile
            rjmp    lcd4cur4        ;
lcd4cur2:   cpi     curpos,$20      ; Ende 3. Zeile ?
            brne    lcd4cur3        ;
            ldi     curpos,$50      ; Anfang 4. Zeile
            ldi     r16,$80 | $50   ; ja:
            rcall   lcd4com         ; auf 4. Zeile
            rjmp    lcd4cur4        ;
lcd4cur3:   cpi     curpos,$60      ; Ende 4. Zeile ?
            brne    lcd4cur4        ;
            clr     curpos          ; Cursor wieder auf 0 zurücksetzen
            ldi     r16,$80 | $00   ; ja:
            rcall   lcd4com         ; auf linke obere Ecke ohne Löschen
lcd4cur4:   pop     r16             ; Register zurück
            ret                     ;
;
; lcd4func.asm Funktionstasten zur Cursorkontrolle R16 = Code 1..9
lcd4func:   tst     r16             ; Bereichskontrolle
            breq    lcd4funcx       ; 0 nicht im Bereich
            cpi     r16,9+1         ; > 9 ?
            brsh    lcd4funcx       ; ja: nicht im Bereich
            push    r0              ; Register retten für alle Upros
            push    r16             ;
            push    r17             ;
            push    r18             ;
            push    ZL              ;
            push    ZH              ;
            ldi     ZL,LOW(functab*2)  ; Z <- Adresse Sprungtabelle
            ldi     ZH,HIGH(functab*2) ;
            dec     r16             ; Code 1..9 -> 0..8 für Sprungauswahl
            lsl     r16             ; Abstand = Code * 2
            add     ZL,r16          ; + Abstand
            clr     r16             ;
            adc     ZH,r16          ; + Übertrag
            lpm                     ; R0 <- Low-Byte
            mov     r16,r0          ; R16 <- Low-Byte
            adiw    ZL,1            ;
            lpm                     ; R0 <- High-Byte
            mov     ZL,r16          ; ZL <- Low-Byte
            mov     ZH,r0           ; HH <- High-Byte
            icall                   ; indirekter Unterprogrammaufruf
            pop     ZH              ; Register zurück für alle Upros
            pop     ZL              ;
            pop     r18             ;
```

```
                pop     r17             ;
                pop     r16             ;
                pop     r0              ;
lcd4funcx:      ret                     ;
;
; Sprungtabelle der Funktionsunterprogramme
functab:   .DW  func1,func2,func3,func4,func5,func6,func7,func8,func9
;
func1:     ldi  r16,' '         ; Code 1: Leerzeichen ausgeben
           rcall lcd4put         ;
           rcall lcd4cur         ; Cursorkontrolle
           ret                   ;
;
func2:     ret                   ; Code 2 nicht belegt
;
func3:     ret                   ; Code 3 nicht belegt
;
func4:     cpi  curpos,$50       ; Code 4: Cursor ab unterste Zeile ?
           brsh func4d           ; ja: keine Wirkung
           cpi  curpos,$40       ; 2. Zeile ?
           brlo func4a           ; nein
           subi curpos,$30       ; ja. nach 3. Zeile $30
           rjmp func4c           ;
func4a:    cpi  curpos,$10       ; 3. Zeile ?
           brlo func4b           ; nein
           subi curpos,-$40      ; ja: nach 4. Zeile
           rjmp func4c           ;
func4b:    subi curpos,-$40      ; 1. Zeile nach 2. Zeile
func4c:    mov  r16,curpos       ; neue Cursorposition
           ori  r16,$80          ; Steuerbit dazu
           rcall lcd4com         ; Cursor positionieren
func4d:    ret                   ;
;
func5:     cpi  curpos,$10       ; Code 5 Cursor auf oberste Zeile ?
           brlo func5d           ; ja: keine Wirkung
           cpi  curpos,$20       ; 3. Zeile ?
           brsh func5a           ; nein
           subi curpos,-$30      ; ja: nach 2. Zeile
           rjmp func5c           ;
func5a:    cpi  curpos,$50       ; 2. Zeile ?
           brsh func5b           ; nein
           subi curpos,$40       ; ja: nach 1. Zeile
           rjmp func5c           ;
func5b:    subi curpos,$40       ; 4. Zeile nach 3. Zeile
func5c:    mov  r16,curpos       ; R16 <- Cursorposition
```

5.4 LCD-Anzeige und Tastatur mit dem ATmega8

```
                ori     r16,$80             ; Steuerbit dazu
                rcall   lcd4com             ; Cursor positionieren
func5d:         ret                         ;
;
func6:          mov     r16,curpos          ; Code 6 Cursor links
                andi    r16,0b00001111      ; Maske für Spalte
                cpi     r16,$00             ; am Anfang ?
                breq    func6a              ;   ja: keine Wirkung
                dec     curpos              ; nein: Position rück
                ldi     r16,0b00010000      ;     Cursor links
                rcall   lcd4com             ;
func6a:         ret                         ;
;
func7:          mov     r16,curpos          ; Code 7 ? Cursor rechts
                andi    r16,0b00001111      ; Maske für Spalte
                cpi     r16,$0F             ; am Ende ?
                breq    func7a              ;   ja: keine Wirkung
                inc     curpos              ; nein: nächste Position
                ldi     r16,0b00010100      ;     Cursor rechts
                rcall   lcd4com             ;     Kommando ausgeben
func7a:         ret                         ;
;
func8:          ldi     r16,$01             ; Code 8 Display löschen
                rcall   lcd4com             ;
                ldi     r16,$02             ; Cursor home
                rcall   lcd4com             ;
                clr     curpos              ; Cursor 0
                ret                         ;
;
func9:          andi    curpos,0b11110000   ; Code 9 return Zeile löschen und Anfang
                mov     r16,curpos          ; R16 <- Cursorposition
                ori     r16,$80             ; Steuerbit dazu
                mov     r17,r16             ; R17 <- Steuercode für Zeilenanfang
                rcall   lcd4com             ; Cursor am Zeilenanfang
                ldi     r18,16              ; R18 = Zähler für 16 Leerzeichen
func9a:         ldi     r16,' '             ; R16 <- Leerzeichen
                rcall   lcd4put             ; ausgeben
                dec     r18                 ; Zähler - 1
                brne    func9a              ;
                mov     r16,r17             ; R16 <- Steuercode für Zeilenanfang
                rcall   lcd4com             ;
                ret                         ;
```

Die in *Bild 5-18* dargestellte Tastatur besteht aus fünf Zeilen und fünf Spalten. Die Zeilenleitungen bilden die Eingänge einer fünffachen UND-Schaltung. Sie werden ohne Betätigung einer Taste durch die internen Pull-up-Widerstände der Porteingänge auf High gehalten und ergeben am Ausgang des UND eine logische 1. Legt man alle Spaltenausgänge auf Low und betätigt eine Taste, so wird eine Zeilenleitung und damit ein UND-Eingang auf Low gelegt; am Ausgang erscheint eine logische 0, die einen Interrupt auslösen kann. Das Serviceprogramm muss dann die auslösende Taste ermitteln. Von dieser interruptgesteuerten Tastatursteuerung wird in dem Beispiel kein Gebrauch gemacht; das Programmbeispiel fragt durch den Aufruf eines Unterprogramms die Tastatur ab.

Die Spaltenausgänge der Tastatur werden zu einem anderen Zeitpunkt auch für den Betrieb der LCD-Anzeige verwendet. Während der Tastaturabfrage muss dafür gesorgt werden, dass die LCD-Anzeige durch E = Low nicht aktiviert wird. Umgekehrt kann während eines LCD-Zugriffs keine Tastaturabfrage erfolgen. Dies ist bei einem Interruptbetrieb der Tastatur besonders zu berücksichtigen.

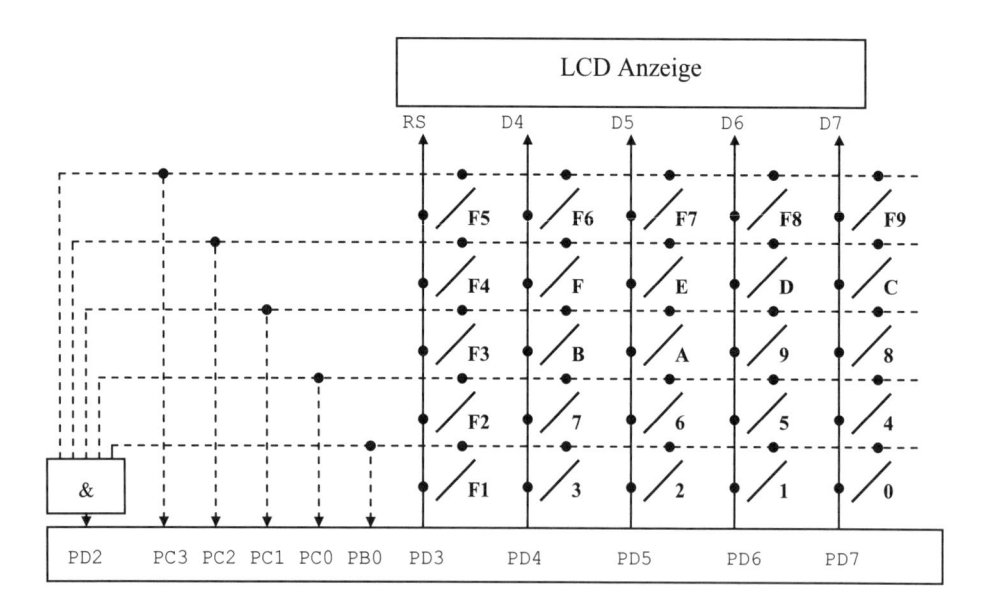

Bild 5-18: Tastaturmatrix aus 5 x 5 Tasten

Das Unterprogramm `taste` liefert eine 0 zurück, wenn keine Taste gedrückt ist; sonst den ASCII-Code der Ziffern- und Buchstabentasten. Es entspricht dem Unterprogramm `kbhit` der Konsolfunktionen. Den Funktionstasten sind die Werte von 1 bis 9 zugeordnet. *Bild 5-19* zeigt das vereinfachte Struktogramm des Abtastverfahrens, das vorwiegend mit Schiebebefehlen arbeitet.

5.4 LCD-Anzeige und Tastatur mit dem ATmega8

```
┌─────────────────────────────────────────────┐
│  Zeileneingänge High    Spaltenausgänge High │
│  Codeadresse auf Anfangswert setzen          │
├─────────────────────────────────────────────┤
│  für alle Spalten                            │
│  ┌─────────────────────────────────────────┐ │
│  │  Spalte auf Low legen                   │ │
│  │  warten                                 │ │
│  │  alle Zeilen rücklesen                  │ │
│  ├─────────────────────────────────────────┤ │
│  │  für alle Zeilen                        │ │
│  │  ┌─────────────────────────────────────┐ │ │
│  │  │          Zeile Low ?                │ │ │
│  │  │    nein    │    ja                  │ │ │
│  │  │                                     │ │ │
│  │  │  Codeadresse + 1  │ Code aus Tabelle│ │ │
│  │  │         ↓         │ fertig ──────→  │ │ │
│  │  └─────────────────────────────────────┘ │ │
│  └─────────────────────────────────────────┘ │
└─────────────────────────────────────────────┘
```

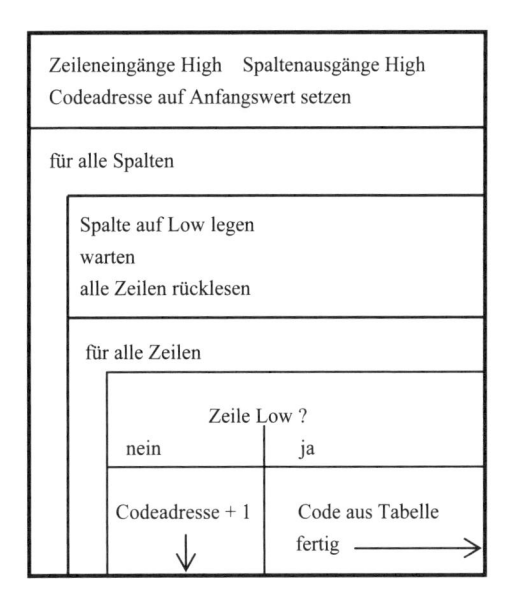

Bild 5-19: Tastaturabtastung durch das Unterprogramm `taste`

Das Unterprogramm `eintas` wartet dagegen, bis eine Taste gedrückt und wieder gelöst wurde und kehrt dann mit dem ASCII-Code bzw. mit dem Code der Funktionstaste zurück. Es entspricht damit dem Unterprogramm `get` der Konsolfunktionen.

```
; tastatur.asm enthält Upros taste und eintas
; Interne Tastaturunterprogramme benötigen Unterprogramm warte1ms
; Zeileneingänge: PC3 PC2 PC1 PC0 PB0
; Spaltenausgänge: PD3 PD4 PD5 PD6 PD7
; taste: R16 <- Tastencode nach Drücken    R16 <- Null: keine Taste
taste:  push    r0              ; Register retten
        push    r17             ;
        push    r18             ;
        push    r19             ; Spaltenzähler
        push    r20             ; Zeilenzähler
        push    ZH              ;
        push    ZL              ;
        ldi     ZL,LOW(tastab*2); Z <- Anfangsadresse Codetabelle
        ldi     ZH,HIGH(tastab*2);
        ldi     r16,0b00001111  ; Zeileneingänge PC3 PC2 PC1 PC0
        out     PORTC,r16       ; auf High legen
        sbi     PORTB,PB0       ; Zeileneingang PB0 auf High legen
; Spaltenschleife
        ldi     r19,5           ; R19 = Spaltenzähler Anfangswert
        ldi     r16,0b01111000  ; R16 = Ausgangsmuster für Spalten
```

```
taste1:  mov    r17,r16            ; R17 = Ausgabemuster für Spalten
         andi   r17,0b11111000     ; Maske PD2 PD1 PD0 löschen
         out    PORTD,r17          ; Spalte auf Low
         nop                       ; Pause der Ergriffenheit
         nop                       ;
         in     r18,PINC           ; R18 = Zeilen PC3 - PC0 rücklesen
         andi   r18,0b00001111     ; Bit_7 - Bit_4 löschen
         lsl    r18                ; B1 <- B0   B4 <- B3
         sbic   PINB,PB0           ; überspringe wenn PB0 = Low
         ori    r18,0b00000001     ; PB0 = High: Bit_0 = 1
; Zeilenschleife
         ldi    r20,5              ; R20 = Zeilenzähler Anfangswert
taste2:  lsr    r18                ; Testbit -> Carry
         brcc   taste3             ; Bit = 0: Taste gedrückt
         adiw   ZL,1               ; Bit = 1: Codeadresse + 1
         dec    r20                ; Zeilenzähler - 1
         brne   taste2             ; bis alle Zeilen durch
         asr    r16                ; Spaltencode nach rechts
         ori    r16,0b10000000     ; Bit_7 <- 1
         dec    r19                ; Spaltenzähler - 1
         brne   taste1             ; bis alle Spalten durch
; keine Taste erkannt
         ldi    r16,20             ; 20 ms warten
taste2a: rcall  warte1ms           ; zum Entprellen
         dec    r16                ;
         brne   taste2a            ;
         clr    r16                ; R16 = Null: keine Taste
         rjmp   taste4             ;
; Taste erkannt Code nach R16
taste3:  ldi    r16,20             ; 20 ms warten
taste3a: rcall  warte1ms           ; zum Entprellen
         dec    r16                ;
         brne   taste3a            ;
         lpm                       ; R0 <- Code aus Tabelle (Z)
         mov    r16,r0             ; R16 = Rückgabecode
taste4:  pop    ZL                 ; Register zurück
         pop    ZH                 ;
         pop    r20                ;
         pop    r19                ;
         pop    r18                ;
         pop    r17                ;
         pop    r0                 ;
         ret                       ; R16 - Rückgabe
tastab:  .DB   "048C",9,"159D",8,"26AE",7,"37BF",6,1,2,3,4,5,10,0,0  ; Tabelle
;
```

5.4 LCD-Anzeige und Tastatur mit dem ATmega8

```
; eintas R16 <- Tastencode nach Lösen der Taste
eintas:  push     r17            ; Register retten
eintas1: rcall    taste          ; R16 <- Taste
         tst      r16            ; Null ?
         breq     eintas1        ; keine Taste
         mov      r17,r16        ; R17 rettet Code
eintas2: rcall    taste          ; R16 <- Taste
         tst      r16            ;
         brne     eintas2        ; warte bis gelöst
         mov      r16,r17        ; R16 <- Tastencode
         clr      r17            ; alle Spalten
         out      PORTD,r17      ; auf Low
         pop      r17            ; Register zurück
         ret                     ;
```

Die **C-Hauptfunktion** *Bild 5-20* definiert die Symbole für den Anschluss des LCD-Moduls und fügt alle Funktionen der LCD-Anzeige und der Tastatureingabe ein. Die dezimalen Tasten von 0 bis 9 und die hexadezimalen Ziffern von A bis F werden als ASCII-Zeichen auf der LCD-Anzeige ausgegeben. Sieben der neun Funktionstasten dienen der Cursorsteuerung.

```c
// k5p4.c Bild 5-20 ATmega8 LCD-Anzeige und Tastatur
// Port B: LCD-Anzeige: PB1: E-Signal
// Port D: LCD-Anzeige: PD7 PD6 PD5 PD4 (4bit)  PD3: RS-Signal
#include <io.h>                  // Deklarationen
#define TAKT 8000000ul           // Systemtakt Quarz 8 MHz
// Symboldefinitionen für LCD-Schnittstelle 4bit Bus an High-Port
#define LCDPEN PORTB             // Port des E Signals
#define LCDEN  PB1               // Bit E Freigabesignal
#define LCDPRS PORTD             // Port des RS Signals
#define LCDRS  PD3               // Bit RS Registerauswahlsignal
#define LCDPDAT PORTD            // Port des 4bit Datenbus
#define LCDBUS 'h'               // Anschluss an High-Port PB7..PB4
unsigned char curpos = 0;        // globale Cursorposition
// externe LCD- und Tastaturfunktionen
#include "c:\cprog3\warte1ms.c"  // wartet 1 ms
#include "c:\cprog3\lcd4com.c"   // Kommandoausgabe
#include "c:\cprog3\lcd4put.c"   // Datenausgabe
#include "c:\cprog3\lcd4ini.c"   // Initialisierung
#include "c:\cprog3\lcd4cur.c"   // Cursorkontrolle
#include "c:\cprog3\lcd4puts.c"  // Nullterminierten String ausgeben
#include "c:\cprog3\tastatur.c"  // Funktionen taste und eintas
#include "c:\cprog3\lcd4func.c"  // Funktionstasten zur Cursorkontrolle
```

```c
void main(void)                        // Hauptfunktion
{
 unsigned char meldung [] = "  Willkommen    >"; // Prompt Meldung
 DDRD = 0xf8;                          // 1111 1000 PD7 - PD3 sind Ausgänge
 LCDPEN &= ~(1 << LCDEN);              // PB1 Datenausgang LOW
 DDRB  |=  (1 << LCDEN);               // PB1 ist Ausgang für LCD-/E-Signal
 lcd4ini();                            // LCD-Anzeige initialisieren
 lcd4puts(meldung);                    // Meldung: Willkommen   >
 while(1)                              // Arbeitsschleife
 {
  unsigned char code;
  code = eintas();                     // warte bis Taste gelöst
  if (code >= 0x20) {lcd4put(code); lcd4cur();} else lcd4func(code);
 } // Ende while
} // Ende main
```

Bild 5-20: C-Hauptfunktion zur LCD-Anzeige und Tastatureingabe

Die C-Funktionen zur Ansteuerung der LCD Anzeige und zur Auswertung der Tastatur entsprechen den Assemblerunterprogrammen. Ohne forward Referenzen ist darauf zu achten, dass nur auf Funktionen zugegriffen wird, die bereits vorher definiert wurden.

```c
//  lcd4com.c   8bit Kommando nach 4bit Bus
void lcd4com(unsigned char x)
{
#if LCDBUS == 'l'
 x = (x << 4) | (x >> 4); // swap bei Anschluss Low-Hälfte
#endif
 LCDPDAT = x;                     // High-Nibble ausgeben
 LCDPRS &= ~(1 << LCDRS);         // cbi RS = Low Kommandoausgabe
 LCDPEN |=  (1 << LCDEN);         // sbi E = High
 warte1ms();                      // 1 ms warten Impulslänge
 LCDPEN &= ~(1 << LCDEN);         // cbi E = Low: fallende Flanke
 x = (x << 4) | (x >> 4);         // swap Hälften
 LCDPDAT = x;                     // Low-Nibble ausgeben
 LCDPRS &= ~(1 << LCDRS);         // cbi RS = Low Kommandoausgabe
 LCDPEN |=  (1 << LCDEN);         // sbi E = High
 warte1ms();                      // 1 ms warten Impulslänge
 LCDPEN &= ~(1 << LCDEN);         // cbi E = Low: fallende Flanke
 LCDPDAT = 0;                     // alle Ausgänge Low
 for(unsigned char i=1; i<= 10; i++) warte1ms(); // 10 ms warten
} // Ende lcd4com
```

5.4 LCD-Anzeige und Tastatur mit dem ATmega8

```c
// lcd4put.c   8bit Daten nach 4bit Bus
void lcd4put(unsigned char x)
{
 #if LCDBUS == '1'
  x = (x << 4) | (x >> 4);   // swap bei Anschluss Low-Hälfte
 #endif
 LCDPDAT = x;                // High-Nibble ausgeben
 LCDPRS |= (1 << LCDRS);     // sbi RS = High Datenausgabe
 LCDPEN |= (1 << LCDEN);     // sbi E = High
 warte1ms();                 // 1 ms warten Impulslänge
 LCDPEN &= ~(1 << LCDEN);    // cbi E = Low: fallende Flanke
 x = (x << 4) | (x >> 4);    // swap Hälften
 LCDPDAT = x;                // Low-Nibble ausgeben
 LCDPRS |= (1 << LCDRS);     // sbi RS = High Datenausgabe
 LCDPEN |= (1 << LCDEN);     // sbi E = High
 warte1ms();                 // 1 ms warten Impulslänge
 LCDPEN &= ~(1 << LCDEN);    // cbi E = Low: fallende Flanke
 LCDPDAT = 0;                // alle Ausgänge Low
 warte1ms();                 // 1 ms warten
} // Ende lcd4put

// lcdi4ini.c LCD initialisieren für 4bit Bus 4 Zeilen
void lcd4ini (void)
{
 for (unsigned char i=1; i<=250; i++) warte1ms(); // warte 250 ms
 lcd4com(0x33); // 00110011  Startcode 3 | Startcode 3
 lcd4com(0x32); // 00110010  Startcode 3 | 4bit-Code 2
 lcd4com(0x28); // 00101000  4bit | 2/4 Zeilen | 5x7 Matrix
 lcd4com(0x0e); // 00001110  Display on | Cursor on | Blink off
 lcd4com(0x06); // 00000110  Cursor inc | Display not shift
 lcd4com(0x02); // 00000010  Cursor home
 lcd4com(0x01); // 00000001  Display clear
} // Ende lcd4ini

// lcd4cur.c Cursorkontrolle benötigt globale Variable curpos
void lcd4cur(void)
{
 curpos++;
 if (curpos == 0x10) { curpos = 0x40; lcd4com(0x80 | 0x40); } // 1. -> 2.
 if (curpos == 0x50) { curpos = 0x10; lcd4com(0x80 | 0x10); } // 2. -> 3.
 if (curpos == 0x20) { curpos = 0x50; lcd4com(0x80 | 0x50); } // 3. -> 4.
 if (curpos == 0x60) { curpos = 0x00; lcd4com(0x80 | 0x00); } // 4. -> 1.
} // Ende lcd4cur
```

```c
// lcd4puts.c Nullterminierten String nach LCD-Anzeige
void lcd4puts(unsigned char *zeiger)                    // String ausgeben
{
 while(*zeiger != 0) {lcd4put(*zeiger++); lcd4cur();}   // bis Endemarke Null
} // Ende lcd4puts

// lcd4func.c Funktionstasten für Cursorkontrolle
void lcd4func (unsigned char code)
{
 switch(code)
 {
  case 1: lcd4put(' '); lcd4cur(); break;     // Leerzeichen ausgeben
  case 2: break;                              // nicht belegt
  case 3: break;                              // nicht belegt
  case 4: if (curpos >= 0x50) break;          // Cursor abwärts ausser 4.Zeile
          if (curpos < 0x10) { curpos += 0x40; lcd4com(curpos | 0x80);\
          break;}   // 1 -> 2
          if (curpos < 0x20) { curpos += 0x40; lcd4com(curpos | 0x80);\
          break;}   // 3 -> 4
          if (curpos < 0x50) { curpos -= 0x30; lcd4com(curpos | 0x80);\
          break;}   // 2 -> 3
  case 5: if (curpos < 0x10) break;           // Cursor aufwärts ausser 1.Zeile
          if (curpos >= 0x50) { curpos -= 0x40; lcd4com(curpos | 0x80);\
          break;} // 4 -> 3
          if (curpos >= 0x40) { curpos -= 0x40; lcd4com(curpos | 0x80);\
          break;} // 2 -> 1
          if (curpos >= 0x10) { curpos += 0x30; lcd4com(curpos | 0x80);\
          break;} // 3 -> 2
  case 6: if ((curpos & 0x0f) == 0) break; else {curpos--; lcd4com(0x10);\
          break;}     // Cursor <-
  case 7: if ((curpos & 0x0f) == 0x0f) break; else {curpos++; lcd4com(0x14);\
          break;} // Cursor ->
  case 8: lcd4com(0x01); lcd4com(0x02); curpos = 0; break; // Cursor home
  case 9: curpos &= 0xf0; lcd4com(curpos | 0x80); // return Zeile löschen
          for (unsigned char i = 1; i <= 16; i++) lcd4put(' ');\
          lcd4com(curpos | 0x80); break;
 } // Ende switch
} // Ende lcd4func

// tastatur.c enthält taste und eintas
// Tastaturfunktionen benötigen Funktion warte1ms
// Zeileneingänge: PC3 PC2 PC1 PC0 PB0    auf High legen und zurücklesen
// Spaltenausgänge: PD7 PD6 PD5 PD4 PD3   laufendes Low ausgeben
// Rückgabe = 0: keine Taste sonst Tastencode nach Drücken
```

5.4 LCD-Anzeige und Tastatur mit dem ATmega8

```c
unsigned char taste (void)
{
 unsigned char tastab[25] =\
       {0x30,0x34,0x38,0x43,9,0x31,0x35,0x39,0x44,8,0x32, \
        0x36,0x41,0x45,7,0x33,0x37,0x42,0x46,6,1,2,3,4,5 }; // Codetabelle
 unsigned char tindex = 0, maus = 0x78, mein = 0; // maus = 0111 1000 Ausgabe
 PORTC = 0x0f;                 // Zeileneingänge PC3 PC2 PC1 PC0 High
 PORTB |= (1 << PB0);          // Zeileneingang PB0 High
 for (unsigned char i = 1; i <=5; i++)        // Spaltenschleife
 {
  PORTD = maus & 0xf8;                        // Spalten ausgeben
  asm volatile ("nop");                       // Pause der Ergriffenheit
  mein = ((PINC & 0x0f) << 1) | (PINB & 0x01); // Rücklesen
  for (unsigned char j = 1; j <= 5; j++)     // Zeilenschleife mein auswerten
  {
   if ( (mein & 0x01) == 0)                   // Taste erkannt entprellen
   { for (unsigned char k = 1; k <= 20; k++) warte1ms();
     return tastab[tindex]; }
   tindex++;                                  // Tabellenindex erhöhen
   mein >>= 1;                                // nächste Zeile
  } // Ende for Zeilenschleife
  maus >>= 1; maus |= 0x80;                   // nächste Spalte Low
 } // Ende for Spaltenschleife
 for (unsigned char l = 1; l <= 20; l++) warte1ms(); // entprellen
 return 0;                                    // keine Taste gedrückt
} // Ende Funktion taste

unsigned char eintas(void)            // warte bis Taste gelöst
{
 unsigned char code;
 while (taste() == 0);                // warte solange keine Taste
 code = taste();                      // Taste gedrückt
 while (taste() != 0);                // warte solange Taste gedrückt
 return code;                         // bei Taste gelöst Code zurück
} // Ende Funktion eintas
```

5.5 Externer SRAM mit dem ATmega8515

Der ATmega8515 ist eine Weiterentwicklung des AT90S8515 mit allen zusätzlichen Funktionen der Megafamilie. Er wird auch mit einem 40poligen DIL (Dual In Line) Gehäuse geliefert und enthält folgende Komponenten:

- Hardware-Multiplikationsbefehle,
- 8192 Bytes selbstprogrammierbarer Flash-Programmspeicher,
- 512 Bytes internes SRAM für Arbeitsspeicher und Stapel,
- 512 Bytes EEPROM zur Speicherung nichtflüchtiger Daten,
- drei externe Interrupteingänge,
- 35 Ein-/Ausgabeleitungen mit fünf Parallelschnittstellen,
- zwei Timer und einen Watchdog Timer,
- eine asynchrone und synchrone serielle Schnittstelle (USART),
- einen Analogkomparator,
- eine serielle SPI-Schnittstelle für den Anwender und
- externer paralleler Bus für max. 64 KByte Speicher- und Peripheriebausteine.

Die maximale Taktfrequenz beträgt 16 MHz. Für die Versorgungsspannung wird ein Bereich von 4.0 bis 6.0 Volt angegeben. Die Vektortabelle enthält folgende Einträge:

Adresse	Symbol `m8515def.inc`	Symbol in `iom8515.h`	Auslösung durch
$000			Reset
$001	INT0addr	SIG_INTERRUPT0	externer Interrupt INT0 (PD2)
$002	INT1addr	SIG_INTERRUPT1	externer Interrupt INT1 (PD3)
$003	ICP1addr	SIG_INPUT_CAPTURE1	Timer1 Capture Eingang
$004	OC1Aaddr	SIG_OUTPUT_COMPARE1A	Timer1 Compare match A
$005	OC1Baddr	SIG_OUTPUT_COMPARE1B	Timer1 Compare match B
$006	OVF1addr	SIG_OVERFLOW1	Timer1 Überlauf
$007	OVF0addr	SIG_OVERFLOW0	Timer0 Überlauf
$008	SPIaddr	SIG_SPI	SPI Schnittstelle
$009	URXCaddr	SIG_UART_RECV	USART Zeichen empfangen
$00A	UDREaddr	SIG_UART_DATA	USART Datenregister leer
$00B	UTXCaddr	SIG_UART_TRANS	USART Zeichen gesendet
$00C	ACIaddr	SIG_COMPARATOR	Analogkomparator
$00D	INT2addr	SIG_INTERRUPT2	externer Interrupt INT2 (PE0)
$00E	OC0addr	SIG_OUTPUT_COMPARE0	Timer0 Compare match
$00F	ERDYaddr	SIG_EEPROM_READY	EEPROM Schreibop. fertig
$010	SPMaddr	SIG_SPM_READY	SPM Selbstprogrammierung
$011	Ende der Einsprungtabelle erster Befehl des Programms `start: ldi`		

Bild 5-21: Die Interrupteinsprünge des ATmega8515

5.5 Externer SRAM mit dem ATmega8515

Die Leitungen des Ports A und des Ports C können wahlweise zur digitalen Ein-/Ausgabe *oder* zur Ansteuerung externer SRAM- bzw. Peripheriebausteine verwendet werden. *Bild 5-22* zeigt die Anschlussbelegung des Bausteins und den Betrieb eines externen SRAM-Bausteins von 32 KByte. Im SRAM-Betrieb (SRE = 1) werden über den Port A im ersten Takt die niederwertigen Adressen A0 bis A7 ausgegeben, die mit dem ALE-Signal (**A**ddress **L**atch **E**nable Stift 30) in einem externen Register festgehalten werden. Im zweiten Takt und gegebenenfalls weiteren Takten werden über den Port A die Daten übertragen. Der Port C gibt im zweiten und gegebenenfalls weiteren Takten die höherwertigen Adressen A8 bis A15 aus. In einem Schreibzyklus ist das Schreibsignal /WR (PD6 Stift 16) aktiv Low, in einem Lesezyklus ist das Lesesignal /RD (PD7 Stift 17) aktiv Low.

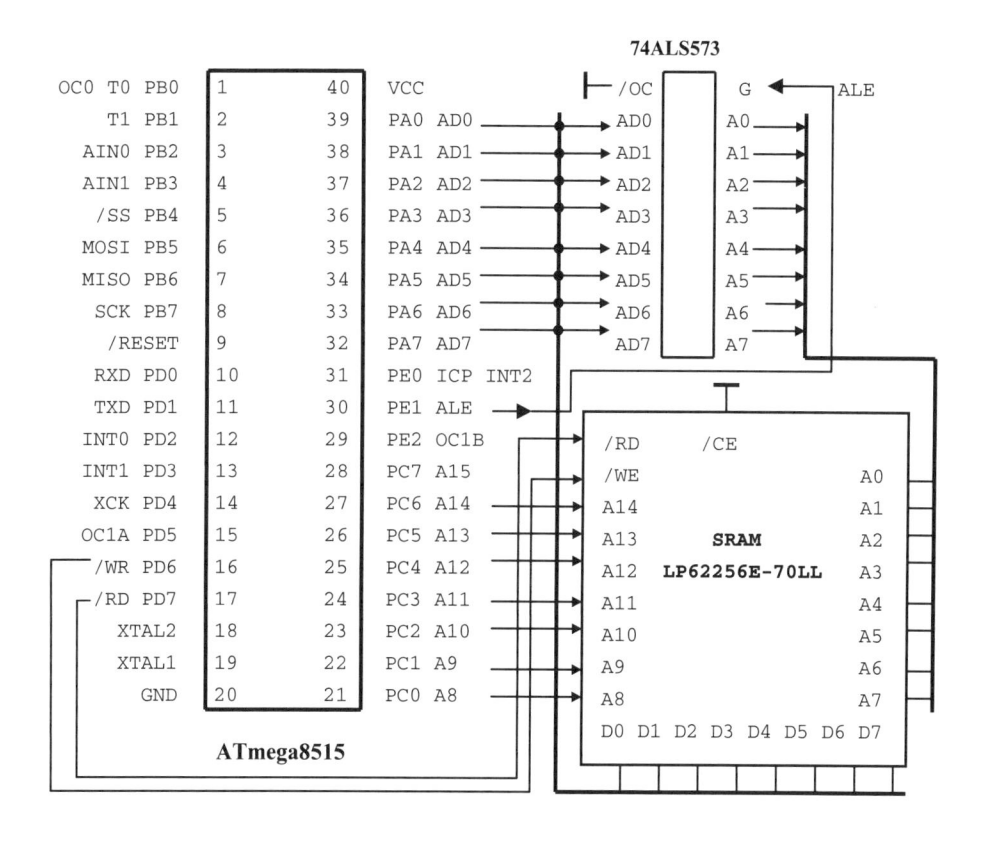

Bildd 5-22: Anschlussbelegung des ATmega8515 und externer SRAM-Baustein

Der externe Speicherbereich der Schaltung besteht aus einem 32 KByte SRAM-Baustein im Adressbereich $0260 bis $825F. Die Anschlüsse AD0 bis AD7 des Ports A führen am Anfang eines Speicherzugriffs die Adressen A0 bis A7, die in den acht zustandsgesteuerten D-Flipflops des Adressregisters 74ALS573 – durch das Signal ALE gesteuert – gespeichert werden. Die Anschlüsse AD0 bis AD7 führen anschließend die Daten D0 bis D7, die in einem Schreibzyklus (/WR aktiv Low) vom Controller in den Speicher geschrieben und in einem Lesezyklus (/RD aktiv Low) aus dem Speicher in den Controller gelesen werden. Die Anschlüsse A8 bis A15 des Ports C geben während der gesamten Zugriffszeit die höherwertigen Adressen aus, von denen A15 frei ist und A14 bis A8 direkt an den Baustein angeschlossen werden. Der Speicherbereich lässt sich durch A15 und Portausgänge zur Auswahl von weiteren Speicherblöcken (Seiten) erweitern.

Der Speicherzugriff erfolgt synchron zum Systemtakt des Controllers und lässt sich von außen durch Steuersignale (z.B. Ready oder Hold) nicht beeinflussen. Für langsame externe Bausteine können zusätzliche Wartetakte eingefügt werden. Der Systemtakt muss der Zugriffszeit der Bausteine angepasst werden. Dazu sind die Datenblätter des Controllers und der Speicher heranzuziehen.

Gegenüber dem AT90S8515 wurde die Steuerung des externen parallelen Bus beim ATmega8515 wesentlich erweitert:

- Unterteilung des Adressbereiches in einen unteren (lower) und einen oberen (upper) Sektor mit programmierbaren Adressen,
- programmierbarer Adressbereich mit Freigabe von Leitungen des Ports C,
- programmierbare Anzahl von Wartetakten für jeden Sektor und
- „Buskeeper" Funktion zum Halten der Leitungen AD7 bis AD0.

Der Betrieb der externen Bausteine muss im Master Control Register MCUCR freigegeben werden.

MCUCR = **MCU C**ontrol **R**egister SRAM-Adresse $55 SFR-Adresse $35

Bit 7	Bit 6	Bit 5	Bit 4	Bit 3	Bit 2	Bit 1	Bit 0
SRE	**SRW10**	SE	SM1	ISC11	ISC10	ISC01	ISC00
SRAM Freigabe 0: Parallelports 1: externer Bus	Wartetakte zusammen mit SRWxx in EMCUCR	Sleep	Sleep	Interrupt INT1		Interrupt INT0	

Bit **SRE** (External **SR**AM **E**nable) ist nach einem Reset gelöscht (0) und der Port A und der Port C sowie PD6 (/WR) und PD7 (/RD) können zur digitalen Ein-/Ausgabe verwendet werden. Für SRE = 1 dienen die Anschlüsse unabhängig von ihrer Programmierung zum Zugriff auf den externen SRAM; auch dann, wenn keine Datenübertragung erfolgt.

Bit **SRW10** (External **SR**AM **W**ait State) ist nach einem Reset gelöscht (0). Es dient zusammen mit den Bitpositionen SRWxx des EMCUCR zum Einfügen von Wartetakten. Das Bit hat beim AT90S8515 die Bezeichnung SRW. Mit SRW = 1 kann bei diesem Baustein nur ein Wartetakt eingefügt werden.

Weitere Funktionen werden mit dem erweiterten Master Control Register EMCUCR des ATmega8515 programmiert.

5.5 Externer SRAM mit dem ATmega8515

EMCUCR = **E**xtended **MCU** **C**ontrol **R**egister SRAM-Adresse $56 SFR-Adresse $36

Bit 7	Bit 6	Bit 5	Bit 4	Bit 3	Bit 2	Bit 1	Bit 0
SM0	SRL2	SRL1	SRL0	SRW01	SRW00	SRW11	ISC2
Sleep	Sektorgrenzen für Wartetakte			unterer Sektor SRW01 SRW00	oberer Sektor SRW10 SRW11		Interrupt2
				0 0	0 0	kein Wartetakt	
				0 1	0 1	ein Wartetakt	
				1 0	1 0	zwei Wartetakte	
				1 1	1 1	2 + 1 Wartetakte	

Die Bits **SRL2**, **SRL1** und **SRL0** bestimmen die Grenzen des oberen und des unteren Sektors für das Einfügen von Wartetakten. Für SRL2=SRL1=SRL0 = 0 gibt es nur einen oberen Sektor im Bereich von 0x0260 bis 0xFFFF. Weitere Angaben finden sich im Datenbuch.

Die Bits **SRW01**, **SRW00** und **SRW11** legen zusammen mit SRW10 des MCUCR die Anzahl der Wartetakte für die beiden Sektoren fest. Weitere Angaben finden sich im Datenbuch.

Mit dem Steuerregister SFIOR lassen sich je nach Adressbereich der externen Bausteine Adressleitungen des Ports C ausblenden und für die digitale Ein-/Ausgabe freigeben.

SFIOR = **SF**R **IO** **R**egister SRAM-Adresse $50 SFR-Adresse $30

Bit 7	Bit 6	Bit 5	Bit 4	Bit 3	Bit 2	Bit 1	Bit 0
-	XMBK	XMM2	XMM1	XMM0	PUD	-	PSR10
	Buskeeper	**XMM2 XMM1 XMM0**	Adressbits	Portfreigabe			
	0 = aus	0 0 0	8	keine			
	1 = ein	0 0 1	7	PC7			
		0 1 0	6	PC7 - PC6			
		0 1 1	5	PC7 - PC5			
		1 0 0	4	PC7 - PC4			
		1 0 1	3	PC7 - PC3			
		1 1 0	2	PC7 - PC2			
		1 1 1	0	gesamter Port			

Mit der Buskeeper Funktion **XMBK** = 1 werden die zuletzt auf den Leitungen AD7 bis AD0 ausgegebenen Zustände festgehalten, während sonst die Leitungen tristate werden.

Mit den Bits **XMM2**, **XMM1** und **XMM0** lassen sich nicht benötigte Adressleitungen des Ports C für die digitale Ein-/Ausgabe freigeben.

Bei der Programmierung des externen SRAM-Zugriffs im MCUCR ist darauf zu achten, dass die anderen Bitpositionen des Sleep-Betriebes und der Interruptsteuerung nicht beeinflusst werden. Das Beispiel schaltet den SRAM-Betrieb ohne Wartetakte ein.

```
; Assembler
    in    akku,MCUCR              ; alter Inhalt
    ori   akku,(1<<SRE)           ; SRE = 1
    out   MCUCR,akku              ; neuer Wert

// C-Programm
MCUCR |= (1 << SRE);              // SRE = 1
```

Für die im internen SRAM liegenden Speicheradressen kleiner oder gleich RAMEND wird der externe SRAM ausgeblendet und Zugriff erfolgt auf den internen SRAM mit der in den Befehlslisten angegebenen Anzahl von Takten, z.B. zwei Takte für die Befehle ld und st. Bei allen Speicheradressen größer RAMEND wird der interne SRAM ausgeblendet und auf den externen Speicher zugegriffen. Ohne Wartetakte wird immer ein zusätzlicher Takt benötigt, also drei Takte für ld und st. Für einen Wartetakt sind zwei Zusatztakte, also vier Takte für die Befehle ld und st erforderlich.

Das Assemblerprogramm *Bild 5-23a* schreibt einen laufenden Testwert in den externen SRAM und vergleicht ihn mit dem rückgelesenen Wert. Bei Abweichungen erscheint auf dem angeschlossenen Terminal (USART) eine Fehlermeldung mit der Ausgabe von Adresse und Inhalt des fehlerhaften Bytes. Nach erfolgreichem Test wird der Inhalt des Speichers hexadezimal mit 16 Bytes auf einer Zeile ausgegeben. Das Symbol RAMEND ist in der Deklarationsdatei mit $25F vereinbart. Das Symbol XRAMEND mit dem Wert $FFFF wird in dem Beispiel nicht verwendet. Durch die freie Adressleitung A15 reicht der adressierbare Bereich des externen SRAM von $0260 bis $825F, also volle 32 KByte.

```
; k5p5.asm Bild 5-23a Mega8515 mit externem SRAM und PC-Terminal
; Port A: SRAM-Adressen/Daten AD0..AD7
; Port B: frei
; Port C: SRAM-Adressen A8..A15
; Port D: PD0=RxD PD1=TxD PD6=/WR PD7=/RD PD2 bis PD5 frei
; Port E: PE1=ALE  PE0 und PE1 frei
        .INCLUDE "m8515def.inc"   ; Portdeklarationen
        .INCLUDE "Mkonsole.h"     ;
        .EQU    baud = 9600       ; Baudrate
        .EQU    takt = 8000000    ; Controllertakt
        .DEF    akku = r16        ; Arbeitsregister
        .DEF    hilf = r17        ; Hilfsregister zum Rücklesen
        .DEF    wert = r18        ; Testwert
        .CSEG                     ; Programmsegment
        rjmp    start             ; Reset-Einsprung
        .ORG    $11               ; Interrupteinsprünge übergangen
start:  ldi     akku,LOW(RAMEND)  ; Endadresse des internen SRAM
```

5.5 Externer SRAM mit dem ATmega8515

```
            out     SPL,akku          ; 512  Bytes
            ldi     akku,HIGH(RAMEND) ; Stapel anlegen
            out     SPH,akku          ;
            rcall   initusart         ; USART initialisieren
; externen SRAM freigeben ohne Wartetakt
            in      akku,MCUCR        ;
            ori     akku,(1<<SRE)     ; ext. SRAM   kein Wartetakt
            out     MCUCR,akku        ;
; SRAM mit laufenden Zähler testen
test0:      ldi     YL,LOW(RAMEND+1)  ; Y <= Anfangsadresse
            ldi     YH,HIGH(RAMEND+1) ; des externen SRAM
            clr     wert              ;
test1:      st      Y,wert            ; Testwert schreiben
            nop                       ; Pause der Ergriffenheit
            nop                       ;
            ld      hilf,Y            ; und rücklesen
            cpse    wert,hilf         ; überspringe wenn beide gleich
            rjmp    fehler            ; ungleich: Fehlermeldung
test2:      inc     wert              ;
            adiw    YL,1              ; Adresse + 1
            cpi     YH,$82            ; Schleifenkontrolle
            brne    test1             ; bis $825F
            cpi     YL,$60            ;
            brne    test1             ;
            ldi     ZL,LOW(gut*2)     ; Z <= Adresse
            ldi     ZH,HIGH(gut*2)    ; Meldung SRAM gut
            rcall   puts              ; nach Terminal
; SRAM hexadezimal ausgeben
            ldi     YL,LOW(RAMEND+1)  ; Y <= Anfangsadresse
            ldi     YH,HIGH(RAMEND+1) ; des externen SRAM
test3:      rcall   aus16             ; Endlosschleife
            adiw    YL,16             ; testet auch
            rcall   getch             ; Adresse > $825F !!!
            rjmp    test3             ;
; Speicherfehler erkannt
fehler: ldi ZL,LOW(err*2)             ; Z <= Adresse
            ldi     ZH,HIGH(err*2)    ; Fehlermeldung
            rcall   puts              ; ausgeben
            mov     akku,YH           ;
            rcall   aushex8           ;
            mov     akku,YL           ;
            rcall   aushex8a          ;
            mov     akku,hilf         ; Istwert
            rcall   aushex8           ; hexadezimal ausgeben
            ldi     akku,' '          ; lz
```

```
        rcall   putch           ;
        ldi     akku,$23        ; #
        rcall   putch           ; ausgeben
        mov     akku,wert       ; Sollwert
        rcall   aushex8         ; ausgeben
        rcall   getch           ; warte auf Taste
        rjmp    test2           ; dann weiter
; externe Unterprogramme einfügen
        .INCLUDE "konsole.h"    ; enthält Upros
        .INCLUDE "aushex8.asm"  ; R16 hexa ausgeben
        .INCLUDE "puts.asm"     ;
; aus16: Adresse Y und 16 Bytes ausgeben
aus16:  push    r16             ; Register retten
        push    r17             ;
        push    YL              ;
        push    YH              ;
        ldi     r16,10          ; neue Zeile
        rcall   putch           ;
        ldi     r16,13          ;
        rcall   putch           ;
        mov     r16,YH          ; Y ausgeben
        rcall   aushex8         ; lz $ Byte
        mov     r16,YL          ;
        rcall   aushex8a        ; nur Byte
        ldi     r17,16          ; 16 Bytes auf einer Zeile
aus16a: ld      r16,Y+          ; Adresse + 1
        rcall   aushex8         ; lz $ Byte ausgeben
        dec     r17             ;
        brne    aus16a          ;
        pop     YH              ; Register zurück
        pop     YL              ;
        pop     r17             ;
        pop     r16             ;
        ret                     ;
; konstante Texte
gut:    .DB     10,13,"SRAM getestet!",0,0    ;
err:    .DB     10,13,"SRAM-Fehler bei:",0,0  ;
        .EXIT                   ; Ende des Quelltextes
```

Bild 5-23a: Assemblerprogramm testet externen SRAM

Das *C-Programm Bild 5-23c* definiert für das Symbol RAMENDE den Wert 0x0260 als Ende des internen und Anfang des externen SRAM. Die Adressierung erfolgt mit einem Zeiger, der auf den Anfangswert RAMENDE, also die Adresse 0x0260 gesetzt wird. In der for-Schleife, die den Adressbereich von 0x0260 bis 0x825F durchläuft, wird der Zeiger schritt-

5.5 Externer SRAM mit dem ATmega8515

weise um 1 erhöht. Bei Abweichungen des rückgelesenen vom eingeschriebenen Testwert erscheint auf dem Terminal (USART) eine Fehlermeldung mit Adresse und Inhalt des fehlerhaften Bytes. Nach erfolgreichem Test wird der Inhalt des Speichers hexadezimal mit 16 Bytes auf einer Zeile ausgegeben.

```c
// k5p5.c Bild 5-23c  Mega8515 am PC-Terminal mit externem  32 kByte Baustein
// Port A: SRAM-Adressen/Daten AD0.. AD7
// Port C: SRAM-Adressen A8..A15
// Port B: Eingabe frei für Testwerte
// Port D: PD0=RxD PD1=TxD PD6=/WR PD7=/RD D2=INT0 D2 D3 D4 D5 frei
// PORT E: E1=ALE  E0 E2 frei
#include <io.h>                          // Deklarationen
#define TAKT 8000000UL                   // Takt
#define BAUD 9600UL                      // Baudrate
#define RAMENDE 0x0260                   // Anfang ext. SRAM
#include "c:\cprog3\konsolfunc.h"        // initusart,putch,getch,getche,kbhit
#include "c:\cprog3\putstring.c"         // USART String senden
#include "c:\cprog3\ahex8.c"             // USART Byte hexa ausgeben
#include "c:\cprog3\ahex16.c"            // USART Wort hexa ausgeben
unsigned char  *zeiger = (unsigned char *) RAMENDE; // Zeiger auf SRAM-Anfang
void main(void)                          // Hauptfunktion
{
 unsigned int adress;                    // laufende SRAM-Adresse
 unsigned char wert, rueck;              // Hilfsvariablen
 initusart();                            // USART initialisieren
 MCUCR |= (1<<SRE) ;                     // ext. SRAM ein kein Wartetakt
 while(1)                                // Arbeitsschleife
 {
  zeiger = (unsigned char *) RAMENDE;    // Zeiger auf SRAM-Anfang
  wert = 0;                              // Testwert mod 256
  for(adress=RAMENDE; adress <= 0x825F; adress++) // SRAM-Bereich testen
  {
   *zeiger = wert;                       // Testwert einschreiben
   rueck = *zeiger;                      // und rücklesen
   if (rueck != wert)                    // bei ungleich: Fehlermeldung
   {
   putstring("\n\rSRAM-Fehler: ");
   putch('0'); putch('x'); ahex16(adress); putch(' '); putch('0');
   putch('x'); ahex8(wert); putch('#');putch('0'); putch('x'); ahex8(rueck);
   getch();                              // warte auf Taste
   } // Ende if
   zeiger++; wert++;                     // nächste Adresse nächster Wert
  } // Ende for test
  putstring("\n\rRAM getestet");
  zeiger = (unsigned char *) RAMENDE;    // Zeiger auf SRAM-Anfang
```

```
  for(adress=RAMENDE; adress <= 0x825F; adress+=16) // SRAM-Bereich ausgeben
  {
   putch(10);putch(13);putch('0');putch('x'); ahex16(adress); // Adresse
   for(unsigned char i=1;i<=16;i++)
   { putch(' '); putch('x'); ahex8(*zeiger++); }   // 16 Werte
   getch();                                         // warte auf Taste
  } // Ende for Ausgabe
  } // Ende while
} // Ende main
```

Bild 5-23c: C-Programm testet externen SRAM

Die Testprogramme zeigen nur den Zugriff auf den externen SRAM. In der praktischen Anwendung lassen sich analoge oder digitale Messwerte speichern und analysieren. Anstelle des beschreibbaren SRAM können auch Festwertspeicher wie EPROM- oder EEPROM-Bausteine mit konstanten Daten wie z.B. Tabellen, Kurven oder Tonaufzeichnungen sowie Peripheriebausteine wie z.B. parallele Wandler angeschlossen werden. Der Speicherbereich der Schaltung *Bild 5-22* lässt sich durch Bausteine höherer Kapazität wie z.B. dem 628512 mit 512 KByte erweitern. Dazu sind Portleitungen für die Seitenauswahl erforderlich.

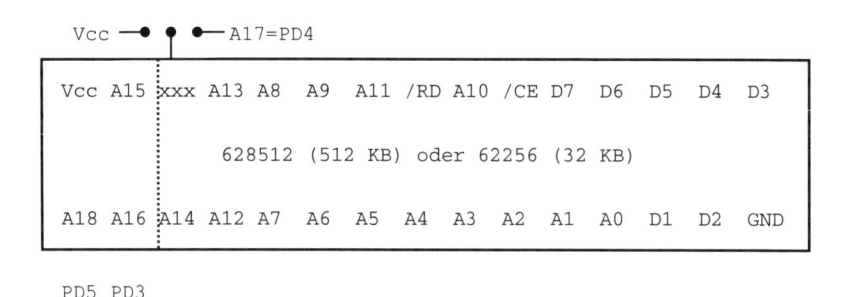

```
              Vcc ─●   ●─ A17=PD4
         ┌─────────┊──┊──────────────────────────────────────────┐
         │ Vcc A15 xxx A13 A8  A9  A11 /RD A10 /CE D7 D6 D5 D4 D3│
         │                                                       │
         │            628512 (512 KB) oder 62256 (32 KB)         │
         │                                                       │
         │ A18 A16 A14 A12 A7  A6  A5  A4  A3  A2  A1  A0 D1 D2 GND│
         └─────────┊──┊──────────────────────────────────────────┘
              PD5 PD3
```

In der Schaltung *Bild 5-22* sind die acht Leitungen des Ports B, vier Leitungen des Ports D und zwei Anschlüsse des Ports E frei für abzutastende Signale und Triggerbedingungen. Das Beispiel speichert 1000 Bytes vom Port B. Bei einem Systemtakt von 8 MHz und acht Takten für einen Schleifendurchlauf beträgt die Abtastrate 1 MHz.

```
        ldi    ZL,LOW(xram)     ; Z = Anfangsadresse
        ldi    ZH,HIGH(xram)    ;
        ldi    XL,LOW(1000)     ; X = Anzahl der Abtastungen
        ldi    XH,HIGH(1000)    ;
loop:   in     akku,PINB        ; 1 Takt  Byte lesen
        st     Z+,akku          ; 3 Takte speichern Adresse + 1
        sbiw   XL,1             ; 2 Takte Zähler - 1
        brne   loop             ; 2 Takte Schleifenkontrolle

for (i=0; i< 1000; i++) xram[i] = PINB;   // ? Takte
```

5.6 Leuchtdioden-Matrixanzeige mit dem ATtiny2313

Für die Ansteuerung von Leuchtdioden und von Segmenten einer LCD-Anzeige verwendet man häufig das Multiplexverfahren. Dabei werden die Elemente matrixförmig angeordnet und dynamisch so angesteuert, dass ein flimmerfreies Bild entsteht. Das Beispiel zeigt eine Matrix aus 5x4 = 20 Leuchtdioden, die mit neun Ausgängen betrieben wird.

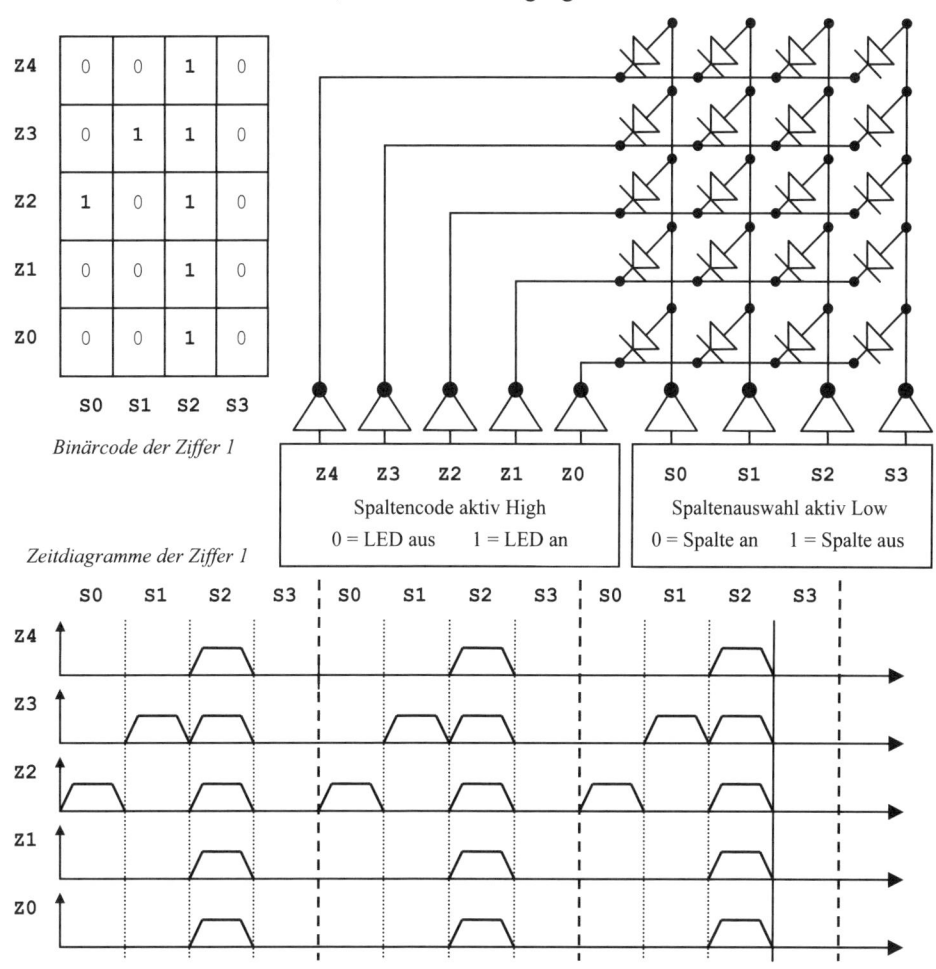

Zur Auswahl der Spalten, mit denen die Anoden betrieben werden, ist jeweils ein Ausgang der Spaltenauswahlschaltung Low; die entsprechende Anodenleitung liegt durch den invertierenden Treiber auf High. Die anderen drei Ausgänge sind High; die Anodenleitungen sind Low und damit inaktiv. Zu diesem Zeitpunkt wird der entsprechende Code der Spalte auf die Zeilenleitungen gelegt. Eine 1 erscheint invertiert als Low an der Kathode und schaltet die LED ein. Eine 0 wird zu High invertiert und schaltet die Leuchtdiode aus; die Leuchtdioden der anderen drei Spalten sind ebenfalls ausgeschaltet. Dann wird auf die nächste Spalte umgeschaltet. Bei der direkten Ansteuerung der Spalten wird das Anfangsmuster **0** 1 1 1 zyklisch rotiert. Durch Verwendung eines handelsüblichen 1-aus-4-Decoders wie z.B. 74155 erfolgt die zyklische Auswahl durch einen Zähler an den beiden Auswahleingängen des Decoderbausteins; der Aufwand für die Spaltenauswahl reduziert sich von vier auf zwei Controllerausgänge.

Die Anzeigedauer einer Spalte und damit die Umschaltfrequenz sind so zu wählen, dass für das menschliche Auge ein flimmerfreies Bild entsteht. Die Zeitdiagramme zeigen drei Anzeigezyklen der Ziffer 1. Da jede Leuchtdiode nur ¼ der gesamten Anzeigedauer eingeschaltet ist, muss ein entsprechend höherer Strom als bei der statischen Anzeige gewählt werden. In dem Programmbeispiel schaltet ein interruptgesteuerter Timer alle 4.4 ms (225 Hz) die Anzeige auf die nächste Spalte um. Bei 15 Spalten liegt die Bildfrequenz mit 15 Hz an der Flimmergrenze.

Bild 5-24 zeigt die Ansteuerung einer aus 105 Leuchtdioden bestehenden Matrixanzeige aus sieben Zeilen und 15 Spalten mit dem Tiny2313. Abschnitt 5.3 beschreibt den Baustein. Die Anzeigeeinheit wird mit 11 Ausgangsleitungen im Multiplexverfahren betrieben. Ein 1-aus-16-Decoder am Port B übernimmt über Treiberstufen die Ansteuerung jeweils einer Spalte; die entsprechenden Zeilen werden über Treibertransistoren am Port D ein- bzw. ausgeschaltet.

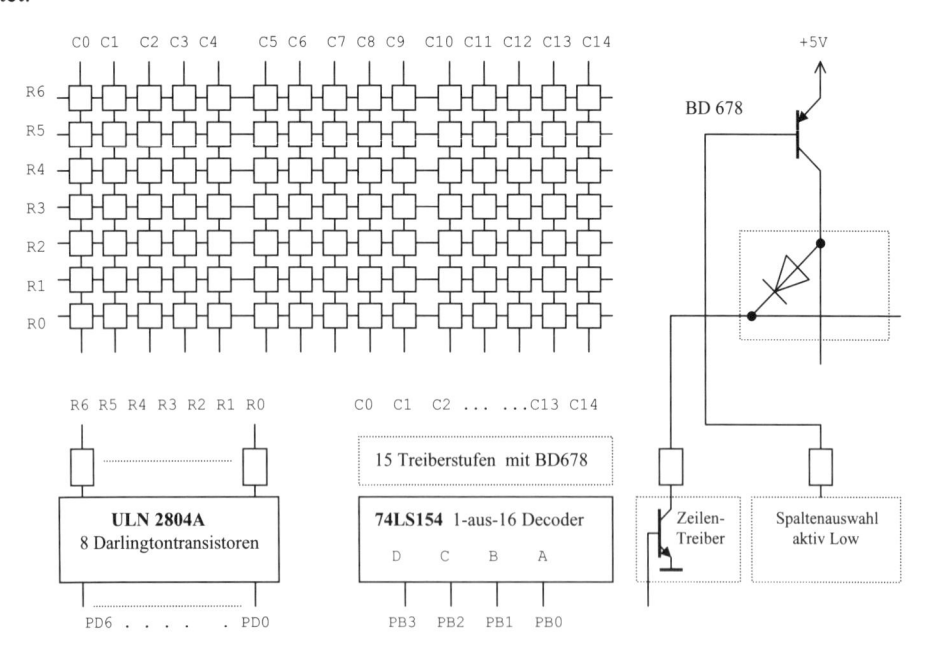

Bild 5-24: Leuchtdioden-Matrixanzeige mit den Ports D und B des Tiny2313

Das Assembler-Hauptprogramm *Bild 5-25a* benutzt den Überlauf-Interrupt von Timer2, um eine Sekundenanzeige weiterzuschalten. Timer0 löst einen Interrupt aus, der die Matrixanzeige um eine Spalte weiterschaltet. Das Hauptprogramm programmiert die beiden Timer

5.6 Leuchtdioden-Matrixanzeige mit dem ATtiny2313

und gibt die Interruptmasken frei. Die Arbeitsschleife kontrolliert die Taste PB4, die mit einer fallenden Flanke den Sekundenzähler löscht.

```
; k5p6.asm Bild 5-25a Multiplexanzeige mit Tiny2313
; Port B: B0..B3 Ausgänge Spaltenauswahl    B4: Eingang Rücksetzen
; Port D: D0..D6 Ausgänge für Anzeigecode der Zeilen
        .INCLUDE "tn2313def.inc"; Deklarationen für Tiny2313
        .EQU    takt = 3686400  ; externer Systemtakt Quarz 3.6864 MHz
        .DEF    akku = r16      ; Arbeitsregister
        .DEF    hilfe = r17     ; Hilfsregister
        .DEF    spalte = r18    ; laufende Ausgabespalte
        .DEF    null = r19      ; Nullregister
        .DEF    sek = r20       ; laufender Sekundenzähler
        .DEF    zaehl = r21     ; Interruptzähler Timer0 Uhr
        .CSEG                   ; Programmsegment
        rjmp    start           ; Reset-Einsprung
        .ORG    OVF1addr        ; Einsprung Timer1 Überlauf
        rjmp    muxen           ; alle 0.556 ms neue Spalte ausgeben
        .ORG    OVF0addr        ; Einsprung Timer0 Überlauf
        rjmp    uhr             ; jede Sekunde Uhr + 1
        .ORG    $13             ; Interrupteinsprünge übergangen
start:  ldi     akku,LOW(RAMEND); Stapel anlegen
        out     SPL,akku        ;
        clr     null            ; Nullregister löschen
        ldi     akku,$0f        ; 0000 1111 PB0..PB3 Ausgänge
        out     DDRB,akku       ; Richtung Port B
        ldi     akku,$ff        ; 1111 1111 PD0..PD7 Ausgänge
        out     DDRD,akku       ; Richtung Port D
        ldi     zaehl,225       ; Anfangswert Uhreninterrupt
        clr     spalte          ; Spalte 0 beginnt
        clr     sek             ; Sekundenzähler löschen
        mov     akku,sek        ; Anfangswert
        rcall   ausgabe         ; nach Ausgabespeicher
; Timer0 und Timer1 programmieren und starten
        ldi     akku,0b011      ; 3.6864 : 64 : 256 = 225 Hz
        out     TCCR0B,akku     ; Timer0 starten
        in      akku,TIMSK      ; alte Interruptmasken
        ori     akku,1 << TOIE0 ; Freigabe Timer0 Interrupt
        out     TIMSK,akku      ;
        in      akku,TIMSK      ; alte Interruptmasken
        ori     akku,1 << TOIE1 ; Freigabe Timer1 Interrupt
        out     TIMSK,akku      ;
        ldi     akku,HIGH(65536-3686) ;
        out     TCNT1H,akku     ;
        ldi     akku,LOW(65536-3686)  ;
```

```
                out     TCNT1L,akku     ;
                ldi     akku,0b001      ; 3.6864 : 1 : 3686 = 1 kHz
                out     TCCR1B,akku     ; Timer1 starten
                sei                     ; alle Interrupts frei
haupt:          sbic    PINB,PINB4      ; überspringe wenn Löschtaste Low
                rjmp    haupt           ; bei High weiter
                clr     sek             ; fallende Flanke: Sekunde löschen
                mov     akku,sek        ;
                rcall   ausgabe         ; und ausgeben
haupt1:         sbis    PINB,PINB4      ; steigende Flanke: weiter
                rjmp    haupt1          ;
                rjmp    haupt           ; Hauptprogrammschleife
;
; hier liegen die Unterprogramme und Servicefunktionen
;
; Konstantenbereich mit Zifferncode
code:   .DB     $3e,$41,$41,$3e,$0, $00,$10,$20,$7f,$0  ; Ziffern 0 und 1
        .DB     $22,$45,$49,$31,$0, $2a,$49,$49,$36,$0  ; Ziffern 2 und 3
        .DB     $78,$08,$1f,$08,$0, $71,$49,$4a,$0c,$0  ; Ziffern 4 und 5
        .DB     $3e,$49,$49,$06,$0, $43,$44,$48,$30,$0  ; Ziffern 6 und 7
        .DB     $3e,$49,$49,$3e,$0, $32,$49,$49,$3e,$0  ; Ziffern 8 und 9
        .DB     $00,$00,$00,$00,$00,$00                 ; Code 10 = Lz
;
; Datenbereich für Anzeige
        .DSEG                   ; Datensegment
aus:    .BYTE   15              ; 15 Bytes für Anzeige
        .EXIT                   ; Ende des Quelltextes
```

Bild 5-25a: Assemblerhauptprogramm und Datenbereiche zur LED-Matrixanzeige

Das Unterprogramm ausgabe übernimmt die Dual/Dezimalumwandlung und übergibt jede Ziffer dem Hilfsunterprogramm umcode zur Codierung und Abspeicherung.

```
; ausgabe: R16 von dual nach dezimal umwandeln und ausgeben
ausgabe:push    r16             ; Register retten
        push    r17             ;
        push    r18             ;
        push    XH              ; Zeiger auf Ausgabespeicher
        push    XL              ;
        push    ZH              ; Zeiger auf Codekonstanten
        push    ZL              ;
        ldi     XH,HIGH(aus)    ; X <= Anfangsadresse Ausgabe
        ldi     XL,LOW(aus)     ;
; Hunderter-Ziffer umwandeln
        clr     r17             ; R17 = Hunderterzähler
```

5.6 Leuchtdioden-Matrixanzeige mit dem ATtiny2313

```
ausgab1:cpi    r16,100           ; Hunderterprobe
        brlo   ausgab2           ; < 100: fertig
        subi   r16,100           ; abziehen
        inc    r17               ; Hunderter + 1
        rjmp   ausgab1           ;
ausgab2:mov    r18,r17           ; R18 = Hunderter für führende Nullen
        cpi    r17,0             ; führende Null ?
        brne   ausgab3           ; nein: Ziffer ausgeben
        ldi    r17,10            ; Code für Leerzeichen
ausgab3:rcall  umcode            ; Hunderter R17 umcodieren und ausgeben
        clr    r17               ;
ausgab4:cpi    r16,10            ; Zehnerprobe
        brlo   ausgab5           ; < 10: fertig
        subi   r16,10            ; abziehen
        inc    r17               ; Zehner + 1
        rjmp   ausgab4           ;
ausgab5:or     r18,r17           ; zwei führende Nullen ?
        brne   ausgab6           ; nein:
        ldi    r17,10            ; ja: auch Zehner durch Leerzeichen ersetzen
ausgab6:rcall  umcode            ; Zehner R17 umcodieren und ausgeben
        mov    r17,r16           ; R16 Rest Einer -> R17
        rcall  umcode            ; Einer R17 umcodieren und ausgeben
        pop    ZL                ; Register zurück
        pop    ZH                ;
        pop    XL                ;
        pop    XH                ;
        pop    r18               ;
        pop    r17               ;
        pop    r16               ;
        ret                      ; Rücksprung
; Hilfsunterprogramm Ziffer aus R17 umcodieren und nach Ausgabe
umcode: push   r17               ; Register retten
        push   r18               ;
        push   ZL                ;
        push   ZH                ;
        mov    r18,r17           ; Ziffer retten
        lsl    r17               ; Ziffer * 2
        lsl    r17               ; Ziffer * 4
        add    r17,r18           ; Ziffer * 5
        ldi    ZH,HIGH(code*2)   ; Z <= Anfangsadresse Codetabelle
        ldi    ZL,LOW(code*2)    ;
        add    ZL,r17            ; + Ziffernabstand
        adc    ZH,null           ;
; Ausgabeschleife
        ldi    r18,5             ; 5 Spalten kopieren
```

```
umcode1: lpm                       ; R0 <= Tabellenwert
         adiw    ZL,1              ; nächster Tabellenwert
         st      X+,r0             ; nach Ausgabespeicher Adresse + 1
         dec     r18               ; Durchlaufzähler - 1
         brne    umcode1           ;
         pop     ZH                ; Register zurück
         pop     ZL                ;
         pop     r18               ;
         pop     r17               ;
         ret                       ; Rücksprung
```

Das Interruptprogramm muxen schaltet die Anzeige um eine Spalte weiter und gibt die dazugehörenden Zeilenpunkte aus dem Datenbereich auf dem Port D aus.

```
; Interrupteinsprung Timer1 Überlauf Multiplexausgabe
muxen:   push    r16               ; Register retten
         in      r16,SREG          ;
         push    r16               ;
         push    XL                ;
         push    XH                ;
         ldi     XL,LOW(aus)       ; X <= Zeiger auf Ausgabespeicher
         ldi     XH,HIGH(aus)      ;
         add     XL,spalte         ; addiere Spaltenabstand
         adc     XH,null           ; + Null + Carry
         ld      r16,X             ; lade Ausgabebyte
         out     PORTB,spalte      ; nach Spaltenauswahl
         out     PORTD,akku        ; Spalte ausgeben
         inc     spalte            ; neue Spalte
         cpi     spalte,15         ; Ende erreicht ?
         brlo    muxen1            ; nein: Spalten 0..14
         clr     spalte            ;   ja: wieder links beginnen
muxen1:  ldi     r16,HIGH(65536-3686) ; Timer1 neu laden
         out     TCNT1H,r16        ;
         ldi     r16,LOW(65536-3686)  ;
         out     TCNT1L,r16        ;
         pop     XH                ; Register zurück
         pop     XL                ;
         pop     r16               ;
         out     SREG,r16          ;
         pop     r16               ;
         reti                      ; Rücksprung aus Service
```

Das Interruptprogramm uhr wird jede Sekunde vom Timer2 gestartet und schaltet den Sekundenzähler um 1 weiter. Für eine Minutenanzeige müsste der Sekundenzähler beim Stand von 60 gelöscht werden, um den Minutenzähler um 1 zu erhöhen.

5.6 Leuchtdioden-Matrixanzeige mit dem ATtiny2313

```
; Interrupteinsprung Timer0 Überlauf Sekundenzähler alle 225 Interrupts
uhr:    push    r16             ; Register retten
        in      r16,SREG        ;
        push    r16             ;
        dec     zaehl           ; Interruptzähler - 1
        brne    uhr1            ;
        ldi     zaehl,225       ;
        inc     sek             ; Sekundenzähler erhöhen
        mov     r16,sek         ; aus R16
        rcall   ausgabe         ; dezimal ausgeben
uhr1:   pop     r16             ; Register zurück
        out     SREG,r16        ;
        pop     r16             ;
        reti                    ; Rücksprung aus Service
```

Das *C-Programm Bild 5-25c* legt die Funktion ausgabe und die Interruptprogramme vor der Hauptfunktion main an. Die Zähler und Felder werden global vereinbart, da Interruptfunktionen keine Parameter übergeben können.

```c
// k5p6.c Bild 5-25c Multiplexanzeiger mit Tiny2313
// Port B: B0..B3 Ausgänge Spaltenauswahl B4: Eingang Rücksetzen
// Port D: D0..D6 Ausgänge Spaltencode
#include <avr/io.h>                 // Deklarationen
#include <avr/signal.h>             // für Interrupt
#include <avr/interrupt.h>          // für Interrupt
unsigned char sek = 0, spalte = 0, zaehl = 0;    // globale Zähler
unsigned char aus[15];              // globale Variable Ausgabebereich
unsigned char code[56] = {0x3e,0x41,0x41,0x3e,0, 0x00,0x10,0x20,0x7f,0, \
                          0x22,0x45,0x49,0x31,0, 0x2a,0x49,0x49,0x36,0, \
                          0x78,0x08,0x1f,0x08,0, 0x71,0x49,0x4a,0x0c,0, \
                          0x3e,0x49,0x49,0x06,0, 0x43,0x44,0x48,0x30,0, \
                          0x3e,0x49,0x49,0x3e,0, 0x32,0x49,0x49,0x3e,0, \
                          0,0,0,0,0 };  // Ziffern 0..9 und Leerzeichen
void ausgabe(unsigned char x)   // Zahl umcodieren und nach Ausgabespeicher
{
 unsigned char i, j=0, z;       // lokale Zähler
 z = x/100; if (z == 0) z = 10; // Hunderter-Null unterdrücken
 for (i=0; i<5; i++) aus[j++] = code[z*5 + i];
 x = x % 100;                   // Divisionsrest
 if ( ( (x/10) == 0) && (z == 10)) z = 10; else z = x/10; // Zehner-Null
 for (i=0; i<5; i++) aus[j++] = code[z*5 + i];
 for (i=0; i<5; i++) aus[j++] = code[(x%10)*5 + i];
} // Ende ausgabe
```

```
SIGNAL(SIG_TIMER1_OVF)           // Einsprung Timer1 Überlauf MUX Spalte
{
 PORTD = aus[spalte];            // Spaltenbyte
 PORTB = spalte++;               // Spalte ansteuern
 if (spalte == 15) spalte = 0;// Spalten 0..14
 TCNT1 = 65536ul - 3686ul;       // Wartezeit für 1 kHz Muxfrequenz
}

SIGNAL(SIG_TIMER0_OVF)           // Einsprung Timer0 Überlauf
{
 zaehl++;                        // Interruptzähler
 if (zaehl == 225) { zaehl = 0; sek++; ausgabe(sek); }  // Sekunden
}

void main(void)                  // Hauptfunktion
{
 DDRB=0x0f;                      // 0000 1111 B0..B3 Ausgänge
 DDRD=0x7f;                      // 0111 1111 D0..D6 Ausgänge
 ausgabe(sek);                   // Anfangswert nach Ausgabespeicher
 TCCR0B = 0x03;                  // 3.6864 MHz : 64 : 256 = 225 Durchläufe 1 sek
 TIMSK |= (1<<TOIE0);            // Timer0 Interrupt frei
 TCCR1B = 0x01;                  // Timer1 MUX 3.686400 : 1 : 3686 = 1 kHz
 TCNT1 = 65536ul - 3686ul;       // Wartezeit für 1 kHz Muxfrequenz
 TIMSK |= (1<<TOIE1);            // Timer1 Interrupt frei
 sei();                          // alle Interrupts frei
 while(1)                        // Arbeitsschleife
 {
  while(PINB & (1 << PB4));      // warte auf Tastenbetätigung
  sek = 0; ausgabe(sek);         // Sekundenzähler löschen
  while(!(PINB & (1 <<PB4)));    // warte auf Lösen der Taste
 } // Ende while
} // Ende main
```

Bild 5-25c: C-Programm zur LED-Matrixanzeige

Die in den Abschnitten 5.4 und 5.7 verwendeten LCD Module arbeiten zur Ansteuerung der Bildpunkte intern ebenfalls nach dem Multiplexverfahren. Der Baustein ATmega169 enthält spezielle Ausgänge zum Anschluss einer 4x25 Segment LCD-Anzeige. Die Tastatur *Bild 5-18* des Abschnitts 5.4 besteht aus einer 5x5 Tastenmatrix und wird spaltenweise abgetastet.

5.7 Funktionsgenerator mit dem ATmega8

Mit den in Abschnitt 4.4 Timereinheiten beschriebenen Timern lassen sich Anwendungen zur Ausgabe und zum Messen von Rechtecksignalen programmieren. Das Beispiel *Bild 5-26* verwendet die drei Timer des ATmega8, dessen Aufbau im Abschnitt 5.4 beschrieben wird.

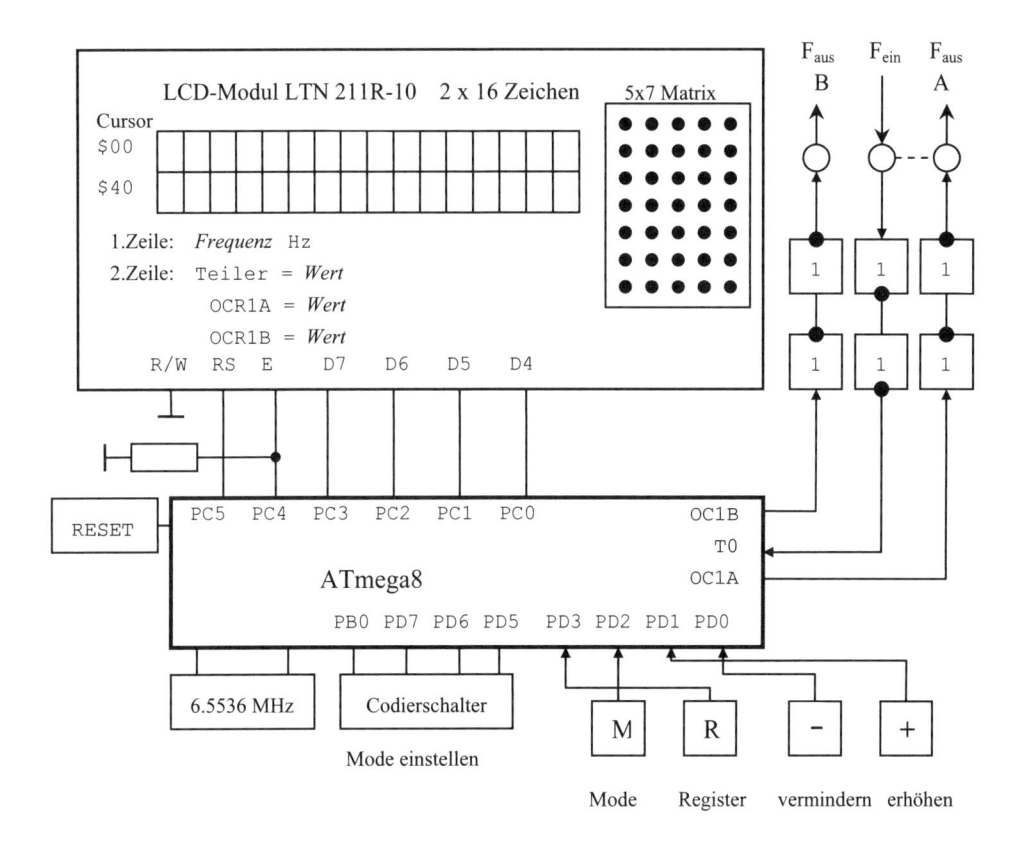

Bild 5-26: Frequenzgenerator und Frequenzmesser mit dem ATmega8

Der 8bit Timer0 zählt die fallenden Flanken am Eingang T0. Der externe Takt ist auf ¼ des Systemtaktes beschränkt. Bei jedem Überlauf wird durch einen Interrupt ein 24bit Zähler erhöht, so dass nach Ablauf der Messzeit ein 32bit Flankenzähler zur Verfügung steht, der als Frequenz in der Einheit Hz auf der obersten Zeile der LCD-Anzeige erscheint. Der 8bit Timer2 wird mit dem Systemtakt betrieben und liefert die Zeitbasis von einer Sekunde für die Frequenzmessung.

Der 16bit Timer1 erzeugt die Rechtecksignale an den Ausgängen OC1A und OC1B. Die Taste **R** wählt den frequenzbestimmenden Taktteiler sowie die beiden Compareregister aus, deren Wert sich mit den Tasten **+** und **−** erhöhen bzw. vermindern lassen. Von der Möglichkeit, mit der Taste **M** eine an den Codierschaltern eingestellte Betriebsart auszuwählen macht das Testprogramm *Bild 5-27* keinen Gebrauch.

```
; k5p7.asm Bild 5-27 Frequenzmesser und Generator mit dem Mega8
; Port B: B5,B4,B3: ISP  B2: OC1B  B1: OC1A  B0: Code 8
; Port C: LCD C5: RS  C4: E  C3-C0: Daten_7 - Daten_4
; Port D: D7-D5: Code 4,2,1  D4: T0  D3-D0: Taster
        .INCLUDE "m8def.inc"    ; Deklarationen für ATmega8
        .EQU    takt = 6553600  ; Systemtakt Quarz 6.5536 MHz
; Symboldefinitionen für LCD-Schnittstelle 4bit Bus an High-Port
        .EQU    lcdpen = PORTC  ; Port des E-Signals
        .EQU    lcden  = PC4    ; Bit E Freigabesignal
        .EQU    lcdprs = PORTC  ; Port des RS-Signal
        .EQU    lcdrs  = PC5    ; Bit RS Registerauswahlsignal
        .EQU    lcdpdat = PORTC ; Port des 4bit-Datenbus
        .EQU    lcdbus = '1'    ; Anschluss an High-Port PB7..PB4
        .DEF    akku  = r16     ; R16 Arbeitsregister und auch R17
        .DEF    zint2 = r19     ; R19 = Zähler für Timer2 Interrupts
        .DEF    zauto = r20     ; R20 = Zähler für auto-repeat
        .DEF    para  = r21     ; R21 = Parameter 0=Teiler 1=OCR1A 2=OCR1B
        .DEF    teiler = r22    ; R22 = Taktteiler Timer1
        .DEF    marke = r10     ; R10 = Ausgabemarke
        .CSEG                   ; Programm-Flash
        rjmp    start           ; Reset-Einsprung
        .ORG    OVF2addr        ; Einsprung Timer2 Überlauf
        rjmp    zeit            ; Messzeit
        .ORG    OVF0addr        ; Einsprung Timer0 Überlauf
        rjmp    count           ; Flankenzähler
        .ORG    $13             ; Interrupteinsprünge übergehen
start:  ldi     akku,LOW(RAMEND); Stapelzeiger
        out     SPL,akku        ; anlegen
        ldi     akku,HIGH(RAMEND);
        out     SPH,akku        ;
        ldi     akku,0b00000110 ; PB1=OC1A PB2=OC1B
        out     DDRB,akku       ; sind Ausgänge
        ldi     akku,0b00111111 ; PC5-PC0
        out     DDRC,akku       ; sind Ausgänge LCD
        rcall   lcd4ini         ; LCD initialisieren
        clr     marke           ; Ausgabemarke löschen
; Timer0 für externen Takt initialisieren und Zähler löschen
        clr     r1              ; 32bit Zähler löschen
```

5.7 Funktionsgenerator mit dem ATmega8

```
        clr     r2              ;
        clr     r3              ;
        clr     r4              ; Überlaufmarke
        in      akku,TIMSK      ; alte Timer Interrupt Masken
        ori     akku,1 << TOIE0 ; Timer0 Interrupt frei
        out     TIMSK,akku      ;
        ldi     akku,1 << CS02 | 1 << CS01 ; 0b110 ext. Takt fallende Flanke
        out     TCCR0,akku      ;
; Timer1 Frequenzausgabe CTC Betrieb initialisieren
        clr     XL              ; Kanal A Anfangswert 0
        clr     XH              ;
        out     OCR1AH,XH       ;
        out     OCR1AL,XL       ;
        clr     YL              ; Kanal B Anfangswert 0
        clr     YH              ;
        out     OCR1BH,YH       ;
        out     OCR1BL,YL       ;
        ldi     teiler,1        ; Teiler = 1 Vorgabe
        mov     akku,teiler     ;
        ori     akku, 1 << WGM12; CTC Betrieb
        out     TCCR1B,akku     ; Betriebsart und Taktteiler Timer1
        ldi     akku,1<<COM1A0 | 1 << COM1B0 ; WGM umschalten
        out     TCCR1A,akku     ;
        ldi     para,0          ; Parameter 0 = Teiler
        rcall   auspara         ; Parameter und Wert ausgeben
; Timer2 Zeitbasis für Messzeit initialisieren
        in      akku,TIMSK      ; alte Timer Interrupt Masken
        ori     akku,1 << TOIE2 ; Timer2 Interrupt frei
        out     TIMSK,akku      ;
        ldi     akku,1 << CS22 | 1 << CS21 | 1 << CS20 ; Teiler Takt / 1024
        out     TCCR2,akku      ; 6553600 : 128 : 1024 = 25 Durchläufe
        ldi     zint2,25        ;
        sei                     ; Interrupt frei
; Ausgabe der Frequenz
loop:   tst     marke           ;
        breq    loopi           ;
        clr     marke           ;
        ldi     r16,$80         ; Cursor nach 1.Zeile
        rcall   lcd4comfast     ; Kommando ausgeben
        rcall   ausdez32u       ; R3:R2:R1:R0 ausgeben
        ldi     r16,' '         ; lz
        rcall   lcd4putfast     ;
        ldi     r16,'H'         ; H
        rcall   lcd4putfast     ;
        ldi     r16,'z'         ; z
```

```
               rcall   lcd4putfast      ;
               ldi     r16,' '          ; lz
               rcall   lcd4putfast      ;
; Kontrolle der drei Tasten D3=Parameter auswählen D1=Wert +  D0=Wert -
loopi:         sbic    PIND,PIND3       ; + Taste für Parameterauswahl ?
               rjmp    loop3            ; nein:
; + Taste für Parameterauswahl
               inc     para             ; nächster Parameter
               cpi     para,3           ; mod 3
               brne    loop1            ;
               ldi     para,0           ;
loop1:         rcall   auspara          ;
loop2:         sbis    PIND,PIND3       ; Taste gedrückt ?
               rjmp    loop2            ;  ja: warten
               rjmp    loop             ; nein: gelöst weiter
; + Taste für Wert des Parameters erhöhen
loop3:         sbic    PIND,PIND1       ; + Taste für Wert ?
               rjmp    loop10           ; nein:
               ldi     zauto,255        ; Anfangswert Zähler für auto-repeat
               ldi     r25,0            ;
               ldi     r24,1            ; R25:R24 = variabler Summand
               cpi     para,0           ; Teiler ?
               brne    loop5            ; nein
               cpi     teiler,5         ; ja: Maximalwert ?
               breq    loop4            ; ja: keine Wirkung
               inc     teiler           ; nein: nächster Teiler
loop4:         in      akku,TCCR1B      ; alter Teiler
               andi    akku,0b11111000  ; löschen
               or      akku,teiler      ; neuen laden
               out     TCCR1B,akku      ;
               rcall   auspara          ; und ausgeben
loop4a:        sbis    PIND,PIND1       ; Taste gelöst ?
               rjmp    loop4a           ; nein:
               rjmp    loop             ;  ja: Flanke ausgewertet
; + Taste mit auto-repeat
loop5:         cpi     para,1           ; OCR1A Kanal A ?
               brne    loop6            ; nein:
               add     XL,r24           ; Wert erhöhen
               adc     XH,r25           ;
               brcc    loop5a           ; kein Überlauf
               ldi     XL,LOW(65535);   ; Überlauf:
               ldi     XH,HIGH(65535)   ; Maximalwert 65535
               rjmp    loop5b           ; kein
loop5a:        lsl     r24              ; Summand * 2
               rol     r25              ;
```

```
loop5b: out     OCR1AH,XH       ; nach Compare A
        out     OCR1AL,XL       ;
loop6:  cpi     para,2          ; OCR1B Kanal B ?
        brne    loop7           ; nein:
        add     YL,r24          ; Wert erhöhen
        adc     YH,r25          ;
        brcc    loop6a          ; kein Überlauf
        ldi     YL,LOW(65535)   ; Überlauf:
        ldi     YH,HIGH(65535)  ; Maximalwert 65535
        rjmp    loop6b          ;
loop6a: lsl     r24             ;
        rol     r25             ;
loop6b: out     OCR1BH,YH       ; nach Compare B
        out     OCR1BL,YL       ;
loop7:  rcall   auspara         ; neuen Parameter ausgeben
; auto-repeat mit variabler Zeit
        mov     akku,zauto      ;
        cpi     zauto,1         ;
        brne    loop8           ;
        dec     zauto           ;
loop8:  rcall   warte1ms        ;
        dec     akku            ;
        brne    loop8           ;
        sbic    PIND,PIND1      ; + Taste gelöst ?
        rjmp    loop            ;   ja: fertig
        rjmp    loop5           ; nein:
; - Taste für Wert des Parameters vermindern
loop10: sbic    PIND,PIND0      ; - Taste für Wert ?
        rjmp    loop20          ; nein:
        ldi     zauto,255       ; Anfangswert Zähler für auto-repeat
        ldi     r25,0           ;
        ldi     r24,1           ; R25:R24 = variabler Subtrahend
        cpi     para,0          ; Teiler ?
        brne    loop15          ; nein
        cpi     teiler,1        ; ja: Minimalwert ?
        breq    loop14          ; ja: keine Wirkung
        dec     teiler          ; nein: nächster Teiler
loop14: in      akku,TCCR1B     ; alter Teiler
        andi    akku,0b11111000 ; löschen
        or      akku,teiler     ; neuen laden
        out     TCCR1B,akku     ;
        rcall   auspara         ; und ausgeben
loop14a:sbis    PIND,PIND0      ; Taste gelöst ?
        rjmp    loop14a         ; nein:
        rjmp    loop            ;   ja: Flanke ausgewertet
```

```
;  - Taste mit auto-repeat
loop15:  cpi      para,1          ; OCR1A Kanal A ?
         brne     loop16          ; nein:
         sub      XL,r24          ; Wert vermindern
         sbc      XH,r25          ;
         brcc     loop15a         ; kein Unterlauf
         ldi      XL,0            ; Unterlauf:
         ldi      XH,0            ; Minimalwert 0
         rjmp     loop15b         ;
loop15a:lsl       r24             ; Subtrahend * 2
         rol      r25             ;
loop15b:out       OCR1AH,XH       ; nach Compare A
         out      OCR1AL,XL       ;
loop16:  cpi      para,2          ; OCR1B Kanal B ?
         brne     loop17          ; nein:
         sub      YL,r24          ; Wert vermindern
         sbc      YH,r25          ;
         brcc     loop16a         ; kein Unterlauf
         ldi      YL,0            ; Unterlauf:
         ldi      YH,0            ; Minimalwert 0
         rjmp     loop16b         ;
loop16a:lsl       r24             ;
         rol      r25             ;
loop16b:out       OCR1BH,YH       ; nach Compare B
         out      OCR1BL,YL       ;
loop17:  rcall    auspara         ; neuen Parameter ausgeben
;  auto-repeat mit variabler Zeit
         mov      akku,zauto      ;
         cpi      zauto,1         ;
         brne     loop18          ;
         dec      zauto           ;
loop18:  rcall    warte1ms        ;
         dec      akku            ;
         brne     loop18          ;
         sbic     PIND,PIND0      ; - Taste gelöst ?
         rjmp     loop            ;   ja: fertig
         rjmp     loop15          ; nein:
loop20:  rjmp     loop            ;
;
; Timer0 Interrupt Überlauf des Messwertes
count:   push     r16             ; Register retten
         in       r16,SREG        ;
         push     r16             ;
         ldi      r16,1           ;
         add      r6,r16          ; 32bit Zähler + 1
```

5.7 Funktionsgenerator mit dem ATmega8

```
            brcc    count1          ; kein Übertrag
            add     r7,r16          ;
            brcc    count1          ;
            add     r8,r16          ;
            brcc    count1          ;
            mov     r9,r16          ; R9 = 1 Überlaufkontrolle
count1:     pop     r16             ; Register zurück
            out     SREG,r16        ;
            pop     r16             ;
            reti                    ;
;
; Timer2 Interrupt 25 Aufrufe für 1 sek Messzeit
zeit:       push    r16             ; Register retten
            in      r16,SREG        ;
            push    r16             ;
            clr     r16             ; R16 = 0
            dec     zint2           ;
            brne    zeit1           ; schon 1 sek vergangen ?
            ldi     zint2,25        ; ja: Frequenz ausgeben
            in      r0,TCNT0        ; Zähler zur Ausgabe und löschen
            out     TCNT0,r16       ;
            mov     r1,r6           ;
            clr     r6              ;
            mov     r2,r7           ;
            clr     r7              ;
            mov     r3,r8           ;
            clr     r8              ;
            clr     r9              ;
            ldi     r16,1           ;
            mov     marke,r16       ; Ausgabemarke setzen
zeit1:      pop     r16             ; Register zurück
            out     SREG,r16        ;
            pop     r16             ;
            reti                    ;
; Parameter und Wert auf 2.Zeile ausgeben
auspara:    cli                     ; Interrupts sperren
            push    r16             ; Register retten
            push    r17             ;
            ldi     r16,$01         ; Kommando LCD Anzeige löschen
            rcall   lcd4com         ; ausgeben
            ldi     r16,$80 | $40   ; Cursor auf Anfang 2.Zeile
            rcall   lcd4com         ; positionieren
            cpi     para,0          ; Teiler ?
            brne    auspara1        ;
            ldi     ZL,LOW(text0*2) ; Text: Teiler =
```

```
            ldi     ZH,HIGH(text0*2);
            clr     r17             ;
            mov     r16,teiler      ; R17.R16 = Wert
            rjmp    auspara3        ; Ausgabe
auspara1:   cpi     para,1          ; OCR1A ?
            brne    auspara2        ;
            ldi     ZL,LOW(text1*2) ; Text: OCR1A =
            ldi     ZH,HIGH(text1*2);
            mov     r17,XH          ;
            mov     r16,XL          ; R17.R16 = Wert
            rjmp    auspara3        ; Ausgabe
auspara2:   cpi     para,2          ; OCR1B ?
            brne    auspara3        ;
            ldi     ZL,LOW(text2*2) ; Text: OCR1B =
            ldi     ZH,HIGH(text2*2);
            mov     r17,YH          ;
            mov     r16,YL          ; R17.R16 = Wert
auspara3:   rcall   lcd4puts        ; Text ausgeben
            rcall   ausdez16        ; Wert ausgeben
            pop     r17             ;
            pop     r16             ;
            sei                     ; Interrupts zulassen
            ret                     ;
text0:  .DB     "Teiler = ",0       ; Taktteiler
text1:  .DB     " OCR1A = ",0       ; Kanal A
text2:  .DB     " OCR1B = ",0       ; Kanal B
; Ziffer auf LCD-Anzeige ausgeben aufgerufen von ausdez16
ausz:   rcall   lcd4putfast         ; Ziffer nach 2. LCD-Zeile
        ret                         ;
lcd4cur:ret                         ; für lcd4puts erforderlich
; Externe LCD- Warte- und Umwandlungs-Unterprogramme
        .INCLUDE "lcd4.h"           ; lcd4ini lcd4com lcd4put lcd4puts
        .INCLUDE "lcd4putfast.asm" ;
        .INCLUDE "lcd4comfast.asm" ;
        .INCLUDE "warte1ms.asm"    ; warte 1 ms bei takt
        .INCLUDE "ausdez16.asm"    ; R17:R16 dezimal benötigt div1016 und ausz
        .INCLUDE "div1016.asm"     ;
        .INCLUDE "ausdez32u.asm"   ; R3:R2:R1:R0 dezimal ausgeben
        .INCLUDE "div1032.asm"     ;
        .EXIT                      ; Ende des Quelltextes
```

Bild 5-27: Assembler-Testversion zum Funktionsgenerator und Frequenzmesser

6 Der Boot-Programmspeicher

Die Bausteine der AVR-Familien werden üblicherweise durch ein externes Gerät (z.B. STK 500 oder AVR ISP) programmiert, welches das Programm in den Flash-Speicher bzw. vorbesetzte Daten in den EEPROM-Bereich schreibt. Die Bausteine der Mega-Familie haben im Programm-Flash einen separaten Bootbereich. Ein dort eingelagertes Bootprogramm kann den Anwendungsbereich durch den Befehl SPM (**S**tore **P**rogram **M**emory) beschreiben und damit Anwendungsprogramme laden bzw. modifizieren.

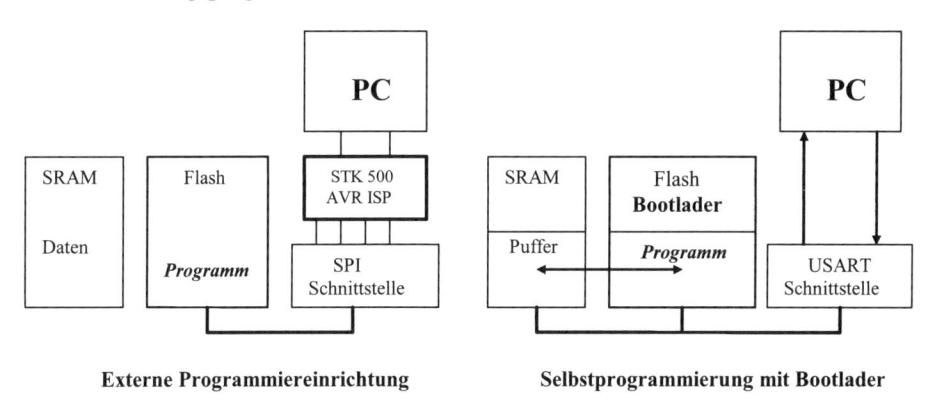

Bild 6-1: Externe und interne Flash-Programmierung

Der Flash-Programmspeicher ist in einen Anwendungsbereich und einen Bootbereich aufgeteilt, dessen Größe durch Lockbits (Verriegelungen) eingestellt werden kann. Durch die Aufteilung in einen RWW-Bereich (**R**ead-**W**hile-**W**rite) und einen NRWW-Bereich (**N**o **R**ead-**W**hile-**W**rite) können während der Programmierung des Flash-Programmspeichers Befehle ausgeführt werden, ohne dass die CPU angehalten wird.

Ein *Bootlader* ist ein im Bootbereich des Flash-Speichers eingelagertes Programm, das den Flash-Speicher löschen und beschreiben kann. Die auszuführenden Funktionen und die zu ändernden bzw. einzufügenden Programmteile können z.B. über die USART-Schnittstelle eingegeben werden. Der SRAM kann dabei als Pufferspeicher für die Bearbeitung des Programms dienen. In Abhängigkeit von Sicherungsbits (Fuse) wird bei einem Reset entweder der Bootlader oder ein Anwendungsprogramm ab Adresse $000 gestartet, das dann den Bootlader durch einen Sprungbefehl oder Unterprogrammaufruf starten kann. *Bild 6-2* zeigt zusätzliche Befehle, die auf den Flash-Bereich zugreifen können.

Befehl	Operand	ITHSVNZC	W	T	Wirkung
lpm			1	3	R0 <= (Z) load program memory
lpm	Rd, Z		1	3	Rd <= (Z) *alle Register zugelassen*
lpm	Rd, Z+		1	3	Rd <= (Z) Z <= Z + 1 *Adresse um 1 erhöht*
spm			1	-	(Z) <= R1:R0 store program memory *mit SPMCR*

Bild 6-2: Befehle für den Zugriff auf den Flash-Programmspeicher

Der Befehl **SPM** (**S**tore **P**rogram **M**emory) arbeitet nur in Verbindung mit dem Register SPMCR, das die Operationen des SPM-Befehls kontrolliert.

SPMCR = **SPM C**ontrol **R**egister RAM-Adresse $57 SFR-Adresse $37

Bit 7	Bit 6	Bit 5	Bit 4	Bit 3	Bit 2	Bit 1	Bit 0
SPMIE	RWWSB	–	RWWSRE	BLBWRT	PGWRT	PGERS	SPMEM
1: SPM Interrupt *freigeben*	1: Operation läuft *Anzeige*		1: RWW Operation *freigeben*	1: Lock-Bits *setzen*	1: Seite *schreiben*	1: Seite *löschen*	1: Operation *ausführen*

Mit einer 1 im Bit **SPMIE** (**SPM I**nterrupt **E**nable) wird der SPM-Interrupt freigegeben. Ist das I-Bit im Statusregister gesetzt, so wird am Ende einer SPM-Operation der SPM-Interrupt mit der Einsprungadresse $014 (ATmega8535) ausgelöst.

Das Anzeigebit **RWWSB** (**R**ead-**W**hile-**W**rite **S**ection **B**usy) wird von der Steuerung auf 1 gesetzt, wenn gerade eine SPM-Operation auf den RWW-Bereich, normalerweise auf den Bereich des zu programmierenden Anwendungsprogramms, ausgeführt wird. Das Bit kann nach Beendigung der Operation durch Einschreiben einer 1 in das RWWSRE-Bit zurückgesetzt werden.

Durch Einschreiben einer 1 in das Bit **RWWSRE** (**R**ead-**W**hile-**W**rite **S**ection **R**ead **E**nable) nach Beendigung einer SPM-Operation wird der RWW-Bereich, der während der Ausführung blockiert war, wieder zum Lesen freigegeben. Die Programmierung von RWWSRE=1 muss zusammen mit SPMEM=1 unmittelbar vor dem SPM-Befehl erfolgen.

Durch Einschreiben einer 1 in das Bit **BLBSET** (**B**oot **L**ock **B**it **SET**) wird mit SPM der Inhalt des Registers R0 in die Boot-Lockbits geschrieben, mit denen ein Zugriff sowohl auf den Boot-Bereich als auch auf den Bereich des Anwendungsprogramms gesperrt werden kann. Dabei sollte das Z-Register den Inhalt $0001 haben. Die Programmierung von BLBSET=1 muss zusammen mit SPMEM=1 unmittelbar vor dem SPM-Befehl erfolgen.

Wird unmittelbar nach der Programmierung von BLBSET=1 zusammen mit SPMEM=1 einer der LPM-Befehle ausgeführt (**L**oad **P**rogram **M**emory), so werden in Abhängigkeit vom Z-Register Lock- bzw. Fusebits in das Zielregister geladen.

Z = $0000: lade die höherwertigen Fusebits (Sicherungen)

6 Der Boot-Programmspeicher

Z = $0001: lade die Boot- und Speicher-Lockbits (Verriegelungen)

Z = $0003: lade die niederwertigen Fusebits (Sicherungen)

Durch Einschreiben einer 1 in das Bit **PGWRT** (**Pa**Ge **WR**i**T**e) wird der Inhalt des internen temporären Pufferspeichers in die Zielseite geschrieben, deren Adresse in höheren Bitpositionen von Z enthalten ist. Die Programmierung von PGWRT=1 muss zusammen mit SPMEM=1 unmittelbar vor dem SPM-Befehl erfolgen.

Durch Einschreiben einer 1 in das Bit **PGERS** (**Pa**Ge **ERaS**e) wird der Inhalt der Speicherseite, deren Adresse in höheren Bitpositionen des Z-Registers enthalten ist, mit dem Wert $FF gelöscht. Die Programmierung von PGERS=1 muss zusammen mit SPMEM=1 unmittelbar vor dem SPM-Befehl erfolgen.

Durch Einschreiben einer 1 in das Bit **SPMEN** (**S**tore **P**rogram **M**emory **EN**able) allein ohne die anderen Operationsbits schreibt der unmittelbar folgende SPM-Befehl ein Wort bestehend aus zwei Bytes in R1 und R0 in einen internen temporären Pufferspeicher. Die Adresse des Pufferwortes steht in den niederen Bitpositionen des Z-Registers; das niederwertigste Bit LSB des Z-Registers wird nicht ausgewertet, sollte aber 0 sein.

Die Ausführung der SPM-Operationen *Seite löschen*, *Seite schreiben* und *Lock-Bits setzen* dauert zwischen 3.7 und 4.5 ms. Da während ihrer Ausführung das SPMEN-Bit auf 1 gesetzt ist, kann das Ende der Operation durch Abfrage von SPEM auf 0 in einer Schleife geprüft werden.

Das Löschen sowie das Programmieren des Flash-Programmspeichers aus dem internen temporären Pufferspeicher erfolgt seitenweise. Beim Baustein ATmega8535 umfasst eine Seite 32 Wörter (64 Bytes); die Deklarationsdatei m8535def.inc definiert für das Symbol PAGESIZE den Wert 32. Die 128 Seiten des Flash-Programmspeichers ergeben 4096 Wörter oder 8 kBytes Speicherkapazität. Der LPM-Befehl liest den Flash-Programmspeicher byteweise mit dem Z-Register. Für die Adressierung durch den SPM-Befehl hat das Z-Register folgenden Aufbau:

Z15	Z14	Z13	Z12	Z11	Z10	Z9	Z8	Z7	Z6	Z5	Z4	Z3	Z2	Z1	Z0
			7 bit Seitenadresse (128 Seiten)							5 bit Wortadresse (32 Wörter)					0

Das Beispiel löscht die im Z-Register eingestellte Seite durch Einschreiben des Wertes $FF und wartet, bis die Operation ausgeführt wurde.

```
; Seite löschen
moni22: ldi     r16,(1<<PGERS) | (1<<SPMEN) ; Seite löschen
        out     SPMCR,r16        ; ausführen
        spm                      ;
moni23: in      r16,SPMCR        ; Status lesen
        sbrc    r16,SPMEN        ; überspringe wenn fertig
        rjmp    moni23           ; warte solange Funktion ausgeführt
```

Das Beispiel gibt anschließend den Read-While-Write Bereich wieder frei und wartet, bis die Operation ausgeführt wurde.

```
; RWW freigeben
        ldi     r16,(1<<RWWSRE) | (1<<SPMEN) ; RWWSRE-Bit setzen
        out     SPMCR,r16       ; ausführen
        spm                     ;
moni24: in      r16,SPMCR       ; Status lesen
        sbrc    r16,SPMEN       ; überspringe wenn fertig
        rjmp    moni24          ; warte solange Funktion ausgeführt
```

Das Beispiel kopiert eine Seite aus dem durch das X-Register adressierten SRAM-Bereich in den durch Z adressierten internen Pufferspeicher.

```
; 64 Bytes = 32 Wörter von SRAM nach Seiten-Puffer übertragen
        ldi     r20,PAGESIZE    ; Seitenlänge in der Einheit Wort
moni25: ld      r1,X+           ; Low-Byte
        ld      r0,X+           ; High-Byte
        ldi     r16,(1<<SPMEN)  ; Puffer schreiben
        out     SPMCR,r16       ; ausführen
        spm                     ;
moni26: in      r16,SPMCR       ; Status lesen
        sbrc    r16,SPMEN       ; überspringe wenn fertig
        rjmp    moni26          ; warte solange Funktion ausgeführt
        adiw    ZL,2            ; Flash-Adresse + 2
        dec     r20             ; Zähler - 1
        brne    moni25          ;
```

Das Beispiel überträgt den Pufferspeicher in die durch Z adressierte Seite des Flash-Programmspeichers und wartet auf das Ende der Operation.

```
; Puffer nach Flash schreiben
        subi    ZL,LOW(PAGESIZE*2)  ; alte Flash-Adresse
        sbci    ZH,HIGH(PAGESIZE*2); wiederherstellen
        ldi     r16,(1<<PGWRT) | (1<<SPMEN) ; Puffer nach Flash
        out     SPMCR,r16       ; ausführen
        spm                     ;
moni27: in      r16,SPMCR       ; Status lesen
        sbrc    r16,SPMEN       ; überspringe wenn fertig
        rjmp    moni27          ; warte solange Funktion ausgeführt
```

Das Beispiel gibt anschließend den Read-While-Write Bereich wieder frei und wartet, bis die Operation ausgeführt wurde.

```
; RWW freigeben
        ldi     r16,(1<<RWWSRE) | (1<<SPMEN) ; RWWSRE-Bit setzen
        out     SPMCR,r16       ; ausführen
```

6 Der Boot-Programmspeicher

```
          spm                          ;
moni28:   in       r16,SPMCR          ; Status lesen
          sbrc     r16,SPMEN          ; überspringe wenn fertig
          rjmp     moni28             ; warte solange Funktion ausgeführt
```

Der Bootbereich liegt im oberen Adressbereich des Flash-Programmspeichers. Mit dem *Fuse-Byte-High* können seine Lage und Größe festgelegt werden. Für den Controller-Baustein ATmega8535 hat es folgenden Aufbau:

Bit 7	Bit 6	Bit 5	Bit 4	Bit 3	Bit 2	Bit 1	Bit 0
S8535C	WDTON	SPIEN	CKOTP	EESAVE	1 1: $F80-$FFF	BOOTSZ0	BOOTRST
kompatibel mit AT90	Watchdog Timer	Serielle Programmierung	Takt-Optionen	EEPROM Sicherung	128 Wörter 1 0: $F00-$FFF 256 Wörter 0 1: $E00-$FFF 512 Wörter 0 0: $C00-$FFF 1024 Wörter		Reset-Startadr. **1:** $000 **0:** Bootbereich

Die angegebenen Adressen des Bootladerbereiches sind Wortadressen. Das IVSEL-Bit (Interrupt Vector Select) des GICR-Registers (General Interrupt Control Register) ist nach einem Reset gelöscht (0); die Interrupteinsprünge liegen im Anwenderbereich ab Adresse $001. Durch Umprogrammieren auf IVSEL=1 können sie in den Anfang des Bootbereiches verlegt werden. Mit Lock-Bits (Verriegelungen) lässt sich ein Speicherschutz einstellen. Das *Lock-Byte* des Bausteins ATmega8535 hat folgenden Aufbau:

Bit 7	Bit 6	Bit 5	Bit 4	Bit 3	Bit 2	Bit 1	Bit 0
-	-	BLB12	BLB11	BLB02	BLB01	LB2	LB1
		Einschränkungen für Befehle LPM und SPM im Bootbereich 1 1: *keine*		Einschränkungen für Befehle LPM und SPM im Anwendungsbereich 1 1: *keine*		Speicherschutz 1 1: *kein Schutz*	

Die Entwicklungssysteme wie z.B. STK 500 übernehmen üblicherweise die Einstellung der Sicherungs- und Verriegelungsbits bei der Programmierung des Baustcins. Für die C-Programmierung des Boot-Programmspeichers stellt der GNU-Compiler vordefinierte Funktionen und Makros zur Verfügung, die in dem Dokument „avr-libc Reference Manual" mit einem Beispielprogramm zusammengestellt sind.

Ein *Betriebsprogramm* ist ein im Boot-Programmspeicher eingelagertes Boot-Programm, mit dem ein Anwendungsprogramm in den Flash-Speicher geladen und gestartet werden kann. Ein Beispiel ist das vom Hersteller Atmel gelieferte *Butterfly*-System. Es umfasst:

- eine Platine in Scheckkartenformat mit dem Controller ATmega169,
- eine sechsstellige LCD-Anzeige mit je 14 Segmenten,
- 4 Mbit serieller Datenspeicher,
- Anschlüsse für zwei 8bit Ports (Port B und Port D),
- serielle RS 232 C Schnittstelle (USART) zum Anschluss eines PC als Terminal,
- Anschlüsse für JTAG-Schnittstelle und ISP-Programmierung,
- Taster, Sensoren; Uhrenquarz und Lautsprecher für feste Demonstrationsprogramme,
- eingelagertes Boot-Programm zum Laden und Starten von Benutzerprogrammen sowie
- umfangreiche Entwicklungssoftware für eigene Anwendungen.

Neben den bereits vorhandenen Demonstrationsprogrammen zur Ausgabe des Datums und der Uhrzeit, der Temperatur, der Batteriespannung und von Musikbeispielen kann mit Hilfe des Boot-Programms ein vom Benutzer entwickeltes Programm geladen und gestartet werden. Es wird mit der Entwicklungssoftware als Assemblerprogramm (z. B. AVR Studio) oder als C-Programm (z.B. Programmers Notepad) in eine Ladedatei .hex übersetzt und vom Boot-Programm in den Programm-Flash geladen.

Ein *Betriebssystem* kann mehrere Programme (Tasks) gleichzeitig im Speicher verwalten und einzeln zur Verarbeitung freigeben. Dies bedeutet einen erheblichen Aufwand zur Verwaltung des Programm- und Datenspeichers sowie der Rechenzeit, die den einzelnen Tasks zugeteilt wird. Man unterscheidet:

- Die einfachste Form ist die Stapelverarbeitung (*batch*), bei der die Programme nacheinander vollständig abgearbeitet werden.
- Bei einem Mehrprozess-System (*multitask*) werden die einzelnen Programme, Tasks genannt, zeitlich verschachtelt ausgeführt.
- Bei Nicht-Vorrang-gesteuerten (*non-preemptiv*) Systemen gibt ein gestartetes Programm die Kontrolle freiwillig an das Betriebssystem zurück, wenn es z.B. auf seriell ankommende Daten warten muss.
- Bei Vorrang-gesteuerten (*preemptiv*) Systemen wird ein laufendes Programm unterbrochen, wenn entweder die zugeteilte Rechenzeit abgelaufen ist oder ein Task höherer Priorität den Vorrang hat.
- Echtzeitbetriebssysteme (*real time*) müssen innerhalb einer vorgegebenen Zeitspanne auf jedes Ereignis z.B. durch Interruptsteuerung reagieren können.

7 Anhang

7.1 Ergänzende und weiterführende Literatur

[1] Atmel Firmenschriften
   Handbücher und Application Notes mit Anwendungsbeispielen
   auf CD ROM als Beilage zu Atmel Geräten oder herunterladbar von www.atmel.com

[2] Elektor Schaltungspraxis
   I^2C-Bus angewandt
   Elektor-Verlag GmbH, Aachen
   ISBN 3-928051-71-7

[3] Mann, Burkhard
   C für Mikrocontroller
   Franzis Verlag, Poing
   ISBN 3-7723-4154-3

[4] Schmitt, Günter
   C++ Kurs – technisch orientiert
   R. Oldenbourg Verlag, München
   ISBN 3-486-25046-9

[5] Schmitt, Günter
   Mikrocomputertechnik mit dem Controller C167
   R. Oldenbourg Verlag, München
   ISBN 3-486-25452-9

[6] Trampert, Wolfgang
   AVR-RISC-Mikrocontroller
   Franzis Verlag, Poing
   ISBN 3-7723-5474-2

[7] Trampert, Wolfgang
    Messen, Steuern und Regeln mit AVR-Mikrocontrollern
    Franzis Verlag, Poing
    ISBN 3-7723-4298-1

[8] Volpe, Safinaz und Volpe, Francesco P.
    AVR-Mikrocontroller-Praxis
    Elektor-Verlag GmbH, Aachen
    ISBN 3-89576-063-3

[9] Wiegelmann, Jörg
    Softwareentwicklung in C für Mikroprozessoren und Mikrocontroller
    Hüthig Verlag, Heidelberg
    ISBN 3-7785-2824-6

Zeitschriften mit Beiträgen zum Thema Mikrocontroller

[10] E A M
    Electronic Actuell Magazin
    VTP-Verlag, Nürnberg
    ISSN 0933-596X

[11] Elektor
    Elektronik, die begeistert
    Elektor-Verlag GmbH, Aachen
    ISSN 0932-5468

[12] ELV journal
    Fachmagazin für angewandte Elektronik
    ELV Elektronik AG, Leer

Zeitschriftenbeiträge zum Thema AVR-RISC-Mikrocontroller

[13] Koch, Günter
 Ultraschall-Entfernungs- und Füllstandsmesser (mit ATmega8)
 Elektor 2004 H.12 S.32..37

[14] Teal, Steve
 Vier in einer Reihe (Spielgerät mit AT90S2313)
 Elektor 2005 H.2 S.67..70

[15] Ouwerkerk, Willem
 Synchrone Servosteuerung (mit AT90S2313)
 Elektor 2005 H.3 S.62..67

[16] Tavernier, Christian
 Controller-Power nach Maß
 Elektor 2005 H.4 S.14..21

[17] Vreugdenhil, A.
 Servo-Stepper (mit AT90S2313)
 Elektor 2005 H.4 S.56..58

[18] Morell, Andy und Rose
 Solitär mit dem AT90S2313
 Elektor 2005 H.4 S.64..67

[19] Bouchez, Benoit
 DCC Programmer (mit ATmega8515)
 Elektor 2005 H.5 S.54..61

[20] Fritz, Christoph
 Minimalistischer Mikro-Controller (mit ATmega8)
 Elektor 2005 H.7 S.57

[21] von Arem, Robin
 Digitales VU-Meter (mit ATtiny15)
 Elektor 2005 H.7 S.113

[22] Maiß, Jürgen
 Prima Klima (Temperatur- und Feuchtemessung mit ATmega8)
 Elektor 2005 H.9 S.40..43

[23] Oßmann, Martin
 TIRIS-RFID-Leser (mit AT90S1200)
 Elektor 2005 H.10 S.48..51

[24] Simonnot, Florent
   27C512-Emulator (mit AT90S8515)
   Elektor 2005 H.10 S.56..65

[25] Domburg, Jeroen
   Buntes am Baum (Weihnachtsbaumbeleuchtung mit AT90S2313)
   Elektor 2005 H.12 S.52..55

[26] Beckers, T. und Domburg, J
   Spar-Logger (Router zählt Gas, Wasser und Strom mit ATtiny2313)
   Elektor 2006 H.3 S.52..55

[27] Oßmann, Martin
   Digitaler Sinus-Referenzgenerator (mit AT90S1200)
   Elektor 2006 H.3 S.60

[28] Tavernier, Christian
   Mikrocontroller-Tendenzen
   Elektor 2004 H.9 S.10..21

[29] Zenzinger, Reinhard
   Universalzähler (mit AT90S2313)
   Elektor 2004 H.3 S. 22..28

[30] van Arem, R.
   Mini-Laufschrift (mit AT90S1200)
   Elektor 2003 H.12 S.76..78

[31] Baars, Gert
   HF-Mess-Sender (mit AT90S8515)
   Elektor 2003 H.10 S.26..34

[32] Koskamp, Gerard
   Testbildgenerator (mit AT90S8515 ext. RAM)
   Elektor 2003 H.9 S.48..55

[33] Morell, Andy
   Countdown-Timer (mit AT90S1200)
   Elektor 2003 H.9 S.62..65

[34] Beitrag 002
   AT90S2313-Programmer
   Elektor 2003 H.7/8 S.20..21

7.1 Ergänzende und weiterführende Literatur

[35] Zenzinger, Reinhard
Universeller Taktgeber (mit AT90S2313)
Elektor 2003 H.7/8 S.58..60

[36] Beitrag 050
IR-Fernbedienungssender mit BASCOM-AVR (mit AT90S2313)
Elektor 2003 H. 7/8 S.73

[37] Volmer, Helmut
Programmiertool für ATtiny15
Elektor 2003 H.7/8 S.98..99

[38] Hasenstab, Marcus
TV-Tennis (mit AT90S8515)
Elektor 2003 H.6 S.16..21

[39] Böcker, Josef
Elektronischer Taschentuchknoten (mit AT90S2313)
Elektor 2003 H.6 S.62..67

[40] Hagenbruch, Olaf und Polster, Heiko
halvedDisc - Trainingssystem für Mikrocontroller (mit ATmega8)
Elektor 2003 H.4 S.21..23

[41] Schmidt, Volker
Nachtlichtsteuerung (mit AT90S2313)
Elektor 2003 H.4 S.28..31

[42] Schuhmacher, André und Behl, Ralf
AVRee - Einplatinen-Entwicklungsplattform für AT90S2313
Elektor 2003 H.3 S.14..19

[43] Bouchez, Benoît
20/40-MHz-Logic-Analyser (mit AT90S8515)
Teil 1: Elektor 2003 H.2 S.16..21
Teil 2: Elektor 2003 H.3 S.54..59

[44] Eugeni, E.
Elektronischer Super-Würfel (mit AT90S4433)
Elektor 2003 H.2 S.32..37

[45] May, Gunther
C-Compiler für Mikrocontroller
Elektor 2003 H.1 S.38..40

7.2 Bezugsquellen und Internetadressen

{1} Reichelt Elektronik
Elektronikring 1
26452 Sande
Entwicklungssysteme und Bauteile
www.reichelt.de

{2} Conrad Electronic GmbH
Klaus-Conrad-Straße 2
92530 Wernberg-Köblitz
Entwicklungssysteme und Bauteile
www.conrad.de

{3} Elektronik Laden Detmold
W.Mellies-Straße 88
32758 Detmold
Entwicklungssysteme
www.elektronikladen.de

{4} Atmel GmbH
Erfurter Str. 31
85386 Eching
Pulverstraße 55
22880 Wedel
Theresienstr. 2
Postfach 3535
74025 Heilbronn
Unterlagen und Software zum Herunterladen
www.atmel.com

{5} IAR Systems GmbH
Brucknerstraße 27
81677 München
Entwicklungssoftware, C-Compiler
www.iar.se

{6} GNU
C-Compiler und Handbücher zum Herunterladen
www.avrfreaks.net und www.gnu.org

7.3 Assembleranweisungen

Direktive	Operand	Anwendung	Beispiel
.INCLUDE	"Dateiname.typ"	fügt Textdatei ein	.INCLUDE "m16def.inc"
.DEVICE	Bausteintyp	definiert Bausteintyp	.DEVICE ATmega16
.LIST		Übersetzungsliste ein	.LIST
.NOLIST		Übersetzungsliste aus	.NOLIST
.DEF	Bezeichner = Register	Symbol für R0 bis R31	.DEF akku = r16
.EQU	Bezeichner = Ausdruck	konstante Definition	.EQU anz = 10
.SET	Bezeichner = Ausdruck	veränderliche Definition	.SET wert = 123
.ORG	Ausdruck	legt Adresszähler fest	.ORG $10
.EXIT		Ende des Quelltextes	.EXIT
.CSEG		Programmbereich (Flash)	.CSEG
.DSEG		SRAM-Bereich	.DSEG
.ESEG		EEPROM-Bereich	.ESEG
.DB	Bytekonstantenliste	8bit Werte	otto: .DB 1,2,3,4
.DW	Wortkonstantenliste	16bit Werte	susi: .DW otto,4711
.BYTE	Anzahl *n*	reserviert *n* Bytes	tab1: .BYTE 10
.MACRO	Bezeichner	Anfang Makrodefinition	.MACRO addi
	@0,@1,...,@9	formale Parameter	subi @0,-@1
.ENDM		Ende Makrodefinition	.ENDM
.LISTMAC		Makroerweiterung in Liste	.LISTMAC
.IF ELIF	Ausdruck	bedingte Assemblierung	.IF RAMEND > 255
.IFDEF .IFNDEF	Symbol	bedingte Assemblierung	.IFDEF SPH

Operand	Anwendung	Beispiel
Bezeichner:	für Sprungziele, Konstanten, Variablen	otto: rjmp susi
Symbole	vereinbart mit .DEF .EQU .SET	.DEF akku = r16
Zahlen	dezimal *wert* (voreingestellt)	ldi akku,123 ; dezi
	hexadezimal $*wert* oder 0x*wert*	ldi akku,$ff ; 0xff hexa
	binär 0b*wert*	ldi akku,0b10101010 ; bin
	oktal 0*wert* (führende Null)	Vorsicht vor führenden Nullen! Oktal!
Zeichen	'*Zeichen*'	ldi akku,'>' ; Zeichen
String	"*Zeichenfolge*"	text: .DB "Moin Moin"
PC	aktueller Adresszähler Program Counter	rjmp PC

Typ	Operator	Ergebnis	Beispiel
arithmetisch	- + - * /	arithmetisch	ldi akku,LOW(tab*2)
Bitoperation	~ & | ^ << >>	logisch und schieben	ldi akku,~$F0
vergleichen	< <= == != >= >	0 bei nein, 1 bei ja	ldi akku,x == y
verknüpfen	! && ||	1 bei Wert 0, sonst 0	ldi akku,!$F0

Funktion	Wirkung	Beispiel
LOW(Ausdruck)	liefert Bit 0-7 = Low-Byte	LOW($12345678) gibt $78
HIGH(Ausdruck)	liefert Bit 8-15 = High-Byte	HIGH($12345678) gibt $56
PAGE(Ausdruck)	liefert Bit 16-21	PAGE($45678) gibt $4
BYTE2(Ausdruck)	liefert Bit 8-15 = High-Byte	BYTE2($12345678) gibt $56
BYTE3(Ausdruck)	liefert Bit 15-23	BYTE3($12345678) gibt $34
BYTE4(Ausdruck)	liefert Bit 24-31	BYTE4($12345678) gibt $12
LWRD(Ausdruck)	liefert Bit 0-15 = Low-Wort	LWRD($12345678) gibt $5678
HWRD(Ausdruck)	liefert Bit 16-31 = High-Wort	HWRD($12345678) gibt $1234
EXP2(Ausdruck)	liefert $2^{Ausdruck}$	EXP2(4) gibt $2^4 = 16$
LOG2(Ausdruck)	liefert $\log_2$(Ausdruck) ganz	LOG2(17) = $\log_2$(17) = 4.09 => 4 (ganz)

7.4 Assemblerbefehle

Befehl	Operand	ITHSVNZC	W	T	Wirkung
mov	Rd, Rr		1	1	Rd <= Rr *kopiere nach Rd den Inhalt von Rr*
add	Rd, Rr	HSVNZC	1	1	Rd <= Rd + Rr *addiere zu Rd den Inhalt von Rr*
adc	Rd, Rr	HSVNZC	1	1	Rd <= Rd + Rr + C *addiere mit Carry*
sub	Rd, Rr	HSVNZC	1	1	Rd <= Rd - Rr *subtrahiere von Rd den Inhalt von Rr*
sbc	Rd, Rr	HSVN*C	1	1	Rd <= Rd - Rr - C *subtrahiere mit Carry (Borgen)* * Z <= 1 wenn Z_{alt}=1 und Z_{neu}=1
cp	Rd, Rr	HSVNZC	1	1	Rd - Rr *vergleiche Rd mit Rr*
cpc	Rd, Rr	HSVN*C	1	1	Rd - Rr - C *vergleiche mit Carry (Borgen)* * Z <= 1 wenn Z_{alt}=1 und Z_{neu}=1
cpse	Rd, Rr		1	1+	*überspringe nächsten Befehl, wenn Rd = Rr*
and	Rd, Rr	S0NZ	1	1	Rd <= Rd UND Rr *logisches UND*
or	Rd, Rr	S0NZ	1	1	Rd <= Rd ODER Rr *logisches ODER*
eor	Rd, Rr	S0NZ	1	1	Rd <= Rd EODER Rr *logisches EODER (XOR)*
nop			1	1	no operation *tu nix*

Befehl	Operand	ITHSVNZC	W	T	Wirkung nur R24, XL, YL, ZL
adiw	Rd, k6	SVNZC	1	2	Rd+1/Rd <= Rd+1/Rd + Konstante *16bit Addition* nur R24, XL, YL, ZL
sbiw	Rd, k6	SVNZC	1	2	Rd+1/Rd <= Rd+1/Rd - Konstante *16bit Subtraktion* nur R24, XL, YL, ZL

Befehl	Operand	ITHSVNZC	W	T	Wirkung SFR-Adresse $00 .. $3F
in	Rd, SFR		1	1	Rd <= SFR-Register *lade Rd aus SFR-Register*
out	SFR, Rr		1	1	SFR-Register <= Rr *speichere Rr nach SFR-Register*

7.4 Assemblerbefehle

Befehl	Operand	ITHSVNZC	W	T	Wirkung	nur Register R16 ... R31
ldi	Rd, k8		1	1	Rd <= Konstante *lade Rd mit einer 8bit Konstanten*	
subi	Rd, k8	HSVNZC	1	1	Rd <= Rd - Konstante *subtrahiere von Rd Konstante*	
sbci	Rd, k8	HSVN*C	1	1	Rd <= Rd - Konstante - Carry *subtrahiere mit Carry* * Z <= 1 wenn Z_{alt}=1 *und* Z_{neu}=1	
cpi	Rd, k8	HSVNZC	1	1	Rd - Konstante *vergleiche Rd mit einer 8bit Konstanten*	
andi	Rd, k8	S0NZ	1	1	Rd <= Rd UND Konstante *logisches UND*	
ori	Rd, k8	S0NZ	1	1	Rd <= Rd ODER Konstante *logisches ODER*	
cbr	Rd, k8	S0NZ	1	1	andi Rd, ($FF-k8) *lösche Bit im Register* *lösche* Bit in Rd, wenn Bit in k8 = 1 Byteoperation, kein Bitbefehl!	
sbr	Rd, k8	S0NZ	1	1	ori Rd, k8 *setze Bit im Register* *setze* Bit in Rd, wenn Bit in k8 = 1 Byteoperation, kein Bitbefehl!	

Befehl	Operand	ITHSVNZC	W	T	Wirkung
push	Rr		1	2	(SP) <= Rr , SP <= SP - 1 *Register nach Stapel*
pop	Rd		1	2	SP <= SP + 1 , Rd <= (SP) *Register vom Stapel*
inc	Rd	SVNZ	1	1	Rd <= Rd + 1 *inkrementiere Register*
dec	Rd	SVNZ	1	1	Rd <= Rd - 1 *dekrementiere Register*
com	Rd	S0NZ1	1	1	Rd <= NICHT Rd *bilde das Einerkomplement*
neg	Rd	HSVNZC	1	1	Rd <= $00 - Rd *bilde das Zweierkomplement*
swap	Rd		1	1	Rd(7-4) <=> Rd(3-0) *vertausche Registerhälften*
asr	Rd	SVNZC	1	1	Rd <= 1 bit rechts *arithmetisch schiebe rechts* b7 -> b7 ----> b0 -> C
lsr	Rd	SV0ZC	1	1	Rd <= 1 bit rechts *logisch schiebe rechts* 0 -> b7 ----> b0 -> C
ror	Rd	SVNZC	1	1	Rd <= 1 bit rechts *rotiere rechts durch Carry* C -> b7 ----> b0 -> C
lsl	Rd	HSVNZC	1	1	Rd <= 1 bit links *logisch schiebe links* add rd, rd C <- b7 <---- b0 <- 0
rol	Rd	HSVNZC	1	1	Rd <= 1 bit links *rotiere links durch Carry* adc rd, rd C <- b7 <---- b0 <- C
clr	Rd	0001	1	1	Rd <= $00 *lösche alle Bits im Register* eor rd, rd
ser	Rd		1	1	R16 .. R31 <= $FF *setze alle Bits im Register* ldi Rd, $FF nur R16 .. R31
tst	Rd	S0NZ	1	1	Rd <= Rd *teste Register auf Null und Vorzeichen* and Rd, Rd

Befehl	Operand	ITHSVNZC	W	T	Wirkung
lpm			1	3	R0 <= (Z) *lade R0 aus Flash-Adresse in Z*
lds	Rd, k16		2	3	Rd <= SRAM *lade Rd direkt aus SRAM*
ld	Rd, X		1	2	Rd <= (X) *lade Rd indirekt SRAM-Adresse in X*
ld	Rd, Y		1	2	Rd <= (Y) *lade Rd indirekt SRAM-Adresse in Y*
ld	Rd, Z		1	2	Rd <= (Z) *lade Rd indirekt SRAM-Adresse in Z*
ld	Rd, X+		1	2	Rd <= (X), X <= X + 1 *lade indirekt aus SRAM*
ld	Rd, Y+		1	2	Rd <= (Y), Y <= Y + 1 *lade indirekt aus SRAM*
ld	Rd, Z+		1	2	Rd <= (Z), Z <= Z + 1 *lade indirekt aus SRAM*
ld	Rd, -X		1	2	X <= X - 1, Rd <= (X) *lade indirekt aus SRAM*
ld	Rd, -Y		1	2	Y <= Y - 1, Rd <= (Y) *lade indirekt aus SRAM*
ld	Rd, -Z		1	2	Z <= Z - 1, Rd <= (Z) *lade indirekt aus SRAM*
ldd	Rd,Y+k6		1	2	Rd <= (Y+k6) *lade indirekt Adresse = Y + Konst.*
ldd	Rd,Z+k6		1	2	Rd <= (Z+k6) *lade indirekt Adresse = Z + Konst.*

Befehl	Operand	ITHSVNZC	W	T	Wirkung
sts	k16, Rr		2	3	SRAM <= Rr *speichere Rr direkt nach SRAM*
st	X, Rr		1	2	(X) <= Rr *speichere indirekt SRAM-Adresse in X*
st	Y, Rr		1	2	(Y) <= Rr *speichere indirekt SRAM-Adresse in Y*
st	Z, Rr		1	2	(Z) <= Rr *speichere indirekt SRAM-Adresse in Z*
st	X+, Rr		1	2	(X) <= Rr, X <= X + 1 *speichere indirekt n. SRAM*
st	Y+, Rr		1	2	(Y) <= Rr, Y <= Y + 1 *speichere indirekt n. SRAM*
st	Z+, Rr		1	2	(Z) <= Rr, Z <= Z + 1 *speichere indirekt n. SRAM*
st	-X, Rr		1	2	X <= X - 1, (X) <= Rr *speichere indirekt n. SRAM*
st	-Y, Rr		1	2	Y <= Y - 1, (Y) <= Rr *speichere indirekt n. SRAM*
st	-Z, Rr		1	2	Z <= Z - 1, (Z) <= Rr *speichere indirekt n. SRAM*
std	Y+k6,Rr		1	2	(Y+k6) <= Rr *speichere indirekt Adresse = Y + Kon.*
std	Z+k6,Rr		1	2	(Z+k6) <= Rr *speichere indirekt Adresse = Z + Kon.*

Befehl	Operand	ITHSVNZC	W	T	Wirkung Port-Adresse $00 .. $1F
cbi	port,bit		1	2	port(bit) <= 0 *lösche Bit in Port*
sbi	port,bit		1	2	port(bit) <= 1 *setze Bit in Port*
sbic	port,bit		1	1+	*überspringe* nächsten Befehl, wenn Port-Bit = 0
sbis	port,bit		1	1+	*überspringe* nächsten Befehl, wenn Port-Bit = 1

Befehl	Operand	ITHSVNZC	W	T	Wirkung
bld	Rd, bit		1	1	Rd (bit) <= T *lade Register-Bit aus T-Flag*
bst	Rr, bit	T	1	1	T <= Rr (bit) *speichere Register-Bit nach T-Flag*
sbrc	Rr, bit		1	1+	*überspringe* nächsten Befehl, wenn Register-Bit = 0
sbrs	Rr, bit		1	1+	*überspringe* nächsten Befehl, wenn Register-Bit = 1

7.4 Assemblerbefehle

Befehl	Operand	ITHSVNZC	W	T	Wirkung
bclr	bit	*bit <= 0*	1	1	SREG(bit) <= 0 *lösche Bit in* SREG
bset	bit	*bit <= 1*		1	SREG(bit) <= 1 *setze Bit in* SREG
clc		0	1	1	C <= 0 *lösche das Carry Bit (bzw. Borrow)*
sec		1	1	1	C <= 1 *setze das Carry Bit (bzw. Borrow)*
clz		0	1	1	Z <= 0 *lösche das Null Bit*
sez		1	1	1	Z <= 1 *setze das Null Bit*
cln		0	1	1	N <= 0 *lösche das Minus Bit*
sen		1	1	1	N <= 1 *setze das Minus Bit*
clv		0	1	1	V <= 0 *lösche das Überlauf Bit*
sev		1	1	1	V <= 1 *setze das Überlauf Bit*
cls		0	1	1	S <= 0 *lösche das Vorzeichen Bit*
ses		1	1	1	S <= 1 *setze das Vorzeichen Bit*
clh		0	1	1	H <= 0 *lösche das Halbcarry Bit*
seh		1	1	1	H <= 1 *setze das Halbcarry Bit*
clt		0	1	1	T <= 0 *lösche das Transfer Bit*
set		1	1	1	T <= 1 *setze das Transfer Bit*
cli		0	1	1	I <= 0 *lösche das I-Bit*: Interrupts sperren
sei		1	1	1	I <= 1 *setze das I-Bit*: Interrupts freigeben

Befehl	Operand	ITHSVNZC	W	T	Wirkung
brbc	bit,ziel		1	1/2	verzweige wenn Bitposition gelöscht
brbs	bit,ziel		1	1/2	verzweige wenn Bitposition gesetzt
brcc	ziel		1	1/2	verzweige wenn Carry-Bit gelöscht
brcs	ziel				verzweige wenn Carry-Bit gesetzt
brsh	ziel		1	1/2	verzweige bei größer/gleich (vorzeichenlos)
brlo	ziel				verzweige bei kleiner als (vorzeichenlos)
brne	ziel		1	1/2	verzweige bei ungleich (Ergebnis != 0)
breq	ziel				verzweige bei gleich (Ergebnis == 0)
brpl	ziel		1	1/2	verzweige bei plus N = 0 (mit Vorzeichen)
brmi	ziel				verzweige bei minus N = 1 (mit Vorzeichen)
brvc	ziel		1	1/2	verzweige bei kein Überlauf V = 0 (mit Vorz.)
brvs	ziel				verzweige bei Überlauf V = 1 (mit Vorzeichen)
brge	ziel		1	1/2	verzweige bei größer/gleich (mit Vorzeichen)
brlt	ziel				verzweige bei kleiner als (mit Vorzeichen)
brhc	ziel		1	1/2	verzweige bei H = 0 kein Halbübertrag
brhs	ziel				verzweige bei H = 1 Halbübertrag
brtc	ziel		1	1/2	verzweige bei T = 0 Transferbit gelöscht
brts	ziel				verzweige bei T = 1 Transferbit gesetzt
brid	ziel		1	1/2	verzweige bei I = 0 Interrupts gesperrt
brie	ziel				verzweige bei I = 1 Interrupts freigegeben

Befehl	Operand	ITHSVNZC	W	T	Wirkung
rjmp	ziel		1	2	PC <= PC +Abstand *springe unbedingt*
rcall	ziel		1	3	Stapel <= PC, SP <= SP - 2, PC <= PC + Abstand *rufe Unterprogramm auf*
ijmp			1	2	PC <= Z *springe unbedingt indirekt Adresse in Z*
icall			1	3	Stapel <= PC, SP <= SP - 2, PC <= Z *rufe Unterprogramm indirekt auf Adresse in Z*
ret			1	4	SP <= SP + 2, PC <= Stapel *Rücksprung aus Unterprogramm*
reti		1	1	4	SP <= SP + 2, PC <= Stapel *Rücksprung aus Interruptserviceprogramm*
sleep			1	1	bringe für SE = 1 Controller in einen Ruhezustand
wdr			1	1	setze Watchdog Timer zurück

7.5 Zusätzliche Befehle der Mega-Familie

Befehl	Operand	ITHSVNZC	W	T	Wirkung
mul	Rd, Rr *alle*	ZC	1	2	R1:R0 <= Rd * Rr ganzzahlig unsigned * unsigned
muls	Rd, Rr *R16..R31*	ZC	1	2	R1:R0 <= Rd * Rr ganzzahlig signed * signed
mulsu	Rd, Rr *R16..R23*	ZC	1	2	R1:R0 <= Rd * Rr ganzzahlig signed * unsigned
fmul	Rd, Rr *R16..R23*	ZC	1	2	R1:R0 <= Rd * Rr reell unsigned * unsigned
fmuls	Rd, Rr *R16..R23*	ZC	1	2	R1:R0 <= (Rd * Rr)<<1 reell signed * signed
fmulsu	Rd, Rr *R16..R23*	ZC	1	2	R1:R0 <= (Rd * Rr)<<1 reell signed * unsigned
movw	Rd, Rr *d und r gerade*		1	1	Rd:Rd+1 <= Rr:Rr+1 zwei Register kopieren *auch Schreibweise* Rd+1:Rd, Rr+1:Rr

Befehl	Operand	ITHSVNZC	W	T	Wirkung
lpm	Rd,Z		1	3	Rd <= (Z) *Lade Rd aus Programm-Flash*
lpm	Rd,Z+		1	3	Rd <= (Z) Z <= Z + 1 *Adresse um 1 erhöht*
spm			1	-	(Z) <= R1:R0 *speichere nach Programm-Flash*
jmp	ziel		2	3	PC <- Zieladresse *springe unbedingt direkt*
call	ziel		2	4	PC <- Zieladresse *rufe Unterprogramm direkt*

7.6 Rangfolge der C-Operatoren (Auswahl)

Rang	Richtung	Operator	Wirkung
1	--->	( )	Funktionsaufruf bzw. Vorrangklammer
	--->	[ ]	Feldelement
	--->	.	Strukturvariable . Komponente
	--->	->	Strukturzeiger -> Komponente
2	<---	~ !	bitweise Negation bzw. negiere Aussage
	<---	+ -	*unär:* positives bzw. negatives Vorzeichen
	<---	++ --	+1 bzw. -1 vor bzw. nach Bewertung
	<---	@	*unär:* Adressoperator
	<---	*	*unär:* Indirektionsoperator
	<---	(typ)	*unär:* Typumwandlung
	<---	`sizeof`(bezeichner)	Operandenlänge in der Einheit byte
3	--->	* / %	Multiplikation bzw. Division bzw. Divisionsrest
4	--->	+ -	Addition bzw. Subtraktion
5	--->	<< >>	schiebe logisch links bzw. rechts
6	--->	< <= > >=	vergleiche Ausdrücke miteinander
7	--->	== !=	vergleiche Ausdrücke auf Gleichheit bzw. Ungleichheit
8	--->	&	bitweise logisches UND von Ausdrücken
9	--->	^	bitweise logisches EODER von Ausdrücken
10	--->	|	bitweise logisches ODER von Ausdrücken
11	--->	&&	logisches UND zweier Aussagen
12	--->	||	logisches ODER zweier Aussagen
13	<---	*Bed* ? *ja* : *nein*	bedingter Ausdruck
14	<---	=	Zuweisung
		*= /= %= += -=	arithmetische Operation und Zuweisung
		&= ~= |=	logische Operation und Zuweisung
		<<= >>=	Schiebeoperation und Zuweisung
15	--->	,	Folge von Ausdrücken

7.7 C-Schlüsselwörter und -Anweisungen (Auswahl)

Bezeichner	Anwendung	Beispiel
`char`	Datentyp ganzzahlig 8 bit	`char wert, tab[16];`
`int`	Datentyp ganzzahlig 16 bit	`int zaehler;`
`float`	Datentyp reell einfache Genauigkeit	*compilerabhängig*
`double`	Datentyp reell doppelte Genauigkeit	*compilerabhängig*
`short`	Datentyp einfache Genauigkeit	`short int a, b, c;`
`long`	Datentyp hohe Genauigkeit	`long int d, e, f;`
`void`	Datentyp unbestimmt	`void *p; // Zeiger`
	Funktion ohne Ergebnis bzw. Parameter	`void init(void) {   }`
`signed`	Datentyp vorzeichenbehaftet	`signed char x;`
`unsigned`	Datentyp vorzeichenlos	`unsigned int i;`
`const`	konstante Daten, nicht änderbar	`const char x = 0xff;`
`static`	Daten auf fester Adresse anlegen	`static char x;`
`auto`	Daten auf Stapel (automatisch) anlegen	`auto char x;`
`volatile`	Daten von außen änderbar (SFR-Register)	`volatile char x;`
`register`	Daten möglichst in Registern anlegen	`register char x;`
`enum`	Aufzählungsdaten definieren	`enum {FALSE,TRUE} x;`
`struct`	Strukturdaten definieren	`struct`
		`{ `*Komponentenliste*` } `*Variablenliste;*
`union`	Uniondaten definieren	`union`
		`{ `*Komponentenliste*` } `*Variablenliste;*
`typedef`	neuen Datentyp definieren	`typedef char byte;`
`for()`	Zählschleife	`for(i=0; i<10; i++)`
		`{ `*Anweisungen*` }`
`while()`	bedingte Schleife	`while(x != 0)`
		`{ `*Anweisungen*` }`
`do...while()`	wiederholende Schleife	`do`
		`{ `*Anweisungen*` } while(x != 0);`
`break`	Schleife oder `case`-Zweig abbrechen	`if (x == 0) break;`
`continue`	aktuellen Schleifendurchlauf abbrechen	`if (x == 0) continue;`
`goto`	springe immer zum Sprungziel	`goto  susi;`
		`susi: `*Anweisung;*
`return`	Rückkehr aus Funktion mit Ergebnis	`return wert;`
`if()`	einseitig bedingte Anweisung	`if (a) x = 0;`
`if()..;else..;`	zweiseitig bedingte Anweisung	`if (a) x=0; else x=1;`
`switch()`	Fallunterscheidung	`switch (x)`
		`{ `*Zweige*` }`
`case`	Zweig einer Fallunterscheidung	`case 10: y = 0; break;`
`default`	Vorgabe, wenn kein Fall zutrifft	`default: y = 0xff;`
`main()`	Hauptfunktion mit Startadresse	`void main(void)`
`{ . . . }`		`{ `*Anweisungen*` }`
`{ . . . }`	Blockanweisung	`{ `*Anweisungen*` }`

7.8 ASCII-Codetabellen (Schrift Courier New)

Dezimale Anordnung:

	0	1	2	3	4	5	6	7	8	9
0_ :		□	□	□	□	□	□			
1_ :	□						□	□	□	□
2_ :			□	□	□	□	□	□	□	□
3_ :				!	"	#	$	%	&	'
4_ :	(	)	*	+	,	-	.	/	0	1
5_ :	2	3	4	5	6	7	8	9	:	;
6_ :	<	=	>	?	@	A	B	C	D	E
7_ :	F	G	H	I	J	K	L	M	N	O
8_ :	P	Q	R	S	T	U	V	W	X	Y
9_ :	Z	[	\	]	^	_	`	a	b	c
10_ :	d	e	f	g	h	i	j	k	l	m
11_ :	n	o	p	q	r	s	t	u	v	w
12_ :	x	y	z	{	|	}	~	□	Ç	ü
13_ :	é	â	ä	à	å	ç	ê	ë	è	ï
14_ :	î	ì	Ä	Å	É	æ	Æ	ô	ö	ò
15_ :	û	ù	ÿ	Ö	Ü	ø	£	Ø	×	ƒ
16_ :	á	í	ó	ú	ñ	Ñ	ª	º	¿	®
17_ :	¬	½	¼	¡	«	»	_	_	_	¦
18_ :	¦	Á	Â	À	©	¦	¦	+	+	¢
19_ :	¥	+	+	-	-	+	-	+	ã	Ã
20_ :	+	+	-	-	¦	-	+	¤	ð	Ð
21_ :	Ê	Ë	È	ı	Í	Î	Ï	+	+	_
22_ :		¦	Ì		Ó	ß	Ô	Ò	õ	Õ
23_ :	µ	þ	Þ	Ú	Û	Ù	ý	Ý	¯	´
24_ :	-	±	_	¾	¶	§	÷	¸	°	¨
25_ :	·	¹	³	²	_					

Hexadezimale Anordnung:

	_0	_1	_2	_3	_4	_5	_6	_7	_8	_9	_A	_B	_C	_D	_E	_F
$0		□	□	□	□	□	□				□					
$1	□	□	□	□		□	□	□	□	□	□	□	□			
$2		!	„	#	$	%	&	`	(	)	*	+	,	-	.	/
$3	0	1	2	3	4	5	6	7	8	9	:	;	<	=	>	?
$4	@	A	B	C	D	E	F	G	H	I	J	K	L	M	N	O
$5	P	Q	R	S	T	U	V	W	X	Y	Z	[	\	]	^	_
$6	`	a	b	c	d	e	f	g	h	i	j	k	l	m	n	o
$7	p	q	r	s	t	u	v	w	x	y	z	{	|	}	~	□
$8	Ç	ü	é	â	ä	à	å	ç	ê	ë	è	ï	î	ì	Ä	Å
$9	É	æ	Æ	ô	ö	ò	û	ù	ÿ	Ö	Ü	ø	£	Ø	×	ƒ
$A	á	í	ó	ú	ñ	Ñ	ª	º	¿	®	¬	½	¼	¡	«	»
$B	_	_	_	¦	¦	Á	Â	À	©	¦	¦	+	+	¢	¥	+
$C	+	-	-	+	-	+	ã	Ã	+	+	-	-	¦	-	+	¤
$D	ð	Ð	Ê	Ë	È	ı	Í	Î	Ï	+	+	_	_	¦	Ì	_
$E	Ó	ß	Ô	Ò	õ	Õ	µ	þ	Þ	Ú	Û	Ù	ý	Ý	‾	´
$F	-	±	_	¾	¶	§	÷	,	º	¨	·	¹	³	²		_

Escape-Sequenzen und ASCII-Steuercodes

Zeichen	hexadezimal	dezimal	ASCII	Anwendung
\a	0x07	7	BEL	Bell = Alarm = Hupe
\b	0x08	8	BS	Backspace = Rücktaste
\n	0x0A	10	LF	Line Feed = Zeilenvorschub
\r	0x0D	13	CR	Carriage Return = Wagenrücklauf
\f	0x0C	12	FF	Form Feed = Seitenvorschub
\t	0x09	9	HT	Horizontaler Tabulator = Tab-Taste
\v	0x0B	11	VT	Vertikaler Tabulator

7.9 Sinnbilder für Ablaufpläne und Struktogramme

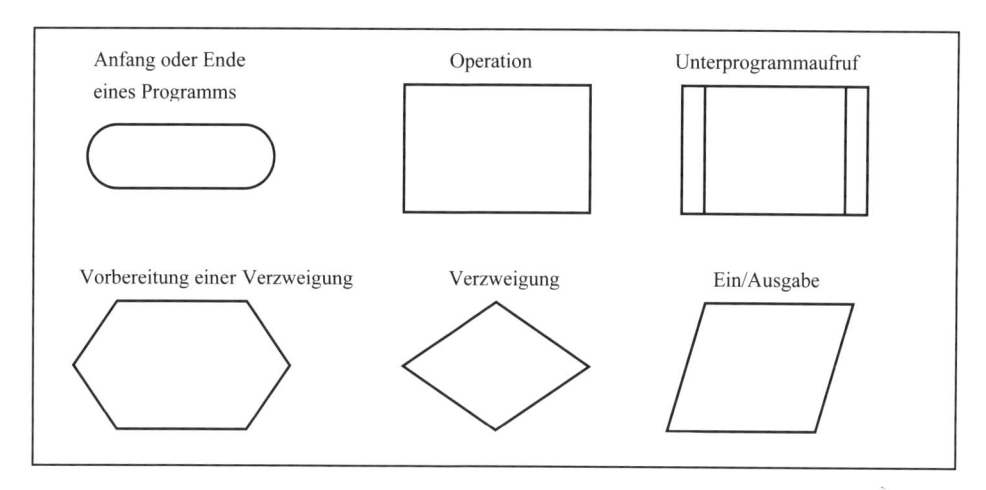

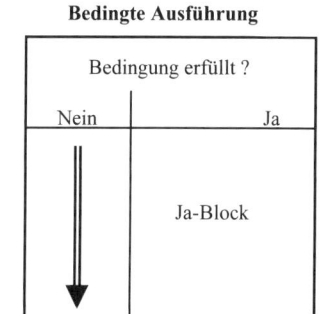

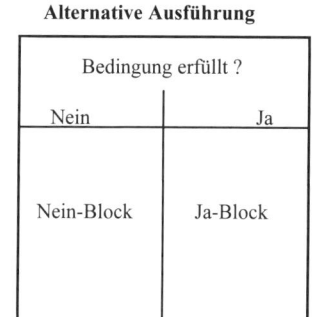

Anfang oder Ende eines Programms	Operation	Unterprogrammaufruf
Vorbereitung einer Verzweigung	Verzweigung	Ein/Ausgabe

Bedingte Ausführung

Bedingung erfüllt ?	
Nein	Ja
↓	Ja-Block

Alternative Ausführung

Bedingung erfüllt ?	
Nein	Ja
Nein-Block	Ja-Block

Fallunterscheidung

Bedingung ?			
Fall_1	Fall_2	Fall_3	Fall_n

Unbedingte Schleife

immer

Bedingte Schleife

Laufbedingung

Wiederholende Schleife

Laufbedingung

Kontrolle in der Schleife

Abbruch Schleife >>
<< Ende Durchlauf

7.10 Verzeichnis der Programmbeispiele

7.10.1 Assemblerprogramme

Name	Aufgabe	Seite
k1p1	Eingabe Port D nach Ausgabe Port B, einführendes Beispiel	52
k2p1	Taktteiler durch 10 an PB0, unverzögerter Dualzähler am Port B	62
k2p2	Verzögerter Dualzähler am Port B, ruft `warte20ms`	75
k2p3	Verzögerter Dezimalzähler am Port B, ruft `warte20ms` und `dual2bcd`	90
k2p4	Dualzähler mit einstellbarer Wartezeit, ruft `warte1ms` und `wartex10ms`	99
k2p5	Umwandlung binär nach ASCII, ruft `bin2ascii`	102
k2p6	Umwandlung ASCII nach binär, ruft `ascii2bin`	104
k2p7	Dezimalzähler mit Tastenkontrolle, ruft `warte20ms`, `wartex10ms`, `dual2bcd`	106
k2p8	Berechneter Sprung mit Sprungtabelle als Fallunterscheidung	111
k2p9	Flash-Speicherbereich nach SRAM kopieren und ausgeben	115
k2p10	Prellungen aufzeichnen und Anzahl ausgeben, ruft `dual2bcd` und `warte20ms`	117
k2p11	Aufbau und Ausgabe einer verketteten Liste	118
k2p12	EEPROM-Adressierung, ruft `reprom` und `weprom`	125
k2p13	Stapeloperationen mit Unterprogramm und INT0 Interrupt, ruft `wartex10ms`	133
k2p14	Einfügen der Headerdateien `Makros.h` und `upros.h`	137
k2p15	Externer Interrupt INT1 erhöht Dezimalzähler, ruft `dual2bcd`	144
k2p16	Software-Interrupt mit PD3 (INT1), ruft `dual2bcd`	145
k2p17	Test der Zeichen-Makros, fügt `Mkonsole.h` ein	148
k2p18	Test der String-Unterprogramme, fügt `strings.h` ein	151
k2p19	Ein-/Ausgabe vorzeichenloser ganzer 16bit Zahlen, fügt `einaus.h` ein	160
k2p21	Sinusfunktion mit Digital/Analogwandler ausgeben, ruft `sinus`	185
k4p2	Timer0 dezimaler Sekundenzähler mit Interrupt, ruft `dual2bcd`	295
k4p3	Timer0 als dualer Flankenzähler mit externem Takt	297
k4p4	Timer0 einstellbare Zeitverzögerung mit Interrupt gibt Rechtecksignal aus	300
k4p5	Timer0 Test der Compare Betriebsarten	305
k4p6	Timer1 Minuten- und Sekundenanzeige mit Interrupt, ruft `dual2bcd`	311
k4p7	Timer1 Zeitmessung im Capture Betrieb, ruft `dual4bcd`	315
k4p8	Timer1 Rechteckgenerator im Compare Betrieb	320
k4p9	Timer1 PWM Betrieb zur analogen Ausgabe	323
k4p10	Timer1 Test des erweiterten Compare und PWM Betriebs	332
k4p11	Timer2 mit 32 kHz Quarz als dezimaler Sekundenzähler, ruft `dual2bcd`	336
k4p12	Watchdog Timer muss beruhigt werden	340
k4p13	Ruhezustand (sleep) wird durch externen Interrupt INT1 unterbrochen	343
k4p14	USART Zeichenübertragung, fügt Makros aus `Mkonsole.h` ein	355
k4p14a	USART Zeichenübertragung, fügt Unterprogramme aus `konsole.h` ein	357
k4p15	USART Empfängerinterrupt, fügt Unterprogramme aus `konsole.h` ein	361
k4p16	USART Synchronbetrieb	363

7.10 Verzeichnis der Programmbeispiele

Name	Aufgabe	Seite
p30	UART des AT90S2313, fügt Unterprogramme aus UART.h ein	369
k4p16a	UART Softwareemulation, fügt Unterprogramme aus softkonsole.h ein	374
k4p17	SPI Schnittstelle Test mit zwei TTL Schieberegistern	384
k4p18	SPI Schnittstelle Emulation mit Software	386
k4p19	TWI Schnittstelle Test mit I^{2}C Ein-/Ausgabe-Baustein	393
k4p20	Analogkomparator als Analog/Digitalwandler	402
k4p21	Analogkomparator schaltet LED Anzeige um	406
k4p22	Analog/Digitalwandler Betriebsart Einzelwandlung	411
k4p23	Analog/Digitalwandler Betriebsart Dauerwandlung mit Interrupt	412
k4p24	Analog/Digitalwandler Betriebsart Differenzmessung	417
k4p25	Serielle analoge Wandlerbausteine	421
k4p26	Parallele analoge Wandlerbausteine	426
k5p1	Baustein AT90S2343 steuert Würfel	436
k5p1tiny	Baustein ATtiny12 steuert Würfel	439
k5p2	Baustein ATtiny12 steuert serielle Peripherie für Lottozahlen und Würfel	443
k5p3	Baustein ATtiny2313 steuert Stoppuhr	450
k5p4	Baustein ATmega8 steuert LCD-Anzeige und Tastatur	461
k5p5	Baustein ATmega8515 steuert externen SRAM Baustein für Signalaufzeichnung	480
k5p6	Baustein ATtiny2313 steuert LED Multiplexanzeige mit 105 Leuchtdioden	487
k5p7	Baustein ATmega8 steuert LCD-Anzeige für Frequenzgenerator und Frequenzmesser	493

7.10.2 Assembler-Unterprogramme

Name	Aufgabe	Seite
warte	Zeitverzögerung um ca. 200 000 Takte (ca. 25 ms bei 8 MHz)	56
warte1ms	Zeitverzögerung um ca. 1 ms mit Symbol takt = Systemtakt	98
warte20ms	Zeitverzögerung um ca. 20 ms mit Symbol takt = Systemtakt	74
wartex10ms	Zeitverzögerung um R16 * ca. 10ms mit Symbol takt = Systemtakt	99
t0warte	Zeitverzögerung mit Timer0 R16=*Faktor* R17 = *Teilercode*	299
mul16	Hardware-Multiplikation 16bit unsigned mit mul-Befehlen Makro Mmul16	83
muls16	Hardware-Multiplikation 16bit signed mit muls-Befehlen Makro Mmuls16	167
mulx8	Software-Multiplikation 8bit unsigned Makro Mmulx8	85
mulx16	Software-Multiplikation 16bit unsigned Makro Mmulx16	86
mulsx16	Software-Multiplikation 16bit signed Makro Mmulsx16	168
mul1016	Software-Multiplikation unsigned *10	161
divx8	Software-Division 8bit unsigned Makro Mdivx8	88
divx16	Software-Division 16bit unsigned Makro Mdivx16	89

Name	Aufgabe	Seite
div1016	Software-Division unsigned 16bit /10	162
dual2bcd	Umwandlung R16 = dual nach R17:R16 = BCD dreistellig	89
dual3bcd	Umwandlung R17:R16 = dual nach R17:R16 = BCD dreistellig	453
bin2ascii	Umwandlung R16 = Hexaziffer nach R16 = ASCII-Zeichen	102
bintascii	Umwandlung wie bin2ascii mit Tabellenzugriff	111
ascii2bin	Umwandlung R16 = ASCII-Zeichen nach R16 = Hexaziffer C = 1: Fehler	103
asciitbin	Umwandlung wie ascii2bin mit Tabellenzugriff	110
ausbin8	Ausgabe 8bit von R16 mit Leerzeichen und acht Binärziffern	155
ausbin8a	Einsprungpunkt von ausbin8 ohne Leerzeichen	156
aushex8	Ausgabe 8bit von R16 mit Leerzeichen und zwei Hexadezimalziffern	156
aushex8a	Einsprungpunkt von aushex8 ohne Leerzeichen	156
ausdez16	Ausgabe 16bit von R17:R16 mit Leerzeichen unsigned dezimal	157
ausdez16a	Einsprungpunkt von ausdez16 ohne Leerzeichen	157
ein16	Eingabe 16bit nach R17:R16 binär, hexadezimal und unsigned dezimal	158
eindez16	Eingabe 16bit nach R17:R16 unsigned dezimal R16 = 1. Zeichen	159
ausdez16s	Ausgabe 16bit von R17:R16 signed dezimal, ruft ausdez16a	163
eindez16s	Eingabe 16bit nach R17:R16 signed dezimal, ruft eindez16	164
ausfp	Ausgabe Nachpunktstellen von R17:R16 im fmul-Format 1.14	175
einfp	Eingabe Nachpunktstellen nach R17:R16 im fmul-Format 1.14	176
ausbcd	Ausgabe Leerzeichen und vier BCD Stellen aus R17:R16	169
ausbcda	Einsprungpunkt von ausbcd ohne Leerzeichen	169
einbcd	Eingabe von vier BCD Stellen nach R17:R16 C = 1: Fehler	170
daa	Dezimalkorrektur zweistellig in R16 nach Addition	171
das	Dezimalkorrektur zweistellig in R16 nach Subtraktion	172
initusart	USART initialisieren mit Symbol takt und baud	356
putch	USART Zeichen aus R16 senden	356, 368
getch	USART Zeichen aus Empfänger in R16 abholen	356, 367
getche	USART Zeichen abholen in R16 und im Echo zurücksenden	356, 367
kbit	USART Empfänger testen, Zeichen oder Marke Null in R16 zurück	357
puts	USART/UART String aus Flash mit Makros ausgeben	149
putsram	USART/UART String aus SRAM mit Makros ausgeben	150
putsramz	Einsprungpunkt von putsram auf neuer Zeile	150
gets	USART/UART String nach SRAM lesen mit Makros	150
soft ...	Software UART softinit softputch softgetch softgetche	370
lcd4 ...	LCD-Anzeige lcd4init lcd4com lcd4put lcd4puts	462
weprom	EEPROM Byte schreiben	124
reprom	EEPROM Byte lesen	125
sqrt	Quadratwurzel 16bit ganzzahlig	182
sinus	Sinusfunktion 16bit ganzzahlig	183

7.10.3 Assembler-Makrodefinitionen

Name	Aufgabe	Seite
Addi	Addiere Konstante zu Register R16 bis R31	56, 128
Mswap	Vertausche den Inhalt zweier Register	69
Mrol8	Rotiere Register zyklisch links ohne Carry (8bit Operation)	71
Mror8	Rotiere Register zyklisch rechts ohne Carry (8bit Operation)	71
Mmul16	Hardware-Multiplikation 16bit unsigned mit mul-Befehlen	83
Mmuls16	Hardware-Multiplikation 16bit signed mit muls-Befehlen	166
Mmulx8	Software-Multiplikation 8bit unsigned	84
Mmulx16	Software-Multiplikation 16bit unsigned	85
Mmulsx16	Software-Multiplikation 16bit signed	167
Mdivx8	Software-Division 8bit unsigned Makro	88
Mdivx16	Software-Division 16bit unsigned Makro	88
Mfmulx8	Software-Multiplikation 8bit des Befehls fmul	179
Mdual2bcd	Umwandlung 8bit dual nach BCD in drei Registern	91
Minituart	USART/UART initialisieren mit Symbol takt für den Systemtakt	352
Mputch	USART/UART warten und Zeichen nach Sender	353
Mgetch	USART/UART warten und Zeichen vom Empfänger abholen	353
Mgetche	USART/UART warten, Zeichen abholen und im Echo zurückschicken	353
Mkbhit	USART/UART Empfänger testen und Marke bzw. Zeichen zurückgeben	354
Mputkon	USART/UART warten und Konstante nach Sender	354

7.10.4 Assembler-Headerdateien

Name	Inhalt	Seite
Mmuldiv.h	Makrodefinitionen der Software Multiplikation und Division	81, 165
muldiv.h	Unterprogramme der Software Multiplikation und Division	81, 165
Mkonsole.h	Makrodefinitionen USART/UART für die Eingabe und Ausgabe	147, 352
konsole.h	Unterprogramme USART für die Eingabe und Ausgabe	357
strings.h	Unterprogramme für Stringoperationen	149
einaus.h	Unterprogramme für die Eingabe und Ausgabe ganzer Zahlen	154
Mbcd.h	Makrodefinitionen der BCD-Arithmetik	169
bcd.h	Unterprogramme der BCD-Arithmetik	169
softkonsole.h	Unterprogramme Software UART	374
lcd4.h	Unterprogramme für die LCD-Anzeige	462

7.10.5 C-Programme

Name	Aufgabe	Seite
k1p1	Eingabe Port D nach Ausgabe Port B, einführendes Beispiel	54
k3p1	Bitoperationen mit SFR Registern	209
k3p2	Taktteiler durch 10 an PB0, unverzögerter Dualzähler am Port B	223
k3p3	Verzögerter Dualzähler am Port B, ruft `warte1ms`	225
k3p4	Verzögerter Dezimalzähler am Port B, ruft `wartex10ms` und `dual2bcd`	226
k3p6	Umwandlung binär nach ASCII, ruft `bin2ascii`	227
k3p7	Umwandlung ASCII nach binär, ruft `ascii2bin`	228
k3p8	Dezimalzähler mit Tastenkontrolle, ruft `wartex10ms` und `dual2bcd`	230
k3p9	Prellungen aufzeichnen und Anzahl ausgeben, ruft `dual2bcd`	233
k3p10	Umwandlung binär nach ASCII mit direktem Tabellenzugriff	234
k3p11	Umwandlung ASCII nach binär mit Tabellensuchen	234
k3p12	Sinustabelle aufbauen und auf Digital/Analogwandler ausgeben	235
k3p13	Zeigeradressierung von Feldern	236
k3p14	Dynamische Felder zur Laufzeit des Programms	237
k3p15	Test der Zeichen- und Stringfunktionen in `konsole.h`	241
k3p16	Aufbau und Ausgabe einer verketteten Liste	245
k3p17	Zugriff auf Daten im Flash-Programmspeicher	247
k3p18	Zugriff auf Daten im EEPROM	249
k3p19	Parameterübergabe mit Funktionen	254
k3p20	Ein-/Ausgabefunktionen in `stdio.h`	262
k3p21	Benutzerdefinierte Ein-/Ausgabefunktionen	269
k3p22	Externer Interrupt `INT0` erhöht Dezimalzähler	275
k3p23	Software-Interrupt mit PD2 (`INT0`)	276
k4p2	Timer0 dezimaler Sekundenzähler mit Interrupt	296
k4p3	Timer0 als dualer Flankenzähler mit externem Takt als Flankenzähler	298
k4p4	Timer0 einstellbare Zeitverzögerung mit Interrupt gibt Rechtecksignal aus	301
k4p5	Timer0 Test der Compare Betriebsarten	305
k4p6	Timer1 Minuten- und Sekundenanzeige mit Interrupt	312
k4p7	Timer1 Zeitmessung im Capture Betrieb	317
k4p8	Timer1 Rechteckgenerator im Compare Betrieb	320
k4p9	Timer1 PWM Betrieb zur analogen Ausgabe	324
k4p10	Timer1 Test des erweiterten Compare und PWM Betriebs	333
k4p11	Timer2 mit 32 kHz Quarz als dezimaler Sekundenzähler, ruft `dual2bcd`	337
k4p12	Watchdog Timer muss beruhigt werden	341
k4p13	Ruhezustand (sleep) wird durch externen Interrupt `INT1` unterbrochen	344
k4p14	USART Zeichenübertragung, fügt Funktionen aus `konsolfunc.h` ein	360
k4p15	USART Empfängerinterrupt, fügt Funktionen aus `konsolfunc.h` ein	362
k4p16	USART Synchronbetrieb	364
k4p16a	UART Softwareemulation, fügt Funktionen aus `softkonsole.h` ein	375
k4p17	SPI Schnittstelle Test mit zwei TTL Schieberegistern	385

7.10 Verzeichnis der Programmbeispiele

Name	Aufgabe	
k4p18	SPI Schnittstelle Emulation mit Software	387
k4p19	TWI Schnittstelle Test mit I²C Ein-/Ausgabe-Baustein	396
k4p20	Analogkomparator als Analog/Digitalwandler	404
k4p21	Analogkomparator schaltet LED Anzeige um	407
k4p22	Analog/Digitalwandler Betriebsart Einzelwandlung	412
k4p23	Analog/Digitalwandler Betriebsart Dauerwandlung mit Interrupt	413
k4p24	Analog/Digitalwandler Betriebsart Differenzmessung	418
k4p25	Serielle analoge Wandlerbausteine	423
k4p26	Parallele analoge Wandlerbausteine	428
k5p1	Baustein AT90S2343 steuert Würfel	438
k5p2	Baustein AT990S2343 steuert serielle Peripherie für Lottozahlen und Würfel	445
k5p3	Baustein ATtiny2313 steuert Stoppuhr	453
k5p4	Baustein ATmega8 steuert LCD-Anzeige und Tastatur	471
k5p5	Baustein ATmega8515 steuert externen SRAM Baustein für Signalaufzeichnung	483
k5p6	Baustein ATtiny2313 steuert LED-Multiplexanzeige mit 105 Leuchtdioden	491

7.10.6 C-Funktionen

Name	Aufgabe	Seite
warte	Zeitverzögerung um ca. 33 ms bei 8 MHz	219, 224
warte1ms	Zeitverzögerung um ca. 1 ms mit Symbol TAKT = Systemtakt	224
wartex10ms	Zeitverzögerung um *faktor* * ca. 10ms mit Symbol TAKT = Systemtakt	224
t0warte	Zeitverzögerung mit Timer0 Parameter *Faktor* und *Teilercode*	299
dual2bcd	Umwandlung dual nach BCD dreistellig als Funktionsergebnis	225, 252
dual3bcd	Umwandlung dual nach BCD mit drei Referenzparametern	253
bin2ascii	Umwandlung binär nach ASCII-Zeichen	227
ascii2bin	Umwandlung ASCII-Zeichen nach binär mit Fehlerkontrolle	227
ausbin8	Ausgabe 8bit mit Leerzeichen und acht Binärziffern	265
aushex8	Ausgabe 8bit mit Leerzeichen und zwei Hexadezimalziffern	265
ausudez16	Ausgabe 16bit mit Leerzeichen unsigned dezimal	266
ausidez16	Ausgabe 16bit mit Leerzeichen signed dezimal	266
einudez16	Eingabe 16bit unsigned dezimal	266
einidez16	Eingabe 16bit signed dezimal	267
einhex16	Eingabe 16bit hexadezimal	268
inituart	USART/UART initialisieren mit Symbolen TAKT und BAUD	262, 358
putch	USART/UART warten und Zeichen senden	262, 358
getch	USART/UART warten und Zeichen vom Empfänger abholen	262, 359

Name	Aufgabe	Seite
`getche`	USART/UART Zeichen abholen und im Echo zurücksenden	262, 359
`kbit`	USART/UART Empfänger testen, Zeichen oder Marke Null zurück	359
`ausz`	USART/UART direkte Zeichenausgabe mit `putch`	268
`einz`	indirekte Zeicheneingabe aus Pufferspeicher `puffer` mit `ppos`	268
`putstring`	USART/UART String ausgeben mit `putch`	239
`getstring`	USART/UART String mit `getch` eingeben max. SLAENG Zeichen	240
`cmpstring`	Strings vergleichen	240
`soft ...`	Software UART `softinit softputch softgetch softgetche`	370
`lcd4 ...`	LCD-Anzeige `lcd4init lcd4com lcd4put lcd4puts`	471

7.10.7 C-Headerdateien

Name	Inhalt	Seite
`konsole.h`	USART Zeichen- und Stringfunktionen	239
`einaus.h`	Unterprogramme für die Eingabe und Ausgabe ganzer Zahlen	265
`konsolfunc.h`	USART/UART Zeichenfunktionen	360
`softkonsole.h`	UART Softwarefunktionen	375

8 Register

#define 197, **199**
#elif 197
#else 197
#endif 197
#error 197
#if 197
#ifdef 197
#ifndef 197
#include 197, 201
#pragma 197
#undef 197

.BYTE 58
.CSEG 58
.DB 58
.DEF 57
.DEVICE 57
.DSEG 58
.DW 58
.ELIF 61
.ELSE 61
.ENDIF 61
.ENDM 57, 127
.ENDMACRO 57, 127
.EQU 57
.ERROR 61
.ESEG 58
.EXIT 57
.IF 61
.IFDEF 61
.IFNDEF 61
.INCLUDE 57
.LIST 57
.LISTMAC 57, 127
.MACRO 57, 127

.MESSAGE 61
.NOLIST 57
.ORG 57
.SET 57

\a 192
\b 192
\n 192
\r 192

A
adc-Befehl 65
add-Befehl 65
Addition 13
adiw-Befehl 74
Adressregister 108
ALU 16
Analog/Digitalwandler 398, 402, **408**
Analogkomparator 400
and-Befehl 68
AND-Funktion 13, 68
andi-Befehl 68
Anschlussbelegung 36
Arbeitsregister 41, **64**
Arbeitsschleife 55
Arbeitsspeicher **41**
Argumentenübergabe 252
Arithmetisch-Logische Einheit 16
arithmetisches Schieben 70, 206
ASCII-Code 102, 147, 226, **521**
asr-Befehl 70
Assembler 27, 55
Assembler-Anweisung 57
Assembler-Ausdruck 59

Assembler-Direktive 58, 61
Assembler-Funktion 60
Assembler-Operand 59
Assembler-Operator 59
Assemblerprogrammierung **55**
Asynchronbetrieb 346, 352
AT90S2313 400, 447
AT90S2343 434, 441
AT90S4433 408, 455
AT90S8515 476
AT90S8535 38
ATtiny12 434, 441
ATtiny 2313 447, 485
ATmega16 36
ATmega169 38
ATmega8 39, 455, 493
ATmega8515 476
Ausdruck in C 202
Ausgabeschaltung 50, **287**
auto-Kennwort 196
AVR Studio 46

B

Baudrate 346
BCD-Arithmetik **169**
BCD-Darstellung 22
BCD-Decoder (74LS47) **51**
BCD-Korrektur 171
bclr-Befehl 72
bedingter Sprung **94**
Bedingungsausdruck 210, 221
bedingter Ausdruck 221
Befehlsliste 64
Befehlszähler 27
Betriebssystem 506
Bibliothek 126
Binärausgabe 155, 265
Binärcode 154
Binäreingabe 158, 265
bit_is_clear-Makro 209
bit_is_set-Makro 209
Bitbefehl
- Arbeitsregister 71, 96
- Port 78, 96

- Statusregister 72
Bitfeld 243
Bitoperation **68, 208**
bld-Befehl 71
Blockstruktur 195
BOOT-Programmspeicher 501
Branch-Befehl 29, 78, **94**
brbc-Befehl 94
brbs-Befehl 94
brcc-Pseudobefehl 95
brcs-Pseudobefehl 95
break-Anweisung **218**
breq-Pseudobefehl 95
brge-Pseudobefehl 95
brhc-Pseudobefehl 95
brhs-Pseudobefehl 95
brid-Pseudobefehl 95, 139
brie-Pseudobefehl 95, 139
brlo-Pseudobefehl 95
brlt-Pseudobefehl 95
brmi-Pseudobefehl 95
brne-Pseudobefehl 95
brpl-Pseudobefehl 95
brsh-Pseudobefehl 95
brtc-Pseudobefehl 95
brts-Pseudobefehl 95
brvc-Pseudobefehl 95
brvs-Pseudobefehl 95
bset-Befehl 72
bst-Befehl 71
Butterfly-System 38, 48, 506
BV-Makro 209
BYTE2-Assemblerfunktion 61
BYTE3-Assemblerfunktion 61
BYTE4-Assemblerfunktion 61
Byteoperation **65**

C

C-Bit 18, 63
call-Befehl 93, **130**
calloc-Funktion 236
Capture-Betrieb 313
case-Anweisung 222
Cast-Operator 202

8 Register

cbi-Befehl 78
cbi-Makro 209
cbr-Pseudobefehl 68
char-Datentyp 191, 238
CISC-Architektur 26
Classic-Familie 34
clc-Pseudobefehl 72
clh-Pseudobefehl 72
cli-Pseudobefehl 72, **139**
cln-Pseudobefehl 72
clr-Pseudobefehl 66
cls-Pseudobefehl 72
clt-Pseudobefehl 72
clv-Pseudobefehl 72
clz-Pseudobefehl 72
Codeschlüssel 69
com-Befehl 68
Compare-Betrieb 291, 302, 318
Compiler 27, 231
const-Kennwort 196
continue-Anweisung 219
cp-Befehl 65, 95
cpc-Befehl 65, 95
cpi-Befehl 66, 95
cpse-Befehl 96

D

Datenregister 49, 284
dec-Befehl 67
default-Anweisung 222
Dereferenzierung 213
Dezimalausgabe 155, 266
Dezimaleingabe 158, 266
Dezimalkorrektur 171
Dezimalumwandlung 25
Digital/Analogwandler 186, 398
Direktzugriff 111, 233
Divisionsverfahren 81, **87**
Divisionsrestverfahren 25
do-while-Schleife **218**
double-Datentyp 191
Dreidrahtverbindung 347
dynamisches Feld 236

E

EEPROM-Speicher 33, **42**, 122, 246
Einerkomplement 20
Eingaberegister 49, 284
Eingabeschaltung 49, **286**
Emulator ICE 48
Entprellung 106, 286
Entwicklungsgerät AVR ISP 47, 188
Entwicklungsgerät STK 500 47, 188
Entwicklungssystem 46, 188
enum-Kennwort 192
EODER-Funktion 13, 68
EODER-Maske 13, 68
eor-Befehl 68
Escape-Sequenz 192, 522
EXP2-Assemblerfunktion 61
extern-Kennwort 196
externer Interrupt 141, 273

F

Fallunterscheidung 101, 222
Felder in C **231**
Festpunktarithmetik **174**
Festpunktdarstellung 23, 174
Fixed-Point-Darstellung 23
Flankensteuerung 105, 228
Flash-Speicher 33, **40**, 109, 246
float-Datentyp 191
Floating-Point-Darstellung 23
fmul-Befehl 179
fmuls-Befehl 179
fmulsu-Befehl 179
for-Schleife **216**
free-Funktion 236
Funktion 200, **250**
Fuse-Bit 45, 505

G

Gehäusebauform 36
Gegentaktausgang 281
Gleitpunktdarstellung 23
globale Gültigkeit 195
GNU-Compiler 187

goto-Anweisung 219

H
H-Bit 22, 63
Halbaddierer 14
Halfcarry 22, 63
Harvard-Struktur 12
Headerdatei 136, 201
Hexadezimalausgabe 155, 265
Hexadezimalcode **48**
Hexadezimaleingabe 158
HIGH-Assemblerfunktion 61
HWRD-Assemblerfunktion 61

I
I-Bit 63, **141**
I^2C-Bus 389
icall-Befehl 93, 130
if-Anweisung 220
if-else-Anweisung 221
ijmp-Befehl 93
in-Befehl 65, 78, 139
inc-Befehl 67
Indexregister 108
Indirektionsoperator 213
inline-Funktion 200
inp-Funktion 209
int-Datentyp 191
Interrupt 30
- Analog/Digitalwandler 410
- Analogkomparator 401
- Assembler **138**
- C-Programm **271**
- EEPROM 123
- extern 141, 273
- Software 145, 276
- SPI-Schnittstelle 379
- Timer0 294
- Timer1 309
- Timer2 336
- TWI-Schnittstelle 390
- UART 365
- USART 361

inw-Makro 307
ISP-Schnittstelle 47, 434

J
jmp-Befehl 93
JTAG-Schnittstelle 45, 48

K
Konfiguration 45

L
L-Value 204
LCD-Anzeige 457, 493
ld-Befehl 113
ldd-Befehl 114
ldi-Befehl 65
lds-Befehl 65, 113
Lock-Bit 45, 505
LOG2-Assemblerfunktion 61
Logikfunktion 15 204
Logikoperation 15, 204
logisches Schieben 70, 206
lokale Gültigkeit 195
long-Datentyp 191
long int-Datentyp 191
loop_until_bit_is_clear 209
loop_until_bit_is_set 209
LOW-Assemblerfunktion 61
lpm-Befehl 109, 502
lsl-Pseudobefehl 70
lsr-Befehl 70
LWRD-Assemblerfunktion 61

M
make-File 189
Makroanweisung
- Assembler 56, **127**
- in C **199**
malloc-Funktion 236
Mega-Familie 35
Modul 30

mov-Befehl 65
movw-Befehl 74, 82
mul-Befehl 82, 165
muls-Befehl 82, 165
mulsu-Befehl 82, 165
Multiplexverfahren 485
Multiplikationsbefehl **82**
Multiplikationsverfahren 81, **84**

N
N-Bit 20, 63
Nachpunktstelle 23, 74
NAND-Funktion 13
Nassi-Shneiderman 215
neg-Befehl 65
NICHT-Funktion 13
NICHT-ODER-Funktion 13
NICHT-UND-Funktion 13
nop-Befehl 65
NOR-Funktion 13
NOT-Funktion 13
NULL-Marke 236
Nullmodemverbindung 347

O
ODER-Funktion 13, 68, 204
ODER-Maske 13 68, 204
Open-Collector-Ausgang 281
or-Befehl 68
OR-Funktion 13, 68, 204
ori-Befehl 68
out-Befehl 65, 78, 139
outb-Makro 209
outp-Funktion 209
outw-Makro 307

P
PAGE-Assemblerfunktion 61
Paralleladdierer 14
Parallelport 43, 49, **284**
Parameterübergabe 130, 252
Peripheriebereich 43, **277**

Peripherieeinheit 34
pop-Befehl 114
Präprozessor 197
Prellung 105, 117, 228
printf-Funktion 259
progmem-Attribut 246
Programmablaufplan 27, 55, **523**
Programmspeicher 27, **40**
Programmstruktur **26**, 55
Pseudotetrade 51, 171
Pufferspeicher 153, 257
Pulsweitenmodulation 291, 321, 338
push-Befehl 114
Push-Pull-Ausgang 281
PWM-Betrieb 291, 321, 338

Q
Quadratwurzel 182

R
rcall-Befehl 93, 130
Rechenwerk **13**
Rechnerstruktur 12
reelle Zahl 23
Referenzübergabe 253
register-Kennwort 196
Registerpaar 64, 73
Registersatz 17
relativer Sprung 94
Resetsteuerung 45, 279
ret-Befehl 130
reti-Befehl 139
return-Anweisung 250
Richtungsregister 49, 284
RISC-Architektur 26
rjmp-Befehl 93
rol-Pseudobefehl 70
ror-Befehl 70
rotieren 70, 76

S
S-Bit 20, 63

sbc-Befehl 65
sbci-Befehl 66
sbi-Befehl 78
sbi-Makro 209
sbic-Befehl 78, 96
sbis-Befehl 78, 96
sbiw-Befehl 74
sbr-Pseudobefehl 68
sbrc-Befehl 71, 96
sbrs-Befehl 71, 96
scanf-Funktion 259
Schaltervariable 210, 243
Schiebebefehl 70
Schiebeoperation 70, 76, 206
Schleifenstruktur 97, 215
sec-Pseudobefehl 72
seh-Pseudobefehl 72
sei-Pseudobefehl 72, **139**
sen-Pseudobefehl 72
ser-Pseudobefehl 66
Serielle Schnittstelle 345
Serviceprogramm 138, 271
ses-Pseudobefehl 72
set-Pseudobefehl 72
sev-Pseudobefehl 72
sez-Pseudobefehl 72
SFR-Bereich 41, 44
SFR-Register 44, **78,** 208
short int-Datentyp 191
Signalflanke 105
Signalzustand 105
signed Zahl 19
signed char-Datentyp 191
Sinusfunktion 183, 235
sizeof-Operator 232, 236
Skip-Befehl 29, 78, 94, **96**
sleep-Befehl 139, 340
Software-Division 87
Software-Interrupt 145, 276
Software-Multiplikation 84
Speicheradressierung 108
Speicher-Direktive 58
SPI-Schnittstelle 376
spm-Befehl 109, 502
Sprungbefehl 29, 92

Sprungtabelle 111
sqrt-Funktion 182
SRAM-Speicher 33, **41**, 113
SREG-Register 63
st-Befehl 113
Stapel 114, 121, 129, 135
Stapelzeiger 114, 135
static-Kennwort 196
Statusregister **63**
std-Befehl 114
Steuerwerk **26**
Stromsparbetrieb 342
struct-Kennwort 242
Struktogramm 27, 215, **523**
Struktur **242**
String 149, 238
Stringfunktion 149, 238
sts-Befehl 65, 113
sub-Befehl 65
subi-Befehl 66
Subtraktion 15
swap-Befehl 65
switch-Anweisung 222
Synchronbetrieb 345, 363
Systembibliothek 201
Systemtakt 45, 279

T
T-Bit 63
Tabellenzugriff 108, 233
Taktsteuerung 45, 279
Tastatur 468
Timer0 292
Timer1 306
Timer2 334
Timereinheit 290
Tiny-Familie 35
Tristateausgang 281
tst-Pseudobefehl 66, 95
TTL-Schaltung 281
TWI-Schnittstelle 389
Typ-Operator 202
typedef-Kennwort 193

U

UART-Schnittstelle 365
Überlauf 18
Übersetzungsliste 53
Übertrag 18
Umwandlungsfehler 25, 181
Umwandlungsverfahren 25
unbedingter Sprung 93
UND-Funktion 13
UND-Maske 13
union-Struktur 242
unsigned Zahl 20
unsigned char-Datentyp 191, 238
unsigned int-Datentyp 191
unsigned long-Datentyp 191
Unterprogramm 30, 56, **129**
USART-Schnittstelle 348
USI-Schnittstelle 430

V

V-Bit 20, 63
Vergleichsoperator 210
verkettete Liste 108, **118, 244**
Verknüpfungsoperator 210
Verzögerungsschleife 98
Verzweigungsbefehl 29, 92
Verzweigungsstruktur 101
volatile-Kennwort 196
void-Datentyp 191
Volladdierer 14
Von-Neumann-Struktur 12
Vorpunktstelle 24
Vorzeichen 20, 163
vorzeichenbehaftete Zahl 19, 163
vorzeichenlose Zahl 19, 153

W

Watchdog Timer 339
wdr-Befehl 139, 340
while-Schleife **218**
winAVR System 189
Wortoperation **73**
Wortregister 73
Wurzelberechnung 182

X

XOR-Funktion 13

Z

Z-Bit 18, 20, 63
Zählbefehl 66
Zählschleife 67, 98, 216
Zahlendarstellung **18**
Zahlenumwandlung 155, 174
Zeichenkette 149, 238
Zeichenübertragung 147
Zeiger 118, 213, 235
Zeigerarithmetik 213, 235
Zeigeroperation 213, 235
Zustandsdiagramm 31
Zustandsgraph 31
Zustandssteuerung 105, 228
Zweierkomplement 20